Das große Wörterbuch der Musik

Ferdinand Hirsch

Das große Wörterbuch der Musik

Seehamer Verlag

Sonderausgabe 1996 für
Seehamer Verlag GmbH, Weyarn

Umschlaggestaltung: Bine Cordes, Weyarn
Umschlagmotiv: Archiv für Kunst und Geschichte,
Berlin
Printed in Germany
ISBN 3-929626-71-3

Vorwort

Mit der Erweiterung und zunehmenden Vervollkommnung der künstlerisch-musischen Bildung haben sich auch die Möglichkeiten vielfältiger Begegnung mit der Musik erhöht. Sowohl der Lehrstoff allgemeinbildender Schulen und Musikschulen als auch das lebendige Musikerlebnis in Opernhaus oder Konzertsaal, Kulturhaus oder Jugendklub regen ebenso wie die eigene musikalische Betätigung und die technisch hochentwickelte Musikvermittlung durch die Massenmedien Rundfunk und Fernsehen oder die Tonträger Schallplatte und Musikkassette zu einer immer intensiveren Beschäftigung mit der Musik und dem einzelnen musikalischen Kunstwerk an. Hier wie bei der Lektüre populärwissenschaftlicher und fachspezifischer Musikliteratur trifft der interessierte Musikfreund, der Schüler oder Student musikalischer Bildungseinrichtungen, aber auch der fachlich vorgebildete Musiker auf eine Vielzahl musikalischer Fach- und Fremdwörter, über die er sich schnell informieren möchte – informieren, um zu einem tieferen Verständnis des Gehörten oder Gelesenen vorzudringen.

Diesem grundlegenden Informationsbedürfnis versucht das Wörterbuch der Musik mit etwa 8000 Stichwörtern und sich gelegentlich zum Sachartikel ausweitenden Fachworterklärungen zur musikalischen Aufführungspraxis, zu Formen und Gattungen der Musik, über Musikinstrumente und technische Mittler sowie zur Harmonie- und Kompositionslehre gerecht zu werden. Ergänzend dazu werden in einem Anhang die gebräuchlichsten Abkürzungen musikalischer Fachausdrücke mitgeteilt.

Auf die Einbeziehung von Stichwörtern zu speziellen ästhetischen und musikgeschichtlichen Fragen wurde bewußt verzichtet, da deren Abhandlung im umfassenderen Rahmen eines Leitfadens der Musikästhetik und einer zusammenfassenden Darstellung der Musikgeschichte angemessener erscheint.

Für die Auswahl und Erarbeitung der Stichwörter wurden neben der Sichtung einer Vielzahl musikalischer Werkausgaben, ausgewählter Fachliteratur und älterer Fachwörterbücher auch größere musikalische Lexika und Fachenzyklopädien herangezogen, wie F. Blume, *Die Musik in Geschichte und Gegenwart* (Kassel und Basel, 1949 ff.), H. Riemann, *Musiklexikon* (Mainz, 1959 ff.) und H. Seeger, *Musiklexikon* (Leipzig, 1966).

Selbstverständlich will und kann das vorliegende Wörterbuch der Musik nicht die Benutzung umfassenderer musikalischer Nachschlagewerke überflüssig machen. Es muß sich vielmehr auf eine allererste Information beschränken. Daß diese nicht immer erschöpfend sein wird und sich häufig mit der Entscheidung für eine begriffliche Einengung bereits dem Vorwurf der Ungenauigkeit ausgesetzt sehen kann, weiß jeder, der bei intensiveren Studien feststellen muß, wie wenig wissenschaftlich abgesichert der musikalische Fachwortschatz derzeit noch ist. Ein Wörterbuch vorliegenden Umfangs muß darüber hinaus zwangsläufig Auswahlcharakter tragen und wird sich in der Zweckmäßigkeit der Stichwortwahl ständig an der musikalischen Praxis zu bewähren haben. Verfasser und Verlag sind daher für alle Anregungen und Hinweise dankbar, die dazu dienen können, neue Bezüge herzustellen, Definitionen zu präzisieren und Irrtümer zu korrigieren.

Ferdinand Hirsch

Hinweise für den Benutzer

Die Stichwörter sind streng alphabetisch geordnet und Umlaute (ä, ö, ü) generell wie Doppellaute (*Diphthonge*) behandelt. Das Stichwort mit kleinem Anfangsbuchstaben steht vor dem gleichlautenden mit großem Anfangsbuchstaben. Gleichlautende Stichwörter (*Homonyme*) gleicher Schreibung sind durch vorangestellte Ziffern (*Indizes*) unterschieden. Aus mehreren Wörtern bestehende Stichwörter, z. B. archaischer Jazz, elektronische Musik, sind in der Regel unter dem Anfangsbuchstaben des ersten Begriffswortes eingeordnet.

Das Stichwort selbst ist durch halbfetten Schriftsatz und Ausrücken hervorgehoben; ihm sind mitunter bedeutungsgleiche oder sinnverwandte Stichwörter (*Synonyme*) nachgestellt, die häufig auch als Verweisstichwörter auftreten.

Fremdsprachlichen oder fremdsprachlich abgeleiteten Stichwörtern folgt in Klammern die Angabe ihrer sprachlichen Herkunft, vielfach mit der wörtlichen oder sinngemäßen deutschen Übersetzung. Das einem abgeleiteten Stichwort in Klammern nachgestellte fremdsprachliche Herkunftswort ist ebenso wie ein fremdsprachliches Verweisstichwort innerhalb des Stichwortartikels mit kursiver Schrift kenntlich gemacht. Außerdem findet die Kursivschrift für Hervorhebungen innerhalb des Stichwortartikels Anwendung.

Die mehrschichtige Bedeutung vieler Stichwörter wird durch eine mit halbfett gesetzten arabischen Ziffern gekennzeichnete Gliederung der Erläuterung verdeutlicht. Dabei wurde versucht, die für die heutige Musikpraxis hauptsächlich bzw. allgemein zutreffende Bedeutung an erster Stelle anzuführen und die historische oder speziellere Bedeutung dieser nachzuordnen.

Mit einem Verweispfeil (→) wird vom Verweisstichwort auf das bedeutungsgleiche oder sinnverwandte erläuterte Stichwort oder – innerhalb des Stichwortartikels – auch auf ein anderes, wichtige Ergänzungen vermittelndes und damit zu tieferem Verständnis weiterführendes Stichwort hingewiesen.

Weitere Zusammenhänge zwischen einzelnen Stichwörtern sind durch „dagegen →“ für gegensätzliche Bedeutungen, „dazu →“ für weiterführende Erläuterungen und „vgl.“ für den Hinweis auf das bedeutungsgleiche, zumeist gebräuchlichere Stichwort verdeutlicht.

Spezielle Abkürzungszeichen (*Sigel*) dienen der Charakterisierung wiederkehrender Stichwortgruppen und ihrer Zuordnung zu bestimmten Sachgebieten; so gilt für

Ak	Akustik	*MA*	Musizieranweisung
EAk	Elektroakustik	*TB*	Tempobezeichnung
...instr.	...instrument(e)	*VB*	Vortragsbezeichnung.

Bei Musikinstrumenten ist häufig die Zugehörigkeit zu bestimmten Instrumentengruppen in Winkelklammern der Erläuterung vorangestellt.

Zur Kennzeichnung der sprachlichen und geographischen Herkunft eines Stichwortes werden die folgenden Abkürzungen verwendet:

ägypt.	ägyptisch
afrik.	afrikanisch
afroamerik.	afroamerikanisch
afrokuban.	afrokubanisch
alban.	albanisch
amerik.	amerikanisch
andal.	andalusisch
arab.	arabisch
argent.	argentinisch
asiat.	asiatisch
bengal.	bengalisch
brasil.	brasilianisch
bret.	bretonisch
bulgar.	bulgarisch
chil.	chilenisch
chin.	chinesisch
dän.	dänisch
dtsch.	deutsch
engl.	englisch
estn.	estnisch
europ.	europäisch
finn.	finnisch
franz.	französisch
frühnhd.	frühneuhochdeutsch
gäl.	gälisch
georg.	georgisch
germ.	germanisch
griech.	griechisch
hebr.	hebräisch
holl.	holländisch
ind.	indisch
indian.	indianisch
indones.	indonesisch
ir.	irisch
ital.	italienisch

jap.	japanisch
javan.	javanisch
jugoslaw.	jugoslawisch
katalan.	katalanisch
kelt.	keltisch
kreol.	kreolisch
kroat.	kroatisch
kuban.	kubanisch
lat.	lateinisch
lett.	lettisch
lit.	litauisch
mexik.	mexikanisch
mhd.	mittelhochdeutsch
neapolitan.	neapolitanisch
nhd.	neuhochdeutsch
niederl.	niederländisch
norweg.	norwegisch
österr.	österreichisch
oriental.	orientalisch
pers.	persisch
poln.	polnisch
port.	portugiesisch
provenz.	provenzalisch
röm.	römisch
rumän.	rumänisch
russ.	russisch
schott.	schottisch
schwed.	schwedisch
serbokroat.	serbokroatisch
slaw.	slawisch
skand.	skandinavisch
sowjet.	sowjetisch
span.	spanisch
tatar.	tatarisch
tschech.	tschechisch
türk.	türkisch
turkestan.	turkestanisch
ukrain.	ukrainisch
ung.	ungarisch
walis.	walisisch

Weitere Abkürzungen in den Stichworterläuterungen:

betr.	betreffend
bzw.	beziehungsweise
dag.	dagegen
d. h.	das heißt
d. i.	das ist
d. s.	das sind
entspr.	entsprechend
evang.	evangelisch
Ez.	Einzahl
geistl.	geistlich
Jh.	Jahrhundert
kath.	katholisch
Mz.	Mehrzahl
od.	oder
protest.	protestantisch
s.	siehe
sog.	sogenannte
sprachl.	sprachlich
transp.	transponierend
u.	und
u. a.	unter anderem
usw.	und so weiter
vgl.	vergleiche
z. B.	zum Beispiel

A

a: 1. Tonname für den 6. Ton der C-Dur-Tonleiter (Grundskala) im gleichen Oktavbereich
2. Akkordbezeichnung für den a-Moll-Dreiklang
3. Kurzbezeichnung für die Tonart →a-Moll

a^1, a′ bzw. **$\bar{a}$** (*eingestrichenes a*): **1.** Tonname für den Stammton a im eingestrichenen Oktavbereich
2. Stimmton für Musikinstr. (→Kammerton); seit 1939 international vereinbarter Normstimmton mit 440 Hertz (= Anzahl der vollständigen Schwingungen pro Sekunde)

a^2, a″ bzw. **$\bar{\bar{a}}$; a^3...; a^4...; a^5...** (*zwei-, drei-, vier-, fünfgestrichenes a*): Tonname für den Stammton a im zwei-, drei-, vier- bzw. fünfgestrichenen Oktavbereich

a2 (*a due*; ital.), **a3** (*a tre*; ital.), **a4** (*a quattro*; ital.)...:
1. *MA* zu zweit, zu dritt bzw. zu viert; doppelt, dreifach bzw. vierfach besetzt
2. in zwei-, drei- bzw. vierstimmiger Besetzung

A: 1. Tonname für den Stammton a im großen Oktavbereich
2. Akkordbezeichnung für den A-Dur-Dreiklang
3. Kurzbezeichnung für die Tonart →A-Dur
4. Bezeichnung der Stimmung jener transp. Instr., die eine kleine Terz tiefer als notiert klingen (z. B. Klarinette in A)
5. Tonname für den Grundton der mittelalterlichen Oktavreihe in der lat. →Buchstabentonschrift

$_1A$, ‚A bzw. **$\underline{A}$; $_2A$...** (*Kontra-, Subkontra-a*): Tonname für den Stammton a im Kontra- bzw. Subkontra-Oktavbereich

A-B-A; A-B-A_1: Symbolbezeichnungen der musikalischen Analyse für eine dreiteilige Form (→Reprisen- oder →Bogenform), in der der Anfangsteil (A) nach einem gegensätzlichen Mittelteil (B) wörtlich bzw. variiert wiederkehrt (z. B. Dacapo-Arie); →dreiteilige Liedform

a ballata (ital.): *VB* im Charakter der →Ballata; tanzliedartig

abanera (ital.) →Habanera

a bassa voce (ital.): *MA* mit leiser Stimme; leise

a battuta (ital.): *MA* (wieder) streng im Takt

abbandonare (ital.): *MA* loslassen, verlassen

abbandona(ta)mente, con abbandono (ital.): *VB* hingebungsvoll, mit Hingabe; langsamer werdend

abbassamento di voce (ital.): *MA* Sinkenlassen der Stimme

abbassando (ital.): *VB* schwächer werdend; vgl. *diminuendo*

abbassare l'accordatura (ital.): Herabstimmen (der Saiten eines Instr.)

abbellimento (ital. = Ausschmückung): Verzierung, →Koloratur

Abblasen, *Turmblasen*: aus dem Mittelalter mancherorts überliefertes Stundenblasen vom Rathaus- oder Kirchturm, das heute zumeist auf besondere Anlässe (z. B. zum Jahreswechsel) beschränkt bleibt; →Turmmusik

Abbreviaturen (ital. *abbreviature*): Abkürzungen, sowohl in der Notenschrift als auch bei Musizieranweisungen, Vortrags- und Instrumentenbezeichnungen (s. Anhang: Abkürzungen)

abdämpfen: *MA* beim Paukenspiel die →Dämpfung der nach dem Schlag noch weiter vibrierenden →Membran mit den Fingern der gespreizten Hand

a beneplacito (ital.): *VB* nach Belieben, frei im Vortrag; vgl. *ad libitum*

Abgesang: der auf den →Aufgesang (Stollen und Gegenstollen) folgende Schlußteil (Nachsatz) der im mittelalterlichen Meistersang herausgebildeten Liedstrophe; →Barform

ab initio (lat.), **ab inizio** (ital.): *MA* (noch einmal) vom Anfang an; vgl. *da capo*

Abmischen: *EAk* letztes Zusammenkopieren einzeln oder synchron aufgenommener und aufbereiteter Tonspuren der Arbeitsbänder zur endgültigen Bandaufnahme; →Magnettonverfahren, →playback-Verfahren

Abreißen: das unerwartete und musikalisch unmotivierte Abbrechen eines musikalischen Vortrages, besonders in der Marschmusik

absetzen →intavolieren

absolute Musik: im 19. Jh. geprägter und seitdem in der →Musikästhetik widersprüchlich gedeuteter Begriff, gemeinhin für eine – im Gegensatz zu →angewandter Musik, →Programm- und →Gebrauchsmusik – von „außermusikalischen" Bindungen (wie zu Dichtung, Malerei, Philosophie oder Natur) bzw. von Sprache, Tanz und szenischer Aktion losgelöste, „reine" Musik, die eine „abgesonderte Welt für sich selbst" (W. H. Wackenroder) bilde;
fälschlich wird auch jede Instrumentalmusik im Gegensatz zur textgebundenen Musik diesem Begriff zugeordnet

absolutes Gehör: die Fähigkeit des Erkennens und Bestimmens von Tönen, Klängen und Tonarten (*passives a. G.*) und des Singens geforderter Töne in genauer Tonhöhe (*aktives a. G.*) ohne jedes Hilfsmittel; unwillkürliche Bezugnahme auf einen dem Gedächtnis eingeprägten Standardton (z. B. Kammerton a^1) kennzeichnet es als *pseudoabsolutes Gehör*

Absorption (lat. *absorbere* = verschlucken): *Ak* bei der Schallausbreitung die exponentielle Abnahme der Schallintensität durch Energieabgabe an die zu durchdringende Materie und Umwandlung der absorbierten Schwingungsenergie durch

Reibung in Wärme; das Schallschluckvermögen einzelner Medien ist frequenzabhängig bei weichen Stoffen größer und beeinflußt die akustischen Eigenschaften (→Hörsamkeit) von Übertragungsräumen

Abstimmung: *EAk* genaues Einstellen eines elektrischen Schwingkreises auf eine gewünschte Frequenz mit Hilfe eines Reglers (z. B. Drehkondensator)

Abstrich: in der Bogenführung beim Streichinstrumentenspiel der naturgemäß betonte Bogenstrich mit der Bogenbewegung vom Frosch zur Spitze; Zeichen ⊓

Abtastnadel: *EAk* ein (anstelle der ursprünglich verwendeten Stahlnadel) auf dem im →Abtastsystem elastisch gelagerten Nadelträger befestigtes, überwiegend synthetisches Saphir- oder Diamantenstäbchen, mit dessen Spitze die Auslenkungen der Schallplattenrille (→Nadeltonverfahren) abgetastet werden; der Verrundungsradius der in der Regel sphärisch geschliffenen Nadelspitzen beträgt in Anpassung an Rillenbreite und Rillengrund der abzutastenden Schallplatten für Normalrillen 40–60 µm, Mikrorillen etwa 25 µm und Stereorillen 12–18 µm. Neuerdings werden zunehmend auch elliptisch und biradial geschliffene Diamantenspitzen verwendet, deren Annäherung an die Form des Schneidstichels (→Schallplattenherstellung) die beim Abtasten auftretenden →nichtlinearen Verzerrungen weiter herabsetzt. Die Spieldauer wird unter Beachtung einer angemessenen →Auflagekraft bei Saphiren mit 30 bzw. 150 Betriebsstunden für Stereo- bzw. Monomikrorillenschallplatten angegeben, bei Diamanten mit etwa 300 bzw. 1500 Betriebsstunden

Abtastsystem, *Schallplattenabtaster*, *Tonabnehmer*: *EAk* elektromechanisches Gerät zum Abtasten von Schallplatten und zur Umwandlung (→Schallwandler) der von der Abtastnadel als mechanische Schwingungen aufgenommenen Rillenauslenkung in elektrische Spannungsschwankungen entsprechend den Amplituden der in der Schallplattenrille aufgezeichneten Tonfrequenzen; →Keramiksystem, →Kristallsystem, →Magnetsystem, →Stereo-System

Abzug: **1.** Herabstimmen (Herabziehen) des tiefsten Lautenchores um einen Ganzton, wonach die Laute „im A. steht"; →*scordatura*

2. leichtes Abziehen der Hand oder des Armes zur Artikulation beim Klavier- und Streichinstrumentenspiel

3. Schlagart beim Paukenspiel

4. im Orgelbau Vorrichtung, die bei kleineren Orgeln ein oder mehrere Register (oder einen Teil derselben) von einem anderen Klavier aus als dem dazugehörigen spielbar macht;

vorherrschend ist die →Transmission vom Manual ins Pedal (= abgezogener Baß)

a cadenza (ital.): kadenzartig, frei zu interpretieren oder zu improvisieren

a cappella, alla cappella (ital.): unbegleiteter mehrstimmiger (Chor-)Gesang; ursprünglich im kontrapunktischen Chorstil nach Art der Kapellchöre (→Kapelle 3.)

a capriccio (ital.): **1.** *VB* nach Laune, nach Belieben; frei im Vortrag
2. *TB* in beliebigem, freiem Zeitmaß, vgl. *ad libitum*

accarezzevole (ital.): *VB* (ein)schmeichelnd, mit liebkosendem Ausdruck

accelerando, con accelerazione (ital.): *VB* beschleunigend, (allmählich) schneller werdend; mit Beschleunigung

accelerando sino al(la) fine (ital.): *VB* bis zum Schluß (allmählich) schneller werdend

accelerato (ital.): *VB* beschleunigt

accent (franz., engl.) →Akzent

accent(u)ato (ital.): *MA* betont, hervorgehoben; vgl. *marcato*

accento (ital.) →Akzent

accentus (lat. = Betonung): **1.** der im Gegensatz zum kantabel gestalteten →*concentus* von einem →Reperkussionston durchzogene, formelhaft festgelegte rezitierende Sprechgesang (→Lektionston) des →Gregorianischen Chorals; z. B. Oration, Lektion, Epistel, Evangelium
2. →Akzent

acceso (ital.): *VB* feurig

acciaccatura (ital. = Quetschung, Zusammenschlag): **1.** in der Musik des 17./18. Jh. eine nur auf Tasteninstr. ausführbare Verzierung mit unmittelbar vorherigem oder auch gleichzeitigem ganz kurzen Anschlag der harmoniefremden Untersekunde zur Hauptnote
2. besonders in der Cembalomusik eine Akkordbrechung mit harmoniefremden Nebennoten

accidentals (engl.), **accidenti** (ital.) →Akzidentien, →Versetzungszeichen

Accidentien (ital. *accidentale* = zufällig) →Akzidentien, →Versetzungszeichen

accidenti in chiave (ital.): Tonartvorzeichnung, →Vorzeichen (Mz.)

accolade (franz., engl.) →Akkolade

accompagnamento (ital.): Instrumentalbegleitung, ursprünglich zu einer Melodiestimme auf der Grundlage einer bezifferten Baßstimme (→Generalbaß)

accompagnato (ital. = begleitet): Kurzform für →*recitativo* *accompagnato*, das ausgearbeitete (orchester-)begleitete Rezitativ

accompagnement (franz.) →Akkompagnement

accoppiato (ital.): gebunden (→Klavichord); gekoppelt (→Koppeln)

accord (franz.) →Akkord

accord à l'ouvert (franz.): beim Streichinstrumentenspiel auf leeren Saiten erzeugter (freier) Akkord

accordando, accordante (ital.): **1.** *VB* zusammenstimmend
2. *MA* auf leeren Saiten der Streichinstr. in der Art des Einstimmens

accordatura (ital.): **1.** die Stimmung der Saiteninstr. in festgelegten Einstimmnormen; Abweichungen davon →*scordatura*
2. Stimmvorrichtung der Pauken

accordéon (franz.), **accordeon, accordion** (engl.) →Akkordeon

accordo (ital.) →Akkord

accordo a corde vuote (ital.): beim Streichinstrumentenspiel auf leeren Saiten erzeugter (freier) Akkord

accordo perfetto (ital.), **accord parfait** (franz.): konsonanter →Dreiklang; →Dur- und →Moll-Dreiklang

accrescendo (ital.): *VB* stärker werdend, zunehmend an Tonstärke; vgl. *crescendo*

Achtelnote, -pause: Note bzw. Pause im Wert des achten Teils einer ganzen Note bzw. Pause; notiert ♪ bzw. 𝄾 (früher 𝄾). →Noten- und Pausenwerte

Achtercharakteristik: →Richtcharakteristik bei →Mikrophonen

Achtfuß, 8′: **1.** im Orgelbau auf dem Fußmaß (ca. 30 cm) beruhende Bezeichnung für das mit dem großen c (Länge der offenen Pfeife ca. 2,50 m) beginnende und wie notiert (→äqual) klingende Orgelregister
2. entsprechende Registerbezeichnung für Spinett, Cembalo und Harmonium

à cinq, à cinq parties (franz.), **a cinque** (ital.): fünfstimmig

acquietandosi (ital.): *VB* ruhig, vgl. *tranquillo*

act (engl.), **acte** (franz.): →Akt, Aufzug

act-change (engl.): Szenenwechsel

acting time (engl.): Spieldauer

action (engl.): **1.** Handlung, Vortragsweise
2. Anschlag, Haltung
3. Mechanik, Traktur, Spieleinrichtung

action song (engl.): Kinderlied mit gestischer Ausdeutung des Inhalts

act tune (engl.): Zwischenaktmusik, Zwischenspiel; vgl. *Intermezzo*

actus, actus musicus (lat.): feierliche Handlung, festliche Darbietung; musikalisch eine dramatisch-oratorische, später lyrisch-kantatenhafte Komposition (17./18. Jh.)

Acuta: Kurzform für lat. *vox acuta*, das zu den →Klangkronen zählende Orgelregister; →Scharff

acuto (ital.): *MA* spitz, scharf, schrill; auch hoch

ad aequales, ad voces aequales (lat.): für Stimmen (und Instr.) in gleicher Tonlage und Notierung; vgl. äqual

adagietto (ital.), **Adagietto: 1.** *TB* ein wenig langsam, doch nicht ganz so langsam wie →*adagio*
2. Komposition oder Satz im entsprechenden Zeitmaß, meist von kürzerer Dauer (Verkleinerungsform von →Adagio)

adagio (ital. = langsam, gemächlich), **Adagio: 1.** *TB* langsames Hauptzeitmaß; langsamer als *andante* und schneller als *largo* oder *lento*
2. Komposition oder Satz im entsprechenden Zeitmaß

adagio assai (ital.): *TB* sehr langsam

adagio molto (ital.): *TB* sehr langsam

adagio pesante (ital.): *TB* schwer lastendes, sehr breites *adagio*

adagissimo (ital.): *TB* äußerst langsam, so langsam wie möglich

ad alta voce (ital.): *MA* mit lauter Stimme; laut

Adap(ta)tion: 1. Anpassung und Veränderung der Reizempfindlichkeit eines Sinnesorganes unter Dauerbelastung; bewirkt beim musikalischen Hören für einen gleichbleibenden Dauerton (z. B. Orgelpunkt) u. a. Abnahme der Lautheitsempfindung bei gleichzeitiger Zunahme der Empfindlichkeit für kleinste Tonhöhen- und Lautstärkeunterschiede der nachfolgenden Töne
2. Anpassung einer Komposition an veränderte Klangvorstellungen oder Umgestaltung für eine andere musikalische Gattung; →Bearbeitung, →Parodie

adaptation pour piano (franz.) →Klavierauszug

Adapter: *EAk* auswechselbares Anpassungsstück zur zeitweiligen Verbindung elektroakustischer Bauelemente und Geräte, z. B. verschiedener Abtastsysteme mit dem Tonarm eines Plattenspielers

added sixth (engl. = hinzugefügte Sexte) →*sixte ajoutée*

addensare il suono (ital.): *VB* zunehmen an Tonstärke, anschwellen

addolorato (ital.): *VB* betrübt, wehmütig, schmerzerfüllt

à demi détaché (franz.): *MA* halb abgestoßen; →*détaché*

a destra (ital.): *MA* rechts, für die rechte Hand

à deux (franz.), **à 2: 1.** *MA* zu zweit; doppelt besetzt
2. in zweistimmiger Besetzung

à deux cordes (franz.): *MA* auf zwei Saiten, zweichörig; beim Klavierspiel mit halber Verschiebung (linkes Pedal)

à deux mains (franz.), **à 2 ms:** *MA* zu zwei Händen; (Klaviermusik) zweihändig

à deux voix (franz.): für zwei Stimmen, zweistimmig

ad finem (lat.): bis zum Ende, gegen Ende zu (mit *MA*)

Adiaphon: 1. →Gabelklavier **2.** Tasteninstr. (um 1820) mit einem der →Glasharmonika ähnlichen Klang

ad initium (lat.): am Anfang, zu Beginn (mit *MA*)

adirato (ital.): *VB* wütend, zornerfülit

Adjuvanten (lat. *adiuvare* = helfen): musikkundige Helfer des Dorfkantors und Dorfschulmeisters, die sich im 17./18. Jh. als Sänger und Instrumentalisten nach dem Vorbild der städtischen →Kantorei zu *Adjuvantenchören* zusammenschlossen

ad libitum (lat. = nach Belieben): **1.** *VB* frei in Zeitmaß und Vortrag
2. in entsprechend der notierten Tonlage beliebig zu wählender Besetzung
3. ergänzende Bezeichnung für notierte, aber nicht notwendigerweise (→obligat) auszuführende Instrumental- oder Vokalstimmen

ad locum (lat. = an seinem Platz) →*loco*

a double-flat (engl.) →asas

a double-sharp (engl.) →aisis

a due (ital.), **a 2: 1.** *MA* zu zweit; doppelt besetzt
2. in zweistimmiger Besetzung

a due battute (ital.): im Zweiertakt

a due corde (ital.): *MA* auf zwei Saiten, zweichörig; beim Klavierspiel mit halber Verschiebung (linkes Pedal)

a due mani (ital.): *MA* zu zwei Händen; (Klaviermusik) zweihändig

a due voci (ital.): für zwei Stimmen, zweistimmig

a due volte (ital.): *MA* zweimal

Adufe (span.): arab. →Schellentrommel

ad una corda (ital.): *MA* auf einer Saite, einchörig; beim Klavierspiel mit voller Verschiebung (linkes Pedal)

ad una mano (ital.): *MA* für eine Hand; (Klaviermusik) einhändig

ad una voce (ital.): für eine Stimme, einstimmig

A-Dur: Durtonart mit Vorzeichnung von drei ♯;

Tonleiter 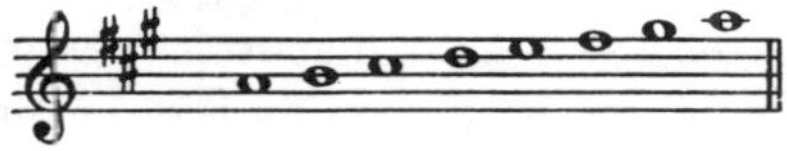

äolisch: nach dem griech. Volksstamm der Äolier benannter, aber erst im 16. Jh. zu den mittelalterlichen →Kirchentonarten hinzugefügter 9. Kirchenton (Modus IX) mit →Finalis =

a und →Reperkussionston = e^1; Vorläufer des heutigen →Moll.

Tonleiter 

Äolsharfe, *Windharfe, Geisterharfe*: Saiteninstr., dessen Saiten ohne Zutun eines Spielers allein durch die Luftbewegung des Windes in Schwingung versetzt werden; eine beliebige Anzahl im Einklang (meist in g) gestimmter Saiten verschiedener Dicke sind, auf zwei Stegen aufliegend, über einen rechteckigen Resonanzkörper gespannt und werden mit, je nach Stärke des Luftstromes, verschiedenen Obertönen des gemeinsamen Grundtones zu zartem, schwebendem Zusammenklang gebracht

äqual (lat. *aequalis*): in gleicher Tonlage klingend wie notiert; bei der Orgel das achtfüßige Register (→Achtfuß, 8′)

aequalis (lat. = gleichhoch) →*voces aequales*

Äquallage: die in der Tonhöhe dem Umfang der menschlichen Singstimme entsprechende Tonlage

Äqualstimmen: Orgelregister im Achtfußton (→Achtfuß, 8′)

Aerophone (griech. = Luftklinger) →Blasinstrumente

Ätherophon, Aetherophon, *Termenvoksa, Théréminovox*: elektronisches Musikinstr. (→Elektrophone) des sowj. Physikers L. Theremin (1920); die Schwingungserzeugung dieses sog. *Ätherwelleninstr.* erfolgt durch zwei Hochfrequenz-(HF-)Generatoren, von denen der eine fest abgestimmt, der andere manuallos durch Handannäherung an eine Antenne (Spielantenne) verstimmbar ist. Die Differenzfrequenzen (→Schwebungen) werden nach Filterung und Verstärkung über Lautsprecher abgestrahlt. Ungenaue Tongebung im musikalisch verwertbaren Bereich von 3 Oktaven beschränkt die Verwendung auf bestimmte Gebiete der Unterhaltungsmusik

Ätherophone, Aetherophone →Elektrophone

affabile, con affabilità (ital.): *VB* freundlich, gefällig, angenehm; mit Freundlichkeit

affannato, affannoso (ital.): *VB* bekümmert, betrübt, wehmütig

affettato (ital.): *VB* geziert, gekünstelt, affektiert

affettuoso, con affetto, affettuosamente (ital.):

1. *VB* ausdrucksvoll, mit innerer Bewegung; auch in heftiger Erregung, leidenschaftlich

2. *TB* mäßig langsam, im Zeitmaß zwischen *adagio* und *andante*

affinalis (lat.) →*confinalis*

afflitto, con afflizione (ital.): *VB* betrübt, traurig; mit Traurigkeit

affrettando (ital.): *VB* beschleunigend, eilend; vgl. *stringendo*

affrettato, affrettoso (ital.): *VB* beschleunigt, rasch, eilig; vgl. *più mosso*
a flat (engl.) →as
a flat major (engl.) →As-Dur
a flat minor (engl.) →as-Moll
afono (ital.): *VB* tonlos, stimmlos; auch schalltot
African wooden drum (engl.): Schlitztrommel
Afro-Cuban Jazz: Musizierrichtung des →modernen Jazz, die Ende der 40er Jahre rhythmische und melodische Elemente der volkstümlichen afrokuban. Musik mit ihrem polymetrischen Fundament größerer Schlaginstrumentengruppen als Teil der afroamerik. Musik Südamerikas in →*bebop* und →*progressive jazz* aufnahm
afterbeat (engl.) →Nachschlag
agevole, con agevolezza (ital.): *VB* leicht, gefällig, behende; in gefälligem Vortrag
aggiustamente (ital.): *MA* genau im Takt
agile, agilmente, con agilità (ital.): *VB* flink, beweglich, behende; mit Behendigkeit
agitamento (ital.): *VB* mit Erregung, mit unruhiger Bewegung
agitato (ital.): **1.** *VB* erregt, unruhig
2. *TB* bewegt, doch nicht ganz so schnell wie →*presto*
Agnus Dei (lat. = Lamm Gottes): der fünfte und letzte Teil des →*Ordinarium missae* der röm.-kath. →Messe mit dem von der Gemeinde (bzw. dem Chor) ausgeführten Bittgesang *Agnus Dei qui tollis peccata mundi* (= Lamm Gottes, der du trägst die Sünden der Welt) mit darauffolgendem →Miserere nobis (= Erbarme dich unser)
Agogik: Bezeichnung für die dem lebendigen musikalischen Ausdruck dienenden und nicht notierten kleinen Schwankungen von Tempo und Rhythmus innerhalb eines vorgegebenen Zeitmaßes. Dieser im Gegensatz zur Dynamik in das Ermessen der Interpretation gestellte Vorgang wurde 1884 von H. Riemann definiert; vgl. *tempo rubato*
agogischer Akzent: ausdrucksbedingte Dehnung von Schwerpunkttönen, bei H. Riemann mit ∧ über der Note bezeichnet
agréments (franz.): Verzierungen
aigu (franz.): *MA* spitz, scharf, schrill; auch hoch
Aida-Trompete: ⟨*Blechblasinstr.*⟩ Fanfarentrompete in langgestreckter Bügelform mit überwiegend zylindrisch gebohrtem Rohr, kurzer kegelförmiger Stürze, 1–3 Ventilen und Kesselmundstück; Stimmung (1ventilig) in H (a–h^2) oder As (ges–as^2), (2- oder 3ventilig) in B (as–b^2) oder C (b–c^3) – transp. notiert im Violinschlüssel; tragfähiger, glanzvoller Ton. Von Verdi speziell für die Oper „Aida“ (1871) eingeführt

air (franz., engl.), **Air:** Lied, Melodie, Weise; im 16.–18. Jh. allgemeine Bezeichnung für unterschiedliche Formen der Vokalmusik, aber auch für lied- oder tanzliedartige Instrumentalstücke (z. B. in der →Suite)

air à boire (franz.): volkstümliches franz. Trinklied mit Lautenbegleitung (16.–18. Jh.)

air avec variations (franz.): Thema mit Variationen

air de bravoure (franz.) →Bravourarie

air de cour (franz.): franz. Liebeslied mit Lautenbegleitung (16.–18. Jh.); →Hofweise

air populaire (franz.): Volksweise, →Volkslied

air serieuse (franz.): kunstvolles franz. Lautenlied (16.–18. Jh.)

air variés (franz.): Thema mit Variationen

ais: Tonname für den durch ein ♯ um einen Halbton erhöhten Stammton a im kleinen Oktavbereich

aisis: Tonname für den durch ein Doppelkreuz (×) um zwei Halbtöne (bzw. einen Ganzton) erhöhten Stammton a im kleinen Oktavbereich

Akklamationen (lat. *acclamare* = zurufen): musikalisch gestaltete Rufformeln von Chor oder Gemeinde in der Liturgie (z. B. Halleluja, Amen) und in den zu den →Litaneien zählenden *Laudes regiae*, den Lobpreisungen Christi

Akkolade (franz. *accolade* = Klammer): senkrechtstehende geschweifte oder gerade Klammer, die z. B. in Partituren, Orgel- und Klaviermusik die Notenzeilen gleichzeitig erklingender Stimmen (oder Stimmgruppen) zu einem Liniensystem zusammenfaßt

Akkompagnement (franz. *accompagnement* = Begleitung): Instrumentalbegleitung, ursprünglich zu einer Melodiestimme auf der Grundlage einer bezifferten Baßstimme (→Generalbaß)

Akkompagnist: Begleiter, Spieler eines Begleitinstr.

Akkord (lat. *accordare* = übereinstimmen): Zusammenklang von mehr als zwei Tönen unterschiedlicher Tonhöhe, die zueinander in einem bestimmten Verhältnis (jedoch nicht im Oktavverhältnis) stehen

Akkordbrechung: Auflösung eines Akkordes in eine gleichmäßig rhythmisierte, harmoniebestimmende Aufeinanderfolge der Akkordtöne. →Akkordfiguration

Akkordeon (ital. *fisarmonica*): ⟨*Harmonikainstr.*⟩ gleichtöniges, chromatisches →Balginstr. mit durchschlagenden Metallzungen und Faltenbalg; nach der Spielmechanik des mehrchörigen (durch Registerschaltungen kombinierbaren) Diskantteils sind →*Knopfgriff-A.* (Tonumfang E–cis^4) und →*Piano-A.* (Tonumfang e/f–a^3/c^4) zu unterscheiden. Im Baßteil (2- bis

6reihige Knopfgriffanordnung mit 8, 12, 24, 32, 48, 72, 96, 120 und 140 Bässen) wird das in mehrfach unveränderlich verkoppelten Akkorden (Name!) ausgelegte Baß- und Akkordwerk bei Spezialinstr. durch ein 2- oder 3reihiges Einzeltonbaßwerk (sog. Baritonbässe) für das Melodiespiel erweitert

Akkordfiguration: Auflösung eines Akkordes in die rhythmisierte, sich als Spielfigur formelhaft wiederholende Aufeinanderfolge der Akkordtöne. →Figuration

akkordfremde Töne, *harmoniefremde Töne*: einem Akkord nicht zugehörende →Nebentöne

Akkordzither: volkstümliches Zupfinstr., das, im Gegensatz zur (Konzert-)→Zither, mit fest eingestimmten Melodiesaiten (über etwa 2 Oktaven) und zu ausgewählten Akkorden zusammengestellten Begleitsaiten ohne besondere musikalische Anforderungen nach unter die Saiten zu legenden „Notenblättern“ spielbar ist

AKM, *Staatlich genehmigte Gesellschaft der Autoren, Komponisten und Musikverleger für Österreich*: mit der Wahrnehmung der →Aufführungsrechte der Urheber (Komponisten, Textdichter) und Verleger vertraglich beauftragte Urheberrechtsgesellschaft in Österreich; dazu →AUSTRO-MECHANA

Akt (lat. *actus* = Handlung; ital. *atto*): in sich geschlossener Hauptteil eines (musik-)dramatischen Werkes

Aktionsschrift: zusammenfassende Bezeichnung für eine Vielzahl noch weitgehend uneinheitlich benutzter Schriftzeichen, graphischer Symbole usw., die in Ergänzung zur allgemeingültigen →Notation (*Standardnotation*) mehr oder weniger genau angeben, wie zur Erzielung des gewünschten Tones, Klanges oder Geräusches vorzugehen ist; dazu →Griffschrift, →graphische Notation, →musikalische Graphik

Akustik (griech. = Lehre vom Hörbaren): **1.** die auf Grundgesetzen der Schwingungs- und Wellenlehre der Mechanik beruhende Lehre vom →Schall; als *musikalische A.* ist sie mit Tönen, Klängen und Geräuschen befaßt und definiert sie im Hinblick auf ihre Tonhöhe, Lautstärke, Klangfarbe und Dauer (= musikalische Parameter)

2. →Elektroakustik, →Raumakustik

Akzent (lat. *accentus*, ital. *accento* = Betonung): **1.** den musikalischen Ablauf gliedernde dynamische Hervorhebung a) als regelmäßig wiederkehrender Taktschwerpunkt oder dessen synkopische Verschiebung (= *rhythmischer A.*), b) im Zusammengehen mit dem höchsten oder tiefsten Melodieton (= *melodischer A.*), c) in Verbindung mit der Dehnung eines ausdrucksbetonten Tones (= *agogischer A.*)

2. als *MA* die dynamische Hervorhebung eines Tones oder

Akkordes, gekennzeichnet durch besondere Vortragsbezeichnungen (fz, sf, sfz, rfz) oder Zeichen (> ∧ ∨)
3. ältere Bezeichnung für →Vorschlag

akzentuieren (ital. *accentuare*): betonen, hervorheben einzelner Töne oder Akkorde durch verstärkte Tongebung oder rhythmische Markierung

Akzidentien, Akzidenzien (ital. *accidentale* = zufällig): zufällige Vorzeichen, →Versetzungszeichen

à la hausse (franz.): *MA* am Frosch des Bogens

Alalá: span. Volksliedtyp; →Arbeitslied

à la mesure (franz.): *MA* im Zeitmaß; vgl. *a tempo*

à la pointe de l'archet (franz.): *MA* an der Spitze des Bogens

Alba (altfranz. = Morgenröte): provenzalisches →Tagelied der Troubadours mit dem im Refrain wiederkehrenden Wort *alba*, abgeleitet vom Morgenruf des Wächters; vgl. *Aube*

Albertische Bässe, Albertibässe: von Domenico Alberti in der 1. Hälfte des 18. Jh. in die Klaviermusik eingeführte, auf meist schematisch gleichartiger →Akkordbrechung beruhende instrumentale Begleitfigur

Alborada (span.): span. →Tagelied, auch →Charakterstück entsprechender Grundhaltung; vgl. *Aubade*

al bordo (ital.): *MA* am Rande (z. B. des Trommelfells oder Beckens) anschlagen

Albumblatt: kleines →Phantasie- oder →Charakterstück, vornehmlich in der Klaviermusik des 19. Jh. (seit R. Schumann); ursprünglich als Eintrag in ein Stammbuch

al centro (ital.): *MA* in der Mitte (z. B. des Trommelfells) anschlagen

Aleatorik, aleatorische Musik (lat. *alea* = Würfel, Zufall): um 1955 eingeführtes kompositionstechnisches Verfahren, das den (mehr oder weniger gelenkten) Zufall der Ausführung im Hinblick auf im Notentext nur grob umrissene Festlegungen der melodischen, klanglichen und rhythmischen Strukturen, des Stimmeneinsatzes, des formalen Ablaufs usw. in die Komposition einbezieht

à l'envers (franz.): *MA* umgekehrt, in Gegenbewegung

al fine (ital.): *MA* bis zum Schluß(-zeichen) bzw. der mit dem Wort *fine* bezeichneten Stelle; vgl. *da capo al fine*

a libro aperto (ital.): *MA* frei vom Blatt

Aliquoten: **1.** beim →Überblasen auf Blasinstr. und beim →Flageolett auf Streichinstr. einzeln hervorgebrachte →Obertöne
2. Obertonregister (*Aliquotregister, Aliquotstimmen*) der Orgel zur Verstärkung bestimmter Obertöne der Grundregister

Aliquotflügel: →Flügel mit einem zweiten Saitenbezug bzw. einem zusätzlichen Diskantchor (Blüthner), der durch Mitschwingen der meist um eine Oktave höher gestimmten Resonanzsaiten (= *Aliquotbesaitung*) den Klavierklang aufhellt

Aliquotsaiten →Resonanzsaiten

Aliquottöne →Obertöne

alla ballata (ital.): *VB* im Charakter der →Ballata; tanzliedartig

alla breve (ital. = nach der *brevis*), **Alla-breve-Takt:**

1. *VB* im $\frac{2}{2}$-(kleinen A.-b.-) oder $\frac{4}{2}$-(großen A.-b.-)Takt wird die halbe Note anstelle der Viertelnote zur Zählzeit (Taktzeichen ¢); eine Tempobeschleunigung bzw. -verdopplung ist damit erst seit etwa 1700 verbunden

2. Satz im entsprechenden Zeitmaß

alla burla (ital.): *VB* im Charakter der →Burleske; burlesk

alla caccia (ital.): *VB* im Charakter der →Caccia; jagdmusik- aber auch kanonartig

alla cadenza (ital.): *MA* wie eine →Kadenz; kadenzartig interpretieren oder improvisieren

alla camera (ital.): *VB* im Kammerstil, kammermusikartig

alla cappella (ital.) →*a cappella*

alla marcia (ital.): *VB* im Charakter eines →Marsches; marschartig

alla meglio (ital.): so gut es geht (mit *MA*)

alla mente (ital.): *MA* aus dem Gedächtnis, aus dem Stegreif

alla misura (ital.): *MA* (wieder) streng im Takt; vgl. *a battuta*

alla polacca (ital.): *VB* im Charakter der →Polonaise

alla punta d'arco (ital.): *MA* an der Spitze des Bogens

alla quinta (ital.): *MA* in der Quinte, im Quintenabstand

allargando (ital.): *VB* breiter (langsamer) werdend, meist mit gleichzeitig zunehmender Tonstärke

alla siciliana (ital.): *VB* im Charakter des →Siciliano; in langsam-wiegender Bewegung

alla stretta (ital.): *VB* in strettaartig gesteigerter Bewegung; →Stretta

alla tedesca (ital.): *VB* im Charakter des →Deutschen Tanzes; ländler- oder walzerartig

alla turca (ital.): *VB* im Stil der türk. (Janitscharen-)Musik

alla zingarese (ital.): *VB* im Stil der Zigeunermusik

alla zoppa (ital.): *VB* im Charakter der →Zoppa; in synkopierten Rhythmen

all-bottom sound (engl.): *MA* mit dumpfer Tongebung

allegramente (ital.): **1.** *TB* etwas weniger lebhaft; langsamer als *allegro* und schneller als *allegretto*

2. *VB* heiter, munter

allegretto (ital.), **Allegretto: 1.** *TB* ein wenig lebhaft, doch nicht ganz so schnell wie →*allegro*

2. Komposition oder Satz im entsprechenden Zeitmaß und von kürzerer Dauer (Verkleinerungsform von →Allegro)

allegrezza, con (ital.): *VB* mit Fröhlichkeit, Heiterkeit

allegrissimo (ital.): *TB* äußerst lebhaft; vgl. *presto*

allegro (ital. = heiter, lustig), **Allegro: 1.** *TB* lebhaftes, schnelles Hauptzeitmaß; schneller als *andante* und langsamer als *presto*
2. *VB* heiter, lustig
3. Komposition oder Satz im entsprechenden Zeitmaß und Charakter

allegro assai (ital.): *TB* sehr lebhaft (vgl. *allegro molto*), aber gelegentlich auch mäßig lebhaft (vgl. *allegro moderato*)

allegro con brio (ital.): *TB* feuriges, vielfach etwas schnelleres *allegro*

allegro giusto (ital.): *TB* angemessen lebhaft, im normalen *allegro*-Zeitmaß

allegro ma non tanto (ital.): *TB* nicht ganz so lebhaft

allegro ma non troppo (ital.): *TB* nicht zu lebhaft

allegro moderato (ital.): *TB* mäßig lebhaft

allegro (di) molto (ital.): *TB* sehr lebhaft; vgl. *allegro vivace*

allegro vivace (ital.): *TB* lebhaftes, sehr schnelles *allegro*

Alleinunterhalter, musikalischer: ein oft mehrere Instr. spielender und dazu auch singender Musiker, der ein musikalisches Unterhaltungsprogramm allein bestreitet

Alleluia (lat.) →Halleluja

allemanda (ital.) →Allemande

Allemande (franz. *danse allemande* = deutscher Tanz; ital. *allemanda*): **1.** alte deutsche Tanzform; als Vortanz im 16./17. Jh. geradtaktiger, überwiegend zweiteiliger Schreittanz mittleren Tempos, der kunstvoll stilisiert als 1. Satz der →Suite auftritt
2. im 18./19. Jh. dem →Ländler verwandter Drehtanz im lebhaften $\frac{3}{8}$- bzw. $\frac{3}{4}$-Takt; →Deutscher Tanz, →Walzer

allentando (ital.): *TB* nachlassend, langsamer werdend; vgl. *rallentando*

all'estenuarsi (ital.): *VB* sich erschöpfend, nachlassend an Tonstärke und Bewegung

all'improvvista (ital.): *MA* improvisiert; aus dem Stegreif, frei im Vortrag

allonger l'archet (franz. = den Bogen verlängern): *MA* mit breitem Bogenstrich

all'ottava (ital.); **8va** (*ottava alta*) bzw. **8_{va}** (*ottava bassa*): *MA* in der Oktave, oktaviert; eine Oktave höher bzw. tiefer als notiert

all-star band, all-stars (engl.): ein sich aus berühmten Musikern zusammensetzendes Jazzensemble

allungato (ital.): *MA* verlängert

all'ungherese (ital.) →*ungherese*

all'unisono (ital.) →*unisono*

al luogo (ital.) →*loco*

Almglocken, *Herdenglocken, große Viehschellen*: ⟨*Schlaginstr.*⟩ kleine Metallglocken aus dünnem Kupferblech, die in unterschiedlicher Größe und Tonhöhe vorwiegend im Vierersatz (mit Klöppeln) oder in größerer Anzahl (ohne Klöppel) zur Gewinnung einer chromatischen Skala auf einem Ständer waagerecht nebeneinander angeordnet sind und mit unterschiedlichen Schlegeln angeschlagen werden; Rhythmusinstr. ohne bestimmte Tonhöhe mit einliniger Notierung oder satzweise im Umfang einer Oktave annähernd chromatisch abgestimmt im Bereich c–c^4

al niente (ital.): *VB* bis zum Nichts an Tonstärke nachlassend

Alphorn, Alptrompete: einfache, aus den ausgehöhlten Hälften eines jungen Baumstammes zusammengefügte, bis zu 4 m lange Holztrompete mit Kesselmundstück und überwiegend abgebogenem Schallbecher (aber auch in kleinerer, trompetenartig gewundener Form); nur →Naturtöne hervorbringendes Signalinstr. der Berghirten, mit hellem, durchdringendem Klang. Als volkstümliches Blasinstr. vornehmlich in Hochgebirgsländern verbreitet. →Kuhreigen

al più presto (ital.): *TB* so schnell als möglich

al ponticello (ital.): *MA* Bogenführung nahe am Steg

al rigore di/del tempo (ital.): *MA* (wieder) ganz streng im Zeitmaß; vgl. *a battuta*

al riverso, al rovescio (ital. = umgekehrt): *MA* von rückwärts, im →Krebsgang

al segno (ital.), *al* 𝄋 (bzw. § oder ⊕): *MA* bis zu dem betreffenden Zeichen

Alt (lat. *altus, vox alta* = hohe Stimme; ital. *contralto*, franz., engl. *alto, contralto*):

1. ⟨*Stimmgattung*⟩ die tiefere der beiden Frauen- oder Knabenstimmen, die ursprünglich als zweithöchste Stimme (*Contratenor altus*) im vierstimmigen Satz von Männerstimmen (im Brust- und Falsettregister) ausgeführt wurde; Umfang etwa f/g–e^2/f^2, des Choralts etwa f–d^2, des dramatischen A. etwa d/e–b^2/c^3 und des Männeralts etwa c–c^2 (bei Kastraten seinerzeit c–d^3). Fächer der Bühnenpraxis sind *dramatischer A., tiefer A.* (Kontraalt) und *Spielalt*

2. Altsängerin, Altistin

alta-Ensemble, Alta (lat. *alta musica* = laute Musik), *Bläser-Alta*: Bläserensemble des 15. Jh. mit Schalmei, Bomhart und Posaune, vornehmlich zur Ausführung von Freiluftmusiken bei Turnieren, Aufzügen und Tänzen; nach der Überlieferung war das Tenorinstr. (→Bomhart) melodieführend; →*haute musique*, →*cobla*, →*tenora*

al tallone (ital.): *MA* am Frosch des Bogens

Altargesang: 1. der vom Liturgen am Altar ausgeführte Sprechgesang

2. die in der reformierten evangelischen Kirche im Gesang des Liturgen mit verdeutschten Texten unverändert übernommenen (Th. Müntzer) oder musikalisch vereinfachten (M. Luther) gregorianischen Melodien; →Gregorianischer Choral

altera pars (lat.): der andere (zweite) Teil eines zweiteiligen Werkes

Alteration (lat. *alteratio* = Änderung), **Alterierung: 1.** die chromatische Veränderung eines (leitereigenen) Tones nach oben (*Hochalteration*) oder unten (*Tiefalteration*), gekennzeichnet durch entsprechende Versetzungszeichen; in der Musik des 14.–16. Jh. wird A. bei Schlußformeln als selbstverständlich nicht notiert

2. →alterierte Akkorde

alterierte Akkorde: in der Harmonielehre seit H. Riemann die durch leittonbildende chromatische Veränderung eines oder mehrerer leitereigener Töne des Grund- oder Ausgangsakkordes gebildeten dissonanten, leiterfremden Akkorde (z. B. der übermäßige Dreiklang)

alternatim (lat. = wechselweise), **alternatim-Musizieren:** das wechselweise Musizieren von Gemeinde (einstimmig), Chor (mehrstimmig) und der sowohl ein- als auch mehrstimmig einsetzbaren Orgel im liturgischen Rahmen

alternativo (ital. = abwechselnd), **alternativement** (franz.):

1. ältere Kennzeichnung für zweiteilige Tanzstücke, deren Teile in beliebigem, mehrmaligem Wechsel gespielt werden können (z. B. *menuetto a.*); oft auch Bezeichnung für Kompositionen mit Trio bzw. den Trioteil selbst

2. →Alternativsatz

Alternativsatz: das wiederholte oder mehrmalige Auftreten des ersten Tanzsatzes zwischen den übrigen Tanzsätzen der älteren →Suite

alternieren: *MA* zwischen zwei Ausführenden (Besetzungen) bzw. Ausführungsmöglichkeiten abwechseln

Altflöte (ital. *flauto contralto*): 〈*Holzblasinstr.*〉 →Querflöte in Altlage mit langem geradem, überwiegend zylindrisch gebohrtem (Metall-)Rohr und auswechselbarem H-Fuß; Stimmung in G (fis/g–g^3), F (e/f–f^3) oder Es (d/es–es^3) – transp. notiert im Violinschlüssel; weicher, wohlklingender Ton im bevorzugten tiefen und Mittelregister

Althorn (ital. *flicorno contralto*): ⟨*Blechblasinstr.*⟩ →Bügelhorn in Altlage in ovaler, Trompeten-, Waldhorn- oder Tubaform mit eng mensuriertem, überwiegend konischem Rohr, drei Ventilen und Bechermundstück; Stimmung in Es (A–es^2), seltener F (H–f^2) – transp. notiert im Violinschlüssel; fast ausschließlich Verwendung im Blasorchester

alti naturali (ital.) →Falsettisten

Altistin: Sängerin in Altstimmlage (Umfang f/g–e^2/f^2)

Altklarinette (ital. *clarinetto contralto*): ⟨*Holzblasinstr.*⟩ →Klarinette in Altlage mit leicht abgewinkeltem Mundstückrohr und nach vorn gebogenem Schalltrichter; Stimmung in F (As/A–c^3), seltener in Es (Ges/G–b^2) – transp. notiert im Violinschlüssel; weicher, voller Klang; übernimmt vielfach die Stimme des →Bassetthorns

alto, Alto: 1. (ital.) hoch **2.** (franz., engl.) →Alt, Altstimme; Instr. in der Altlage einer Stimmfamilie
3. (franz.) Bratsche, →Viola
4. (engl.) im Jazz Kurzform für →*alto saxophone*

alto clarinet (engl.) →Altklarinette

alto flute (engl.) →Altflöte

alto horn (amerik.) →Althorn

alto recorder (engl.): Altblockflöte; →Blockflötenfamilie

alto saxophone (engl.) →Altsaxophon

Altposaune (ital. *trombone contralto*): ⟨*Blechblasinstr.*⟩ →Posaune in Altlage; Stimmung in Es ($_1$A–Es...A–g^2), seltener F ($_1$H–F...H–a^2) – nichttransp. notiert im Alt- und Baßschlüssel; heller, voller Posaunenklang im bevorzugten Mittelregister

altra volta (ital.): *MA* noch einmal

Altsaxophon (engl. *alto saxophone*): ⟨*Holzblasinstr.*⟩ →Saxophon in Altlage mit schräg abgewinkeltem Mundstückrohr und nach oben gebogenem Schalltrichter; Stimmung in Es (des–as^2), seltener F (es–b^2) – transp. notiert im Violinschlüssel; im hohen Register heller, durchdringender und im tiefen Register etwas hohler Klang. Bevorzugtes Instr. des Jazz und der Tanzmusik

Alt-Schlüssel: →C-Schlüssel für c^1 auf der mittleren Notenlinie; galt allgemein für jede Stimme in Altlage, heute nur noch für Viola und Altposaune

altus (lat.) →Alt

Altxylophon →Trogxylophon

alzamento di voce (ital.): *MA* Erheben der Stimme

alzare l'accordatura (ital.): Heraufstimmen (der Saiten eines Instr.)

amabile, amabilmente, con amabilità (ital.): *VB* liebenswürdig, lieblich; mit gefälligem Ausdruck

a major (engl.) →A-Dur

amante della musica (ital.): Musikliebhaber

amarevole, con amarezza (ital.): *VB* schmerzlich, betrübt; mit schmerzvollem Ausdruck

ambitus (lat. = Umfang): Tonumfang einer Stimme, eines Instr. oder auch einer Melodie (Abstand vom höchsten zum tiefsten vorkommenden Ton)

Amboß (ital. *incudine*): **1.** ⟨*Schlaginstr.*⟩ kleine Stahlplatte oder -röhre liegend in einem Kasten angebracht, für Einzelschläge mit einem oder zwei Metallhämmerchen; Stimmung in C (f^1–a^3) – eine oder zwei Oktaven tiefer notiert im Violin- oder Baßschlüssel; auch echter Amboß mit unbestimmter Tonhöhe **2.** das mittlere der drei Gehörknöchelchen (Hammer, Amboß, Steigbügel) im Mittelohr

Ambrosianischer Gesang, *Mailänder Choral*: nach dem Bischof Ambrosius von Mailand (333–397) benannte, aus dem 12. Jh. überlieferte Gesangstradition der Mailänder Kirche und Vorläufer der →Hymnen

Ambrosianischer Lobgesang: deutschsprachige Benennung des dem Bischof Ambrosius von Mailand (333–397) fälschlich zugeschriebenen → *Te deum laudamus* (= Dich, Gott, loben wir)

American organ (engl.) →Harmonium

à mesure (franz.): *MA* im Takt, (wieder) streng im Zeitmaß; vgl. *a battuta*

a mezza corda (ital.): *MA* auf der Mitte der Saite, auf halber Saite

a mezza voce (ital.): *MA* mit halber Stimme; halblaut

a mezzo arco (ital.): *MA* in der Mitte des Bogens, mit halbem Bogen

a minor (engl.) →a-Moll

a misura (ital.): *MA* im Takt, (wieder) streng im Zeitmaß; vgl. *a battuta*

a-Moll: Molltonart ohne Vorzeichnung, Paralleltonart zu C-Dur; Tonleitern

natürlich (oder rein)

harmonisch

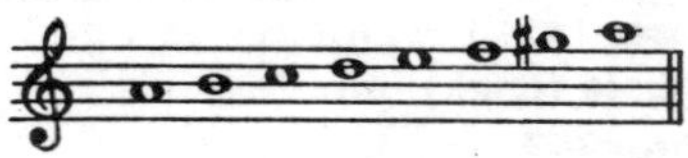

melodisch

amoroso, amorevole, con amore (ital.): *VB* lieblich, zart, innig; mit Liebe

amplificateur (franz.), **amplificatore** (ital.), **amplifier** (engl.) →Verstärker

amplificazione sonora (ital.): Schallverstärkung

Amplitude: *Ak* die von der Schallenergie abhängige größte Schwingungsweite (= *maximale Elongation*) schwingender Luftmoleküle; bestimmend für die Schallstärke (Intensität)

Amplitudenmodulation, AM: *EAk* senderseitige Beeinflussung der Schwingungsweite (→Amplitude) einer für drahtlose Übertragung geeigneten hochfrequenten Trägerschwingung (z. B. für den Lang-, Mittel- und Kurzwellenbereich des Hörfunks und die Bildsignale des Fernsehens), gesteuert durch die Modulationsschwingung der zu übertragenden niederfrequenten Schallinformation

Amusie (griech.): pathologische Störung des musikalischen Ausdrucks- bzw. Wiedergabevermögens (*motorische A.*: als vokale und instrumentale musikalische Apraxie) oder des Verständnisses für musikalische Zusammenhänge (*sensorische A.*, auch sog. Melodietaubheit) aufgrund erworbener, selten angeborener Hirnschäden

anacrouse (franz.), **anacrusi** (ital.), **anacrusis** (engl.) →Anakrusis

anacrusico (ital.), **anacrustic** (engl.): auftaktig

Anakrusis (griech. = Anheben): Auftakt

Analyse (griech. = Auflösung), **musikalische Analyse:** die Zergliederung, Ausdeutung und Erklärung eines musikalischen Satzes, einer Komposition oder Werkgruppe nach satztechnischen (formaler Aufbau; melodische, rhythmische, harmonische, metrische und dynamische Zusammenhänge), psychologischen (Spannungs- und Intensitätsabläufe; Rezeptionsvermögen), inhaltlich-dramaturgischen und ausdruckscharakteristischen (Tonartencharakteristik, →Hermeneutik) Gesichtspunkten

anche (franz.): Rohrblatt, →Zunge

anche battante (franz.) →Gegenschlagzunge

anche double (franz.) →Doppelrohrblatt

ancia (ital.): Rohrblatt, →Zunge

ancia battente (ital.) →Gegenschlagzunge

ancia doppia (ital.) →Doppelrohrblatt

ancient music (engl.): alte Musik

ancora una volta (ital.): *MA* noch einmal; vgl. *da capo*

andamento (ital. = Gang, Entwicklung): **1.** freies Zwischenspiel in der →Fuge **2.** Fugenthema größerer Ausdehnung

andante (ital. = gehend), **Andante: 1.** *TB* ruhig gehend, mäßig bewegt; als mittleres, etwa der menschlichen Pulsgeschwin-

digkeit entsprechendes Hauptzeitmaß langsamer als *allegro* und schneller als *adagio*
2. Komposition oder Satz im entsprechenden Zeitmaß

andante con moto (ital.): *TB* beschleunigt gehend; etwas schneller als *andante*

andante ma adagio (ital.): *TB* langsam gehend; langsamer als *andante*

andante moderato (ital.): *TB* mäßig gehend; etwas langsamer als *andante*

andante molto (ital.): *TB* sehr ruhig gehend; etwas langsamer als *andante* (aber auch als schneller gedeutet)

andante sostenuto (ital.): *TB* zurückhaltend in der Bewegung; langsamer als *andante*

andante vivace (ital.): *TB* lebhaft gehend; schneller als *andante*

andantino (ital.), **Andantino: 1.** *TB* ein wenig bewegt, etwas schneller (gelegentlich auch langsamer) als →*andante*; als Hauptmerkmal gilt der leichter akzentuierte Bewegungscharakter
2. Komposition oder Satz im entsprechenden Zeitmaß und vielfach von kürzerer Dauer (Verkleinerungsform von →Andante)

andare a tempo (ital.): *MA* im Tempo gehen, (wieder) im ursprünglichen Zeitmaß; vgl. *a tempo*

Angelica (franz. *angélique*), *Engelsgitarre*: **1.** kleine theorbenartige →Laute des 17./18. Jh. mit 17saitigem Bezug in diatonischer Stimmung (Bordunsaiten D–c; Griffsaiten d–d^1, d^2)
2. →*vox angelica*

angewandte Musik: im 19. Jh. geprägter und seitdem in der →Musikästhetik unterschiedlich verwendeter Begriff für die im Gegensatz zur sog. →absoluten Musik mit anderen Künsten verbundenen und funktionsbezogenen (→Gebrauchsmusik) Musikformen; d. s. ebenso alle textgebundenen Musikgattungen wie auch Ballett-, Schauspiel-, Film-, Hörspiel- und Fernsehmusik sowie der Musikanteil anderer synthetischer Kunstgattungen (z. B. Multimedia-Show)

Anglaise (franz. *danse anglaise* = englischer Tanz):
1. überwiegend geradtaktiger, lebhafter Kettentanz (*chaîn anglaise*), der im 17. Jh. als →*contredanse* nach Frankreich und schließlich als →Française oder →Quadrille weiter nach Deutschland gelangte und Eingang in die →Suite fand; vgl. →Ecossaise
2. Name für alte Tanzformen englischer Herkunft (→*country dance*)

angoscioso (ital.): *VB* ängstlich, besorgt, kummervoll

anhemitonisch: halbtonlos; →Pentatonik

anima (ital. = Seele) →Stimmstock

animando il tempo (ital.): *VB* das Zeitmaß belebend, beschleunigend

animato, con anima (ital. = beseelt): *VB* belebt, lebhaft; mit lebendigem Ausdruck (oft mit Tempo- und Intensitätssteigerung verbunden)

animoso, animosamente (ital.): *VB* mutig, beherzt

Anrufung: 1. der vom Vorsänger vorgetragene solistische Teil des Wechselgesangs, dem die Beantwortung durch den Chor folgt; →Responsorium

2. Anrufungsteil des Wechselgesangs (→*call and response*) der afroamerik. Negerfolklore, dessen Prinzip im Jazz auch instrumental (Kornett : Klarinette und Posaune) aufgegriffen wird und der melodischen Struktur des →Blues zugrunde liegt. Die A. enthält immer eine Feststellung (*statement*), die →Beantwortung die Begründung dazu

Ansatz: 1. beim Blasinstrumentenspiel die für die Qualität der Tonerzeugung entscheidende Stellung und Spannung der Lippen; →Überblasen

2. beim Gesang die (Ein-)Stellung der an der Tonbildung beteiligten Organe und die davon beeinflußte Tongebung

Ansatzrohr: der Teil des menschlichen Stimmapparates oberhalb der Stimmlippen des Kehlkopfes, der im wesentlichen von Rachen-, Mund- und Nasenraum gebildet wird und als →Resonator die Obertoncharakteristik und Artikulation der Singstimme beeinflußt

Anschlag: 1. die durch Fingerbewegung und Spieltechnik bewirkte, innerhalb der mechanischen Gegebenheiten der Konstruktion mehr oder weniger beeinflußbare Art der Tonerzeugung und Artikulation bei Tasteninstr.

2. Doppelvorschlag in der Verzierungspraxis des 18./19. Jh., bestehend aus einer unteren und einer oberen, der Hauptnote in kleingeschriebenen Noten vorangestellten und auf den Schlag einsetzenden Vorschlagsnote, von denen die zweite eine Nebennote sein muß; als *kurzer* (2 gleichwertige Noten) und *langer* (punktierter) A. vorkommend:

z. B.

Ansingtrommeln →Mirlitons, →Fellklinger

Ansprache: bei Musikinstr. die charakteristische Art des Toneinsatzes (→Ausgleichsvorgänge) während der Tonerzeugung (z. B. beim →Ansatz der Bläser) bzw. nach Betätigung einer mechanischen Spielvorrichtung (z. B. beim Orgelspiel)

antecedente (ital.): die vorangehende, führende Stimme (z. B. in →Fuge und →Kanon); vgl. *dux*

anteludium (lat.): Vorspiel; vgl. *praeludium*

Anthem (engl.): **1.** volkssprachige, nicht liturgisch gebundene geistl. engl. Chormusik (= *full anthem*) des 16./17. Jh. für den anglikanischen Gottesdienst; häufig mit →Motetten- oder →Kantatencharakter
2. in England auch für →Hymne und →Nationalhymne (= *national anthem*)

anticipatio (lat.) →Antizipation

antico (ital.): alt

antienne (franz.) →Antiphon

antifona (ital.) →Antiphon

antike Zimbeln →*cymbales antiques*

Antiphon (lat. *antiphona*, franz. *antienne*): verselbständigte, musikalisch reicher gestaltete →antiphonale Gesangsform, die, den Psalmengesang einleitend und abschließend oder ihm auch refrainartig eingeschoben, wichtiger Bestandteil des →Offiziums und der →Messe (→Introitus, →Offertorium, →Communio) wurde

antiphonal, antiphonisch, Antiphonie: wechselseitiger Gesangsvortrag von zwei Sängern oder zwei Chören (bzw. Chorhälften) in der altgriech. Musikpraxis (hier auch als gleichzeitiges Singen im Oktavabstand), der sich besonders in der frühchristlichen →Psalmodie ausprägte; →Antiphon

Antiphonale, Antiphonar(ium): Melodiensammlung mit den Antiphonen, Responsorien und Psalmen des →Offiziums der röm.-kath. Liturgie

antique cymbals (engl.) →*cymbales antiques*

antiskating (engl.), **Antiskatingvorrichtung:** *EAk* mechanische Vorrichtung an hochwertigen Tonarmen zur Korrektur der den Tonarm nach innen ziehenden skating-Kraft; sie ermöglicht einen gleichmäßigeren Druck der Abtastnadel auf beide Flanken der Stereo-Schallplattenrille und die Verwendung hochwertiger Abtastsysteme mit geringer →Auflagekraft

Antizipation (lat. *anticipatio* = Vorausnahme): **1.** die (als Durchgang zu wertende) Vorwegnahme von Harmonietönen des folgenden Akkordes in den vorangehenden auf unbetontem Taktteil; die Mitvorwegnahme des Schwerpunkts (*rhythmische A.*) beugt durch synkopenartige Verschiebung einer Schwächung des musikalischen Spannungsablaufs vor
2. Verzierung durch Vorausnahme der folgenden Melodienote innerhalb des Wertes der vorangehenden:

Antwort: 1. der zweite Teil einer musikalischen →Periode
2. →Beantwortung
anvil (engl.) →Amboß
Aöden (griech. = Sänger): Dichtersänger der Griechen zur Zeit Homers; sie waren zunftmäßig zusammengeschlossen und geehrt wie Seher (Vorhersager) und Ärzte
aperiodisch (griech.), *unperiodisch*: in unregelmäßiger Folge, nicht gesetzmäßig wiederkehrend
aperto (ital.): **1.** *MA* offen; (wieder) ohne Dämpfer
2. nicht gedeckt; →Orgelregister mit offenen Pfeifen
Aphonie (griech.): Stimmlosigkeit, Tonlosigkeit; hervorgerufen durch Erkrankung der Stimmorgane, Überanstrengung oder nervliche Störungen im Gehirn
a piacere, a piacimento (ital.): *VB* nach Belieben, frei im Vortrag; vgl. *ad libitum* (1.)
à plaisir (franz.): *VB* nach Belieben, frei im Vortrag; vgl. *ad libitum* (1.)
aplomb (franz. = Sicherheit), **Aplomb:** die Standfestigkeit des Ballettänzers, bei der im Ergebnis vollkommener Körperbeherrschung das Körpergewicht gleichmäßig auf die ganze Fläche des Fußes verteilt ist
a poco a poco (ital.): nach und nach, allmählich (mit *VB*)
appassionato (ital.): **1.** *VB* leidenschaftlich
2. auch Tempobezeichnung für ein schnelles Zeitmaß zwischen *allegro* und *presto*
Applikatur (lat. *applicatio*) →Fingersatz
appoggiato (ital.): *MA* getragen, gehalten; vgl. *portato*
appoggiatura (ital.), **Appoggiatur:** Verzierung durch →Vorschlag eines oder mehrerer meist harmoniefremder Töne; vornehmlich in der Gesangspraxis des 17./18. Jh.
appoggio, Appoggio: Atemstütze in der Gesangstechnik
approssimativo (ital.): *MA* annähernd, ungefähr
à première vue (franz. = auf den ersten Blick): *MA* vom Blatt
a prima vista (ital. = auf den ersten Blick): *MA* vom Blatt
a primo tempo (ital.), *tempo I*: *MA* im ersten Zeitmaß
Apsidenchöre: die bei →Mehrchörigkeit getrennt aufgestellten Chöre; ursprünglich die in der Altarnische (griech. = Apsis) vom Mittelschiff des Kirchenbaus den Wechselgesang (→Antiphonie) ausführenden Halbchöre. →Doppelchor
a punta d'arco (ital.): *MA* mit der Spitze des Bogens
à quatre (franz.), **à 4: 1.** *MA* zu viert, vierfach besetzt
2. in vierstimmiger Besetzung
à quatre cordes (franz.): *MA* auf vier Saiten, vierchörig
à quatre mains (franz.), **à 4 ms:** *MA* zu vier Händen; (Klaviermusik) vierhändig

à quatre voix (franz.): für vier Stimmen, vierstimmig

a quattro (ital.), **a 4: 1.** *MA* zu viert, vierfach besetzt
2. in vierstimmiger Besetzung

a quattro corde (ital.): *MA* auf vier Saiten, vierchörig

a quattro mani (ital.): *MA* zu vier Händen; (Klaviermusik) vierhändig

a quattro voci (ital.): für vier Stimmen, vierstimmig

arabesca (ital.) →Arabeske

Arabeske (franz. *arabesque* = arab. Rankenornament):
1. reich figurierte und verzierte melodische Wendung
2. in freiem Linienspiel gestaltetes →Charakterstück, meist für Klavier
3. →*arabesque*

arabesque (franz.), *Arabeske*: Ballettgrundhaltung, bei der das Spielbein in einer Höhe von 90° nach rückwärts, der entsprechende Arm nach vorn gestreckt wird

Arabian drum (engl.): arabische Trommel

Arabic drum (engl.) →*darabukka*

Arbeiterlied: das in der 1. Hälfte des 19. Jh. entstandene politische Lied der Arbeiterbewegung. Unter volkskundlichem Aspekt werden nach W. Steinitz das dem →Volkslied eng verwandte *folklorisierte revolutionäre Arbeitervolkslied* und das *nicht-folklorisierte Arbeiterlied* mit ausgesprochen politisch-ideologischer Zielstellung unterschieden; beide Haupttypen sind durch ihren untrennbaren Zusammenhang mit dem traditionellen Volkslied verbunden.

Arbeitslied: dem Arbeitsrhythmus angepaßtes Lied, das u. a. durch Koordinierung der Körperbewegungen zur Erleichterung und Leistungssteigerung bei gemeinsamer, gleichartiger Tätigkeit beiträgt; →*work song*, →Shanty

arbitrario, *a suo arbitrio* (ital.): *MA* willkürlich, nach eigenem Ermessen; vgl. *ad libitum*

arcata, archeggio (ital.): Bogenstrich beim Streichinstrumentenspiel

arcata in giù (ital.) →Abstrich

arcata in su (ital.) →Aufstrich

arcato (ital.): *MA* gestrichen, mit dem Bogen; vgl. *arco*

archaischer Blues →*country blues*

archaischer Jazz, früher Jazz: die erste Stilperiode des volkstümlichen →Old-Time-Jazz, in der nach Aufhebung der Sklaverei in den Südstaaten der USA (1865) mit dem Zentrum in New Orleans die ältesten überlieferten Formen des Jazz herausgebildet wurden, die wesentlich von der volkstümlichen Musizierpraxis der →*marching bands* und →*street bands* der nordamerik. Neger geprägt waren

archeggiare (ital.): *MA* mit dem Bogen über die Saiten streichen
archet (franz.), **archetto** (ital.): Streichbogen
archi (ital.): Kurzform für *strumenti ad archi*, die Gruppe der Streichinstr. im Orchester (= Streicher)
archi-, arci- (franz., ital.): Vorsilbe für die im 16./17. Jh. durch besondere Größe herausragenden Vertreter einer Instrumentenfamilie; z. B. *archiluth* (franz.), *arciliuto* (ital.)
archiluth (franz.), **arciliuto** (ital.): →Erzlaute, Baßlaute; →Chitarrone, →Theorbe
arco (ital. = Streichbogen): *MA* (wieder) mit dem Bogen streichen; Kurzform für *coll'arco*
arco allungato (ital.): *MA* mit breitem Bogenstrich
arco saltato (ital.): *MA* mit Springbogen (Strichart)
arco sonore (ital.), **arc sonore** (franz.) →Musikbogen
ardente (ital.): *VB* feurig, glutvoll
ardito, arditamente (ital.): *VB* kühn, verwegen, frech
aretinische Silben →Solmisationssilben
aria (ital.; engl. und franz. *air*), **Aria: 1.** Lied, Melodie, Weise; auch einfach gegliedertes, liedhaftes Instrumentalstück. →Air
2. →Arie
3. Tanzform in der Ballettsuite des 17. Jh.
aria concertante, aria da concerto (ital.): Konzertarie
aria con prolepsi (ital.): Devisenarie; →Devise (1.)
aria da capo (ital.) →Da-capo-Arie
aria da chiesa (ital.): Kirchenarie, geistliche Arie
aria di bravura (ital.) →Bravourarie
aria di coloratura (ital.): Koloraturarie; →Koloratur
aria d'opera (ital.): Opernarie
aria strumentale (ital.): Orchesterarie; durchgängig vom Orchester begleitete →Arie
Arie (ital. und engl. *aria*, franz. *air*): kunstvoller mehrteiliger, unterschiedlich gegliederter Sologesang mit Instrumentalbegleitung in Oper, Oratorium, Passion, Kantate und Konzert (= *Konzertarie*); im 17./18. Jh. überwiegend als virtuose →Da-capo-Arie
arietta (ital. = kleine Arie), **Ariette: 1.** kurze, einfach gegliederte →Arie, zumeist zweiteilig ohne Mittelteil
2. entsprechendes kurzes Instrumentalstück
ariette (franz.): **1.** die in die große franz. Oper übernommene virtuose ital. →Da-capo-Arie (im Gegensatz zum schlichteren *air*)
2. das volkstümliche Lied in der →*opéra comique* (im Gegensatz zum →*vaudeville*)
arioso (ital.): *VB* gesangvoll, arien- oder liedhaft
Arioso: einfacher, liedhafter Sologesang mit Instrumentalbeglei-

tung; oft kurzes Bindeglied zwischen Rezitativ und Arie, aber auch selbständige, lyrisch-betrachtende Komposition

armatura (ital.): Saitenbezug

armature (franz.): Tonartvorzeichnung, →Vorzeichen (Mz.)

Armeemärsche, Truppenmärsche: für die Militärmusik oder auch einzelne Truppenteile bestimmte, verliehene oder übernommene Marschkompositionen (Präsentier-, Parade-, Geschwind- und Sturmmärsche). Zu den ältesten A. zählt der *Marsch der finnländischen Reiterei* aus dem 30jähr. Krieg; berühmt wurde besonders der sog. *Yorcksche Marsch* (Marsch für die böhmische Landwehr) von L. van Beethoven

armonia (ital.): **1.** Harmonie **2.** →Harmoniemusik

armonica (ital.) →Harmonika

armonica a bocca (ital.) →Mundharmonika

armonio, armonium (ital.) →Harmonium

armonioso (ital.): *VB* wohlklingend, klangvoll

arpa (ital.) →Harfe

arpa doppia (ital.) →Doppelharfe

arpanetta (ital.), **arpanette** (franz.) →Spitzharfe

arpégement (franz.): **1.** →*arpeggio* (1.)
2. im 17./18. Jh. in der Musik für Tasteninstr. als *a. simple* (mit nur akkordeigenen Tönen) und *a. figuré* (mit auch akkordfremden Tönen) zu den →Verzierungen zählend

arpeggiando, arpeggiato (ital.): *MA* harfenartig ausgeführt; arpeggiert, d. h. in gebrochenen Akkorden spielen

arpeggio (ital. = harfenartig), *harpeggio*: **1.** vom Harfenspiel übernommene Ausführung von Akkorden auf Zupf-, Streich- und Tasteninstr. in mehr oder weniger rascher gleichmäßig rhythmisierter Aufeinanderfolge der Akkordtöne (= Akkordbrechung); Zeichen: ⌇, auch ⌇↑ bzw. ⌇↓ vor dem betr. Akkord
2. →*arpégement* (2.)

Arpeggione (ital.; franz. *guitare d'amour*), *Gitarre-Violoncello*: gitarrenartiges Streichinstr. mit Bünden und Gitarrenstimmung (E a d g h e[1]), gebaut von J. G. Staufer (Wien, 1823)

Arrangement (franz.): **1.** Einrichtung eines Musikstückes für eine andere als die ursprünglich vorgesehene Besetzung; sie ist bei Entstehen einer eigenen künstlerischen Leistung als →Bearbeitung anzusehen
2. im Jazz die Festlegung der harmonischen oder thematischen Struktur für die gemeinschaftliche Improvisation der Grundmelodie (→Chorus), auch das auswendig gespielte *head arrangement*

arrangement pour le piano (franz.): Klavierauszug

Arrangeur (franz.): Einrichter eines Musikstückes, Bearbeiter

Arsis (griech. = Hebung): in der Musik der leichte, unbetonte Taktteil; beim Dirigieren der aufwärtsgerichtete Schlag. Ursprünglich das Heben des Fußes beim Tanz; dagegen →Thesis

art (engl., franz.), **arte** (ital.): Kunst

articolando, articolato (ital.): *MA* artikuliert, deutlich gegliedert

artificial (engl.), **artificiale** (ital.), **artificiel** (franz.): gekünstelt, künstlich; aber auch kunstgerecht

Artikulation: 1. in Sprache und Gesang die richtige Bildung und Abgrenzung der Laute
2. in der Musik die in der Notation oder durch Musizieranweisungen und Vortragsbezeichnungen geforderten, in der Verbindung oder Trennung von Tonfolgen unterschiedenen Arten des musikalischen Vortrags vom →*legatissimo* bis zum →*staccatissimo*; z. B. *legato, non legato, portato, tenuto, staccato*

as, As: 1. Tonname für den durch ein ♭ um einen Halbton erniedrigten Stammton a im kleinen bzw. großen Oktavbereich
2. Akkordbezeichnung für den as-Moll- bzw. As-Dur-Dreiklang
3. Kurzbezeichnung für die Tonart →as-Moll bzw. →As-Dur

asas, ases: Tonname für den durch ein Doppel-♭(𝄫) um zwei Halbtöne (bzw. einen Ganzton) erniedrigten Stammton a im kleinen Oktavbereich

As-Dur: Durtonart mit Vorzeichnung von vier ♭ ;

Tonleiter 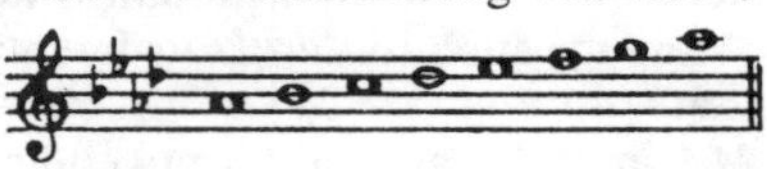

a sei (ital.), **a 6: 1.** *MA* zu sechst, sechsfach besetzt
2. in sechsstimmiger Besetzung

a sharp (engl.) →ais

a sinistra (ital.): *MA* links, für die linke Hand

à six (franz.), **à 6: 1.** *MA* zu sechst, sechsfach besetzt
2. in sechsstimmiger Besetzung

as-Moll: Molltonart mit Vorzeichnung von sieben ♭ ; weniger gebräuchliche Paralleltonart zu Ces-Dur.

Tonleitern
natürlich (oder rein) 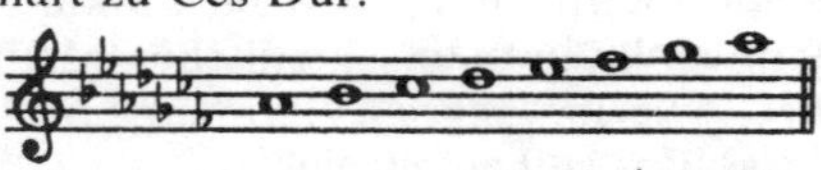

harmonisch 

melodisch

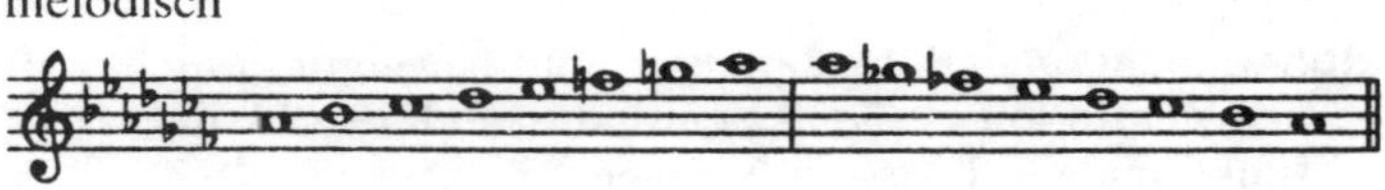

aspetto (ital.) →Pause
aspirated attack (engl.): *MA* gehauchter Einsatz
Aspiration (franz.): **1.** das Einatmen, Atemholen
2. Verzierung in der Vokalmusik des 17./18. Jh. durch kurzes, vorschlagartiges Ausweichen (→Antizipation) der Melodienote in eine obere oder untere Nebennote und deren Bindung an die Hauptnote
3. mit ' bezeichnete staccatoartige Verzierung in der Cembalomusik des 18. Jh.
assai (ital.): sehr, ziemlich; verschärft die voranstehende Tempobezeichnung (z. B. *allegro assai* = sehr lebhaft)
assemblé (franz.), **Assemblé:** im Ballett die Sprungbewegung mit gleichzeitigem Aufschwingen beider Füße und Rückfall auf beide Füße
assieme (ital.): *MA* zusammen
assolo (ital.): Solostück, →Solo
assoluto (ital.): *VB* absolut, uneingeschränkt
asta (ital.): Schaft (des Trommelschlegels)
asta di metallo: Metallschaft (des Trommelschlegels)
a suo arbitrio (ital.): *MA* nach eigenem Ermessen; vgl. *ad libitum*
a suo comodo (ital.): *VB* nach eigenem Belieben; vgl. *ad libitum*
atematico (ital.) →athematisch
Atemholer, Atemzeichen: in der Vokalmusik das →Kommahäkchen über oder in dem Notensystem zur Bezeichnung der günstigsten oder von der Textinterpretation her geforderten Stelle für die Atmung; auch in den Instrumentalstimmen der Bläser verwendet
a tempo (ital.): *MA* im Zeitmaß; nach zeitweiliger Tempoänderung (z. B. *accelerando, ritardando*) oder Aufhebung der strengen Taktordnung (z. B. *tempo libero, tempo rubato*) wieder im vorhergehenden Zeitmaß
a tempo giusto (ital.): *MA* im angemessenen Zeitmaß
a tempo libero (ital.): *MA* im freien Zeitmaß
a tempo ordinario (ital.): *MA* im gewohnten Zeitmaß
a tempo primo (ital.): *MA* im ersten (ursprünglichen) Zeitmaß
a tempo rubato (ital.): *MA* im willkürlichen, freien Zeitmaß
Atemtechnik: in unterschiedlichen Methoden gelehrte Fertigkeit der zweckmäßigsten Atmung für Sprache, Gesang und (Blas-)Instrumentenspiel auf der Grundlage physiologischer Kenntnisse. →Atemholer
athematisch: ohne Thema bzw. thematisch-musikalische Verarbeitung
atonal: nichttonal, d. h. melodisch und harmonisch nicht auf einen Zentralton (→Tonika) und die modale oder harmonisch-funktionale →Tonalität bezogen

atone (franz.): *MA* tonlos
at the frog (engl.): *MA* am Frosch des Bogens
Atonalität, atonale Musik: umstrittener Begriff für eine musikalische Kompositionstechnik seit der Jahrhundertwende, die bewußt auf das traditionelle Spannungs- und Lösungsverhältnis der modalen und harmonisch-funktionalen →Tonalität zugunsten der „Verbindung aller Töne mit allen" (Hauer) verzichtet; →Zwölftontechnik, →serielle Musik, →elektronische Musik
a tre (ital.), **a 3: 1.** *MA* zu dritt, dreifach besetzt
2. in dreistimmiger Besetzung
a tre battute (ital.): *MA* in der aus drei Takten zu einem Großtakt zusammengefaßten metrischen Einheit; vgl. *ritmo di tre battute*
a tre corde (ital.), **à triple cordes** (franz.): *MA* auf drei Saiten, dreichörig; beim Klavierspiel Aufhebung der Verschiebung nach Gebrauch des linken Pedals
a tre voci (ital.): für drei Stimmen, dreistimmig
à trois (franz.), **à 3: 1.** *MA* zu dritt, dreifach besetzt
2. in dreistimmiger Besetzung
à trois voix (franz.): für drei Stimmen, dreistimmig
attacca (ital. = knüpfe an): *MA* unmittelbar anschließen; gleich weitermusizieren
attacca subito (ital.): *MA* sofort anschließen; ohne jede Pause sofort weitermusizieren
attacca subito il seguente (ital.): *MA* das Folgende sofort anschließen
attacco (ital. = Angriff): **1.** kurzes Ausgangsmotiv einer imitierenden Verarbeitung innerhalb des Satzes, seltener als Kopfthema
2. Anschlag, Ansprache oder Einsatz eines Tones
attack (engl. = Angriff): im Jazz heftiges, für die →*hot*-Intonation charakteristisches Anspiel des Einzeltones, dessen Tonhöhe mit einem kurzen, stoßartigen Anlauf erreicht wird
at the centre (engl.), **au centre** (franz.): *MA* in der Mitte (z. B. des Trommelfells) anschlagen
at the middle (engl.): *MA* halb zur Mitte hin (z. B. des Trommelfells) anschlagen
at the point/tip of the bow (engl.): *MA* an der Spitze des Bogens
at the rim (engl.): *MA* am Rande (z. B. des Trommelfells oder Beckens) anschlagen
attitude (franz. = Haltung), **Attitüde:** Ballettgrundhaltung, bei der das in einer Höhe von 90° nach rückwärts abgewinkelte Spielbein im Knie gebogen, der entsprechende Arm erhoben wird

atto (ital.) →Akt

Aubade (franz. *aube* = Morgendämmerung): **1.** seit dem 19. Jh. →Charakterstück in unterschiedlicher Besetzung
2. im 17./ 18. Jh. kammermusikalisch besetztes Morgenständchen im Gegensatz zur abendlichen →Serenade
3. →Tagelied im Sinne von →Alba und →Aube

Aube (franz. = Morgendämmerung): nordfranzösisches →Tagelied der →Trouvères; vgl. *Alba*

au chevalet (franz.): *MA* Bogenführung nahe am Steg; vgl. *sul ponticello*

audace (ital.): *VB* kühn, verwegen, frech

Audiovision: die Verbindung von *auditiven* (das Hören betreffenden) und *visuellen* (das Sehen betreffenden) Informationen; z. B. in der Kombination von Schallplatte und Partitur, aber auch in Kommunikationssystemen wie Bildtonschallplatte (→Videoschallplatte) und Bildtonband (→Videorecorder)

Auffassungsdissonanz → Scheinkonsonanz

Aufführungspartitur →Spielpartitur

Aufführungspraxis: die Art und Weise der werkgerechten Ausführung einer Komposition auf der Grundlage der durch musikwissenschaftliche Forschungen gesicherten Kenntnis über die jeweiligen musikstilistischen, kompositionstechnischen, notations- und instrumentenkundlichen, musizierpraktischen, soziologischen u. a. Bedingungen zur Zeit ihres Entstehens

Aufführungsrecht: auf dem Gebiet der Musik das im Rahmen des geltenden Urheberrechts den Urhebern (Komponisten, Textdichtern) und Verlegern zustehende und von den Urheberrechtsgesellschaften – in Deutschland die →GEMA, in Österreich die →AKM und in der Schweiz die →SUISA – bzw. Bühnenvertrieben auf vertraglicher oder gesetzlicher Grundlage wahrgenommene Recht der öffentlichen Aufführung eines nichtdramatischen Werkes der Musik (→kleines Recht) oder eines Bühnenwerkes (→großes Recht)

Aufgesang: die beiden melodisch übereinstimmenden Vordersätze (Stollen bzw. *Gesätz* und Gegenstollen bzw. *Gebäude*) der im mittelalterlichen Meistersang herausgebildeten Liedstrophe; → Barform

Auflagekraft: die auf die Schallplattenoberfläche wirkende Kraft der →Abtastnadel; sie wird für moderne Tonarme mit hochwertigen Abtastsystemen bei Stereoschallplatten etwa mit 0,5 bis 2,5 p für dynamische und →Magnetsysteme sowie mit 2 bis 4 p für →Keramik- und →Kristallsysteme angegeben

Auflösung: die melodische und harmonische Weiterführung

1) einer Dissonanz in eine Konsonanz bzw. eine Dissonanz geringeren Grades
2) eines Klanges in die zu ihm gehörende Tonika
3) eines alterierten Akkordes in den Zielakkord

Auflösungszeichen (ital. *be(q)quadro*, franz. *bécarre*, engl. *natural*), ♮ : hebt die Geltung von Versetzungs- und Vorzeichen auf

Aufsätze: in der Orgel die Schallbecher der Zungenpfeifen (→Linguale), die durch Auswahl und Verstärkung bestimmter Obertöne die charakteristische Klangfarbe dieses Registers herausbilden

aufschlagende Zungen, Aufschlagzungen: Zungenstimmen, bei denen das nicht befestigte Ende eines im Luftstrom schwingenden einfachen Rohrblatts (z. B. Klarinette, Saxophon) oder Metallblättchens (Zungenregister der Orgel) auf die Ränder des Rahmens (Bahn, Kehle) aufschlägt

Aufschlaggefäße: Untergruppe der →Aufschlagidiophone; z. B. Gong, Glocke

Aufschlagidiophone: Sammelbezeichnung für eine Gruppe der →Selbstklinger, deren Tonerzeugung durch unmittelbares Daraufschlagen erfolgt; dazu zählen u. a. Aufschlagstäbe (z. B. Triangel), Aufschlagplatten (z. B. Vibraphon), Aufschlagröhren (z. B. Röhrenholztrommel), Aufschlaggefäße (z. B. Gong, Glocke)

Aufschlagplatten: Untergruppe der →Aufschlagidiophone; z. B. Metallophon

Aufschlagröhren: Untergruppe der →Aufschlagidiophone; z. B. Röhrenholztrommel

Aufschlagstäbe: Untergruppe der →Aufschlagidiophone; z. B. Triangel

Aufschnitt →Labium

Aufsprechkopf: *EAk* Tonkopf für die Schallaufzeichnung (Bandaufnahme) beim →Magnettonverfahren

Aufsteckbogen: auswechselbarer u-förmiger →Stimmbogen; z. B. beim Inventionshorn

Aufstrich: in der Bogenführung beim Streichinstrumentenspiel der weniger betonte Bogenstrich mit der Bogenbewegung von der Spitze zum Frosch; Zeichen V

Auftakt: **1.** leichter, unbetonter Taktteil am Beginn einer Komposition oder musikalischen Periode, bestehend aus einem oder mehreren Notenwerten, die in der Regel vom Schlußtakt zu einem vollständigen Takt (Volltakt) ergänzt werden
2. beim Dirigieren der Taktschlag vor dem (sowohl auf betontem als auch unbetontem Taktteil folgenden) Einsatz

Aufzug: 1. Eröffnungsmusik einer festlichen Veranstaltung (ursprünglich mit dem Erscheinen hochgestellter Persönlichkeiten verbunden); →Intrada, →Introduktion
2. →Akt
3. kurzes, fanfarenartiges Instrumentalstück für Trompeten und Pauken

Augmentation (lat. = Vergrößerung): **1.** in der Notenschrift die Verlängerung einer Note um die Hälfte ihres Wertes durch den nachgestellten *Augmentationspunkt* (→Punkt [1.]):

2. der Vortrag eines Themas (besonders in →Kanon und →Fuge) in verlängerten Notenwerten (= Vergrößerung); dagegen →Diminution

Augmentationspunkt →Augmentation (1.)

augmenté (franz.), **augmented** (engl.), **aumentato** (ital.): übermäßig

Auletik (griech.): altgriech. solistisches →Aulosspiel

Aulodie (griech.): altgriech. →Aulosspiel zum Gesang

Aulos (griech. = Wind): altgriech. Blasinstr. mit Doppelrohrblatt; meist paarweise (Doppelaulos), in unterschiedlicher Länge von einem Spieler geblasen

aumentando (ital.): *VB* zunehmend, stärker werdend; vgl. *crescendo*

a una voce (ital.): für eine Stimme, einstimmig

à une corde (franz.): *MA* auf einer Saite, einchörig; beim Klavierspiel mit voller Verschiebung (linkes Pedal)

à une main (franz.): *MA* für eine Hand; (Klaviermusik) einhändig

à une partie, à une seule voix (franz.): für eine Stimme, einstimmig

Ausdruckstanz: künstlerischer Tanz, der im Gegensatz zum streng stilisierten klassischen Ballett die freie tänzerische Ausdeutung von Gefühlsinhalten bevorzugt; →Pantomime

Ausgangsleistung: *EAk* die als Nenngröße auf dem Leistungsschild ausgewiesene und in Watt (W) angegebene höchste elektrische Leistungsabgabe der →Endstufe eines →Verstärkers

Ausgleichsvorgänge: *Ak* die Gesamtheit der bei Klangeinsatz (→Einschwingvorgang), Klangabschluß (→Ausklingvorgang) und dazwischenliegenden weiteren Übergangsvorgängen neben den gleichbleibenden Klanganteilen (= *stationäre Vorgänge*) entstehenden frequenzabhängigen Veränderungen des Schwingungsverlaufes (= *nichtstationäre Vorgänge*) eines Schallvorgangs; sie bestimmen u. a. den spezifischen Klangcharakter der Musikinstr. und sind von entscheidender Bedeutung für den Lautstärkeeindruck und das Richtungs- und Entfernungshören

Ausklingen: das allmähliche Nachlassen der Lautstärke eines Tones oder Klanges; →Ausklingvorgang

Ausklingvorgang, Ausschwingvorgang: *Ak* die den Klangabbau eines Schallvorganges charakterisierenden Veränderungen des Schwingungsverlaufes nach Abschalten der Schallquelle; →Ausgleichsvorgänge

Auslösung: in der Klaviermechanik die Vorrichtung, die den Hammer beim Niederdrücken der Taste für den Anschlag der Saite freigibt und ihn sofort nach dem Anschlag in die Ausgangsstellung zurückfallen läßt

Außenstimmen: die höchste und die tiefste Stimme einer mehrstimmigen Komposition

Aussprache: die Deutlichkeit und Verständlichkeit des in Sprache und Gesang klingend wiedergegebenen Worttextes auf der Grundlage präziser →Artikulation

Aussteuerung: *EAk* in elektroakustischen Aufnahme- und Wiedergabeanlagen die Anpassung der einem ihrer Bausteine zugeführten elektrischen Spannung in Abhängigkeit von der Störspannung des Übertragungsweges und der Eingangsempfindlichkeit dieses Bausteins; dagegen →Übersteuerung

AUSTRO-MECHANA, *Österreichische Gesellschaft zur Verwaltung und Auswertung mechanisch-musikalischer Urheberrechte G.m.b.H.*: mit der Wahrnehmung der mechanischen Vervielfältigungsrechte der Urheber (Komponisten, Textdichter) und Verleger vertraglich beauftragte Verwertungsgesellschaft in Österreich; dazu →AKM

Ausweichung: eine nur zum vorübergehenden Verlassen der Grundtonart führende harmonische Fortschreitung; →Zwischenharmonien, →Zwischenkadenz

Auszierungen →Verzierungen

au talon, à la hausse (franz.): *MA* am Frosch des Bogens

authentische (griech. = echte, selbständige) **Kirchentöne:** diejenigen der mittelalterlichen →Kirchentöne, deren →Reperkussionston auf der Quinte liegt und deren →Finalis mit ihrem Grundton zusammenfällt; dazu gehören der 1., 3., 5. und 7. (später auch 9. und 11.) Kirchenton: dorisch, phrygisch, lydisch und mixolydisch, sowie äolisch und ionisch; dagegen →plagale Kirchentöne

authentischer Blues →*country blues*

authentischer Jazz: Bezeichnung für die Stilperioden des volkstümlichen →Old-Time-Jazz, d. s. →archaischer (früher) Jazz und →klassischer Jazz, bzw. deren Weiterpflege in späteren Stilperioden; vgl. →historischer Jazz

authentischer Schluß, authentische Kadenz →Ganzschluß

autoarpa (ital.) →Akkordzither

autochanger (engl.): automatischer →Plattenwechsler

Autograph (griech.): Eigenschrift; die für die zuverlässige Überlieferung eines Werkes maßgebliche eigenhändige Niederschrift des Autors

Autographie (griech. = Selbstschreibung), **Autolithographie**, *Notenautographie*: seit dem 19. Jh. gebräuchliches Verfahren zur Herstellung von Druckformen für den →Notendruck, bei dem die →Notenschrift (2.) direkt oder durch Umdruck auf den Druckträger (Lithostein oder Druckblech) übertragen wird

autoharp (engl.) →Akkordzither

automatic frequency control (engl.), **AFC:** automatische Frequenzkontrolle, Abstimmautomatik (→Abstimmung)

avanti (ital.): vorher, voran; vorwärts!, weiter! (mit *MA*)

avec céleste, avec pédale sourdine (franz.): *MA* mit linkem →Pedal, mit →Verschiebung

avec la pointe de l'archet (franz.): *MA* mit der Spitze des Bogens

Ave Maria (lat. = Gegrüßt seist du, Maria): kath. Kirchengesang mit den Grußworten des Engels Gabriel an die Jungfrau Maria

Avisengesang: Zeitungs- oder Marktlied, das moralisierend und kommentierend in Gedichtform über aktuelle Zeitereignisse berichtet; es wurde im 16./17. Jh. auf Flugblättern verbreitet und meist nach bekannten Choral- oder Kirchenliedmelodien auf Messen und Märkten öffentlich vorgetragen. →Bänkelsang

a voce piena, a voce spiegata (ital.): *MA* mit voller Stimme

a voce sola (ital.): *MA* für eine (Sing-)Stimme allein, ohne Instrumentalbegleitung

à volonté (franz.): *VB* nach Belieben, frei im Vortrag; vgl. *ad libitum* (1.)

avvivando (ital.): *VB* belebend, aufhellend

ayr, ayre (engl.): volkstümliche, meist lautenbegleitete Gesangs- oder auch reine Instrumentalkomposition um 1600 in England; →Air

azione sacra (ital. = geistliche Handlung): Passionsspiel, geistliches Musikdrama des 17./18. Jh.; vgl. *rappresentazione sacra*

azione teatrale (ital. = theatralische Handlung): Huldigungsfestspiel, prunkvolle Kurzoper an Fürstenhöfen des 17./18. Jh.

B

b: **1.** Tonname für den durch ein ♭ um einen Halbton erniedrigten Stammton h im kleinen Oktavbereich
2. Akkordbezeichnung für den b-Moll-Dreiklang
3. Kurzbezeichnung für die Tonart b-Moll
4. engl. für den Stammton h (für b steht engl. *b flat*)
5. Versetzungszeichen ♭; →*b rotundum (b molle),* →*b quadratum (b durum)*

B: **1.** Tonname für den durch ein ♭ um einen Halbton erniedrigten Stammton h im großen Oktavbereich
2. Akkordbezeichnung für den B-Dur-Dreiklang
3. Kurzbezeichnung für die Tonart B-Dur
4. Bezeichnung der Stimmung jener transp. Instr., die eine große Sekunde tiefer als notiert klingen (z. B. Trompete in B)
5. Tonname für die 2. Tonstufe (Ganzton über A) der mittelalterlichen Oktavreihe in der lat. →Buchstabentonschrift

baby grand (engl.) →Stutzflügel

baccanale (ital.), **bacchanale** (franz.), **bacchanalia** (engl.) →Bacchanal

Bacchanal: üppiges Fest mit wüstem Trinkgelage und ausschweifenden Tänzen; ursprünglich altrömische Feier eines Geheimkults zu Ehren des Weingottes Bacchus (griech. Dionysos)

bacchetta (ital.): (Trommel-)Schlegel, (Bogen-)Stange, Taktstock

bacchetta (con l'estremità) di feltro (ital.): Filzschlegel, Schlegel mit Filzkopf

bacchetta (con testa ricoperta) di lana (ital.): Schlegel mit wolleumwickeltem Kopf

bacchetta da gran cassa (ital.): Schlegel für die große Trommel

bacchetta di ferro, bacchetta di metallo (ital.): Metallschlegel

bacchetta di gomma (ital.): Schlegel mit Gummikopf

bacchetta di legno (ital.): Holzschlegel

bacchetta di pelle (ital.): Schlegel mit lederumwickeltem Kopf

bacchetta di spugna (ital.): Schlegel mit Schwammkopf

bacchetta di sughero (ital.): Schlegel mit Korkkopf

bacchetta doppia (ital.): Doppelschlegel

bacchetta dura (ital.): harter Schlegel

bacchetta imbottita (ital.): wattierter Schlegel
bacchetta morbida (ital.): weicher Schlegel
bacchette da tamburo (ital.): Trommelstöcke
bacchette/battenti per timpani (ital.): Paukenschlegel (Mz.)
bacchette/battenti per timpani con l'estremità ricoperta di feltro duro (ital.): Paukenschlegel (Mz.) mit Hartfilzkopf
B-A-C-H: musikalisches Motiv mit der Tonfolge b-a-c-h; häufig bewußt nach den Namensbuchstaben zu Ehren Joh. Seb. Bachs und als Ausdruck der Verbundenheit mit seinem Schaffen verwendet, mehrfach auch von ihm selbst (u. a. in „Kunst der Fuge") benutzt
Bachtrompete: hohe Solotrompete, im 20. Jh. dem historischen Vorbild der Bach-Zeit nachgebaut; →*clarino*
background (engl. = Hintergrund): im Jazz die rhythmisch-harmonische oder rhythmisch-melodische Begleitung des Solisten durch die Bläser- und Rhythmusgruppe der *big band, small band* oder *combo*; →*riff*-Technik
background music (engl.): Hintergrundmusik, Geräusch- oder Klangkulisse in der Tanz- und Unterhaltungsmusik
badare a ... (ital.): *MA* achtgeben auf ...
Badinage, Badinerie (franz. = Spaß, Tändelei): schneller, scherzoartiger →Suitensatz im Zweiertakt (18. Jh.)
Bänkelsang: volkstümliche, vorwiegend drehorgelbegleitete Vortragskunst, mit der auf Gassen und Märkten, von einer kleinen Bank herab und auf Bildtafeln (Schildern) anschaulich erläutert, in Lied und Prosa aktuelle Zeitereignisse dargestellt und moralisierend oder auch gesellschaftskritisch kommentiert wurden; der B. entwickelte sich im 17./18. Jh. aus dem →Zeitungslied und erhielt im 19. Jh. mit der →Moritat neuen Auftrieb
Bässe (ital. *bassi*): zusammenfassende Bezeichnung für die Violoncello- und Kontrabaßgruppe des Orchesters
bagatella (ital.) →Bagatelle
Bagatelle (franz. = Kleinigkeit): kurzes, einfach gehaltenes Instrumentalstück, meist für Klavier, in zwei- oder auch dreiteiliger Liedform
bagpipe (engl. = Sackpfeife): Dudelsack, →Sackpfeife
baguette (franz.): (Trommel-)Schlegel, (Bogen-)Stange, Taktstock
Baião (port.), **Baion** (franz., brasil.): brasil. Volkstanz, mäßig bewegt im $\frac{2}{4}$- (oder $\frac{4}{8}$-)Takt mit Elementen von →Samba und →Rumba; um 1950 vorübergehend europ. Modetanz
baisser (franz.): *MA* herunterlassen, sinkenlassen, erniedrigen
baisser l'accord (franz.): Herabstimmen (der Saiten eines Instr.)

Bajan (russ. = altruss. Dichtersänger, Rhapsode): ⟨*Harmonikainstr.*⟩ russ. chromatisches →Akkordeon mit Knopfgriffanordnung, vorherrschend mit 4reihigem Diskant- (Tonumfang bei 52 Knöpfen b – c^4) und 5reihigem Baß-Teil (jeweils 20 Knöpfe); →Knopf(griff)akkordeon

balafo (afrik.), **Balafon** →Marimba

balai de jazz, balai de métal (franz.) →Jazzbesen

Balalaika: ⟨*Zupfinstr.*⟩ russ. und ukrain. Volksmusikinstr. tatar. Ursprungs mit meist dreieckigem, halbbauchigem Korpus, langem Hals, dessen Griffbrett mit Bünden versehen ist und überwiegend 3saitigem (bei hohen Instr. auch doppelchörigem) Bezug; die Saiten werden mit einem →Plektron angerissen.

Als Stimmfamilie gebaut mit Piccolo- ($e^2 e^2 a^2$), Prim-/Sopran- ($e^1 e^1 a^1$), Sekund-/Alt- ($a\,a\,d^1$), Alt-/Tenor- (e e a), Baß- (E A d) und Kontrabaß-B. ($_1E\,_1A\,D$)

balancement (franz. = Schwebung): Bebung, Vibrato, leichtes Tremolo; Spielmanier auf dem Klavichord

balbettando (ital.): *MA* stotternd

Balg, Blasebalg: Luftbehälter (→Windsack) bei Balginstr. zur Zuführung des Spielwinds; er bestand ursprünglich aus einer im ganzen abgezogenen Tierhaut

Balginstrumente: Instrumentengruppe, bei der ein Luftbehälter (→Balg) durch Ansaugen oder/und Ausstoßen eines Luftstromes Pfeifen oder Zungen der betr. Instr. mit dem für die Tonerzeugung notwendigen Spielwind versorgt; z. B. Dudelsack, Kleinorgel, Harmonikainstr. (mit Handbalg), Harmonium (mit Trittbalg) und Orgel (mit Windwerk)

ballabile (ital.): **1.** *VB* tanzartig, tänzerisch **2.** Tanzschlager, Tanzlied

ballad (engl.): **1.** volkstümliches engl. →Zeitungslied, das durch *ballad seller* (Balladenverkäufer, „Umläufer") als *ballad sheet* (Flugblatt, Liedblatt) und durch *ballad monger* (Bänkelsänger) verbreitet wurde

2. bedeutende Gesangsform der afroamerik. Negerfolklore, in der eine dramatische Handlung in →kollektiver Improvisation erzählend und oft auch darstellerisch gestaltet wird; hier wurden wichtige Grundlagen für die volkstümlichen Instrumentalformen als Vorläufer des frühen →Jazz herausgebildet

3. →Ballade

Ballade (franz.; ital. *ballata*): **1.** erzählendes volkstümliches →Sololied, das sich vornehmlich als strophisches oder durchkomponiertes Klavierlied an die Balladendichtung des 18./19. Jh. anschließt

2. Instrumentalkomposition episch-dramatischen Inhalts, die

ausgangs des 19. Jh. als Klavier- oder Orchesterballade der →Rhapsodie und →Sinfonischen Dichtung nahesteht
3. im Mittelalter ursprünglich das kurze strophische, überwiegend einstimmige Tanzlied erzählenden Inhalts der Trobadors und Minnesänger; danach im 14./15. Jh. die mehrstimmige, im Kantilenensatz auch instrumental begleitete Hauptform neben der →Motette

ballad opera (engl. = Liederoper): engl. Singspieltyp des 18. Jh. mit gesprochenen Dialogen und überwiegend neu textierten volkstümlichen Liedern oder Opernmelodien als Parodie auf die schablonenhaft erstarrten Formen der vorherrschenden ital. →*opera seria*; Höhepunkt „The Beggar's Opera" (Gay/Pepusch 1728)

ballad tune (engl.): volkstümliche engl., schott. oder ir. Weise

ballata (ital.): **1.** kurzes strophisches, überwiegend einstimmiges ital. Tanzlied des 13./14. Jh., ausgeführt im Wechsel von Vorsänger bzw. -tänzer und Chor bzw. Tanzgruppe; vgl. *canzone a ballo* **2.** →Ballade (1., 2.)

ballerina (ital.), **Ballerina:** Solotänzerin eines Balletts

ballerino (ital.), **Ballerino:** Solotänzer eines Balletts

ballet (franz., engl.) →Ballett

ballet d'action (franz. = Handlungsballett): inhaltlich von einem Handlungsablauf bestimmtes Ballett

ballet de cour (franz. = Hofballett): Ballettaufführungen des 16./17. Jh. am franz. Hof, gekennzeichnet durch das Zusammenwirken von Dichtung, Tanz, Vokal- und Instrumentalmusik, prunkvollen Ausstattungen und Kostümen, mit allegorisch-mythologischer Thematik im Dienste der künstlerischen Selbstverherrlichung absolutistischer Macht; enge Bindungen bestehen zu →Maskerade und →Oper

ballet mascarade (franz. = *Ballettmaskerade*): weniger aufwendige und kostspielige Gattung des *ballet de cour*, die groteske Verkleidung einbezieht

Ballett: 1. selbständige szenische Tanzdarbietung (als Schau- oder Bühnentanz), deren übernommene oder unmittelbar für sie geschaffene Musik besonderen rhythmisch-melodischen Anforderungen im Hinblick auf Tanzbarkeit, gestischen Charakter und Bildhaftigkeit unterliegt; →Choreographie. Im großen (musikdramatischen) Handlungsballett verschmelzen Musik, Bühnentanz und Ausstattung (Bühnenbild, Requisiten, Kostüme) zu einer dem Stoff, d. h. dem häufig nach einer literarischen Vorlage tanzgerecht gestalteten →Libretto untergeordneten Einheit
2. Tanzszene und Tanzeinlage (→Intermezzo) in Pantomime, Oper, Operette oder Musical

3. Gruppe der ausführenden Tänzerinnen und Tänzer (= Ballettensemble)

balletto (ital. = Tänzchen): **1.** allgemeine Sammelbezeichnung für unterschiedliche instr. und vokal-instr. Tänze und Tanzfolgen des 16. Jh.
2. um 1600 mehrstimmiges ital. Tanzlied, nicht eindeutig unterschieden von →*ballo*
3. im 17. Jh. suitenartige Folge von Tanzsätzen, vielfach eingeleitet durch eine →Intrada
4. Instrumentalsatz der Suite des 18. Jh. (als lebhafte →Allemande mit Trio)
5. →Ballett

Ballettoper: eine in der ersten Hälfte des 20. Jh. herausgebildete Form der →Oper, in der das →Ballett den dramatischen und szenischen Ablauf wesentlich beeinflußt

Ballettpantomime: Ballett, dessen Handlungsablauf durch mimischen und gestischen Ausdruck verdeutlicht und stilisiert gestaltet wird

ballo (ital. = Tanz): **1.** um 1600 volkstümliches, rasches ital. Tanzlied, geradtaktig und zweiteilig mit klarer 4- und 8taktiger periodischer Gliederung und vorherrschender Oberstimmenmelodik; vgl. *balletto* (2.). Im 17. Jh. nur noch reiner Instrumentalsatz, der aufgrund seiner Verbreitung als Einzeltanz wie auch als Suitenbestandteil dem fortschreitenden Stilisierungsprozeß kaum unterworfen war.
2. →*balletto* (1.)

ballroom dance (engl.): Gesellschaftstanz

bamboo scraper (engl.): Bambusraspel, →*Sapo cubana*

Bambus-Pendelrassel (engl. *wood wind chimes*): ⟨*Schlaginstr.*⟩ →Reihenrassel aus mehreren mit langen Fäden an einem Querstab hängenden Bambusröhren von etwa 20–30 mm Durchmesser und 10–20 cm Länge, die durch Schüttelbewegung (→Schüttelidiophone) ein trocken-klapperndes Geräusch hervorbringen

Bambusraspel →*Sapo cubana*

Bambusschüttelrohr →*Tubo*

band (engl.): **1.** Jazzensemble von etwa acht Musikern, das aus Melodie- bzw. Bläsergruppe (*melody section*) und Rhythmusgruppe (*rhythm section*) besteht; dagegen →*big band*
2. Blaskapelle; →*brass band,* →*military band*
3. Tanz- und Unterhaltungskapelle

banda (ital.), **bande** (franz.): **1.** Instrumentalensemble; im Orchester der Blechbläserchor, aber auch die Harmoniemusik oder das Bühnenorchester
2. Harmonie- und Militärmusik (*banda militare*)

3. Blaskapelle, Musikzug
banda turca (ital.) →Janitscharenmusik
Bandbreite: *EAk* begrenzter Durchlaßbereich (Frequenzbereich), der als regelbarer, willkürlicher Ausschnitt aus einem zusammenhängenden Frequenzband eine wichtige Kenngröße u. a. für elektrische →Filter und →Verstärker darstellt
Bandelier (franz.): über die Schulter zu hängender breiter Tragriemen für →Rührtrommel und →Schellenbaum
Bandfilter: *EAk* auf der Wirkungsweise gekoppelter Schwingkreise beruhende elektrische Schaltung (→Filter) zur möglichst gleichmäßigen Übertragung eines scharf abgegrenzten Frequenzbereiches von sehr geringer →Bandbreite, u. a. zur Erhöhung der Trennschärfe
Bandmanual →Hellertion, →Trautonium
Bandola (span.): ⟨*Zupfinstr.*⟩ Lauteninstr. mit birnenförmigem Korpus, kurzem Hals und 4–6 doppelchörigen Saiten
Bandonika: ⟨*Harmonikainstr.*⟩ →Handharmonika, die in ihrer äußeren Form dem →Bandonion nachgestaltet ist und diesem auch klanglich ähnelt
Bandonion, Bandoneon (franz.: *bandonéon*): ⟨*Harmonikainstr.*⟩ um 1846 von dem deutschen Musiker H. Band aus der →Konzertina entwickeltes, ursprünglich wechseltönig-diatonisches, später auch gleichtönig-chromatisches Balginstr. mit quadratischem, meist an den Ecken abgeschrägtem (achteckigem) Gehäuse und beidseitiger Knopfgriffanordnung mit Einzeltönen auch im Baßteil; gebaut im Umfang zwischen 104 und 200 Tönen sowie als 144töniges diatonisches *Einheits-B.* (Diskant g – a^3, Baß C – b)
Bandpaß(filter), Bandsperre →Filter
band theme (engl.): Erkennungsmelodie; →*big band*
Bandura: ⟨*Zupfinstr.*⟩ lauten- bzw. zitherartiges, überwiegend in der Ukraine gespieltes volkstümliches Instr. orientalischen oder südosteuropäischen Ursprungs mit ovalem, nahezu rundem Korpus, kurzem Hals und zahlreichen (bis etwa 40) unverkürzbaren Melodiesaiten neben den 6–8 Griffsaiten
Bandurria (span.): ⟨*Zupfinstr.*⟩ span. →Cister in Diskantlage, mit verschiedenen der →Mandoline nahestehenden Formen
bangu (chin.): kleine chin. Einfelltrommel
bangzi (chin.): chin. Gegenschlagstäbe
Banjo (engl.): ⟨*Zupfinstr.*⟩ gitarrenartiges Volksinstr. der westafrik. und nordamerik. Neger mit tamburinähnlichem Korpus in hölzernem Hohlraumresonator, langem Hals, dessen Griffbrett ursprünglich keine Bünde hatte, und 4- bis 7- (auch 9-) saitigem Bezug, davon eine mit dem Daumen gegriffene Melodiesaite (*Chanterelle*); die Saiten werden mit einem →Plek-

tron angerissen. Als 4saitiges *Tenorbanjo* – Stimmung $c g d^1 a^1$, transp. eine Oktave höher im Violinschlüssel notiert – wichtiges Instr. des klass. Jazz; daneben in Amerika noch 5saitig ($g^2 c^1 g^1 h^1 d^2$). Auch als *Gitarrbanjo* (6saitig) und *Mandolinbanjo* (8saitig) mit entsprechender Stimmung verbreitet

bar (engl.): Takt, Taktstrich (*bar-line*); Taktstriche ziehen (*draw bar-lines*)

Bar: das regelmäßige und in sich abgeschlossene, strophenförmige Meistersingerlied, das im mittelalterlichen Meistersang zur Herausbildung der →Barform führte

barbaro (ital.): *VB* wild, barbarisch

barbershop-harmony (amerik. Slang = Barbierstuben-Harmonie): nach dem bevorzugten Ort geselliger Zusammenkünfte benannte Art der Melodiebegleitung durch parallele Stimmführung (vornehmlich Quint-, Quart- und Terzparallelen) im Vokalgruppengesang, die als volkstümliche Gesangsmanier der weißen Amerikaner auch in den Jazz Eingang fand, heute jedoch fast ausschließlich in der Unterhaltungsmusik Verwendung findet

Barbesetzung: kleines Ensemble, meist Bar-Trio, für dezente Tanzmusik in Bars und Nachtlokalen; häufig bestehend aus Melodieinstr. (Akkordeon, Klavier, elektronische Orgel) und Rhythmusinstr.

Barbiton, Barbitos: altgriech. Zupfinstr.

barcar(u)ola (ital.), **barcarol(l)e** (franz., engl.) →Barkarole

Barde (franz.): altkelt. Sänger und Dichter, der sich beim Vortrag von Götter- und Heldenliedern selbst auf der harfenartigen →Crwth begleitete. Die frühmittelalterlichen Bardenwettkämpfe sind in den Eisteddfodau (→Eisteddfod) seit dem 19. Jh. wieder aufgelebt

Barform: 1. Strophenform des mittelalterlichen Meistersingerliedes, in der zwei melodisch übereinstimmenden Stollen (Aufgesang) ein kontrastierender Abgesang folgt (= aab); →Liedform **2.** allgemeingültiges musikalisches Formprinzip, beruhend auf →Parallelität und →Gegensatz; Formschema AAB

bariolage (franz. = Abwechslung), **Bariolage:** beim Violinspiel der rasche Lagenwechsel (und damit Klangfarbenwechsel) von höheren Tönen auf tiefen und tieferen Tönen auf hohen Saiten; besonders der Wechsel zwischen leerer Saite und gegriffenem Ton gleicher Höhe

Bariton (griech. *barytonos* = tieftönend; lat. *baritonus*, ital. *baritono*, franz. *baryton*, engl. *baritone*):

1. ⟨*Stimmgattung*⟩ die bevorzugte (im mehr als vierstimmigen Satz zwischen Baß und Tenor liegende) mittlere Männerstimme; Umfang etwa G–f^1, des hohen B. (Tenor-B.) etwa

A–g^1, des tiefen B. (Baß-B.) etwa F–e^1. Fächer der Bühnenpraxis sind *lyrischer B.*, *Kavalier-B.*, *Spiel-B.*, *Charakter-B.* und *Helden-B.*
2. →Baryton **3.** Baritonsänger, Baritonist
baritone (engl.): **1.** →Bariton **2.** →Tenorhorn; (amerik.) →Baritonhorn **3.** im Jazz Kurzform für →*baritone saxophone*
baritone saxophone (engl.) →Baritonsaxophon
Baritonhorn →Baryton (1.)
Baritonist: Baritonsänger, Sänger in Baritonstimmlage (Umfang F/A–e^1/g^1)
Baritonoboe →Heckelphon
Baritonsaxophon (engl. *baritone saxophone*): ⟨*Holzblasinstr.*⟩ →Saxophon in Baritonlage mit schräg abgewinkeltem, leicht gewundenem Mundstückrohr und nach oben gebogenem Schalltrichter; Stimmung in Es (Des–as^1), in F (Es–b^1) – transp. notiert im Violinschlüssel; im tiefen Register sehr voller, warmer und im hohen Register nicht zu heller, sehr kräftiger Klang. Bevorzugtes Instr. des Jazz und der Tanzmusik
Bariton-Schlüssel: C-Schlüssel für c^1 auf der obersten Notenlinie, aber auch F-Schlüssel für f auf der mittleren Notenlinie:

galt allgemein für jede Stimme in Baritonlage; heute ungebräuchlich
Barkarole (ital. *barcaruola* = Schifferlied): ursprünglich improvisiertes →Arbeitslied der venezianischen Gondolieri im $\frac{6}{8}$- oder $\frac{12}{8}$-Takt; in der Kunstmusik Instrumental- aber auch Vokalkomposition im Charakter des venezianischen Gondelliedes
bar-line (engl.): Taktstrich
barre de mesure (franz.): Taktstrich
barrée (franz. = versperrt), **Barré-Griff:** *MA* vornehmlich beim Lauten- und Gitarrenspiel der Quergriff eines Fingers über mehrere Saiten, mit dem anstelle eines zusätzlichen Sattels (→Kapodaster) im künstlerischen Vortrag das Akkordspiel in höheren Lagen und die Ausführung schwierigerer Tonarten möglich wird
barrel-house-piano, barrel-house-style (amerik.): ein von hartem, gestoßenem Anschlag und rhythmischer Hervorhebung des Basses bestimmter Pianostil des klassischen Blues und des frühen klassischen Jazz, der sich aus dem *jig-piano* (Vorläufer des →Ragtime) entwickelte und von Negermusikern besonders in den einfachsten Schankstuben (Faßhäusern) der Südstaaten gespielt wurde; →Boogie-Woogie
barrel-organ (engl.): →Drehorgel, Leierkasten

baryton (franz.): **1.** →Bariton **2.** →Baryton

Baryton: 1. *Baritonhorn, Bariton, Euphonium* (ital. *eufonio*); Blechblasinstr. der Bügelhornfamilie in Baritonlage in ovaler, Waldhorn-, Tuba- oder Helikonform, mit weit mensuriertem, überwiegend konischem Rohr, mit 3 oder 4 Ventilen und Bechermundstück; Stimmung in B ($_1$E–$_1$B/E–b^1), in C ($_1$Fis–C/Fis–c^2); nichttransp. notiert im Baß- und Tenorschlüssel. Stimmlage zwischen Tenorhorn und Baßtuba (B/F-Euphonium mit Umschaltventil als Kombination von B-Baryton und F-Baßtuba). Verwendung vorwiegend im Blasorchester

2. *Bardone* (ital. *viola di bordone, viola di fagotto*, franz. *basse-taille*); Streichinstr. der Violenfamilie mit im Mittelbügel vielfältig geschwungenem Korpus, breitem, rückseitig offenem Hals, 6 oder 7 Griffsaiten aus Darm und 9–28 Resonanzsaiten aus Metall, die auch mit dem Daumen gezupft werden können. Das nur noch vereinzelt anzutreffende Instr., für das u. a. J. Haydn eine Vielzahl von Werken schrieb, zeichnet sich durch einen besonders lieblichen Ton aus. Stimmung der Griffsaiten: ($_1$A)DGcead^1

barytone (engl.) →Baryton (2.)

bas, basse (franz.): tief, niedrig; leise

bas-dessus (franz.): tiefer Sopran, →Mezzosopran

basflicorno, *flicorno tenore* (ital.) →Tenorhorn

basic set (engl.): Grundgestalt einer Zwölftonreihe (→Zwölftontechnik)

baskische Trommel: fälschliche Bezeichnung für Tamburin (→Schellentrommel)

Basler Trommel: mittelgroße →Rührtrommel (Zargenhöhe etwa 40–60 cm), die als Marschtrommel der →Paradetrommel bzw. der engl. Militärtrommel (= *side drum*) ähnelt

bas musique (franz. = leise Musik): seit dem 15. Jh. in Frankreich von den *bas instruments* (= leisen Instr.) ausgeführte Kammermusiken mit Querflöte, Blockflöte, Krummhorn, Harfe, Psalterium, Laute, Gitarre, Fiedel und Portativ

bass (engl.): **1.** im Jazz Kurzform für Kontrabaß
2. →Baß

Baß (lat. *bassus* = tief, ital. *basso*, franz. *basse*, engl. *bass*):
1. ⟨*Stimmgattung*⟩ die tiefe Männerstimme; Umfang etwa D/E–e^1/f^1, des Chorbasses etwa F–d^1, als tiefer (zweiter) Baß (ital. *basso profondo*, franz. *basse profonde*, engl. *deep bass*) etwa $_1$B/C–e und als hoher (erster) Baß (ital. *basso cantante*, franz. *basse noble, basse chantante*, engl. *singing bass*) etwa G–fis^1. Fächer der Bühnenpraxis sind *seriöser B., Charakter-B.* und *B.-Buffo*

2. satztechnisch die tiefste Stimme einer Komposition, ursprünglich der *Contratenor bassus* im vierstimmigen Satz
3. Baßsänger, Bassist
4. Kurzform für Kontrabaß; Mehrzahl (*Bässe*) zusammenfassend für die Violoncello- und Kontrabaßgruppe des Orchesters
5. der auf Tasten- und Harmonikainstr. in der Regel von der linken Hand gespielte Tonbereich unterhalb der eingestrichenen Oktave

bassa danza (ital.) →*basse danse*

Baßakkordeon, Baßorgel: ⟨*Harmonikainstr.*⟩ →Akkordeon in Baßlage (Tonumfang $_1$C–a) mit nur einer Spielseite und Pianotastatur (→Pianoakkordeon) für die rechte Hand; oktaviert notiert

bassa ottava, bassa 8$_{va}$ (ital.): *MA* eine Oktave tiefer als notiert

bassa sedicesima, bassa 16$_{ma}$ (ital.): *MA* zwei Oktaven tiefer als notiert

Baßbariton: ⟨*Stimmlage*⟩ tiefer →Bariton, →Charakterbaß

Baßbuffo, *Spielbaß*: spezielles Rollenfach der musikalischen Bühnenpraxis (Stimmumfang etwa E–f^1);
Baßsänger mit schlanker, beweglicher Stimme und ausgeprägter, besonders humorvoller Spielbegabung (z. B. Mozart, Don Giovanni: *Leporello*)

Baßchor: die tiefste Gruppe eines Saitenbezuges; z. B. der Laute

bass clarinet (engl.) →Baßklarinette

bass drum, *big drum* (engl.): Große Trommel

basse (franz.): **1.** →*bas* **2.** →Baß

basse à clefs (franz.): Baßophikleïde; →Ophikleïde

basse à pistons (franz.): →Baryton (1.), Baritonhorn

basse chantante (franz. = singender Baß): ⟨*Stimmlage*⟩ hoher (erster) →Baß

basse chiffrée (franz.): bezifferter Baß, →Generalbaß

basse continue (franz.) →*basso continuo*

basse contrainte (franz. = gezwungener Baß) →*basso ostinato*

basse-contre (franz.): sehr tiefe Baßstimme; vgl. *basse profonde*

basse danse (franz.): überwiegend geradtaktiger Schreittanz (etwa 1450–1530) in Frankreich, den Niederlanden und Italien, der von den *bas instruments* (→*bas musique*) bei Hofe musiziert wurde

basse fondamentale (franz. = Grundbaß): nach Rameau eine aus den Grundtönen der Harmonien gewonnene Fundamentalstimme, die lediglich der Verdeutlichung des harmonischen Geschehens dient und als nur gedachte Stimme nicht mit dem Generalbaß identisch ist

basse noble (franz.): hohe Baßstimme; vgl. *basse chantante*

basse profonde (franz.): ⟨*Stimmlage*⟩ tiefer (zweiter) →Baß

basse-taille (franz.): **1.** ⟨*Stimmlage*⟩ Baßbariton, auch hohe Baßstimme; vgl. *basse chantante*
2. →Baryton (2.)

Bassett (ital. *bassetto* = kleiner Baß): **1.** tiefste Stimme im mehrstimmigen Satz hoher Stimmen (ohne eigentliche Baßstimme); z. B. Violinbaß
2. in Verbindung mit Instr. als Bezeichnung für die Tenor- oder Altlage; z. B. Bassetthorn
3. →Bassettl

Bassetthorn (ital. *corno di bassetto*): ⟨*Holzblasinstr.*⟩ um 1770 entwickeltes Klarinetteninstr. in Altlage mit engerer Mensur und dünnerer Rohrwindung als die →Klarinette, heute nur noch leicht angewinkeltem Mundstückrohr und aufwärts gerichtetem Schalltrichter; zusätzliche Klappen für das tiefe (→Chalumeau-)Register.
Stimmung in F (F–c^3), seltener Es (Es–b^2) – transp. notiert im Violinschlüssel; dunkler, matter Klang; vielfach durch die →Altklarinette verdrängt

Bassettl, Baßl (ital. *basso di camera*), *Halbbaß*: **1.** ⟨*Streichinstr.*⟩ bis Mitte des 19. Jh. als Violeninstr. Zwischenform von Violoncello und Kontrabaß mit 3- oder 4saitigem Bezug
2. veraltete Bezeichnung für →Violoncello

bassetto (ital.) →Bassett

Baßflöte: 1. Baßblockflöte; →Blockflötenfamilie
2. nur vereinzelt gebräuchliche →Querflöte in Baßlage
3. fälschlich für →Altflöte

bass flute (engl.): **1.** fälschlich für →Altflöte; korrekt: *alto flute*
2. →Baßflöte (2.)

Baßgitarre: ⟨*Zupfinstr.*⟩ **1.** →Gitarre mit größerem Korpus, doppeltem Hals und doppelter Kopfplatte, bei der zu den üblichen 6 Griffsaiten noch 5–12 freie, in chromatischer Tonfolge gestimmte Baß-Saiten hinzutreten; so bei der *Schrammelgitarre* ... ${}_1A\,{}_1B\,{}_1H$ C Cis D Dis
2. auch *Gitarrbaß* als →Gitarre mit längerem Hals und 4 Einzelsaiten, die mit Fingern oder Plektron angerissen werden; Stimmung: ${}_1E\,{}_1A$ D G – transp. eine Oktave höher im Baßschlüssel notiert

bassi (ital. = Bässe): zusammenfassende Bezeichnung für die Violoncello- und Kontrabaßgruppe des Orchesters

Bassist: 1. Baßsänger, Sänger in Baßstimmlage (Umfang D/E–e^1/f^1)
2. Kontrabaßspieler

Baßklarinette (ital. *clarinetto basso*): ⟨*Holzblasinstr.*⟩ →Klarinette in Baßlage mit mittelweiter Mensur, stark angewinkel-

tem, s-förmigem Mundstückrohr und (bei franz. Form) nach vorn gebogenem Schalltrichter; zusätzliche Klappen für das tiefe (Chalumeau-)Register.
Stimmung in (tief) B ($_1$B/C/Des–f^2), seltener A (Cis–f^2) – transp. notiert im Violinschlüssel; dunkler, voller Klang; Baßinstr. der Holzbläsergruppe

Baßlauten →Chitarrone, →Theorbe; →Erzlauten

Baßmechanik: das auf der (linken) Baßseite des Akkordeons im Baßgehäuse eingebaute mechanische Spielwerk, das die Knopftasten mit den Tonkanzellen verbindet

basso (ital.): **1.** tief, niedrig; leise **2.** →Baß

basso cantante (ital.): ⟨*Stimmlage*⟩ hoher (erster) →Baß

basso cavato (ital. = herausgezogener Baß) →*basso seguente*

basso cifrato (ital.): bezifferter Baß, →Generalbaß

basso comico (ital.) →Baßbuffo

basso concertante (ital.): die solistisch konzertierende Baßstimme (→*concertino*); Solobaß

basso continuo (ital. = ununterbrochener Baß): **1.** →Generalbaß **2.** die kontinuierliche, ununterbrochen fortlaufende instrumentale Baßstimme, die in der mehrstimmigen Musik des späten 16.–18. Jh. als harmonische Grundlage für die mehr oder weniger freie akkordische Einfügung der Mittelstimmen dient; →bezifferter Baß

basso di camera (ital.): Halbbaß, →Bassett

basso fondamentale (ital. = Grundbaß) →*basse fondamentale*

basso generale (ital. = allgemeiner Baß) →Generalbaß

basson (franz.), **bassone** (ital.), **bassoon** (engl.) →Fagott

Baßophikleïde →Ophikleïde

basso ostinato, basso continuo ostinato (ital. = hartnäckiger B.): sich hartnäckig behauptende Baßstimme, die sich im Verlauf der Komposition – auch mit rhythmischen und tonlichen Veränderungen – ständig wiederholt; →Chaconne, →Passacaglia

basso profondo (ital.): ⟨*Stimmlage*⟩ tiefer (zweiter) →Baß

basso pro organo (ital. = Orgelbaß) →*basso seguente*

Baßorgel →Baßakkordeon

basso (di) ripieno (ital. = voller Baß), *Ripienbaß*: die nur in Tuttipartien den Streicherchor auffüllende bzw. verstärkende (mehrfach besetzte) Baßstimme

basso seguente (ital. = folgender Baß), *basso cavato*: die der jeweils tiefsten Stimme eines mehrstimmigen oder auch mehrchörigen Vokalsatzes folgende Baßstimme, die – ursprünglich unbeziffert – anstelle einer →Intavolierung der Komposition für den Organisten (= *basso pro organo*) bestimmt war; Frühform des →Generalbasses

Baßposaune (ital. *trombone basso*) →Tenorbaßposaune
bass recorder (engl.): Baßblockflöte; →Blockflötenfamilie
Baßreflexbox, Baßreflexgehäuse: *EAk* Lautsprechergehäuse (Box) in verhältnismäßig kleinen Abmessungen, das durch entsprechende Schallführung auch den vom Lautsprecher nach hinten abgestrahlten Schall phasengleich nach vorn lenkt und damit eine optimale Abstrahlung der tiefen Frequenzen sichert
Baßsaite(n): die tiefste(n) Saite(n) der Saiteninstr.
Baßsaxophon (engl. *bass saxophone*): ⟨*Holzblasinstr.*⟩ →Saxophon in Baßlage mit schräg abgewinkeltem, leicht gewundenem Mundstückrohr und nach oben gebogenem Schalltrichter; Stimmung in B ($_1$As–des^1), in C ($_1$B–es^1) – transp. notiert im Violinschlüssel; im tiefen Register sehr voller, orgelartiger und im hohen Register dunkler, kräftiger Klang
Baß-Schlüssel: F-Schlüssel für f auf der zweitoberen Notenlinie; gilt allgemein für jede Stimme in Baßlage 
Baßtrompete (ital. *tromba bassa*); richtiger *Tenortrompete*: ⟨*Blechblasinstr.*⟩ →Trompete in Tenorlage mit langgestreckter Bügelform, zylindrischem, weit mensuriertem Rohr, vier Ventilen und Kesselmundstück; Stimmung in Es (Es–g^2), in C (C–e^2) und (tief) B ($_1$B–d^2) – transp. notiert im Violinschlüssel; kraftvoller, im hohen Register etwas dunklerer Trompetenklang. Spezialinstr. im großen Orchester
Baßtuba (ital. *tuba bassa*): ⟨*Blechblasinstr.*⟩ →Bügelhorn in Baßlage, als Orchesterinstr. vornehmlich in Tubaform mit konischem, weit mensuriertem Rohr, 3–6 Ventilen und Bechermundstück; Stimmung in Es ($_1$C–es^1), in F ($_1$Des–f^1), als Doppeltuba (komb. Baß- und Kontrabaßtuba) mit 6 Doppelventilen und Umschalthebel in F/C bzw. F/B ($_2$B–f^1) – nichttransp. notiert im Baßschlüssel; weicher, voller Ton im bevorzugten tiefen Register. Baßinstr. der Bügelhörner (Blasorch.), Hörner, tiefen Holzblasinstr. und zur Verstärkung der Kontrabässe
bassus (lat.): **1.** Kurzform für →*contratenor bassus* **2.** →Baß
Baßxylophon (ital. *xilofono basso*): ⟨*Schlaginstr.*⟩ zweireihig-klaviaturmäßig angeordnetes →Xylophon mit Resonanzröhren aus Metall; nach Bau und Klangcharakter ein großmensuriertes →Marimbaphon. Tonumfang G–g^1 – nichttransp. notiert im Baßschlüssel
bataille (franz.) →*battaglia*
baton (engl.): Taktstock
battaglia (ital.): Schlacht(-musik), musikalisches Schlachtgemälde; →Programmmusik

battaglio (ital.), **battant** (franz.) →Klöppel
battement (franz.), **battimento** (ital.): Verzierung; (nicht notierter) mit der kleinen Untersekunde beginnender →Triller oder →Mordent (18. Jh.)
battente (ital.): (Pauken-)Schlegel; vgl. *bacchetta*
battente da triangolo (ital.): Triangelstab
battenti per timpani (ital.): Paukenschlegel (Mz.)
battenti per timpani con l'estremità ricoperta di feltro duro (ital.): Paukenschlegel (Mz.) mit Hartfilzkopf
battere (ital.): *MA* schlagen
battere il tamburo (ital.): *MA* die Trommel schlagen
batteria (ital.), **batterie** (franz.), **battery** (engl.):
1. zusammenfassende Bezeichnung für die Gruppe der Schlaginstr. im Orchester; auch das Jazz-Schlagzeug (= *batteria jazz*)
2. Trommelwirbel und jedes militärische Trommelsignal
3. (franz.) *MA* beim Klavierspiel *staccato* auszuführende Akkordfigurationen, z. B. gebrochene Akkorde
battimento (ital.) →*battement*
battre (franz.): *MA* schlagen
battre la caisse (franz.): *MA* die Trommel schlagen
battuta (ital. = Schlag, Takt): Taktschlag (Niederschlag beim Dirigieren) auf dem betonten Taktteil; dazu →*ritmo di tre battute*
battuto (ital.): *MA* geschlagen; dazu →*col legno battuto*
Bauernflöte, Bauernpfeife: ⟨*Orgelregister*⟩ Lippenpfeife (2′, 1′) aus Metall, weite Mensur; kleine →Gedackte oder →Flöte in älteren Orgeln
Bauernleier →Drehleier
Bayerische Polka →Rheinländer
b double-flat (engl.) →heses, auch bes
b double-sharp (engl.) →hisis
B-Dur: Durtonart mit Vorzeichnung von zwei ♭;

Tonleiter 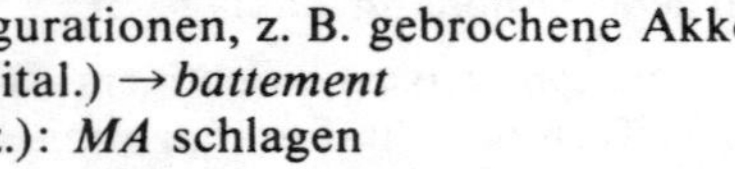

b durum (lat. = hartes b), *b quadratum* (lat. = viereckiges b), ♮: in der mittelalterlichen Musiklehre die den Ganzton über A bezeichnende 2. Tonstufe (heute H), deren Schriftzeichen für die chromatische Erhöhung um einen Halbton übernommen wurde und aus dem sich wiederum im 18. Jh. die →Versetzungszeichen ♮ (Auflösungszeichen) und ♯ (Kreuz) ableiteten
Beantwortung: 1. in der →Exposition der Fuge die wörtliche, d. h. intervallgleiche (reale) oder melodisch gering abgewandelte (tonale) Wiederkehr des Fugenthemas (*dux*) mit seiner

2. Gestalt (*comes*) in einer anderen Stimme auf einer neuen Tonstufe; vorherrschend als →Quint- oder →Quart-B.
2. der vom Chor vorgetragene Teil des Wechselgesangs, dem die solistische →Anrufung durch den Vorsänger vorausging; vgl. Antiphon
3. Beantwortungsteil des Wechselgesangs (→*call and response*) der afroamerik. Negerfolklore, dessen Prinzip im Jazz auch instrumental (Kornett : Klarinette und Posaune) aufgegriffen wird und der melodischen Struktur des Blues zugrunde liegt. Der Beantwortungstext enthält die Begründung zu der Feststellung (*statement*) der Anrufung

Bearbeitung: Veränderung eines vorliegenden Musikstückes im Hinblick auf die Besetzung (vgl. Arrangement) oder die künstlerische Gestalt (vgl. Adaption). Die B. ist bei Entstehen einer eigenen künstlerischen Leistung urheberrechtlich geschützt; handwerklich-mechanische Übertragungen (z. B. Transposition, Intavolierung) werden in der Regel nicht als schutzfähige B. anerkannt

beat (engl. = Schlag), **Beat: 1.** Taktschlag, Grundschlag, Zählzeit
2. engl. Sammelbezeichnung für Verzierungen in alter Musik, u. a. →Vorschlag, →Mordent, →Anschlag
3. metrisches Fundament der afroamerik. Negerfolklore und des Jazz mit der durch die Instr. der Rhythmusgruppe bestimmten gleichmäßigen Akzentfolge in der geradzahligen Gruppierung der Zählzeiten (ursprünglich *four beat*, später *two beat*). Die Überlagerung des durchgehenden *beat* der Rhythmusgruppe und des unregelmäßigen *off beat* der Melodiegruppe ergibt den für den Jazz charakteristischen *drive* und *swing*
4. seit Beginn der 60er Jahre die als →*Liverpool-Sound* oder *Mersey-Beat* (British Beat 1962–1969) von den *Beatles* entwickelte und seither international vielfältigen Experimenten zugängliche harmonisch, formal und kompositionstechnisch unkonventionelle Musizierrichtung der Tanz- und Unterhaltungsmusik, die vereinzelt auch in den Bereich der Sinfonik Eingang gefunden hat.
Die amerik. Variante des *(British) Beat* und die in dessen Weiterführung unter amerik. Einfluß entstandenen beatorientierten Musizierrichtungen der Tanz- und Unterhaltungsmusik sind ab Mitte der 60er Jahre als *Rock* zusammengefaßt. →Rock-Musik

beater (engl.): Schlegel (speziell für die Große Trommel); Stab (speziell für das Triangel)

beating reed (engl.): aufschlagendes Rohrblatt; →aufschlagende Zunge

beating tongue (engl.) →aufschlagende Zunge

Bebop (amerik.), **be-bop, bop,** *re bop*: Jazzstil, Anfang der 40er Jahre im New Yorker Negerviertel Harlem entstanden als Reaktion auf den kommerziellen →Swing. Er gibt wieder der (allerdings übersteigerten) →Improvisation Raum. Charakteristisch sind u. a. Unregelmäßigkeit und Unbeständigkeit in der rhythmischen und melodischen Gestaltung, moderne, den Ausdrucksmitteln der zeitgenössischen Musik nahestehende Harmonik, die den Tritonus (→*flatted fifth*) bevorzugt; die lautmalerische Nachahmung im →*bob-scat-Gesang (be-bop-vocals)* soll übrigens diesem Jazzstil seinen Namen gegeben haben. →*progressive jazz*

Bebung (franz. = *balancement*): Spielmanier (Verzierung) auf dem →Klavichord, bei der durch wiegende Bewegung des Fingers auf der niedergedrückten Taste Schwankungen von Tonhöhe (→Vibrato) und Tonstärke (→Tremolo) der erregten Saite entstehen;
Notierung häufig 

bécarre (franz.): das aus dem *b quadratum* entstandene Auflösungszeichen ♮

Becher →Schallbecher

Bechermundstück: becherförmiges →Mundstück bei Blechblasinstr., speziell für →Bügelhörner (u. a. Flügelhorn und Baßtuba)

Becken (ital. *piatti*, franz. *cymbales*, engl. *cymbals*): ⟨*Schlaginstr.*⟩ runde, leicht kegelförmige Metallscheiben (Messinglegierung, Neusilber oder Silberbronze) unterschiedlichen Durchmessers (25–60 cm) mit glattem Rand und buckelförmiger Mittelwölbung (= *türkische B.*), durchbohrt für Lederschlaufe als Handgriff oder Aufhängung. Geräusch- und Rhythmusinstr. ohne bestimmte Tonhöhe in Diskantlage als Beckenpaar ╫ oder Einzelbecken (hängend ⊥ und in Hochhaltung ┤), notiert im 3. oder 4. Zwischenraum mit Baßschlüssel oder über der 5. Linie des gemeinsamen Schlagzeugsystems; metallisch greller, lang anhaltender Klang. Als *chinesische B.* (ital. *cinelli, piatti cinesi*) leicht gewölbt, Rand schwach nach oben gebogen; als *türkische* B. (türk. *zil*, ital. *cimbali, piatti turci*) kegelförmig mit glattem Rand. →Nietenbecken, →Zimbeln; →Pedalbecken

Beckenmaschine →Pedalbecken

Befilzung: die fachgerechte Erneuerung des Spezialfilzes an den Hammerköpfen der Klaviermechanik

Begleitstimme: der Melodiestimme als metrische und harmonische Stütze beigegebene, ihr musikalisch untergeordnete (z. B. auch in Terzen oder Sexten mitgehende) Stimme

Begleitung (ital. *accompagnamento*, franz. *accompagnement*, engl. *accompaniment*): den Melodiestimmen zur Verdeutlichung der metrischen, harmonischen und inhaltlichen Funktion oder auch nur als Akkordstütze in vielgestaltiger Form (→Heterophonie, →Akkompagnement, →Generalbaß, →Sololied-B.) musikalisch untergeordneter Teil der Komposition bis zur zunehmenden Gleichrangigkeit und satztechnischen Verflechtung von Melodie und B. seit der 2. Hälfte des 19. Jh.

Beguine (franz.): Gesellschaftstanz lateinamerik. Ursprungs, mäßig bewegt bis rasch im $\frac{4}{4}$- (oder $\frac{2}{2}$-)Takt mit Elementen von →Tango und →Rumba; um 1930 europ. Modetanz

Bekielen, Beledern: die fachgerechte Erneuerung der die Saiten anreißenden Federkiele oder Lederzungen an den Docken oder Springern der Kielinstr. (z. B. Cembalo)

Bel: *EAk* Verhältnismaß für die →Dämpfung (= Dämpfungsmaß) eines Schwingungssystems, d. h. die Energiegröße vor und nach der Dämpfung; benannt nach dem schott.-amerik. Erfinder A. G. Bell. →Dezibel

Belcanto (ital. = schöner Gesang): Gesangstechnik, die dem ausgeglichenen, lyrisch-fließenden, virtuosen und klangschönen Gesang den Vorzug vor einer dramatischen, ausdrucksvollen und deklamatorischen Gesangskunst einräumt und besonders in der ital. Oper des 17.–19. Jh. vorherrscht

bell (engl.): **1.** Glocke
2. →Schallbecher, →Schallstück, →Schalltrichter, →Stürze

bell chimes (engl.): Turmglockenspiel; →Carillon

bellicoso, bellicosamente (ital.): *VB* kriegerisch, streitbar

bellows (engl.): Gebläse, →Balg

bells (engl.): Glockenspiel

belt (engl.): Vibraphonschlegel

bémol (franz.), **bemolle** (ital.): **1.** Versetzungszeichen für die Erniedrigung (♭) um einen Halbton, abgeleitet aus dem →b molle (*b rotundum*)
2. Bezeichnung der Halbtonerniedrigung durch ♭; z. B. e = *mi* zu es = *mi bémol* bzw. *mi bemolle*

bémoliser (franz.), **bemollizzarre** (ital.): *MA* um einen Halbton tiefer setzen, erniedrigen

Benedicàmus Domino (lat. = Laßt uns den Herrn preisen): Schlußformel der Messe (bis 1961) und der Stundengottesdienste (→Offizium) in der röm.-kath. Liturgie; zentrale musikalische Form in der frühen Mehrstimmigkeit

Benedictus (lat. = gelobt): der dem →Sanctus sowohl liturgisch als auch musikalisch eng verbundene und vom →Hosianna eingeschlossene Lobgesang *Benedictus, qui venit* (= Gelobt sei, der da kommt)

ben legato (ital.): *MA* gut gebunden; besonders intensives →*legato*

ben marcato (ital.): *MA* gut markiert, deutlich hervorgehoben;→*marcato*

ben misurato (ital.): *MA* gut im Takt, streng rhythmisch; →*misurato*

ben tenuto (ital.): *MA* gut ausgehalten; →*tenuto*

be(q)quadro (ital.): das aus dem *b quadratum* entstandene Auflösungszeichen ♮

berceuse (franz.), **Berceuse: 1.** Wiegenlied
2. lyrisches Instrumentalstück (besonders für Klavier) im Wiegenliedcharakter, bevorzugt im $\frac{6}{8}$-Takt

Bergamasca, Bergamasco (ital.; franz. *bergamasque*, engl. *bergomask*): Bergamasker Tanz; volkstümliches geradtaktiges und schnelles ital. Tanzlied (16.–18. Jh.), benannt nach der oberital. Stadt Bergamo. Seit dem 19. Jh. der →Tarantella verwandter Tanz im sehr schnellen $\frac{6}{8}$-Takt

Bergerette, Bergerie (franz. = Schäferlied): einfaches (vokales oder instrumentales) Musikstück im Charakter eines Schäferliedes; pastorale →Ariette des 18. Jh.; ursprünglich (16. Jh.) der *basse danse* verwandter ländlicher Tanz im langsamen $\frac{6}{8}$-Takt

Bergkreyen, Bergreihen: (erzgebirgische) Bergmannslieder (16.–18. Jh.); ursprünglich Tanzlieder der Bergleute, in der Reformationszeit auch geistlichen Inhalts

Berliner Besetzung: eine der drei Standardbesetzungen des →Salonorchesters mit Klavier (oder Harmonium), Violine I/II, Viola, Violoncello, Kontrabaß, Flöte, Klarinette, Kornett, Posaune und Schlagzeug; dies bedeutet eine Erweiterung gegenüber der →Pariser und →Wiener Besetzung

bes: Tonname für den durch ein ♭ um einen Halbton erniedrigten Ton b, bzw. den durch ein Doppel-b (𝄫) um zwei Halbtöne erniedrigten Stammton h; vgl. heses

Besen, Stahlbesen →Jazzbesen

Besetzung: Art und Anzahl der vokalen und instrumentalen Stimmen, die sich entweder aus der Festlegung der Partitur und der Kenntnis der historischen Aufführungspraxis ergibt, oder auch von den Interpreten beliebig (→*ad libitum*) zu wählen ist

Bewegung: die Stimmfortschreitung (→Stimmführung) **1.** melodisch (stufen- oder sprungweise) und rhythmisch (gleichartig oder ungleichartig) innerhalb einer Stimme

2. zweier oder mehrerer Stimmen in gleicher (→Parallelbewegung, →Geradbewegung) und entgegengesetzter Richtung (→Gegenbewegung) sowie das Verharren in einer Stimme bei gleichzeitigem Fortschreiten der anderen (→Seitenbewegung)

bezifferter Baß: in der mehrstimmigen Musik die instrumentale Baßstimme mit darüber oder darunter notierten Ziffern und Versetzungszeichen (→Generalbaßschrift) zur verkürzten Darstellung des harmonischen Ablaufs einer Komposition und ihrer mehr oder weniger frei auszuführenden akkordischen Begleitung; →*basso continuo*, →Generalbaß

Bezug: 1. vollständiger Saitenbezug (Besaitung) eines Saiteninstr.
2. (Roß-)Haarbespannung des Streichbogens (→Bogen [1.])

b flat (engl.) →b

b flat major (engl.) →B-Dur

b flat minor (engl.) →b-Moll

bianca (ital. = weiß): halbe Note

Bibelregal: kleine tragbare Tischorgel, die als in Buchform zusammenlegbares →Regal bis ins 18. Jh. gebräuchlich war

Bicinium (lat. = Zwiegesang): zweistimmiger, kontrapunktisch gearbeiteter Vokal- oder Instrumentalsatz des 15./16. Jh.; Vorläufer des instrumental begleiteten Zwiegesangs sowie von →Duett und →Duo

biennale (ital. = zweijährlich), **Biennale:** alle zwei Jahre stattfindende internationale Kunstfestspiele, ursprünglich (seit 1932) in Venedig; seit 1967 Musik-Biennale Berlin als Internationales Fest neuer Musik

big band (engl. = große Kapelle): Jazz-, Tanz- und Schauorchester mit mehrfach (chorisch) besetzter Melodiegruppe (*melody section*) und traditioneller Rhythmusgruppe (*rhythm section*); heute im allgemeinen aus 12–20 Musikern bestehend. Die Melodiegruppe ist aufgeteilt in Saxophonsatz (*reed section*) und Blechsatz (*brass section*), in dem der 2 : 1 gemischte Trompeten-Posaunen-Satz der Jazzband aus den Anfängen des →Swing durch einen Trompeten- und einen Posaunensatz mit jeweils eigener führender Stimme (*lead*) und Nebenstimmen (*sidemen*) abgelöst wird. Die *big band* stellt sich in der Regel mit einer Erkennungsmelodie (→*band theme*, →*signature tune*) vor

big band jazz (engl.): Jazz der Übergangsperiode vom volkstümlichen, authentischen Jazz zum kommerzialisierten Jazz mit der Herausbildung des von den großen Tanz- und Schauorchestern (*big bands*) geprägten →Swing-Stils (*big band swing*)

big beat (engl. = starker Schlag): die starke und gleichmäßige Betonung der Grundschlagfolge in →Beat (4.) und →Rock

big city blues (engl.): der →klassische Blues der Großstädte; →*city blues*

big drum (engl.): Große Trommel

binario (ital.): zweiteilig, auf zwei Einheiten bezogen; z. B. *battuta binario* (= zweiteiliger Takt)

binaural (engl.), **binaurales Hören**: das beidohrige Hören, das mit seiner durch die Zeit- und Stärkeunterschiede von Schallimpulsen bedingten Richtungsempfindung Voraussetzung des räumlichen Hörens (→Stereophonie) ist

Bindebogen: Bogenzeichen für eine ohne merkliche Pause aufeinander folgende Reihe von Tönen; →Bindung

binden: *MA* eine Reihe von Tönen ohne merkliche Pause aufeinander folgen lassen, →*legato* musizieren

Bindung: die durch →Bindebogen geforderte unmittelbare Aufeinanderfolge einer Reihe von Tönen ohne merkliche Pause; beim Streichinstrumentenspiel mit einem Bogenstrich, im Gesang und beim Blasinstrumentenspiel ohne Unterbrechung des Atemstroms. Beim Spiel auf Tasteninstr. wird die niedergedrückte Taste erst beim Niederdrücken der nächsten losgelassen

Birne: bei der Klarinette das zu Stimmzwecken auswechselbare, birnenförmige Zwischenstück zwischen Mundstück und Oberstück des Schallrohrs

bis: **1.** (lat.) *MA* zweimal (→Abbreviatur); vgl. *due volte*
2. (ital., franz.) Zugabe; Beifallsruf: noch einmal! Vgl. *da capo*

bisbigliando: (ital. = flüsternd), **bisbigliato**: *MA* rasches und sanftes Wiederholen eines Akkordes oder Einzeltones; besonderer Tremoloeffekt beim Harfenspiel

biscroma (ital.), **biscrome** (franz.): Zweiunddreißigstelnote

Bitonalität: Doppeltonalität, d. h. das gleichzeitige Wirken musikalischer Abläufe auf zwei verschiedenen tonalen Ebenen (Tonarten); Hauptform der →Polytonalität

Biva, Biwa: jap. Kurzhalslaute; vgl. P'i-p'a

bizzarro (ital.): *VB* wunderlich, seltsam

Black-bottom (engl. = schwarzer Boden): amerik. Gesellschaftstanz der 20er Jahre. Ein langsamer Foxtrott im $\frac{4}{4}$-Takt mit Synkopierung auf dem 3. Viertel; zählt zur Gattung des →Ragtime. Zeitweilig auch europ. Modetanz

Bläser: **1.** Spieler von Blasinstr.
2. Gruppe der Blasinstr. im Orchester, auch entsprechendes Kammermusikensemble; z. B. Bläservereinigung

Bläser-Alta →alta-Ensemble

Bläserduo, Blasduo: Komposition und Musiziergemeinschaft der Kammermusik in der Besetzung für zwei Bläser (Holz-

und Blechbläser) als Verbindung zweier verschiedener (z. B. Klarinette und Fagott) und auch zweier gleicher Instr.

Bläsermusik: im engeren Sinne die Kammermusik für gemischte Blasinstrumentenbesetzungen; vgl. Harmoniemusik

Bläserquartett, Blasquartett: Komposition und Musiziergemeinschaft der Kammermusik in der Besetzung für vier Bläser (Holz- und Blechbläser), am häufigsten mit Flöte, Oboe, Klarinette und Fagott (Holz-B.) oder Flöte, Klarinette, Horn und Fagott (gemischtes B.); außerdem mit 2 Trompeten, Horn und Posaune (Blech-B.) und auch vier gleichen Instr. (z. B. 4 Hörner)

Bläserquintett, Blasquintett: Komposition und Musiziergemeinschaft der Kammermusik in der Besetzung für fünf Bläser (Holz- und Blechbläser), am häufigsten mit Flöte, Oboe, Klarinette, Horn und Fagott; seit dem 19. Jh. neben dem Streichquartett die Standardbesetzung der Kammermusik

Bläsertrio, Blastrio: Komposition und Musiziergemeinschaft der Kammermusik in der Besetzung für drei Bläser (Holz- und Blechbläser), am häufigsten mit Oboe, Klarinette und Fagott (Holz-B.); außerdem in anderen Verbindungen von drei verschiedenen und auch drei gleichen Blasinstr.

blanche (franz. *blanc, blanche* = weiß): halbe Note

blank noise (engl.): weißes →Rauschen

Blasharmonika: allgemeine Bezeichnung für von der →Mundharmonika abgeleitete, durch ein Mundstück anzublasende Spezialinstr. mit →durchschlagenden Zungen und Spielmechanik (Klappen oder Tasten); dazu zählen u. a. Harmonetta, Melodica, Triola

Blasidiophone: Sammelbezeichnung für eine Gruppe der →Selbstklinger, deren Tonerzeugung durch Anblasen erfolgt; dazu zählen u. a. Äolsharfe und Piano chanteur

Blasinstrumente, *Aerophone* (griech. = Luftklinger): nach der Systematik der Musikinstr. (Hornbostel/Sachs) die Gruppe der Instr., die mittels einer verdichteten, periodisch schwingenden Luftsäule zum Tönen gebracht werden. Nach Art der Tonerzeugung werden →Trompeten- bzw. Horninstr., →Flöteninstr. sowie →Rohrblatt- bzw. Zungeninstr. unterschieden. Die musikalische Praxis unterscheidet sie als →Blechblas-, →Holzblas- und →Balginstr.

Blaskapelle →Blasmusik

Blasmusik, auch *Blechmusik*: im engeren Sinne die seit dem 15. Jh. von Blechblasinstr. auszuführenden Freiluftmusiken, wie Fest- und Turmmusiken, Musiken zu Prozessionen, Aufzügen und öffentlichem Tanz, Militärmusik u. a. Diese Traditionen werden in Posaunenchören, Spielmannszügen, Schalmeienkapellen und unterschiedlichst besetzten Blaskapellen weitergeführt

Blasorchester: ein überwiegend aus →Holz- und →Blechblasinstr. gebildetes, chorisch besetztes Instrumentalensemble; →Harmoniemusik. Blaskapelle →Blasmusik

Blasquinte: die beim Überblasen eines gedackten Rohrs anstelle des 2. Partialtones erklingende Quinte über der Oktave des Grundtons (= Duodezime, 3. Partialton); hierauf stützt sich die wiederholt widerlegte *Blasquintentheorie* M. v. Hornbostels über die Entstehung exotischer Tonsysteme

Blatt: Rohrblatt, →Zunge

Blech: Gruppe der Blechblasinstr. im Orchester

Blechbläser: **1.** Spieler von Blechblasinstr. **2.** Gruppe der Blechblasinstr. im Orchester, auch entsprechendes Kammermusikensemble

Blechblasinstrumente, *Metallblasinstrumente*: Sammelbezeichnung für die Gruppe der Trompeten- bzw. Horninstr., bei denen die Tonerzeugung durch Anblasen eines →Mundstücks (→Kessel-, →Trichter- oder →Bechermundstück) und die mittels der veränderbaren Lippenspannung beeinflußte schwingende Luftsäule erfolgt; dazu zählen Trompeten, Waldhörner, Posaunen und Bügelhörner

Blechmusik →Blasmusik

Blindennotenschrift: Abwandlung der abtastbaren Sechspunktgrundzeichen der von L. Braille eingeführten internationalen Blindenschrift auf die Belange der Notenschrift. Die Notierung in B. erfolgt abschnittweise (bis zu 8 Takten), z. B. beim Klaviersatz getrennt für die rechte und linke Hand nacheinander

blocchetto (ital.): **1.** →Holzblock **2.** →Röhrenholztrommel

blocchi cinesi (ital.) →Tempelblocks

blocchi di legno coreani (ital.) →Tempelblocks

bloc chinois (franz.): **1.** →Holzblock; vgl. *bloc de bois (chinois)* **2.** →Tempelblock

blocco di legno (cinese) (ital.) →Holzblock

bloc de bois (franz.): **1.** (*chinois*) →Holzblock **2.** (*cylindrique*) →Röhrenholztrommel

bloc de métal (franz.) →*cencerro*

Block, *Kern* →Blockflöte, →Kernspaltflöten

Blockakkorde (engl. *block chords* = Akkordbündel): Bezeichnung für die im Jazz übliche pianistische Spielweise des gleichzeitigen, beidhändigen Anschlagens und (intervallmäßig unverändert) parallel Verrückens von Akkorden über die Klaviatur, meist in Sekundschritten aufwärts, die als klangliches Gestaltungsmittel auch in die Arrangements der *big bands* übernommen wurde

block chords (engl.) →Blockakkorde

Blockflöte, *Schnabelflöte, Kernspaltflöte, Langflöte* (ital. *flauto dolce, flauto diretto*; franz. *flûte à bec, flûte douce*; engl. *recorder*): ⟨*Holzblasinstr.*⟩ →Längsflöte mit sich verengend konischem Rohr, 7 vorderständigen Grifflöchern, einem hinterständigen Daumenloch (Überblasloch), Schnabelmundstück, dessen Block (Kern) eine schmale Kernspalte offenläßt, die den Luftstrom direkt auf die scharfe Aufschnittkante (*Labium*) lenkt und eine leichte Ansprache ermöglicht. Wegen der leichten Spielbarkeit bevorzugtes Instr. (auch chorisch) der Haus- und Schulmusik; sanfter, verhaltener Klang. Als Stimmfamilie gebaut – außer Sopranino- und Sopran-B. (= oktaviert) nichttransp. notiert im Violinschlüssel (Baß-B. im Baß- und Violinschlüssel)

Blockflötenfamilie: Sopranino-/Diskant- in F (f^2–g^4), Sopran- in C (c^2–d^4), Alt- in F (f^1–g^3), Tenor- in C (c^1–d^3), Baß- in F (f–g^2) und Großbaßblockflöte in C (c–d^2), die beiden letzteren mit s-förmigem Anblasrohr und Klappen als Spielhilfe

Blocktrommel →*log drum*

blow (engl.): *MA* blasen

blower (engl.): Bälgetreter, →Kalkant

blown fifth (engl.) →Blasquinte

blue (engl.): *VB* trüb, schwermütig; abgeleitet vom →Blues, dessen Gefühlsausdruck im Zusammenhang mit den als wehmütig-klagend mißdeuteten →*blue notes* lange Zeit als schwermütig und sentimental mißverstanden wurde

blue blowing (engl.): im Jazz das Blasen auf primitiven Instr. (z. B. *kazoo*) unter häufiger Verwendung von →*blue notes*

blue notes (engl.): besonders in Blues und Jazz hervortretendes melodisches Ausdrucksmittel der afroamerik. Negerfolklore mit charakteristischen Abweichungen bei der Intonation der Intervalle, besonders von Terz (→Bluesterz) und Septime. Diese in bezug auf unser Dur-Moll-Tonsystem neutral intonierten, d. h. zwischen der betreffenden kleinen und großen Intervallstufe erscheinenden Zwischentöne lassen sich von den neutral intonierten Mitteltönen der westafrik. Negerfolklore herleiten und bestimmen entscheidend die Bluestonalität; sie werden häufig auch als der Dur-Melodik fremde kleine Terz bzw. kleine Septime gedeutet

Blues (amerik. *to feel blue* = traurig sein): das volkstümliche weltliche Lied der nordamerik. Neger im langsamen $\frac{4}{4}$-Takt, das als eigenständige vokale, später auch instrumentale Ur- und Hauptform des Jazz unmittelbar in der westafrik. Negerfolklore wurzelt und ursprünglich eine unsentimentale, realistische, häufig anprangernde Haltung aufweist; Hauptphasen: ländlicher oder archaischer B. (→*country blues*), städtischer oder klassischer B. (→*city blues*), nachklassischer (→*sophisticated blues*) und zeitgenössischer B. Vgl. auch *blue notes*, Bluesstimmenablauf, Bluestonalität

Bluesstimmenablauf: die in die Bluesstrophe linear eingeführte Ruf-Antwort-Folge (→*call and response*), die Phrasenfolge und harmonischen Ablauf im klassischen Blues bestimmt. Für die 12taktige Bluesform als Hauptstrophenform des Jazz gilt die jeweils 4taktige Phrasenfolge A-A_1-B mit zwei Anrufungen, von denen die zweite eine nachdrückliche Steigerung bedeutet, und deren (instrumentale) Beantwortung; harmonisch entspricht dieser Bluesform die Bluesformel:

$$\|: TTTT^{(7)} \mid SSTT \mid D^7 D^7 TT :\|$$

T = Tonika *S* = Subdominante *D* = Dominante

Bluesterz: für die Melodik des Blues charakteristische neutral intonierte, d. h. zwischen den Intervallen der großen und kleinen Terz erscheinende Terz, die neben der gleichartig behandelten Septime zu den →*blue notes* zählt und nicht in unser →Dur-Moll-System einzuordnen ist

Bluestonalität: für die Melodik des Blues charakteristische, durch das Auftreten von →*blue notes* bestimmte und in der Jazzintonation wirksame Tonalität, die auch als eine mehr oder weniger unbewußte Verschmelzung von →Pentatonik und heptatonischer →Diatonik anzusehen ist

b major (engl.) →H-Dur

b minor (engl.) →h-Moll

b-Moll: Molltonart mit Vorzeichnung von fünf ♭, Paralleltonart zu Des-Dur;
Tonleitern

natürlich (oder rein)

harmonisch

melodisch

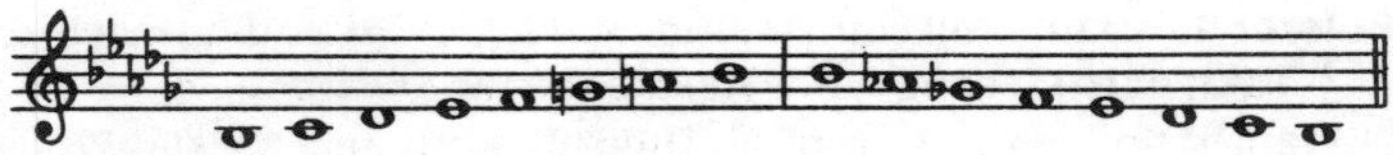

b molle (lat. = weiches b) →*b rotundum*

b natural (engl.) →h

bocal (franz.): Mundstück, →Windkapsel

bocca chiusa (ital.): *MA* mit →Brummstimme; wortloses Singen mit geschlossenem Mund

bocchino (ital.): Mundstück

Bockstriller, Schafs- oder Geißtriller (ital. *trillo caprino*, franz. *tremblement chevroté, chevrotement*): **1.** meckernder Triller, ein durch ungleichmäßiges Vibrieren der Stimme auf einem Ton vorgetäuschter Sekundtriller

2. unsauber oder schlecht ausgeführter Triller

Boden: die untere Abdeckung des Korpus von Streich- und Zupfinstr. (meist aus Ahornholz), die durch die →Zargen und den →Stimmstock mit der →Decke verbunden ist

Boehmflöte, Boehm-System: von Theobald Boehm (1794–1881) verbesserte, heute allein gebräuchliche →Querflöte. Das System der B. beruht auf der Anordnung der Grifflöcher nach ausschließlich akustischen Gesetzen und der Einführung eines Klappensystems für die bessere Spielbarkeit (Applikatur). Das B.-S. wurde auch auf Oboe, Fagott und Klarinette übertragen

Bogen: **1.** Streichbogen zum Streichinstrumentenspiel, bestehend aus (Pernambuk-)Holzstange mit Spitze, durch Spannvorrichtung (= Bogenschraube) beweglichem Griff (→Frosch) und (Roßhaar-)Bezug

2. auswechselbare Rohrteile (Bügel, Stimmbogen) zur Veränderung der Stimmung bei Blechblasinstr.

3. →Musikbogen als altüberliefertes Musikinstr.

4. in der Notenschrift als Zeichen für →Haltebogen, →Klangbogen, Artikulations- bzw. →Bindebogen und →Phrasierungsbogen

Bogenform, *Brückenform, Reprisenform*: allgemeingültiges musikalisches Formprinzip, bei dem der Anfangsteil (A) nach einem gegensätzlichen Mittelteil (B) wiederholt wird; Formschema ABA. →Da-capo-Arie, →Sonatenhauptsatzform; auch →dreiteilige Liedform

Bogenführung: Technik des Bogenstrichs beim Streichinstrumentenspiel unter Beachtung von Bogenhaltung (Ober- und Untergriff), Streichbewegung (Auf- und Abstrich) und →Stricharten

bois (franz. = Holz): Kurzform für *instruments de bois*, die Gruppe der Holzblasinstr. im Orchester (= Holzbläser)

Bolero: **1.** span. Volkstanz aus dem 18. Jh. im mäßig bewegten $\frac{3}{4}$-Takt, mit Gesang und Kastagnettenbegleitung, dazu auch Tamburin und Gitarre; enge Bindungen bestehen zu →Cachucha, →Seguidilla und →Fandango

2. *B. cubano, Rumba – Bokro* = lateinamerik. Tanz aus dem 19. Jh. im langsamen $\frac{2}{4}$- (oder $\frac{2}{2}$-)Takt mit Elementen von

→*cinquillo* und →Rumba sowie einer charakteristischen, meist zweistimmig in Terzen und Sexten parallel geführten Melodik

Bombardon (franz.; ital. *bombardone*): tiefes Blechblasinstr. der Blaskapelle, →Baßtuba in Es; ursprünglich eine Baß-→Ophikleïde des 19. Jh.

Bomhart, Bombart, Pommer (ital. *bombardo*; franz., engl. *bombarde*): ⟨*Holzblasinstr.*⟩ Doppelrohrblattinstr. mit Windkapselmundstück und konischem Rohr mit 6 oder 7 vorderständigen Grifflöchern und 1–4 Klappen. Seit dem 15. Jh. gebaut als Stimmfamilie vom Diskantbomhart bis zur Großbaßpommer von 3 m Länge, die zur „lauten Musik" (*haute musique*) zählt. Nachfahre der →Schalmei und Vorläufer der →Oboe

bones (engl. = Knochen), *Brettchenklapper*: ⟨*Schlaginstr.*⟩ zwei längliche →Gegenschlagplatten aus Hartholz oder Tierknochen; einfaches Rhythmusinstr. ohne bestimmte Tonhöhe, auch anstelle von →*claves* und →Kastagnetten (*rhythm-bones*) verwendet

Bongos: ⟨*Schlaginstr.*⟩ kleine →Einfelltrommeln indian.-kuban. Herkunft, heute mit zylindrischer Zarge (→Röhrentrommeln) aus Holz (auch als faßförmige →Gefäßtrommeln), Spannschrauben, ohne Schnarrsaiten; paarweise mit etwas unterschiedlichem Felldurchmesser (etwa 15–20 cm), aber gleicher Zargenhöhe (etwa 17 cm) miteinander verbunden und geschlagen mit Fingerkuppen (*con le dita*), Handflächen (→Handtrommeln) oder auch Schlegeln (*con le bacchette*). Trommelinstr. mit annähernd bestimmbarer Tonhöhe im Bereich der kleinen und eingestrichenen Oktave und dem Tonabstand einer übermäßigen Quarte, reinen Quinte oder auch kleinen Sexte zwischen dem Trommelpaar, zweilinig notiert (auch im Fünfliniensystem mit Violin- oder Baßschlüssel)

Boogie, Boogie-Woogie (amerik.): **1.** eine von rollenden, sich ständig wiederholenden stark rhythmisierten Baßfiguren (→*walking bass*) geprägte und melodisch-harmonisch dem Bluesschema folgende pianistische Spielweise der Bluesbegleitung und des Jazz, die mit dem →*barrel-house-piano* aus dem volkstümlichen Musizieren der nordamerik. Neger hervorging

2. nordamerik. Modetanz im schnellen $\frac{4}{4}$-Takt mit Elementen des →Jitterbug; er entstand um 1930 infolge der Kommerzialisierung aus dem Boogie-Woogie-Stil (s. o.) des Jazz und erfuhr um 1950 hektisch übersteigerten tänzerischen Ausdruck

bop-scat-Gesang, be-bop-vocals: Gesangsform des →*bebop*, ursprünglich zur lautmalerischen Darstellung der komplizierten *bebop*-Melodien, die in der Unregelmäßigkeit und Unbeständigkeit ihrer rhythmischen und melodischen Gestaltung an das →*scat*-Singen der afroamerik. Negerfolklore erinnern

Bordun (ital. *bordone*, franz. *bourdon*, engl. *burdoun, burden*):
1. in der Musizierpraxis ein ständig mitklingender tiefer Ton oder Klang, auch die tiefe Lage eines Instr. oder der Stimme einer Komposition mit lang ausgehaltenen Tönen unveränderlicher Tonhöhe
2. in unveränderlicher Tonhöhe mitklingende tiefe Pfeifen (Baßpfeifen, Schnarrpfeifen) der Sackpfeifen (Dudelsack) und tiefe Saiten der Drehleier
3. neben dem Griffbrett angeordnete mitschwingende Baßsaiten von Vielle (Fiedel), Chitarrone, Theorbe und Leier
4. gedacktes Holzregister der Orgel zu 32′, 16′ und 8′
5. tiefster bzw. 5. Chor der 5- und 6chörigen Laute (15./16. Jh.)

Bossa Nova: in den 50er Jahren unter dem Einfluß von →Samba und →*cool jazz* entstandener Gesellschaftstanz brasil. Herkunft im mäßig schnellen $\frac{4}{4}$-Takt; erlangte um 1960 in Europa als Modetanz Bedeutung

Boston, Valse Boston: amerik. Gesellschaftstanz um 1875; langsamer Walzer im gleichmäßigen, nur auf dem 1. Viertel akzentuierten $\frac{3}{4}$-Takt, der um 1920 vorübergehend in Europa als Modetanz Bedeutung erlangte. Vorherrschend sentimentale Melodik, vielfach in Moll

bouché, bouché sons (franz.): **1.** *MA* →gestopft (bei Hörnern u. a. Blechblasinstr.), gestopfte Töne
2. gedeckt (bei Orgelpfeifen); →Gedackte

bouche fermée (franz.): *MA* mit →Brummstimme; wortloses Singen mit geschlossenem Mund

bouffe, bouffon (franz.): **1.** komisch, possenhaft **2.** →Buffo

Bounce (engl. = Sprung; springen): **1.** rhythmische Bewegungsart des →Swing, die in mäßig schnellem Zeitmaß einen gegenüber dem →*jump* langsamer schwingenden Charakter mit deutlicher Unterscheidung der betonten und unbetonten Taktteile des $\frac{4}{4}$-Taktes aufweist
2. nordamerik. Modetanz im mäßig schnellen $\frac{4}{4}$-Takt, ähnlich dem langsamen Foxtrott

bourdon (franz.) →Bordun

Bourrée (franz.; ital. *borea*, engl. *boree*): altfranz. Gesellschaftstanz aus der Auvergne; der ursprünglich im drei- und zweiteiligen Takt verbreitete Volkstanz des 16./17. Jh. wurde noch im 16. Jh. Hoftanz und findet im 17./18. Jh. als *bourrée française* im meist auftaktigen und synkopierten lebhaften $\frac{2}{2}$- oder →Allabreve-Takt Eingang in Ballett, Oper und instrumentale →Suite, wo sie häufig zwischen →Sarabande und →Gigue eingeschoben wird. Enge Beziehungen bestehen zu →Rigaudon und →Gavotte

boutade (franz. = Einfall, Laune): Tanz- oder Instrumentalimprovisation, improvisiertes kleines Ballett (18. Jh.); auch →Caprice oder Instrumentalfantasie

bout de l'archet, avec le bout de l'archet (franz.): **1.** Bogenspitze
2. *MA* mit der Spitze des Bogens

Bouzouki (griech.; türk. *buzúki*): ⟨*Zupfinstr.*⟩ in der volkstümlichen griech. Unterhaltungsmusik verwendete Langhalslaute mit kleinerer Mensur als der arab. →*tanbūr*

bow (engl.): **1.** Streichbogen **2.** Bogenstrich
3. streichen

bowing (engl.): **1.** Bogenführung, Strichart **2.** mit einem Bogenstrich zusammengefaßte Tongruppe als Element der Phrasierung

bozza, bozzetto (ital.): Entwurf, Skizze

b quadratum (lat. = viereckiges b), *b durum*: Bezeichnung für die nach der chromatischen Spaltung (10./12. Jh.) der 2. Tonstufe der mittelalterlichen Oktavreihe mit ♮ gekennzeichnete Ganztonstufe über A, die mit einer Halbtonerhöhung gleichgesetzt wurde und als Versetzungszeichen seit dem 18. Jh. in Auflösungszeichen (♮) und Kreuz (♯) für die Erhöhung um einen Halbton unterschieden wird. →Dur

brando (ital.) →Branle

Branle, Bransle (franz. = wanken, schlenkern; ital. *brando*): altfranz. Volks- und Gesellschaftstanz in mäßig lebhaftem Zweier- und Dreiertakt; im 15./16. Jh. Volkstanz (Reigen, Kettentanz) und in seinen vielartigen Erscheinungsformen unterschiedlichen Zeitmaßes Grundlage der alten franz. Tanzsuite. Als Hoftanz (16./17. Jh.) zunächst in England, dann auch in Frankreich; in Italien nur als Volkstanz, später Instrumentalstück

brass (engl. = Blech): Kurzform für *brass wind instruments*, die Gruppe der Blechblasinstr. im Orchester (= Blechbläser)

brass band (engl.): (Blech-)Blaskapelle, →Blasmusik, →*marching bands*

brass section (engl.): die in einen Trompeten- und einen Posaunensatz aufgeteilte Blech(bläser)gruppe der →*big band*; dagegen →*reed section*

brass wind instruments (engl.): Blechblasinstrumente

Bratsche (ital. *braccio* = Arm): Armgeige, →Viola

Bravourarie (ital. *aria di bravura*): Arie mit ausgedehnten Koloraturen und höchsten virtuosen Anforderungen an den Interpreten

bravoure (franz. = Kühnheit): **1.** Meisterung hoher technischer Schwierigkeiten und brillanter Vortrag effektvoller Virtuosenstücke; z. B. Bravourarie, Bravourstück
3. *VB* kühn, mit Bravour

Bravourstück: Komposition, die hohe technische Fertigkeit und brillanten Vortrag durch den Interpreten (Virtuosen) beansprucht

bravura (ital. = Kühnheit) →*bravoure*

break (engl. = Unterbrechung): im Jazz ein kurzer (improvisierter) solistischer Einwurf, zumeist des Schlagzeugers, der das Ensemblespiel der *band* und deren *beat* durch (zeitweise) Veränderung des Grundrhythmus plötzlich unterbricht

break down (engl.): bedeutungsgleich für die pianistische Spielweise des →Boogie-Woogie

Brettchenklapper →*bones*

breve (ital.): **1.** →*brevis* **2.** *MA* kurz

Brevier (lat. *breviarium* = kurze Übersicht): Sammlung der für das →Offizium der röm.-kath. Liturgie vorgeschriebenen Gebets-, Gesangs- und Lesetexte, die als *Vollbrevier* auch die Melodien enthält; dazu →Antiphonale

brevis (lat. = die kurze), *nota brevis*; **Brevis: 1.** heutiger Noten- und Pausenwert mit der Dauer von zwei →Ganzen; →*alla breve*
2. ursprünglich relativ kurzer Noten- und Pausenwert der →Mensuralnotation, dessen Dauer drei (= *b. perfecta*) bzw. zwei (= *b. imperfecta*) Semibreven (→*semibrevis*) und damit etwa der heutigen →Halben entspricht; seit dem 15. Jh. notiert: 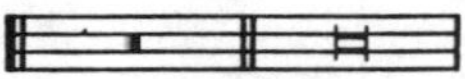

bridge (engl. = Brücke): **1.** Steg **2.** im Jazz für Überleitung; im 32taktigen Chorus AABA z. B. die modulierende oder harmonisch ausweichende 8taktige Phrase B (auch als *release* oder *channel* bezeichnet)

brillante (ital., franz.): *VB* glanzvoll, virtuos

Brillenbässe: Scherzname für verkürzt notierte (→Abbreviaturen) einfache Baßfiguren;

z. B.  oder 

=  bzw. 

brindisi (ital.): heiteres Trinklied

brioso, con brio (ital.): *VB* feurig, temperamentvoll, schwungvoll, munter; mit Feuer, voller Schwung, voller Munterkeit

Brjolka: russ. Hirtenschalmei; volkstümliches, klarinettenartiges Holzblasinstr., dessen einfaches Rohrblatt unmittelbar aus dem Pfeifenrohr herausgeschnitten ist (= *idioglotte Klarinette*)

broadcast (engl.): **1.** Radiosendung, Rundfunk... **2.** senden

broderie (franz.): Verzierung durch Ausweichen der Melodie in den höheren oder tieferen Nachbarton und Rückkehr zum Ausgangston; Umspielung des Melodietons mit beiden Nachbartönen = *broderie double*

broken cadence (engl.) →Trugschluß

broken chord (engl.): gebrochener Akkord, →Akkordbrechung

broken consort, broken music (engl.): Instrumentalensemble des 16./17. Jh. in gemischter Besetzung (Streicher und Bläser)

broken octaves (engl.): gebrochene Oktaven

brosse de jazz (franz.) →Jazzbesen

b rotundum (lat. = rundes b), *b molle*: Bezeichnung für die bei der chromatischen Spaltung (10./12. Jh.) der 2. Tonstufe der mittelalterlichen Oktavreihe entstandene Halbtonstufe über A, die mit einer Halbtonerniedrigung gleichgesetzt wurde und in dieser Form (♭) als Versetzungszeichen für die Erniedrigung um einen Halbton gilt. →Moll

bruit de tôle (franz.): Metallfolie, →Folienrassel

Brummeisen →Maultrommel

Brummstimme, Summstimme: wortloses Singen mit geschlossenem Mund, wodurch der Ton brummend (summend) durch die Nase kommt; dazu →*bocca chiusa* (ital.), →*bouche fermée* (franz.)

Brummtopf (ital. *tamburo a frizione*), *Rummelpott*: größere →Reibtrommel mit Stab- oder Schnurreibung (= Stab- oder Schnurreibtrommel)

brunette (franz.): kleines volkstümliches Liebeslied des 17./18. Jh. mit oder ohne Instrumentalbegleitung, das in Frankreich sowohl in die Oper als auch in die Instrumentalmusik – besonders für Klavier – Eingang fand

brusco, bruscamente (ital.): *VB* rauh, schroff, heftig, grob, herb

brush (engl.) →*rhythm brush*, →*wire brush*, →*steel brush*

Bruststimme, Brustregister: Register der menschlichen Stimme mit überwiegender Brustresonanz und (obertonarmem) dunklem, vollem Klang; die Stimmlippen schwingen in ganzer Breite. →Falsett, →*voix mixte*

Brustwerk: Teilwerk (→Werkprinzip) der mehrmanualigen Orgel, das als Übernahme des →Regals in die Orgel mit →Zungenpfeifen und hohen →Prinzipalen zum 2. oder 3. Manual gehört und unter dem →Hauptwerk (bzw. →Oberwerk) direkt in Brusthöhe des Spielers angeordnet ist

b sharp (engl.) →his

buccina (lat.): Blasinstr. des Altertums aus Tierhorn und dessen Nachbildung aus Metall; militärisches Signalinstr. der Römer. Sprachlich Vorläufer von →Busine und →Posaune

Buchstabentonschrift: 1. Notenschrift, in der die Tonhöhen mit Buchstaben des Alphabets bezeichnet werden, so bereits in der altgriech. Musik; in der mittelalterlichen Musik u. a. die mit den lat. Buchstaben A–P bezeichnete fortlaufende Tonreihe (9. Jh.), die durch Buchstabenwiederholung für die Oktavreihe abgelöst wurde (10./11. Jh.)

2. Tonbuchstabenschrift der →Orgeltabulatur (14.–18. Jh.)

3. Buchstabensymbole für Akkorde und Tonarten

Buckelgong: javanischer →Gong mit bestimmter Tonhöhe

bucolic (engl.), **bucolico** (ital.), **bucolique** (franz.): ländlich-idyllisch, hirtenliedartig; bukolisch

Bügel, Bogen: auswechselbare Rohrteile (Stimmbogen) zur Veränderung der Stimmung bei Blechblasinstr.

Bügelhörner (ital. *flicorni*): ⟨*Blechblasinstr.*⟩ (Signal-)Hörner mit konischem, relativ weit mensuriertem Rohr, (seit 1810) Klappen oder (seit 1830) 3–6 Ventilen und vertieftem Kesselmundstück (Bechermundstück). In der Familie der Bügelhörner werden nach H. Kunitz als Hauptformen unterschieden:

1) *Trompetenform* (gedrungene und breite Bügelwindung), z. B. Kornett

2) *ovale Form* (aufrecht) mit seitlich geneigtem Schalltrichter, z. B. Baritonhorn

3) *Waldhornform* (mit weitem Schalltrichter)

4) *Tubaform* (aufrecht) mit nach oben gerichtetem Schalltrichter, z. B. Baßtuba

5) *runde Form* (Helikonform)

Die B. haben leichte Ansprache und einen weichen, vollen Klang; mit Ausnahme der Baßinstr. werden sie fast ausschließlich in der Harmonie- und Blasmusik verwendet

Bühnenmusik, *Inzidenzmusik*: unmittelbar zur Bühnenhandlung gehörende Musik;

1. Musik auf, hinter oder vor der Bühne als Teil der Handlung (= Musik in der Musik) in Oper, Operette, Musical u. a.

2. Musik im Schauspiel, die als unentbehrlich in die Handlung einfällt, z. B. als Marsch, Liedbegleitung u. a.; sie ist Teil der →Schauspielmusik

buffa (ital.): Kurzform für →*opera buffa*

buffo (ital.): **1.** komisch **2.** →Buffo

Buffo (ital. *buffone* = Hanswurst): Sänger komischer Charakterrollen in der Stimmlage →Tenor-Buffo und →Baß-Buffo (*basso comico*) mit besonderem Spieltalent; auch Tanz-B. (Operette, Musical) mit tänzerischem Können

buffoneggiando, buffonesco (ital.): *VB* komisch, närrisch, possenhaft; buffonesk

buffonesk: *VB* komisch, närrisch, possenhaft

bugle (franz., engl. = Jagdhorn) →Bügelhorn, →Signalhorn

bugle à clefs (franz.) →Klappenhorn

bukolisch: ländlich-idyllisch, hirtenliedartig

Bumbaß →Teufelsgeige

Bund, Bünde: bei Zupfinstr. und einigen Streichinstr. (z. B. Fidel, Gambe) auf dem Griffbrett im Halbtonabstand eingelassene, aufgesetzte oder ursprünglich festgebundene Querteilungen (→Sattel) aus Metall, Holz oder Saitendarm als Spielhilfe für das Greifen und exakte Treffen der Tonhöhe

bundfrei: Kennzeichen des technisch vollendeten Klavichords (*bundfreies Klavichord*), bei dem jedem Saitenchor nur eine Taste zugeordnet ist, d. h. Tasten- und Saitenchorzahl übereinstimmen

Bundklavier →Klavichord

burden (engl.): **1.** Kehrreim **2.** →Fauxbourdon (2.)

burla, burlesca (ital.):
1. Schwank, Spaß, Schabernack **2.** →Burleske

burlando, burlesco (ital.) →burlesk

burlesk: *VB* derb-komisch, spaßig, possenhaft, humorig; im Charakter der →Burleske

Burleske (ital. *burla, burlesca*; franz. u. engl. *burlesque*):
1. derb-komisches (musikalisches) Lustspiel, Posse; auch karikierend überspitzte →*opera buffa*. Vgl. *burletta*
2. humoriges, derb-komisches Charakterstück, meist für Klavier; →Humoreske, →Scherzo

burletta (ital. = kleiner Scherz): kleines, derb-komisches (musikalisches) Lustspiel; auch kleine, karikierend überspitzte →*opera buffa*

Busine (franz. *buccine, cor sarasinois*): fanfarenartiges Blechblasinstr. des Mittelalters mit zylindrischem oder konischem, weit mensuriertem Rohr und Kesselmundstück; Vorläufer von →Trompete und →Posaune

Byline (russ. *bylina* = Begebenheit): altruss. Heldengedicht, Volksballade; auch erzählendes Lied (10.–17. Jh.), in Südrußland als Chorlied

C

c: 1. Tonname für den 1. Ton der C-Dur-Tonleiter (Grundskala) im kleinen Oktavbereich
2. Akkordbezeichnung für den c-Moll-Dreiklang
3. Kurzbezeichnung für die Tonart →c-Moll

c^1, c′, $\bar{c}$ (*eingestrichenes c*): **1.** Tonname für den Stammton c im eingestrichenen Oktavbereich
2. Grundton der Grundskala unseres Dur-Moll-Tonsystems
3. Schlüsselbuchstabe zur Fixierung der absoluten Tonhöhe auf Notenlinien; →C-Schlüssel

c^2, c″ bzw. **$\bar{\bar{c}}$; c^3…; c^4…; c^5…** (*zwei-, drei-, vier-, fünfgestrichenes c*): Tonname für den Stammton c im zwei-, drei-, vier- bzw. fünfgestrichenen Oktavbereich

C: 1. Tonname für den Stammton c im großen Oktavbereich
2. Akkordbezeichnung für den C-Dur-Dreiklang
3. Kurzbezeichnung für die Tonart →C-Dur
4. Bezeichnung für die Stimmung nicht transponierender bzw. oktaviert notierter Instr. (z. B. Sopranblockflöte in C)
5. Tonname für die 3. Tonstufe der mittelalterlichen Oktavreihe in der lat. →Buchstabentonschrift

$_1C$, ,C bzw. **$\underline{C}$; $_2C$…** (*Kontra-, Subkontra-c*): Tonname für den Stammton c im Kontra- bzw. Subkontra-Oktavbereich

Cabaletta (provenz./ital. = Strophe): **1.** kurze Arie mit sich gleichförmig wiederholendem einfachem Rhythmus; →Kavatine
2. Wiederholungs- bzw. Zwischenteil von variiert begleiteten Arien oder Liedern
3. Schlußteil ital. Opernarien und -duette mit rhythmisch prägnanter Steigerung; →Stretta

Cabaza, Cabaça (port. = Kürbis; ital., engl. *cabasa*, franz. *calebasse*), Kürbisrassel: ⟨*Schlaginstr.*⟩ lateinamerik. Rhythmusinstr. afrik. Ursprungs, bestehend aus einem am kurzen Stiel befestigten ausgehöhlten Doppelkopf-Flaschenkürbis (auch in Holz- oder Kunststoffnachbildung) überzogen mit Perlenschnurnetz, das durch Schlagerschütterung (→Schüttelidiophone) und streichende oder drehende Bewegung ein schleifend-zischendes Rasselgeräusch hervorbringt;
die Cabaza wird in Verbindung mit dem →Tubo in der Regel nur für den gleichbleibenden Rhythmus der →Samba herangezogen

caccia (ital. = Jagd): **1.** ital. Vokalform des 14.–16. Jh., die als zweistimmiger Kanon mit in der Regel einer hinzutretenden instr. Stützstimme als Vorform der →Fuge gilt; häufig beste-

hen auch textliche Bezüge zur zeitgenössischen ital. Jagddichtung
2. Sammelbegriff für →Jagdstücke unterschiedlichster Besetzung; vgl. auch das entsprechende Instrumentarium, z. B. Oboe da caccia

Cachucha (span. = Mütze): span. Tanz aus Andalusien im mäßig bewegten Dreiertakt ($\frac{3}{4}$-, $\frac{3}{8}$-Takt) mit Elementen des →Fandango und rhythmisch dem →Bolero ähnlich; ursprünglich Einzeltanz zur Gitarre

cacafonia (ital.) →Kakaphonie

cadence (franz., engl.): **1.** →Kadenz **2.** Triller, →*tremblement*

cadent (engl.): Verzierung; →Antizipation (2.)

cadenza (ital.) →Kadenz

Caecilia: Schutzheilige der Musik (seit 15. Jh.); um 200 u. Z. als christliche Märtyrerin gestorbene Römerin

caisse (franz.): Trommel

caisse chinois (franz.) →Holzblock

caisse claire (franz.): Kleine Trommel, flache Militärtrommel

caisse plate (franz.): flache Trommel (→Tarole-Trommel), Kleine Trommel

caisse roulante (franz.): **1.** →Wirbeltrommel
2. (*avec cordes*) →Rührtrommel, Paradetrommel

caisse sourde (franz.): **1.** →Wirbeltrommel **2.** ältere Bezeichnung für →Tom-Tom

Cakewalk (engl. = Kuchenlauf): afroamerik. Volkstanz mit dem für den späteren →Ragtime charakteristischen stark synkopierten Rhythmus der Banjobegleitung; Schreittanz im $\frac{2}{4}$-Takt mit freier Schrittwahl, der über die →Minstrelshow auch in den europ. Bühnen- und Schautanz gelangte und zu Beginn des 20. Jh. vorübergehend als Modetanz Bedeutung erlangte

calando, calante (ital.): *VB* abnehmend, nachlassend an Tonstärke und Bewegung; vgl. *morendo*

Calata (ital.): altital. Schreittanz (15./16. Jh.) im raschen Zweiertakt mit Ähnlichkeit zu →Pavane und →*basse danse*

calcante (ital.): Bälgetreter, →Kalkant

caldamente (ital.): *VB* mit Wärme, mit großer Ausdruckskraft

call (engl. = Ruf): **1.** gesangsartige Anrufung des Vorsängers im Wechselgesang; u. a. →*work song*
2. musikalisches Signal

call and response (engl.): Ruf- und Antwort-Folge als Wechselgesang zwischen Vorsänger und Chor in der afroamerik. Negerfolklore; unmittelbar afrik. Ursprungs

calmando(si), calmato (ital.): *VB* (sich) beruhigend; beruhigt, ruhig

calmo (ital.): *VB* ruhig

caloroso, con calore (ital.): *VB* warm; mit Wärme

Calypso: volkstümliche Gesangsform der afroamerik. Negerfolklore auf den Antillen-Inseln Mittelamerikas, die im Wechsel von Vorsänger und Chor (= *call and response*) unter polyrhythmischer Begleitung von →Congas, →Bongos, →Tamburins, →*concerros* und →*steel drums* als Tanz den Rhythmus vom *Paseo* (Trinidad) oder *Mento* (Jamaika) übernimmt; nach 1955 als mäßig schneller Modetanz mit Elementen von →Rumba, →Samba und →Mambo

cambiadischi automatico (ital.): automatischer →Plattenwechsler

Cambiata, *nota cambiata* (ital. = vertauschte Note): (Fuxsche) Wechselnote, die im Melodieverlauf des strengen mehrstimmigen Satzes den auf leichtem Taktteil stehenden dissonierenden Nebenton (auf- oder abwärts) bezeichnet, der in einen konsonierenden Ton, d. h. zur Unterterz auf schwerem Taktteil abspringt

camera, da (ital.): für die Kammer, den höfischen Musizierraum im Gegensatz zu Kirche, Opernhaus und Konzertsaal; dazu →*alla camera*, →*sonata da camera*, →Kammermusik

camminando (ital.): *VB* gehend, vorangehend, vorandrängend

campana (ital.): Glocke; →Becher

campanaccio (ital.): Kuhglocke, →*cencerro*

campane di legno (ital.) →Tempelblocks

campane in lastra di metalla (ital.) →Plattenglocken

campanella, campanellina (ital.): Glöckchen (Ez.)

campanelli (ital.): Glockenspiel

campanelli a tastiera (ital.) →Klaviaturglockenspiel

campane tubolari (ital.) →Röhrenglocken

Canarie (franz.): franz. Volks- und Gesellschaftstanz; im 16. Jh. vermutlich von den Kanarischen Inseln übernommener Paartanz im schnellen $\frac{3}{8}$-, $\frac{6}{8}$- oder $\frac{3}{4}$-Takt mit auftaktig-punktiertem Rhythmus. Enge Beziehungen bestehen zu →Saltarello und →Courante. Im 17./18. Jh. auch Typ der →Gigue

Cancan (franz. = Lärm): übermütiger franz. Gesellschaftstanz aus Algier (19. Jh.) im schnellen $\frac{2}{4}$-Takt mit engen Bindungen zu →Fandango und →Galopp; im 20. Jh. vornehmlich Bühnenschautanz in Varieté, Operette und Revue

canción cubana (span.): sentimentales kuban. Lied (seit dem 19. Jh.) mit Gitarrebegleitung

cancricans (lat.), **cancrizans:** *MA* im Krebsgang, rückwärts gehend

cancrizat (lat.): *MA* krebsartig, d. h. die Stimme ist von rückwärts zu lesen; z. B. beim Krebskanon

canna (ital.): (Orgel-)Pfeife

canon (lat., franz., engl.): **1.** →Kanon **2.** →Kanun
canon cancrizans (lat., engl.) →Krebskanon
canone (ital.): **1.** →Kanon **2.** →Kanun
canone a rovescio, canone retrogrado (ital.) →Krebskanon
canone enigmatico (ital.) →Rätselkanon
canon infinitus (lat. = unendlicher Kanon) →Zirkelkanon
canon per motum contrarium (lat. = Kanon in Gegenbewegung) →Spiegelkanon
canon perpetuus (lat. = ununterbrochener Kanon) →Zirkelkanon, Kreiskanon
canon per tonos (lat. = Kanon durch die Töne) →Spiralkanon; →Zirkelkanon
cantabile (ital. = sangbar), **Cantabile: 1.** *VB* sanglich, gesangvoll
2. Komposition oder Satz entsprechenden Charakters
cantando (ital.): *VB* singend
cantante (ital.): **1.** Sänger, Sängerin **2.** *VB* singend; vgl. *cantando*
cantare insieme (ital.): *MA* mitsingen
cantarella (ital.): Sangsaite; die höchste Saite der Streich- und Zupfinstr.; vgl. *chanterelle*
cantata (ital., engl.) →Kantate
cantata da camera (ital.) →Kammerkantate
cantata da chiesa (ital.): Kirchenkantate
cantata profana (ital.): weltliche →Kantate
cantate (franz.) →Kantate
Cantatille (franz.): kleine (Solo-)Kantate des 18. Jh. mit knappen Rezitativen und Da-capo-Arien oder Strophenliedern
cante chico (andal.) →Flamenco
cante flamenco (andal.) →Flamenco
cante gitano (andal.): Zigeunerlied; →Flamenco
cante jondo (andal.), **canto hondo** (span.): zusammenfassende Bezeichnung für den andalusischen Volksgesang; →Flamenco
canti carnascialeschi (ital.): Karnevalsgesänge des 15./16. Jh. in Florenz mit satirischer und derb-realistischer Darstellung aktueller Ereignisse bei Maskenspielen und -umzügen
canticchiando (ital.): *VB* trillernd, (vor sich hin) trällernd
canticum (lat. = Gesang): **1.** psalmenartiger, jedoch nicht zum Psalter gehöriger liturgischer Lobgesang; z. B. Magnificat
2. Solo- oder Wechselgesang zur Flötenbegleitung in der römischen Komödie
3. frühchristlicher, hymnischer Gesang mit lyrischem Bibeltext

canticum canticorum (lat. = Lied der Lieder): das Hohelied Salomonis, häufig (ausschnittweise) in →Motettenform vertont

cantigas (span.): einstimmige Wechselgesänge weltlichen und geistlichen Inhalts in Spanien und Portugal (11.–13. Jh.), die melodisch dem →Gregorianischen Choral, dem Volks- und Tanzlied sowie den Troubadourweisen nahestehen

cantilena (ital.) →Kantilene

cantillation (engl.): unbegleitetes Singen in freien Rhythmen; z. B. in der jüdischen Synagogalmusik

cantino (ital.): Sangsaite, →*chanterelle*

cantio (lat. *canere* = singen): **1.** das einstimmige lat. Strophenlied (meist mit Kehrreim) des Mittelalters, vorwiegend geistlichen Inhalts ohne Bindung an die Liturgie; aufgrund der einfachen Form und volkstümlichen Haltung bestehen Beziehungen zu →Volkslied, →Meistergesang und →Geißlerlied
2. seit dem Mittelalter auch gebräuchliche Allgemeinbezeichnung für Gesangstücke jeder Art; vgl. *canto, cantus*

cantiones ecclesiasticae (lat.): kirchliche Gesänge; sinnverwandt mit →*cantiones sacrae*

cantiones sacrae (lat.; ital. *canzoni spirituali*):
1. geistliche Gesänge mit (vorwiegend) lat. Text
2. häufigste Bezeichnung für (vorwiegend) lat. →Motetten bzw. Motettensammelwerke der 2. Hälfte des 16. Jh. und Anfang des 17. Jh.

canto (ital., span.): Gesang, Melodie, Lied

canto fermo (ital.) →*cantus firmus*

canto fermo puro (ital.) →*cantus planus*, →Gregorianischer Choral

canto figurato (ital.) →Figuralgesang, →Figuralmusik

canto flamenco (span.) →Flamenco

canto fratto (ital.) →*cantus fractus*

canto hondo (span.) →Flamenco; →*cante jondo*

canto piano, canto plano (ital.) →*cantus planus*

cantor (lat.), **cantore** (ital.): (Kirchen-)Sänger, →Kantor

cantus (lat.): **1.** Gesang, Melodie, Lied
2. die Oberstimme im mittelalterlichen Vokalsatz; vgl. Diskant, Sopran

cantus choralis (lat.): der unbegleitete einstimmige, lat. liturgische Gesang des Sängerchores, vornehmlich der mittelalterliche →Gregorianische Choral; sinnverwandt mit →*cantus planus*

cantus figuralis, cantus figuratus (lat.) →Figuralgesang, →Figuralmusik

cantus firmus (lat. = fester Gesang): **1.** geistliche oder weltliche Melodie, die einer neuen Komposition zugrunde liegt und entweder einer vorhandenen Komposition (bzw. prägnanten Tonfolge daraus) unverändert oder verziert entlehnt oder auch vorab neu geschaffen wurde
2. im mittelalterlichen mehrstimmigen Satz die feststehende, vorher vorhandene melodieführende Stimme (→*cantus prius factus*, →*Tenor*, →*soggetto*), vornehmlich ein →Gregorianischer Choral
3. ursprünglich gleichbedeutend mit →*cantus gregorianus*, →*cantus planus*

cantus fractus, cantus fractibilis (lat. = gebrochener Gesang): der durch kleinere Zwischennoten (→*flores*) unterbrochene, d. h. verzierte mehrstimmige mittelalterliche Chorsatz

cantus gemellus (lat.) →Gymel

cantus gregorianus (lat.) →Gregorianischer Choral

cantus mensurabilis, cantus mensuratus (lat. = gemessener Gesang) →Mensuralmusik, →Figuralmusik

cantus planus (lat. = ebener Gesang): **1.** der einstimmige, durch gleichwertige Noten (Choralnotation) rhythmisch ausgeglichene mittelalterliche liturgische Chorgesang (*musica plana*), vornehmlich der →Gregorianische Choral
2. die tiefliegende Melodiestimme im Organum

cantus prius factus (lat.): der vorher entstandene, vorgegebene →*cantus*; →*cantus firmus*

canzona, canzone (ital.) →Kanzone

canzone da sonar, canzone strumentale (ital.): Instrumentalkanzone; →Kanzone

canzone popolare (ital.): Volkslied

canzonetta (ital.) →Kanzonette

canzonetta moderna (ital.) →Schlager

canzoni spirituali (ital.) →*cantiones sacrae*

capella (lat.) →Kapelle (3.)

capo (ital. = Kopf): Anfang; →*da capo*

capotasto, capo di tasto (ital.) →Kapodaster

cappella (ital.): **1.** seit dem 14. Jh. Bezeichnung für die im Kirchenraum wirkenden Sänger, den kirchlichen Kapellchor; →*a cappella*
2. →Kapelle

capriccietto (ital.), **Capricietto:** kleines →Capriccio

capriccio (ital. = Laune), **Capriccio: 1.** launisch-witziges, eigenwilliges instrumentales Charakterstück in freier Form; vgl. Scherzo
2. einzelnes Übungsstück; →Etüde (1.)

3. im 16./17. Jh. mit →Kanzone, →Fantasia und →Ricercar sinnverwandte Vorform der Fuge
4. →*a capriccio*

capriccioso (ital.): *VB* launisch; launenhaft, eigenwillig

caprice (franz. = Laune), **Caprice: 1.** →*capriccio*
2. einzelnes Übungsstück, vornehmlich für Violine; →Etüde (1.)

caractères de musique (franz.): die musikalischen Zeichen

carezzando, carezzevole (ital.): *VB* einschmeichelnd, zärtlich, liebkosend

carillon (franz.), **cariglione** (ital.), **Carillon:**
1. ⟨*Schlaginstr.*⟩ Glockenspiel aus kleinen abgestimmten →Glocken (*Glöckchenspiel*) mit Schlegel- oder Klöppelanschlag als Handglocken und mit Klavier- (*Klaviaturglokkenspiel*) oder automatischer Mechanik (*Turmglockenspiel*)
2. ⟨*Orgelregister*⟩ →Glockenspiel (3.)
3. ein den Glockenspielklang nachahmendes Musikstück oder eine Komposition für das →Glockenspiel

Carioca: lateinamerik. Tanz im raschen $\frac{4}{4}$- oder $\frac{2}{2}$-Takt mit Elementen von →Rumba und →Samba; ein vermutlich aus einem brasil. Negervolkstanz hervorgegangener, von Rio de Janeiro aus verbreiteter Modetanz der 30er Jahre

carmen (lat. = Gedicht): **1.** bis ins 16. Jh. Bezeichnung für einstimmige Liedweise
2. im 14./15. Jh. die gesungene Oberstimme im mehrstimmigen Satz mit Instr.
3. im 16. Jh. das mehrstimmige Liedsätze übertragende oder eine Liedweise frei bearbeitende mehrstimmige Instrumentalstück; auch allgemeine Bezeichnung für mehrstimmige textgebundene Komposition

carmina burana (lat.): Benediktbeurer Lieder; um 1300 entstandene Liedsammlung mit weltlichen Dichtungen des 12./13. Jh., in der vereinzelt auch Melodien in →Neumen überliefert sind; aus dem Besitz des Klosters Benediktbeuren (*Bura Sancti Benedicti*)

carol (engl.): **1.** seit dem 16. Jh. volkstümliches engl. Lied, meist religiös-festlichen Inhalts; vornehmlich das Weihnachtslied (*Christmas carol*) in England
2. im 14./15. Jh. ein meist mehrstimmig ausgeführtes Refrainlied, das vermutlich an ein älteres Tanzlied anknüpft; →*carola*

carola (ital.), **carole** (franz.): mittelalterlicher Rundtanz im langsamen Zeitmaß mit zumeist vokaler oder auch instrumentaler Begleitung; als Tanzlied wurden →Rondeau, →Virelai oder →Ballade gesungen

carrée (franz. = Viereck) →*brevis*
cassa (ital.): Trommel; Kasten; Gehäuse
cassa chiara (ital.): Kleine Trommel, flache Militärtrommel
cassa di legno (ital.): **1.** Holzblock; vgl. *blocco di legno (cinese)* **2.** *(cilindrica)* →Röhrenholztrommel
cassa grande (ital.): Große Trommel; vgl. *gran cassa*
cassa rullante (ital.): →Rührtrommel, Landsknechtstrommel
cassazione (ital.) →Kassation
cassettina (di legno) (ital.): Holzblock; vgl. *blocco di legno (cinese)*
castagnette (ital.), **castagnettes** (franz.): Kastagnetten
castagnette di metallo (ital.), **castagnettes de metál** (franz.): Metallkastagnetten
castanets (engl.): Kastagnetten
castrato (ital., engl.) →Kastrat
catch (engl. = fangen): drei- und mehrstimmiger Kanon oder Rundgesang für Männerstimmen, der mit seinen scherzhaft-derben Wortspielen im 17./18. Jh. (mit Ausläufern bis in die Mitte des 20. Jh.) vornehmlich in engl. Klubs gepflegt wurde
catena di trilli (ital.): Trillerkette
catene (ital.) →Ketten
catgut (engl. = Katzendarm) **string:** Darmsaite
cathedral music (engl.): Kirchenmusik
cauda (lat. = Schwanz): **1.** in der →Mensuralnotation vornehmlich der nach unten gehende Strich (Hals) an den Notenköpfen zur Veränderung des Notenwertes (Strich nach oben = *sursum cauda*)
2. in Gitarretabulaturen zur Bezeichnung der Schlagrichtung
3. in der Formenlehre die im 13.–15. Jh. abweichend von der heutigen →Coda als Liedanhang selbständig gestaltete(n), abschließende(n) Melodiezeile(n)
cavalette (franz.) →Cabaletta
cavata (ital. *cavare* = herausziehen, ausgraben): im frühen 18. Jh. gedanklich zusammenfassender, lyrisch-arios gestalteter Abschluß eines gefühlsbetonten Rezitativs; Vorform der →Kavatine
cavatina (ital.), **cavatine** (franz.) →Kavatine
c clef (engl.) →C-Schlüssel
c double-flat (engl.) →ceses
c double-sharp (engl.) →cisis
C-Dur: Durtonart ohne Vorzeichen
C-Dur-Tonleiter: Grundskala des Dur-Moll-Tonsystems mit den diatonischen Stammtönen; im eingestrichenen Oktavbereich:

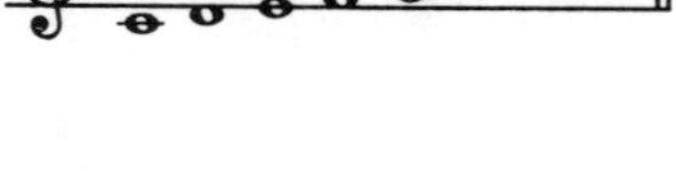

cebell (engl.): altengl. Tanz im schnellen Gavotte-Rhythmus als Instrumentalkomposition des 17./18. Jh.
cedendo (ital.): *MA* nachgebend, zurücktretend
cédez (franz.): *MA* nachlassen, (im Tempo) vermindern
cédez un peu (franz.): *MA* ein wenig nachlassen
celere, celeramente, con celerità (ital.): *TB* schnell, geschwind; mit Geschwindigkeit
Celesta (ital. = die Himmlische): **1.** ⟨*Schlaginstr.*⟩ Stahlplattenklavier in harmoniumartigem Gehäuse, mit über hölzernen Resonatoren gelagerten, mittels einer Klaviermechanik (→Tasteninstr.) von oben angeschlagenen kleinen abgestimmten Stahlplatten und mechanischer Dämpfung; Tonumfang (c) c^1–c^5 – transp. eine Oktave tiefer notiert im Violin- und Baßschlüssel; Orchesterinstr. mit zart-silbrigem, schwebendem Klang und langanhaltendem Nachhall
2. ⟨*Orgelregister*⟩ →Glockenspiel (3.)
Cellist(in): Violoncellospieler(in); →Cello
Cello: als volkstümliche Kurzform beibehaltenes Bezeichnungsfragment (*-cello* = -chen) für Violoncello
Cellone: ⟨*Streichinstr.*⟩ um 1890 von A. Stelzner gebautes Instr., das sich – größer als das Violoncello – den anderen Streichinstr. klanglich besser anpaßte als der Kontrabaß, sich aber dennoch nicht durchsetzte; Stimmung: $_1$GDAe
Cembalist(in): Cembalospieler(in)
Cembalo (ital. *clavicembalo*), *Kielflügel*: ⟨*besaitetes Tasteninstr.*⟩ →Kielinstr. in Flügelform mit an der Schmalseite angeordneter ein- bis dreimanualiger Klaviatur, parallel zu den Tasten verlaufenden, ungleich langen Metallsaiten und mechanischer Zupfvorrichtung (→Kielmechanik). Tonumfang $_1$F–f^3 (in der 8'-Normalstimmung; durch 4'- und 16'-Register erweitert auf $_2$F–f^4; →Fuß [2.]) – nicht transp. notiert im Violin- und Baßschlüssel; bevorzugtes Solo- und Generalbaßinstr. für die Musik des 16.–18. Jh.
cencerro (span.; ital. *campanaccio*, engl. *cow-bell* = Kuhglocke): ⟨*Schlaginstr.*⟩ kleine, ursprünglich in der flachen Hand gehaltene Metallglocke aus Messing- oder Kupferblech, die in Form einer einfachen „Kuhglocke" (ohne Klöppel) oder eines schlanken, trapezförmigen Kegels, heute in der Regel in zwei unterschiedlichen Größen und Tonhöhen, aber auch in größerer Anzahl benutzt und (am Schlagzeug befestigt) mit →*claves* oder Trommelstöcken angeschlagen wird;
lateinamerik. Rhythmusinstr. in Altlage ohne bestimmte Tonhöhe mit einliniger Notierung
cennamella (ital.) →Schalmei

Cent: *Ak* logarithmisches Intervallmaß zur Bestimmung von Intervallgrößen und relativen Tonhöhen, unabhängig von den zugrunde liegenden Schwingungszahlen; Bezugsgröße ist der temperierte Halbton = 100 Cent, d. h. die Oktave umfaßt 1200 Cent (→Centrechnung)

cento (lat.), **centone** (ital. = Flickwerk): aus vielen verschiedenen, bereits vorhandenen Teilen zusammengestelltes Musikstück; im 18. Jh. vornehmlich eine unter Beteiligung verschiedener Komponisten zusammengestellte Oper. Vgl. Pasticcio, Quodlibet

Centrechnung: *Ak* eingeführt von A. J. Ellis (1884) benutzt sie als Basis ihres logarithmischen Systems die $\sqrt[1200]{2}$ und ermöglicht durch Addition und Subtraktion die Ableitung aller Intervallgrößen und die Darstellung der Unterschiede zwischen verschiedenen Stimmungen und Tonsystemen

cercar della nota (ital. = die Note suchen): Gesangsverzierung (17. Jh.) mit Vorwegnahme (→Antizipation) der Textsilbe der Hauptnote auf eine vorher kurz anklingende (obere oder untere) Nebennote

ces, Ces: 1. Tonname für den durch ein ♭ um einen Halbton erniedrigten Stammton c im kleinen bzw. großen Oktavbereich
2. Akkordbezeichnung für den ces-Moll- bzw. Ces-Dur-Dreiklang
3. Kurzbezeichnung für die Tonart ces-Moll bzw. →Ces-Dur

Ces-Dur: seltener verwendete Durtonart mit Vorzeichnung von sieben ♭; Tonleiter 

ceses: Tonname für den durch ein Doppel-♭ (𝄫) um zwei Halbtöne (bzw. einen Ganzton) erniedrigten Stammton c im kleinen Oktavbereich

cetera, cetra, *citola*, *cistola* (ital.) →Cister

cetra da concerto (ital.) →Konzertzither

cetra da tavolo (ital.) →Zither

c flat (engl.) →ces

c flat major (engl.) →Ces-Dur

chace (franz.) →*chasse*

Cha-cha-cha (kuban.), **Cha-cha-Mambo:** lateinamerik. Tanz afrokubanischer Herkunft im mäßig bewegten $\frac{2}{4}$- oder $\frac{4}{4}$-Takt; um 1950 (vermutlich von E. Jorrin) auf Kuba aus →Danzón und →Mambo entwickelt, fand er Ende der 50er Jahre von Havanna aus in Europa als Modetanz Verbreitung

Chaconne (franz.): **1.** tanzartige instrumentale (oder auch vokale) Komposition mit Variationen über einer ständig wiederkehrenden, 4- bis 8taktigen Baßfigur (→*basso ostinato*) im langsamen Dreiertakt, ähnlich der →Passacaglia

2. im 16./17. Jh. ursprünglich volkstümlicher Tanz span.-westind. Herkunft, der wie die →Sarabande als ausgelassen und schamlos bezeichnet wird, bevor er im 17. Jh. in Frankreich als Hoftanz auch Eingang in das Ballett findet

chaîne (franz. = Kette): Kettentanz; Tanztour, bei der sich Tänzerinnen und Tänzer im Fortschreiten wechselseitig die Hand reichen

chaîne anglaise (franz. = engl. Kettentanz) →Anglaise (1.)

chaîne de trilles (franz.): Trillerkette

chaînes (franz.), **chains** (engl.) →Ketten

Chalumeau (franz.; lat. *calamus* = Rohr): **1.** einfaches klappenloses Holzblasinstr. mit Einzelrohrblatt und zylindrischem Rohr ohne Schallstück; mittelalterlicher Vorläufer der →Klarinette. Die begriffliche Abgrenzung zur →Schalmei ist nicht immer eindeutig

2. tiefstes, nicht überblasenes Register der Klarinette

chamber music (engl.): Kammermusik

chamber orchestra (engl.): Kammerorchester

chamber opera (engl.): Kammeroper

chamber sonata (engl.): Kammersonate, →*sonata da camera*

chamber symphony (engl.): Kammersinfonie

channel (engl.): **1.** Kanal, →Kanzelle **2.** →*bridge* (2.)

chanson (franz.; lat. *cantio* = Lied), **Chanson: 1.** (das Ch.:) zu gesellschaftlichen (politischen und menschlichen) Problemen engagiert stellungnehmendes, musikalisch kunstvoll gestaltetes und instrumental begleitetes (Strophen-)Lied des 20. Jh.; vgl. Song

2. witzig pointiertes, auch frivoles kabarettistisches Vortragslied des 19./20. Jh.; vgl. Couplet

3. (die Ch.:) Sammelbezeichnung des 17./18. Jh. für heitere, sentimentale, galante und politisch-satirische (auch Revolutions-Ch.: *Cą ira, Carmagnole*) Strophenlieder

4. der mehrstimmige franz. Liedsatz des 15./16. Jh. im Anschluß an den Kantilensatz

5. ursprünglich Hauptform des weltlichen mittelalterlichen, vornehmlich französischsprachigen Liedes, speziell das Minnelied der Troubadours; vgl. *chanson de geste*, Ballade, Rondeau, Virelai

chanson à la mode, chanson à succès (franz.) →Schlager

chanson de geste (franz. = Tatenlied): altfranz. episches Heldenlied des 11.–13. Jh.; z. B. Rolandslied (*Chanson de Roland*)

Chansonette (franz.): **1.** Interpretin von Chansons **2.** kleines Lied, Liedchen

Chansonnier (franz.): **1.** Interpret von Chansons
2. Verfasser (Dichter, Komponist) von Chansons
3. Liederbuch, Sammlung von Chansons

chanson populaire (franz.) →Volkslied

chanson sans paroles, chant sans paroles (franz.) →Lied ohne Worte

chansons spirituelles (franz.): geistliche Lieder, die im 16./17. Jh. durch Neutextierung (→Parodieverfahren) frivoler weltlicher Chansons oder als Neukomposition entstanden

chant (franz., engl.): **1.** Gesang, Weise, Melodie, Lied
2. →*chanting*

chantant (franz.): *VB* singend, sanglich, melodisch

chanterelle (franz.; ital. *cantino*), **Chanterelle:**
1. Sangsaite; die höchste Saite der Streich- und Zupfinstr.
2. Spielsaite der Drehleier
3. Spielpfeife (Melodiepfeife) der Sackpfeifen (→Dudelsack)

chanteur (franz.): Sänger

chanteuse (franz.): Sängerin

chanting, *anglican chant* (engl.): englischsprachiger, schlicht vierstimmig harmonisierter →Psalmen- und →Canticagesang, vornehmlich der anglikanischen Kirche

chantre (franz.): Kantor, (Kirchen-)Sänger

chanty (franz., engl.): Seemannslied, →Shanty

chapeau chinois (franz.): Schellenbaum

chapelle (franz.): **1.** Kapelle **2.** →*cappella*

character(istic) piece (engl.) →Charakterstück

Charakterbariton: spezielles Rollenfach der musikalischen Bühnenpraxis (Stimmumfang etwa A–g^1); kraftvoller →Bariton mit hohem Charakterisierungsvermögen (z. B. Verdi: *Rigoletto*)

Charakterbaß, *Baßbariton*: spezielles Rollenfach der musikalischen Bühnenpraxis (Stimmumfang etwa E–f^1); →Baß bzw. →Bariton mit voluminöser Stimme und hohem Charakterisierungsvermögen (z. B. Weber, Freischütz: *Cuno*)

Charakterfächer: die neben stimmlichen Qualitäten ein besonders hohes Charakterisierungsvermögen voraussetzenden →Rollenfächer

Charaktersopran: spezielles Rollenfach der musikalischen Bühnenpraxis (Stimmumfang etwa h–c^3); lyrisch-dramatischer →Sopran mit hohem Charakterisierungsvermögen (z. B. Strauss: *Salome*)

Charakterstück: in knapper, übersichtlicher Form gehaltenes, meist durch eine Überschrift inhaltlich charakterisiertes instrumentales Einzelstück; als *lyrisches Stück* oder *Genrestück* erlangte es seit dem 18. Jh. zunehmende Bedeutung vornehmlich in der Klaviermusik. Mit dem Ausdruck von Empfindungen und poetischen Stimmungen grenzt es sich gegenüber der →Programmusik ab

Charaktertenor: spezielles Rollenfach der musikalischen Bühnenpraxis (Stimmumfang etwa A–b^1); lyrisch-dramatischer →Tenor mit hohem Charakterisierungsvermögen (z. B. Wagner, Rheingold: *Loge*)

charanga, charanga francesa (span.): **1.** kleines kuban. Instrumentalensemble mit Flöte, Violine, Kontrabaß, Klavier und kuban. Pauken (*pailitas*), das zuerst von franz. Emigranten gebildet wurde

2. ursprünglich span. Militärmusik; vgl. Blasmusik

charivari (franz.), **Charivari:** Katzenmusik; lautmalerische Bezeichnung für ein wüstes Durcheinanderklingen, z. B. für Scherzmusiken mit Lärminstr. und Tierlautnachahmungen bei Karnevalsumzügen u. ä.

Charleston: nordamerik. Gesellschaftstanz; Mitte der 20er Jahre aus einem schnelleren Volkstanz der nordamerik. Neger hervorgegangener mittelschneller →Foxtrott im $\frac{4}{4}$- oder $\frac{2}{4}$-Takt mit Synkopierung auf dem 3. Viertel; zählt neben →Blackbottom musikalisch zur Gattung des →Ragtime. In Europa als Modetanz verbreitet

Charleston-Maschine: →Pedalbecken niedriger Bauart (etwa 50 cm hoch); dagegen →Hi-hat-Pedal

chase (engl. = Jagd), **chase chorus:** im Jazz die Aufeinanderfolge der Soloimprovisationen von zwei oder mehr Musikern, meist nach jeweils vier Takten (→*fours*)

chasse (franz. = Jagd), *chace*: **1.** franz. Vokalform des 14. Jh., die als kunstvoller dreistimmiger Kanon im Einklang aus der geselligen Praxis des Kanonsingens hervorging und mit der ital. →*caccia* die textlichen Bezüge zur zeitgenössischen Jagddichtung gemeinsam hat

2. Sammelbegriff für Jagdstücke unterschiedlichster Besetzung; vgl. auch das entsprechende Instrumentarium, z. B. *cor de chasse*

Cheironomie (griech. = Lenkung durch die Hand): im Altertum und frühen Mittelalter die Leitung auswendigen (chorischen) Musizierens mit Veranschaulichung melodisch-rhythmischer Abläufe durch Handbewegung und Handzeichen

chelys (griech. = Schildkröte): gemeinsame Bezeichnung für →Barbitos und →Lyra (Schildkrötenleier)

cheng (chin.) →*shêng*

chevalet (franz.): Steg

chevrette (franz.): kleine →Sackpfeife
chevrotement, *tremblement chevroté* (franz.) →Bockstriller
chevroter (franz. = meckern): *MA* mit der Stimme zittern
chiamata, chiamata alla caccia (ital.):
1. Sammelruf zur Jagd und nach deren Beendigung
2. Komposition entsprechenden Charakters
chiara voce (ital.): *MA* mit klarer, heller Stimme
chiaro, chiaramente, con chiarezza (ital.): *VB* klar, hell; mit Deutlichkeit
chiassoso (ital.): *VB* lärmend
chiave (ital.): **1.** Notenschlüssel **2.** Instrumentenklappe
chiavette, chiavette trasportate (*chiavetta* ital. = kleiner Schlüssel): innerhalb des Liniensystems gegenüber den Normalschlüsseln (*chiavi naturali*) nach oben (= *hohe ch.*) versetzte Kombination von jeweils bis zu vier Notenschlüsseln, mit deren Hilfe vornehmlich in der mehrstimmigen Vokalmusik des 15./16. Jh. Hilfslinien vermieden und dem Stimmumfang entsprechende Transpositionen erleichtert werden konnten
chiavi naturali (ital.): Normalschlüssel; die üblich gesetzten Notenschlüssel
Chicago-Jazz, Chicago-Stil: Musizierstil weißer Jazzmusiker („Chicagoans") der zu Beginn der 20er Jahre in Chicago →New-Orleans-Jazz und →Dixieland ablöste und mit der Nachahmung und teilweisen Weiterführung der Musizierpraxis der Neger den Übergang vom volkstümlichen →Old-Time-Jazz zum →Swing einleitete. Er bildete u. a. die →Hot-Solo-Folge mit der von Kollektivimprovisationen nur noch eingerahmten Aufeinanderfolge solistischer Improvisationen heraus
chiesa, da (ital.): für die Kirche; z. B. *aria da chiesa* = Kirchenarie; →*sonata da chiesa*
chiffrée, *basse chiffrée* (franz.): bezifferter Baß, →Generalbaß
chime-bells (engl. = Glockenspiel): **1.** →*bell chimes* **2.** →*tubular chimes*
chimney flute (engl.) →Rohrflöte
Chinese temple blocks (engl.) →Tempelblocks
Chinese (wood-)block (engl.): Holzblock; vgl. *wood-block*
chinesische Becken: gehämmerte, relativ dünne →Becken mit kantiger Mittelkuppe und leicht nach oben gebogenem Rand; nur schwach nachhallend
chitarra (ital.) →Gitarre
chitarra battente (ital. = geschlagene Gitarre): **1.** älteres gitarrenartiges *Zupfinstr.* mit großer Zargenhöhe, starker Bodenwölbung und fünfchörigem, je 2–3saitigem Bezug; das im 17./18. Jh. auch als *Wölbgitarre* und *Kapuzinergitarre* be-

zeichnete, vereinzelt heute noch gebräuchliche Instrument wird mit einem Plektron gespielt
2. →Schlaggitarre

Chitarrone (ital. = große Gitarre), *Baßlaute*: ⟨*Zupfinstr.*⟩ mannshohe Baßlaute (*Erzlaute*) mit einem – in dem über den ersten Wirbelkasten (für die mehrchörigen Griffsaiten) hinaus geradlinig verlängerten Hals endenden – zweiten Wirbelkasten für die unverkürzbaren 3–6 freien Baßsaiten (Bordunsaiten); ähnlich der →Theorbe bevorzugtes Generalbaßinstr. in der Musik des 16.–18. Jh.

chiuso (ital. = geschlossen): **1.** *MA* gestopft (bei Hörnern u. a. Blechblasinstr.)
2. gedeckt (bei Orgelpfeifen); →Gedackte

Chladnische Klangfiguren: von dem deutschen Physiker E. Chladny bei der Untersuchung schwingender Platten (1787) festgestellte und mit Hilfe von aufgestreutem feinen Korkpulver sichtbar dargestellte Schwingungsformen

chocalho, chocolo (port.): Schüttelrohr, →Tubo

chocallo, *tubo* (franz., engl.): Schüttelrohr, →Tubo

chœur (franz.) →Chor

choir (engl.): **1.** Chor **2.** Chorempore **3.** Chororgel; vgl. *choir organ*

choir organ (engl.): →Chororgel

Chor (griech. = Tanzplatz, Reigen, Reigentänzer): **1.** Gemeinschaft von Singenden, in der jede Stimmlage (auch einstimmig) mehrfach besetzt ist; →gemischter Chor, →Frauenchor, →Männerchor, →Kinderchor, auch Knabenchor, Mädchenchor
2. Kurzbezeichnung für eine von diesen auszuführende Komposition
3. der für die Aufstellung des Sängerchores bestimmte Kirchenraum (ursprünglich vor dem Altar, später die Chorempore)
4. bei Saiteninstr. die Anzahl der im Einklang gestimmten Saiten, die z. B. bei Tasteninstr. (zwei- oder dreichörig) mit einer Taste zum Schwingen gebracht werden
5. bei der Orgel die zu einer Taste gehörenden verschieden klingenden Pfeifen einer →gemischten Stimme
6. Bezeichnung für eine in Stimmlagen gebaute Gattung (Stimmfamilie) von Streich- oder Blasinstr.; z. B. Gambenchor, Posaunenchor

Choral (lat. *cantus choralis* = Chorgesang): **1.** Kirchengesang, nationalsprachiges mehrstrophiges Kirchenlied der protestantischen Kirche (Gemeindechoral)
2. Sammelbegriff für den unbegleiteten einstimmigen, latein-

sprachigen liturgischen Gesang der katholischen Kirche; vornehmlich der mittelalterliche →Gregorianische Choral
3. auch für →Choralbearbeitung

Choralbearbeitung: 1. allgemein eine mehrstimmige Komposition, der als →*cantus firmus* ein Gregorianischer Choral oder ein protestantisches Kirchenlied zugrunde liegt
2. im engeren Sinne seit dem 16. Jh. ein mehrstimmiger Vokal- oder/und Instrumentalsatz über ein protestantisches Kirchenlied oder auch geistliches Volkslied; →Kantionalsatz, →Choralkonzert, →Orgelchoral
3. →Organum (2.)

Choralfantasie: instrumentale →Choralbearbeitung, in der die einzelnen Zeilen einer Choralmelodie (*cantus firmus*) abschnittsweise in der Art einer →Fantasie frei behandelt, d. h. kunstvoll ausgedeutet werden; bevorzugte Form der Orgelkomposition

Choralfiguration: rhythmisch-melodische Umspielung einer Choralmelodie; →Figuration

Choralfuge: instrumentale Choralbearbeitung, in der das Thema von der kontrapunktischen Gegenstimme der ersten Zeile der zugrunde liegenden Choralmelodie (*cantus firmus*) gebildet wird; bevorzugte Form der Orgelkomposition

choraliter (lat.): **1.** *VB* choralmäßig, choralartig
2. *MA* chormäßig, chorisch, für Chorgesang

Choralkantate: kantatenhafte →Choralbearbeitung, in der die Choralmelodie als *cantus firmus* strophenweise im Wechsel von Rezitativ, Arie und Duett mit obligater Instrumentalbegleitung, Chorfuge und Schlußchor frei bearbeitet (*Choralfantasie*) oder variierend ausgelegt (*Choralvariation*) wird; damit ist der Rahmen der Choralbearbeitung weitgehend gesprengt

Choralkonzert: freie Form der mehrstimmigen →Choralbearbeitung, in der die als *cantus firmus* noch erhalten bleibende Choralmelodie höchst kunstvoll in der Gegenüberstellung von Solisten (*Favoriten*) und gesamtem Ensemble ornamentale Auszierung, instrumentale Begleitung und individuelle Ausdeutung erfährt

Choralmotette: Form der mehrstimmigen →Choralbearbeitung, in der die als *cantus firmus* in der Oberstimme liegende Choralmelodie nicht in die (schein-)polyphone Führung der übrigen Stimmen (Nebenstimmen) einbezogen wird

Choralnotation: 1. die Notenschrift für den Gregorianischen Choral, mit der einstimmige Melodien seit dem 9. Jh. in →Neumen und seit dem 12./13. Jh. zunehmend in →Quadratnoten und →Hufnagelschrift aufgezeichnet werden

2. im engeren Sinne die aus den →Neumen hervorgegangene röm. bzw. ital. *nota quadrata* und deren gotische bzw. deutsche Sonderform der *Hufnagelschrift*, mit der seit dem 13. Jh. einstimmige Melodien als eine Folge von Einzeltönen ohne rhythmische Festlegung mit ihrer Tonhöhenveränderung in einem geschlüsselten Vierliniensystem aufgezeichnet werden

Choralpartita: instrumentale →Choralbearbeitung in der Art der →Choralvariation; bevorzugte Form der Orgelkomposition

Choralpassion: deutschsprachige Passionsvertonung der protestantischen Kirchenmusik des 16./17. Jh., die den Typ der lat. →responsorialen Passion übernimmt; die Worte des Evangelisten (oder auch aller anderen Partien mit Ausnahme der →*turbae*) werden einstimmig choraliter (im sog. deutschen Passionston), die übrigen Partien bzw. die Turba-Partien in figurativer Mehrstimmigkeit vorgetragen

Choralricercar: instrumentale →Choralbearbeitung, in der die einzelnen Zeilen der zugrunde liegenden Choralmelodie (*cantus firmus*) in der Art eines →Ricercars abschnittsweise durchimitiert werden; bevorzugte Form der Orgelkomposition

choral score (engl.): Chorpartitur, →Singpartitur

Choralvariation: instrumentale →Choralbearbeitung, in der die einzelnen Zeilen und Strophen einer Choralmelodie (*cantus firmus*) variiert, d. h. kunstvoll umgebildet werden; bevorzugte Form der Orgelkomposition

Choralvorspiel: vornehmlich auf der Orgel auszuführende und den Choralgesang vorbereitende Komposition, die sich unter Bindung an den zugrunde liegenden Choral-*cantus firmus* der unterschiedlichsten Formen der →Choralbearbeitung bedient

Chorbuch: 1. vielfach prachtvoll ausgestattetes großformatiges Buch, in das im 15.–17. Jh. Noten und Texte in großer Schrift eingetragen und die einzelnen Stimmen auf beiden Seiten so verteilt waren, daß ein Chor aus dem auf einem Pult aufgeschlagenen Notenbuch gleichzeitig mehrstimmig singen konnte; im 16. Jh. auch in dieser Form gedruckt

2. im 20. Jh. die in Partituranordnung gedruckte Sammlung von Chorsätzen

chord (engl.): Akkord

chorda (lat.): (Darm-)Saite

Chordirektor: Leiter eines Opernchores

Chordometer: Saitenmesser zur Ermittlung der Stärke einer Saite

Chordophone (griech. = Saitenklinger) →Saiteninstrumente

Chorea (lat.): mittelalterlicher Reigen, Tanzlied; im 16. Jh. auch →Allemande (*chorea germanica*) oder →Pavane

Choreographie (griech. = Tanzschrift): **1.** schriftliche Aufzeichnung tänzerischer Bewegungsfolgen durch spezielle Zeichen und Symbole (Kinetographie); Tanzbeschreibung
2. die vom Choreographen in enger Verbindung zur Musik (häufig in Zusammenarbeit mit Komponist und Librettist) gestaltete Umsetzung der Handlungsvorlage (→Libretto) eines Tanzes oder Balletts in tänzerische Bewegung
3. auch das →Libretto eines Balletts

Chorist(in): Chorsänger(in), besonders des Opernchores

Chorkantate: vom instrumentalbegleiteten Chor ausgeführte →Kantate ohne Solisten

Chorknaben: →Kapellknaben, Sängerknaben

Chorlied: das unbegleitete Lied für mehrere chorisch besetzte Stimmen im 16. Jh.; seit dem Ende des 18. Jh. zunehmend auch mit Instrumentalbegleitung

Chororgel: kleineres selbständiges Orgelwerk oder →Positiv, aufgestellt im Chor der Kirche, zur Begleitung der liturgischen Gesänge bei kleineren Kirchenfeiern

Chorpartitur →Singpartitur

Chorpräfekt: dem Kantor bei der Leitung von Schul- und Knabenchören zur Seite stehender Hilfsdirigent, meist ein älterer Schüler

Chorsinfonik: das den Gesetzmäßigkeiten sinfonischer Gestaltung folgende kompositorische Schaffen für Orchester mit Chor

Chorton, *Kapellton*: die bis ins 19. Jh. zeitlich und örtlich schwankende, vom heutigen →Normstimmton (Kammerton) bis zu einem Ganzton nach unten oder oben abweichende Stimmung für die Orgel und die von ihr begleitete Chormusik

chorus (engl. = Chor, Chorgesang, Refrain): **1.** im Jazz Bezeichnung für Grundmelodie (Thema) und – in freier Umspielung mit unverändertem harmonischen Gerüst und gleichbleibender Taktzahl – andauernd wiederholten Melodienrefrain, der als formale Grundeinheit den Gesamtablauf für die kollektive und solistische Improvisation bestimmt; so herrscht z. B. im →Swing neben dem 12taktigen Blues die 32taktige Liedstrophe mit dem Formschema AABA (zum Mittelteil B s. *bridge*) vor
2. →Chor

Christmas carol (engl.): Weihnachtslied

chroma (griech. = Farbe; lat., ital. = *croma*): Achtelnote

Chromatik (griech. *chroma* = Farbe): **1.** Tonfolge von Halbtonschritten, die durch Erhöhung oder Erniedrigung der Tonstufen (Stammtöne) der diatonischen Grundskala entsteht; →chromatische Tonleiter

2. Tonsystem, das in der gleichschwebend temperierten Stimmung die Teilung der Oktave in 12 gleiche Teile (Zwölfhalbtonsystem) zugrunde legt; →atonale Musik, →Zwölftontechnik, →serielle Musik
3. neben →Diatonik und →Enharmonik eines der drei griech. Tongeschlechter (*genera*), vornehmlich der Musik für Saiteninstr.

chromatisch: 1. in Halbtönen fortschreitende Tonfolge
2. die von den Tonstufen der diatonischen Grundskala durch Erhöhung oder Erniedrigung abgeleiteten „leiterfremden" Töne
3. im 16./17. Jh. auch eine durch viele kleinere Notenwerte (= geschwärzte Noten) gekennzeichnete affektbetonte Musik

chromatische Instrumente: veraltete Bezeichnung vornehmlich für Blechblasinstr. mit Zügen und Ventilen, für die – im Gegensatz zu den auf die →Naturtöne beschränkten Naturinstr. – alle Töne der chromatischen Tonleiter spielbar sind

chromatische Intervalle: Tonabstände zwischen diatonischen und chromatischen Tonstufen: chromatischer Halbton, übermäßiger Ganzton, übermäßige Quinte, übermäßige Sexte, verminderte Quarte, verminderte Terz; auch der →Tritonus wird als übermäßige Quarte zu den chr. I. gezählt

chromatische Tonleiter: Halbtonleiter, die die 7stufige diatonische Grundskala durch 5 chromatische Zwischenstufen in der gleichschwebend temperierten Stimmung zu einer Folge von 12 gleichgroßen Halbtönen ergänzt; →Chromatik (2.)

Chromonika: diatonisch-chromatische →Mundharmonika, bei der zwei zueinander im Halbtonabstand stehende Reihen diatonischer Stimmzungen durch Öffnen bzw. Schließen der entsprechenden Luftkanäle mittels eines seitlichen Kanzellenschiebers einander so zugeordnet werden, daß das Spiel einer chromatischen Folge von Einzeltönen möglich ist

chronomètre (franz. = Uhr), **Chronometer:** Taktmesser, →Metronom

Chrotta, Chrota →Crwth, →Rotta

church cantata (engl.): Kirchenkantate

chute, cheute (franz. = Fall, Sturz): **1.** Verzierung in der altfranz. Lauten- und Klaviermusik mit unterschiedlicher Bedeutung; →Antizipation, →Vorschlag, →Arpeggio
2. ursprünglich langer, von oben fallender →Vorhalt; notiert als Häkchen oder Schrägbalken vor der betreffenden Note

ciaccona (ital.) →Chaconne

ciclico (ital.): zyklisch

ciclo (ital.): Zyklus

cifrato, *basso cifrato* (ital.): bezifferter Baß, →Generalbaß

Cimbal, Kimbalom (ung.), **cimbalom** (ital.) →Hackbrett

cimbali (ital.): türk. →Becken

cimbali antichi (ital.) →*cymbales antiques*

cimbalini (ital.) →Fingerzimbeln, →Becken, →*cymbales antiques*

Cimbasso (ital.): **1.** Bezeichnung für die Ventilbaßposaune bei G. Verdi
2. Modellbezeichnung für die 1959 neukonstruierte Baß/Kontrabaßposaune (System Kunitz), deren verbesserte Zugtechnik bisherige Beschränkungen in der spieltechnischen Geläufigkeit (System Dehmel) aufhebt

cinelli (ital.): chin. →Becken

cinema organ (engl.): Kinoorgel

cinq (franz.), **cinque** (ital.): fünf

cinquillo (span. für *Quintole*): rhythmisches Grundmodell der afrokuban. Musik, das in die →*contradanza cubana* Eingang fand und zum Grundrhythmus des →*danzón* wurde; in fast allen kuban. Tänzen nachweisbar

circolo (ital. = Kreis): musikalische Figur der →Diminutionspraxis des 17./18. Jh., bestehend aus zwei →*circoli mezzi*;

z. B. 

circolo mezzo (ital. = Halbkreis): musikalische Figur der →Diminutionspraxis des 17./18. Jh., bestehend aus vier kleineren, einen Halbkreis darstellenden Noten

circulatio (lat. = Umkreisung), *kyklosis* (griech.): musikalische Figur der Kompositionslehre des 17./18. Jh., bestehend aus einer nahezu unaufhörlich kreisenden Melodiebewegung; als →Diminutionsfigur vgl. *circolo*

cis, Cis: 1. Tonname für den durch ein ♯ um einen Halbton erhöhten Stammton c im kleinen bzw. großen Oktavbereich
2. Akkordbezeichnung für den cis-Moll- bzw. Cis-Dur-Dreiklang
3. Kurzbezeichnung für die Tonart →cis-Moll bzw. →Cis-Dur

Cis-Dur: seltener verwendete Durtonart mit Vorzeichnung von sieben ♯; Tonleiter 

cisis: Tonname für den durch ein Doppelkreuz (×) um zwei Halbtöne (bzw. einen Ganzton) erhöhten Stammton c im kleinen Oktavbereich

cis-Moll: Molltonart mit Vorzeichnung von vier ♯, Paralleltonart zu E-Dur;

Tonleitern

natürlich (oder rein) 

harmonisch 

melodisch

Cister: ⟨*Zupfinstr.*⟩ im 10.–12. Jh. aus der Zupffiedel hervorgegangenes und im 16.–18. Jh. in ganz Europa verbreitetes volkstümliches Instr. mit birnenförmigem, flachem Korpus und sich vom Hals her nach unten verringernder Zargenhöhe, langem Hals, dessen auf die Decke übergehendes Griffbrett mit Bünden versehen ist und überwiegend doppelchörigem (4–12 Saiten) Metallsaitenbezug; in verschiedenen Größen, Stimmungen und Formen gebaut (z. B. Erzcister, Cithrinchen). Das im 19. Jh. zunehmend von der Gitarre verdrängte Instr. ist heute noch als *Harzer Bergzither* oder *Thüringer Waldzither* in Gebrauch

cistole, zitole, Cither, Citter, *Zither, Sister* (dtsch.) →Cister

cistre, cithre, *sistre* (franz.) →Cister

citara (ital.), **cithare** (franz.) →Kithara

citarino (ital.) →Cithrinchen

cithare d'amateur (franz.) →Akkordzither

cithren, cithern, cittern (engl.) →Cister

Cithrinchen: ⟨*Zupfinstr.*⟩ dtsch. →Cister in Diskantlage, zumeist 5chörig; die Sonderform des *Hamburger Cithrinchens* hatte einen Korpus von glockenartigem Umriß

citola (ital., span.), **citole** (altfranz.) →Cister

city blues (engl. = städtischer Blues): der in der Verbindung von volksliedhaftem →*country blues* und schlagerartigem Minstrellied sowie volkstümlichem →Old-Time-Jazz um die Jahrhundertwende in den Großstädten, besonders New Orleans, Birmingham, Atlanta, Memphis, St. Louis und Chikago, herausgebildete klassische volkstümliche Blues; er wurde vornehmlich von Frauen mit einer zur Jazzband ausgeweiteten Begleitung interpretiert. Nach dem Melodietyp sind rezitativischer oder dramatischer Blues, lyrischer und melodischer Blues unterschieden

clairon (franz.): **1.** Signalhorn, →Bügelhorn

2. ⟨*Orgelregister*⟩ hohe, trompetenartige Zungenstimme (4′, 2′); vgl. *clarino* (4.)

3. 4′-Stimme des Harmoniums

clambake (amerik.): im Jazz zwanglose Zusammenkunft, unorganisiertes Zusammenspiel; vgl. *jam session*
clap hands (engl.): *MA* in die Hände klatschen
claquebois (franz. = klapperndes Holz): veraltet für →Xylophon
Clarinblasen →*clarino*
clarinet (engl.), **clarinette** (franz.), **clarinetto** (ital.) →Klarinette
clarino (ital.): **1.** hohe ventillose Solotrompete des 17./18. Jh., die sich durch das engere, flache Mundstück von der tieferen Trompete (*principale, tromba*) unterschied und die Technik des *Clarinblasens* in der hohen Lage (in der die Naturtöne im Sekundabstand aufeinanderfolgen) bis zum 17. Oberton ermöglichte; Vorbild der →Bachtrompete
2. das hohe Trompetenregister bzw. der hochliegende Trompetenpart in der Musik des 17./18. Jh.; dagegen →Prinzipaltrompete
3. Überblasregister der Klarinette
4. ⟨*Orgelregister*⟩ hohe, trompetenartige Zungenstimme (4′,2′)
clarion (engl.): hohe Solotrompete, →*clarino*
clarone (ital.) →Altklarinette, →Baßklarinette, →Bassetthorn
Clarsach (gäl.): kelt. Rahmenharfe, seit dem 9. Jh. in Irland; im 20. Jh. zur Volksliedbegleitung (auch in Schottland) neu belebt
clausula (lat.; engl.), **clausola** (ital.), **clausule** (franz.) →Klausel
clavecin (franz.) →Cembalo
claves (span.), **Claves**, *Schlagstäbe*: **1.** ⟨*Schlaginstr.*⟩ zwei →Gegenschlagstäbe aus Hartholz von etwa 2–3 cm Stärke und 15–20 cm Länge; Instr. ohne bestimmte Tonhöhe in Diskantlage mit einliniger Rhythmus-Notierung für Einzelschläge. Hauptrhythmusinstr. der afrokuban. und lateinamerik. Tanzmusik, des Jazz und zunehmend auch im zeitgenössischen Orchesterschaffen. Im Orff-Instrumentarium als *Schlagstäbe*
2. →*clavis*
claves beat (engl.): der von den *claves* geschlagene, unveränderliche Zweitaktrhythmus bei den afrokuban. Tänzen; z. B. Rumba und Mambo 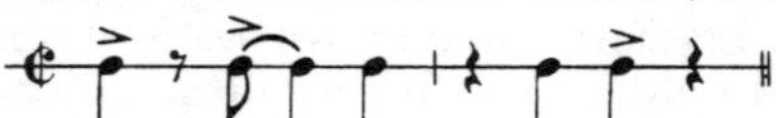
clavessin (franz.) →Cembalo
clavicembalo (ital.) →Cembalo
clavichord (engl.), **clavicorde** (franz.), **clavicordo** (ital.) →Klavichord
claviciterio (ital.), **Claviziterium** →Clavicytherium
Clavicytherium, *Cembalo verticale*: besaitetes →Tasteninstr. des 15.–17. Jh. in aufrechtstehender Dreieck- oder Flügelform mit senkrecht zu den Tasten verlaufendem Saitenbezug und

→Kielmechanik; aufrechtstehender Kielflügel (→Cembalo)

clavier (franz.), **Clavier:** **1.** Klavier **2.** →Manual, Tastatur, →Klaviatur

clavis (lat. = Schlüssel): **1.** Tonbuchstabe, der einer Linie im →Notenliniensystem eine bestimmte Tonhöhenbedeutung zuordnet und damit die Funktion des aus ihm später als Notationszeichen entwickelten Schlüssels (*clavis signata*) innehat **2.** ursprünglich die zur Bezeichnung der Tonstufen auf die Tasten der Orgel geschriebenen lat. Tonbuchstaben (→Buchstabentonschrift); späterhin Begriffsübertragung auf die Tasten selbst (→Klaviatur)

clef (franz., engl.): **1.** Notenschlüssel **2.** Instrumentenklappe

cloch (franz.): Glocke

cloche de vache (franz.): Kuhglocke, →*cencerro*

cloches en lame de métall (franz.) →Plattenglocken

cloches tubes, cloches tubulaires (franz.) →Röhrenglocken

clog box (engl.): Holzblock

close shake (engl.): Bebung, Vibrato

cluster (engl. = Traube, Büschel), *note cluster, tone cluster*: Tonballung von zwei und mehr dicht beieinanderliegenden Intervallen; ursprünglich das gleichzeitige Anspielen von großer und kleiner Terz bzw. Septime (*blue notes*-Effekt) auf dem Klavier im Jazz, dann aber auch das gleichzeitige Anspielen übereinandergestellter großer und kleiner Sekunden auf weißen und/oder schwarzen Tasten (zuerst bei H. Cowell, 1912 und Ch. Ives, 1919) mit Hilfe des Unterarms.Außerdem werden in der Klaviermusik durch stummes Niederdrücken von Tasten bei gleichzeitigem Anschlag tieferer Töne (oder *clusters*) erzeugte *Flageolett-clusters* verwendet. Die zeitgenössische Orchestermusik benutzt *clusters* von konstanter und beweglicher, d. h. unterschiedlicher Anfangs- und Endbreite und bezieht kleinere Intervalle (Vierteltöne) ein

c major (engl.) →C-Dur

c minor (engl.) →c-Moll

c-Moll: Molltonart mit Vorzeichnung von drei ♭, Paralleltonart zu Es-Dur; Tonleitern

natürlich (oder rein)

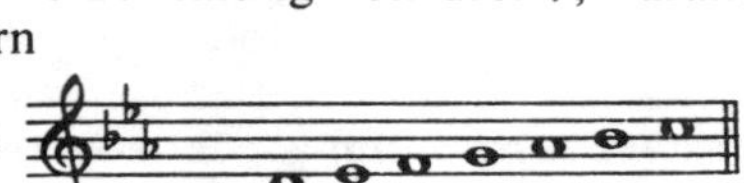

harmonisch

melodisch

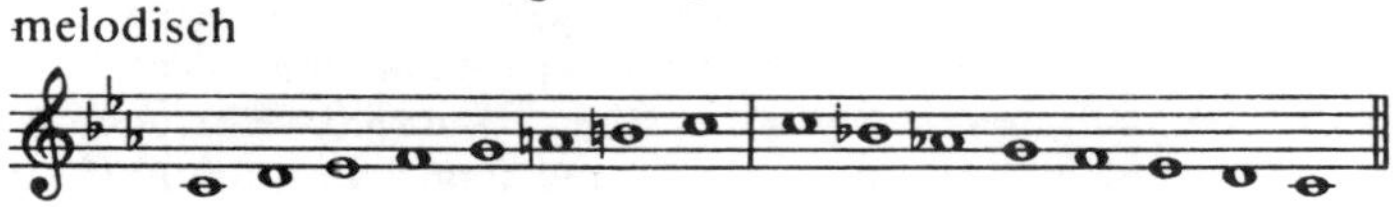

c natural (engl.) →c (1.)
cobla (katalan. = Paar): volkstümliche katalan. Tanzkapelle, die Spielpraxis und Instrumentarium (vorwiegend Schalmeien) des →*alta*-Ensembles des 15. Jh., in dem das Tenorinstrument melodieführend ist, übernimmt und vornehmlich den katalan. Reigentanz →Sardana pflegt
coda (ital. = Schwanz), **Coda: 1.** erweiterter Schlußteil, der einem Satz (Sonatensatz), einer Komposition (Walzer) oder einem Zyklus (Variation) angefügt ist und diesem einen epilogartigen Ausklang oder eine strettaartige Steigerung verleiht
2. freier Schluß eines Kanons
codetta (ital.): Schlußgruppe, kleiner Anhang zu einem musikalischen Abschnitt; besonders Begriff der Analyse
coi sordini (ital.): *MA* mit Dämpfern
col'arco (ital.) →*coll'arco*
col canto (ital.): *MA* mit der Melodiestimme, im Zeitmaß der Solostimme begleiten
colindă (rumän.), **Colind:** ländliches rumän. Weihnachtslied mittelalterlichen Ursprungs
colla destra (ital.): *MA* mit der rechten Hand
colla parte (ital.): *MA* mit der Hauptstimme; die bezeichneten (Begleit-)Stimmen haben sich dem freien Vortrag der Solostimme(n) anzupassen
colla punta dell'arco (ital.): *MA* mit der Spitze des Bogens
coll'arco (ital.): *MA* (wieder) mit dem Bogen streichen
colla sinistra (ital.): *MA* mit der linken Hand
colla voce (ital.): *MA* mit der Stimme; die bezeichneten Instrumentalstimmen spielen die Vokalstimme notengetreu mit. Vgl. *colla parte*
collegium musicum (lat.): **1.** seit dem 16. Jh. (vornehmlich studentische) Gemeinschaft von Musikliebhabern zur Pflege gemeinsamen, vorwiegend instrumentalen Musizierens
2. von H. Riemann begründete Editionsreihe des Leipziger Musikverlages Breitkopf & Härtel mit ausgewähltem älterem Musiziergut für diese Gemeinschaften
col legno (ital. = mit dem Holz), **col legno dell'arco:** *MA* beim Streichinstrumentenspiel sind die Saiten mit der Bogenstange zu schlagen (*c. l. battuto*) oder zu streichen (*c. l. tratto*)
coll'ottava (ital.), **coll'8va:** *MA* mit der Oktave, in Oktavparallelen; oktaviert
color (lat. = Farbe): **1.** in der →Mensuralnotation die durch abweichende Färbung dargestellten unterschiedlichen rhythmischen Verhältnisse der Notenwerte zueinander
2. die nach dem Vorbild der Rhetorik durch mehrfache Wiederholung melodischer Abschnitte angewandte Ausschmük-

kung des musikalischen Satzes der →isorhythmischen Motette; →*talea*
3. Verzierung; →kolorieren
colorato, con colore (ital.): **1.** *VB* farbig, mit Farbe **2.** *MA* koloriert; verziert
coloratura (ital., franz., engl.) →Koloratur
coloratura soprano (engl.): Koloratursopran
coloured noise (engl.): farbiges →Rauschen
colpo d'arco (ital.): *MA* beim Streichinstrumentenspiel das Schlagen mit dem Bogen; vgl. *col legno battuto*
colpo di chiave (ital.): *MA* beim (Holz-)Blasinstrumentenspiel das Anschlagen der Klappe
combo (engl.): Kurzbezeichnung für *combination* (= Vereinigung); kleine Instrumentalgruppe (bis zu acht Musikern) in Jazz und Tanzmusik
come al solito (ital.): *MA* wie gewohnt, wie üblich
come da lontano (ital.): *VB* wie von ferne
comédie, comédie en musique (franz.): die franz. heitere Oper des 18. Jh.
comédie-ballet (franz.): der Oper nahestehende musikalische Gattung des franz. Theaters im 16. Jh., die Elemente der gesprochenen klassischen *comédie* und des →*ballet de cour* aufgriff und im 17. Jh. zur Herausbildung der →*tragédie lyrique* führte
come prima (ital.): *MA* wie zuerst, wie zu Anfang, wie vorher
come prima volta (ital.): *MA* wie das erstemal
comes (lat. = Gefährte): **1.** in der Fuge die →Beantwortung des Themas (*dux*) in einer anderen Stimme auf einer neuen Tonstufe
2. im Kanon auch jeder neue Stimmeneinsatz
come sopra (ital.): *MA* wie oben; entsprechend der vorher gegebenen Anweisung
come stà (ital.): *MA* wie es dasteht, d. h. ohne freie Verzierungen
come un inno (ital.): *VB* wie eine Hymne, hymnisch
commedia in musica, commedia per musica (ital.): die komische ital. Oper des 17./18. Jh., die Handlungen und Figuren der volkstümlichen ital. Stegreifkomödie (*commedia dell'arte*) übernahm
common chord (engl.): konsonanter →Dreiklang; →Dur- und →Moll-Dreiklang
common time (engl.): gewöhnliches Zeitmaß, d. h. der $\frac{4}{4}$-Takt
commosso (ital.): *VB* (innerlich) bewegt, gerührt
Communio (lat. = kirchliche Gemeinschaft), *Antiphona ad communionem*: der dem →Offertorium folgende 5. und letzte

Teil des →Proprium missae in der röm.-kath. Messe, der nach Wegfall ursprünglich mit einbezogener Psalmverse allein als antiphonaler Chorgesang (→Antiphon) zur Kommunion gesungen wird

community songs (engl.): Massenlieder

comodo (ital.): *VB* bequem, gemächlich, gemütlich

complainte (franz.): Klagelied, Bänkelsängerlied

composé (franz.), **composto** (ital.): komponiert

composer: 1. (engl.) Komponist **2.** (franz.) komponieren

compositeur (franz.), **compositore** (ital.): Komponist

composition (franz., engl.), **composizione** (ital.): Komposition

compound time (engl.): zusammengesetztes Zeitmaß mit dreizeitigen Taktarten, z. B. $\frac{12}{8}$-Takt

Computer-Musik: Musik, die mit Hilfe von programmgesteuerten elektronischen Rechenanlagen (Computern) entsteht; dazu werden nach statistischen Gesichtspunkten ermittelte Informationen aus den verschiedensten musikalischen Bereichen (u. a. musikalische →Parameter, Satzregeln, Hörgewohnheiten) oder auch Vorgaben im Hinblick auf zu erzeugende (elektronische) Klänge, vom „Komponisten" ausgewählt und als Programm in den (Digital- oder Analog-)Rechner eingegeben

con alcuna licenza (ital.): **1.** *VB*: mit einiger Freiheit
2. in von der strengen Regel abweichender Satztechnik; →*licenza*

con amore (ital.): *VB* mit Liebe; zart, innig

con anima (ital. = mit Seele): *VB* mit lebendigem Ausdruck; oft mit Tempo- und Intensitätssteigerung verbunden

con bravura (ital.): *VB* mit Bravour, virtuos

con brio (ital.): *VB* mit Feuer, voller Schwung, voller Munterkeit

concento (ital. = Zusammenklang, Harmonie): **1.** →*concentus*
2. mehrstimmiger Satz

concentus (lat. = Zusammenklang, Harmonie): der im Gegensatz zum rezitierenden Sprechgesang (→*accentus*) melodisch reicher gestaltete liturgische Gesang (→Gregorianischer Choral); z. B. Antiphon, Introitus, Responsorium

concert (franz., engl.): Konzert

concertant (franz.): **1.** *VB* konzertierend, solistisch hervortretend
2. Konzertsänger, Konzertsängerin

concertante (ital., franz.): **1.** →*concertant* (1.) **2.** Komposition für konzertierende(s) Soloinstrument(e) und Orchester ohne Bindung an die →Konzertform, z. B. *sinfonia concertante*

concertato (ital.): **1.** *VB* konzertierend, solistisch hervortretend

2. die solistischen Vokalstimmen (*voci concertate*) im *concerto* des 16.–18. Jh. (→Konzert [3.])

concert grand (piano) (engl.): Konzertflügel

concertina (ital., franz., engl.) →Konzertina

concertino (ital.), **Concertino: 1.** kleine Komposition für Soloinstrument(e) und Orchester, kleines (vielfach auch leichteres) Konzert

2. die dem Orchestertutti (→*ripieno*) gegenüberstehende Gruppe der konzertierenden Soloinstr. im →*concerto grosso*

concerto (ital.): Konzert

concerto ecclesiastico (ital.): geistliches Konzert

concerto grosso (ital. = großes Konzert): **1.** Kompositionsform des 17./18. Jh. und 20. Jh., die auf der charakteristischen Gegenüberstellung von vollem Orchester (*tutti, ripieno*) und einer kleinen Gruppe konzertierender Soloinstr. (*concertino*) beruht

2. ursprünglich (im Sinne von großes Ensemble) Bezeichnung für die dem *concertino* gegenüberstehende stärker besetzte Klanggruppe (*tutti, ripieno*), das Orchestertutti

concert pitch (engl.) →Kammerton, →Normstimmton

concitato (ital.): *VB* erregt, unruhig bewegt; vgl. *agitato*

conclusion (franz. = Abschluß): Schlußgruppe, Schluß; Schlußsatz zyklischer Werke. Vgl. Finale

con collera (ital.): *VB* zornig

concordant (franz. = übereinstimmend): **1.** in der Kirchenmusik des 17. Jh. die dem Quintus entsprechende Stimme im 5stimmigen Vokalsatz; im Instrumentalsatz die Stimmlage zwischen →*taille* und →*basse*

2. in der Musik des 18. Jh. für →Bariton; vgl. *basse-taille*

concordanza (ital.) →Konkordanz

con corde (ital.): *MA* mit aufliegenden, gespannten →Schnarrsaiten

concrete music (engl.) →*musique concrète*

conduct (engl.): leiten, dirigieren

conductor (engl.): Dirigent

conductus (lat. = Geleit): **1.** Hauptform der mittelalterlichen mehrstimmigen Vokalmusik des 12./13. Jh. mit frei erfundener Melodie in der Unterstimme und gleichzeitigem Vortrag der Textsilben in allen Stimmen; vielfach auch durch reiche →Melismatik gegliedert

2. ursprünglich im 11. Jh. aufkommendes, einstimmiges lat. Lied im festlich-liturgischen Rahmen, aber auch als außerkirchliches geistliches und weltliches Lied

confinalis (lat.), auch *affinalis*: Nebenschlußton der mittelalterlichen →Kirchentöne auf der Oberquinte des Schlußtones; vgl. Klausel

con forza (ital.): *VB* mit Kraft

con fuoco (ital.): *VB* mit Feuer; im sehr schnellen Zeitmaß

Conga (span.-amerik. = Kreis; ital., franz.): **1.** volkstümlicher (Marsch-)Tanz des kuban. Karnevals im raschen Zweiertakt zum Rhythmus der gleichnamigen Trommeln afrik. Ursprungs; Abart der →Rumba

2. ⟨*Schlaginstr.*⟩ lateinamerik. Einfelltrommel afrik. Ursprungs mit länglicher (70–80 cm), sich nach unten leicht konisch verengender kegel- oder faßförmiger Holzzarge (→Gefäßtrommel) und einem Felldurchmesser von etwa 30 cm, im Tanzorchester häufig paarweise mit Ständer; angeschlagen mit Fingern oder Handflächen (→Handtrommel), seltener mit Schlegeln. Trommelinstr. mit annähernd bestimmbarer Tonhöhe im großen und kleinen Oktavbereich mit jeweils einliniger Notierung (auch im Fünfliniensystem mit Baß- oder Violinschlüssel)

conga drum (engl.) →Conga (2.)

con grazia (ital.): *VB* mit Anmut

con impeto (ital.): *VB* mit Ungestüm

con le dita (ital.): *MA* mit den Fingern bzw. Fingerspitzen

con licenza (ital.): *VB* mit Freiheit, frei im Vortrag

con moto (ital.): *VB* mit Bewegung, belebt

con passione (ital.): *VB* mit Leidenschaft

con pietà (ital.): *VB* mit Andacht, fromm

conseguente (ital.): **1.** die nachfolgende, imitierende Stimme im →Kanon

2. die Beantwortung des Themas in der Fuge (lat. *comes*)

con sentimento (ital.): *VB* mit Empfindung, gefühlvoll

conservatoire (franz.), **conservatorio** (ital.), **conservatory** (engl.): Konservatorium

consolation (franz. = Trost) →Fantasiestück

console (franz., engl.), **consolle** (ital.): Spieltisch der →Orgel

con somma bravura (ital.): *MA* mit höchster Virtuosität

con somma forza (ital.): *MA* mit äußerster Stärke

con sordino (ital.): *MA* mit Dämpfer, gedämpft

consort (engl. = Gemeinschaft): **1.** Instrumentalensemble des 16.–18. Jh., als *whole consort* entweder reines Bläser- oder Streicherensemble und *broken consort* mit gemischter Besetzung; im 20. Jh. Instrumental- und Vokalensemble zur Pflege alter Musik

2. die von diesen Ensembles aufgeführte Musik

con spirito (ital.): *VB* mit Geist; geistvoll, spritzig

contano (ital. = sie zählen): *MA* in Partituren (und Stimmen) Hinweis für die von den zeitweilig pausierenden und daher vorübergehend nicht notierten Stimmen bis zum nächsten Einsatz durchzuzählenden Pausentakte
contemplativo (ital.): *VB* beschaulich, besinnlich
contemporary (engl.): zeitgenössisch
con tenerezza (ital.): *VB* mit Zartheit, zart
continuo (ital. = ununterbrochen): Kurzform für →*basso continuo*
contra (lat., ital.), **contre** (franz.): **1.** gegen, gegensätzlich
2. Vorsilbe zur Kennzeichnung eines (meist um eine Oktave) tieferen Instr. bzw. einer tieferen Stimme
3. →*contratenor*
contrabass (engl.): Kontrabaß
contrabassoon (engl.): Kontrafagott
contrabbasso (ital.): Kontrabaß
contradanza (span.), **contradanza cubana:** kuban. Gesellschaftstanz des 19. Jh., der in Havanna aus der franz. *contredanse* hervorging; zeitweise sinnverwandt mit *danza*, der schnelleren Vorläuferin des gemesseneren →*danzón*
contra(d)danza (ital.) →Kontertanz
contrafagotto (ital.): Kontrafagott
contrainte (franz. = gezwungen): Kurzform für *basse contrainte*; →*basso ostinato*
contralto (ital., franz., engl.): **1.** Alt, Altstimme, Altistin
2. aus der Bratsche (1855) entwickeltes Streichinstr., das sich trotz des erzielten volleren Tones nicht durchsetzte
contrapás (katalan. = Gegenschritt): altkatalan. Volkstanz, der als schneller Kreistanz die Passion Christi darstellt und kommentiert
contrappunto (ital.) →Kontrapunkt
contrappunto alla zoppa (ital.): →Kontrapunkt mit synkopierter Gegenstimme, vgl. *alla zoppa*
contrapunctus (lat.) →Kontrapunkt, →Fuge
contrapunctus diminutus, contrapunctus floridus (lat. = verkürzter bzw. verzierter Kontrapunkt): freier →Kontrapunkt mit gegen die Hauptstimme stehenden unterteilten oder gemischten Notenwerten und gelegentlich zugelassenen Dissonanzen
contrapunctus simplex (lat. = einfacher Kontrapunkt): strenger →Kontrapunkt im Satz Note gegen Note mit Dissonanzverbot
contr'arco (ital.): *MA* mit verkehrtem Bogenstrich, d. h. die üblicherweise mit Abstrich zu spielenden Noten sind mit Aufstrich auszuführen und umgekehrt

contrarium, per motum contrarium (lat.): *MA* in Gegenbewegung; Umkehrung des Themas z. B. in Kanon und Fuge

contratenor, contra (lat.): satztechnische Bezeichnung des 14. bis 16. Jh. für die in der vierstimmigen Motette und im dreistimmigen Liedsatz als Füllstimme oft sprunghaft geführte kontrapunktische Gegenstimme zum Tenor innerhalb des gleichen Tonraums; im 15. Jh. erfolgte Aufspaltung in *contratenor bassus* (→Baß) und *contratenor altus* (→Alt)

contrattempo (ital. = Gegenzeit): Betonung auf „schlechtem" Taktteil, häufig mit →Synkope

contrebasse (franz.): Kontrabaß

contrebasse à pistons (franz.): Baßtuba, Kontrabaßtuba

contrebasson (franz.): Kontrafagott

contredanse (franz.): europ. Gesellschaftstanz, der mit →Anglaise, dtsch. Contretanz, →Cotillon und →Quadrille als geradtaktiger Gruppentanz (Frontreigen, engl. = *longway*) aus der engl. →*country dance* hervorging und sich um 1685 über die Niederlande und Frankreich in ganz Europa verbreitete; →Kontertanz

contredanse francaise (franz.) →*cotillon*

contrepoint (franz.) →Kontrapunkt

contre-temps (franz. = Gegenzeit): Betonung auf „schlechtem" Taktteil, häufig mit →Synkope

convention universelle sur le droit d'auteur: Welturheberrechtsabkommen

conversio (lat.): Umkehrung des Themas; z. B. bei Kanon und Fuge

convivium musicum (lat. = musikalisches Gastmahl): im 16./17. Jh. Gemeinschaft von Musikliebhabern, die bei ihrem Festmahl das gemeinsame instrumental-vokale Musizieren pflegten; das gleichzeitig entstehende →*collegium musicum* widmet sich dagegen ausschließlich dem Musizieren

Cool Jazz (amerik. = kühler Jazz): Musizierstil vorwiegend der weißen Jazzmusiker, der um 1950 aus dem →Bebop entstand und in Artikulation und Intonation mit der traditionellen →*hot*-Intonation und *off-beat*-Rhythmik bricht. Im kammermusikalischen, dynamisch ausgewogenen linearen Musizieren tritt die Improvisation hinter der Übernahme von Kompositionstechniken der zeitgenössischen Kunstmusik zurück. Der experimentelle Charakter dieser Richtung des →modernen Jazz führte zu seiner zunehmenden Intellektualisierung

coon song (amerik. = Negergesang): volkstümliches Lied der →*negro minstrels* und der →*minstrelsy* zur Begleitung von Banjo, Ukulele oder Gitarre, das im 19. Jh. in Text und musikalischem Gestus die Volksmusik und das Milieu der nordamerik. Neger karikierte, späterhin aber als Grundlage von →*popular tunes* Eingang in den Jazz fand

coperto (ital.): *MA* bedeckt, d. h. mit teilweise abgedeckter Membran; z. B. *timpano coperto* = durch Tuch, Leder, Filz oder die Finger der Hand zum Teil gedämpfte Pauke

copla (span.): **1.** kleines, volkstümliches Lied (mit vier achtsilbigen Versen)
2. die auf die gleiche Melodiezeile vorgetragenen Strophen eines mittelalterlichen Refrainliedes; z. B. des →*villancico*

copula (lat. = Verbindung): **1.** mehrstimmige vokale Schlußwendung und deren Auszierung in der *ars antiqua* des 12./13. Jh., vielfach auf der vorletzten Textsilbe; vgl. Klausel
2. Auszierungsarten eines Discantus; vgl. *color*
3. Orgelregister (→Koppelflöte) und Bezeichnung für Koppel

copyright (engl. = Vervielfältigungsrecht), **Copyright-Vermerk**, ©: ⟨*Urheberrecht*⟩ der urheberrechtliche Schutz in den USA und anderen Staaten des Copyright-Systems mit einer (einmalig verlängerungsfähigen) Schutzfrist von 28 Jahren nach Erscheinen des Werkes. Nach dem neuen *Copyright-Gesetz vom 1. Januar 1978* bleibt diese Schutzfrist für die Werke bestehen, die bei Inkrafttreten des Gesetzes bereits geschützt waren. Um die neue Schutzfrist von maximal 75 Jahren zu erreichen, muß jedoch noch im 28. Jahr ein Erneuerungsantrag gestellt werden. Generell sieht das neue Gesetz für die seit dem 1. Januar 1978 entstandenen Werke eine Schutzfrist von 50 Jahren nach dem Tode des Autors vor; für anonyme oder pseudonyme Werke 75 Jahre nach dem Erscheinen bzw. 100 Jahre nach deren Entstehen. Rechtsschutz ab 1. Januar 1978 besteht auch für unveröffentlichte Werke, die zum 1. 1. 1978 zwar bereits vorhanden, jedoch noch kein Allgemeingut und noch nicht geschützt waren. Für sie gelten sinngemäß die neuen Schutzfristen von 50 bzw. 75 Jahren. Voraussetzung für den Schutz eines Werkes in den Staaten des Copyright-Systems ist der auf dem Titel oder im →Impressum, bei Musikalien auch auf der ersten Notenseite, als Schutzvermerk angebrachte *Copyright-Vermerk* (*copyright by*... bzw. in der neuen Form des Welturheberrechtsabkommens als ©) sowie die Eintragung in das *Copyright-Register* des Copyright Office bei der Kongreßbibliothek in Washington mit der Hinterlegung von 2 Exemplaren des erschienenen Werkes. Der Copyright-Vermerk gilt zugleich als international verbindlicher Hinweis auf den Inhaber der Weltverlagsrechte

cor (franz.): →Horn, Waldhorn

corale (ital.) →Choral

coralmente (ital.): *VB* choraliter, choralmäßig
cor anglais (franz., engl.) →Englischhorn
cor à pistons (franz.): Ventilhorn; →Horn
corda (ital.), **corde** (franz.): Saite
corda vuota (ital.): *MA* beim Streichinstrumentenspiel die leere Saite
corde à jour, corde à vide (franz.): *MA* beim Streichinstrumentenspiel die leere Saite
cor de basset →Bassetthorn
cor de chasse (franz.) →Jagdhorn
cor de forestier (franz.) →Waldhorn
cor des Alpes (franz.) →Alphorn
corde vocali (ital.): Stimmbänder
cordier (franz.), **cordiera, cordaio** (ital.): Saitenhalter
cordofoni (ital.) →Chordophone
corifeo (ital.): Chorführer, Stimmführer
corista (ital.): **1.** Chorsänger **2.** Stimmgabel
cornamusa (ital.), **cornemuse** (franz.): Dudelsack, →Sackpfeife
cornet (franz., engl.) →Kornett
cornet à pistons (franz.): kleines Ventilhorn, →Kornett
cornett (engl.) →Zink
cornetta (ital.) →Kornett
cornettino (ital.): kleines →Kornett
cornetto (ital.): **1.** →Zink **2.** ⟨*Orgelregister*⟩ →gemischtes Farbregister mit 2–25 Chören (2′, 4′, $2\frac{2}{3}$′, 2′, $1\frac{3}{5}$′)
Cornetton, Zinkenton (franz. = *ton des cornets)* →*Kornetton*
cornfield holler (amerik. Slang = laute Maisfeldrufe): gesangsartige Verständigungsrufe (→*holler*) der schwarzen Landarbeiter Nordamerikas, die Elemente der afroamerik. Negerfolklore einbeziehen; solistische Form des ländlichen →*work song*. Vgl. *field cries*
corni di rinforza (ital.): zur Verstärkung (*ad libitum*) einzusetzende Hörner
corno (ital.): →Horn, Waldhorn
corno a macchina (ital.) →Ventilhorn
corno aperto (ital.): *MA* offenes, d. h. ungestopftes Horn
corno (a) pistoni (ital.) →Ventilhorn
corno cromatico (ital.) →Ventilhorn
corno da caccia (ital.) →Jagdhorn
corno da tirarsi (ital.): Zugtrompete; vgl. *tromba da tirarsi*
corno delle Alpi (ital.) →Alphorn
corno di bassetto (ital.) →Bassetthorn
corno inglese (ital.) →Englischhorn
Cornon (franz. = *cornophone*), *Kornophon*: Waldhorntuba, eng

mensurierte Tuba mit Waldhornmundstück (Cervený 1844); Vorläufer der →Wagner-Tuba

corno natural (ital.) →Naturhorn

cornone, corno torto, cornetto torto (ital.): Baßzink; große Art des krummen (s-förmigen) →Zink

corno ventile (ital.) →Ventilhorn

cornu (lat. = Horn): Blasinstr. des Altertums; halbkreisförmig gebogenes, dem Tierhorn nachgebildetes Instr. aus Metall, neben →*bucina* und →*tuba* militärisches Signalinstr. der Römer

coro (ital.) →Chor

cor omnitonique (franz. = Horn für alle Tonarten): Waldhorn mit einschaltbaren Zusatzbögen für das Spielen in mehreren Tonarten; das Instr. kam in Frankreich zu der Zeit auf, als in Deutschland die ersten Ventilhörner gebaut wurden

corona (lat., ital. = Krone) →Fermate

coro pieno (ital.): *MA* voller Chor, Gesamtchor

coro spezzato (ital.): *MA* geteilter Chor

corps de ballet (franz.): Ballettkorps, Balletttruppe

corps de musique (franz.): Musikkorps, Militärkapelle

corpus (lat.): (Instr.-)Körper, Gehäuse; →Korpus

corrente (ital.): im 17. Jh. jüngere, ital. Form der →Courante mit gleichmäßig fließender Bewegung im schnelleren $\frac{3}{4}$- oder $\frac{3}{8}$-Takt

corrépétiteur (franz.), **correpetitore** (ital.) →Korrepetitor

corrido (span.): auf die span. Romanze zurückgehendes mexik. Volkslied erzählenden Charakters, meist in paralleler Zweistimmigkeit mit Gitarrebegleitung im $\frac{6}{8}$- oder $\frac{9}{8}$-Takt

cor simple (franz.) →Naturhorn

cotillon (franz. = Unterrock), *Kotillon*: franz. Gesellschaftstanz, der im 18. Jh. aus dem *round*-Tanz der engl. →*country dance* hervorging und daher auch den Namen *contredanse francaise* trägt; als Tanz (oder Tanzfolge) im 19. Jh. besonders beliebter Abschluß von Tanzvergnügen, bei dem die Schritte und Figuren des führenden Paares von den anderen nachgetanzt wurden und der wie ein Gesellschaftsspiel mehrfach durch scherzhafte Einlagen unterbrochen wird. Als Tanzmusik erklingen dazu Marsch, Walzer, Polka, Mazurka u. a. →Quadrille

cottage organ (engl.) →Harmonium

cottage piano (engl.) →Pianino

coulé, coulée (franz.): **1.** geschleift, gebunden **2.** Schleifer (Tanzschritt)
3. Bindung, Legatobogen
4. Verzierung in der altfranz. Klaviermusik; vgl. *chute*

counterpoint (engl.) →Kontrapunkt

countertenor (engl.): Männeraltist, der durch Falsettieren (→Falsettist) nahezu die Höhe der weiblichen Altstimme (→Alt) erreicht; aus der Kirchenmusik des 16./17. Jh. ist diese Gesangspraxis bis in die heutige Zeit, neuerdings auch im Konzertsaal, lebendig

Country and Western Music, Country & Western (engl.): aus der ländlichen Volksmusik (= *country music*) der weißen Siedler in den USA hervorgegangener Musikstil, dessen ursprünglich lebensverbundene, von einfacher Melodik und der Begleitung durch Violine (= *fiddle*) oder Mandoline, Gitarre und Banjo geprägte Cowboy-Balladen und Western-Songs (→Hillbilly) in den 40er Jahren von der Musikindustrie kommerziell zu (ein)gängigen →Schlagern im *Nashville-Sound* vermarktet wurden. Zusammen mit Elementen des →Rhythm and Blues gewann dieser Musizierstil Einfluß auf die Herausbildung des →Rock'n'Roll

country blues (engl. = ländlicher Blues): der in der afrik. Negerfolklore wurzelnde Volksliedblues, der als älteste Bluesform (*archaischer Blues*) in der 2. Hälfte des 19. Jh. von den durch Dörfer und Kleinstädte der Südstaaten der USA wandernden, zumeist blinden Volkssängern unbegleitet oder zur eigenen Banjo- oder Gitarrenbegleitung vorgetragen wurde

country dance (engl. = ländlicher Tanz): engl. Gesellschaftstanz, ursprünglich älterer Volkstanz, der seit dem 16./17. Jh. in den Grundformen *longway* (Reihen- oder Kettentanz), *round* (Rundtanz) und später auch *square* (→Quadrille) bekannt ist; vgl. *contredanse*, Kontertanz, Ecossaise

Country Rock (engl.): zeitgenössischer Musizierstil der beatorientierten →Rock-Musik, der Anfang der 70er Jahre besonders Einflüsse von →Hillbilly, →Country and Western Music und →Ragtime aufnimmt. In Anlehnung an die ländliche Volksmusik (= *country music*) der USA zählen Violine (= *fiddle*) oder Mandoline, Mundharmonika (= *mouth organ*), Gitarre und Banjo zu den bevorzugten Instr.

coup (franz.): Schlag, Stoß, Strich

coup de glotte (franz.) →Glottisschlag

coup d'archet (franz.): Bogenstrich

coup de langue (franz.): Zungenschlag, Zungenstoß

coup de timbale (franz.): Paukenschlag

coupé (franz.): *MA* abgestoßen, →*staccato*

coupler (engl.): →Koppel (bei der Orgel), →Register (beim Akkordeon)

couplet (franz. = Verbindung, Paar), **Couplet: 1.** schlagerartiges Vortragslied, das im 19./20. Jh. als scherzhaft-satirisches Stro-

phenlied mit häufig aktuellem Inhalt in Singspiel, Operette, Posse und Kabarett sowie als Gassenhauer Bedeutung erlangte
2. kurzes, witzig pointiertes Lied der *opera comique* mit mehreren Strophen (daher: *couplets*)
3. Zwischensatz im vokalen und instrumentalen Rondeau (→Rondo) des 17./18. Jh., besonders bei den franz. Clavecinisten
4. altfranz. Reimpaar und Strophe eines mittelalterlichen Gedichtes oder Liedes; vornehmlich die auf die gleiche Melodiezeile vorgetragenen Verszeilen. Vgl. *copla*, Refrain

Courante (franz.): altfranz. Gesellschaftstanz, der um 1600 mit mäßig schnellem Zeitmaß und punktiertem Rhythmus im $\frac{3}{2}$- oder $\frac{6}{4}$-Takt Eingang in die Kunstmusik fand; im 17. Jh. Herausbildung der eigenständigen (schnelleren) ital. →*corrente*. In der →Suite löst die C. (als Nachtanz) mit der Allemande das ältere Tanzpaar Pavane–Gaillarde ab

couvert (franz.), **covered** (engl.): *MA* bedeckt, d. h. mit teilweise abgedeckter Membran; z. B. *timbale couvert* = durch Tuch, Leder oder Filz zum Teil gedämpfte Pauke

covered stops (engl.) →Gedackte

cowbell (engl.): Kuhglocke, →*cencerro*

cracovienne (franz.) →Krakowiak

cradlesong (engl.): Wiegenlied, Berceuse

Credo (lat. = ich glaube): der auf die Predigt folgende dritte Teil des →Ordinarium missae der röm.-kath. Messe mit dem vom Priester intonierten und von Gemeinde und Chor fortgesetzten Glaubensbekenntnis *Credo in unum Deum* (= Ich glaube an einen Gott)

crembalum (lat.): Brummeisen, →Maultrommel

creole jazz (amerik.): harmonisch-funktional gebundene Musizierrichtung des →New-Orleans-Jazz, mit der die Kreolen Elemente der südamerik. Negerfolklore und der lateinamerik. Musik in den Jazz einbrachten

crescendo, *accrescendo* (ital. = anwachsend), $<$: *VB* stärker werdend, zunehmend an Tonstärke

Crescendo-Walze, Crescendo-Zug →Rollschweller

crescent (engl.) →Schellenbaum

crin (franz.), **crino** (ital.): Roßhaar, Bogenhaar

critic (engl.), **critica** (ital.), **critique** (franz.): Kritik

croche (franz. = hakenförmig): Achtelnote; *double croche* = Sechzehntelnote, *triple croche* = Zweiunddreißigstelnote

chrocheta (lat.): Viertelnote

croma (ital.): Achtelnote

cromatico (ital.) →chromatisch

cromorne (engl., franz.), **cromorno** (ital.) →Krummhorn
crook (engl.): →Stimmbogen, S-Rohr
crooning (engl.): übertrieben sentimentaler Schlagergesang, auch im kommerzialisierten Jazz, bei dem der sehr leise, beinahe gehauchte Gesangsvortrag über Mikrophon verstärkt wird
cross-beat (engl.) →Kreuzschlag
cross-fingering (engl.): →Gabelgriffe auf Blasinstr.
crotala (lat. = Klapper) →Krotala
crotales (franz., engl.): **1.** kleine (paarige) Becken; später auch (kleine) Tanzbecken, →Fingerzimbeln
2. →*cymbales antiques*
crotali (ital.) →*cymbales antiques*
crotchet (engl.): Viertelnote
crott (irisch), **crowd, crowth** (engl.) →Crwth
crotta (ital.) →Crwth
Crucifixus (lat.): Teil des →Credo in der röm.-kath. Messe
Crwth (walis.), **Chrotta:** ir.-walis. →Leier, die anfangs (7. Jh.) gezupft und seit dem 11. Jh. zunehmend auch mit dem Bogen gestrichen wurde; Instr. der kelt. Barden, das noch bis in das 19. Jh. in Gebrauch war. Vgl. auch →Rotta
Csakan (ung. *csákány*), **Czakan** →Stockflöte
Csárdás (ung. *csárda* = Dorfschenke), **Czardas**: ung. Nationaltanz; geradtaktig, mit einem langsamen, pathetischen Einleitungsteil →*Lassù* (Kreistanz der Männer) in Moll und dem schnellen, sich überschäumend steigernden Hauptteil →*Friska* (Paartanz) in Dur. Die für die Interpretation des Cs. typische Zigeunerkapelle ist mit Streichquintett, Klarinette und Zymbal besetzt. Der Cs. ging im 19. Jh. aus dem spätmittelalterlichen Heiduckentanz (→Hajdútánc) hervor
C-Schlüssel: von dem Tonbuchstaben C abgeleiteter Notenschlüssel, der im Notenliniensystem jeweils die den Ton c^1 (eingestrichenes c) festlegende Notenlinie bezeichnet:

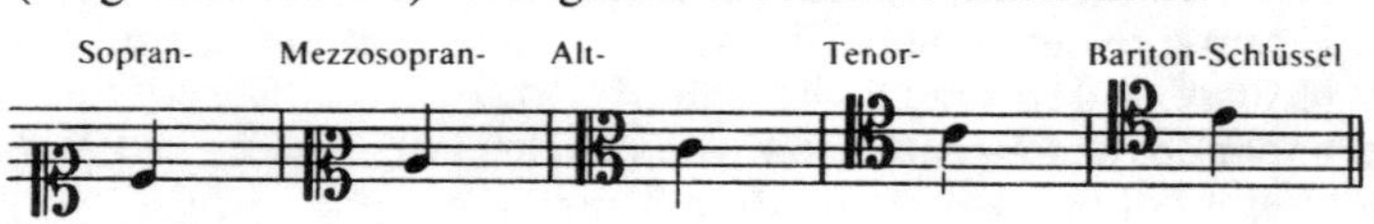

c sharp (engl.) →cis
c sharp major (engl.) →Cis-Dur
c sharp minor (engl.) →cis-Moll
Cuban rattles (engl.) →Maracas
Cuban sticks (engl.) →*claves*
cuckoo (engl.), **cuculo** (ital.) →Kuckuckspfeife
cueca (span.), **cueca chilena:** argent. Volkstanz (Paartanz von Hahn und Henne) im bewegten synkopierten $\frac{3}{4}$-Takt; aus der chil. →*zamacueca* hervorgegangen

cue notes (engl.): Stichnoten
cuivre (franz. = Kupfer): Kurzform für *instruments des cuivre*, die Gruppe der Blechblasinstr. im Orchester (= Blechbläser)
cuivré, cuivrée (franz.): *MA* geschmettert, schmetternd
cullando (ital.): *VB* wiegend
cupo (ital.): *VB* dumpf, hohl
curtain music, curtain tune (engl.): Zwischenaktmusik
curtal(l): altengl. Bezeichnung für →*bassoon*; vgl. Kortholt
custos (lat. = Wächter): hakenförmiges Hinweiszeichen, das im Notenbild älterer Musik am Ende einer Notenzeile die Tonhöhe des ersten Tones der folgenden Notenzeile anzeigt; entsprechend auch bei Schlüsselwechsel
cuttern (engl. *to cut* = schneiden): *EAk* das Auseinanderschneiden und – entsprechend dem Verwendungszweck (z. B. nach Ausmerzung von Aufnahmefehlern) – neu Zusammenkleben von Magnettonbändern
cycle (franz., engl.): Zyklus
cyclic form (engl.): zyklische Form
cylindric wood block →Röhrenholztrommel
cymbal (engl.) →Becken; →Zimbel
cymbala (lat., Ez. *cymbalum*; griech. *kymbalon*):
1. →Becken, Gabelbecken; →Zimbeln
2. Glöckchen, →Glockenspiel
cymbales (franz.), **cymbals** (engl.) →Becken
cymbales antiques (franz. = antike Zimbeln), *crotales*: ⟨*Schlaginstr.*⟩ kleine runde, dicke Metallscheiben (Silberbronze) unterschiedlichen Durchmessers (5–12 cm) mit buckelförmiger Mittelwölbung (Kuppe), durchbohrt für Lederschlaufe als Handgriff oder zur Befestigung auf einem Ständer; Verwendung paarweise als *Gegenschlagzimbeln* ohne bestimmte Tonhöhe und als chromatisch abgestimmter Satz (*jeu de crotales*) mit Tonumfang a^3/c^4–c^5/e^5, zwei Oktaven tiefer notiert im Violinschlüssel, beim Einzelschlag mit Hämmerchen oder hartem Schlegel glöckchenartiger, sehr heller und lang anhaltender Klang. →Fingerzimbeln
cymbal stick (engl.): Beckenschlegel
Cymbelstern →Zimbelstern
Cythara →Kithara
Cytharino →Cithrinchen
Czakan →Csakan
Czardas →Csardas
Czimbal, Czymbal →Cimbal, →Hackbrett

D

d: 1. Tonname für den 2. Ton der C-Dur-Tonleiter (Grundskala) im kleinen Oktavbereich
2. Akkordbezeichnung für den d-Moll-Dreiklang
3. Kurzbezeichnung für die Tonart →d-Moll

D: 1. Tonname für den Stammton d im großen Oktavbereich
2. Akkordbezeichnung für den D-Dur-Dreiklang
3. Kurzbezeichnung für die Tonart →D-Dur
4. Symbol der Harmonielehre für →Dominante
5. Bezeichnung der Stimmung jener transponierenden Instr., die eine große Sekunde höher als notiert erklingen (z. B. Trompete in D)
6. Tonname für die 4. Tonstufe (Quarte über A) der mittelalterlichen Oktavreihe in der lat. →Buchstabentonschrift

D^7: Symbol der Harmonielehre für →Dominantseptakkord

da capo (ital. = vom Kopf an): **1.** *MA* noch einmal vom Anfang an, zumeist bis zu der mit dem Wort *fine* oder einer Fermate (𝄐) bezeichneten Stelle
2. Beifallsruf: noch einmal!

da capo (sin') al fine (ital.): *MA* noch einmal vom Anfang an bis zum Schluß(-zeichen) bzw. der mit dem Wort *fine* bezeichneten Stelle

da capo al segno (ital.), **da capo al 𝄋** (bzw. § oder 𝄌): *MA* noch einmal vom Anfang an bis zum Zeichen 𝄋, § oder 𝄌

Da-capo-Arie: Arie in geschlossener, dreiteiliger (A-B-A-)Form, die in ihrer Blütezeit (17./18. Jh.) zu einer vielfach virtuosen, meist fünfteiligen (a a' b a a') Form erweitert wurde; die Wiederholung wurde nicht ausgeschrieben, sondern durch die *MA* →*da capo* gefordert. →Bogenform

da capo dal segno (ital.) →*dal segno*

Dämpfer (ital. *sordino*): Vorrichtung zur Verminderung der Tonstärke von Musikinstr. bei gleichzeitiger Veränderung der Klangfarbe; bei Streichinstr. der auf den Steg zu setzende kleine Holz-, Kautschuk- oder Metallkamm, der die Schwingungsübertragung auf den Resonanzboden beeinflußt, bei Blechblasinstr. der in die Stürze einzuschiebende kegelförmige Holz-, Papp- oder Leichtmetalldämpfer (dazu →Stopfen). Schlaginstr. werden durch Auflegen eines Tuches, eines Filzstreifens oder der Hand gedämpft (z. B. *timpano coperto*). Beim Klavier ist der Dämpfer Teil der →Klaviermechanik

Dämpfung: 1. →Dämpfer; →Stopfen; →Verschiebung **2.** *Ak* die zeitliche Abnahme der →Amplitude einer periodischen Schwingung durch innere Reibung (→Absorption) des schwingenden Körpers und Abstrahlung von Schwingungsenergie als Eigenschaft jedes Schwingungssystems; die Energieverluste werden als Verhältnis der Energiegröße vor und nach der Dämpfung (= *Dämpfungsmaß*) in →Dezibel angegeben

Daina: 1. altlett. Volkslied heidnischen Ursprungs **2.** altlit. Volkslied lyrischen Charakters

dal segno (ital.): *MA* vom Zeichen (𝄋 bzw. § oder ⊕) an wiederholen, zumeist bis zu der mit dem Wort *fine* oder einer Fermate (𝄐) bezeichneten Stelle

dal segno al fine (ital.): *MA* vom Zeichen (𝄋 bzw. § oder ⊕) an wiederholen bis zum Schluß(-zeichen) bzw. der mit dem Wort *fine* bezeichneten Stelle

damp (engl.): *MA* abdämpfen (bei Schlaginstr.)

damper (engl.): Dämpfer, speziell des Klaviers

dance (engl.): **1.** Tanz **2.** tanzen

danse (franz.): Tanz, Tanzmusik

danse allemande (franz.) →Allemande

danse macabre (franz.): Totentanz

Dantz →Deutscher Tanz; →Allemande

danza: 1. (ital.) Tanz **2.** (span.) →*contradanza*

danza cantada (span. = gesungener Tanz) →Fandango

danza saltata (ital.), **danza saltada** (span.) →Springtanz

danza tedesca (ital.) →Deutscher Tanz, →Allemande, →Ländler

danzón (span.): kuban. Gesellschaftstanz, der um 1880 aus der →*contradanza cubana* hervorging und auf dem rhythmischen Grundmodell des →*cinquillo* im gemessenen Tempo basiert; Vorläufer von →Mambo und →Cha-Cha-Cha

darabukka (arab.), **Darabukke, Darbuka:** kleine arab. →Einfelltrommel (→Handtrommel), vielfach auch anstelle der →Bongos verwendet; heute auch als →Gefäßtrommel aus Metall mit Spannschrauben (engl. *dumbeg-drum*)

Dasia-Notation: mit ihren (insgesamt 18) Zeichen an die griech. Instrumentalnotation anknüpfende Notenschrift des 9./10. Jh., deren schräggestellte und spiegelbildlich abgewandelte Buchstabenzeichen wie die späteren →Notenschlüssel vor den Zwischenräumen eines Mehrliniensystems stehen

d double-flat (engl.) →deses

d double-sharp (engl.) →disis

D-Dur: Durtonart mit Vorzeichnung von zwei ♯;

Tonleiter 

debole (ital.): *VB* schwach, kraftlos, matt

début (franz.), **Debüt:** erstes öffentliches Auftreten eines Künstlers

déchant (franz.): improvisierter →*discantus* in der mittelalterlichen Mehrstimmigkeit

décidé (franz.): *VB* entschieden, bestimmt

decima (ital.) →Dezime

decimina (ital.) →Dezimole

decimino (ital.) →Dezett

decisamente, deciso (ital.): *VB* entschieden, entschlossen

Decke: die obere Abdeckung des Korpus von Streich- und Zupfinstr. (meist aus Fichten- oder Tannenholz), die durch die →Zargen und den →Stimmstock mit dem →Boden verbunden ist

Decken: in der Gesangstechnik der leicht verdunkelnde, dem Ton die Schärfe nehmende Ansatz offener Vokale in höherer Lage ohne Veränderung der Tonhöhe; dabei wird das →Ansatzrohr in der Nähe der Stimmbänder – etwa wie beim Gähnen – leicht erweitert

declamando (ital. = deklamierend): *MA* mehr gesprochen als gesungen; mit ausdrucksvollem, dem Wortakzent folgenden Vortrag

decrescendo (ital.), >: *VB* schwächer werdend, abnehmend an Tonstärke; vgl. *diminuendo*

decuplet (engl.) →Dezimole

dedicato (ital.), **dédié** (franz.): gewidmet, zugeeignet

deep bass (engl.): ⟨*Stimmlage*⟩ tiefer (zweiter) →Baß

deficiendo, deficiente (ital. = mangelnd): *VB* abnehmend, nachlassend an Tonstärke und Bewegung; vgl. *morendo*

Deklamation (lat. *declamatio* = Vortrag): **1.** dem Sinn- und Gefühlsgehalt des Textes mehr oder weniger angemessener kunstvoller Sprechvortrag (Rezitation); zur Musik z. B. im lat. Schuldrama, in Singspiel, Oper und Operette sowie in enger Verbindung von Textvortrag und Musik im →Melodrama und dem in der Tonhöhe (annähernd) festgelegten →Sprechgesang

2. in der Vokalmusik im allgemeineren Sinne der deutlich artikulierte Textvortrag, im engeren Sinne das im wesentlichen durch Rhythmus und Tonhöhenrelation (Diastematik) der

Musik bestimmte Verhältnis zum Wort-, Vers- und Satzakzent des Textes (Wort-Ton-Verhältnis); vgl. Prosodie
3. in der Instrumentalmusik die musikalisch sinnvolle, ausdrucksvolle Wiedergabe; →Agogik, →Phrasierung

deliberato (ital.): *VB* entschlossen, entschieden

delicato, delicatamente, con delicatezza (ital.): *VB* zart, feinfühlig; mit Zartgefühl

delirante (ital.): *VB* wahnsinnig, rasend

delizioso, deliziosamente, con delizia (ital.): *VB* köstlich, entzückend; mit Vergnügen

démancher (franz. *manche* = Griffbrett): *MA* übergreifen; d. h. 1) beim Streichinstrumentenspiel die Lage wechseln, 2) beim Klavierspiel die Hände kreuzen

demi-mesure, demi-pause (franz.): halbe Pause

demisemiquaver (engl.): Zweiunddreißigstelnote

demisemiquaver rest (engl.): Zweiunddreißigstelpause

demi-soupir (franz.): Achtelpause

demi-ton (franz.): Halbton

Demodulation: die empfängerseitige Trennung der niederfrequenten Schwingung (Tonfrequenz) von der hochfrequenten Trägerschwingung; →Modulation (2.)

De profundis (lat.): Anfang des häufig vertonten 130. Psalmes: *De profundis clamavi ad te Domine* (= Aus der Tiefe rufe ich, Herr, zu Dir!)

des, Des: 1. Tonname für den durch ein ♭ um einen Halbton erniedrigten Stammton d im kleinen bzw. großen Oktavbereich
2. Akkordbezeichnung für den des-Moll- bzw. Des-Dur-Dreiklang
3. Kurzbezeichnung für die Tonart →des-Moll bzw. →Des-Dur

Des-Dur: Durtonleiter mit Vorzeichnung von fünf ♭;

Tonleiter 

deses: Tonname für den durch ein Doppel-♭(𝄫) um zwei Halbtöne (bzw. einen Ganzton) erniedrigten Stammton d im kleinen Oktavbereich

desideroso, con desiderio (ital.): *VB* sehnsüchtig, verlangend; mit Verlangen

des-Moll: seltener verwendete Molltonart mit Vorzeichnung von acht ♭; nach →enharmonischer Verwechslung vgl. cis-Moll

desolato (ital.): *VB* trostlos, verzweifelt, tief betrübt

dessus (franz. = oben): **1.** ältere Bezeichnung für Oberstimme, →Diskant; in der Instrumentalmusik für das hohe Instr. einer Instrumentengruppe (z. B. *dessus de violon*)

2. im 17./18. Jh. auch vielfach gleichbedeutend mit →Violine

desto (ital.): *VB* hellwach, mit aufsteigender Lebendigkeit

destra, a (mano) destra (ital.): *MA* rechte Hand, rechts

destro (ital.): *VB* gewandt, flink, geschickt

détaché (franz. = abgesetzt): *MA* abgesetzt, getrennt; →StricharT, bei der jede Note in deutlich abgesetztem Wechsel von Ab- und Aufstrich mit kräftigem Strich in der oberen Bogenhälfte auszuführen ist

détaché sec (franz.): *MA* (trockenes) →*détaché* mit kurzem Bogenstrich; →*staccato*

de tempore (lat. = der Zeit entsprechend): **1.** die inhaltlich den Jahres- und Festzeiten des Kirchenjahres zugeordneten liturgischen Gesänge (= *de-tempore*-Gesänge)
2. der nach den Festzeiten des Kirchenjahres geordnete Text der Messe (→Proprium missae); speziell das dem jahreszeitlichen Wechsel unterliegende *Proprium missae de tempore*

determinato (ital.): *VB* bestimmt, entschlossen

detonieren: 1. (bewußt) von der richtigen Tonhöhe abweichen
2. unrein singen oder spielen infolge ungenauen Intonierens oder Höher- bzw. Tieferwerdens während des Vortrags

deuteros (griech. = der zweite): ältere Bezeichnung für die zweite der ursprünglich vier authentischen mittelalterlichen →Kirchentonarten; seit dem 10. Jh. bezeichnet als →phrygisch (e–e^1)

Deutsche Harmonika, Deutsches Akkordeon, Deutsches Modell: →Handharmonika mit unverdeckter Klaviatur und Registerzügen im Diskantteil sowie einem gegenüber dem →Wiener Modell härteren Klang

Deutscher Tanz, Deutscher: 1. im 18./19. Jh. dem →Ländler verwandter Drehtanz im lebhaften $\frac{3}{8}$- bzw. $\frac{3}{4}$-Takt; →Walzer
2. →Allemande

Devise: 1. mottoartige Vorausnahme des Arienbeginns durch die Singstimme noch vor dem Einsatz der Begleitung in der Arie des 17. Jh., der sog. *Devisenarie*; eine entsprechende Wiederholung am Ende von (Beethovenschen) Liedern wird sinngemäß als *Schlußdevise* bezeichnet
2. verschlüsselter Hinweis zur Auflösung eines →Rätselkanons

Devisenarie →Devise (1.)

devoto, devotamente, con devozione (ital.): *VB* andächtig, ergeben, achtungsvoll; mit Andacht

dextra (lat.): *MA* rechte Hand, rechts

Dezett (lat. *decem* = zehn; ital. *decimino*, franz. *dixtuor*):
1. Komposition für zehn solistisch besetzte Stimmen
2. Musiziergemeinschaft von zehn Solisten

Dezibel: *Ak* zehnter Teil des →Bel; als Maßeinheit für das Verhältnis zweier gleichartiger physikalischer Größen wird es durch das Zehnfache des dekadischen Logarithmus eines Leistungsverhältnisses ausgedrückt: n (in dB) = $10 \lg \frac{P_1}{P_2}$

Dezime (lat. *decima* = die zehnte): **1.** die 10. Stufe in diatonischer Tonfolge; d. h. die Terz über der Oktave
2. →Intervall im Abstand von 10 Stufen mit einer (großen, kleinen, übermäßigen oder verminderten) Terz über der Oktave

Dezimole: eine Gruppe von 10 gleichen rhythmischen Werten, die mit hinzugesetzter Ziffer 10 für die Geltungsdauer von 8 oder 9 ihnen rhythmisch entsprechenden Notenwerten steht

d flat (engl.) →des

d flat major (engl.) →Des-Dur

diabolus in musica (lat. = der Teufel in der Musik): der „unsangliche" →Tritonus, vor dessen Gebrauch die Lehre von der →Solmisation warnt: *Mi contra Fa, diabolus in musica*

Dialog (griech. *dialogos* = Zwiegespräch): **1.** Wechsel- oder Zwiegesang in der Gegenüberstellung von solistischen und chorischen, vokalen und instrumentalen Stimmen; im 16./17. Jh. als eigenständige Gattung besonders in Italien (Motetten- und Madrigaldialog) und Deutschland (→Geistliches Konzert) mit Hinwendung zu →Kantate und →Oratorium
2. der gesprochene Teil innerhalb von →Singspiel, →Oper und →Operette

Dialogoper →Nummernoper

diapason (griech. = durch alle): **1.** die Oktave im altgriech. Tonsystem
2. (ital.): →Normstimmton; Stimmgabel
3. (franz.): Stimmton; Tonhöhe; →Mensur
4. (engl.): Prinzipalregister der Orgel

diapason normal (franz.) →Normstimmton, →Kammerton

diapente (griech. = durch fünf): die Quinte im altgriech. Tonsystem

diaphonia (griech. = Auseinandertönen): **1.** das Nichtzusammenpassen von Tönen (→Dissonanz) in der altgriech. und frühmittelalterlichen Musiklehre, das für alle Intervalle außer den drei →*symphoniai* (→diapason, →diapente und →diatessaron) gilt
2. in der frühen Mehrstimmigkeit (9.–12. Jh.) vielfach in Verbindung und auch gleichbedeutend mit →Organum; seit dem 12. Jh. abgelöst durch →*discantus*

Diastematik (griech. *diastema* = Abstand): die mit der Notenschrift gegebene Möglichkeit der augenfälligen Darstellung von Tonhöhenverhältnissen als eine Folge zueinander „höher" bzw. „tiefer" angeordneter Töne, wie sie – ohne Fixierung weiterer musikalischer →Parameter – seit dem 11. Jh. mit der Einführung von Linien in die →Neumenschrift überliefert ist

Diastolik (griech. *diastole* = Trennung, Einschnitt): die Lehre von der sinnvollen Gliederung musikalischer Zusammenhänge, →Phrasierung

diatessaron (griech. = durch vier): die Quarte im altgriech. Tonsystem

diatonico (ital.), **diatonique** (franz.), **diatonic** (engl.) →diatonisch

Diatonik (griech. *diatonos* = durch die Töne): **1.** Tonfolge von Ganz- und Halbtonschritten, die innerhalb der 7stufigen Tonleiter zwei leitereigene Halbtöne aufweist, deren Lage die Zuordnung zu →Dur oder →Moll bzw. zu den →Kirchentönen bestimmt

2. seit dem 11. Jh. bevorzugtes europ. Tonsystem, das in der gleichschwebend temperierten Stimmung die Teilung der Oktave in sieben (Ganz- und Halbton-)Stufen zugrunde legt (= *heptatonische Diatonik*)

3. neben →Chromatik und →Enharmonik eines der drei griech. Tongeschlechter (*genera*); zugleich Grundlage des altgriech. Tonsystems

diatonisch: in Ganz- und Halbtönen (ohne erhöhte oder erniedrigte Stufen) fortschreitende Tonfolge

diatonische Tonleiter: für das Dur-Moll-System charakteristische 7stufige Tonfolge von 5 Ganzton- und 2 Halbtonschritten, deren Lage die Tonart näher bestimmt; →Diatonik (1.)

dièse (franz.): Kreuz; Versetzungszeichen (♯) und Bezeichnung für die Erhöhung um einen Halbton (z. B. *ut dièse* = cis)

dièse double (franz.) →Doppelkreuz

Dies irae (lat. = Tag des Zorns): **1.** seit dem 12. Jh. nachgewiesene →Sequenz der Totenmesse, die im 16. Jh. fester Bestandteil des →Requiems wurde

2. seit dem 18. Jh. zunehmend auch freie, dramatische Komposition

diesis: 1. (ital.) Kreuz; Versetzungszeichen (♯) und Bezeichnung für die Erhöhung um einen Halbton (z. B. *do diesis* = cis)

2. (griech. = Abtrennung) in der altgriech. Musiktheorie ein Kleinintervall, speziell der Überschuß der reinen Quarte (4:3) über zwei Ganztöne bzw. die pythagoreische große Terz (81:64) als Restintervall in der Größe des phythagoreischen Halbtons (256:243); →Limma

diesis doppio (ital.) →Doppelkreuz

dietro (ital.): *MA* hinter, hinten

diferencias (span. = Veränderungen): Variationen in der span. Lauten- und Orgelmusik des 16. Jh.

Differenztöne →Kombinationstöne

digitazione (ital.) →Fingersatz

Dilettant: sich künstlerisch oder musikalisch Betätigender ohne entsprechende Berufsausbildung (= Nichtfachmann); heute vielfach in abwertendem Sinne gebraucht

diligente, con diligenza (ital.): *VB* fleißig, eifrig, sorgfältig; mit Fleiß

Diludium (lat.): Zwischenspiel, vgl. *Interludium*

diluendo (ital.): *VB* sich auflösend, erlöschend; →*diminuendo* bis zur Grenze der Hörbarkeit. Vgl. *estinguendo*

dilungando (ital.): *VB* verlängernd, verzögernd, d. h. allmählich langsamer werdend; vgl. *rallentando*

diminuendo (ital. = nachlassend): *VB* schwächer werdend, abnehmend an Tonstärke; vgl. *decrescendo*

Diminution (lat. = Verkleinerung), **Diminuieren: 1.** die Zerlegung eines Tones in eine Folge von sich wiederholenden oder den Hauptton umspielenden kürzeren Tönen im Sinne von →Verzierung und →Figuration, die überwiegend nicht notiert wurde und auf der Kenntnis der →Aufführungspraxis beruht
2. der Vortrag eines Themas (besonders in Kanon und Fuge) in verkürzten Notenwerten (= Verkleinerung); dagegen →Augmentation
3. in der →Mensuralnotation auf Grund besonderer Kennzeichnung (Strich durch das Mensurzeichen, Zahlenzusatz, Notenschwärzung) gefordertes Musizieren in verkürzten Notenwerten; z. B. auch der heutige →Alla-breve-Takt

di molto (ital.): sehr, viel (mit *VB*); z. B. *allegro (di) molto*

di nuovo (ital.): *MA* von neuem; vgl. *ancora una volta*

dionysisch: *VB* ausschweifend, ekstatisch, wild, wie im Rausch; →Bacchanal

directeur de musique (franz.), **director musices** (lat.), **direttore di musica** (ital.): Musikdirektor

direction (engl., franz.), **direzione** (ital.): Leitung

Direktion, Direktionsstimme: Instrumentalstimme, in die der wesentliche Ablauf einer Komposition mit Stichnoten und Besetzungsangaben eingetragen ist und die besonders bei kleineren Besetzungen in der Tanz-, Blas- und Unterhaltungsmusik anstelle der Partitur für den Kapellenleiter bestimmt ist; z. B. Piano-Direktion

dirge (engl.): Grabgesang, Klagelied, Trauer- und Gedenkstück

Dirigent: Leiter eines musikalischen Ensembles, der in der Regel Einstudierung und Aufführung eines Werkes leitet und dabei seine Auffassung über Tempo, Dynamik, Phrasierung und Agogik im Sinne einer werkgerechten →Interpretation mittels ausdrucksvoller Bewegungen und (seit dem 19. Jh.) mit Hilfe des Taktstocks auf die Ausführenden überträgt

Dirigierpartitur: große →Partitur

dirty tones (engl. = „schmutzige" Töne): im Jazz Bezeichnung für unreine, häufig gepreßte vokale Tonbildung (→*hot*-Intonation), deren expressive Elemente u. a. zu instrumentalen →*growl*- und →*wa-wa*-Effekten umgedeutet wurden

dis, Dis: **1.** Tonname für den durch ein ♯ um einen Halbton erhöhten Stammton d im kleinen bzw. großen Oktavbereich
2. Akkordbezeichnung für den dis-Moll- bzw. Dis-Dur-Dreiklang
3. Kurzbezeichnung für die Tonart →dis-Moll bzw. →Dis-Dur

Disalteration, *Leittonspaltung*: die gleichzeitige chromatische Veränderung (→Alteration) eines (im Klang zweimal enthaltenen) Akkordtones in den oberen (= *Hochalteration*) und unteren (= *Tiefalteration*) →Leitton

disc (amerik.): Schallplatte

discantus (lat. = Auseinandergesang): **1.** frühe Form der mittelalterlichen Mehrstimmigkeit des 12./13. Jh., bei der zu einer Grundmelodie (Choral-Cantus firmus, Volkslied) eine gleichartig rhythmisierte höhere Gegenstimme hinzutritt, deren kunstvoller Satz Note gegen Note im 14. Jh. in den →Kontrapunkt mündet
2. in Anlehnung an →*diaphonia* gleichbedeutend mit →Organum und zugleich allgemeinere Bezeichnung für die mehrstimmige Musizierpraxis, die als improvisierter Diskant bis ins 18. Jh. fortbesteht
3. →Diskant (1., 2.)

disco (ital.): Schallplatte

Disco-Sound: auf die Tanzmusik der →Diskotheken (2.) abgestimmter →Sound, der ab Ende der 70er Jahr die expressive Grundhaltung von →Rock-Musik und →Soul zurücknimmt und dabei deren Musizierstil den Bedingungen der →Pop-Musik anpaßt

discordato (ital.): *MA* verstimmt; von der normalen Stimmung abweichend

disdiapason (griech. = zweimal durch alle): die Doppeloktave im altgriech. Tonsystem

Dis-Dur: seltener verwendete Durtonart mit Vorzeichnung von neun ♯; nach →enharmonischer Verwechslung vgl. Es-Dur

Diseur, Diseuse (franz.): Kabarettist(in), Vortragskünstler(in)

Disharmonie (lat.): Auseinanderklang, Mißklang, →Dissonanz

disinvolto (ital.): *VB* ungezwungen, frei
disis: Tonname für den durch ein Doppelkreuz (×) um zwei Halbtöne (bzw. einen Ganzton) erhöhten Stammton d im kleinen Oktavbereich
disk (engl.): Schallplatte
Diskant (lat. *discantus*, ital. *discanto*, franz. *déchant*, engl. *descant*):
1. hohe Stimm- und Tonlage; →Sopran
2. der auf Tasten- und Harmonikainstr. in der Regel von der rechten Hand gespielte Tonbereich oberhalb der kleinen Oktave
3. →*discantus*, →*cantus*
Diskantieren →*discantus* (1.)
Diskantist: Sängerknabe, Vertreter der Diskantstimmlage unter den Männerstimmen; Knaben- →Sopran
Diskantschlüssel →Sopranschlüssel
Diskographie (griech.): erläuternde, empfehlende, vergleichende und wertende Schallplattenbeschreibung zur allseitigen Erschließung von auf Schallplatten fixierten Interpretationen musikalischer und literarischer Werke sowie akustischer Dokumentationen
Diskothek (griech.): **1.** mehr oder weniger planmäßig im Hinblick auf spezielle Interessen und Aufgaben angelegte Schallplattensammlung für Dokumentation, Lehre, Forschung, Bildung und Unterhaltung; →Phonothek
2. die unter Nutzung der Möglichkeiten der Musikwiedergabe von Schallplatte, Tonband und Musikkassette organisierte Zusammenkunft vorwiegend junger Menschen zum Zweck kollektiver Rezeption von Musik, zu Information und Bildung sowie zu geselliger Unterhaltung
dis-Moll: Molltonart mit Vorzeichnung von sechs ♯, Paralleltonart zu Fis-Dur;
Tonleitern
natürlich (oder rein)

harmonisch

melodisch

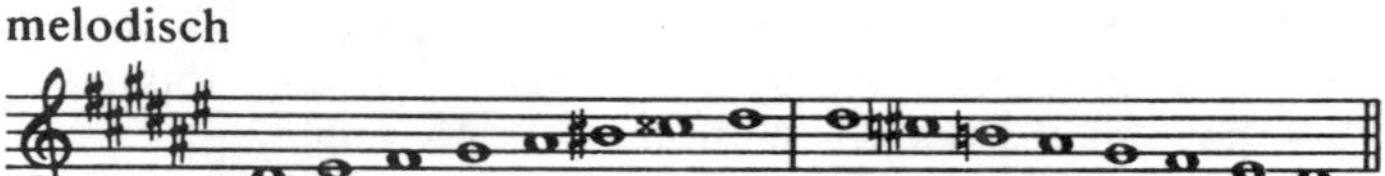

disperato, disperatamente (ital.): *VB* verzweifelt
Disposition (lat. *dispositio* = Anordnung): **1.** Entwurf und Aufbau einer →Orgel nach Auswahl der Register (→Orgelregi-

ster), Manualzuordnung entsprechend der Werkeinteilung (Hauptwerk, Rückpositiv, Oberwerk, Brustwerk, Pedal u. a.), Spielhilfen, Traktur und Windladensystem im Hinblick auf die klanglichen Aufgaben und akustischen Voraussetzungen

2. Registerstimmung (Oktavenlage) und Manualzuordnung der ein-bis fünfchörigen Bezüge beim ein- und mehrmanualigen →Cembalo

disque (franz.): Schallplatte

dissonant (lat. *dissonare* = auseinanderklingen): bedeutungsgleich für harmoniefremd, d. h. nicht zu den →Hauptharmonien gehörig; unharmonisch; mißtönend. →Dissonanz

Dissonanz (lat. *dissonantia* = Auseinanderklang, Mißklang): nach der Harmonielehre des →Dur-Moll-Systems ein nach Auflösung in den Ruheklang (→Konsonanz) strebender Spannungs- oder Reizklang, ohne den keine harmonische Entwicklung möglich ist. Das Dissonanzempfinden der Gegenwart hat sich jedoch von den Konsonanz-Dissonanz-Beziehungen der konventionellen Harmonielehre zunehmend gelöst

distinto, distintamente (ital.): *VB* deutlich, klar, unterschieden, hervorgehoben

diteggiatura (ital.): →Fingersatz

Dithyrambos (griech.): rauschhaftes strophisches Chorlied mit →Aulosbegleitung im altgriech. Dionysoskult (→Bacchanal) und vermutlich Vorläufer der griech. Tragödie (6./5. Jh. v. u. Z.); im 5./4. Jh. v. u. Z. zunehmend musikalisch ausgeweiteter Sologesang

ditonus (lat./griech.): die große Terz im altgriech. Tonsystem

Diva (ital. = Göttin): gefeierte Bühnen- und Filmkünstlerin; Star

Divertimento (ital. = Unterhaltung, Vergnügung; franz. *divertissement*):

1. seit dem 18. Jh. neben →Kassation und →Serenade bevorzugte Bezeichnung für eine besonders von →Suite und →Sonatenform beeinflußte mehrsätzige Instrumentalkomposition unterhaltenden Charakters, die sich in Form und Besetzung zum klassischen →Streichquartett und zur →Sinfonie entwikkelt

2. freies →Zwischenspiel (4.) innerhalb einer →Fuge

3. Tanzeinlage innerhalb einer →Oper; kleines →Ballett, im 20. Jh. auch Ballettsuite

Divertissement (franz. = Unterhaltung, Vergnügung):

1. Tanz- und Gesangseinlage in franz. Bühnenwerken des 17. Jh.; im 18. Jh. verselbständigt zum →*opéra-ballet*

2. →Divertimento (1.)

divertito (ital.): *VB* vergnügt, belustigt, amüsiert

divetta (ital.): Chansonette

divisi (ital.), **divisé** (franz.): *MA* geteilt; beim Streichinstrumentenspiel sind die bezeichneten mehrstimmigen Stellen nicht in Doppelgriffen, sondern auf mehrere Spieler verteilt (zwei- und mehrstimmig) auszuführen

division (engl. = Teilung): Kompositionstechnik in der engl. Musik des 16.–18. Jh., die aus der improvisierten →Diminution über einem ostinaten Baß (→*ground*, →*basso ostinato*) hervorging und in engl. Variationszyklen (*sets of divisions*) für Laute, Streich- und Tasteninstr. bevorzugt wurde

divotamente, divoto (ital.) →*devoto*

Dixieland-Jazz, Dixieland style (amerik.): frühester Musizierstil weißer Jazzmusiker des Südens der USA (dem sog. „Dixieland"), der seit etwa 1890 den →New-Orleans-Jazz ohne tieferes Verständnis für die Musizierpraxis der Neger nachahmte und sich vorrangig an →Ragtime und →*marching band music* anlehnte; →*off-beat*-Technik, →Blues-Tonalität und →*hot*-Intonation finden erst in der sog. zweiten Dixieland-Generation um 1920 Eingang in diesen volkstümlichen Musizierstil; →Old-Time-Jazz

Dixieland revival (amerik. = Dixieland-Erneuerung): die mit der Ende der 30er Jahre einsetzenden →New-Orleans-Renaissance verbundene und bis in die Gegenwart weiter wirkende Erneuerung des →Dixieland-Jazz, in der jedoch vielfach historisierend-intellektualisierende Tendenzen (→moderner Jazz) die ursprüngliche Ausdruckskraft dieses klassischen Musizierstils des volkstümlichen →Old-Time-Jazz aufheben

dixième (franz.) →Dezime

dixtuolet (franz.) →Dezimole

dixtuor (franz.) →Dezett

d major (engl.) →D-Dur

d minor (engl.) →d-Moll

d-Moll: Molltonart mit Vorzeichnung von einem ♭, Paralleltonart zu F-Dur; Tonleitern

natürlich (oder rein) 

harmonisch 

melodisch

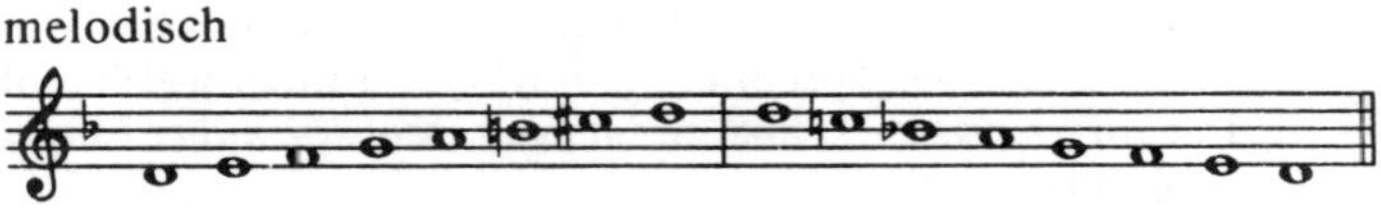

do: **1.** seit dem 17. Jh. dem ursprünglichen *ut* (Guido von

Arezzo, 11. Jh.) vorgezogene Tonsilbe für die erste Tonleiterstufe der →Solmisation
2. in romanischen Sprachen (franz. neben *ut*) für den Ton c
3. in der Gehörbildungsmethode Tonika-Do der relativ zu wertende Dur-Grundton

Dobači: jap. →Gefäßgong

do bémol (franz.) →ces

do bemolle (ital.) →ces

do bemolle maggiore (ital.) →Ces-Dur

Docke, *Springer*: bei →Kielinstr. das auf dem Ende des Tastenhebels lose aufsitzende Holzstäbchen mit einer beweglichen Zunge, in die der die Saite anreißende Kiel eingesetzt ist; →Kielmechanik

dodecafonia (ital.), **dodécaphonisme** (franz.), **dodecaphony** (engl.) →Zwölftontechnik

Dodekaphonie →Zwölftontechnik

do dièse (franz.) →cis

do diesis (ital.) →cis

do diesis maggiore (ital.) →Cis-Dur

do diesis minore (ital.) →cis-Moll

do doppio bemolle (ital.) →ceses

do doppio diesis (ital.) →cisis

do double bémol (franz.) →ceses

do double dièse (franz.) →cisis

doigté (franz.) →Fingersatz

dolce, dolcemente, con dolcezza (ital. = süß): *VB* sanft, weich, zart, lieblich; mit Anmut

dolcissimo (ital.): *VB* äußerst sanft, besonders zart

dolente, dolendo (ital.): *VB* schmerzvoll, traurig, klagend

doloroso, con dolore (ital.): *VB* schmerzvoll, traurig, betrübt; voller Schmerz

do maggiore (ital.) →C-Dur

do majeur (franz.) →C-Dur

Dominantdreiklang, *D* bzw. *d*: leitereigener Dreiklang auf der 5. Tonleiterstufe (Oberquinte), der gemeinsam mit den Dreiklängen der →Tonika und der →Subdominante (→Hauptdreiklänge) eine Tonart eindeutig bestimmt (→Kadenz)

Dominante (lat. *dominari* = beherrschen), *Oberdominante*: im Dur-Moll-System die Quinte über dem Grundton (→Tonika) bzw. die →Harmonie, deren Grundton von der 5. Tonleiterstufe (Oberquinte) gebildet wird (z. B. Dominantdreiklang) und deren Terz (7. Tonleiterstufe) als Leitton zum →Tonika-Grundton strebt; →authentischer Schluß (Ganzschluß), →Halbschluß

Dominantgegenklang: der den →Dominantdreiklang harmonisch vertretende leitereigene →Gegenklang, der sich in Moll als Durdreiklang (= *dG*) auf der 3. Stufe auf die Molldominante bezieht; z. B. in c-Moll →*dG* = Es-Dur

Dominantparallelklang: der den →Dominantdreiklang harmonisch vertretende leitereigene →Nebendreiklang, der sich in Dur als Molldreiklang (= *Dp*) auf der 3. Stufe auf die Durdominante und in Moll als Durdreiklang (= *dP*) auf der erniedrigten 7. Stufe (reines und melodisches Moll) auf die Molldominante bezieht; z. B. in C-Dur →*Dp* = e-Moll, in c-Moll →*dP* = B-Dur

Dominantsept(imen)akkord, D^7: Vierklang, bei dem der →Dominantdreiklang um eine kleine Terz bzw. (auf den Grundton bezogen) eine kleine Sept(ime) erweitert ist

Dominantsept(imen)nonenakkord, Dominantnonenakkord, D^{9}_{7} →Nonenakkord

do mineur (franz.) →c-Moll

do minore (ital.) →c-Moll

Domra: ⟨*Zupfinstr.*⟩ altruss. Volksmusikinstr.; Langhalslaute mit bauchigem Korpus, 3-(Quartenstimmung) oder 4saitigem (Quintenstimmung) Bezug und mit einem →Plektron gespielt. Als Stimmfamilie in den Stimmungen der →Balalaikafamilie gebaut

Dona nobis pacem (lat. = Verleih' uns Frieden): Schlußteil des →Agnus Dei

Donnerblech →Folienrassel

Doppelalteration: die chromatische Veränderung zweier Töne eines Zusammenklanges, gekennzeichnet durch entsprechende Versetzungszeichen; →Alteration

Doppel-♭, 𝄫: Versetzungszeichen, das den bezeichneten Ton um zwei Halbtöne (bzw. einen Ganzton) erniedrigt. Auflösung durch ♮; bei nachfolgender einfacher Erniedrigung statt ♮♭ besser nur ♭

doppelchörig: 1. Saiteninstr. mit einem Bezug von je zwei Saiten gleicher Stimmung
2. ⟨*Orgelregister*⟩ →gemischtes Farbregister mit zwei Chören
3. →Doppelchor

Doppelchor: in zwei kontrastierende, meist vierstimmige Klanggruppen (Halbchöre) geteilter Chor (*coro spezzato*), der für den Wechselgesang bei getrennter Aufstellung bereits im 15. Jh. Echo-Wirkungen (Haupt-, bzw. Nah- und Fernchor) nutzte; →Apsidenchöre, →Mehrchörigkeit

Doppeldirektion →*maestro al cembalo*

Doppeldominante, *Wechseldominante*, *𝔇*: Durdreiklang auf der Quinte der Dominante, d. h. *Dominante zweiten Grades*; nach diesem Prinzip lassen sich weitere, entfernt verwandte Durdreiklänge aufbauen, die häufig als lückenlose *Dominantketten* gebraucht werden (^3D, ^4D...)

Doppelfuge: **1.** →Fuge, in der zwei kontrastierende Themen zunächst nacheinander und anschließend gemeinsam (= *progressive* oder *synthetische D.*) oder gleich von Anfang an gemeinsam (= *simultane D.*) durchgeführt werden
2. →Fuge, in der ein den →*comes* begleitender →Kontrapunkt des Themas eine thematisch selbständige Gegenstimme vorbereitet oder darstellt, die als 2. Thema beibehalten wird (→Kontrasubjekt) und mit dem 1. Thema (→*dux*) im →doppelten Kontrapunkt steht

Doppelgriff: das gleichzeitige Greifen bzw. Anschlagen zweier Töne beim Saiten- und Tasteninstrumentenspiel, das besonders beim polyphonen Streichinstrumentenspiel bezüglich der Bogenführung und des Fingersatzes hohe spieltechnische Anforderungen stellt

Doppelhorn: →Horn mit zwei kombinierten Grundstimmungen (F/B bzw. B/F und B/F-*alto* bzw. F/F-*alto*), deren Wechsel durch ein zusätzliches Umschaltventil erfolgt

Doppelkanon: →Kanon, in dem die führenden Stimmen (→*guide*) zweier Kanons kontrapunktisch gegeneinander geführt werden

Doppelkonzert: →Konzert für zwei Soloinstr. und Orchester

Doppelkreuz, ×: Versetzungszeichen, das den bezeichneten Ton um zwei Halbtöne (bzw. einen Ganzton) erhöht. Auflösung durch ♮ ; bei nachfolgender einfacher Erhöhung statt ♮♯ besser nur ♯

Doppeloktavstimmung: eine besondere Anordnung der Diskanttonreihen beim vier- und mehrchörigen →Akkordeon mit Grundreihe, hoher Tremoloreihe, hoher Oktavreihe und tiefer Oktavreihe; dagegen →Musette-Stimmung

Doppelorchester: von der →Doppelchor-Praxis abgeleitete Teilung des Orchesters in zwei (kontrastierende) Klanggruppen

Doppelpunkt: Notationszeichen **(1.)** (nacheinanderstehend) für die Verlängerung (→Augmentation [1.]) der Geltungsdauer eines Noten- oder Pausenwertes um die Hälfte und nochmals um deren Hälfte, d. h. um Dreiviertel seines Wertes; z. B.

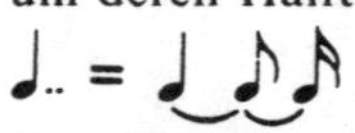

(2.) (übereinanderstehend) →Wiederholungszeichen

Doppelquartett: häufig vertretene Kompositions- und Besetzungsform mit zwei einander gegenüberstehenden Gruppen von jeweils vier selbständig geführten Stimmen (→Quartett); dagegen →Oktett

Doppelrohrblatt, Doppelzunge: zwei am Mundstück zusammengefaßte, gegeneinanderschlagende elastische Blättchen (Zungen) aus Schilf- oder Zuckerrohr zur Tonerzeugung bei →Doppelrohrblattinstr.

Doppelrohrblattinstrumente: Gruppe von Holzblasinstr. mit →Doppelrohrblatt (→Rohrblattinstr.): →Oboe, →Englischhorn, →Fagott

Doppelschlag: 1. Verzierung durch Umspielen der Hauptnote mit ihrer (je einmal berührten) oberen und unteren Nebennote (Notationszeichen ∾); der Beginn mit der unteren Nebennote ist Kennzeichen des *umgekehrten D.* (Notationszeichen ∽ oder S; heute meist ausgeschrieben). Notierung über einer Note fordert als *vorschlagender D.* den Beginn mit der oberen bzw. unteren Nebennote, Notierung zwischen zwei Noten als *nachschlagender D.* den Beginn mit der Hauptnote. Versetzungszeichen zur chromatischen Veränderung der Nebennoten stehen über bzw. unter dem Notationszeichen

2. →Schlagmanieren

Doppelspur →Magnettonverfahren

Doppeltaktnote, Doppeltaktpause →Brevis

Doppeltanz →Tanzpaar

doppelter Kontrapunkt: →Kontrapunkt, bei dem zwei möglichst kontrastierende Stimmen so geführt sind, daß sie als Ober- und Unterstimme untereinander austauschbar sind. Die Stimmenversetzung erfolgt bevorzugt in der Oktave, Dezime oder Duodezime, seltener in der Terz, Quarte oder Quinte. Beim *mehrfachen K.* werden drei oder mehr Stimmen ausgetauscht

Doppeltriller: 1. Verzierung durch gleichzeitige →Triller auf zwei verschiedenen Tönen

2. in der Musik des 18. Jh. auch Bezeichnung für einfachen Triller mit Nachschlag (= zusammengesetzter Triller)

Doppeltuba: Kombinierte →Baß- und →Kontrabaßtuba mit zusätzlichem Umschaltventil

Doppelzunge: 1. Artikulationstechnik beim Blasinstrumentenspiel durch sehr schnelle, tremoloartige Tonwiederholung mittels der in schnellem Wechsel artikulierten Verschlußlaute t und k. →Zungenstoß

2. →Doppelrohrblatt
doppia corda (ital.) →Doppelgriff
doppio (ital.): doppelt
doppio bemolle (ital.) →Doppel-♭
doppio colpo di lingua (ital.): doppelter Zungenstoß; →Doppelzunge
doppio diesis (ital.) →Doppelkreuz
doppio movimento (ital.): *MA* doppelte Bewegung, doppelt so schnell
doppio trillo (ital.) →Doppeltriller
dorisch: 1. nach dem griech. Volksstamm der Dorer benannte authentische Oktavgattung des altgriech. Tonsystems mit der diatonisch absteigenden Tonleiter e^1–e
2. der 1. Kirchenton (Modus I) der mittelalterlichen →Kirchentonarten mit →Finalis = d und →Reperkussionston = a, sowie der charakteristischen leitereigenen großen Sexte (d–h = dorische Sexte);

Tonleiter 

Dorn →Stachel
dot (engl. = Punkt): **1.** Verlängerungspunkt **2.** Stakkatopunkt **3.** punktieren
double: 1. (franz., engl.) doppelt **2.** (franz.) →Doppelschlag
Double (franz. = Verdopplung): in der franz. Musik des 16. bis 18. Jh. die verzierte (→Diminution) Wiederholung eines Suitensatzes; →Variation
double-banked, double-manual (engl.): zweimanualig
double bass (engl. = doppelter Baß): Kontrabaß
double bassoon (engl.): Kontrafagott
double bémol (franz.) →Doppel-♭
double cadence (franz.) →Doppelschlag, →Doppeltriller (2.)
double coup de langue (franz.): doppelter Zungenstoß; →Doppelzunge
double croche (franz.): Sechzehntelnote
double dièse (franz.) →Doppelkreuz
double flat (engl.) →Doppel-♭
double-reed instruments (engl.) →Doppelrohrblattinstrumente
double relish (engl.): Verzierung in der engl. Musik des 17. Jh., bevorzugt zusammengesetzt aus 2 Trillern mit jeweils unterschiedlichem Nachschlag
doubles cordes (franz.) →Doppelgriff
double sharp (engl.) →Doppelkreuz
double stop (engl.) →Doppelgriff

double tonguing (engl.) →Doppelzunge
double trill (engl.), **double trille** (franz.) →Doppeltriller
doux, douce(ment) (franz.) →*dolce*, →*soave*
douzième (franz.) →Duodezime
down-beat (engl.): **1.** betonter Taktteil **2.** Niederschlag des Dirigenten
down-bow (engl.) →Abstrich
Doxologie (griech. = Lobpreisung): liturgischer Lobgesang; in der *großen D.* das „Gloria in excelsis Deo" (Hymnus angelicus) der Messe, in der *kleinen D.* das „Gloria Patri et Filio et Spiritui Sancto" (Hymnus glorificationis) des Psalmengesangs
dramatischer Alt: seriöses Rollenfach der musikalischen Bühnenpraxis (Stimmumfang etwa e–b²); lyrisch-dramatischer →Alt mit beweglicher, metallischer Stimme (z. B. Wagner, Walküre: *Fricka*)
dramatischer Blues →rezitativischer Blues
dramatischer Mezzosopran: seriöses Rollenfach der musikalischen Bühnenpraxis (Stimmumfang etwa g–b²); →Mezzosopran mit dunkler, metallischer Stimme (z. B. Bizet: *Carmen*)
dramatischer Sopran: seriöses Rollenfach der musikalischen Bühnenpraxis (Stimmumfang etwa h–c³); →Sopran mit voluminöser, metallischer Stimme (z. B. Beethoven, Fidelio: *Leonore*).
Als jugendlich-dramatischer S. mit lyrisch-dramatischen Stimmcharakter (z. B. Weber, Freischütz: *Agathe*)
dramatisches Fach, *Zwischenfach*: zu den seriösen Fächern (→Rollenfächer) zählendes lyrisch-dramatisches Fachgebiet innerhalb der einzelnen Stimmgattungen (z. B. dramatischer Sopran); das sog. Zwischenfach zwischen lyrischem und hochdramatischem Fach
Dramaturg: künstlerisch-literarischer Mitarbeiter bei Theater, Funk, Fernsehen oder Bühnenverlag, der u. a. bei der Programmplanung, Bühnenbearbeitung, Regiekonzeption u. Programmheftgestaltung mitwirkt; Musikdramaturgen gibt es auch bei den führenden Sinfonieorchestern
drame lyrique (franz. = lyrisches Drama): franz. Operngattung des 19./20. Jh. mit Chor und Ballett, die durch Verschmelzung von Stilelementen der →*grand opéra* und der →*opéra comique* entstand
dramma per musica, dramma in musica, dramma musicale (ital. = Drama mit Musik): **1.** die ital. ernste →Oper des 17./18. Jh. **2.** im 18. Jh. auch Bezeichnung für weltliche →Kantaten (J. S. Bach) **3.** →Musikdrama
dramma sacro (ital.): ital. Operngattung des 17./18. Jh. geistlichen Inhalts mit eingeschobenen Buffoszenen

drammatico (ital.): *VB* dramatisch

drawing-room music (engl.) →Salonmusik

Dreher: dem →Ländler ähnlicher österr. Tanz im langsamen $\frac{3}{4}$-Takt

Drehkesselpauke: →Pauke, deren Umstimmung mittels einer im Fußgestell montierten, auf alle Spannschrauben einwirkenden Zentralspindel durch Drehung des ganzen Kessels erfolgt

Drehleier, *Radleier, Bauern- oder Bettlerleier* (lat. *organistrum*): seit dem 10. Jh. bekanntes Streichinstr., dessen 4–6 Saiten durch ein im Inneren des Resonanzkörpers angebrachtes und mittels einer Kurbel gedrehtes, mit →Kolophonium bestrichenes Scheibenrad gleichzeitig angestrichen werden. Mit Hilfe von Tasten werden die Saiten durch Dreh- und Stoßtangenten für alle bzw. 2 Melodiesaiten nach Belieben verkürzt; 2–4 Saiten klingen als →Bordune ständig mit.

Drehorgel, *Leierkasten*: ⟨*mechanisches Musikinstr.*⟩ fahr- oder tragbares →Balginstr., das wie die Orgel aus Pfeifen-, Wind- und Regierwerk besteht. Mit der den →Balg betätigenden Handkurbel wird gleichzeitig eine Stiftwalze oder Lochscheibe in Umdrehung versetzt, die in bestimmter Reihenfolge die Ventile zu den Pfeifen öffnet. Seit etwa 1700 bevorzugtes Instr. der Straßenmusikanten; häufig mit zusätzlichem Schlagwerk und beweglichen Figuren. →Orchestrion

dreichörig: **1.** Saiteninstr. mit einem Bezug von je drei Saiten gleicher Stimmung **2.** ⟨*Orgelregister*⟩ →gemischtes Farbregister mit drei Chören
3. →Mehrchörigkeit

Dreiertakt, *dreiteiliger* oder *dreizähliger Takt*: ungerade Taktart als Einheit von drei Zählzeiten, bei denen auf der ersten der (Haupt-)Akzent liegt; dazu zählen einfache ($\frac{3}{1}$-, $\frac{3}{2}$-, $\frac{3}{4}$-, $\frac{3}{8}$-, $\frac{3}{16}$-Takt) und zusammengesetzte ($\frac{9}{2}$-, $\frac{9}{4}$-, $\frac{9}{8}$-, $\frac{9}{16}$-Takt) und bei dreiteiliger Untergliederung ($\frac{6}{2}$-, $\frac{6}{4}$-, $\frac{6}{8}$-, $\frac{12}{8}$-, $\frac{6}{16}$-, $\frac{12}{16}$-Takt) Taktarten, von denen bei letzteren Nebenakzente auf der 4., 4. und 7. bzw. 4., 7. und 10. Zählzeit liegen

dreigestrichene Oktave →Oktavbereiche

Dreiklang (lat. *trias*): Zusammenklang dreier Töne unterschiedlicher Tonhöhe, die zueinander in einem bestimmten Verhältnis stehen; speziell die im Terzenaufbau (→Grundstellung) gebildeten harmonischen D. (*triades harmonicae*): →Dur- und →Moll-Dreiklang und deren Umkehrungen (→Sextakkord und →Quartsextakkord), sowie unharmonischen D. (*triades anarmonicae*): →verminderter- und →übermäßiger Dreiklang und deren →Umkehrungen. →Hauptdreiklänge, →Nebendreiklänge

Dreistimmigkeit: polyphone oder homophone dreistimmige Setzweise (→Mehrstimmigkeit), die sich unter Verzicht auf Füllstimmen, Verdoppelungen oder Oktavierungen seit dem 12. Jh. (→Organum, →Triplum) neben Zwei- und Vierstimmigkeit behaupten konnte. →Tricinium, →Triosonate, →Trio

dreiteilige Liedform: in Instrumental- und Vokalmusik besonders ausgeprägter Formtyp mit der Aufeinanderfolge von drei großen (achttaktigen) Sätzen oder →Perioden (= *große dreiteilige Liedform*) bzw. drei kleinen (viertaktigen) Sätzen oder als dreiteiliger Satz (= *kleine dreiteilige Liedform*); neben der gebräuchlichen Satzfolge a b a (→Reprisen- oder →Bogenform) treten die Satzfolgen a a b (→Barform), a b b (→Gegenbarform) und die (vielfach nicht zu den Liedformen gezählten) Reihungsformen a b c oder a a^1 a^2. Die d. L. ist u. a. Grundlage von →Da-capo-Arie und →Sonatenhauptsatzform

dreiteiliger Takt, dreizähliger Takt →Dreiertakt

Dreiviertel Geige: der kindlichen Körpergröße angepaßte, d. h. in ihren Abmessungen kleiner als die normale (d. h. ganze) Geige gefertigte Kindergeige mit einer Gesamtlänge von 56 cm (Ganze Geige = 60 cm); →Halbe Geige

dritta, a dritta (ital.): *MA* rechte Hand, rechts

drive (engl. = Antrieb, Triebkraft): das für das Jazzmusizieren entscheidende vorantreibende rhythmisch-metrische und melodisch akzentuierte Spannungselement, das aus der Überlagerung von →*beat* und →*off beat* resultiert

droit d'auteur (franz.): Urheberrecht

droite, *main droite* (franz.): *MA* rechte Hand, rechts

Druckreifen →Felldruckreifen

drum (engl.) →Trommel

drum-head (engl.) →Trommelfell

drummer (engl.): Schlagzeuger, Schlagzeugspieler

drum-roll (engl.): Trommelwirbel

drums, drum set (engl.): das Jazz- →Schlagzeug, hauptsächlich bestehend aus Großer und Kleiner Trommel, Tom-Tom, Kuhglocke, Holzblock und Becken

d sharp (engl.) →dis

d sharp major (engl.) →Dis-Dur

d sharp minor (engl.) →dis-Moll

Dualismus (lat. = Zweiheit): in der Harmonielehre die der ursprünglich dualistischen →Funktionstheorie (v. Oettingen, Riemann) zugrunde liegende Auffassung der streng spiegelbildlichen (polaren) Übereinstimmung von →Dur und →Moll

duda (slaw.) →Sackpfeife

Dudelsack →Sackpfeife

Dudka (russ.): beloruss. →Längsflöte; auch allgemeine Bezeichnung für volkstümliche Flöteninstrumente

due (ital.): zwei; →*a due*

Duett (ital. *duetto*; Verkleinerungsform von *duo*):

1. Komposition für zwei solistische (gleiche oder ungleiche) Singstimmen mit und ohne Begleitung

2. Musiziergemeinschaft zweier Sänger(innen)

3. auch Komposition für zwei Instr. bzw. zweistimmige Komposition für ein Instr. sowie vierhändige Klaviermusik und Komposition für zwei Klaviere; vgl. Duo

Duettino (doppelte Verkleinerungsform von ital. *duo*): kurzes →Duett oder →Duo

due volte (ital.): *MA* zweimal

dulcimer (engl.) →Hackbrett

Dulzian: 1. Name für die Frühform (um 1600) des →Fagotts; vgl. Kortholt

2. ⟨*Orgelregister*⟩ Zungenpfeifen (32′–4′) mit konisch- (unten) zylindrischem (oben) Schallbecher

dumbeg-drum (engl.) →*darabukka*

Dumka (Mehrzahl: *Dumky*): **1.** lyrisch-episches ukrain. Volkslied und Volksballade des 17.–19. Jh. in langsamem Zeitmaß und starker Mollfärbung

2. balladenartige Komposition, die besonders in der Klavier- und Kammermusik entsprechende Melodien verarbeitet oder nachgestaltet

Duo (ital.): **1.** Komposition für zwei Instr.

2. Musiziergemeinschaft von zwei Instrumentalisten

3. auch zweistimmige Komposition für ein Instr. und vierhändige Klaviermusik

4. vgl. Duett

Duodezime (lat. *duodecima* = die zwölfte): **1.** die 12. Stufe in diatonischer Tonfolge; die Quinte über der Oktave

2. →Intervall im Abstand von 12 Stufen mit einer (reinen, übermäßigen oder verminderten) Quinte über der Oktave

Duodrama, Duodram (griech. *duo* = zwei, *drama* = Handlung):

1. musikdramatisches Werk, in dem das gesprochene Wort zweier (und auch mehr) handelnder Personen von einer die Aussage vertiefenden Instrumentalmusik begleitet wird; dramatische Ausweitung führt zu →Melodram und →Oper

2. Sprechdrama mit musikalischer Begleitung

3. vielfach auch sinngleich für →Melodram

4. ursprünglich Bühnenstück mit nur zwei handelnd auftretenden Personen; entstanden durch Erweiterung des →Monodrams

Duole: eine Gruppe von 2 gleichen rhythmischen Werten, die mit hinzugesetzter Ziffer 2 für die Geltungsdauer von 3 ihnen rhythmisch entsprechenden Notenwerten steht; z. B.:

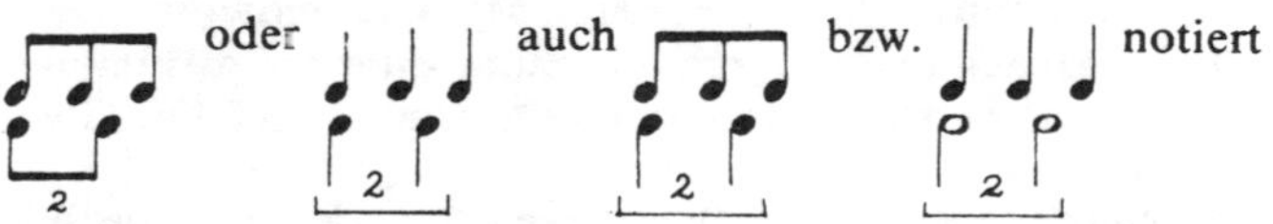

duolo, con (ital.): *VB* voller Schmerz; vgl. *con dolore*
dupla (lat.) →*proportio dupla*
duplex longa (lat. = doppelt lang) →*maxima*; →*longa*
duplum (lat.): **1.** die Gegenstimme des →*cantus* bzw. 2. Stimme im mittelalterlichen →Organum **2.** →*motetus*
Dur (lat. *durus* = hart, ital. *maggiore,* franz. *majeur,* engl. *major*): beherrschendes Tongeschlecht des Dur-Moll-Systems mit der großen Terz im Dreiklang der 1. Stufe (→Tonika) und Halbtonschritten zwischen der 3./4. und 7./8. Stufe der Tonleiter; der Name geht auf das nach dem Ton *b durum* (→b quadratum = h) benannte mittelalterliche →Hexachord G–e (= *hexachordum durum*) zurück und wird im heutigen Sinne seit etwa 1650 gebraucht
Durakkord →Durdreiklang
duramente, con durezza (ital.): *VB* hart, herb, schroff; mit Härte
durata (ital. = Dauer): Aufführungsdauer, Spieldauer
durchbrochene Arbeit, durchbrochener Stil: satztechnisches Stilmittel, das ein Thema oder eine Melodie in Motiven oder auch Einzeltönen wechselweise auf verschiedene Stimmen verteilt und besonders charakteristisch für den Instrumentalsatz der Wiener Klassik ist
Durchführung: 1. thematische Arbeit, d. h. die motivisch-thematische Verarbeitung der Themen und Thementeile innerhalb größerer musikalischer Formen
2. in der →Sonaten(haupt)satzform der mittlere Hauptteil, in dem das in der →Exposition herausgebildete Themenmaterial motivisch aufgelöst, stark modulierend verarbeitet, kontrapunktisch umgeformt und motivisch-thematisch (meist in die →Dominanttonart mündend) weitergeführt wird
3. in der →Fuge jede Themenführung von →*dux* und →*comes* durch alle Stimmen, von denen die erste auch als →Exposition bezeichnet wird; d. h. die Exposition der Fuge ist eine vollständige Durchführung
Durchgänge, Durchgangsnoten, Durchgangstöne: harmoniefremde Töne, die in der melodischen Stimmführung zwei akkordeigene Töne stufenweise oder chromatisch verbinden; die gleichzeitige Bildung von Durchgängen in mehreren Stim-

men ergibt zufällig entstehende, nur scheinbar selbständige *Durchgangsakkorde*

durchimitieren, durchimitierender Stil: satztechnisches Stilmittel, das ein Motiv, Thema oder eine Melodie imitierend (→Imitation) nacheinander durch alle Stimmen eines mehrstimmigen Satzes führt und diesen damit untereinander völlige Gleichberechtigung sichert

durchkomponiert: 1. Liedtyp, dessen Melodie (und Begleitung) im Gegensatz zum →Strophenlied alle (oder einige) Textstrophen durchgehend frei gestaltet und damit dem musikalischen Ausdruck größere Möglichkeiten einräumt; →Ballade, →Ode

2. Operntyp, dessen musikalischer Ablauf im Gegensatz zur →Nummernoper nicht durch das gesprochene Wort (Dialogoper) unterbrochen wird

durchschlagende Zungen, *freischwingende Zungen*: Zungenstimmen, bei denen das nichtbefestigte Ende eines im Luftstrom schwingenden kurzen Metallblättchens (Tonzunge) frei durch den Rahmen (Stimmplattenschlitz) hindurchschlägt; so u. a. bei →Harmonikainstr., →Harmonium

Durdreiklang, Durakkord: →Dreiklang aus Grundton, großer Terz und reiner Quinte (Terzaufbau: große Terz – kleine Terz). Oktavversetzungen des 1. bzw. 2. Dreiklangstones ergeben seine beiden Umkehrungen, deren von der Grundstellung abweichender Intervallaufbau zu entsprechenden Akkordbezeichnungen führt;
z. B. C-Dur-Dreiklänge

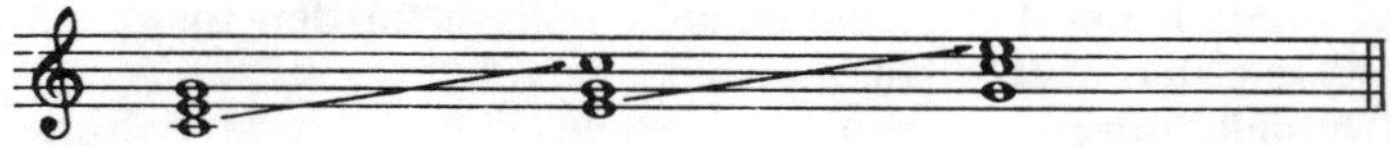

Grundstellung (Terzquintakkord) — 1. Umkehrung (Terz-)Sextakkord — 2. Umkehrung Quartsextakkord

Dur-Moll-System: das seit dem 16./17. Jh. die mittelalterlichen →Kirchentöne ablösende, von den grundtonbezogenen (→Tonika) Tongeschlechtern →Dur und →Moll bestimmte (diatonisch-chromatisch-enharmonische) Tonsystem der tonalen Harmonik

duro (ital.): *VB* hart, herb

Durtonarten: die im →gleichschwebend temperierten System als →Transposition der für das →*Dur*-Tongeschlecht charakteristischen Folge von Ganz- und Halbtonschritten möglichen 12 →Tonarten:

(Ces) Ges Des As Es B F C G D A E H Fis (Cis)
7 6 5 4 3 2 1   1 2 3 4 5 6 7

♭-Vorzeichnung ♯-Vorzeichnung

Für Tonarten mit 6 und mehr Vorzeichen erleichtert die →enharmonische Verwechslung (z. B. Ces = H) Ausführung und Lesbarkeit

Durtonleiter: beherrschende Tonleiter des →Dur-Moll-Systems, die durch die beiden Halbtonschritte (von der 3. zur 4. und von der 7. zur 8. Stufe) am Ende zweier gleichgebauter Viertongruppen (→Tetrachord) charakterisiert ist und von jedem beliebigen Ton ausgehen kann; z. B. C-Dur-Tonleiter

(1. Tetrachord) (2. Tetrachord)

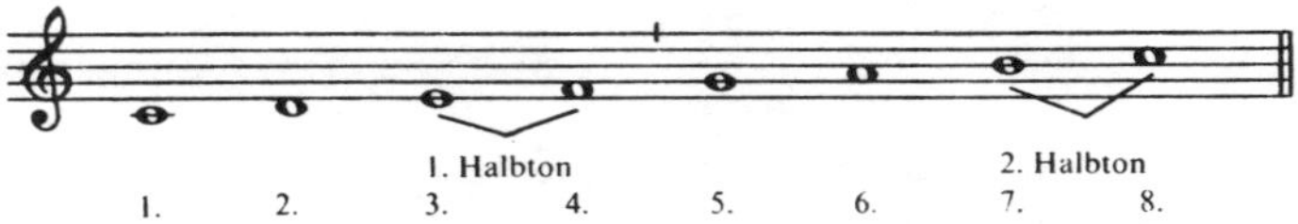

Der 2. Halbton (7. → 8.) strebt als →*Leitton* aufwärts zum oktavierten Grundton der Tonleiter, während der 1. Halbton (3. ← 4.) als *Gleiteton* abwärts zur Terz strebt

dux (lat. = Führer): **1.** in der →Fuge das Thema in der Grundgestalt
2. im →Kanon die beginnende Stimme (ital. *guida*)

Dvojka, Dvojnice (serbokroat.): volkstümliche jugoslaw. Doppel(block)flöte, deren beide Spielröhren (mit 4 oder 5 bzw. 3 oder 4 Grifflöchern) zusammen in ein Holzstück gebohrt sind; auch bei alban. und bulgar. Hirten in Gebrauch

Dynamik (griech. = Lehre von den Kräften): **1.** in der Musik die Lehre von den Abstufungen der Tonstärke, die als relativ aufeinander bezogene Stufen (→dynamische Bezeichnungen), kontinuierliche Übergänge (= Evolutionsanweisungen) und hervortretende →Akzente erscheinen
2. *Ak* das Verhältnis des bei einer akustischen Information jeweils auftretenden größten zum kleinsten Schalldruck, angegeben in →Dezibel

dynamische Bezeichnungen, dynamische Stufen: für begrenzte Abschnitte einer Komposition geltende, relativ aufeinander bezogene Klang- oder Tonstärkegrade, ausgehend von den Grundwerten *forte* (***f***) und *piano* (***p***):

fffff }
ffff } *fortissimo possibile*

fff	*fortefortissimo*
ff	*fortissimo*
f	*forte*
mf	*mezzoforte*
mp	*mezzopiano*
p	*piano*
pp	*pianissimo*
ppp	*pian(o)pianissimo*
pppp ***ppppp*** ***pppppp***	*pianissimo quante possibile*

Eine Kombination von Stufe und Akzent ist ***fp*** (→*forte-piano*)

E

e: 1. Tonname für den 3. Ton der C-Dur-Tonleiter (Grundskala) im kleinen Oktavbereich
2. Akkordbezeichnung für den e-Moll-Dreiklang
3. Kurzbezeichnung für die Tonart →e-Moll

E: 1. Tonname für den Stammton e im großen Oktavbereich
2. Akkordbezeichnung für den E-Dur-Dreiklang
3. Kurzbezeichnung für die Tonart →E-Dur
4. Tonname für die 5. Tonstufe (Quinte über A) der mittelalterlichen Oktavreihe in der lat. →Buchstabentonschrift

East-Coast-Jazz (amerik. = Ostküsten-Jazz): Musizierstil vorwiegend der farbigen Jazzmusiker, der seit Mitte der 50er Jahre an der Ostküste der USA und vor allem in New York mit Rückgriff auf →Bebop (in der aggressiven Ausdrucksform des →Hard Bop) und →Blues dem →West-Coast-Jazz als expressivere Richtung des →Modern Jazz gegenübertritt

eccessivo (ital.): übermäßig, übertrieben, außerordentlich (mit *VB*)

eccitato, con eccitazione (ital.): *VB* erregt, gereizt; mit Erregung

ecclesiastico (ital.), **ecclesiasticus** (lat.): geistlich, kirchlich

Echo (griech. = Schall, Laut), *Widerhall*: **1.** in der Akustik der getrennt vom eigentlichen Schallereignis (*Primärschall*) wahrnehmbare, von einer reflektierenden Wand mit einer zeitlichen Verzögerung von mehr als 0,05 s – das entspricht einer Entfernung der Rückwurffläche von mehr als 17 m – zurückgeworfene indirekte Schall (*Sekundärschall*); geringere Zeitverzögerung bzw. Entfernung der reflektierenden Wand führt zu Schallverstärkung (→Nachhall)

2. innerhalb einer Komposition die unmittelbare Wiederholung eines Motivs oder musikalischen Abschnitts in verminderter Tonstärke

Ecksätze: der erste und der letzte Satz einer drei- und mehrsätzigen Komposition

eco (ital.): Echo

Ecossaise (franz. = schottisch): ursprüngling vom Dudelsack begleiteter schott. Volkstanz im mäßig schnellen $\frac{3}{2}$- oder $\frac{3}{4}$-Takt, der im 16./17. Jh. zur engl. →*country dance* gehört und um 1700 in Frankreich unter dem Sammelnamen →Anglaise (zunehmend als Tanz im raschen $\frac{2}{4}$-Takt) Eingang in die Kunstmusik fand

Edition (lat. *editio*): **1.** Ausgabe, Auflage, Verlag; Herausgabe eines Buch- oder Musikalientitels im Druck
2. im Musikverlagswesen eine mit dem Verlagsnamen verbundene, in Format und Ausstattung einheitliche großangelegte Ausgabenreihe von Standardwerken der musikalischen Weltliteratur und Werken des zeitgenössischen Schaffens; z. B. Edition Breitkopf (EB), Edition Peters (EP), Universal Edition (UE), Editio Musica (EMB)

Editionstechnik: bei Ausgaben musikalischer Werke, die sich aus deren Bestimmung für wissenschaftliche (z. B. Denkmälerausgaben) oder musizierpraktische Zwecke, dem Charakter der betreffenden Werke und der Quellenlage ergebende Methode der Herausgabe nach festgelegten, häufig international vereinbarten Editionsrichtlinien (z. B. Neue Bach Ausgabe – NBA)

e double-flat (engl.) →eses

e double-sharp (engl.) → eisis

E-Dur: Durtonart mit Vorzeichnung von vier ♯;

Tonleiter 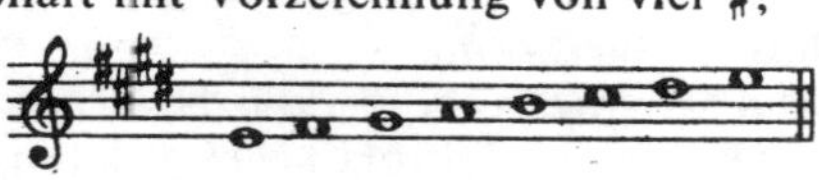

Effektinstrumente, *Fantasieinstrumente, Potpourriinstrumente*: Sammelbezeichnung für →Geräuschinstr., die der Nachahmung bestimmter außermusikalischer Effekte dienen; z. B. Amboß, Donnerblech, Knarre, Löwengebrüll, Lotosflöte, Peitsche, Schlittenschellen, aber auch Autohupe, Kuckucksruf, Sirene, Vogelpfeife (Nachtigallenschlag), Windmaschine u. a.

effettuoso, con effetto (ital.): *VB* wirkungsvoll, effektvoll; mit Wirkung

e flat (engl.) →es

e flat major (engl.) →Es-Dur

e flat minor (engl.) →es-Moll

E-Gitarre →Elektrogitarre
eguale, egualmente (ital.): *MA* gleich, ebenso, ebenfalls; gleichmäßig. →Equale
einchörig: 1. Saiteninstr. mit einem Bezug von nur jeweils einer Saite gleicher Stimmung; aber auch Bezeichnung für mehrere Saiten gleicher Stimmung
2. Orgelregister mit nur einer, dem entsprechenden Manual zugeordneten Pfeifenreihe
Einfell-Tom-Tom, *offenes Tom-Tom*: →Tom-Tom (2.) ohne Resonanzmembran
Einfelltrommeln: →Trommeln mit nur einer Membran, ohne (→Rahmentrommeln) oder mit Resonator (→Röhren- und →Gefäßtrommeln)
eingestrichene Oktave →Oktavbereiche
Einhandflöte →Schwegel
Einklang (ital. = *unisono*): Zusammenklang von zwei und mehr Stimmen auf gleicher Tonhöhe, d. h. im Intervall der reinen Prime (oder auch der reinen Oktave); →*unisono*
Einsatz: 1. das Zeichen des Dirigenten für den Beginn der Aufführung eines Werkes, Werkteiles oder das Hinzutreten einer neuen Stimme; auch deren Wiederbeginn nach dem Pausieren
2. in der Fuge der Beginn des Themas in den einzelnen Stimmen
3. die Art des Beginns eines Gesangsvortrages
Einschwingen, Einschwingvorgang: *Ak* die den Klangeinsatz und -aufbau eines Schallvorganges charakterisierenden Veränderungen des Schwingungsverlaufes beim Übergang von der Ruhelage zum stationären Teil des Klanges; →Ausgleichsvorgänge
einteilige Liedform →Liedform
Einzelrohrblattinstrumente: Gruppe von Holzblasinstr. mit einfachem, aufschlagendem Rohrblatt (→Rohrblattinstrumente): →Klarinette, →Saxophon
eis: Tonname für den durch ein ♯ um einen Halbton erhöhten Stammton e im kleinen Oktavbereich
eisis: Tonname für den durch ein Doppelkreuz (×) um zwei Halbtöne (bzw. einen Ganzton) erhöhten Stammton e im kleinen Oktavbereich
Eisteddfod (engl./walis. = Sitzung): seit dem 19. Jh. wieder jährlich abgehaltenes walis. Musikfest, das auf die frühmittelalterlichen Wettkämpfe der →Barden zurückgeht
E-Klavier →Elektroklaviere
Ekloge (griech. = Auswahl; ausgewähltes Gedicht, Hirtengedicht): kurzes Instrumentalstück lyrisch-pastoralen Charak-

ters (→Charakterstück) in 2- oder 3teiliger Liedform; vgl. Impromptu, Moment musical

elegante, con eleganza (ital.): *VB* fein, anmutig, geschmackvoll, elegant; mit Eleganz

elegiaco (ital.): *VB* klagend, wehmütig, elegisch

Elegie (griech. = Klage): **1.** Trauer- und Klagegesang in der Vokalmusik; →Lamento
2. Instrumentalstück wehmütig-klagenden Charakters (→Charakterstück) in 2- oder 3teiliger Liedform, bevorzugt in der Klaviermusik des 19. Jh.

Elektrische Musikinstrumente: 1. elektroakustische Musikinstrumente (→Elektrophone) mit mechanischer Schwingungserzeugung, elektroakustischer Umwandlung der Schallwellen in elektrische Schwingungen bzw. Tonfrequenzspannungen über →Tonabnehmer (→Schallwandler) und deren durch zusätzliche elektrische Schaltungen klanglich beeinflußter (Filter, Hallgerät u. a.) und verstärkter (→Verstärker) Schallabstrahlung über Lautsprecher; dazu zählen besonders Saiteninstr. mit Tonabnehmer wie Elektrochord, Neo-Bechstein-Flügel, Claviset, Elektrobaß, Elektrogitarre
2. elektrisch angetriebene →mechanische Musikwerke wie Pianola, Phonola, Orchestrion

Elektroakustik: Spezialgebiet der →Akustik, das sich unter Beachtung der Grundgesetze der Elektrotechnik mit der Umwandlung von Schall (→Schallwandler) in elektrische Schwingungen bzw. Spannungsschwankungen und deren Aufzeichnung, Übertragung und Wiedergabe (d. h. Rückverwandlung in Schall) sowie der elektronischen Schallerzeugung (→Tonfrequenzgeneratoren) befaßt; die E. ist Grundlage der →elektrischen und →elektronischen Musikinstrumente und der →elektronischen Musik. →Elektronik

Elektrobaß: ⟨*elektrisches Musikinstr.*⟩ →Kontrabaß mit herkömmlicher mechanischer Tonerzeugung, elektromagnetischer Schwingungsabnahme (→Tonabnehmer) elektrischer Klangbeeinflussung (→Klangfilter) und Verstärkung (→Verstärker) sowie Schallabstrahlung über Lautsprecher; vielfach ohne eigenen Resonanzkörper

Elektrochord: ⟨*elektrisches Musikinstr.*⟩ um 1930 entwickelter Konzertflügel (O. Vierling) der Firma August Förster mit elektrostatischer Schwingungsabnahme (→Tonabnehmer), elektrischer Klangbeeinflussung (→Klangfilter) und Verstärkung (→Verstärker) sowie Schallabstrahlung über Lautsprecher

Elektrogitarre, Elektro-Hawaiigitarre: ⟨*elektrisches Musikinstr.*⟩ →Gitarre mit herkömmlicher mechanischer Tonerzeugung, elektromagnetischer Schwingungsabnahme (→Tonabnehmer), elektrischer Klangbeeinflussung (→Klangfilter) und Vorverstärkung (→Verstärker) sowie Schallabstrahlung über Lautsprecher; vielfach ohne eigenen Resonanzkörper

Elektroklaviere: ungenaue Sammelbezeichnung für einmanualige, polyphon spielbare klavierartige →Elektrophone mit mechanischer Schwingungserzeugung und elektroakustischer Schallumwandlung (→elektrische Musikinstr. [1.]); auch für kleinere →Elektronenorgeln

Elektronenorgeln, elektronische Orgeln: ungenaue Sammelbezeichnung für polyphon spielbare orgelartige →Elektrophone mit mechanisch-elektronischer (z. B. Hammond-Orgel) oder vollelektronischer (z. B. Trautonium, Ionika) Schwingungserzeugung; sie geht auf die anfänglichen, u. a. auch in den Registerbezeichnungen (hier als →Filter-Schaltungen) deutlich werdenden Bemühungen der Konstrukteure zurück, mit →elektronischen Musikinstr. den Orgelklang nachzuahmen. Bevorzugtes Einsatzgebiet der E. ist die Tanz- und Unterhaltungsmusik. →Polyphone

Elektronenstrahloszillograph →Oszillograph

Elektronik: Teilgebiet der Elektrotechnik, das sich unter Beachtung der Gesetzmäßigkeiten der gesteuerten Elektronenbewegung mit der Anwendung elektronischer Bauelemente (z. B. Elektronenröhren, Halbleiter, Fotozellen) in Meß-, Steuerungs- und Regelungstechnik befaßt und u. a. auch für die sog. Unterhaltungs-E., d. h. Rundfunk, Fernsehen, Magnetton- und Schallplattentechnik Bedeutung erlangte; →elektronische Musikinstr.

elektronische Musik: um 1950 entwickeltes, von traditionellen musikalischen Vorstellungen weitgehend losgelöstes Verfahren der Zusammensetzung technisch erzeugter elektronischer Klänge und Geräusche (→Tonfrequenzgeneratoren) entsprechend der durch die Klangregie des Komponisten oder eine programmgesteuerte Rechenanlage (→Computer-Musik) festgelegten technischen Manipulationen (z. B. Übereinanderschichten von Klängen, Umkehrung der Bandlaufrichtung, Zeitdehnung und Zeitraffung, Verzerrung, Verhallung) sowie deren Speicherung (→*music for tape*); die e. M. wird entweder im Experimentalstudio unter Aufsicht des Komponisten ohne Interpreten in verbindlicher, „autonomer" Form auf Tonband zur klanglichen Umsetzung über Lautsprecher (= Lautsprechermusik) fixiert oder unter der Klangregie des Komponisten unmittelbar im Konzertsaal (→*live electronic*) klanglich realisiert. →Synthesizer

Elektronische Musikinstrumente: Gruppe der →Elektrophone mit elektromechanischer und elektronischer (→Tonfrequenzgeneratoren) Schwinungserzeugung, sowie durch zusätzliche elektrische Schaltungen (Oszillatoren, Formantfilter, Verzerrer u. a.) in *additiver* (d. h. aus einfachen Sinusschwingungen zusammengesetzter) oder *subtraktiver* (d. h. aus obertonreichen Sägezahnschwingungen gefilterter) *Klangformung* beeinflußter und verstärkter (→Verstärker) Schallabstrahlung über Lautsprecher; dazu zählen u. a. Hammond-Orgel, Welte-Lichttonorgel und die sog. vollelektronischen Musikinstr. wie Aetherophon, Ondes Martenot, Trautonium, Ionika, Matador, Weltmeister TO u. a. – →Synthesizer

Elektrophone, Elektrophonische Musikinstrumente, *Aetherophone*: die in der Systematik der Musikinstr. (Hornbostel/Sachs) durch H. H. Dräger ergänzte Sondergruppe der Instr., deren Schwingungen durch elektrische Schaltungen (→Elektroakustik) klanglich beeinflußt und verstärkt (→Verstärker) werden und deren Schallabstrahlung über sekundäre →Schallwandler (Lautsprecher) erfolgt; nach der Art der Schwingungserzeugung werden heute →elektrische und →elektronische Musikinstr. unterschieden

elevato (ital.): *VB* erhaben, erhöht

e major (engl.) →E-Dur

e minor (engl.) →e-Moll

embellishments (engl.): Verzierungen

embouchure (franz.): **1.** Mundstück bei Blechblasinstr. **2.** →Ansatz (1.)

emergente (ital.): *MA* hervortretend

e-Moll: Molltonart mit Vorzeichnung von einem ♯, Paralleltonart zu G-Dur; Tonleitern

natürlich (oder rein)

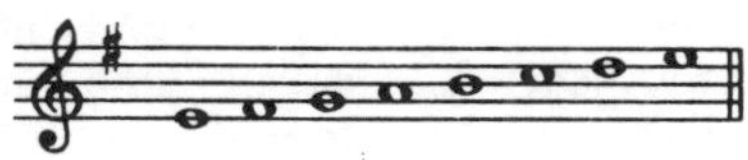

harmonisch

melodisch

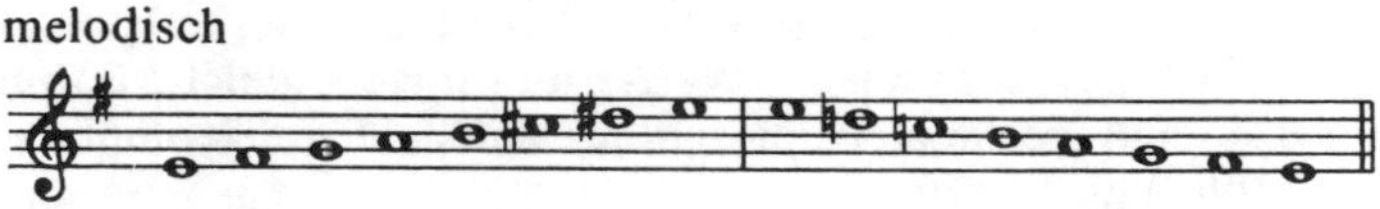

emozionante, con emozione (ital.): *VB* gemütserregend, spannend; mit innerer Bewegung

Enchiridion, Encheiridion (griech): Handbuch, Sammlung; →Gesangbuch (1).

encore (franz.) →*da capo*

Endstufe: *EAk* im Leistungs- →Verstärker die letzte verstärkende Stufe vor der Leistungsabgabe an den →Lautsprecher

energico, con energia (ital.): *VB* energisch, entschieden, nachdrücklich, kräftig; mit Kraft, mit Entschiedenheit

enfatico, con enfasi (ital.): *VB* nachdrücklich, betont, emphatisch; mit Nachdruck

Engagement (franz.): **1.** Verpflichtung; vertragliche Anstellung bei einer künstlerischen Einrichtung (z. B. Theater)
2. Aufforderung eines Partners zum Tanzen

Engchor: Gruppe (relativ) engmensurierter Labialregister (→Labiale) mit klarem, sich deutlich heraushebendem, nur wenig verschmelzungsfähigem Klang; z. B. →Prinzipale mit Oktaven und Klangkronen

enge Lage: in der Harmonielehre ein so enges Zusammenliegen der drei Oberstimmen im vierstimmigen Satz, daß kein weiterer akkordeigener Ton eingefügt werden kann; dagegen →weite Lage

Engelsgitarre →Angelica

Engführung (ital. *stretto, restritto*): **1.** Ausdruckssteigerung durch gedrängte imitierende Themendurchführung, bei der das Thema in einer Stimme einsetzt, bevor es in der vorhergehenden zu Ende geführt ist
2. in der Fuge der Einsatz der Themenbeantwortung (→*comes*) bevor das Thema (→*dux*) zu Ende geführt wurde

Englischhorn (von engl. *angled horn* = geknicktes Horn; ital. *corno inglese*): ⟨*Holzblasinstr.*⟩ Altoboe mit langem geradem, leicht konischem Rohr, birnenförmigem Schallbecher (= „Liebesfuß"), Klappenmechanik und leicht angewinkeltem Mundstückrohr mit Doppelrohrblatt; Stimmung in F (es/e–a^2/b^2) – transp. notiert im Violinschlüssel; dunkler, kraftvoller Ton mit bevorzugt elegischem und melancholischem Ausdruck. Das moderne Orchesterinstr. hat seinen Vorgänger in der →Oboe da caccia

English flute (engl.): →Längsflöte; veraltet für Blockflöte (→*recorder*), im Gegensatz zur Querflöte (= *German flute*). →*flute*

English horn (amerik.) →Englischhorn

English waltz (engl.), **Englischer Walzer:** Gesellschaftstanz seit etwa 1920; langsamer →Walzer im ruhigen, gleichmäßigen $\frac{3}{4}$-Takt mit vorherrschend sentimentaler Melodik, vielfach in Moll. Vgl. Boston

Enharmonik (griech. *enarmonios* = übereinsstimmend, sich ineinanderfügend):
1. in der →temperierten Stimmung die klangliche Übereinstimmung zweier tonal und notierungsmäßig unterschiedener Töne, z. B. cis und des; →enharmonische Verwechslung

2. die Verwendung von kleineren Intervallen als der chromatische Halbton, z. B. im altgriech. Tonsystem und in der mittelalterlichen Musiklehre (z. B. 17stufige enharmonisch-chromatische Skala mit drei verschieden großen Halbtönen)
3. neben →Chromatik und →Diatonik das griech. Tongeschlecht (*genos*) mit den kleinsten Intervallen; bevorzugt für die Aulosmusik (→Auletik)

enharmonisch: in Intervallen kleiner als die Halbtöne fortschreitend, deren klangliche Unterscheidung in der →temperierten Stimmung aufgehoben ist; →enharmonische Verwechslung

enharmonische Intervalle: in der →temperierten Stimmung die klanglich übereinstimmenden Intervalle (→enharmonische Umdeutung):

reine Prime/verminderte Sekunde – z. B. c	– c / c	– deses
kleine Sekunde/übermäßige Prime	– des	– cis
große Sekunde/verminderte Terz	– d	– eses
kleine Terz/übermäßige Sekunde	– es	– dis
große Terz/verminderte Quarte	– e	– fes
reine Quarte/übermäßige Terz	– f	– eis
übermäßige Quarte/verminderte Quinte	– fis	– ges
reine Quinte/verminderte Sexte	– g	– asas
kleine Sexte/übermäßige Quinte	– as	– gis
große Sexte/verminderte Septime	– a	– heses
kleine Septime/übermäßige Sexte	– b	– ais
große Septime/verminderte Oktave	– h	– ces^1
reine Oktave/übermäßige Septime	– c^1	– his

enharmonische Umdeutung: die unterschiedliche tonale Deutung in der →temperierten Stimmung klanglich übereinstimmender →enharmonischer Intervalle (z. B. übermäßige Prime/kleine Sekunde) als Mittel der →Modulation; vielfach auch gleichgesetzt mit →enharmonischer Verwechslung

enharmonische Verwechslung: in der →temperierten Stimmung die durch Aufhebung der klanglichen Unterscheidung enharmonischer Tonstufen (z. B. cis/des) gegebene Möglichkeit ihres Austausches und damit auch des Auswechselns der ♯- und ♭-Notierung zur Erleichterung von Ausführung und Lesbarkeit:

z. B.	E-Dur	(4♯)	–	Fes-Dur	(8♭)
	H-Dur	(5♯)	–	Ces-Dur	(7♭)
	Fis-Dur	(6♯)	–	Ges-Dur	(6♭)
	Cis-Dur	(7♯)	–	Des-Dur	(5♭)
	Gis-Dur	(8♯)	–	As-Dur	(4♭);

→enharmonische Umdeutung

enigmatic canon (engl.) →Rätselkanon

en mesure, en mouvement (franz.) →*a tempo*
ensalada (span.): im 16. Jh. verbreitete span. Form des →Quodlibets
Ensemble (franz. = Zusammenwirken): **1.** Gruppe von ständig künstlerisch zusammenwirkenden Ausführenden; z. B. Opern-, Ballett-, Schauspiel-, Volkskunstensemble
2. das Zusammenwirken einer musizierenden Gruppe; z. B. Kammermusikvereinigung, Unterhaltungsorchester kleinerer Besetzung
3. in der Vokal- und Instrumentalmusik eine Komposition für mehrere Solisten und die ausführende Solistengruppe selbst
4. in der Oper das künstlerisch anspruchsvolle Zusammenwirken mehrerer Solisten, bei dem gleichzeitig die unterschiedlichen Charaktere der von ihnen dargestellten Rollen verdeutlicht werden; besonders als →Introduktion oder →Finale der einzelnen Akte
entertainment music (engl.) →Unterhaltungsmusik
Entlehnung: die bewußte oder unbewußte Verwendung musikalisch-thematischer Gedanken aus Werken anderer Komponisten; z. B. als Adap(ta)tion, Bearbeitung, Variation, Übernahme, Zitat
entr'acte (franz.): Zwischenakt, Zwischenaktmusik in Opern und Schauspielen (→Bühnenmusik); →Intermezzo, →Interludium
entrata (ital.) →Intrada, →Entrée (2.–4.)
Entrée (franz. = Beginn, Eingang): **1.** →Intrada **2.** Szenenauftritt und Szene im franz. Ballett (→*ballet de cour*)
3. Stimmeneinsatz im kontrapunktischen Satz
4. das Entrée: großes Auftrittslied in Operette und Singspiel
entry (engl.) →Intrada, →Entrée (2.–4.)
entusiastico, entusiasmato (ital.): *VB* begeistert, mitgerissen, enthusiasmiert
Entwicklungsmotiv →Motiv
E-Orgel →Elektronenorgel
éperons (franz.) →Sporen
E-Piano, *E-Klavier* →Elektroklaviere
Epilog (griech. *epilogos* = Nachrede):
1. Nachspiel; dagegen →Prolog
2. in der →Sonatenhauptsatzform der dem 2. Thema (Seitenthema) der →Exposition zugefügte Schlußabschnitt, der sich auf die „aufgestellten" Themen bezieht oder mit neuem thematischen Material zur Herausbildung eines 3. Themas in der Exposition führt

3. huldigende Schlußbetrachtung in Schauspiel oder Oper; →*licenza* (2.)

épinette (franz.) →Spinett

épinette des Vosges (franz.) →Scheitholz

Episode (griech. *epeisodion* = Einschub): **1.** zwischen den Themen oder Sätzen einer Komposition eingeschobener überleitender Zwischenteil, der für die eigentliche thematische Arbeit von untergeordneter Bedeutung ist

2. in der Fuge ein Zwischenspiel zwischen den Durchführungen

3. im altgriech. Drama die zwischen den Chorteilen eingeschobene Handlung mit dem Auftritt der Schauspieler

Epitaph (franz. = Grabschrift, Gedenktafel): dem Andenken eines Verstorbenen gewidmete Komposition unterschiedlicher Formgebung

Epos: große erzählende Dichtung, in der Antike vielfach vom Dichtersänger (→Aöde) zur Instrumentalbegleitung gesungen

equabilmente (ital.): *MA* auf dieselbe Art und Weise

Equale, *Aequale* (lat. *aequalis* = gleichhoch): Komposition für gleiche Stimmen; →*ad aequales*

equilibrato (ital.): *VB* ausgeglichen, ruhig, maßvoll

Equiton: ein der Vereinfachung des Notenbildes und der Raumersparnis dienender Beitrag des Engländers R. Fawcett (1958) zur Reform der Notenschrift; temperierte →Notation

Erhöhungs-, Erniedrigungszeichen →Versetzungszeichen

eroico (ital.): *VB* heldenmütig, heldenhaft, heldisch; heroisch

Erstausgabe, Erstdruck: die erste Druckausgabe eines im Autograph oder in der Kopie überlieferten Werkes; als Original-Erstausgabe, d. h. unter Aufsicht des Komponisten entstandene Druckausgabe, hat eine solche Ausgabe des 18./19. Jh. hohen Quellenwert für den Urtext

Erzcister, *Theorbencister*: ⟨*Zupfinstr.*⟩ große, theorbenartige Baß- →Cister mit einem zweiten Wirbelkasten für die unverkürzbaren Baßsaiten (Bordunsaiten)

Erzlauten (ital. *arciliuti* = Großlauten): ⟨Zupfinstr.⟩ im 16. Jh. aus der Familie der Lauteninstr. abgeleitete große Baßlauten mit doppeltem Wirbelkasten für die Griff- und Bordunsaiten; →Chitarrone, →Theorbe

es: 1. Tonname für den durch ein ♭ um einen Halbton erniedrigten Stammton e im kleinen Oktavbereich

2. Akkordbezeichnung für den es-Moll-Dreiklang

3. Kurzbezeichnung für die Tonart →es-Moll

Es: 1. Tonname für den durch ein ♭ um einen Halbton erniedrigten Stammton e im großen Oktavbereich

2. Akkordbezeichnung für den Es-Dur-Dreiklang

3. Kurzbezeichnung für die Tonart →Es-Dur
4. Bezeichnung der Stimmung jener transp. Instr., die eine kleine Terz höher (z. B. Klarinette in Es ⟨hoch⟩) oder eine große Sexte tiefer als notiert klingen (z. B. Horn in Es)

esagerato (ital.): *VB* übertrieben; vgl. *eccessivo*

esagitato (ital.): *VB* sehr unruhig, sehr aufgeregt

esaltato, con esaltazione (ital.): *VB* aufgeregt, überspannt, überschwenglich, begeistert, exaltiert; mit Überschwang

Es-Dur: Durtonart mit Vorzeichnung von drei ♭;

Tonleiter 

eseguire (ital.): *MA* ausführen, aufführen, vortragen, spielen

esercizio (ital. = Übung): einzelnes Übungsstück; →Etüde (1.)

eses: Tonname für den durch ein Doppel-♭(𝄫) um zwei Halbtöne (bzw. einen Ganzton) erniedrigten Stammton e im kleinen Oktavbereich

e sharp (engl.) →eis

es-Moll: Molltonart mit Vorzeichnung von sechs ♭, Paralleltonart zu Ges-Dur; Tonleitern

natürlich (oder rein) 

harmonisch 

melodisch

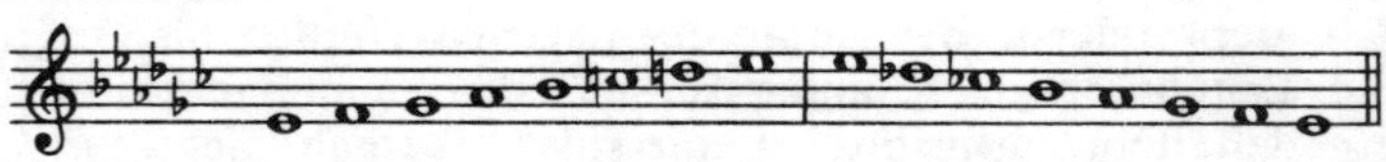

espansivo (ital.): *VB* (sich) ausdehnend, spannkräftig; expansiv

espirando (tial. = ausatmend): *VB* verhauchend; →*diminuendo* bis zur Grenze der Hörbarkeit. Vgl. *estinguendo*

expressivo, con espressione (ital.): *VB* ausdrucksvoll, markant; mit Ausdruck

Estampie (franz.; provenz. *estampida*): vorherrschend instrumentale mittelalterliche Kompositionsform, in der mehrere Abschnitte (*Puncta*), die aus zwei jeweils gleichartigen Teilen mit abweichender Schlußbildung bestehen, in fortschreitender Wiederholung mit gleichbleibendem oder auch nach einer Reihe von Abschnitten wechselndem Schlußteil sequenzartig (→Sequenz, →Lai) aneinandergereiht sind; verbreitet als tanzartiges (von mehreren Spielern einstimmig →alternierend oder →heterophon ausgeführtes) Vortragsstück der Spielleute und Trobadors

estinguendo (ital.): *VB* erlöschend; →*diminuendo* bis zur Grenze der Hörbarkeit

estinto (ital.): *MA* erloschen; äußerstes →*pianissimo* an der Grenze der Hörbarkeit(*pppppp*)

Estrade (franz.): **1.** Podium, Freilichtbühne **2.** volkstümliche künstlerische Veranstaltung mit gemischtem Programm aus Musik, Tanz und Artistik oder auch mit ausschließlich musikalischem Programm (= *Estradenkonzert*)

estratto per il pianoforte (ital.): Klavierauszug

estremo, estremamente (ital.): äußerst, höchstgradig, extrem

etoile, *ballerine* (franz.): Ballettänzerin, Solotänzerin

étouffé (franz. = erstickt): *MA* **1.** gestopft (bei Hörnern u. a. Blechblasinstr.) vgl. *bouché* (1.)
2. sofort abgedämpft; z. B. bei Schlaginstr., Harfe

Etüde (franz. *étude*): **1.** Übungsstück zur Bewältigung spezieller spieltechnischer und vortragsmäßiger Schwierigkeiten, meist in Sammlungen mit pädagogischer Zielstellung; z. B. Klavieretüden von Cramer, Clementi, Czerny. Vgl. Caprice, Exercice, Capriccio
2. konzertantes Vortragsstück (= *Konzertetüde*), meist in freier Form, mit speziellen spieltechnischen und vortragsmäßigen Schwierigkeiten, vielfach in zyklischer Folge; z. B. Konzertetüden für Klavier von Chopin, Schumann, Liszt

eufonico (ital.): *VB* wohlklingend

Euphonie (griech.): Wohlklang

Euphonium →Baryton (1.)

Euterpe (griech. = die Ergötzende): Muse des Flötenspiels und des lyrischen Gesangs in der griech. Mythologie

evergreen (engl. = immergrün): (Tanz-)Komposition, die sich gegenüber dem in der Regel kurzlebigeren →Schlager durch länger anhaltende (oder wiedergewonnene) Beliebtheit auszeichnet

evirato (ital. = entmannt) →Kastrat

exalté, exaltée (franz.): *VB* aufgeregt

Exequien (lat. *exsequiae* = Leichenbegängnis): musikalisch ausgestaltete kirchliche Begräbnisfeier

exercice (franz.), **exercise** (engl.): einzelnes Übungsstück; →Etüde (1.)

Exposition (lat. *expositio* = Aufstellung, Darlegung):
1. in der →Sonaten(haupt)satzform der erste Hauptteil, in dem das Themenmaterial – in der Regel erstes bzw. *Hauptthema* (in der Grundtonart) und zweites bzw. *Seitenthema* (in der Dominant- oder Paralleltonart) – vorgestellt wird und den nach einer Überleitung ein Schlußabschnitt (→Epilog, möglicherweise mit einem dritten Thema oder →Coda) been-

det. Die thematische Verarbeitung der „aufgestellten" Themen erfolgt dann in der →Durchführung
2. in der →Fuge die erste Themenführung von →*dux* und →*comes* durch alle Stimmen; vgl. Durchführung (3.)

expressif (franz.), **expressive** (franz., engl.): *VB* ausdrucksvoll, nachdrücklich

expressive organ (engl.), **Expressivorgel** →Harmonium

ex tempore (lat. = sogleich), **extemporieren:** aus dem Augenblick heraus, aus dem Stegreif (musizieren); improvisieren (→Improvisation)

extension organ, *unit organ* (engl.) →Multiplexorgel

extravaganza (engl.): musikalisch-unterhaltende Darbietung der →*negro minstrels,* in der um 1800 das Milieu der Negersklaven – ursprünglich von weißen Unterhaltungskünstlern, die sich Gesicht und Hände schwärzten – kopiert und karikiert wurde; Vorläufer der →*minstrel show*

F

f: 1. Tonname für den 4. Ton der C-Dur-Tonleiter (Grundskala) im kleinen Oktavbereich
2. Akkordbezeichnung für den f-Moll-Dreiklang
3. Kurzbezeichnung für die Tonart →f-Moll
4. Zeichen für →*forte* (***f***)
5. →Schlüssel-Buchstabe für die (rote) f-Linie der mittelalterlichen Notation

F: 1. Tonname für den Stammton f im großen Oktavbereich
2. Akkordbezeichnung für den F-Dur-Dreiklang
3. Kurzbezeichnung für die Tonart →F-Dur
4. Bezeichnung der Stimmung jener transp. Instr., die eine Quinte tiefer als notiert klingen (z. B. Horn in F)
5. Tonname für die 6. Tonstufe (Sexte über A) der mittelalterlichen Oktavreihe in der lat. →Buchstabentonschrift

fa: 1. Tonsilbe für die 4. Tonleiterstufe der mittelalterlichen →Solmisation
2. in romanischen Sprachen für den Ton f
3. in der Gehörbildungsmethode Tonika-Do die relativ zu wertende 4. Durstufe

fa bémol (franz.) →fes

fa bemolle (ital.) →fes

faburdon (engl.) →Fauxbourdon

facile (ital., franz.): *VB* leicht, ungezwungen

facilement, à facilité (franz.): *VB* leicht, ungezwungen; mit Leichtigkeit

facilmente, con facilità (ital.): *VB* leicht, ungezwungen; mit Leichtigkeit
fade out (engl.): *VB* verklingen, immer schwächer werden
fa dièse (franz.) →fis
fa dièse majeur (franz.) →Fis-Dur
fa diesis (ital.) →fis
fa diesis maggiore (ital.) →Fis-Dur
fa diesis minore (ital.) →fis-Moll
fa doppio bemolle (ital.) →feses
fa double bémol (franz.) →feses
fa doppio diesis (ital.) →fisis
fa double dièse (franz.) →fisis
fa double dièse mineur (franz.) →fis-Moll
Fächer →Rollenfächer
Fagott (ital. *fagotto*, franz. *basson*, engl. *bassoon*): **1.** ⟨*Holzblasinstr.*⟩ →Doppelrohrblattinstr. mit im Stiefelstück geknicktem langem und in zwei Kanälen parallel verlaufendem, leicht konischem Rohr, Klappenmechanik, s-förmigem Mundstückrohr mit Doppelrohrblatt sowie mit aufsteckbarer A-Stürze; Stimmung in C($_1$A/$_1$B – es^2/f^2) – nichttransp. notiert im Baß- und Tenorschlüssel; vielseitig nutzbare Ausdrucksskala von feierlichem Ernst bis zu grotesker Komik; Baßinstr. der Holzbläsergruppe. Von der ursprünglichen Stimmfamilie (Diskant- bis Kontrafagott) blieb neben dem (Baß-)Fagott nur noch das →Kontrafagott in Gebrauch
2. ⟨*Orgelregister*⟩ Zungenpfeifen (32′, 16′, 8′, 4′) mit engen trichterförmigen Schallbechern; Echoklang der Trompete
fagotto (ital.) →Fagott
fagottone (ital.) →Kontrafagott
fairly fast (engl.): *TB* ziemlich schnell
Faksimile: vorlagengetreue, meist fotomechanische oder im Lichtdruck hergestellte Nachbildung historisch oder künstlerisch wertvoller Eigenschriften (→Autograph), bildlicher Darstellungen, Frühdrucke u. a. auch auf dem Gebiet der Musik
Faktur, musikalische: Schreibweise, kunstgerechte Gestaltung einer Komposition
Falsett: die durch Brustresonanz verstärkte männliche →Kopfstimme (→Fistelstimme), die in der Höhe über den normalen Stimmumfang hinausreicht und besonders von Tenören angewandt wird
Falsettisten (ital. *alti naturali*): im →Falsett singende Männerstimmen (→Tenoristen), die anstelle der in den Kapellchören des 16./17. Jh. nicht zugelassenen Frauenstimmen die Sopran-(Diskant-) und Altpartien übernahmen
falso (ital.): falsch, unrichtig, unecht

falso bordone (ital.) →Fauxbourdon
fa maggiore (ital.) →F-Dur
fa majeur (franz.) →F-Dur
fa mineur (franz.) →f-Moll
fa minore (ital.) →f-Moll
fanatico (ital.): *VB* schwärmerisch, hartnäckig; fanatisch
fancy (engl. = Fantasie): **1.** →Fantasie **2.** ursprünglich polyphone Gattung der engl. Kammermusik des 16./17. Jh. mit imitativer (→Imitation) Anlage entsprechend dem →Ricercar, später unter dem Einfluß tänzerischer und volkstümlicher Elemente kontrastreiche Gegenüberstellung mit homophonen Abschnitten
Fandango (span. *fandanguero* = Liebhaber), *danza cantada*: span. Tanzlied (Nationaltanz) im mäßigen bis schnellen, rhythmisch scharf akzentuierten dreiteiligen Takt, meist mit Gitarre- und Kastagnettenbegleitung sowie kurzen instrumentalen →Ritornellen nach jeder Strophe, aus denen sich der charakteristische F.-Stil der span. Instrumentalmusik entwikkelte. Landschaftliche Varianten des F. sind Malagueña, Rondeña, Murciana, Granadina
Fanfare (ital. *fanfara*): **1.** Trompetensignal aus Dreiklangstönen
2. kurze Komposition für Trompeten und Pauken (oder mit anderen Blechblasinstr.); Jagdstück; Satz der Orchestersuite
3. lange, ventillose →Trompete; →Aida-Trompete
4. franz. Blech(bläser)musik; →Blasmusik
Fanfarenmelodik: Melodiebildung mit ausschließlich größeren Intervallen, wie Terz, Quarte und Quinte
Fantasie (ital. *fantasia*, franz. *fantaisie*, engl. *fancy*):
1. thematisch frei gestaltete Insstrumentalkomposition ohne Bindung an eine bestimmte Form oder (seit dem 18. Jh.) mit besonders eigenwilligen Abweichungen gegenüber der →Sonaten(haupt)satzform
2. im 16. Jh. virtuose, überwiegend polyphone Instrumentalkomposition (besonders für Laute, Gitarre oder Tasteninstr.), die in der zweiten Hälfte des 17. Jh. in →Capriccio, →Präludium, →Ricercar und →Toccata übergeht
3. ursprünglich aus dem Stegreif musiziertes Instrumentalstück; →Improvisation
Fantasieinstrumente →Effektinstrumente
fantasieren: aus dem Stegreif musizieren; →improvisieren
fantastico (ital.), **fantàstique** (franz.): *VB* fantastisch
Farandole (franz.; ital. *farandola*): altüberlieferter provenzalischer Kettentanz im mäßig schnellen $\frac{6}{8}$-Takt, begleitet von Einhandflöte (→*galoubet*) und Tambourin
farbiges Rauschen →Rauschen

Farce (franz. = Füllsel; ital. *farsa*): **1.** Posse, Schwank
2. im 18./19. Jh. kurze, meist einaktige komische Oper (→*opera buffa*)
3. im 14.–16. Jh. kurzes selbständiges, possenhaftes Bühnenstück
4. ursprünglich derb-komisches Zwischenspiel im mittelalterlichen franz. Mirakelspiel

far fiasco (ital.): Mißfallen erregen, durchfallen, Fiasko erleiden

far furore, furoreggiare (ital.): Begeisterung erwecken, großes Aufsehen erregen, Furore machen; in Mode sein

farsa (ital.) →Farce

fast (engl.): *TB* schnell

fastoso (ital.): *VB* prunkhaft, prächtig

Fauxbourdon (franz.; engl. *faburden*, ital. *falso bordone* = falscher Baß):
1. Kompositionstechnik des 15./16. Jh., bei der ein zweistimmig notierter Satz durch eine (in Parallelführung zum in der Oberstimme liegenden →*cantus firmus*) abgeleitete Mittelstimme (Kontratenor) in der Unterquarte zu ergänzen ist. Dabei entsteht zusammen mit dem Tenor die charakteristische Folge von Sextakkorden und Quint-Oktav-Klängen
2. tiefe Gegenstimme zum *burden*, der cantustragenden Hauptstimme (*plainsong*) in der drei- und mehrstimmigen englischen Stegreifpraxis des 15./16. Jh.

favori (franz.): beliebt

f double-flat (engl.) →feses

f double-sharp (engl.) →fisis

F-Dur: Durtonart mit Vorzeichnung von einem ♭;

Tonleiter 

feeling (engl.): *VB* gefühlvoll, mit tiefer Empfindung

Feldmusik: bis ins 18. Jh. die Musik der zunftmäßig organisierten Hof- und Feldtrompeter, zu der ebenso einfache →Signale und →Fanfaren wie größere, aus mehreren musikalischen Teilen zusammengestellte *Feldstücke*, →Aufzüge und auch →Serenaden zählten; →Militärmusik

Feldpfeife →Querpfeife

Fell: entsprechend hergerichtete gegerbte Tierhaut (Kalb-, Ziegen-, Eselsfell) oder Kunststoff-Folie (Plastikfell), die als gespannte Membran u. a. bei Pauken und Trommeln (→Fellklinger) der Tonerzeugung dient

Felldruckreifen: Reifen aus Holz (→Stricktrommeln) oder Metall (→Schraubentrommeln), meist mit Winkelprofil, der in Verbindung mit einer Spannvorrichtung (heute in der Regel

→Spannschrauben) den →Fellwickelreifen fest auf den Instrumentenkessel drückt und spannt (= Spannreifen)

Fellklinger, *Membranophone*: nach der Systematik der Musikinstrumente (Hornbostel/Sachs) die Hauptgruppe der Instr., die durch die Schwingungen einer gespannten Membran zum Klingen gebracht werden. Nach Art der Tonerzeugung werden (unmittelbar oder mittelbar) *geschlagene* (→Schlaginstrumente, →Trommeln), *gezupfte* (→Zupftrommeln), *geriebene* (→Reibtrommeln) und durch Ansingen *mitschwingende* (→Mirlitons) F. unterschieden

Fellwickelreifen: Reifen aus Holz oder Metall, auf den das →Fell in nassem Zustand aufgewickelt bzw. aufgezogen, beim Plastikfell auch aufgeschweißt wird

fermamente (ital.): *VB* fest, entschieden, mit Hartnäckigkeit

fermare (ital.): anhalten, zum Stillstand bringen (mit *MA*)

Fermate (ital. *fermata, corona*, engl. *pause*, franz. *point d'orgue*; ital. *fermare* = aufhalten), 𝄐, 𝄑 ; auch ∧ (kürzer) und ⊓ (länger): Aushaltezeichen, das

(1.) den Wert einer Note oder Pause um eine unbestimmte Dauer verlängert, bzw. – über einem Taktstrich stehend – eine dem musikalischen Ablauf angemessene Pause fordert

(2.) den Abschluß eines Da-capo-Teils anzeigt, meist zusammen mit dem Wort *fine*

(3.) in Solokonzerten den Eintritt der →Kadenz bezeichnet

(4.) bei einer →Generalpause steht

fermo, con fermezza (ital.): *VB* fest, entschlossen; mit Festigkeit, mit Ausdauer

Fernsehoper: Operngattung, die die speziellen technischen und künstlerischen Möglichkeiten des Fernsehens dramaturgisch nutzt und sich damit von Opernübertragungen und Fernsehbearbeitungen eigentlich für die Opernbühne bestimmter Werke unterscheidet

feroce (ital.): *VB* wild, unbändig, ungestüm

fervido, fervente (ital.): *VB* glühend, inbrünstig, eifrig

fes: Tonname für den durch ein ♭ um einen Halbton erniedrigten Stammton f im kleinen Oktavbereich

feses: Tonname für den durch ein Doppel-♭(𝄫) um zwei Halbtöne (bzw. einen Ganzton) erniedrigten Stammton f im kleinen Oktavbereich

festivo, festoso (ital.): *VB* festlich, feierlich, freudig

ff : →Zeichen für →*fortissimo*

fff : →Zeichen für →*fortefortissimo*

ffff oder ***fffff*** : →Zeichen für →*fortissimo possibile*

f flat (engl.) →fes

ffp, ***ffpp***: →*fortepiano* (Steigerung)

ffz : →*forzato* (Steigerung)
fiacco (ital.): *VB* matt, schlapp, schwach, träge
fiasco (ital. = Korbflasche): Mißfallen, Mißerfolg; →*far fiasco*
fiati (ital.): Kurzform für →*strumenti a fiati*, die Gruppe der Blasinstr. im Orchester (= Bläser)
fiati di legno (ital.): die Gruppe der Holzblasinstr. im Orchester (= Holzbläser); vgl. *legni*
fiati di ottone (ital.): die Gruppe der Blechblasinstr. im Orchester (= Blechbläser); vgl. *ottoni*
Fidel, Fiedel (lat. *fidula*; ital. *viella*, franz. *vielle*, engl. *fiddle*):
1. als Stimmfamilie gefertigter, aus oriental. Vorläufern (u. a. →Kamangah, →Rabāb, →Rebec) entwickelter mittelalterlicher Streichinstrumententyp mit unterschiedlich geformtem Korpus (meist Spaten-, Birnen- und/eingebuchtete „Acht"-Form), Wirbelplatte, hinterständigen Wirbeln und vorherrschend 5saitigem Bezug; überwiegend in Armhaltung gespielt. Vorläufer von →Lira da braccio und →Violine
2. im 20. Jh. als Stimmfamilie gefertigtes Streichinstr., mit einem mit Bünden versehenen Griffbrett und meist in Kniehaltung (= Kniefidel) gespielt; es kann nicht als historische Nachbildung der ma. F. gelten und ist vornehmlich für das Laienmusizieren (besonders in Verbindung mit der Blockflöte) bestimmt. Zur Griffweise des 6saitigen Instr. mit Wirbelmechanik →Viola da gamba
field cries (amerik. = Feldrufe): gesangsartige Verständigungsrufe (→*holler*) der schwarzen Landarbeiter Nordamerikas, die Elemente der afroamerik. Negerfolklore einbeziehen; solistische Form des ländlichen →*work song*. Vgl. *cornfield holler*
field drum (engl. = Feldtrommel), *parade drum* (engl.) →Militärtrommel, →Paradetrommel
fiero, fieramente, con fierezza (ital.): *VB* wild, heftig, stolz; mit Wildheit, mit Stolz
fifth (engl.) →Quinte
Figur: **1.** rhythmisch-melodisch zusammengehörige und zu formelhafter Wiederholung tendierende Tongruppe, vorrangig zur Umspielung (→Figuration) und Begleitung musikalischer Themen
2. schmückende oder einen Text(teil) in seinem Affektgehalt darstellende und ausdeutende Tongruppe (*musikalisch-rhetorische F.*) im kontrapunktischen Satz des 16.–18. Jh.
Figuralgesang (lat. *cantus figuralis*): **1.** →Figuralmusik
2. im 17./18. Jh. auch melodisch figurierter (→Figuration) Gesang
Figuralmusik (lat. *musica figuralis*): der mehrstimmige, durch unterschiedliche Notenwerte (→Mensuralnotation) rhythmisch

gegliederte, kontrapunktisch geführte mittelalterliche Chorgesang (*cantus mensurabilis, cantus figuralis*); auch →Figuralgesang

Figuration, Figurierung: die meist improvisierte, der Verzierung dienende Auflösung eines Akkordes oder Umspielung einer Melodie durch sich rhythmisch und melodisch formelhaft wiederholende Figuren kleinerer Notenwerte (z. B. Choralfiguration); →Diminution

figurato (ital.): *VB* figuriert (→Figuration); verziert

filar il tuono, filar un suono (ital. = den Ton „spinnen"): *MA* beim Gesang und Streichinstrumentenspiel den Ton ohne Atem- bzw. Bogenwechsel gleichmäßig fließend ausströmen lassen bzw. aushalten

fill in (engl. = ausfüllen): *MA* improvisierte rhythmisch-melodische Einwürfe ergänzen

Filmmusik: 1. für den (Ton-)Film übernommene oder für ihn unmittelbar komponierte Musik, die entweder – an die Begleitmusiken der Stummfilmzeit anknüpfend – das Filmgeschehen untermalt und illustriert oder die Filmhandlung mit ihren Mitteln ausdeutet und vertieft und damit künstlerische Eigenständigkeit gewinnt; →angewandte Musik

2. mehr oder weniger künstlerisch eigenständige Begleitmusiken der Stummfilmzeit – in Form von Potpourris, Paraphrasen und Arrangements bekannter Werke oder auch eigens für diesen Zweck komponierter und in *Kinotheken* zusammengefaßter Stücke – die die ursprünglich nur zur Übertönung des Geräuschs der Vorführapparaturen bestimmte Klavierbegleitung aus der Frühzeit des Films ablösten

Filter: *EAk* die →Klangfarbe eines Tones oder Klanges verändernde elektrische Bauelemente (*Moduln*), die entsprechend ihrer Schaltung Wechselspannungen eines bestimmten Frequenzbereichs sperren (= Bandsperre) oder durchlassen (= Bandpaß); beim *Tiefpaß-F.* liegt der Durchlaßbereich unterhalb, beim *Hochpaß-F.* oberhalb einer Grenzfrequenz, während beim *Bandpaß-F.* der Durchlaßbereich zwischen zwei Frequenzen liegt, an die sich die Sperrbereiche für die unterdrückten Frequenzen anschließen. F. mit veränderbarem Durchlaßbereich (z. B. Universal-F.) dienen im analytischen Abbau aus breitbandigen Klängen und Geräuschen der Gewinnung bestimmter Frequenzbänder in der →elektronischen Musik

Filzkopfschlegel: Schlegel mit Kopf aus Hart- (z. B. Tamtamschlegel) oder Weichfilz (z. B. Paukenschlegel)

fin'al, fino a (ital.): bis zum, bis zu

Finale (ital. = Schlußstück): **1.** Schlußsatz in zyklischen Instru-

mentalwerken (→zyklische Form), bevorzugt in →Rondo- oder →Sonatenhauptsatzform
2. Schlußszene des Opernaktes (= Opernfinale), meist mit großem →Ensemble und Chor

Finalis (lat. *finis* = Ende): **1.** Schlußnote; der die Tonart bestimmende Schlußton der mittelalterlichen →Kirchentöne, der für den authentischen und den zugehörigen plagalen →Modus gleich ist; Nebenschlußton auf der Quinte ist die →*confinalis*
2. Schlußklang der →Klausel

fine (ital.): Ende, Schluß einer Komposition; auch Ende eines zu wiederholenden Abschnitts (z. B. *da capo al fine*)

finger-cymbals (engl.) →Fingerzimbeln

Fingersatz, *Applikatur* (ital. *digitazione, diteggiatura*; franz. *doigté,* engl. *fingering*):
die beim Instrumentalspiel für Instr. und Spieler physiologisch zweckmäßigste Zuordnung der Spielfinger zu den Grifflöchern (auch Klappen und Ventilen), Griffbrettpositionen, Tasten und Knöpfen, für die auch die Anforderungen der zu spielenden Komposition hinsichtlich Dynamik, Artikulation und Phrasierung zu beachten ist

Fingerzimbeln: ⟨*Schlaginstr.*⟩ sehr kleine Gegenschlagzimbeln (→*cymbales antiques*) ohne bestimmte Tonhöhe, die mit kleinen Lederschlaufen von Daumen und Mittelfinger einer Hand gehalten und gegeneinandergeschlagen werden

finito (ital.): vollendet, abgeschlossen

fioco, con fiochezza (ital.): *VB* schwach, matt, heiser; mit Heiserkeit

fioretti, fioriture (ital. = Blumen) →Verzierungen, →Diminution, →Kolorierung

fis, Fis: 1. Tonname für den durch ein ♯ um einen Halbton erhöhten Stammton f im kleinen bzw. großen Oktavbereich
2. Akkordbezeichnung für den fis-Moll bzw. Fis-Dur-Dreiklang
3. Kurzbezeichnung für die Tonart →fis-Moll bzw. →Fis-Dur

fisarmonica (ital.) →Akkordeon; →Handharmonika

fischiato (ital.): *MA* gepfiffen

fischietto (ital.): **1.** Pfeife, Signalpfeife **2.** Pfiff

Fis-Dur: Durtonart mit Vorzeichnung von sechs ♯;

Tonleiter 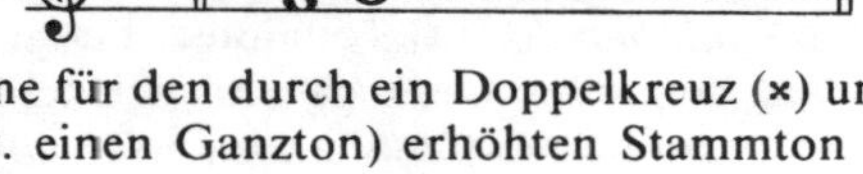

fisis: Tonname für den durch ein Doppelkreuz (×) um zwei Halbtöne (bzw. einen Ganzton) erhöhten Stammton f im kleinen Oktavbereich

fis-Moll: Molltonart mit Vorzeichnung von drei ♯, Paralleltonart zu A-Dur; Tonleitern

natürlich (oder rein) 

harmonisch 

melodisch

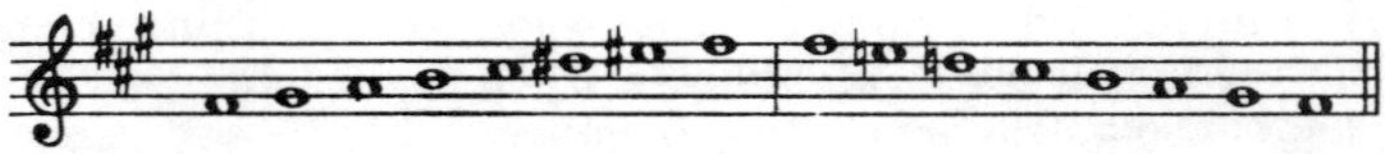

Fistelstimme: die etwas hauchige, ungestützte männliche →Kopfstimme, die zwar in der Höhe über den normalen Stimmumfang hinausreicht, im eigentlichen Kunstgesang jedoch keine Verwendung findet; dagegen →Falsett

fistulieren: *MA* mit ungestützter Kopfstimme (→Fistelstimme) singen

Flageolett (franz. *flageolet,* ital. *flagioletto*): **1.** ⟨*Holzblasinstr.*⟩ kleine Schnabelflöte (→Blockflöte) mit 6 vorderständigen Grifflöchern und einem hinterständigen Daumenloch (auch mit Klappen); das im 18. Jh. auch als *flauto piccolo* bezeichnete F. wurde in Frankreich bis zum 19. Jh., in England auch als Doppel- oder Tripelflöte, verwendet
2. Flötenregister der Orgel im 2′ oder 1′ (→Flautino)

Flageolettöne (franz. *sons harmoniques,* engl. *harmonics*): die auf Saiteninstr. (hauptsächlich Streichinstr. und Harfe) erzeugten hohen, fast pfeifenden Töne, die durch Teilschwingungen einer Saite entstehen. *Natürliche F.* werden durch leichtes Aufsetzen der Fingerkuppe an den Teilungspunkten der Saite (bei $\frac{1}{2}$, $\frac{1}{3}$, $\frac{1}{4}$ usw. der Saitenlänge) erzeugt, die den Schwingungsknoten der betreffenden Obertöne entsprechen. *Künstliche F.,* die nicht in der Obertonreihe der leeren Saite auftreten, werden durch festes Aufsetzen eines Fingers (= neuer Sattel) und leichtes Aufsetzen eines anderen erzeugt; sie ermöglichen auch das Flageolettspiel in Doppelgriffen

Flamenco (span.), *cante flamenco* (andal.): Sammelbezeichnung für südspan. (andal.) volkstümliche Tanzlieder dramatischen Charakters mit schnellem Wechsel von rezitativischem und melodischem Vortrag; stilistisch sind der virtuosere *cante jondo* (span. *canto hondo* = tiefgründiger Gesang) oder *canto grande* (span. = großer Gesang) und der schlichtere *cante chico* (andal. = kleiner Gesang) zu unterscheiden. In beiden Stilarten wird der F.-Gesang vom F.-Tanz begleitet oder eingeleitet. Infolge seiner Verbreitung durch andal. Zigeuner seit Anfang des 19. Jh. wird der F. auch als *cante gitano* bezeichnet

Flanell(scheiben)schlegel: Schlegel mit Kopf aus Flanell bzw. Flanellscheiben (z. B. Paukenschlegel)

Flankenschrift →(45°-)Stereo-Schrift

flat (engl. = flach, matt): **1.** Versetzungszeichen (♭) für die Erniedrigung um einen Halbton
2. Bezeichnung der Halbtonerniedrigung durch ♭, z. B. es = *e flat*

flatted fifth (engl. = verminderte Quinte): für den →Bebop-Stil charakteristisches melodisches Hauptintervall im Jazz; →Tritonus

Flatterzunge: Artikulationstechnik beim Blasinstrumentenspiel mit sehr schneller, tremoloartiger Tonwiederholung durch schnelle Flatterbewegungen der Zungenspitze mittels des deutlich artikulierten Zitterlautes r. →Zungenstoß

flautando, flautato (ital.): *MA* flötenartig; beim Streichinstrumentenspiel ist der Bogen nahe am Griffbrett (→*sulla tastiera*) zu führen, wodurch die für den Streicherklang typischen geradzahligen Obertöne entfallen und weiche, flötenartige Töne entstehen

flautino (ital.): →Kleine Flöte, Piccolo; →Flageolett (1.)

Flautino, *Flageolett*: ⟨*Orgelregister*⟩ Lippenpfeifen (2′, 1′) aus Metall; heller Flötenklang

flauto (ital.): Flöte, →Große Flöte

flauto a becco (ital.): →Schnabelflöte, Blockflöte

flauto a cullise (ital.): Stempelflöte, →Lotosflöte

Flauto amabile: ⟨*Orgelregister*⟩ Lippenpfeifen (8′, 4′) aus Holz oder Metall, mittelweite Mensur; weicher Flötenklang

flauto contralto (ital.) →Altflöte

flauto da jazz (ital.): Stempelflöte, →Lotosflöte

flauto di Pan (ital.) →Panflöte

flauto dolce, flauto diritto (ital.) →Blockflöte

flauto grande (ital.) →Große Flöte

flauto piccolo (ital.): **1.** →Kleine Flöte, Piccolo **2.** →Flageolett (1.)

flauto traverso (ital.) →Querflöte

flebile (ital.): *VB* kläglich, wehmütig

flessatono (ital.) →Flexaton

flessibile (ital.): *VB* geschmeidig, biegsam

Flexaton (engl. *to flex a tone* = einen Ton biegen; franz., engl. *flexatone*): ⟨*Schlaginstr.*⟩ eine an einem gabelförmigen Griff befestigte breite Stahlzunge, die durch Schüttelbewegung (→Schüttelidiophone) in rascher Folge von zwei beidseitig auf Stahlfedern angebrachten kleinen Holzkugeln angeschlagen wird, wobei die Tonhöhe durch unterschiedlichen Daumendruck auf die Stahlzunge verändert werden kann; Tonumfang etwa h^1–f^3, notiert im Violinschlüssel; schwirrender, tremolierender Klang mit glissandoartiger Tonfolge

flicorno contralto (ital.) →Althorn; Altkornett

F-Löcher: besonders bei Streichinstr. die in die →Decke eingeschnittenen f-förmigen →Schallöcher

Flöte: **1.** etwa seit Mitte des 18. Jh. für →Große Flöte (Querflöte)

2. bis in das 18. Jh. für →Blockflöte (Längsflöte)

3. ⟨*Orgelregister*⟩ Lippenpfeifen (16′, 8′, 4′, 2′) aus Holz oder Metall, weite Mensur; voller, weicher Flötenklang

4. →Flöteninstrumente

Flöteninstrumente: →Holzblasinstrumente, bei denen der Ton (Spalt- und Schneidenton) durch wirbelartige Brechung des bandförmig gegen die scharfe Kante eines Anblasloches (Mundloch) oder des Aufschnitts eines Schnabelmundstücks gelenkten Luftstroms entsteht; zur Gruppe der F. zählen u. a. →Längsflöten, →Querflöten, →Gefäßflöten, →Kernspalt- oder Schnabelflöten, →Kerbflöten und die Lippenpfeifen (→Labiale) der Orgel

Flötenprinzipal: ⟨*Orgelregister*⟩ Lippenpfeifen (16′, 8′, 4′, 2′, 1′) aus Holz oder Metall, mittelweite Mensur; tragender Klang (zwischen →Flöte und →Prinzipal)

Flötenuhr: ⟨*mechanisches Musikinstr.*⟩ ein von einem Spielwerk mit Stiftwalze und Blasebalg betriebenes kleines →Flötenwerk des 16.–19. Jh.

Flötenwerk: **1.** (ital. = *organo di legno*) kleine Orgel (→Portativ), die im Gegensatz zum →Regal nur Flötenstimmen (→Labialpfeifen) aufweist

2. ⟨*mechanisches Musikinstr.*⟩ →Flötenuhr, →Orgelwalze

floor-tom-tom (engl.): →Tom-Tom mit Ständer

flores (lat. = Blumen): mittelalterliche Bezeichnung für Verzierungen in der Vokal- und Instrumentalmusik; →Diminution, →Kolorierung

Flügel: besaitetes →Tasteninstr. mit in Längsrichtung zu den Tasten verlaufendem Saitenbezug, dessen zunehmende Verkürzung im Diskant zu einer dem Vogelflügel ähnlichen, geschwungenen Gehäuseform führte; hierzu zählen F.

(1.) mit Hammermechanik als →Klein-, →Stutz- und →Konzertflügel

(2.) mit Zupfmechanik als Kielflügel (→Cembalo)

(3.) mit aufrechtstehendem Saitenbezug als →Clavicytherium, →Lyraflügel; →Giraffenklavier, Pyramidenflügel

Flügelhorn: Blechblasinstr. der Bügelhornfamilie in Diskantlage, in Trompeten- und ovaler Form, weit mensuriert, mit 3 Ventilen und Bechermundstück; Stimmung in B (e–b^2), in C (fis–c^3), in hoch Es (a–es^3); transp. notiert im Violinschlüssel. Verwendung als führendes Melodieinstr. im Blasorchester

fluente (ital.): *MA* fließend

flute (engl.), **flûte** (franz.) →Flöte

flûte à bec, flûte douce (franz.): Schnabelflöte, →Blockflöte

flûte à coulisse (franz.): Stempelflöte, →Lotosflöte

flûte alto (franz.) →Altflöte

flûte allemande (franz.) →Querflöte

flûte à l'oignon (franz.) →Zwiebelflöte

flûte piccolo (franz.) →Kleine Flöte

flûte traversière (franz.) →Querflöte

f major (engl.) →F-Dur

f minor (engl.) →f-Moll

f-Moll: Molltonart mit Vorzeichnung von vier ♭, Paralleltonart zu As-Dur;

Tonleitern
natürlich (oder rein)

harmonisch

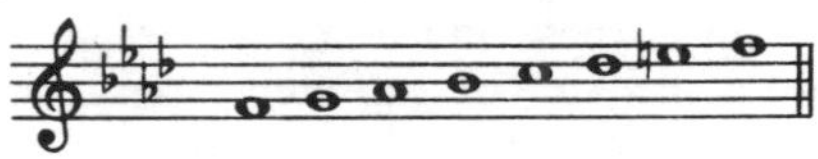

melodisch

focoso (ital.): *VB* feurig; vgl. *fuocoso*

foglio di metallo (ital.): Metallfolie, →Folienrassel

Folia, Follia: **1.** volkstümliches Thema, das als charakteristische Baßlinie (F.-Baßformel) mit feststehender Harmoniefolge einem um 1600 weitverbreiteten Variationsmodell zugrunde liegt und in enger Verbindung zu →Passamezzo antico und →Romanesca steht; nach Anpassung an den Folia-Tanz ist die F. seit dem 17. Jh. beliebtes Variationsthema, das sich nun allerdings auf die Oberstimmenmelodie ihrer Fassung als *Les Folies d'Espagne* (von M. Faninel) bezieht und bis in die Gegenwart Verwendung findet

2. ursprünglich ungeradtaktiger port. Fruchtbarkeitstanz, der im 15.–17. Jh. auch als →Moresca Verbreitung fand

Folienrassel, Folie: Metallfolie aus Leichtmetallblech unterschiedlicher Stärke, das durch Schüttelbewegung (→Schüttelidiophone) ein raschelndes oder knatterndes (= Donnerblech) Geräusch erzeugt

Folies d'Espagne →Folia

folk blues (engl.) →*country blues*

Folklore: Volkskunde; Sammelbegriff für vorwiegend mündlich überlieferte Volksbräuche, Volkstänze, Volkslieder und das ideelle Volksgut

Folk Rock (engl.): zeitgenössischer Musizierstil beatorientierter →Rock-Musik, der Ende der 60er Jahre in England und in den USA Einflüsse des traditionellen und zeitgenössischen Volksliedes (→*folk song*) sowie des →Rock'n'Roll aufnimmt und in der Regel mit kleiner Instrumentalbegleitung (→Country Rock) auskommt

folk song (engl.): **1.** Volkslied **2.** das an traditionelle Volkslieder anknüpfende zeitkritische volkstümliche Lied, das dem →Protestsong nahesteht; Hootenanny, →Liedermacher

fondamento (ital. = Grund): **1.** →Generalbaß **2.** →Baßstimme

Forlana, *Furlana, Friauler*: ital. Volkstanz aus Friaul (*Friuli*), der als scharf rhythmisierter Werbetanz (vermutlich slaw. Ursprungs) im schnellen $\frac{6}{4}$- oder $\frac{6}{8}$-Takt der →Tarantella und dem serbokroat. →Kolo ähnelt. Die F. findet bis in die Gegenwart Eingang in die Kunstmusik

Form, musikalische Form: die Gesamtheit der von Stil, Gattung und Inhalt bestimmten Gestaltungstypen musikalischer Werke, von den kleinsten Formeinheiten wie →Motiv, →Satz, →Periode und →Thema bis zu den großen →zyklischen Formen

Formanten: *Ak* nach Anzahl und Lage bestimmbare Frequenzbereiche, in denen durch →Resonanz die Verstärkung von Teilschwingungen eines Klanges im Bereich der Eigenfrequenzen des Schwingungssystems (z. B. Musikinstrument, menschliche Stimme) auftritt und die von wesentlicher Bedeutung für die →Klangfarbe sind

Formantfilter, Klangfarbenfilter: *EAk* →Bandfilter zur Hervorhebung der den Klangcharakter von Vokalen und Instrumentalklängen wesentlich bestimmenden Frequenzbereiche (→Formanten); sie dienen besonders der Klangformung bei →elektronischen Musikinstr.

Formenlehre: die auf der Analyse, Beschreibung und systematischen Darstellung der Gliederung und Gestaltung musikalischer Werke beruhende Lehre von den musikalischen Formen (→Form)

forte (ital.), ***f***: *VB* stark, laut, kräftig

fortefortissimo, *fortissississimo* (ital.), ***fff*** : *VB* äußerst stark, äußerst laut

fortepianissimo (ital.): →*fortepiano* (Steigerung)

forteplano (ital.), *fp* : **1.** *VB* stark hervorgehoben und danach sofort wieder leise; für die Steigerung steht *fortissimopiano* (*ffp*), *fortepianissimo* (*fpp*) bzw. *fortissimopianissimo* (*ffpp*)
2. *pianoforte*, →Klavier
forte possibile (ital.): *VB* so stark als möglich, so laut als möglich; vgl. *fortissimo possibile*
fortissimo (ital.), *ff*: *VB* sehr stark, sehr laut
fortissimopiano, fortissimopianissimo (ital.), *ffp* bzw. *ffpp* : →*fortepiano* (Steigerung)
fortissimo possibile (ital.), *fff* oder *ffff* : *VB* so stark als möglich, so laut als möglich
fortississimo (ital.) →*fortefortissimo*
Fortschreitung: die bestimmten Regel unterworfene (→Kompositionslehre) stufenweise Bewegung der Töne von einem zum anderen; →Bewegung, →Stimmführung
Fortspinnungsmotiv →Motiv
forza, con (ital.): *MA* mit Kraft
forza, con tutta la (ital.): *MA* mit aller Kraft
forzatissimo (ital.), *ffz* : →*forzato* (Steigerung)
forzato (ital. = erzwungen), **forzando,** *fz* : *MA* (plötzlich) verstärkt, den bezeichneten Einzelton (oder Akkord) relativ stark hervorgehoben; für die Steigerung steht *forzatissimo* (*ffz*), für eine längere Gestaltungsdauer *sempre forzato.* Vgl. *sforzato*
fouet (franz.) →Peitsche
four beat (engl. = Vierschlag): für die Musizierpraxis der Neger charakteristische gleichmäßige Betonung aller vier Zählzeiten des Grundmetrums, die eine der wesentlichen Grundlagen des Jazz (*four-beat-jazz*) ist
Fourier-Analyse →harmonische Analyse
fours (engl.): im Jazz der viertaktige Wechsel der Soloimprovisationen zwischen den Solisten; vgl. *chase chorus*
Foxtrott (engl. = Fuchsgang), **Fox:** moderner Gesellschaftstanz (Standardtanz) nordamerik. Herkunft in ursprünglich mäßig schnellem $\frac{4}{4}$-Takt mit synkopierter Rhythmik, der um 1910 aus →Ragtime und →Onestep entstand; seit 1924 Unterscheidung des schnellen F. (= *Quickstep*) von dem eigentlichen, langsameren F. (= *Slowfox*)
fp: Zeichen für →*fortepiano*
ffp: →*fortepiano* (Steigerung)
frame drum (engl.) →Rahmentrommel
Française (franz. = französisch): älterer franz. Gesellschaftstanz, vorwiegend im $\frac{6}{8}$-Takt, der im 19. Jh. nach Deutschland

gelangte und in der im 18. Jh. in Frankreich aus der englischen →*country dance* hervorgegangenen →Anglaise wurzelt; →Kontertanz, →Ecossaise

französische Ouvertüre: Typus der dreiteiligen (Opern-) →Ouvertüre des 17./18. Jh. mit der Zeitmaßfolge *langsam – schnell – langsam*

Frauenchor: 1. Gemeinschaft singender Frauen und Mädchen, in der jede Stimmlage mehrfach besetzt ist; gegenüber dem in gleicher Stimmlage singenden →Kinderchor hat der F. größeres Klangvolumen
2. Kurzbezeichnung für das von Frauenstimmen auszuführende Chorwerk

freddo (ital.): *VB* kalt, gleichgültig, unfreundlich

Free Jazz (amerik. = freier Jazz): Musizierstil des →modernen Jazz, der seit den 60er Jahren die Musizierpraxis des →*Bebop* experimentell bis zur völligen Ungebundenheit des einzelnen Musikers in der spontanen Improvisation unter Aufgabe aller musikalisch-thematischen Bindungen (= offene Form) führt

free time (engl.): *MA* in freiem Zeitmaß

freier Kontrapunkt →Kontrapunkt

Freisaiten: nicht durch Fingerdruck zu verkürzende, neben dem →Griffbrett gespannte Saiten; →Bordun (3.)

freischwingende Zungen →durchschlagende Zungen

Freischwinger: *EAk* einfacher elektromagnetischer →Lautsprecher

French horn (engl.) →Horn, →Waldhorn

Frequenz: *Ak* die Anzahl der vollständigen Schwingungen pro Zeiteinheit, gemessen in →Hertz (*Hz*); →Tonhöhe

Frequenzband →Bandbreite

Frequenzmodulation: *EAk* senderseitige Veränderung (Überlagerung) der für drahtlose Übertragung geeigneten hochfrequenten Trägerschwingung (z. B. für den UKW- und Fernsehtonbereich) proportional zur Modulationsfrequenz der zu übertragenden niederfrequenten Schallinformation

fresco, frescamente (ital. = kühl): *VB* frisch, lebhaft, munter

frettando, con fretta (ital.): *VB* eilend, hastend; in Eile, mit Hast. Vgl. *presto*

frettoloso (ital.): *VB* eilig, hastig

Friktionsinstrumente (franz. *friction* = Reibung), *Reibidiophone*: Sammelbezeichnung für eine Gruppe der →Selbstklinger, deren Tonerzeugung durch Reiben erfolgt; dazu zählen u. a. →Glasharmonika (unmittelbar, mit der Hand), →Singende Säge (mittelbar, mit dem Streichbogen) und →Klavicylinder (mechanisch, mit rotierendem Zylinder)

Friska, Friss (ung. *friss* = munter, frisch): der schnelle, sich überschäumend steigernde Hauptteil (Paartanz) des →Csárdás

frivolo (ital.): *VB* leichtfertig, tändelnd, frivol

frôlé (franz. = gestreift) →*strisciato*

Frosch: 1. Vorrichtung mit Gewinde und Stellschraube zum Spannen der Bogenhaare (→Bezug [2.]) am Griffende des modernen →Streichbogens
2. *MA* am Frosch, zur Erzielung einer harten Tongebung beim Streichinstrumentenspiel

frotter (franz.): *MA* reiben

Frottola (ital.): mehrstimmiges weltliches ital. Strophenlied des 15./16. Jh., in dem homophoner Satz und Oberstimmenmelodik vorherrschen

frullando, frullato (ital.): *MA* schwirrend, →Flatterzunge

frusta (ital.) →Peitsche

F-Schlüssel: von dem Tonbuchstaben F abgeleiteter Notenschlüssel, der im Notenliniensystem jeweils die den Ton f (kleines f) festlegende Notenlinie bezeichnet:

Bariton- Baß- Subbaß-Schlüssel

f sharp (engl.) →fis

Füllstimmen: 1. im mehrstimmigen homophonen Satz die harmonieergänzenden und klangverstärkenden Stimmen (Mittelstimmen) ohne eigenständige melodische Entwicklung
2. sinnentstellend für die →Quint- und →Terzregister der Orgel

Fünfertakt, *fünfteiliger* oder *fünfzähliger Takt*: aus fünf Zählzeiten bestehender ungerader Takt, auch als Verbindung eines →Zweier- und eines →Dreiertaktes

Fünfklang: Zusammenklang von fünf Tönen unterschiedlicher Tonhöhe, die zueinander in einem bestimmten Verhältnis stehen; z. B. der im Terzenaufbau gebildete vollständige →Nonenakkord

fünfstufige Tonleiter, fünfstufiges Tonsystem →Pentatonik

fünfteiliger Takt, fünfzähliger Takt →Fünfertakt

fuga (lat., ital. = Flucht): **1.** seit dem 17. Jh. →Fuge
2. im 15./16. Jh. Bezeichnung für die kontrapunktische Technik der →Imitation
3. im 14.–16. Jh. der →Kanon

Fugara (böhm. *fujara* = Hirtenflöte): ⟨*Orgelregister*⟩ Lippenpfeifen (8', 4') aus Metall, mittelenge Mensur; scharf streichender, heller Klang

fugato (ital.), **Fugato: 1.** fugenartig gearbeitet, fugiert **2.** fugierter Abschnitt, meist nur mit fugenartigen Themeneinsätzen ohne Durchführung (→Fuge), innerhalb eines nicht streng fugenartig gearbeiteten Satzes; z. B. in Konzert, Sonate, Sinfonie

Fuge (lat., ital. *fuga* = Flucht): seit dem 17. Jh. die kunstvollste Form der Mehrstimmigkeit (→Polyphonie) in strenger kontrapunktischer Technik (→Kontrapunkt); das Thema (→*dux*) und seine Beantwortung (→*comes*) werden durch alle Stimmen geführt (→Exposition [2.] bzw. →Durchführung [3.]). Vor weiteren Durchführungen sind freie Zwischenspiele (→Episode [2.] und →Divertimento [2.]) eingefügt. Kontrapunktische Steigerungen werden durch →Engführung, Vergrößerung (→Augmentation), Verkleinerung (→Diminution), →Umkehrung und Gegenbewegung (→Krebs) des Themas sowie →Orgelpunkt erreicht. Fugen mit zwei und mehr Themen: →Doppelfuge, →Tripelfuge, →Quadrupelfuge; →Kontrasubjekt

fuggevole, fuggitivo (ital.): *VB* flüchtig, vergänglich

fughetta (ital.), **Fughette:** kleine Fuge, häufig ohne strenge Durchführung

fugiert (ital. = *fugato*): fugenartig gearbeitet

fugue (franz., engl.) →Fuge

full organ (engl.): *MA* mit dem *vollen Werk* der Orgel; vgl. *organo pleno*

full score (engl.): Dirigierpartitur

full tone (engl.): *MA* mit vollem Ton

fulminante (ital.): *VB* blitzend, zündend, großartig, niederschmetternd

Fundamentalbaß →*basse fondamentale*

Fundamentinstrumente, *Generalbaßinstrumente*: die zur Ausführung des →Generalbasses gebrauchten Instr. für das Akkordspiel (Tasteninstr., Laute, Theorbe u. a.) und die Stützung der Baßlinie (Kontrabaß, Violoncello, Viola da gamba, Fagott u. a.); dagegen →Ornamentinstr.

fundamentum (lat. = Grund): **1.** →Generalbaß **2.** →Baßstimme **3.** in der mittelalterlichen Musiklehre der →Tenor, als Grundlage des tonalen, rhythmischen und harmonischen Aufbaus einer Komposition

funebre (ital.), **funèbre** (franz.): *VB* trauervoll, traurig, Trauer; z. B. *marcia funebre*

Funk, Funky Jazz (amerik. Slang *funky* = feige, ranzig): Musizierrichtung des →Hard Bop, die im →modernen Jazz Ende der 50er Jahre und in den 60er Jahren mit der Einbeziehung von Elementen des →Blues, des →Gospelsongs und des

→*work songs* bewußt auf die afroamerik. Negerfolklore zurückgreift (→Soul). Seit den 70er Jahren auch zusammenfassende Bezeichnung für die bluesorientierte Musizierhaltung farbiger Musiker in der →Rock- und →Pop-Musik

Funkoper: Operngattung, die die speziellen technischen und künstlerischen Möglichkeiten des Rundfunks dramaturgisch nutzt und sich damit von Opernübertragungen und Funkbearbeitungen eigentlich für die Opernbühne bestimmter Werke unterscheidet

Funktionstheorie, Funktionsharmonik: System der analytischen Harmonielehre (H. Riemann u. a.), das alle Akkordverbindungen in Dur und Moll auf ihre verwandtschaftliche Beziehung zu den Hauptharmonien – zum tonalen Zentrum, der →Tonika, und dessen quintverwandten Klängen, →Dominante und →Subdominante – zurückführt und mit Funktionssymbolen (z. B. *T* = Tonika, *D* = Dominante, *S* = Subdominante) bezeichnet; dagegen →Stufentheorie

fuocoso, con fuoco (ital.): *VB* feurig; mit Feuer

furia, con (ital.): *VB* mit Raserei, voller Wut; mit Eile

Furiant: böhmischer Volkstanz im schnellen, scharf akzentuierten und wechselnden $\frac{2}{4}$- und $\frac{3}{4}$-Takt (→Zwiefacher); seit dem 19. Jh. in der Kunstmusik im $\frac{3}{4}$-Takt

furioso (ital.), **Furioso: 1.** *VB* rasend, wild, wütend
2. Komposition oder Satz im entsprechenden Charakter

Furlana →Forlana

furore, con (ital.): *VB* mit Raserei, voller Wut; mit Begeisterung. →*far furore*

fusa (lat. = die ausgestreute), *nota fusa*: sehr kurzer Noten- und Pausenwert der →Mensuralnotation, dessen Dauer dem vierten Teil der →*minima* bzw. zwei Semifusae (→*semifusa*) und damit etwa der heutigen →Zweiunddreißigstel entspricht; seit dem 15. Jh. notiert: 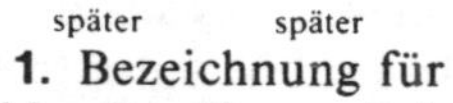

später später

Fuß, *Fußmaß, Fußtonzahl*: **1.** Bezeichnung für die Tonhöhe der →Orgelregister; sie wird im Orgelbau seit dem Mittelalter auf den Ton C bezogen, für den die Länge einer offenen →Labialpfeife des Prinzipalregisters nach altem Längenmaß (1 Fuß = 1′ = etwa 31,5 cm) mit 8 Fuß (8′) = etwa 2,50 m angegeben wurde. Die Fußtonzahl 8′ gilt für das gesamte 8′-Register, in dem alle Stimmen in der notierten Tonhöhe (→Äquallage) erklingen. Entsprechend klingen offene 16′- und 32′-Register eine bzw. zwei Oktaven tiefer, 4′-, 2′- und 1′-Register dagegen eine, zwei bzw. drei Oktaven höher als notiert. Bei →gedeckten Registern haben die Pfeifen halbe, bei →überblasenden Registern doppelte Länge als die (auf die Tonhöhe bezogene) Fußtonzahl angibt

2. Beim →Cembalo ist das 8′-Register die normale Stimmung des Saitenbezuges; das 4′-Register klingt mit halber Saitenlänge eine Oktave höher, das 16′-Register mit doppelter Saitenlänge eine Oktave tiefer

Fußmaschine, *Schlagmaschine, Pedalschlegel* (engl. *pedal*): mit dem Fuß zu betätigende Hebelvorrichtung für den Schlegel (des kleineren Jazzmodells) der →Großen Trommel

fz : Notationszeichen für →*forzato*

G

g: 1. Tonname für den 5. Ton der C-Dur-Tonleiter (→Grundskala) im kleinen Oktavbereich

2. Akkordbezeichnung für den g-Moll-Dreiklang

3. Kurzbezeichnung für die Tonart →g-Moll

g^{1}**, g′, $\bar{g}$** (*eingestrichenes g*): **1.** Tonname für den Stammton g im eingestrichenen Oktavbereich

2. Schlüsselbuchstabe zur Fixierung der absoluten Tonhöhe auf Notenlinien; →G-Schlüssel, →Violinschlüssel

G: 1. Tonname für den Stammton g im Bereich der großen Oktave

2. Akkordbezeichnung für den G-Dur-Dreiklang

3. Kurzbezeichnung für die Tonart →G-Dur

4. Symbol der Harmonielehre für →Gegenklang

5. Bezeichnung der Stimmung jener transp. Instr., die eine Quarte tiefer als notiert klingen (z. B. Altflöte in G)

6. Tonname für die 7. Tonstufe (Septime über A) der mittelalterlichen Oktavreihe in der lat. →Buchstabentonschrift

7. →*gamma*

Gabelbecken, *Handgabelbecken, Metallkastagnetten:* ⟨*Schlaginstr.*⟩ zwei kleine Gegenschlagzimbeln (→*cymbales antiques*) ohne bestimmte Tonhöhe, die an einem gabelförmig gebogenen, federnden Stahldraht (ursprünglich Holzgabel) befestigt sind und durch Handdruck gegeneinander geschlagen werden

Gabelgriffe (engl. *cross-fingering*): Griffweise (*Applikatur*) auf klappenlosen Holzblasinstr., mit der mehrere nicht nebeneinanderliegende Grifflöcher gleichzeitig abgedeckt bzw. geöffnet werden;

(1.) zur Gewinnung chromatischer Zwischentöne auf Instr. mit diatonischer Grifflochanordnung (bei barocker Griffweise der Blockflöte auch für die diatonische 4. Stufe)

(2.) zur Korrektur unreiner Intonation (→intonieren) und zur Erzielung besonderer Klangwirkungen

Gabelklavier, *Adiaphon*: Tasteninstr. (1882 patentiert) mit chromatisch abgestimmten Stimmgabeln (*Stimmgabelklavier*) anstelle der Saiten; Umfang F–f^3

gagliarda (ital.), **Gagliarde** →Galliarde

gagliardo (ital. = rüstig): *VB* kräftig, stark, draufgängerisch, rasch

gaiamente (ital.): *VB* fröhlich, heiter, lustig

gaiement, gaiment (franz.): *VB* fröhlich, heiter, lustig

gaillarde (franz.) →Galliarde

gaily (engl.): *VB* lustig, munter, lebhaft

gaio (ital.): *VB* fröhlich, heiter, lustig

galante (ital.), **galant** (franz.): *VB* gefällig, geschmackvoll, artig; galant

galanteria (ital.), **galanterie** (franz.) →Galanterien

Galanterien: im 18. Jh. Bezeichnung für kleine homophone Instrumentalsätze ähnlich dem →Air und einzelne Tanzsätze der →Suite, besonders für Tasteninstr.

Galgen, *Pulthaken*: Aufhängevorrichtung mit galgenartig ausgelegter Querstange für Einzelbecken oder Triangel als Pulthaken oder Ständer

Galliarde, *Gagliarde* (franz. *gaillard* = ausgelassen, draufgängerisch):

1. im 15.–17. Jh. verbreiteter volkstümlicher Tanz franz.-ital. Herkunft im lebhaften Dreiertakt mit punktiertem Rhythmus, der häufig als ungeradtaktiger →Nachtanz (Springtanz) einem langsameren geradtaktigen Schreittanz zugeordnet ist und in dem →Tanzpaar Pavane–Galliarde zum Kern der instrumentalen →Suite wird

2. im 17./18. Jh. zunehmend stilisierter, häufig auch geradtaktiger und langsamer Instrumentalsatz

galop (franz., engl., ital.) →Galopp

Galopp, Galoppade, *Schnellpolka*: um 1820 aus einem dtsch. Volkstanz (*Rutscher*) hervorgegangener, meist dreiteiliger Gesellschaftstanz im sehr schnellen $\frac{2}{4}$-Takt, der einer schnell getanzten →Polka nahe steht und Eingang in die Kunst- und Unterhaltungsmusik fand

galoubet (franz.): provenzal. Einhandflöte mit 3 Grifflöchern, die der Galoubetpfeifer zum einhändig geschlagenen →*Tambourin* (*provençal*) bläst; vgl. Schwegel

Galtonpfeife: von dem engl. Naturwissenschaftler F. Galton konstruierte, durch ein Gummigebläse betätigte gedeckte →Lippenpfeife u. a. zur Ermittlung der oberen Begrenzung des individuellen menschlichen →Hörbereichs in Akustik und Medizin

Gambang: Sammelbezeichnung für die Stab- und Plattenspiele des indones. →Gamelan

Gambe: 1. Kurzform für →Viola da gamba **2.** ⟨*Orgelregister*⟩ Lippenpfeifen (16′, 8′,4′) aus Metall, mit sehr enger Mensur; scharf streichender Klang

Gambenfamilie: die aus Diskant- (d g c^1 e^1 a^1 d^2), Alt- bzw. (durch die Größe unterschiedenes) Tenor- (A d g h e^1 a^1) und Tenor-/Baß-Instr. (D G c e a d^1) gebildete Stimmfamilie (→Chor [6.]) der →Viola da gamba in der Hauptgruppe der →Violen

Gamelan (javan.), **Gamelanorchester, Gamelanmusik:** aus Schlaginstr. (u. a. Gong-, Schlagstab- und Schlagplattenspiele), dem Streichinstr. →*Rabāb* und der Längsflöte *Suling* sehr unterschiedlich zusammengesetztes und häufig von der Trommel *Kedang* angeführtes Instrumentalensemble zur Begleitung kultischer Tanzszenen und Schattenspiele auf Java und Bali (Indonesien); →*pélog*, →*sléndro*

¹gamma (griech. Großbuchstabe Γ): **1.** der dem Stammton g im großen Oktavbereich entsprechende tiefste Ton der mittelalterlichen Oktavreihe in der lat. →Buchstabentonschrift, der er im 10. Jh. unterhalb A (tiefster Ton des altgriech. *systema teleion*) hinzugefügt wurde
2. von der Tiefenbegrenzung der mittelalterlichen Oktavreihe auf die Gesamtskala übertragene Bezeichnung; →Tonleiter
3. Schlüsselbuchstabe (meist zusammen mit einem →F-Schlüssel) zur Fixierung der absoluten Tonhöhe auf Notenlinien; tiefer →G-Schlüssel (für den Ton G)

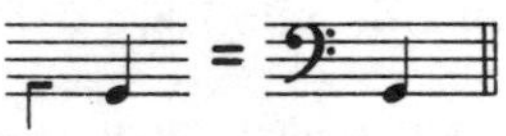

²gamma (ital.), **gamme** (franz.), **gamut** (engl.): Tonleiter, Skala; Tonbereich

Gang, *Lauf* →Passage

ganze Note, Ganze: rhythmischer Bezugswert für die zeitlich relative Tondauer von 2 halben Noten, 4 Viertelnoten usw. entsprechend der zugrunde liegenden Zählzeit (→Takt); notiert 𝅝
→Noten- und Pausenwerte

ganze Pause: 1. Pause im Wert der →ganzen Note; notiert 𝄻
2. Ganztaktpause (in gleicher Notierung)

Ganzinstrumente: Bezeichnung für jene Blechblasinstr., für die aufgrund ihrer weiten Mensur der tiefe Eigenton des Rohres (1. Naturton) – ohne daß er in die Oktave überschlägt – musizierpraktisch nutzbar ist (z. B. bei Bügelhörnern und Tuben); dagegen →Halbinstrumente

Ganzschluß: harmonische Schlußwendung (→Kadenz [1.]), die mit der →Tonika auf betonter Taktzeit endet; beim *authentischen Schluß* (V–I) wird die Tonika aus der →Dominante, beim *plagalen Schluß* oder *Kirchenschluß* (IV–I) aus der →Subdominante erreicht. Wird dabei die führende Stimme melodisch nicht zum Grundton der Tonika geführt (= *vollkommener G.*), sondern zu deren Quinte oder Terz, so handelt es sich um einen *unvollkommenen G.* →Klausel

Ganzton: das aus zwei →Halbtönen bestehende Intervall der großen Sekunde; in der →temperierten Stimmung als $\frac{1}{6}$ der Oktave mit der Größe von 200 →Cent (= *temperierter G.*). Die →reine Stimmung unterscheidet dagegen den *großen* oder *pythagoreischen G.* mit dem Schwingungszahlenverhältnis 9:8 und den *kleinen G.* (10:9), deren akustische Differenz (syntonisches →Komma) in der musikalischen Praxis unberücksichtigt bleibt

Ganztonleiter: die stufenweise, nach der Tonhöhe geordnete Folge von 6 gleich großen Ganztönen innerhalb einer Oktave in der temperierten Stimmung; die beiden in Originalgestalt und deren Transposition möglichen Tonleitern, die zusammen alle 12 Töne der →chromatischen Tonleiter ergeben, sind in unserer Notenschrift darstellbar als

 und 

garbato, con garbo (ital.): *VB* anmutig, liebenswürdig; mit Anmut

Gassenhauer (frühnhd. = Gassengänger): **1.** seit dem 19. Jh. das volkstümliche deutschsprachige Großstadtlied in vielschichtiger Erscheinungsform, u. a. als Tanzlied, →Couplet, →Parodie, →Moritat, städtisches →Volkslied, →Schlager
2. im 16.–18. Jh. Bezeichnung für müßiggehende Gassengänger („Pflastertreter") sowie deren Lieder und Tänze

Gattungen, musikalische: nach Zweckbestimmung, Besetzung, Textwahl bzw. Aufführungspraxis untereinander übereinstimmende Gruppen musikalischer Werke, weitgehend unabhängig von deren Stil und Form; zu den Hauptgattungen zählen u. a. →Solosonate, →Streichquartett, →Solokonzert, →Sinfonie, →Sololied, →Kantate, →Oratorium, →Oper

gauche (franz.), *main gauche*: *MA* links, linke Hand

gavotta (ital.), **gavotte** (franz., engl.) →Gavotte

Gavotte: im 16./17. Jh. aus dem →Branle hervorgegangener und ihm noch häufig verbundener franz. Volks- und Gesellschaftstanz im nicht zu lebhaften $\frac{2}{4}$-, $\frac{4}{4}$- oder →Alla-breve-Takt mit durchgehender Viertel- und Achtelbewegung, fast immer mit einem Auftakt von zwei Vierteln beginnend. Seit dem 17. Jh. findet die G., zunächst als Hoftanz und in Ballett und Oper eingeführt, zunehmend Eingang in die instrumentale →Suite, wo sie häufig zwischen →Sarabande und →Gigue eingeschoben wird. Bevorzugt tritt sie in paarweiser Folge mit einer zweiten, kontrastierenden und oft als →Musette gestalteten G. als Mittelteil (→Trio) auf. Enge Beziehungen bestehen zu →Bourrée und →Rigaudon

gay (engl.): **1.** *VB* lustig, munter, lebhaft **2.** (amerik.) *VB* frech

g double-flat (engl.) →geses

g double-sharp (engl.) →gisis

G-Dur: Durtonart mit Vorzeichnung von einem ♯;

Tonleiter 

Gebäude: der zweite Teil (→Gegenstollen) des →Aufgesangs der →Meistersingerstrophe

Gebrauchsmusik: im 20. Jh. geprägter und in der Musikästhetik unterschiedlich, häufig aber in abwertendem Sinne verwendeter Begriff für alle – im Gegensatz zu →absoluter Musik und „gehobener“ Konzertmusik – „außermusikalischen“ Zwekken dienenden unmittelbar funktionsbezogenen Musikformen wie Arbeitslied, Sport-, Marsch-, Tanz- und Unterhaltungsmusik, aber auch Film-, Hörspiel- und Fernsehmusik (dazu →angewandte Musik)

Gebrauchstonleiter: die stufenweise, nach der Tonhöhe geordnete und in der Aufeinanderfolge einzelner Tonschritte festgelegte Folge von Tönen, die eine Auswahl aus der →Materialtonleiter darstellt und innerhalb des Tonvorrats transp. werden kann; →Tonleiter

gebrochene Akkorde →Akkordbrechung

gebrochene Oktave: **1.** bei Klavierinstr. →kurze Oktave mit geteilten Obertasten für D und E, deren erhöhte hintere Hälften als Tasten für Fis und Gis ausgelegt wurden; auch Klaviaturen von Instr. mit mehr als 12 Tonstufen pro Oktave benutzten die g. O.

2. im 17./18. Jh. häufig bedeutungsgleich für →kurze Oktave

gebunden →*legato*

gebundener Stil, *strenger Stil*: der an feste Regeln gebundene kontrapunktische Satz (→Kontrapunkt [1.])

gebundenes Klavichord →Klavichord

Gedackte: **1.** am oberen Ende mit Haube, Hut oder Spund geschlossene (gedeckte) Lippenpfeifen (→Labiale) der Orgel mit eigentümlich hohlem, obertonarmem Klang; sie klingen bei zylindrischem Pfeifenkörper eine Oktave tiefer als gleichlange offene Pfeifen, bei konischem Pfeifenkörper eine Quinte tiefer als gleichlange offene zylindrische Pfeifen
2. ⟨*Orgelregister*⟩ gedackte Lippenpfeifen (32′, 16′, 8′, 4′, 2′) aus Holz oder Metall, mittelweite Mensur; hohler, dunkler Klang

Gefäßflöten: Sammelbezeichnung für →Flöteninstr., deren Luftsäule nicht in einem Rohr (→Längs- und →Querflöte), sondern in einem Gefäß schwingt; z. B. Okarina

Gefäßgong: oben offener kesselförmiger →Gong unterschiedlicher Größe, der am Rande angeschlagen wird; z. B. Dobači

Gefäßklappern →Gegenschlaggefäße

Gefäßrasseln: Untergruppe der →Schüttelidiophone; z. B. Maracas

Gefäßtrommeln: ⟨*Schlaginstr.*⟩ Einfelltrommeln mit Resonator, bei denen die Membran (Schlagfell) einseitig über einen durch Spannschrauben verstellbaren Spannreifen oder unmittelbar über die große Öffnung eines (häufig unten auch offenen) Gefäßes aus Ton, Holz oder Metall gespannt ist; dazu zählen einige →Röhrentrommeln (z. B. Bongos, Conga) und die →Pauken

Gegenbewegung (lat. *motus contrarius*): **1.** das gleichzeitige Fortschreiten zweier Stimmen in entgegengesetzter Richtung als Mittel der →Stimmführung im mehrstimmigen Satz
2. die →Umkehrung (Inversion) eines Motivs oder Themas

Gegenfuge, *Inversionsfuge, Spiegelfuge*: →Fuge, deren Themenbeantwortung (→*comes*) die melodische →Umkehrung der Grundgestalt (→*dux*) ist

Gegenkanon, *Umkehrungskanon, Spiegelkanon*: →Kanon, bei dem die nachfolgenden Stimmen (*consequente*) das Thema in umgekehrter, d. h. entgegengesetzter Tonfortschreitung nachahmen

Gegenklänge, Gegenharmonien, *G* bzw. *g*: zu den →Nebendreiklängen zählende Akkorde, deren terzverwandtschaftlichem Verhältnis zu den drei →Hauptdreiklängen die große Terz zugrunde liegt: Tonikagegenklang (*Tg* bzw. *tG*), Dominantgegenklang (*dG*), Subdominantgegenklang (*Sg*). →Medianten

Gegensatz: Kontrapunkt zum Thema einer Fuge; →Kontrasubjekt

gegenschlagende Zungen, Gegenschlagzungen: **1.** Zungenstimmen, bei denen die nichtbefestigten Enden zweier im

Luftstrom schwingender Rohrblätter (→Doppelrohrblatt) gegeneinanderschlagen; z. B. bei →Oboe, →Fagott
2. Polsterzungen wie die Stimmlippen des Kehlkopfes und die Lippen des Blechbläsers

Gegenschlaggefäße, *Gefäßklappern*: Untergruppe der →Gegenschlagidiophone; z. B. Kastagnetten, Becken(paar)

Gegenschlagidiophone, *Klappern*: Sammelbezeichnung für eine Gruppe der →Selbstklinger, deren Tonerzeugung durch unmittelbares Gegeneinanderschlagen überwiegend paarweise zugeordneter Instrumententeile erfolgt; dazu zählen u. a. →Gegenschlagstäbe (z. B. Claves), →Gegenschlagplatten (z. B. Peitsche), →Gegenschlaggefäße (z. B. Kastagnetten, Becken)

Gegenschlagplatten, *Plattenklappern*: Untergruppe der →Gegenschlagidiophone; z. B. Peitsche

Gegenschlagstäbe, *Stabklappern*: Untergruppe der →Gegenschlagidiophone; z. B. *Claves*

Gegenschlagzimbeln →*cymbales antiques*

Gegenstollen: der auf den ersten →Stollen (=Gesätz) folgende und mit diesem melodisch übereinstimmende zweite Stollen (= Gebäude) im →Aufgesang der Meistersingerstrophe. →Barform

Gehör: der Sinn zur Wahrnehmung von Schallwellen innerhalb des →Hörbereiches und deren vorrangiger Unterscheidung nach Lautstärke und Frequenz(en). Grundlage des musikalischen →Hörens; →absolutes Gehör, →relatives Gehör

Gehörbildung: die Entwicklung der Fähigkeit, Töne bzw. Tonabstände (→Intervalle), Tonfolgen, Zusammenklänge (→Akkorde) und rhythmische Bewegungsabläufe bewußt zu erfassen, genau nachzusingen und notenschriftlich wiederzugeben sowie die systematische Förderung der Hörgewohnheiten. →Musikerziehung, →Musikdiktat, →Solfeggio, →Solmisation, musikalisches →Hören

Gehörknöchelchen, Gehörknöchelkette: die im Mittelohr aus drei gelenkig verbundenen Knöchelchen gebildete Knöchelkette, bestehend aus Hammer (lat. *malleus*), Amboß (lat. *incus*) und Steigbügel (lat. *stapes*); sie überträgt die auf das Trommelfell auftreffenden Schallwellen als Körperschall auf die Labyrinthflüssigkeit (Lymphe) des Innenohrs

Gehörphysiologie, *physiologische Akustik*: die Lehre von den organischen Funktionen des →Gehörs bei der Aufnahme, Weiterleitung und Wahrnehmung von Schallwellen, an denen die beiden Ohren (mit äußerem Ohr, Mittel- und Innenohr), ein kompliziertes System von Nervenbahnen und bestimmte Gehirnzentren mitwirken. Musikalisches →Hören

Gehörpsychologie, *psychologische Akustik*: die Lehre von den seelisch-geistigen Gesetzmäßigkeiten der Gehörserscheinungen und den diesen zugrunde liegenden strukturbedingten Gehörsanlagen, wie inneres Gehör, absolutes Gehör, relatives Gehör. →Tonpsychologie, →Musikpsychologie

Geige: **1.** seit dem 18. Jh. im volkstümlichen Sprachgebrauch bedeutungsgleich mit →Violine

2. im Mittelalter bis ins 16. Jh. Bezeichnung für den in Armhaltung gespielten und vom →Rebec abgeleiteten bundlosen Streichinstrumententyp mit schlank-birnenförmigem, bauchigem Korpus ohne abgesetzten Hals, mit Wirbelkasten und – im Unterschied zur Gruppe der →Fidel- und →Lira-Instr. – seitenständigen Wirbeln (Flankenwirbeln); im 17. Jh. vertritt die →Pochette den Geigentyp

Geigenprinzipal, Geigendprinzipal: ⟨*Orgelregister*⟩ Lippenpfeifen (16', 8', 4') aus Metall, enge Mensur; leicht streichender Klang (zwischen →Prinzipal und →Gambe)

Geißlerlieder: Lieder der geistl. Laienbruderschaften der Flagellanten (lat. = Geißler) des 13./14. Jh., die diese auf ihren Pilgerzügen, beim Einzug in eine Stadt, während ihrer zur Buße mahnenden öffentlichen Selbstgeißelung und bei ihrem Abzug sangen; sie gingen z. T. auf alte →Leisen zurück und lebten auch nach Unterdrückung der Geißlerbewegung in Wallfahrtsgesängen weiter

Geisterharfe →Äolsharfe

Geistliches Konzert: Vokalkonzert des 17. Jh. im evangel. Gottesdienst, das als ein- und mehrstimmige solistische Gesangsform mit →Generalbaßbegleitung den dramatisch gestalteten Dialog bevorzugt und mit der Einbeziehung von →Aria und →Choral unmittelbar zur Herausbildung der →Kantate führte; im 20. Jh. neu belebt

geistliches Lied: **1.** das religiös gebundene, →Gemeinde- und →Kirchenlied einbeziehende Lied

2. →*negro spiritual*, →Gospelsong, →*ring shouts*

geistliches Spiel →liturgisches Drama

GEMA, *Gesellschaft für musikalische Aufführungs- und mechanische Vervielfältigungsrechte:* mit der Wahrnehmung der →Aufführungs- und mechanischen Vervielfältigungsrechte der Urheber (Komponisten, Textdichter) und Verleger vertraglich beauftragte Urheberrechtsgesellschaft in Deutschland

Gemeindelied: das im Gottesdienst im Gegensatz zum lat. →Gregorianischen Choral von der Gemeinde in der Volkssprache gesungene und in Gesangbüchern verbreitete strophische ev. Kirchenlied

gemischte Farbregister: aus mehreren Obertonregistern (→Aliquoten) zusammengesetzte Orgelregister (→gemischte Stimmen [2.]); z. B. Kornett (2- bis 5fach), Zink (3fach), Rauschquinte (2fach); →mehrchörig (2.)

gemischte Lage: Stimmführung innerhalb des vierstimmigen Satzes, bei der zwei Stimmen zueinander in →*enger Lage,* zu den anderen aber in →*weiter Lage* stehen; →Lage (1.)

gemischter Chor: 1. Gemeinschaft singender Frauen und Männer, in der jede Stimmgattung (Sopran, Alt, Tenor, Baß) mehrfach besetzt ist; ihm sind die Oratorien-, Volks- und ausgesprochenen A-cappella-Chöre (z. B. Madrigalchöre) zuzurechnen; dagegen →gleichstimmiger Chor

2. Kurzbezeichnung für das von diesen auszuführende Chorwerk

gemischte Stimme: Zwischenregister der menschlichen Stimme; →*voix mixte*

gemischte Stimmen: 1. →gemischter Chor

2. aus mehreren Pfeifenreihen (Pfeifenchören) zusammengesetzte Orgelregister (→mehrchörig [2.]), zu denen →Klangkronen und →gemischte Farbregister zählen; sie sind nur zusammen mit kräftigen →Grundregistern einzusetzen

Gemshorn: 1. ⟨*Orgelregister*⟩ konische Lippenpfeifen (8′, 4′, 2′) aus Metall, weite Mensur; weicher, hornähnlicher Klang

2. im 16. Jh. tierhornartig geformtes Holzblasinstr. mit 4 Grifflöchern und Kernspaltmundstück (→Kernspaltflöten)

genera (griech. *genos* = Gattung, Geschlecht): **1.** musikalische →Gattungen

2. in der Tonartenlehre seit dem 17. Jh. die Tongeschlechter →Dur und →Moll

3. in der altgriech. Musiklehre die Tongeschlechter →Diatonik, →Chromatik und →Enharmonik

Generalbaß (ital. *basso continuo,* franz. *basse continue,* engl. *thorough bass*):

1. in der mehrstimmigen Musik des späten 16.–18. Jh. die instrumentale Baßstimme – häufig mit darüber oder darunter notierten Ziffern und Versetzungszeichen (= *bezifferter Baß*) – zur verkürzten Darstellung des harmonischen Ablaufs einer Komposition und ihrer mehr oder weniger frei auszuführenden akkordischen Begleitung; vgl. *basso continuo.* →Partimentospiel

2. Sammelbezeichnung für die den G. ausführenden Generalbaßinstr. (→Fundamentinstrumente)

Generalbaßinstrumente →Fundamentinstrumente

Generalbaßlied: das generalbaßbegleitete →Sololied („Kunstlied") des 17./18. Jh.

Generalbaßschrift, Generalbaßbezifferung: Kurznotation für den →Generalbaß, die den über einer Baßlinie zu ergänzenden Akkordaufbau mit Ziffern für die →Intervalle, Versetzungszeichen für →chromatische Veränderungen und weiteren Hilfszeichen verdeutlicht. Hauptsächlich werden die vom Terzenaufbau abweichenden Intervalle notiert, während die Grundstellung leitereigener Dreiklänge unbezeichnet bleibt (es sei denn, sie ist Ziel einer Dissonanzauflösung). Ebenso werden die Ziffern 3 und 5 beim Akkordaufbau häufig nicht angegeben, so steht 6 (anstelle $\substack{6\\3}$) für den →Sextakkord, 7 (anstelle $\substack{7\\5\\3}$) für den →Septakkord und $\substack{9\\7}$ (anstelle $\substack{9\\7\\5\\3}$) für den →Nonenakkord, bei dem im vierstimmigen Satz die Quinte wegbleibt. Alleinstehende Versetzungszeichen (♯ , ♭) beziehen sich auf die Terz; 2̸ (oder 2♯), 4+ , 5+ , 6̸ oder 6̸ , 7̸ , 9♯ sind erhöhte, 2♭ , 4♭ usw. erniedrigte Intervalle. Ein // nach der Ziffer fordert Akkordwiederholung, ein — das Liegenbleiben des betreffenden Tones oder des ganzen Akkordes (auch dessen Wiederholung). Bei der Anweisung →*tasto solo* ist nur die Baßlinie (evtl. auch oktaviert) zu spielen

Generalmusikdirektor, GMD: Titel des höchsten musikalischen Leiters eines führenden Orchesters oder Opernhauses; Chefdirigent

Generalpause (ital. *vuoto*): das gleichzeitige Pausieren aller Stimmen eines größer besetzten musikalischen Werkes, bezeichnet durch die Abkürzung G. P. mit oder ohne →Fermate, je nachdem, ob ihre Dauer durch Pausenwerte genau ausnotiert oder vom Dirigenten anzugeben ist

Generalprobe: die letzte Probe vor einer Konzertaufführung oder Theaterpremiere

general rest (engl.) →Generalpause

Generatoren (lat. = Erzeuger) →Ton(frequenz)generatoren

generoso (ital.): *VB* edel, großmütig; generös

genre (franz. = Gattung, Geschlecht), **genere** (ital.): musikalische →Gattung, →Tongeschlecht

Genrestück →Charakterstück

gentile (ital.), **con gentilezza:** *VB* edel, liebenswürdig, anmutig; voller Anmut

genus (lat.) →*genera*

Geradbewegung: das gleichzeitige Fortschreiten zweier oder mehrerer Stimmen in gleicher Richtung mit verschiedenen Intervallen als Mittel der →Stimmführung im mehrstimmigen Satz; dazu →Parallelbewegung

Geräusch: *Ak* Gehörsempfindung ohne eindeutig bestimmbare Tonhöhe (→Rauschen), die physikalisch auf einem sich aus zahlreichen zeitlich veränderlichen, vorherrschend unharmonischen Schwingungen (dagegen →Klang) zusammensetzenden Schallereignis beruht; in der →elektronischen Musik ist das durch Parameter wie Geräuschdichte, -höhe, -breite, -intensität bestimmbare G. Teil des zu verarbeitenden Klangmaterials. →Rauschen

Geräusch- und Rhythmusinstrumente: Bezeichnung für →Schlaginstr. ohne bestimmte Tonhöhe, zu denen neben der überwiegenden Zahl der →Selbstklinger (*Idiophone*) und →Fellklinger (*Membranophone*) auch die →Effektinstr. zählen

Geräuschmaschine: in den 20er Jahren entwickelte Apparatur zur Zusammenfassung der wichtigsten für die Stummfilm-Illustration benötigten →Effektinstr.

Geräuschpegel →Pegel

German flute (engl.): veraltet für Querflöte (→*flute*), im Gegensatz zur Blockflöte (= *English flute*). →*recorder*

German sixth (engl. = deutsche Sexte): Bezeichnung der engl. Harmonielehre für den →übermäßigen Quintsextakkord

ges, Ges: **1.** Tonname für den durch ein ♭ um einen Halbton erniedrigten Stammton g im kleinen bzw. großen Oktavbereich
2. Akkordbezeichnung für den ges-Moll bzw. Ges-Dur-Dreiklang
3. Kurzbezeichnung für die Tonart →ges-Moll bzw. →Ges-Dur

Gesätz: der erste Teil (→Stollen) des →Aufgesangs der →Meistersingerstrophe

Gesamtausgaben: im Musikverlagswesen die das musikalische Schaffen jeweils eines bedeutenden Komponisten (weitgehend) vollständig und in nach einheitlichen Editionsrichtlinien (→Editionstechnik) für wissenschaftliche bzw. musizierpraktische Zwecke erarbeiteten (Ur-)Textfassungen vorlegenden, oft vielbändigen Werkausgaben (z. B. Neue Bach-Ausgabe)

Gesangbuch, Kirchengesangbuch: **1.** Sammlung einstimmiger ev. Gemeindelieder (meist mit den Melodien) für den gottesdienstlichen Gebrauch; seit dem 16. Jh. ursprünglich als Enchiridion, Geistliche Lieder, Psalmen Davids oder Psalter und gegenwärtig als Evangelisches Kirchengesangbuch (EKG) verbreitet
2. Sammlung kath. →Kirchenlieder zur Ergänzung der lat. →Gregorianischen Gesänge im gottesdienstlichen Gebrauch, gegenwärtig vereinheitlicht als Einheitsgesangbuch (EGB) der kath. Kirche; als liturgisches G. gelten auch →Antiphonale, →Graduale; Liber antiphonarius; *Missale Romanum*

3. Sammlung mehrstimmiger Kirchengesänge (= Chorgesangbuch) für das →Alternatim-Musizieren im 16./17. Jh. und der ev. →Kantionalsätze seit dem 16. Jh. (= Kantional)

geschlagen: bei Schlaginstr. (auch Saiteninstr., wie Schlaggitarre, Schlagbaß) die Tonerzeugung durch Anschlagen mit dem entsprechenden Schlagwerkzeug; bei Streichinstr. durch die *MA* →*battuto* besonders gefordert

Geschwindwalzer →Wiener Walzer

Ges-Dur: Durtonart mit Vorzeichnung von sechs ♭;

Tonleiter 

Gesellschaftstanz: ursprünglich aus dem Volkstanz hervorgegangener, meist in bestimmten Bewegungsabläufen festgelegter Gruppen- oder Paartanz bei festlichen und geselligen Zusammenkünften, der in Verbindung mit einer die tänzerische Bewegung fördernden Tanzmusik Ausdruck von gehobenem Lebensgefühl, Partnerbeziehungen (Verehrung, Werbung, Ablehnung) oder auch nur Bewegungsbedürfnis der Tänzer ist. Während der G. des 15.–19. Jh. als stilisierter europ. Volkstanz (Reigen, Springtanz, Kontertanz, Rundtanz) mit seiner Bindung an gesellschaftliches oder höfisches Zeremoniell (→Hoftanz) häufig Eingang in Ballett und Oper fand, werden im 20. Jh. bevorzugt Schreit- und Lauftänze nord- und lateinamerik. Herkunft international als Modetänze verbreitet; →Standardtänze

geses: Tonname für den durch ein Doppel-♭ (𝄫) um zwei Halbtöne (bzw. einen Ganzton) erniedrigten Stammton g im Bereich der kleinen Oktave

gestopft: **1.** beim Horn die ursprünglich zur chromatischen Erweiterung der Naturtonskala durch Halb- oder Ganztonerhöhung führende Verkürzung des Schallrohrs durch tiefes Einführen der geballten Faust in den Schalltrichter; beim heutigen Ventilhorn wird der gepreßte Klang gestopfter Töne nur noch als besonderer Klangeffekt genutzt

2. bei Blechblasinstr. die Hervorbringung gedämpfter Töne durch Einführen besonderer Dämpfer in den Schalltrichter des Instr.

gestrichen: **1.** bei Streichinstr. die Tonerzeugung durch Streichen der Saiten mit dem Bogen (*MA*: →*arco*) oder der Bogenstange (*MA*: →*col legno dell'arco*), im Gegensatz zum gezupften und geschlagenen Ton

2. die mit einem oder mehreren Strichen über oder rechts oben neben dem Tonnamen, heute meist durch kleine hochgestellte Ziffern gekennzeichnete Lage von Tönen innerhalb der Oktavbereiche unseres Tonsystems; z. B. das a in der →eingestrichenen Oktave = ā, a′, a^1

gettato (ital.): *MA* geworfen; geworfene →Strichart, bei der im Gegensatz zum →*spiccato* mehrere nur leicht voneinander abgesetzte kurze Töne in schneller Folge auf einen Bogenstrich mit Springbogen (→*sautillé*) ausgeführt werden. →*ricochet*

Gewehrfeuer: große →Ratsche (→Effektinstr.)

gezupft: bei Zupfinstr. die Tonerzeugung durch Zupfen (Anreißen) der Saiten mit dem Plektron oder den Fingern; bei Streichinstr. durch die *MA* →*pizzicato* besonders gefordert

g flat (engl.) →ges

g flat major (engl.) →Ges-Dur

ghiribizzo (ital. = Grille): eigenwillige Komposition in freier Form; vgl. Capriccio, Fantasie

Ghitschak (pers.), **Gidshak**: in Mittelasien als Volksinstr. verbreitetes altüberliefertes Streichinstr. persischer Herkunft mit kleinem bauchigem Korpus (ausgehöhlter Kürbis, Kokosnuß oder Holz), darüber gespannter (Schlangen-)Hautdecke, sehr langem griffbrettlosem Hals und 2 oder 3 in Quarten gestimmten Saiten (auch mit gleicher Anzahl Resonanzsaiten); →Kemantsche

Giga (ital.): Instrumentalsatz des 17./18. Jh. im äußerst schnellen, rhythmisch glatt fließenden $\frac{12}{8}$- oder $\frac{6}{8}$-Takt, der unter dem Einfluß der franz. →Gigue vermutlich aus den schnellen Sätzen der ital. →Kanzone hervorging

Gigue (franz., ital. *giga*): im 17. Jh. aus der ir.-schott. →*jig* hervorgegangener schneller zweiteiliger Tanzsatz, dessen geradtaktiger Typ in der franz. Lautensuite weitergeführt ist, während der ungeradtaktige über die franz. Klaviersuite ein Kernsatz, meist im $\frac{3}{4}$-, $\frac{6}{4}$-, $\frac{6}{8}$- oder $\frac{9}{8}$-Takt, und späterhin Schlußsatz der →Suite wird. Weitere Stilisierung führt zu imitatorischer Durchführung des Themas und fugenartiger Behandlung. Hinzu treten Einflüsse des auftaktigen Rhythmus der →Canarie und der in äußerster Schnelligkeit rhythmisch glatt fließenden ital. →Giga im $\frac{12}{8}$-Takt

giocondo, giocondoso, giocondamente (ital.): *VB* fröhlich, heiter

giocoso, giocosamente (ital.): *VB* heiter, spaßhaft, scherzhaft

gioioso (ital.): *VB* fröhlich, freudig, lustig

gioviale (ital.): *VB* heiter, munter, aufgeräumt; jovial

gipsi scale (engl.) →Zigeunertonleiter

Giraffenklavier, *Pyramidenflügel*: besaitetes Tasteninstr. des 18./19. Jh. in aufrecht stehender Harfen- oder Pyramidenform mit senkrecht zu den Tasten verlaufendem Saitenbezug und →Hammermechanik; in liegender Form Vorläufer des Pianinos (→Klavier)

girare (ital. = drehen): *MA* in kreisförmiger, drehender Bewegung (z. B. bei den →Maracas)

gis, Gis: 1. Tonname für den durch ein ♯ um einen Halbton erhöhten Stammton g im Bereich der kleinen bzw. großen Oktave

2. Akkordbezeichnung für den gis-Moll- bzw. Gis-Dur-Dreiklang

3. Kurzbezeichnung für die Tonart →gis-Moll bzw. →Gis-Dur

gisis: Tonname für den durch ein Doppelkreuz (×) um zwei Halbtöne (bzw. einen Ganzton) erhöhten Stammton g im Bereich der kleinen Oktave

gis-Moll: Molltonart mit Vorzeichnung von fünf ♯, Paralleltonart zu H-Dur;

Tonleitern

natürlich (oder rein)

harmonisch

melodisch

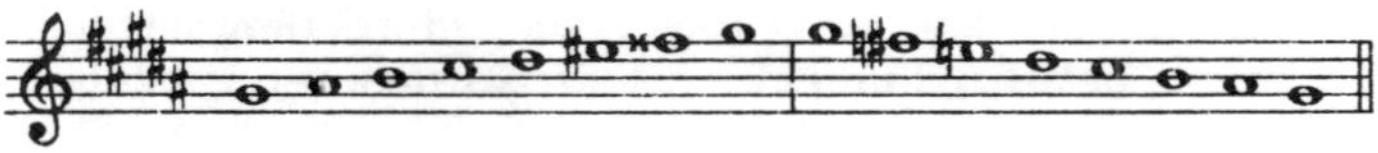

Gitarrbaß →Baßgitarre (2.)

Gitarre (ital. *chitarra*, span. *guitarra*): ⟨*Zupfinstr.*⟩ seit dem 13. Jh. in Europa nachgewiesenes Lauteninstr. mit 8förmigem (Ober- und Unterbügel), flachem Korpus mittlerer Zargenhöhe und Querriegelbefestigung für die Saiten auf dem Unterbügel, Schalloch im Oberbügel, langem Hals, dessen auf die Decke übergehendes Griffbrett mit Bünden versehen ist und in einem leicht abgewinkelten Wirbelbrett (Kopfplatte) mit hinterständigen Wirbeln und Schraubenmechanik ausläuft; die heutige (*spanische*) G. hat einen Bezug von 6 Einzelsaiten (als *russische G.* auch 7saitig), die mit den Fingerspitzen angerissen werden (dagegen →Schlaggitarre). Stimmung E A d g h e^1 – transp. eine Oktave höher im Violinschlüssel notiert. →Hawaiian-Gitarre, →Elektro-Gitarre, →Ukulele

Gitarre-Violoncello →Arpeggione

giubilante, giubiloso (ital.): *VB* jubelnd, frohlockend

Giustiniane, *Justiniane,* auch *Veneziane*: auf L. Giustiniani (1388–1446) zurückgehende Gattung zwei- und dreistimmiger scherzhafter ital. Liebeslieder (ursprünglich begleitete Sololieder) des 15./16. Jh. im venezianischen Dialekt mit improvisatorisch ausgezierter Oberstimme

giusto (ital. = richtig): **1.** *VB* angemessen, passend, genau **2.** →*tempo giusto*

Glasfell: durch Alaun-Gerbung besonders hergerichtetes Trommelfell (→Fell) mit glasig-durchsichtigem, gelblichem Aussehen; witterungsempfindlicher als das →Kalkfell

Glasglocken →Glasstreifen-Pendelrassel

Glasharmonika: 〈*Friktionsinstr.*〉 →Reibgefäßspiel aus abgestimmten Glasschalen unterschiedlichen Durchmessers, die in einem Gehäuse in chromatischer Tonfolge kegelförmig ineinanderpassend auf einer Achse angeordnet sind und durch Fußbedienung (Pedal) in eine Drehbewegung gebracht werden; die Tonerzeugung erfolgt durch Aufsetzen der Fingerkuppen auf die wasserbenetzten Ränder der rotierenden Glasschalen. Tonumfang g–c^4, notiert im Violinschlüssel; zarter, schwebender Klang

glass (wind) chimes, glass wind bells (engl.): →Glasstreifen-Pendelrassel

Glasspiel: 〈*Schlaginstr.*〉 →Schlagplattenspiel aus abgestimmten Glasstreifen, die an einem Gestell oder →Galgen aufgehängt sind und mit Glockenspielschlegeln (Hornschlegeln) angeschlagen werden; Einzeltöne nach Anforderung des Komponisten, bevorzugt im zwei- bis viergestrichenen Oktavbereich; zarter, schwebender Klang

Glasstreifen-Pendelrassel, *Glasglocken* (engl. *glass-chimes*): der →Bambus-Pendelrassel ähnliche →Reihenrassel mit Glasstreifen, die durch Schüttelbewegung (→Schüttelidiophone) ein gläsern-raschelndes Geräusch hervorbringen; auch mit aufgehängten Glasplättchen

glee (engl. = Fröhlichkeit): meist dreistimmiges, unbegleitetes engl. Chorlied für Männerstimmen; im 18./19. Jh. in der Nachfolge des →*catch* überwiegend unterhaltsamer Rundgesang und geselliges Tafellied der engl. Klubs

gleiche Stimmen →gleichstimmiger Chor

gleichschwebende Temperatur, gleichschwebend temperierte Stimmung →Temperatur

gleichstimmiger Chor: Chorbesetzung in gleichen Stimmen, d. h. entweder als →Frauen-, →Kinder- oder →Männerchor; dagegen →gemischter Chor.

gleichtönig, Gleichtonprinzip: Kennzeichen der Tonerzeugung besonders bei chromatischen →Harmonikainstr.; aufgrund zweier gleichgestimmter Stimmzungen in einer Tonkanzelle erklingt beim Niederdrücken einer Taste bzw. eines Knopfes mit Balgzug und -druck der gleiche Ton (→Akkordeon); dagegen →wechseltönig

gli altri (ital.): die anderen (mit *MA*); z. B. *gli altri pizz.* = die anderen gezupft

glissando, glissicando, gliss(ic)ato (ital. = gleitend): *MA* zwei Töne gleitend durch eine schnelle Folge von Zwischentönen (stufenlos) miteinander verbinden; oft auch als kurze gleitende Tonbewegung, die zu einem fixierten Ton hinführt oder von diesem ausgeht 

Glocke (ital. *campana*, franz. *cloche*, engl. *bell*): ⟨*Schlaginstr.*⟩
1. kelchförmiges, überwiegend aus Bronze gegossenes Instr. unterschiedlicher Größe mit ungleich dicker Wandung, einem Schlagring am unteren Rand und einer zur Krone geformten Aufhängung; bei der Tonerzeugung durch Läuten oder Anschlag mit einem Hammer gegen den äußeren Schlagring entstehen *Schlagton* (eine Oktave über dem Grundton) und nachhallende Summtöne
2. in der Musikpraxis werden Glocken durch Metallplatten (→Platten-G.), -stäbe (→Glockenspiel) und -röhren (→Röhren-G.) ersetzt: *tiefe G.* (Schlagton etwa C-c^1) notiert im Baßschlüssel, *hohe G.* (Schlagton etwa g-g^2) notiert im Violinschlüssel

Glockengeläut: **1.** die sukzessive (melodisch aufeinanderfolgende) oder simultane (gleichzeitig zusammenklingende) Zusammenstellung abgestimmter Glocken mit Klöppelschlag nach genauer →Disposition
2. →Röhrenglockenspiel

Glockenklavier →Carillon (1.), →Klaviaturglockenspiel

Glockenspiel (ital. *campanelli*, franz. *carillon*, *jeu de timbres*, engl. *orchestra bells*), *Stabglockenspiel*:
1. ⟨*Schlaginstr.*⟩ →Metallstabspiel aus kleinen abgestimmten Stahlplatten von etwa 8 × 25 mm Stärke und unterschiedlicher Länge, die in chromatischer Tonfolge zweireihig-klaviaturmäßig auf Schnüre gezogen auf einem flachen Holzkasten (= *Kasten-G.*) angeordnet sind (auch mit mechanischer Dämpfung) und mit leichten Metallhämmerchen oder Hornschlegeln angeschlagen werden: Tonumfang c^2 (g^2) – c^5 (e^5) – transp. zwei Oktaven tiefer notiert; kräftiger heller, glockenartiger Klang
2. →Klaviaturglockenspiel
3. ⟨*Orgelregister*⟩ kleine Glöckchen (→Carillon) oder Stahlplatten (→Celesta) mit Klaviermechanik (→Tasteninstr.)

Glöckchenspiel →Carillon (1.)

Gloria (lat. = Ehre): der auf das *Kyrie* folgende zweite Teil des →Ordinarium missae der röm.-kath. Messe mit dem vom Priester intonierten und von Gemeinde und Chor (bzw. zwei Halbchören) fortgesetzten Lob-, Dank- und Bittgesang *Gloria in excelsis Deo* (= Ehre sei Gott in der Höhe); auch als große →Doxologie oder *Hymnus angelicus* (lat. = Engelsgruß) bezeichnet

glorioso (ital.): *VB* glanzvoll, ruhmreich; verklärt

Glottis (griech. *glotta* = Zunge): **1.** die von den Stimmlippen mit den in ihren Rändern eingelagerten elastischen Stimmbändern umschlossene Stimmritze des Kehlkopfes
2. →Doppelrohrblatt

Glottisschlag, *Stimmritzenschlag*: beim Singen und Sprechen der harte, plötzliche Einsatz von Vokalen durch schlagartiges Aufsprengen eines vollen Glottis-Schlusses (→Glottis) mit knackendem Ansatzgeräusch

g major (engl.) →G-Dur

g minor (engl.) →g-Moll

g-Moll: Molltonart mit Vorzeichnung von zwei ♭, Paralleltonart zu B-Dur;
Tonleitern
natürlich (oder rein)

harmonisch

melodisch

gondoliera (ital.): Gondellied, →Barkarole

gonfiato (ital.): *VB* geschwollen, aufgeblasen

gong (engl.) →Gong, →Tamtam

Gong: ⟨*Schlaginstr.*⟩ runde, gehämmerte dicke Metallscheibe (Bronzelegierung) unterschiedlichen Durchmessers (20 bis 70 cm) mit buckelförmiger Mittelwölbung (= *Buckel-G.*, javan. G.) als Anschlagstelle und breitem, rechtwinklig nach innen gebogenem Rand (→Aufschlaggefäß), durchbohrt für seitliche Aufhängung; Einzelgongs abgestimmt (dagegen →Tamtam) im großen und kleinen Oktavbereich, notiert im Baß- und Violinschlüssel; heller, voller glockenartiger Klang

Gongbecken: tief klingendes →Becken, das bei weichem Anschlag einem →Gong ähnlich klingt

gong cymbal (engl.) →Gongbecken

gong drum (engl.), **Gongtrommel:** oft von engl. Orchestern verwendete →Große Trommel mit nur einer Membran (Schlagfell) von ungewöhnlich großem Felldurchmesser (bis 1,20 m) und flacher Zarge (→Rahmentrommel)

Gongspiel: chromatisch im Umfang einer Oktave abgestimmte, in einem Ständer aufgehängte →Buckelgongs, satzweise für die große, kleine, ein- und zweigestrichene Oktave; →Gamelan

Gopak →Hopak

gorgheggiare (ital. = trillern): *MA* verzieren, diminuieren (→Diminution)

gorgheggio (ital. = Triller) →Diminution, →Koloratur

Gorgia (ital. *gola* = Kehle): Bezeichnung für die improvisierten Verzierungen (→Diminution) und →Koloraturen der Gesangsvirtuosen des 16. Jh.

Gospelsong (engl. *gospel* = Evangelium): während des Gottesdienstes nach dem →*call and response*-Prinzip von der Gemeinde improvisiertes, dann aber auch komponiertes und meist solistisch vorgetragenes volkstümliches geistliches Lied der nordamerik. Neger, das sich in den 30er Jahren im Anschluß an das →Negro spiritual unter dem Einfluß des Jazz herausbildete und von kleinen Instrumentalensembles begleitet wird. →Soul

gourd, guachara (engl.) →Guiro

gourd rattle (engl.): Kürbisrassel, →Cabaza

grace notes, graces (engl.) →Verzierungen

gracieux (franz.): *VB* anmutig, lieblich; graziös

gracile (ital., franz.): *VB* schwach, zart; grazil

gradatamente (ital.): *MA* stufenweise, allmählich, nach und nach

gradevole, gradito (ital.): *VB* angenehm, gefällig

Graduale (lat. = Stufengesang), *Responsorium graduale*, *Responsum*:

1. kunstvoller responsorialer Gesang (→Responsorium) von Vorsänger und Schola, der nach der Lesung als 2. Gesang des →Proprium missae auf den Stufen des Ambo (= Lesekanzel) zu einem Psalmtext gesungen wird; seit dem 11. Jh. zunehmend als mehrstimmige Komposition

2. Melodiensammlung (= *liber gradualis*) mit den nach den Festzeiten und Anlässen wechselnden (→Proprium missae) und den für das ganze Kirchenjahr feststehenden (→Ordinarium missae) liturgischen Gesängen der röm.-kath. Messe; heutiges Meßgesangbuch ist das seit 1908 verbindliche *Graduale Romanum*

graffa (ital. = geschweifte Klammer) →Akkolade

grammofon (ital.) →Grammophon

Grammophon (griech. = Tonschreiber), **gramophone** (engl., franz.), *Sprechmaschine*: mechanisch-akustisches Gerät zur Aufzeichnung und Wiedergabe von Schallschwingungen auf →Schallplatten; das 1887 von E. Berliner erfundene G. benutzte anstelle der Walze des →Phonographen eine mit dünner Wachsschicht überzogene rotierende Zinkscheibe, in die nach dem Prinzip der →Seitenschrift eine von außen nach innen spiralförmig verlaufende Tonrille eingeritzt bzw. abgetastet (→Abtastsystem) wurde. →Nadeltonverfahren, →Plattenspieler

gran cassa, *tamburo grande* (ital.) →Große Trommel

grand, grand piano (engl.) →Flügel

grand barré (franz.): „großer" →Barré-Griff, bei dem der Zeigefinger hinter dem betreffenden →Bund im Quergriff über alle Saiten der Gitarre oder Laute gelegt wird

grand choeur (franz. = großer Chor):

1. bei der Orgel das volle Werk; →*organo pleno*

2. der stärker besetzte Tuttichor, Ripienochor (Kapellchor) im Gegensatz zum schwächer besetzten Solochor

grand détaché (franz.): *MA* (großes) →*détaché* mit einem ganzen Bogenstrich je Note

grandezza, con (ital.): *VB* mit Größe, mit Würde

grandioso, con grandiosità (ital.): *VB* großartig, erhaben; mit Großartigkeit

grand jeu (franz. = großes Spiel):

1. bei der Orgel eine besondere Verbindung mehrerer Register

2. beim Harmonium der Registerzug für das volle Werk

grand opéra (franz. = Große Oper): die prunkvolle franz. →Oper des 19. Jh.

grand orgue (franz.): **1.** →Hauptwerk **2.** →Hauptorgel

grand tambour (franz.), **grand tamburo vecchio** (ital.) →Rührtrommel, →Landsknechtstrommel

graphische Notation: eine die bekannten Schriftzeichen der allgemeingültigen →Notation (*Standardnotation*) durch die noch weitgehend uneinheitliche Verwendung einer Vielzahl neuer graphischer Zeichen ersetzende bzw. ergänzende Praxis der präzisen oder hinweisenden (Karkoschka) Musikaufzeichnung; sie bedarf als →Aktionsschrift häufig der ausführlichen verbalen Erläuterung. →musikalische Graphik

grave (ital. = schwer, ernst; franz.), **Grave: 1.** *TB* sehr langsames Zeitmaß; langsamer als *largo* oder *lento* und schneller als *larghissimo*

2. *VB* schwer, ernst, würdevoll, feierlich

3. Komposition oder Satz im entsprechenden Zeitmaß und Charakter
4. (franz.) tief

gravecembalo col piano e forte (ital.): Frühform des besaiteten Tasteninstr. mit →Hammermechanik (Cristofori, 1709); →Pianoforte, →Klavier

gravicembalo (ital.) →Cembalo

gravità, con (ital.): *VB* mit Gewicht, mit Ernst, mit Würde

grazioso, graziosamente, con grazia (ital.): *VB* anmutig, lieblich, graziös; mit Anmut

Gregorianischer Gesang, Gregorianischer Choral, Gregorianik: Sammelbegriff für den seit dem 8. Jh. bis in die Gegenwart lebendigen und mit dem Namen Papst Gregor I. (†604) verbundenen unbegleiteten einstimmigen, lateinsprachigen liturgischen Gesang der röm.-kath. Kirche, der vom Sängerchor (*schola cantorum*) antiphonal im Wechsel von Chor und Solisten vorgetragen wird und dem die modalen →Kirchentonarten zugrunde liegen; speziell die Melodien des Meß-(→Graduale) und Offiziumsgesangs (→Antiphonale)

gridendo (ital.): *MA* schreiend, rufend

griechisches Tonsystem: antikes europäisches →Tonsystem, dem das vom Intervall der fallenden Quarte bestimmte →Tetrachord zugrunde liegt. Seinen konsonanten Rahmentönen (*symphonoi*) sind jeweils zwei zu diesen nicht konsonante Töne (*diaphone*) eingefügt, deren Zuordnung das Tongeschlecht (*genos*) bestimmt: →Diatonik, →Chromatik, →Enharmonik. Vier miteinander verschränkte bzw. durch einen Ganzton (*diazeuxis*) getrennte Tetrachorde sind einschließlich des „hinzugenommenen Tons" (*proslambanomenos*) zu einem vollständigen System (= *systema teleion*) im Umfang einer Doppeloktave ohne Bindung an feste Tonhöhen zusammengefaßt. Die sieben →Oktavgattungen (*harmoniai*) sind als Ausschnitte aus dem *systema teleion* (a^1–A) zu verstehen; nach Lage des Halbtons im Tetrachord werden 3 (authentische) Haupttonarten (→dorisch, →phrygisch, →lydisch) und 4 davon abgeleitete (plagale) Nebentonarten (→hypodorisch, →hypophrygisch, →hypolydisch und →mixolydisch) unterschieden

Griffbrett: bei Streich- und Zupfinstr. das auf den Hals geleimte und oft bis auf die Decke des Instrumentenkorpus reichende schmale Brett, auf das die Saiten mit dem greifenden Finger niedergedrückt werden; das G. bei Zupfinstr. und einigen Streichinstr. (z. B. Fidel, Gambe) ist im Halbtonabstand mit →Bünden versehen

Griffschrift: eine nicht auf das klangliche Resultat (→Resultatnotation), sondern die bei der Hervorbringung (→Realisationsnotation) von Tönen, Klängen und Geräuschen anzuwendende Griffweise ausgerichtete →Notation; so u. a. in der →Aktionsschrift und in →Tabulaturen für Tasten- und Lauteninstr.

Grobgedackt →Großgedackt

groove (engl. = Rinne), **record groove:** Tonrille der Schallplatte

groppo, groppetto, groppolo (ital.): **1.** trillerartige →Diminutionsformel
2. →*gruppo*, →*gruppetto*

grosse caisse (franz. →Große Trommel

grosse chloche (franz.): große Glocke, →Plattenglocke

Große Flöte (ital. *flauto grande*), *Konzertflöte*, *Boehmflöte*: ⟨*Holzblasinstr.*⟩ →Querflöte mit geradem, überwiegend zylindrisch gebohrtem Rohr aus Holz oder Metall (Silber), etwa 680 mm lang; bestehend aus dem Kopfstück mit Stimmkork und seitlich angeordnetem Mundloch mit Ansatzplatte, dem Mittelstück mit Klappenmechanik und dem Fußstück mit gegen einen H-Fuß (tiefster Ton h) auswechselbarem C-Fuß; Stimmung in C (h/c^1–d^4…f^4) – nichttransp. notiert im Violinschlüssel; hohes Diskantinstr. der Holzbläser mit ausdrucksvollem, im mittleren und hohen Register besonders leuchtkräftigem Klang

große Oktave →Oktavbereiche

großer Ganzton, *pythagoreischer Ganzton* →Ganzton

Große Rührtrommel →Rührtrommel

Großes Recht: Begriff des →Urheberrechts für das Recht der abendfüllenden Bühnenaufführung (Bühnenvertriebsrecht), das bei musikalischen Bühnenwerken – im Gegensatz zum →Kleinen Recht – im Auftrag der Urheber von dem Bühnenvertrieb eines Musik- oder Theaterverlages wahrgenommen wird; dieser vergibt durch Bühnenaufführungsverträge das →Aufführungsrecht an Veranstalter öffentlicher Aufführungen, in der Regel die Theater

Große Trommel (ital. *gran cassa*): ⟨*Schlaginstr.*⟩ große →Zweifelltrommel mit zylindrischer Zarge (→Röhrentrommel) aus Holz oder Messing, Strickverspannung oder Spannschrauben und geschlagen mit kurzstieligem (Hartfilzkopf-)Schlegel oder Fußmaschine; Felldurchmesser etwa 70–80 cm (größeres Konzertmodell) oder 50–60 cm (kleineres Jazzmodell) und Zargenhöhe etwa 35–60 cm; Trommelinstr. ohne bestimmte Tonhöhe in Baßlage mit einliniger Notierung oder im 1. Zwischenraum mit Baßschlüssel. Dazu →*gong drum*

Großgedackt, *Grobgedackt*: ⟨*Orgelregister*⟩ gedackte Lippenpfeifen (16′, 8′) aus Holz oder Metall; tiefes →Gedackt

Großmixtur →Hintersatz, →Mixtur

grosso (ital.): groß, stark, dick; →*concerto grosso*

ground, ground bass (eng. = Grundbaß) →*basso ostinato*

growl (engl. = knurren, brummen): Instrumentaleffekte des Jazz (→*jungle style*), vorwiegend in den tiefen Lagen der Blechblasinstr. u. a. durch Verwendung der Pedaltöne (Posaune), Klangfärbung mit →wa-wa-Dämpfer, →Flatterzunge; ursprünglich instrumentales Ausdrucksmittel der afroamerik. Negerfolklore in Nachahmung der →*blue notes* und →*dirty tones*

Grundakkorde →Hauptharmonien, →Hauptdreiklänge

Grundbaß: 1. →*fundamentum* **2.** →*basse fondamentale*

Grunddreiklänge →Hauptdreiklänge

Grundgestalt: in der Regel die zuerst auftretende Erscheinungsform der 12tönigen Reihe einer Komposition in der →Zwölftontechnik, auf die nur deren weitere Erscheinungsformen (→Umkehrung, →Krebs, Umkehrung des Krebses) nicht aber völlig gleichberechtigte andere Reihengestalten bezogen sind

Grundregister: 1. die 16′-, 8′- und 4′-Register der Orgel, zu denen die Obertonregister (→Aliquoten, Aliquotstimmen) und →gemischten Stimmen hinzutreten (→Hilfsstimmen)
2. Bezeichnung für die →Labialregister der Orgel

Grundschwingung →harmonische Analyse

Grundskala: die →C-Dur-Tonleiter als die aus den chromatisch unveränderten →Stammtönen gebildete diatonische Grundtonleiter des →Dur-Moll-Systems

Grundstellung: der vom Grundton als tiefsten Ton ausgehende (Terzen-) Aufbau eines Akkordes oder Dreiklangs; dagegen →Umkehrung

Grundstimme: 1. →Grundregister **2.** Grundbaß; →*basse fondamentale*

Grundton: 1. der Hauptton eines →Akkordes (Akkordgrundton), der als tiefster Ton des Akkordes in Grundstellung Ausgangston für dessen Terzenaufbau ist
2. der Ausgangston einer Tonleiter und Bestimmungston einer Tonart (→Tonika); →Finalis
3. *Ak* der in der Regel die Tonhöhe bestimmende tiefste, erste →Teilton (Partialton) eines *akustischen* →*Klanges* bzw. *musikalischen* →*Tones*; über ihm ist die →Obertonreihe aufgebaut

Grundtonart, *Haupttonart*: die einer Komposition zugrunde liegende und durch sinnvolle Harmoniefolgen und deren Beziehung (→Haupt- und →Nebenharmonien) auf ein harmonisches Zentrum (→Tonika) bestimmte →Tonart

Grundtonschlüssel: zusätzlicher →Notenschlüssel, der in der Musikerziehung als Orientierungshilfe in Verbindung mit dem →JALE-System verwendet wird und die Stellung des Grundtons in Dur (⊦ für JA) bzw. Moll (⊣ für SU) bezeichnet

gruppetto (ital.) →Doppelschlag

gruppo (ital. = Gruppe): doppelschlagartige →Diminutionsformel

G-Schlüssel, *Violinschlüssel*: von dem Tonbuchstaben G abgeleiteter →Notenschlüssel, der im Notenliniensystem jeweils die den Ton g^1 (eingestrichenes g) festlegende Notenlinie bezeichnet:

g sharp (engl.) →gis

g sharp major (engl.) →Gis-Dur

g sharp minor (engl.) →gis-Moll

gu (chin.): Sammelbezeichnung für nicht abstimmbare chin. Trommelinstr. mit auf den Rahmen genageltem Fell; dazu zählen u. a. *bangu* (kleine Einfelltrommel), *shugu* (kleine Trommel), *gangu* (große Trommel), *yaogu* (Hüfttrommel), *tanggu* (große Kampftrommel)

Guaguancó (span.): eine der ursprünglichen, afrokuban. Formen der →Rumba

Guajira (span. *guajiros* = weiße Landbevölkerung): ländliches, span.-kuban. Tanzlied im wechselnden $\frac{3}{4}$- und $\frac{6}{8}$-Takt, auch im $\frac{2}{4}$-Takt

Guaracha (span.): auf Kuba aus der span. →Tonadilla hervorgegangenes satirisches Tanzlied im sehr lebhaften wechselnden $\frac{3}{4}$ - und $\frac{2}{4}$-Takt, meist mit chorischem Refrain

guerriero, guerresco (ital.): *VB* kriegerisch

guicharo, guitcharo (franz.) →Guiro

guida (ital. = Führer), **guide** (franz.) →*dux*; →Kanon

guidare il tempo (ital.): *MA* das Zeitmaß bestimmen, im Zeitmaß bleiben

Guidonische Silben →Solmisationssilben

Guidonische Hand, *harmonische Hand* (lat. *manus Guidonis*): nach dem ital. Musiktheoretiker Guido von Arezzo (um 990 bis 1050) benannte Merkhilfe zur anschaulichen Darstellung des mittelalterlichen Tonsystems mit seinen →Tonbuchstaben, →Solmisationssilben, →Hexachorden und deren →Mutation (3.) an den Fingerspitzen und -gelenken der linken (Innen-)Hand; →Handzeichen

guimbarde (franz.) →Maultrommel

Guiro, Guero (span. = Gurke, Kürbis), *Kürbisraspel, Sambagurke*: ⟨*Schlaginstr.*⟩ großes →Schrapinstr. aus einem länglichen (bis 60 cm langen), ausgehöhlten und getrockneten Flaschenkürbis, in dessen Oberseite kleine Querrillen eingekerbt sind (→Schrapgefäß), über die mit einem Stäbchen gestrichen („geschrapt") wird; lateinamerik. Rhythmusinstr. (nachgebildet aus Holz oder Kunststoff) ohne bestimmte Tonhöhe mit einliniger Notierung; auch →Sapo cubana, →Reço-Reço

guitar (engl.), **guitare** (franz.) →Gitarre

guitare en bateau (franz.) →*chitarra battente*

guitare à la capucine (franz.): Kapuzinergitarre; →*chitarra battente*

guitarra (span.) →Gitarre

Guitarre: ältere Schreibweise für →Gitarre

Gusla, Gusle: ⟨*Streichinstr.*⟩ jugoslaw. Volksmusikinstr. slaw. Ursprungs mit bauchigem Korpus, darüber gespannter Felldecke mit kleinen Löchern, langem griffbrettlosem Hals und einer (von der Seite her gegriffenen) Saite aus Roßhaar; in Kniehaltung gespieltes Begleitinstr. zum serbokroat. Volksepos

Gusli: 1. ⟨*Zupfinstr.*⟩ russ. Volksmusikinstr., das als griffbrettloses →Zitherinstr. mit flachem, meist trapezförmigem Korpus (→Psalterium) und ursprünglich 5–7, heute bis zu 32 Saiten, in verschiedenen Größen gebaut wird. →Kantele

2. im 18. Jh. auch eine Art →Klavichord

gusto (ital.): (musikalische) Geschmacksrichtung, Neigung; Vergnügen

gustosamente, gustoso (ital.): *VB* geschmackvoll, mit Lust

gutturale (ital.): *MA* kehlig, gaumig; guttural

Gymel (engl.; lat. *cantus gemellus* = Zwillingsgesang): in der spätmittelalterlichen Mehrstimmigkeit (15./16. Jh.) ein aus der Aufspaltung einer Einzelstimme entstehendes, überwiegend in Terzen und Sexten geführtes solistisches Duo, das hauptsächlich in England überliefert ist

H

h: 1. Tonname für den 7. Ton der C-Dur-Tonleiter (Grundskala) im kleinen Oktavbereich

2. Akkordbezeichnung für den h-Moll-Dreiklang

3. Kurzbezeichnung für die Tonart →h-Moll

H: **1.** Tonname für den Stammton h im großen Oktavbereich
2. Akkordbezeichnung für den H-Dur-Dreiklang
3. Kurzbezeichnung für die Tonart →H-Dur
4. Tonname für die 2. Tonstufe (Ganzton über A) der mittelalterlichen Oktavreihe in der lat. →Buchstabentonschrift; bis ins 16. Jh. als →*b quadratum* (oder →b durum) mit ♮ bezeichnet, das gleichzeitig für die chromatische Erhöhung um einen Halbton übernommen wurde (→Versetzungszeichen ♮, ♯) und zur Verwendung der Drucktype H führte

Habanera, Habana Air (span.): rhythmisch stark ausgeprägtes Tanzlied und span.-kuban. Gesellschaftstanz im mäßig schnellen bis langsamen $\frac{2}{4}$-Takt, der im 19. Jh. über *danza habanera* und *contradanza cubana* aus der engl. →*country dance* hervorging und neben dem →Milonga als Vorläufer des →Tango gilt; im 20. Jh. auch europ. Modetanz

Hackbrett (ung. *cimbalom*, ital. *salterio tedesco*, engl. *dulcimer*): griffbrettloses Zitherinstr. mit flachem, meist trapezförmigem Korpus, das sich von dem ihm eng verwandten →Psalterium durch das Anschlagen der Metallsaiten mit 2 Klöppeln und die im Wechsel über zwei gegenüberliegende, durchbrochene Stege laufende mehrchörige Saitenanordnung unterscheidet; im 15.–18. Jh. besonders in Deutschland, hier auch vergrößert zum →Pantaleon. Als →Cimbalom (Zimbal) verbreitetes Volksinstr. der Balkanländer; zunehmend auch in der Konzertmusik

Hajdútánc (ung.): spätmittelalterlicher, in Hockstellung ausgeführter Heiduckentanz, aus dem sich im 19. Jh. der →Csárdás entwickelte

Halbbaß →Bassettl

Halbe Geige: der kindlichen Körpergröße angepaßte, d. h. in ihren Abmessungen kleiner als die normale (d. h. ganze) Geige gefertigte Kindergeige mit einer Gesamtlänge von 53 cm (Ganze Geige = 60 cm; →Dreiviertel Geige

halbe Note, Halbe: Note im Wert der Hälfte einer →ganzen Note; notiert 𝅗𝅥

halbe Pause: Pause im Wert der Hälfte einer →ganzen Pause; notiert 𝄼

halbe Stimmen: nur für die halbe Klaviatur (Diskant oder Baß) wirksame Orgelregister; →Disposition

Halbgedackte: halbgedeckte Lippenpfeifen (→Labiale) der Orgel mit einer in die Abdeckung (→Gedackte) eingebrachten Öffnung mit Rohr (→Rohrflöte) oder als Loch (= *Lochgedackt*); hellerer Klang als bei gedackten Orgelregistern

Halbinstrumente: Bezeichnung für jene Blechblasinstr., für die aufgrund ihrer engen Mensur der tiefe Eigenton des Rohres

(1. Naturton) sofort in die Oktave überschlägt und daher musizierpraktisch nicht nutzbar ist; nur →Bügelhörner und →Tuben sind weitmensurierte →Ganzinstr.

Halbmond →Schellenbaum

Halbsätze: in der Formenlehre die den →Vorder- oder →Nachsatz eines →Satzes (→Periode) bildenden, häufig viertaktigen Satzglieder

Halbschluß: harmonische Schlußwendung (→Kadenz [1.]), die als „vorläufiger Schluß" im Gegensatz zum →Ganzschluß auf der →Dominante verweilt. →Klausel

Halbton: das Intervall der kleinen Sekunde; in der →temperierten Stimmung als $\frac{1}{12}$ der Oktave mit der Größe von 100 →Cent (= *temperierter H.*).

Für den *pythagoreischen* H., nach dem →pythagoreischen Quintsystem gebildet als diatonischer H. (256:243 = →Limma, →Diesis) aus der Differenz von 3 Oktaven und 5 Quinten, wie auch als chromatischer H. (2187:2048 = Apotome) aus der Differenz von 7 Quinten und 4 Oktaven, ergibt sich rechnerisch

$$\left(\frac{2}{1}\right)^3 : \left(\frac{3}{2}\right)^5 = \frac{2^8}{3^5} = \frac{256}{243} \mathrel{\hat=} 90{,}2 \text{ Cent}$$

$$\text{bzw. } \left(\frac{3}{2}\right)^7 : \left(\frac{2}{1}\right)^4 = \frac{3^7}{2^{11}} = \frac{2187}{2048} \mathrel{\hat=} 113{,}7 \text{ Cent.}$$

Die →harmonisch-reine Stimmung unterscheidet dagegen den *natürlich-harmonischen* H. mit dem einfachen Schwingungszahlenverhältnis 16:15 (≙ 111,7 Cent) sowie das *große Chroma* (135:128 ≙ 92,2 Cent) und das *kleine Chroma* (25:24 ≙ 70,7 Cent). In der musikalischen Praxis werden →diatonischer Halbton (= kleine Sekunde), →chromatischer Halbton (= übermäßige Prime) und →enharmonischer Halbton (= doppelt verminderte Terz) unterschieden.

Hall, Hallerscheinung: akustische Eigenschaft eines Raumes, die aus dem Verhältnis des von einer Schallquelle abgestrahlten Direktschalls und der (infolge mehrfacher Reflexion der Schallwellen an den Innenwänden des Raumes) den ganzen Raum gleichmäßig ausfüllenden Schallenergie mit ihrem der Raumgröße entsprechenden Höreindruck resultiert; →Nachhall

Halleluja (hebr. = Preiset Jahwe), **Alleluia** (lat.): als Lobgesang (Lobet den Herrn) in die christliche Kirche übernommener hebr. Gebetsruf. Er erscheint als Schlußwendung von Kirchenliedern, anstelle der →Antiphon in der Osterzeit und in Verbindung mit einem Psalmenvers als kunstvoller responsorialer Gesang von Vorsänger und Chor mit anschließendem Jubilus im →Proprium missae der röm.-kath. Messe nach dem →Graduale; Vorläufer der →Sequenz

Halling: norweg. Volkstanz im mäßig bewegten $\frac{2}{4}$- oder $\frac{6}{8}$-Takt

Hals: **1.** bei Streich- und Zupfinstr. die meist mit einem aufgeleimten →Griffbrett versehene schmale, auf der Unterseite abgerundete Verlängerung des Korpus, über die die Saiten zu den Wirbeln verlaufen **2.** →Notenhals

Halslauten: Untergruppe der zu den →Lauteninstr. gehörenden →Stiellauten; dazu zählen →Schalen- (z. B. Laute) und →Kastenhalslauten (z. B. Gitarre)

Haltebogen: Bogenzeichen für die Verbindung kleinerer Notenwerte gleicher Tonhöhe zu einem größeren, oft über den Taktstrich hinweg auszuhaltenden Notenwert

Hammer: **1.** ein dem Handwerkzeug nachgebildetes Schlagwerkzeug (→Schlegel [2.]) mit Metall- oder Hartholzkopf zum Anschlagen von Aufschlaginstr. (→Aufschlagidiophone) wie Amboß, Metallplatten, Glocken, auch Holzplanken und Klaviersaiten

2. das äußere der drei Gehörknöchelchen (Hammer, Amboß, Steigbügel) im Mittelohr

Hammerklavier, Hammerflügel: besaitetes Tasteninstr. des 18. Jh. in Tafel- (→Tafelklavier) oder Flügelform (→Flügel), das sich durch die seinerzeit erfundene →Hammermechanik von →Klavichord und →Cembalo unterscheidet; →Klavier

Hammermechanik: mechanische Anschlagvorrichtung bei →Hammerklavieren (→Klavier [2.]); die Saiten werden mittels eines kleinen (ursprünglich leder-, später filzbezogenen) Hammerkopfes angeschlagen. Bei der heute am weitesten verbreiteten *Stoßmechanik* wird der beweglich auf einer Achse gelagerte Hammer durch den auf dem hinteren Ende jedes Tastenhebels angeordneten komplizierten Hebelmechanismus gegen die jeweilige(n) Saite(n) geschnellt, wobei die Erfindung der *Repetitionsmechanik* (S. Erard, 1821) rasche Tonwiederholungen ermöglicht, da die Stoßzunge des Hebelmechanismus sofort nach dem Anschlag wieder die Ausgangsposition einnimmt. Die aufrechtstehende Stoßzungenmechanik des heutigen →Klaviers geht auf die *tape-check-action* (R. Wornum, 1842) zurück.

Hammond-Orgel: ⟨*elektronisches Musikinstr.*⟩ 1934 entwickeltes, nach dem nordamerik. Erfinder L. Hammond benanntes mehrmanualiges mechanisch-elektronisches Tasteninstr. (→Elektronenorgel); die Schwingungserzeugung erfolgt mittels 91 rotierender Profilscheiben aus Metall (= phonetische Räder), die an elektromagnetischen Tonabnehmern vorbeilaufen und in deren Spulen Sinusschwingungen induzieren. Durch elektrische Schaltungen ergeben sich vielfältige klangliche Registrierungsmöglichkeiten, zu denen Vibrato, Tremolo, Eche und Nachhall vor der verstärkten (→Verstärker) Schallabstrahlung über Lautsprecher hinzugemischt werden können; bevorzugtes Instr. der Unterhaltungs- und Filmmusik (= Kinoorgel). →Lichttonorgel

Handbalg: →Balginstr. (z. B. Handharmonika)

hand-drum (engl.) →Handtrommel, →Rahmentrommel (1.)

Handgabelbecken →Gabelbecken

Handharmonika: **1.** allgemeine Bezeichnung für tragbare →Balginstr. (Handharmonikainstr.) aus der Gruppe der →Harmonikainstr.

2. ⟨*Harmonikainstr.*⟩ →wechseltöniges, diatonisches →Balginstr. mit durchschlagenden Metallzungen, Faltenbalg und Spielmechanik (Klappen, Knopfgriffanordnung im Diskant- und Baßteil), das als im Diskant ein- bis dreireihiges →Deutsches-, →Wiener- und →Klubmodell gebaut wird und aufgrund der tonartgebundenen diatonischen Stimmung das Spielen nur in den den Knopfreihen zugeordneten Tonarten ermöglicht (z. B. zweireihig: C- und F-Dur oder G- und C-Dur; dreireihig: C-, F- und B-Dur oder G-, C- und F-Dur); einfache Modelle der H. werden oft als *Ziehharmonika* bezeichnet

hand slap cymbals (engl.): Handgabelbecken, →Gabelbecken

Handstück: im 18. Jh. verbreitetes kurzes →Charakterstück für Klavier, das zumeist als instruktives Klavierstück zur Ergänzung der rein spieltechnischen Übungen diente und im 19. Jh. von der →Etüde abgelöst wurde

Handtrommeln: **1.** Sammelbezeichnung für mit der Hand geschlagene →Fellklinger, überwiegend aus der Gruppe der →Röhrentrommeln; dazu zählen u. a. Darabukka, Bongos, Conga, Tablas

2. Tamburin ohne Schellen (→Rahmentrommeln [1.])

3. Kinderinstr. mit Stielgriff und Schnarrsaiten (→Stieltrommeln)

Handzeichen: von der griech. →Cheironomie hergeleitete Methode zur anschaulichen Darstellung (→Guidonische Hand) und durch Handbewegungen verdeutlichten Vermittlung von Tonvorstellungen; →Tonika-Do, →JALE

hard (engl.): *VB* hart

Hardangerfidel, Hardingfele: volkstümliches norweg. Streichinstr. des Violintyps, jedoch mit flacherem Korpus, kürzerem Hals und dünneren, häufig gegenüber der Violine eine Terz höher gestimmten Griffsaiten sowie 4 zusätzlichen Resonanzsaiten aus Stahl

Hard Bop (amerik.): Jazzstil der 50er u. 60er Jahre, den farbige Musiker an der Ostküste der USA (→East-Coast-Jazz) aus dem →Bebop entwickelten und der sich von diesem besonders durch den harten, entschiedenen Rhythmus unterscheidet, über dem in einer aus Bebop- und cool-Technik entwikkelten und auf den →Blues zurückgreifenden, wieder ausdrucksbetonteren Haltung improvisiert wird; →Modern Jazz

Hard Rock (engl. *hard* = hart): zeitgenössischer Musizierstil der beatorientierten →Rock-Musik, der Anfang der 70er Jahre vor allem Einflüsse des →Rock'n'Roll aufnimmt; er gewinnt seine Aggressivität aus überbetont harter Rhythmik und massiertem Einsatz elektroakustisch verstärkter sowie →elektronischer Musikinstrumente (→Heavy Rock)

Harfe (ital. *arpa*): ⟨*Zupfinstr.*⟩ altüberliefertes Saiteninstr., dessen unterschiedlich lange Saiten bei der europ. Rahmenh., die Korpus und s-förmig geschwungenen Hals durch die Vorderstange (*Baronstange*) zur Dreiecksform verbindet, ohne Steg und Griffbrett senkrecht zum Resonanzkasten verlaufen und mit den Halswirbeln gespannt werden; bei *Pedal-* (um 1720) und *Doppelpedalh.* (1810) wurde mit Hilfe von Pedalzügen und die Saiten mit Metallstiften verkürzenden Drehscheiben das Umstimmen um einen bzw. zwei Halbtöne während des Spiels möglich. Die moderne 47saitige H. ist diatonisch in Ces-Dur gestimmt und hat im Untersatz (Pedalkasten) 7 auf alle Oktavlagen eines Tones wirkende Doppelpedale (lk. Fuß: B-, Ces-, Des-Pedal; r. Fuß: Es-, Fes-, Ges-, As-Pedal), die das Spiel in allen (→enharmonisch umgedeuteten) Tonarten ermöglichen. Tonumfang $_{1}$Ces–gis^{4}, nichttransp. notiert im Violin- und Baßschlüssel; vielfältige Klangnuancierung

Harfenett →Spitzharfe

Harfenzug: mit Handzug, Kniehebel oder Pedal zu betätigende mechanische Registriervorrichtung, die bei älteren besaiteten Tasteninstr. (Cembalo, Spinett, Klavichord, Hammerklavier) die Hervorbringung harfenartiger Töne ermöglichte

Harlem-Jump →*jump*

Harlem-Stil: Klavierstil des Jazz, der von ausgebildeten Negermusikern in den 20er Jahren im Negerviertel von New York im Anschluß an andere, aus dem volkstümlichen Musizieren der nordamerik. Neger hervorgegangene Jazzpianostile (→Ragtime, →*barrel-house-piano*, →Boogie-Woogie) entwikkelt wurde; besonders mit bei house-rent-parties (*party piano*) oder in kleinen Lokalen ausgefeilt dargebotenen und mit virtuosen Pianoeffekten gewürzten Paradestücken (*shouts*)

Harmonetta: von der Mundharmonika abgeleitete →Blasharmonika

harmonica, *mouth organ* (engl.): Mundharmonika

harmonica à bouche (franz.): Mundharmonika

harmonica de bois (franz. = Holzharmonika) →Xylophon

harmonica de verres (franz.) →Glasharmonika

harmonics (engl.): **1.** →Flageolettöne **2.** Harmonische, →Obertöne

Harmonie (griech. *harmonia* = geordnetes Gefüge): **1.** musikalisch sinnvoll geordnete Zusammenfügung aufeinander bezogener Töne und deren Bedeutung im Zusammenklang (→Akkord) von mehr als zwei Tönen unterschiedlicher Tonhöhe; →Harmonielehre, →Harmonik
2. konsonanter Zusammenklang; →Konsonanz
3. altgriech. Oktavstruktur; →Tonleiter, →Oktavgattungen

harmoniefremde Töne, *akkordfremde Töne*: die einer Harmonie nicht zugehörenden →Nebentöne

Harmoniegehör →relatives Gehör

Harmonielehre: die Lehre von den Zusammenklängen (Akkorden), ihrem Aufbau, ihrer Bedeutung und ihrer Aufeinanderfolge in größeren musikalischen Zusammenhängen; im weitesten Sinne schließt sie auch allgemeine Musiklehre, Melodielehre, Grundlagen der Formenlehre (Motiv, Satz, kleine musikalische Formen) und musikalische Analyse ein. Heute genutzte Systeme der analytischen H. sind →Stufentheorie und →Funktionstheorie

Harmoniemusik: Blasorchester in gemischter Besetzung mit Holz- und Blechblasinstr. sowie dem Schlaginstrumentarium der →Janitscharenmusik (Infanteriemusik); als Musikkorps oder Musikzug besonders in der →Militärmusik

Harmonik: 1. →Harmonielehre **2.** eine jeweils speziell zu definierende bestimmte Art der Harmoniefortschreitung bzw. klanglichen Gestaltung einer Komposition

Harmonika: →Akkordeon, →Handharmonika, →Mundharmonika (→Harmonikainstr.); aber auch →Glasharmonika (→Friktionsinstr.)

Harmonikainstrumente: Sammelbezeichnung für Musikinstr. mit →durchschlagenden (freischwingenden) Metallzungen, die mit ihrem Fuß auf Stimmplatten aufgenietet sind und denen der Spielwind durch schmale, viereckige Tonkanäle (→Kanzellen [2.]) des Stimmstocks zugeführt wird; dazu zählen Akkordeon, Handharmonika, Konzertina, Bandonion, Mundharmonika

Harmonische, harmonische Töne →Obertöne

harmonische Analyse, *Fourier-Analyse*: *Ak* die nach dem franz. Mathematiker und Physiker J.-B.-J. Baron de Fourier benannte mathematisch ableitbare Zerlegung eines beliebigen periodischen oder auch annähernd periodischen Schwingungsvorganges in eine sinusförmige *Grundschwingung* und eine Reihe sinusförmiger *Oberschwingungen*, deren Frequenzen ganzzahlige Vielfache der Frequenz der Grundschwingung sind

harmonische Hand →Guidonische Hand

harmonische Molltonleiter: die als Zusammenstellung der Einzeltöne aus der vollständigen Moll- →Kadenz ableitbare Molltonleiter;
z. B. a-Moll

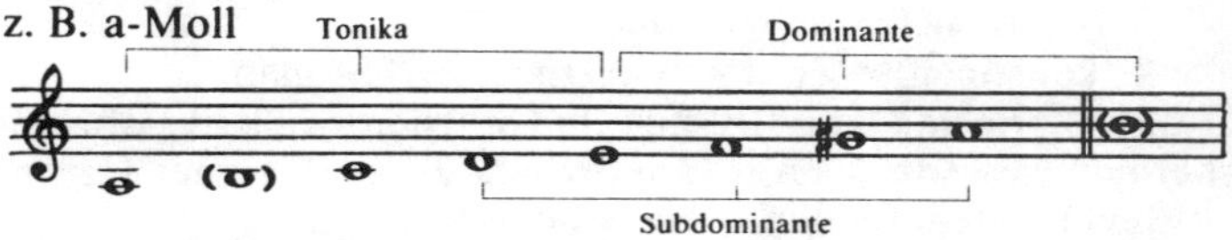

harmonischer Kontrapunkt →Kontrapunkt

harmonische Schwingung: *Ak* einfachste, jedem periodischen Schwingungsvorgang zugrunde liegende sinusförmige Schwingungsform (→Sinusschwingung); →harmonische Analyse

harmonische Teilung (lat. *divisio harmonica*): in der Musiktheorie die in Verhältniszahlen mit ansteigendem Nenner dargestellte Saitenteilung (→Monochord), die zur →Partialtonreihe mit der Ableitung des →Durdreiklangs (4:5:6) bzw. des →Molldreiklangs (10:12:15) führt; z. B.

Saitenlänge

$1 \quad \frac{1}{2} \quad \frac{1}{3} \quad \frac{1}{4} \quad \frac{1}{5} \quad \frac{1}{6} \quad \frac{1}{7} \quad \frac{1}{8} \quad \frac{1}{9} \quad \frac{1}{10} \quad \frac{1}{11} \quad \frac{1}{12} \quad \frac{1}{13} \quad \frac{1}{14} \quad \frac{1}{15}$

Tonhöhe

C c g c^1 e^1 g^1 c^2 e^2 g^2 h^2

Durdreiklang Molldreiklang

harmonisch-reine Stimmung, *reine Stimmung, natürliche Stimmung*: die mit dem mehrstimmigen Musizieren im 16. Jh. an Bedeutung gewinnende und in außereurop. Tonsystemen vorherrschende →Stimmung, der neben Oktave (2:1), Quinte (3:2) und Quarte (4:3) auch große Terz (5:4) und kleine Terz (6:5) als reine, mit der →Obertonreihe als natürlich vorgegebene Intervalle zugrunde liegen.

Im Gegensatz zur →pythagoreischen Stimmung (Quintsystem) folgt die Intervallreihung und deren Rücktransposition in einen gemeinsamen Oktavbereich hier dem Quint-Terz-System; danach ergibt sich für eine 7stufige Skala die Folge

f a c^1 e^1 g^1 h^1 d^2 = c d e f g a h.

Die terzbezogenen Tonstufen weichen dabei von den gleichnamigen quintbezogenen Tonstufen um das syntonische →Komma (81:80 ≙ 21,5 Cent) ab, das auch die beiden Ganztonschritte, den großen (9:8) und den kleinen (10:9) Ganzton unterscheidet. Die Abweichungen erfordern eine Vervielfachung der betreffenden Tonstufen, die besonders bei der Mitwirkung von Instr. mit festen Tonhöhen zu technischen Problemen und damit zur Einengung der Verwendungsmöglichkeiten dieser Stimmung führen. Einen musizierpraktisch vertretbaren Ausgleich schafft die Einführung temperierter Intervalle (→Temperatur), die nach einer Reihe von Übergangsstufen (u. a. die mitteltönige oder ungleichschwebende Temperatur) im 18. Jh. zur Ausbildung der →temperierten Stimmung (gleichschwebende Temperatur) führte

Harmonisieren: eine Melodie mit einer aus Dreiklangsharmonien gebildeten Begleitung versehen

Harmonium: Tasteninstr. mit →durchschlagenden Metallzungen und Trittbalg (→Balginstr.) im Druckwind- (franz. *orgue expressif*) oder Saugwindsystem (amerik. *cottage organ*); das moderne H. hat 1 oder 2 Manuale und nach dem Vorbild der Orgel mehrere Registerzüge (16′, 8′, 4′) und Koppeln.
Tonumfang 5 Oktaven ($C–c^4$ bzw. $_1F–f^3$); verwendet hauptsächlich in der Unterhaltungsmusik des 19. Jh., besonders im →Salonorchester (→Pariser Besetzung)

harp (engl.), **harpe** (franz.) →Harfe

harpeggio: veraltet für →*arpeggio*

harpsichord (engl.): →Cembalo, Spinett

hat (engl. = Hut), **hat mute,** „Hutdämpfer": wirklicher Hut oder dessen Metallnachbildung, in den die Blechbläser zur Erzielung eines dumpfen (gedämpften) Klanges hineinblasen; besondere Klangeffekte werden durch rhythmischen Wechsel von offenem und (auch durch Vorhalten der hohlen Hand) gedämpftem Spiel erzielt

Hauptdreiklänge, Hauptharmonien: die auf der 1. (→Tonika), 4. (→Subdominante) und 5. Stufe (→Dominante) einer Tonleiter aufgebauten leitereigenen Dreiklänge, von denen die Grundtöne der beiden letzteren im Quintabstand (Unter- und Oberquinte) zur Tonika stehen (= Quintverwandte); die H. enthalten alle Töne einer Tonleiter, bilden zusammen eine vollständige →Kadenz und sind harmonische Grundlage der →Funktionstheorie

Hauptmanual →Hauptwerk

Hauptsatz: in der →Sonaten(haupt)satzform der das →Hauptthema enthaltende erste Teil der →Exposition; er leitet meist motivisch zum →Seitensatz über und schließt daher nur selten mit einer vollständigen →Kadenz

Hauptthema: der einer Komposition zugrunde liegende musikalische Hauptgedanke; in →Sonaten(haupt)satzform und →Rondo das in der Grundtonart stehende, häufig periodisch in →Vorder- und →Nachsatz gegliederte und oft in sich kontrastierende 1. Thema. →Hauptsatz, →Exposition

Hauptton: **1.** der Ausgangston von mit →Nebentönen auszuführenden →Verzierungen, die im Notenbild gegenüber dem H. in kleinerer Notierung oder durch Verzierungszeichen dargestellt sind

2. in der dualistischen →Funktionstheorie (H. Riemann) der Bezugston des Dreiklangs, d. h. in Dur der Grundton, in Moll die Quinte

3. →Grundton

Haupttonart →Grundtonart

Hauptwerk: **1.** Teilwerk (→Werkprinzip) der mehrmanualigen Orgel, das mit vollständigem →Prinzipalchor, →Mixturen, →Zungenpfeifen (Trompeten) und einigen →Aliquoten vom *Hauptmanual* aus den charakteristischen Organo-pleno-Klang gestaltet; das H. ist über dem →Brustwerk angeordnet und wird bei zweimanualigen oder dreimanualigen Orgeln mit →Rückpositiv auch als →Oberwerk bezeichnet

2. bei Orgeln des 19. Jh. ohne Werkeinteilung das Hauptmanual mit den in der →Disposition lautstärksten Stimmen

Hausmusik: das Musizieren von Musikliebhabern, vorwiegend musikalischen Laien, im häuslichen oder engen Freundeskreis als Ausdruck intensiver künstlerischer Selbstbetätigung ohne Anspruch auf ausgereifte Interpretation und konzertmäßige Darbietung vor einem größeren Zuhörerkreis. Diese wichtige Form der musisch-ästhetischen Bildung hat durch das Musizieren in Volkskunstgruppen und Musiziergemeinschaften der Musikschulen eine wertvolle Ergänzung erfahren

hausse (franz.) →Frosch

haut, haute (franz.): hoch; laut

hautbois (franz.) →Oboe

Hautboisten, *Hoboisten*: bis zu Beginn des 20. Jh. allgemeine Bezeichnung für die Militärmusiker der Infanterie

haut-dessus (franz.): hoher →Sopran

haute-contre (franz.; lat. *contratenor altus*):

1. höchste Männerstimme; hoher →Tenor, männlicher →Alt

2. Instr. in hoher Tenor- bzw. Altlage

haute musique (franz. = laute Musik): seit dem 15. Jh. in Frankreich von den *hautes instruments* (= lauten Instr.) ausgeführte Freiluftmusiken; →alta-Ensemble

haute-taille (franz.): hoher →Tenor
havanaise (franz.) →Habanera
Hawaii-Gitarre, Hawaiian-Gitarre: in der Jazz- und Tanzmusik verwendete →Gitarre mit größerem Korpus (breiterer Ober- und Unterbügel, höhere Zarge), deren charakteristischer Klang durch den →*glissando*-Effekt entsteht, den ein mit der linken Hand gleitend über die 6–10 schwingenden Stahlsaiten geführter Metallkamm hervorbringt; mit elektr. Tonabnehmer ausgestattete Modelle (→Elektrogitarre), teilweise in Tischform mit mehreren Griffbrettern und unterschiedlichen Saitenstimmungen, haben keinen eigenen Resonanzkörper
H-Dur: Durtonart mit Vorzeichnung von fünf ♯;

Tonleiter 

head arrangement (engl.): das nicht schriftlich festgelegte, sondern entweder vorher abgesprochene oder während des Spiels spontan entstehende →Arrangement im historischen Jazz
headless notes (engl. = kopflose Noten): Notation für rhythmisch freie Schlagzeugimprovisationen
head-voice (engl.) →Kopfstimme
Heavy Rock, Heavy Metal Rock (engl. *heavy* = schwer): eine elektroakustisch hochgradig verstärkte und vom massierten Einsatz →elektronischer Musikinstrumente wesentlich bestimmte lautstarke Musizierweise der →Rock-Musik; kennzeichnend u. a. für →Hard Rock und →Punk Rock
Hebel(maschinen)pauke →Kurbelpauke
Heckelphon: ⟨*Holzblasinstr.*⟩ →Oboe in Baritonlage mit langem, stark konischem Rohr, kugelförmigem Schallstück mit 3 seitlichen Löchern und unten abschließender, durchlochter Metallplatte sowie leicht abgewinkeltem Mundstückrohr mit Doppelrohrblatt; Stimmung in C (A–d^2) – eine Oktave höher notiert im Violinschlüssel; Baßinstr. der Oboengruppe mit dunklem, ausdrucksvollem Klang. 1904 von W. Heckel u. a. auf Anregung von R. Strauss konstruiert
Heldenbariton, auch *hoher Baß*: seriöses Rollenfach der musikalischen Bühnenpraxis (Stimmumfang etwa G–fis^1); dramatischer →Bariton mit strahlender Höhe und tragfähiger mittlerer und tiefer Lage (z. B. Wagner, *Holländer*)
Heldenfach →hochdramatisches Fach
Heldentenor: seriöses Rollenfach der musikalischen Bühnenpraxis (Stimmumfang etwa c–c^2); dramatischer →Tenor mit voluminöser, in mittlerer und in tiefer Lage besonders tragfähiger Stimme, auch baritonaler (= Tenorbariton) Färbung (z. B.

Wagner, *Tristan*). Als jugendlicher H. mit lyrisch-dramatischem Stimmcharakter (z. B. Wagner, *Lohengrin*)

Helikon: ⟨*Blechblasinstr.*⟩ in der Militärmusik verwendetes, bei durchgestecktem Kopf über die linke Schulter gehängtes Baßinstr. der →Bügelhörner, daß sich von der Kontrabaß-→Tuba durch die kreisrund gewundene Form mit weiter, nach vorn gerichteter Stürze unterscheidet. →Sousaphon

Hellertion: Elektronisches Musikinstr. von B. Helberger und P. Lertes (1929); die mit einem →Ton(frequenz)generator erzeugten niederfrequenten Schwingungen werden durch Fingerdruck auf bestimmte Stellen eines Widerstandsdrahtes entsprechend dem unterschiedlichen Kontaktabstand und der Stärke des Druckes in Tonhöhe und Tonstärke verändert. Das hier entwickelte Prinzip des *Bandmanuals* war für die weitere Entwicklung der →elektronischen Musikinstr. (→Trautonium) von Bedeutung

hemidiapente (griech.): die verminderte Quarte im altgriech. Tonsystem

Hemiole (griech. = anderthalb): die notenschriftliche Darstellung der Umwandlung zweier dreizeitiger Tongruppen in drei zeitgleiche zweiteilige Tongruppen, wodurch der durchlaufende Bewegungsrhythmus (meist vor Themen- oder Satzschluß) aufgehalten wird und eine Akzentverschiebung eintritt; z. B.

zu

hemitonium (griech. *hemitonion*): der Halbton im altgriech. Tonsystem; →*semitonium*

Heptatonik (griech.): die 7stufige Tonfolge im diatonischen Tonsystem (→Diatonik [2.]); dagegen →Pentatonik

Herdenglocken →Almglocken

Hermeneutik (griech. = Ausdeutung): die auf die Musik angewendete, ursprünglich aus Theologie und Philologie abgeleitete Lehre von der Ausdeutung musikalischer Motive, Themen und ganzer Kompositionen nach ihrem Sinn- und Affektgehalt

heroïque (franz.): *VB* heldenhaft, heldisch

Hertz, Hz: *Ak* Maßeinheit für die Schwingungszahl pro Sekunde (→Frequenz), benannt nach dem deutschen Physiker H. Hertz; danach gilt

1 Hz = 1 vollständige Schwingung pro Sekunde

1 kHz (Kilohertz) = 1000 Hz

1 MHz (Megahertz) = 1000 kHz = 1 000 000 Hz
International ist die engl. Bezeichnung *cycles per second* (cps) verbreitet

Herunterstrich →Abstrich

heses: Tonname für den durch ein Doppel-♭ (𝄫) um zwei Halbtöne (bzw. einen Ganzton) erniedrigten Stammton h im kleinen Oktavbereich

Heterophone (griech. = Andersstimmigkeit): die bei gleichzeitigem Vortrag einer Melodielinie in mehreren (instrumentalen und/oder vokalen) Stimmen in Tonfolge und Rhythmus abgewandelte, gleichsam improvisierende Musizierweise, die sich sowohl vom →*unisono* als auch von eigentlicher →*Mehrstimmigkeit* unterscheidet; bevorzugtes Prinzip außereurop. Musik

Hexachord (griech.; lat. *hexachordum*), *Guidonisches H.*: die diatonische Folge von sechs Tönen mit einem Halbtonschritt in der Mitte, die einen Ausschnitt aus der mittelalterlichen Oktavreihe (G-e^2) bzw. die Erweiterung des antiken →Tetrachords um einen Ganzton nach oben und unten darstellt. Der durch die Sechstonfolge umfaßte Tonraum diente dem ital. Musiktheoretiker Guido von Arezzo (um 990–1050) zur Verdeutlichung von Besonderheiten der einzelnen Tonstufen, denen er in didaktischer Absicht – unabhängig von absoluten Tonhöhen – die Anfangssilben der ersten sechs Halbverse des Johannes-Hymnus: „*Ut* queant laxis, *re*sonare fibris…“ als Tonsilben (ut – re – mi – fa – sol – la) für die dem *hexachordum naturale* (c – d – e – f – g – a) entsprechenden Anfangstöne und deren Transposition zuordnete. Damit ermöglichte er in der mittelalterlichen Gesangslehre das bewußte Erfassen melodischer Zusammenhänge und das Wiedererkennen entsprechender Tonschritte auch in unbekannten Melodien (→Guidonische Hand). Systematische Ausweitung erfuhr das Guidonische H. in →Hexachordlehre und →Solmisation

Hexachordlehre, Hexachordsystem: systematische Ausweitung des Guidonischen →Hexachords, die von der Einbeziehung der beiden Hexachordtypen *hexachordum durum* (g-a-h-c-d-e, mit dem *b quadratum* bzw. *durum* = h) und *hexachordum molle* (f-g-a-b-c-d, mit dem *b rotundum* bzw. *molle* = b) als Transpositionen des *hexachordum naturale* (c-d-e-f-g-a) ausging und seit etwa Mitte des 13. Jh. die Darstellung und Benennung (→Solmisation) des gesamten mittelalterlichen Tonvorrats (G-e^2) mit Hilfe von sieben ineinandergreifenden, über c, f und g aufgebauten Hexachorden ermöglichte.
Die vor allem in der mittelalterlichen Gesangslehre benutzte

H. vermittelte mit der Benennung der Tonstufen nach ihrer Lage in der Oktavreihe und ihrer Stellung im Hexachordsystem (z. B. a la mi re) keine absoluten Tonhöhen, sondern charakterisierte sie im Hinblick auf die Tonumgebung, d. h. in bezug auf die umliegenden Ganz- und Halbtonschritte.
Der Übergang von einem Hexachord in ein anderes, die →Mutation, wurde durch Veränderung der Tonsilben angezeigt.

Hi-Fi →*high fidelity*

Hifthorn (mhd. *hi*(e)*ft* = Jagdsignal): ⟨*Blechblasinstr.*⟩ mittelalterliches →Signalhorn mit Kesselmundstück, in unterschiedlichen Größen dem geschwungenen Tierhorn nachgebildet; Vorläufer des gewundenen →Jagdhorns

high fidelity (engl. = große Genauigkeit), *Hi-Fi*: *EAk* hohe, klanglich weitgehend originalgetreute Wiedergabequalität bei elektroakustischen Übertragungssystemen, die sich wesentlich auf einen dem →Hörbereich angenäherten Übertragungsbereich von 30 Hz–20 kHz, größtmögliche Freiheit von Verzerrungen und Nebengeräuschen sowie einen großen Dynamikbereich bezieht und in internationalen Normen festgelegt ist; zunächst für die UKW-Rundfunkübertragung gültig, gewann der Begriff mit zunehmender Entwicklung der Schallplattentechnik (Langspielplatte, Stereophonie, Quadrophonie) besondere Bedeutung für die Schallplattenaufnahme und -wiedergabe

high-hat →Hi-hat

high note trumpeter (engl.): Jazztrompeter, der sich besonders auf die effektvolle Soloimprovisation (→Hot-Solo-Folge) im höchsten Register seines Instruments spezialisiert hat

Hi-hat, *high-hat* (engl. = hoher Hut), **Hi-hat-Pedal:** →Pedalbekken hoher Bauart (etwa 100 cm hoch), die auch das gleichzeitige Anschlagen des Oberbeckens mit Schlegeln ermöglicht; Weiterentwicklung der →Charleston-Maschine

Hilfslinie: oberhalb oder unterhalb des Notenliniensystems für die in der Höhe oder Tiefe darüber hinausgehenden Töne hinzugefügte, zur Wahrung der Übersichtlichkeit in der Regel auf höchstens 5 begrenzte, kurze Linien; z. B.

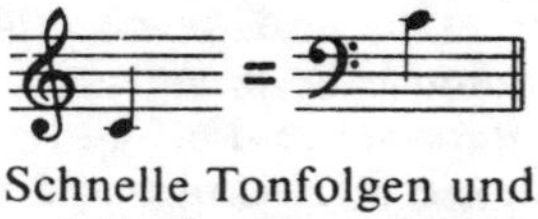

Schnelle Tonfolgen und höhere bzw. tiefere Töne werden mit →Oktavierungszeichen notiert.

Hilfsregister, Hilfsstimmen: 1. Registerzüge der Orgel für →Spielhilfen (z. B. Koppeln, Tremulant), im Gegensatz zu den →klingenden Registern

2. zu den →Grundregistern der Orgel als Verstärkung bestimmter Obertöne hinzutretende Obertonregister (→Aliquoten) und →gemischte Stimmen

Hilfstöne, Hilfstasten: bei der →Handharmonika die zusätzliche Knopfreihe des →Klubmodells mit den sonst fehlenden charakteristischen Halbtönen; sie ermöglichen das Spielen in fast allen Tonarten

hill-and-dale recording (engl.) →Tiefenschrift

Hillbilly (amerik. = Hinterwäldler): die ländliche Volksmusik (= *country music*) der weißen Siedler in den USA, die ihre melodisch einfachen Cowboy-Balladen und Western-Songs, begleitet von Violine (= *fiddle*), Mandoline, Gitarre und Banjo vortragen; speziell die der Volksmusik nachempfundenen und mit dem Namen Billy Hill verbundenen kommerziell ergiebigen Neuschöpfungen der 30er Jahre. →Country and Western Music

Hinaufstrich →Aufstrich

Hintersatz, Nachsatz: bei historischen Orgeln die hinter der Hauptstimme (→Prinzipal) im Inneren der Orgel stehende Großmixtur, die seit dem 16. Jh. in einzelne Orgelregister (→Disposition) aufgeteilt wurde

Hirtenlied, Hirtenweise →Pastorale

his: Tonname für den durch ein ♯ um einen Halbton erhöhten Stammton h im kleinen Oktavbereich; bei →enharmonischer Verwechslung übereinstimmend mit c

hisis: Tonname für den durch ein Doppelkreuz (𝄪) um zwei Halbtöne (bzw. einen Ganzton) erhöhten Stammton h im kleinen Oktavbereich

hissing (engl.): *MA* zischend

Historia (lat. = Geschichte, Bericht), **Historie:** seit dem späten Mittelalter liturgisch gebundene, musikalisch mit verteilten Rollen, Chor und späterhin auch Instrumentalbegleitung ausgeführte Darstellung der Evangelien hoher kirchlicher Festtage (Ostern, Weihnachten) mit besonderer Bevorzugung der Passions- und Auferstehungs-H.

historischer Jazz, *traditional jazz*: Bezeichnung für die Stilperioden des volkstümlichen →Old-Time-Jazz, d. s. →archaischer (früher) Jazz und →klassischer Jazz, bzw. deren Weiterpflege in späteren Stilperioden; vgl. →authentischer Jazz

histrio (lat.): Gaukler des frühen Mittelalters; fahrender, d. h. umherziehender Musikant. →Spielmann

hit (engl. = Stoß, Treffer, Glücksfall): Spitzenschlager

Hit-Parade: Unterhaltungsveranstaltung oder auch tabellarische Übersicht mit den Spitzenschlagern (= *hits*) eines bestimmten Zeitraums

h-Moll: Molltonart mit Vorzeichnung von zwei ♯, Paralleltonart zu D-Dur; Tonleitern

natürlich (oder rein) 

harmonisch 

melodisch

Hoboisten →Hautboisten

hochdramatischer Sopran: seriöses Rollenfach der musikalischen Bühnenpraxis (Stimmumfang etwa g–c^3); dunkler, dramatischer →Sopran mit voluminöser, in mittlerer und tiefer Lage besonders tragfähiger Stimme (z. B. Wagner, Ring: *Brünnhilde*)

hochdramatisches Fach, *Heldenfach*: zu den seriösen Fächern (→Rollfächer) zählendes hochdramatisches, eine schwere und voluminöse Stimme voraussetzendes Fachgebiet innerhalb der einzelnen Stimmgattungen; z. B. Heldentenor

hochetus (ital.) →Hoquetus

Hochfrequenz, HF: Bereich der Wechselströme und -spannungen mit Frequenzen über 20 kHz (bis 300 MHz). →Modulation

Hölzern(es) Gelächter, Hülzern Glachter, Holzfidel: ältere volkstümliche Bezeichnung für →Xylophon

Hörbereich: *Ak* der vom menschlichen Ohr als Gehörsempfindung aufnehmbare Schall (*Hörschall*) im Frequenzbereich von etwa 16–20 000 Hertz, für den die Aufnahmefähigkeit des Menschen (*Hörgrenze*) mit zunehmendem Alter besonders in den hohen Frequenzen abnimmt (z. B. bei 40jährigen auf etwa 14 000, bei 60jährigen auf etwa 10 000 Hertz); dagegen →Infra- und →Ultraschall

Hören, musikalisches: die Fähigkeit des Aufnehmens, bewußten Erfassens und geistigen Aktivierens akustisch-musikalischer Zusammenhänge in Verbindung mit dem musikalischen Kunstwerk. →Gehörphysiologie, →Musikpsychologie

Hörfeld, Hörfläche: *Ak* die von →Hörschwelle und →Schmerzschwelle eingegrenzte intensitäts- und frequenzabhängige Darstellung des menschlichen →Hörbereichs

Hörkopf, *Wiedergabekopf* →Magnettonverfahren

Hörpsychologie →Gehörpsychologie

Hörsamkeit: *Ak* die Gesamtheit der akustischen Eigenschaften eines Raumes, die physikalisch bestimmbar und durch architektonische Maßnahmen beeinflußbar sind (z. B. Absorption, Nachhall)

Hörschall →Hörbereich

Hörschwelle, *Reizschwelle*: *Ak* die durch den geringsten Schalldruckwert für die jeweilige Frequenz (bei 1000 Hz = 0,0002µbar) ermittelte untere Grenze des Hörfeldes, die für den gesamten →Hörbereich als Hörschwellenkurve darstellbar ist; dagegen →Schmerzschwelle

Hörspielmusik: eine die speziellen technischen und künstlerischen Möglichkeiten des Rundfunks dramaturgisch nutzende und der Personen- und Situationscharakteristik dienende oder unmittelbar in die Handlung einbezogene (→Inzidenzmusik), für ein bestimmtes Hörspiel komponierte Musik aller Gattungen und Stilrichtungen; oft aber auch in die Aussage des Hörspiels einbezogene charakteristische eigenständige Kompositionen aus Vergangenheit und Gegenwart

Hofkapelle: allgemein als Bezeichnung für das künstlerische Ensemble der Instrumentalisten, Sänger, Tänzer und Schauspieler an Fürstenhöfen; →Kapelle

Hofweise: das höfische mehrstimmige deutsche →Tenorlied des 15./16. Jh. das in Text, Strophenbau (→Barform) und Melodik die Bindung an →Minnesang und →Meistersang zeigt

hoher Baß →Heldenbariton

Hohlflöte: ⟨*Orgelregister*⟩ zylindrische Lippenpfeifen (16′, 8′, 4′) aus Holz, weite Mensur; weicher, flötenähnlicher Klang

Hoketus →Hoquetus

holler (amerik. Slang = laut schreien, laut rufen): gesangsartige Verständigungsrufe der nordamerik. Neger, die Elemente der afroamerik. Negerfolklore einbeziehen und in ihrer Ausdrucksbreite vom gellenden Schrei bis zum melodisch-expressiven Ausruf reichen; solistische Form des →*work song*. →*cornfield holler*, →*field cries*

Holz: Gruppe der →Holzblasinstr. im Orchester (= Holzbläser)

Holzbläser: 1. Spieler von →Holzblasinstr.

2. Gruppe der Holzblasinstr. im Orchester, auch entsprechendes Kammermusikensemble

Holzblasinstrumente: Sammelbezeichnung für die Gruppe der Flöten- und Rohrblattinstr., deren Tonerzeugung durch wirbelartige Brechung des gegen eine scharfe Kante des Anblasloches oder Mundstückes gelenkten Luftstroms (→Flöteninstr.) bzw. der im Luftstrom schwingenden elastischen (Rohr-)Zunge(n) (→Rohrblattinstr.) erfolgt

Holzblock, Holzblocktrommel: ⟨*Schlaginstr.*⟩ →Aufschlagidiophon aus einem länglichen viereckigen Hartholzblock (→Holztrommel) von etwa 4–6 × 7–10 cm Stärke und etwa

18–26 cm Länge, der an den Längsseiten schlitzartig ausgehöhlt ist; satzweise Verwendung annähernd im dreigestrichenen Oktavbereich abgestimmter Einzelinstr., die an einem gemeinsamen Ständer befestigt sind und mit Trommelstöcken oder Xylophonschlegeln angeschlagen werden; voller, hölzerner Klang

Holzklatsche, *Klappholz* →Peitsche

Holzplattentrommel, *Holz-Tom-Tom*: ⟨*Schlaginstr.*⟩ dem Einfell-→Tom-Tom ähnelndes →Aufschlagidiophon, das anstelle des Fells mit einer dünnen Sperrholzplatte (→Holztrommel) versehen ist und mit Trommelstöcken oder Paukenschlegeln angeschlagen wird; Trommelinstr. ohne bestimmte Tonhöhe mit tiefem, trockenem Klang

Holzröhrentrommel →Röhrenholztrommel

Holzschlitztrommel →Röhrenholztrommel

Holzstabspiele, Holzstabinstrumente: Schlagstabspiele mit →Aufschlagstäben aus Holz; z. B. Xylophon

Holzstäbe, *Schlagstäbe →claves*

Holz-Tom-Tom →Holzplattentrommel

Holztrommeln: 1. Sammelbezeichnung für →Trommelinstr. aus Holz, die zur Hauptgruppe der →Selbstklinger zählen, wie →Holzblock(trommel), →Röhrenholztrommel, →Tempelblock, →Schlitztrommel, →*log drum*, →Holzplattentrommel

2. speziell für →Holzblock(trommel) oder →Röhrenholztrommel

Holztrompete →Alphorn

Hommage (franz.): Huldigung; auch Titel einer Komposition, die als Ausdruck der Verehrung für eine bestimmte Persönlichkeit entstand

homophon (griech.): **1.** gleichklingend (→Homophonie); dagegen →polyphon

2. in der antiken und frühmittelalterlichen Musik sinngleich mit →*unisono*

homophone (franz.), **homophonic** (engl.) →homophon

homophonie (franz.), **homophony** (engl.) →Homophonie

Homophonie (griech. = Gleichstimmigkeit, Gleichklang): Kompositionsweise, bei der

(1.) eine melodische Hauptstimme, die meist die Oberstimme ist, mit einzelnen Akkorden (→Monodie) oder in nur geringer Eigenbewegung geführten Nebenstimmen (*Scheinpolyphonie*) harmonisch gestützt wird, im Gegensatz zur melodischen und rhythmischen Selbständigkeit aller Stimmen in der →Polyphonie

(2.) alle Stimmen rhythmisch gleich (= *homorhythmisch*) oder annähernd gleich im rein akkordischen Satz geführt werden

homorhythmic (engl.), **homorythmique** (franz.): homorhythmisch, →Homophonie (2.)

homorhythmisch (griech. = gleichrhythmisch): **1.** →Homophonie (2.)
2. →isorhythmisch (2.)

hongroise, à la hongroise (franz.) →*ungherese*

honky-tonk(y)-piano (amerik. Slang): ein dem →*barrel-house-piano* vergleichbarer Klavierstil des frühen klassischen Jazz, der von Negermusikern in den einfachsten Kneipen (= *honky tonk*) von New Orleans und den Südstaaten der USA gespielt wurde

Hopak, *Gopak* (russ.): ukrain. Nationaltanz im schnellen $\frac{2}{4}$-Takt; der ursprünglich reine Männertanz wird heute, häufig mit akrobatischen Solopassagen, gemeinsam von Männern und Frauen getanzt

Hopser: Deutscher Tanz, →Springtanz

Hoquetus (lat.; altfranz. *hoqueter* = zerschneiden), *Hoketus*: Satztechnik der mehrstimmigen Musik des 13./14. Jh., die eine Melodie ton- oder tongruppenweise in schnellem Wechsel zwischen mehreren, abwechselnd pausierenden Stimmen aufteilt; diese Technik fand später Eingang in die isorhythmische →Motette

Hora (rumän.): rumänisches Tanzlied (Reigen) im schnellen $\frac{6}{8}$-Takt

Horen (lat. *horac* = Stunden): die in der röm.-kath. Liturgie für bestimmte Tageszeiten festgelegten Stundengottesdienste des →Offiziums

Horn (ital. *corno*), *Waldhorn*: ⟨*Blechblasinstr.*⟩ modernes Ventilhorn mit langem konischem, eng mensuriertem und mehrfach kreisförmig gewundenem Rohr, weit ausladender Stürze, 3 Ventilen, Stopfventil (beim Doppelhorn zusätzliches Umschaltventil) und Trichtermundstück. Stimmung in F ($_1$B–f^2), in B ($_1$As–$_1$B/E–b^2) und als Doppelhorn F/B bzw. B/F ($_1$As–b^2); Diskanthörner in F-alto (B–c^3), in G-alto (as–d^3) und als Doppelhorn F/F-alto ($_1$B–c^3) bzw. B/F-alto ($_1$As–$_1$B/E–c^3) – transp. notiert im Violin- und Baßschlüssel; tragfähiger, sehr weicher und warmer Klang, bei Diskanthörnern sehr hell. →Bügelhörner

horn fifths (engl.) →Hornquinten

horn player (engl.): Hornbläser

Horninstrumente, *Trompeteninstrumente* →Blechblasinstrumente

Hornist: Hornbläser

Hornpipe (engl. = Hornpfeife): **1.** Blasinstr. mit einfachem Rohrblatt und einem Schallstück aus Tierhorn, das (einzeln oder auch doppelt) angeblasen oder als Spielpfeife einer

→Sackpfeife verwendet wird; auch das walis. *Pibgorn*
2. engl. Volkstanz im schnellen $\frac{2}{4}$- oder $\frac{4}{4}$-Takt, vom 15. bis 18. Jh. ursprünglich auch im $\frac{3}{2}$-Takt; auch landschaftlich unterschiedliche Tänze mit Begleitung der →Sackpfeife

Hornquinten, *verdeckte Quinten*: eine für den in Naturtönen fortschreitenden zweistimmigen Satz der Hörner charakteristische Stimmführung, die nicht in (nach strengen Satzregeln verbotenen) Quintparallelen erfolgt:

 ;

während die eine Stimme in die Quinte springt, schreitet die andere diatonisch weiter

Horo (bulgar.): stark rhythmisch ausgeprägtes bulgarisches Tanzlied (Reigen), meist im sich schnell steigernden $\frac{2}{4}$-Takt

Hosanna (hebr. = hilf doch!), **Hosianna,** *Osanna*: mit →Sanctus und →Benedictus sowohl liturgisch als auch musikalisch eng verbundener Lobgesang; altüberlieferter hebr. Bittruf

hot (engl. = heiß, scharf), **hot music:** Bezeichnung für die Gesamtheit der durch die →*hot*-Intonation geprägten und an keine bestimmte Stilperiode gebundenen Ausdrucksmerkmale im Jazz; allgemein auch sinngleich für den →Jazz als *hot music* gegenüber der kommerziellen *sweet music*

hot-Intonation: für den Jazz (bis zum Cool Jazz) typische vokale und instrumentale Tonbildung (→*attack*), insbesondere mit der Übertragung vokaler Ausdrucksmittel (z. B. *dirty tones*, *blue notes*, *growl*) der afroamerik. Negerfolklore auf den instrumentalen Bereich

Hot-Solo: aus der Kollektivimprovisation des volkstümlichen →Old-Time-Jazz hervortretendes Einzelinstr., dessen Solospiel aus dem Überwechseln der *lead*-Stimme auf ein anderes Instr. im Rahmen der strophischen Variation (→archaischer Jazz) bzw. dem Bluesstimmenablauf (→klassischer Jazz) entsteht; →Hot-Solo-Folge

Hot-Solo-Folge: Stilmerkmal des →Chicago-Jazz mit der Ablösung der Kollektivimprovisation durch die Aufeinanderfolge solistischer Improvisationen (Sukzessivimprovisation) und virtuos-artistischer Soloimprovisation des Star-Musikers (z. B. *high note trumpeter*) in der *big band* des →Swing und in den späteren Stilperioden des Jazz

Hufnagelschrift: besonders in Deutschland benutzte gotische Sonderform der mittelalterlichen →Choralnotation des 13. bis 15. Jh., deren rhombische, dick gehalste Notenform dem Hufnagel ähnelt

huitième de soupir (franz.): Zweiunddreißigstelpause
Hully Gully: Mitte der 60er Jahre verbreiteter geselliger, nicht paarweise getanzter Modetanz, der wie der schnellere →Twist aus dem kommerzialisierten Musizierstil des →Rhythm and Blues hervorging
Humoreske (franz. *humoresque*): heiteres, scherzhaftes →Charakterstück in zwei- oder dreiteiliger Liedform, meist für Klavier; →Burleske, →Scherzo
Hupfauf, Hupfer, *Sprung* →Springtanz, →Nachtanz
hurdy-gurdy (engl.) →Drehleier
hush mute (engl.): besondere Dämpferform für Blechblasinstr.
Hydraulos (griech. = Wasserorgel), **Hydraulis:** Orgel der Antike, bei der die Luftzuführung zur →Windlade durch Wasserdruck reguliert wurde
Hymenaios (griech.): altgriech. Hochzeitsgesang
hymn (engl.) **1.** →Hymne **2.** das →Kirchenlied der anglikanischen Kirche
Hymnar: Sammlung der nach dem Kirchenjahr geordneten Texte und später (seit dem 11. Jh.) auch Melodien von kirchlichen Hymnen (→Hymne [2.]); häufig in Verbindung mit dem →Psalter
Hymne (griech. *hymnos*; lat. *hymnus*): **1.** weltlicher Lobgesang der Götter-, Helden- und Naturverehrung, zur Feier des Sieges, zum Lob der Gerechtigkeit, der Freiheits- und Vaterlandsliebe, der Freude und der Künste. Der in gehobener Sprache zugrunde liegenden Dichtung folgt die musikalische Gestaltung von der einfachsten Form des Strophenliedes (z. B. Volks- und Nationalhymnen) bis zur großen oratorischen Form; →Ode
2. altgriech. Lobgesang zur Ehren einer Gottheit oder eines Helden; im engeren Sinne das lateinsprachige, oft liturgisch gebundene geistliche Strophenlied der röm.-kath. Kirche, das seinen Platz im →Offizium hat und als Vorbild für das volkssprachige ev. →Kirchenlied gilt
Hymnus angelicus (lat. = Engelsgruß) →Gloria
hyperdiapason (griech.): Oberoktave; →*diapason*
hyperdiapente (griech.): Oberquinte; →*diapente*
hyperdiatessaron (griech.): Oberquarte; →*diatessaron*
hypoäolisch: der im 16. Jh. zu den mittelalterlichen →Kirchentonarten hinzugefügte 10. Kirchenton (Modus X) mit →Finalis = a und →Reperkussionston = c¹;

Tonleiter 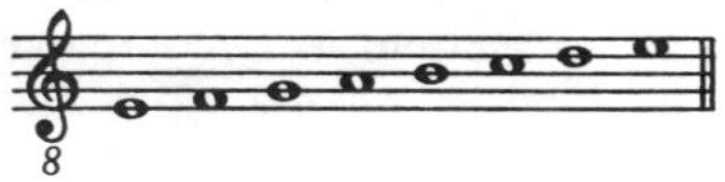

hypodiapason (griech.): Unteroktave; →*diapason*
hypodiapente (griech.): Unterquinte; →*diapente*
hypodorisch: 1. im altgriech. Tonsystem aus →dorisch (durch Versetzung des ursprünglich unteren →Tetrachords über das bisherige obere) abgeleitete (plagale) Oktavgattung mit der diatonisch absteigenden Tonleiter a^1–a
2. der 2. Kirchenton (Modus II) der mittelalterlichen →Kirchentonarten mit →Finalis = d und →Reperkussionston = f;

Tonleiter 

hypoionisch: der im 16. Jh. den mittelalterlichen →Kirchentonarten hinzugefügte 12. Kirchenton (Modus XII) mit →Finalis = c^1 und →Reperkussionston = e^1;

Tonleiter 

hypolydisch: 1. im altgriech. Tonsystem aus →lydisch (durch Versetzung des ursprünglich unteren →Tetrachords über das bisherige obere) abgeleitete (plagale) Oktavgattung mit der diatonisch absteigenden Tonleiter f^1–f
2. der 6. Kirchenton (Modus VI) der mittelalterlichen →Kirchentonarten mit →Finalis = f und →Reperkussionston = a;

Tonleiter 

hypomixolydisch: der 8. Kirchenton (Modus VIII) der mittelalterlichen →Kirchentonarten mit →Finalis = g und →Reperkussionston = c^1;

Tonleiter 

hypophrygisch: 1. im altgriech. Tonsystem aus →phrygisch (durch Versetzung des ursprünglich unteren →Tetrachords über das bisherige obere) abgeleitete (plagale) Oktavgattung mit der diatonisch absteigenden Tonleiter g^1–g
2. der 4. Kirchenton (Modus IV) der mittelalterlichen →Kirchentonarten mit →Finalis = e und →Reperkussionston = a;

Tonleiter 

hyporchema (griech.): heiteres altgriech. Chorlied mit lebhafter Rhythmik, häufig zur Begleitung von Waffentänzen und anderen Tanzpantomimen

I

i: Bezeichnung für die (von Kirnberger 1771) versuchsweise eingeführte natürliche kleine Septime, die dem 7. Naturton entspricht

idée fixe (franz. = beständiger Gedanke): in abgewandelter Form immer wiederkehrendes Kernthema (zuerst in Berlioz' Symphonie fantastique); Vorläufer des →Leitmotivs

idiofoni (ital.): Idiophone, →Selbstklinger

Idiophone (griech. = Selbstklinger) →Selbstklinger, →Schlaginstrumente

Idyll (ital. *idillo*): lyrisches →Charakterstück; dazu →Pastorale

illustre (ital.): *VB* erhaben, glänzend

il più (ital.): am meisten (mit *VB*)

il più forte (ital.), *ffff*: *VB* am stärksten; vgl. *fortissimo possibile*

il più presto possibile (ital.): *MA* so schnell wie möglich

imboccatura (ital.): **1.** →Mundstück **2.** →Ansatz (1.)

imbroglio (ital. = Verwirrung): die in einer Komposition durch Vermischung oder Überlagerung verschiedener Taktarten oder Rhythmen bewußt herbeigeführte rhythmische Verwicklung

imitando, imitativo (ital.): *MA* nachahmend, imitierend

Imitation (lat. = Nachahmung): satztechnisches Stilmittel in der mehrstimmigen Musik (→Polyphonie), das ein Motiv, Thema oder auch einen größeren melodischen Abschnitt der einen Stimme nacheinander in einer oder mehreren anderen Stimmen wiederholt; bei der *strengen I.* folgt die imitierende Stimme genau (d. h. intervallgetreu) und vollständig der vorangehenden, von derselben (*in unisono*) oder einer anderen (z. B. *in tertia*) Tonstufe ausgehend in gleicher Bewegung (→Kanon, →*comes* der →Fuge); bei der *freien I.* erfolgt die Nachahmung dagegen mit Abweichungen in den Intervallschritten, in →Gegenbewegung, →Umkehrung, in rhythmischer Vergrößerung oder Verkleinerung. Dazu →durchimitierender Stil, →Kontrapunkt

imitazione (ital.) →Imitation

immediato (ital.), **immédiat** (franz.), **immediately** (engl.): unmittelbar, unverzüglich, sofort, plötzlich (mit *VB* und *MA*)

impaziente, impazientemente (ital.): *VB* ungeduldig

imperfekt (lat. *imperfectus* = unvollkommen), **Imperfektion:** in der →Mensuralnotation die Bezeichnung für den gegenüber dem dreiteiligen (= *perfekten*) Notenwert um ein Drittel des ganzen Wertes verkürzten zweiteiligen Notenwert; →*punctus* (3.)

imperioso (ital.): *VB* gebieterisch, herrisch

impetuoso, con impeto (ital.): *VB* ungestüm, stürmisch, heftig; mit Ungestüm, mit Schwung

imponente (ital.): *VB* großartig, eindrucksvoll; imposant

impresario (ital. = Unternehmer), **Impresario**: Geschäftsführer von Theater- und Konzertagenturen sowie Vermittler von Konzerten, auch für einzelne Künstler

Impressum (lat. = das Eingedruckte): bei Büchern und Musikalien der auf der Rückseite des Haupttitels oder auf der letzten Seite der Publikation eingedruckte Erscheinungsvermerk, der →Copyright-Vermerk, Verlagsangabe, Erscheinungsort und -jahr, die Verlagslizenz, Angaben über Redaktion, Gestaltung und die Herstellerbetriebe von Satz bzw. Stich, Druck und Einband sowie Bestellnummer und Preis enthält

Impromptu (franz.; lat. *in promptu esse* = bereit sein):
1. der →Fantasie nahestehendes, oft lyrisches →Charakterstück in zwei- oder dreiteiliger Liedform, Rondo- und auch Variationsform, meist für Klavier; vgl. *Moment musical*
2. ursprünglich eine aus dem Stegreif entstandene Komposition, vielfach als →Improvisation

Improperien (lat. = Vorwürfe), *Heilandsklagen*: in der röm.-kath. Karfreitagsliturgie die wechselchörigen Gesänge während der Kreuzverehrung, in deren Texten die vorwurfsvollen Klagen Christi den Schmähungen des jüdischen Volkes gegenübergestellt werden

Improvisation (lat. *improvisus* = unvorhergesehen), **Improvisieren**: musikalisch das gleichzeitige spontane Erfinden und Ausführen von Musik, ohne Vorbereitung und in der Regel ohne schriftliche Ausarbeitung (→Komposition) und nachgestaltende Wiedergabe (→Interpretation); aus dem Augenblick heraus (→*ex tempore*), aus dem Steigreif musizieren – auch über vorgegebene musikalische Themen

improvvisando (ital.): *MA* gleichsam improvisierend

improvvisazione (ital.) →Improvisation

improvviso, all'improvviso (ital.): *MA* plötzlich, unversehens

incalzando, incalzante (ital.): *VB* drängend, allmählich schneller werdend; vgl. *stringendo*

incantevole (ital.): *VB* bezaubernd, entzückend, wunderschön

incidental music (engl.): Inzidenzmusik, →Bühnenmusik

Incipit (lat. = es beginnt): **1.** der wörtlich angegebene Textanfang eines Liedes oder einer Arie
2. die genaue Wiedergabe des Anfangs (der führenden Stimme) einer Komposition und auch der einzelnen Sätze von zyklischen Werken in Notenschrift (auch Tonbuchstaben oder Tonsilben) u. a. zur Identifizierung anonym überlieferter

Kompositionen (geordnet nach der Intervallfolge) und in →thematischen Verzeichnissen eines Komponisten (z. B. Köchel: Mozart-Verzeichnis)
3. in den Messen des 15./16. Jh. der auf diese selbst übertragene Textanfang des als →Thema oder →*cantus firmus* benutzten Liedes (= Parodiemessen); →Parodie (1.)

incudine (ital.) →Amboß

indeciso (ital.): *VB* unentschieden, unentschlossen; weniger streng in Rhythmus und Zeitmaß

indifferente (ital.): *VB* gleichgültig, unterschiedslos

indiretto (ital.): *MA* indirekt, mittelbar

indolente (ital.): *VB* träge, lässig

indugiando (ital.): *VB* verzögernd; vgl. *ritardando*

ineguale (ital.): *MA* ungleich, ungleichmäßig, veränderlich

infantile (ital.): *VB* kindlich

infernale (ital.): *VB* höllisch, teuflisch

infinito (ital.): *MA* unendlich, endlos; unbestimmt

Infraschall: *Ak* Schwingungen, deren Frequenz unterhalb der mit 16 Hertz ermittelten unteren Hörgrenze des menschlichen Ohres (Hörschall) liegt; sie werden u. a. als Erschütterungen des Bodens oder von Gebäuden (Körperschall) wahrgenommen. →Hörbereich, →Ultraschall

inganno (ital. = Täuschung) →Trugschluß

ingegnoso (ital.): *VB* geistreich, erfinderisch; schlau

ingenuo (ital.): *VB* naiv, unbefangen, harmlos

Initium (lat. = Anfang): **1.** zumeist zweitönige Eingangsformel der →Psalmtöne im →Gregorianischen Choral, die das Ende der →Antiphon mit dem Rezitationston verbindet
2. in der Kompositionslehre des 16. Jh. der Anfangsteil einer mehrstimmigen Gesangskomposition, dem Medium (Mittelteil) und Finis (Schlußteil) folgen

Inkunabel (lat. *incunabula* = Ursprung), *Wiegendruck*: Druckausgabe aus der Anfangszeit der Buchdruckerkunst, d. h. Frühdruck vor 1500

in mezzo (ital.): *MA* in der Mitte

innalzare i piatti (ital.): *MA* schwingende Becken

innalzare la voce (ital.): *MA* die Stimme heben

inno (ital.) →Hymne

innocente (ital.): *VB* unschuldig, harmlos, ungekünstelt

In nomine (Domini) (lat. = im Namen des Herrn): im 16./17. Jh. in England kontrapunktische Instrumentalkompositionen für Violenensemble (→*consort*), Laute oder Klavichord, die auf den →*cantus firmus* des →Benedictus einer Messe des engl. Komponisten J. Taverner (um 1525), der mit den Worten „In nomine Domini“ beginnt, zurückgehen und bald jede liturgische Bindung verloren

input (engl. = Eingang): *EAk* Eingangsanschluß (Eingangsbuchse) des Einzelgerätes einer elektroakustischen Übertragungsanlage, der die (Steck-)Verbindung mit dem Ausgangsanschluß (→*output*) eines vorangestellten Bausteins der →Übertragungskette ermöglicht

inquieto (ital.): *VB* unruhig, beunruhigt, beängstigt, aufgeregt

insensibile (ital.): *VB* empfindungslos, gefühllos; unmerklich

insieme (ital.): **1.** *MA* zusammen, zugleich **2.** →Ensemble

insistente (ital.): *VB* beharrlich, hartnäckig, dringlich

insolente (ital.): *VB* frech, unverschämt, grob

instabile (ital.): *VB* unbeständig, veränderlich

instante (ital.): *VB* drängend, allmählich schneller werdend; vgl. *stringendo*

instrumental: mit Musikinstrumenten ausgeführt

Instrumentalgesang: musikalische Vortrags- und Satztechnik, bei der die Singstimmen über längere Abschnitte eines Werkes (→Instrumentalismen) oder in der ganzen Komposition wie Instr. behandelt werden und mit der Beschränkung auf einzelne Wortsilben oder Laute auf eine textliche Aussage verzichtet wird; besonders ausgeprägt in Jazz (→*scat*-Gesang) und zeitgenössischer Musik

Instrumentalismen: ausgesprochen auf die spieltechnischen Möglichkeiten der Musikinstr. bezogene kompositorische Wendungen (Passagen, Akkordbrechungen, Spielfiguren u. a.); innerhalb eines Werkes der Vokalmusik auch häufig ausgeweitet zum →Instrumentalgesang

Instrumentalkonzert: Sammelbezeichnung für die instrumentalen Formen des konzertierenden Stils (→Konzert [3.]): →Concerto grosso, →Solokonzert und Orchesterkonzert

Instrumentalmusik: die ausschließlich mit Musikinstr. auszuführende Musik im Gegensatz zur →Vokalmusik

Instrumentaltonleiter: die in der Tonhöhe unveränderbare und in den einzelnen Tonschritten festgelegte Folge von Tönen auf einem Instr.

Instrumentarium (lat.): die Gesamtheit der in einem musikalischen Werk, einer Musiziergemeinschaft, einer Stilepoche oder einem Land verwendeten Musikinstr.

Instrumentation (lat.), **Instrumentierung:** die vom Komponisten entsprechend seinen Klangvorstellungen vorgenommene Aufteilung der Stimmen eines im Entwurf vorliegenden Werkes (→Particell) auf die für die Ausführung zur Verfügung stehenden Musikinstr. (→Instrumentarium); bei einem Orchesterwerk häufig sinngleich mit →Orchestration

Instrumentationslehre: die Lehre von den →Musikinstr. und ihrer ethnologischen, geschichtlichen und instrumententechnischen (baulichen, spieltechnischen, klanglichen) Entwicklung. Nach der von E. M. von Hornbostel und C. Sachs veröffentlichten „Systematik der Musikinstrumente“ (1914) unterscheidet die →Musikwissenschaft aufgrund der verschiedenartigen Tonerzeugung die fünf Hauptgruppen: Idiophone (= →Selbstklinger), Membranophone (= →Fellklinger), Chordophone (= Saitenklinger; →Saiteninstr.), Aerophone (= Luftklinger; →Blasinstr.) und Elektrophone (= →Elektr. Musikinstr.)

Instrumentierung →Instrumentation

instruments à cordes (franz.): →Streichinstr., Streicher

instruments à cordes pincées (franz.) →Zupfinstr.

instruments à percussion (franz.) →Schlaginstr. (1.)

instruments à vent (franz.): →Blasinstr., Bläser

instruments de bois (franz.): →Holzblasinstr., Holzbläser

instruments de cuivre (franz.): →Blechblasinstr., Blechbläser

Inszenierung: die Gesamtheit der zur Vorbereitung und Ausarbeitung einer Bühnenaufführung notwendigen Maßnahmen sowie das als kollektive künstlerische Leistung erzielte Ergebnis (Produktion); an einer Operninszenierung sind unter der verantwortlichen künstlerischen Leitung von Regisseur und Kapellmeister der Dramaturg mit der konzeptionellen Grundlage für die Bühnenfassung oder -bearbeitung, Regisseur, Kapellmeister, Bühnenbildner und Darsteller mit der Ausarbeitung der Regiekonzeption, der musikalische Studienleiter (oder Kapellmeister) und Korrepetitor mit der musikalischen, der Regisseur mit der szenischen Einstudierung beteiligt

intavolieren (ital. = *intavolare*), **intabulieren,** *absetzen*: in →Tabulatur bringen; im 16. Jh. speziell die Übertragung einer Vokalkomposition in die Griffschrift für Tasten- oder Lauteninstr.

integer valor notarum (lat. = unveränderter Notenwert): die bei Fehlen spezieller Vorschriften der Mensurallehre, wie →Augmentation (1.), →Diminution (3.), →*proportio* (1.), unveränderte Geltung eines Notenwertes der →Mensuralnotation, die von einer gleichbleibenden Grundbewegung (→*tactus*) ausgehend, der Bestimmung von Temporelationen (häufig unter Bezugnahme auf die →*semibrevis* mit ♩ = 60–80) in der Musik des 15./16. Jh. zugrunde liegt

Intendant (franz. = Verwalter): künstlerisch-organisatorischer Leiter eines Theaters, Rundfunk- oder Fernsehsenders, auch eines Orchesters sowie von Festspielen

intensivo, intenso (ital.): *VB* heftig, eindringlich; intensiv

Interferenz: *Ak* die gegenseitige Beeinflussung (→Überlagerung) kohärenter, d. h. mit feststehender Phasendifferenz aufeinandertreffender Schallwellen; interferierende Wellen gleicher Frequenz führen z. B. bei einer Phasendifferenz von 0° zu maximaler Verstärkung, bei der von 180° zu maximaler Schwächung (bei gleicher Amplitude also zur Auslöschung). I. einander entgegenlaufender Wellen gleicher Frequenz und Amplitude (→Reflexion) führt zur Ausbildung →stehender Wellen; die I. von Wellen nur wenig verschiedener Frequenz zu →Schwebungen

interludio (ital.), interlude (engl.) →Interludium

Interludium (lat. = Zwischenspiel): **1.** musikalisches oder szenisches (→Intermedium) Zwischenspiel zwischen zwei Szenen oder Akten einer Oper
2. (ursprünglich improvisiertes) Orgelzwischenspiel zwischen Hymnen-, Psalm- und Choralversen oder -strophen
3. selbständiges Zwischenspiel zwischen Suiten- und Sonatensätzen, aber auch in anderen →zyklischen Formen
4. auch das Zwischenspiel in der Fuge (→Episode [2.], →Divertimento [2.])

intermedio (ital.), **intermède** (franz.) →Intermedium

Intermedium (lat. = Zwischenspiel): **1.** im 15.–17. Jh. ein zwischen den einzelnen Akten der ital. Schauspiele, besonders der Komödien, eingeschobenes musikalisches, tänzerisches oder szenisches Zwischenspiel, das sich gelegentlich auch zur selbständigen →Oper entwickelte (dazu →Intermezzo [2.]), zumindest aber mit der Oper unter wechselseitigem Einfluß stand; →*rappresentazione*
2. im 17. Jh. auch der Betrachtung innerhalb einer Bibelerzählung dienendes Zwischenspiel der geistl. Musik (→Historia)

Intermezzo (ital. = Zwischenspiel): **1.** seit dem 19. Jh. kurzes Instrumentalstück (→Charakterstück), meist für Klavier; auch als Sonatensatz oder als Trio eines Instrumentalsatzes
2. im 17./18. Jh. ein zwischen den einzelnen Akten der →*opera seria* eingeschobenes musikalisch-szenisches Zwischenspiel (→Intermedium) komischen Charakters, aus dem sich mit der Zusammenfassung mehrerer solcher zusammengehörigen musikalischen Szenen unter der Bezeichnung *Intermezzi* die →*opera buffa* entwickelte

intero (ital.): ganz, vollständig (mit *MA*); ganze Note

Interpretation (lat. = Auslegung, Deutung, Erläuterung):
1. die nachschöpferische Darstellung einer musikalischen Komposition und die werkgerechte klangliche Umsetzung (→Aufführungspraxis) ihrer im Notenbild mehr oder weniger

genau fixierten schriftlichen Überlieferung durch Instrumentalisten, Sänger und Dirigent als Ausführende (*Interpreten*) **2.** die Erläuterung und Beschreibung einer musikalischen Komposition durch das Wort, zur Förderung der Aufnahmebereitschaft (→*Rezeption*) und des Verständnisses bei den Hörern

Interpunktion (lat. = Zeichensetzung): die dem musikalischen Vortrag dienende sinnvolle Gliederung musikalischer Abläufe durch Phrasierungsbezeichnungen (→Phrasierung)

interrogatio (lat. = Frage): musikalische Figur oder Melodieformel fragenden Charakters, meist mit einem Sekundschritt aufwärts

interrompere subito (ital.), **interrompre subitement** (franz.): *MA* plötzlich abreißen

interrotto (ital.): *MA* unterbrochen, abgerissen

interruzione (ital.), **interruption** (franz.): Unterbrechung

Intervall (lat. *intervallum* = Zwischenraum): das Tonhöhenverhältnis bzw. der Abstand zweier Töne, die gleichzeitig (simultan, harmonisch, als Zweiklang) oder nacheinander (sukzessiv, melodisch, als Tonschritt) erklingen. Unter Bezugnahme auf den (in der Regel tieferen) Ausgangston erfolgt die Bezeichnung der Intervallgröße innerhalb der →gleichschwebenden Temperatur entsprechend den Stufen der diatonischen Tonleiter mit lat. Ordnungszahlen:

1. Tonstufe = Prime (Einklang)
2. Tonstufe = Sekunde
3. Tonstufe = Terz
4. Tonstufe = Quarte
5. Tonstufe = Quinte
6. Tonstufe = Sexte
7. Tonstufe = Septime
8. Tonstufe = Oktave
9. Tonstufe = None (Oktave + Sekunde)
10. Tonstufe = Dezime (Oktave + Terz)
11. Tonstufe = Undezime (Oktave + Quarte)
12. Tonstufe = Duodezime (Oktave + Quinte)
13. Tonstufe = Tredezime (Oktave + Sexte) usw.

Innerhalb dieser Intervallstufen werden nach der Zahl der Halb- und Ganztonschritte *reine I.*: Prime, Quarte, Quinte, Oktave (auch Undezime, Duodezime) und *große* bzw. *kleine I.*: Sekunde, Terz, Sexte, Septime, (auch None, Dezime, Tredezime) unterschieden; bei →Alteration werden durch Erhöhung reine und große I. zu *übermäßigen I.*, durch Erniedrigung reine und kleine I. zu *verminderten I.*

Weiterhin →enharmonische Intervalle, →Komplementärintervalle; →Konsonanz, →Dissonanz

Intervallgehör →relatives Gehör

in the middle of the head (engl.): *MA* in der Mitte des (Trommel-) Felles

intimamente, intimo (ital.): *VB* innig, vertraut

intonare (ital.) →intonieren

Intonation (ital. *intonazione* = Einstimmung): **1.** die Art der Tongebung und das Treffen bestimmter Tonhöhen; →intonieren

2. kurzes, in der Regel improvisiertes Orgelstück, das für den nachfolgenden liturgischen Gesang das Anstimmen in der richtigen Tonart und Tonhöhe erleichtern soll

3. im →Gregorianischen Choral die vom Vorsänger (Priester) gesungene Anfangsformel, auf die Chor oder Gemeinde antworten

4. in der sowjet. Musikwissenschaft (seit B. W. Assafjew, 1947) als Begriff für melodische Wendungen (= *melodische I.*), denen in Verbindung mit anderen Elementen eines musikalischen Werkes (vor allem Rhythmik, Harmonik und Klangfarbe) charakterisierende Ausdrucksfunktion für die Besonderheiten historischer und nationaler Stile zukommt

intonato (ital.): **1.** *MA* den Ton haltend **2.** gestimmt

intonieren: 1. einen Ton (vokal oder instrumental) aufgrund der Tongebung sauber oder unsauber, weich oder scharf hervorbringen

2. eine (Vokal-)Komposition in der richtigen Tonart und Tonhöhe anstimmen

3. ein Instr. (speziell Orgel und Klavier mit allen Feinheiten auch hinsichtlich Ansprache und Klangfarbe) sauber einstimmen

Intrada (lat. *introitus* = Eingang): **1.** kurzes Instrumentalstück zur Ankündigung und Begleitung von feierlichen Ein- und Aufzügen; →Aufzug, →Entrée, →Fanfare

2. Eröffnungsmusik zu festlichen Darbietungen, wie Schauspiel, Oper (→Ouvertüre), Oratorium

3. Einleitung eines musikalischen Werkes (→Vorspiel, →Introduktion, →Präludium) und Einleitungssatz der →Suite

4. in der Orchestersuite auch als Binnensatz anstelle von Vortanz (zu →Gaillarde oder →Courante) und Nachtanz (zu →Pavane)

intreccio (ital. = Verwicklung, Verflechtung): kurzes Bühnenstück, literarische Handlung

intrepido, con intrepidezza (ital.): *VB* unerschrocken; mit Unerschrockenheit

Introduktion (ital. *introduzione* = Einführung, Einleitung): **1.** kurzer langsamer Einleitungsteil zum ersten Satz von Sinfonie, Divertimento, Streichquartett oder zu Variationszyklen u. a.
2. die eine Oper oder auch einen Akt der Oper eröffnende Instrumentaleinleitung (→Ouvertüre) zur ersten Gesangsszene, aber auch die der Ouvertüre unmittelbar folgende Gesangsszene selbst

Introitus (lat. = Eingang), *Antiphona ad introitum*: Einleitungsgesang der röm.-kath. Messe (1. Teil des →Proprium missae), ursprünglich als antiphonaler Chorgesang beim Einzug (später auch beim Stufengebet) des Priesters, bestehend aus der im Wechsel mit einem (oder mehreren) Psalmvers(en) vorgetragenen →Antiphon, kleiner →Doxologie und abschließender Wiederholung der Antiphon. Aus der Introituspraxis entwickelte sich der instrumentale *Orgel-Introitus* im Charakter →Präludium und →Choralvorspiel zum Introitus bzw. Gemeindelied der ev. Kirche

Invention (lat. = Erfindung, Einfall): **1.** Instrumentalkomposition in freier Form; häufig in imitierendem oder kontrapunktischem Satz
2. im engeren Sinne Bezeichnung für die einer satztechnischen Ausarbeitung vorausgehende musikalische Erfindung, aber auch für die Erfindung von etwas kompositorisch völlig Neuartigem

Inventionshorn: um 1753 entwickeltes →Waldhorn mit in der Mitte des Instr. in den Wind- (lat. *ventus*)kanal einzusetzenden →Stimmbögen (U-förmigen Aufsteckbögen) zur Veränderung der Rohrlänge und damit der Stimmung; im 19. Jh. abgelöst durch das Ventilhorn (→Horn)

Inventionstrompete: nach dem Prinzip des →Inventionshorns entwickelte →Trompete

Inversion (lat. = Umkehrung): →Umkehrung eines Motivs oder Themas (z. B. in der Fuge); vgl. →Gegenbewegung (2.)

Inversionsfuge →Gegenfuge

inverso, all'inverso (ital.): *MA* umgekehrt, entgegengesetzt

inverted turn (engl.): umgekehrter →Doppelschlag

Invitatorium (lat. = Einladung, Aufforderung): Einladung zum Gebet; Einleitungsgesang zur ersten Gebetszeit (der →Matutin) des Stundengebets im röm.-kath. →Offizium mit dem Psalm 94 (*Venite, exsultemus Domino*) und einer täglich wechselnden →Antiphon

Inzidenzmusik (lat. *incidere* = einfallen) →Bühnenmusik

iocosus (lat.): *VB* scherzhaft, spaßhaft

Ionika: ⟨*Elektronisches Musikinstr.*⟩ vollelektronisches ein- und zweimanualiges, polyphon spielbares Tasteninstr. (→Elektronenorgel) mit 5oktaviger Klaviatur; die Schwingungserzeugung erfolgt durch Dauertongeneratoren mit sägezahnförmiger Ausgangsspannung (= subtraktive Klangformung)

ionisch: der nach dem griech. Volksstamm der Ionier benannte, aber erst im 16. Jh. zu den mittelalterlichen →Kirchentonarten hinzugefügte 11. Kirchenton (Modus XI) mit →Finalis = c^1 und →Reperkussionston = g^1; Vorläufer des heutigen →Dur.

Tonleiter 

irato, con ira (ital.): *VB* zornig, zornentbrannt; voller Zorn

iroso (ital.): *VB* jähzornig

irregolare (ital.): *VB* unregelmäßig

irrequieto (ital.): *VB* ruhelos, unruhig, aufgeregt

irresoluto (ital.): *VB* unentschlossen, schwankend in Rhythmus und Zeitmaß

irrompente (ital.): *VB* ungestüm

isometrisch (griech. = gleichmetrisch): **1.** die Bewegung in rhythmisch gleichen Notenwerten und metrisch gleichwertigen Silben (z. B. im homophonen Kirchenlied); auch *isochron*
2. sinngleich für →homorhythmisch (→isorhythmisch [2.])

isorhythmisch (griech. = gleichrhythmisch): **1.** die mehrmalige Wiederholung (→*color*) eines rhythmischen Grundgerüstes (→*talea*), unabhängig von Veränderungen in Melodie und Text; besonders im Tenor der isorhythmischen →Motette des 14./15. Jh.
2. die gleichgelagerte rhythmische Bewegung in allen Stimmen eines Satzes (z. B. im →*conductus* des 13. Jh.); auch *homorhythmisch*

ispirato (ital.): *VB* verzückt; inspiriert

issue (engl.): Ausgabe, Auflage

istampita (ital.) →Estampie

isterico (ital.): *VB* hysterisch, nervös

istesso tempo, l'istesso tempo (ital.): *MA* dasselbe Zeitmaß, im gleichen Zeitmaß

italienische Ouvertüre: Typus der dreiteiligen (Opern-) →Ouvertüre des 17./18. Jh. mit der Zeitmaßfolge *schnell – langsam – schnell*

ite missa est (lat. = Gehet hin, ihr seid entlassen): der Schlußgesang des Priesters zur Entlassung der Gemeinde als Abschluß der röm.-kath. →Messe; namengebend für den Hauptgottesdienst als „Messe"

J

Jabadao: breton. Volkstanz, der im 1. Teil der →Gavotte, im 2. Teil der →Quadrille ähnelt

Jabo: span. Volkstanz im langsamen $\frac{3}{8}$- oder $\frac{3}{4}$-Takt

Jacara: span. Tanzlied; Ballade, Romanze

Jagdhorn (ital. *corno da caccia*): ⟨*Blechblasinstr.*⟩ **1.** Signalhorn mit langem, leicht konischem, eng mensuriertem und mehrfach kreisförmig gewundenem Rohr mit ausladender Stürze und (ursprünglich) Kesselmundstück, später Trichtermundstück (→Waldhorn); ventilloses →Naturinstr. Mit großen Windungen des sehr eng mensurierten Rohrs als *Parforcehorn* **2.** →Pleßhorn

JALE: von Richard Münnich (1930) entwickeltes Tonsilbensystem zur Vermittlung von Tonvorstellungen und deren anschauliche Verdeutlichung mit →Handzeichen im Musikunterricht. Grundlage ist die diatonische Dur-Tonleiter mit den (Singe-)Silben JA LE MI NI RO SU WA JA; diatonische Halbtonschritte werden durch Konsonanten- (z. B. cis-d = JE-LE), chromatische durch Vokalwechsel (z. B. des-d = LA-LE) verdeutlicht. JALE verbindet bewährte Elemente der →Tonika-Do- und der →Tonwort-Methode von R. Eitz; →Solmisation

Jaleada, *Seguidilla Jaleada*: span. Volkstanz; sehr schnell getanzte →Seguidilla

Jaleo: span. Nationaltanz im mäßig bewegten $\frac{3}{8}$- oder $\frac{3}{4}$-Takt

Jalousieschweller, Jalousieschwellkasten: großer Holzkasten, in dem einige Register oder alle Pfeifen eines Werkes (→Schwellwerk) der Orgel stehen, deren Lautstärke sich durch das Öffnen und Schließen jalousieartiger Klappen verändern läßt (*crescendo*- bzw. *decrescendo*-Effekt)

jam session (amerik.): im Jazz zwanglose Zusammenkunft von Jazzmusikern zum gemeinsamen Improvisieren in meist zufälliger Besetzung; heute auch im Sinne einer öffentlichen Konzertveranstaltung mit führenden Jazzmusikern

Janissary-, Janizary-music, *Turkish music* (engl.) →Janitscharenmusik

Janitscharenmusik, *Türkische Musik*: die Feldmusik (Kriegsmusik) der Janitscharen (= alttürk. Infanteriekerntruppe) mit dem ihr eigenen Schlaginstrumentarium: Große und Kleine Trommel, Becken, Tamburin, Triangel und Schellenbaum, das im 18. Jh. zunächst als Erweiterung der →Harmoniemusik in die europ. →Militärmusik und dann auch in die Kunstmusik übernommen wurde

Jawbone (engl. *jawbone of an cass* = Kiefernknochen eines Esels) →Quijada

Jazz (amerik. Slang; möglicherweise von *jassy* = grell, schreiend): überwiegend improvisierte, instrumentale Musizierweise, die Ende des 19. Jh. in den Südstaaten der USA aus der afroamerik. Musizierpraxis der nordamerik. Neger hervorging und in der sich u. a. europ.-westafrik. Melodik und Harmonik sowie westafrik. Rhythmik, Artikulation und Intonation verbinden; Hauptperioden:
(1.) →Old-Time-Jazz (etwa 1895–1929); volkstümlicher, auch historischer oder authentischer Jazz (→archaischer Jazz, →klassischer Jazz) mit →New-Orleans-Jazz, →Dixieland-Jazz, →Chicago-Jazz
(2.) →Swing (etwa 1929–1944); überwiegend kommerzialisierter *big band jazz*
(3.) →Modern Jazz (etwa 1940–1960) mit →Bebop, →Cool Jazz, →Progressive Jazz, →Hard Bop (→East-Coast-Jazz), →West-Coast-Jazz
(4.) Free Jazz (ab etwa 1960) mit →Mainstream sowie zunehmender Orientierung des Jazz zu außereurop. Musik, zeitgenössischer europ. Musik (→Third Stream) und →Pop-Musik (→Funky Jazz, →Soul, →Jazz Rock u. a.)

jazz band (engl.-amerik.), **Jazzband:** Musiziergemeinschaft von etwa acht Musikern (*jazz men*), in klassischer Besetzung mit Melodie- (→*melody section*) und Rhythmusgruppe (→*rhythm section*); dazu →*big band*, →*small band*, →*combo*

Jazzbesen, *Besen, Stahlbesen*: ⟨*Schlagwerkzeug*⟩ an einem Stielgriff fächerartig zusammengefaßte, dünne Stahldrähte oder Metallamellen, die beim Anschlagen von Kleiner Trommel, Becken und anderen →Aufschlaginstr. einen leicht zischenden Klang hervorbringen. →Rute

Jazzflöte →Lotosflöte

jazzo-flûte, *sifflet à coulisse* (franz.) →Lotosflöte

Jazzpauke: 1. →Jazztrommel (2.), Einfell- →Tom-Tom
2. kleine →Schraubenpauke

Jazz Rock (engl.), auch *Rock Jazz*: zeitgenössischer Musizierstil, zu dem Ende der 60er Jahre Elemente des →Free Jazz (u. a. Bläsersatz; Improvisationspraxis) und der →Rock-Musik (u. a. elektroakustisch verstärkte Gesangs- und Instrumentalstimmen; Einbeziehung →elektronischer Musikinstrumente) verschmelzen

Jazztrommel: 1. sehr flache →Kleine Trommel (Zargenhöhe 8–14 cm) mit zwangsläufig gegeneinander versetzt angebrachten Spannschrauben und bis zu 18 Schnarrsaiten; die extrem

flache J. wird auch als Bop-Trommel (Zargenhöhe 8–10 cm) bezeichnet
2. (auch Jazzpauke) Einfell- →Tom-Tom

Jazz-Schlagzeug →Schlagzeug (2.)

jeté (franz.): *MA* geworfen; geworfene →Strichart, bei der im Gegensatz zum →*spiccato* mehrere nur leicht voneinander abgesetzte kurze Töne in schneller Folge auf einen Bogenstrich mit Springbogen (→*sautillé*) ausgeführt werden. →*ricochet*

jeu (franz.): **1.** Spiel **2.** Orgelregister, Orgelstimme **3.** Saitenchor

jeu à tubes (franz.) →Röhrenglockenspiel

jeu de cloches (franz.): **1.** Turmglockenspiel, →Carillon (1.)
2. →Röhrenglockenspiel

jeu de cordes (franz.): Saitenbezug

jeu de crotales (franz.): chromatisch abgestimmter Satz von →*cymbales antiques*

jeu de timbres (franz.) →Glockenspiel

jeu ouvert (franz.): *MA* volles Werk

jeu-parti (altfranz.): mittelalterliches geistreich-unterhaltendes Streitlied der provenz. →Trobadors und der franz. →Trouvères

jeux bouchés (franz.) →Gedackte

Jew's harp (engl.) →Maultrommel

jig (engl.): **1.** seit dem 16. Jh. in England, Schottland und Irland verbreiteter schneller, sowohl gerad- als auch ungeradtaktiger zweiteiliger Tanz, häufig grotesken Charakters; auch volkstümliches Spottlied (Tanzlied) und singspielartige Kurzszene
2. →Gigue

Jimmy →Shimmy

jingles (engl.) →Schellen

Jingling Johnny (engl.): volkstümlich für →Schellenbaum

Jitterbug (engl. = Zitterwanze): nordamerik. Gesellschaftstanz; in den 40er Jahren vermutlich aus einem schnellen Volkstanz der nordamerik. Neger hervorgegangener Hüpf- und Springtanz im Rhythmus des →Boogie-Woogie, der (ohne feste Schrittfolge) zu einer grotesken, teilweise akrobatisch anmutenden Folge zitternder und zuckender Bewegungen führte und nach 1945 auch in Europa als Modetanz Verbreitung fand

Jive (amerik.): leidenschaftliche Ausdrucksform des →Swing, die als →Standardtanz auch Elemente des →Jitterbug aufgreift

Jochlauten →Leiern

Jodeln: volkstümliches textloses Singen auf Lautsilben mit großen Intervallsprüngen in schneller Tonfolge und stetigem

Wechsel zwischen Brust- und Kopfstimme (→Falsett); Jodler sind als Jodelrufe („io"-Rufe) und Jodellieder (auch mehrstimmig) besonders in den Alpenländern und im Harz verbreitet

jondo (andal.), *cante jondo* →Flamenco

Jongleur (franz. = Gaukler): fahrender, d. h. umherziehender Spielmann im mittelalterlichen Frankreich, der die Lieder der →Trobadors und →Trouvères verbreitete

Jota (span.), **Jota aragonesa:** span. Nationaltanz (auch Tanzlied) aus der Provinz Aragon, landschaftlich unterschiedlich im langsamen und schnellen $\frac{3}{8}$- oder $\frac{3}{4}$-Takt mit Begleitung von Gitarre und Bandurria oder Trommel und Pfeife (auch Dudelsack)

jubilee (engl.): **1.** religiöse Gesangsform der nordamerik. Neger, die sich mit ihrer frohgestimmten Grundhaltung von →Negro spiritual und →Gospelsong durch die ihr zugrunde liegende engl. Choralmelodie und chorusartige Behandlung der Strophen mit Steigerung bis zum →*shout* unterscheidet
2. Bezeichnung für eine Jazzveranstaltung; Jazzfestival

Jubilus (lat. *iubilus, iubilatio* = Jubel): textloser, →melismatisch ausgeweiteter Gesang, besonders auf der letzten Silbe des →Halleluja, als Ausdruck der Freude; Vorläufer von →Tropus und →Sequenz

jug (engl. = Krug): einfaches Instr. der afrik. Folklore, bestehend aus einem Tonkrug mit engem Hals, in den hineingesungen wird; im Jazz vielfach in Verbindung mit →*kazoo,* →*tub,* →washboard u. ä. zur →Bluesbegleitung. →*skiffle band*

Jugendstricktrommel: →Rührtrommel mit Strickverspannung (→Stricktrommel), geschlagen mit Paukenschlegeln

jukebox (engl., franz., ital.): Musikautomat; vgl. *music box*

jump (engl. = Sprung), **Jump-Stil,** *Harlem-Jump*: eine in den 30er Jahren im Negerviertel von New York aus der Musizierpraxis kleiner improvisierender Gruppen hervorgegangene rhythmische Bewegungsart des Jazz, die mit vereinfachter, gleichmäßiger Grundschlagfolge (→*beat*) in einem mittleren Zeitmaß aus dem körperlichen Mitschwingen heraus gleichsam einen Sprungeffekt auslöst; häufig in Verbindung mit einer mechanisch stilisierten Bluesform (→Rhythm and Blues) verstärkt durch den Spannungseffekt der →*off-beat*-Phrasierung. →Rock'n'Roll

jungle style (engl. = Dschungelstil): Musizierart des Jazz mit vielfältigen Instrumentaleffekten, besonders der Bläser (z. B. →*growl,* →*wa-wa*), die lautmalerisch Tierlaute des Dschungels nachahmen

jungle wood drum (engl.) →Schlitztrommel
Justiniane →Giustiniane

K

Kadenz (lat. *cadere* = fallen; Schlußfall): **1.** harmonische Schlußwendung und musikalische Gliederung innerhalb des →Dur-Moll-Systems, die als Akkordfolge die wichtigsten harmonischen Bezüge (→Haupt- und →Nebendreiklänge) einer Tonart aufzeigt und auf ihr harmonisches Zentrum (→Tonika) bezieht; als *vollständige Kadenz* gilt die Harmoniefolge Tonika – Subdominante – Dominante – Tonika. →Schluß
2. vor dem Schluß eines Konzertsatzes eingefügte freie Auszierung oder fantasieartig ausgeweitete und virtuos gestaltete unbegleitete Partie des Solisten, die – ursprünglich über Themen des Satzes improvisiert – seit dem 19. Jh. vom Komponisten überwiegend als integrierter Bestandteil des Werkes niedergeschrieben wird
3. →Klausel

kadenzieren: eine harmonische Schlußwendung (→Kadenz [1.]) bilden

Kagura (jap.): in Tempeltänzen überlieferte jap. Tanzpantomimen, begleitet von K.-Flöte, der Bambusquerflöte *Kagurabue*, oder dem →Koto

Kaiserbaß: Kontrabaß- →Tuba in Tuba-(= Kaisertuba) bzw. Helikonform (= Kaiserhelikon) mit sehr weiter Mensur

Kakophonie (griech.): häßlicher Klang, Mißklang

Kaland (lat. *fraternitas calendarum*): die „Bruderschaft des Monatsersten"; mit der jeweils am 1. Tag des Monats stattfindenden feierlichen Zusammenkunft geistlicher, später auch weltlicher Sänger zur Pflege des Chorgesangs ist sie mittelalterlicher Vorläufer der →Kantorei

Kalebasse: einfaches hawaiisches Schlaginstr. aus einem ausgehöhlten reifen Flaschenkürbis, auf dessen Boden mit der flachen Hand geschlagen wird

Kalkant (lat. *calcare* = mit Füßen treten): der die Schöpfbälge der Orgel bedienende und heute meist durch ein elektrisch betriebenes Gebläse abgelöste Bälgetreter; auch der als Signalgeber für den Bälgetreter dienende Registerknopf am Spieltisch der Orgel

Kalkfell, *Pergament*: durch Kreide- und Bimssteinglättung besonders hergerichtetes Trommelfell (→Fell) mit papierähnlichem, weißem Aussehen; weniger witterungsempfindlich als das →Glasfell

Kamanğah (arab.), *Kemantsche* (pers.): ⟨*Bogeninstr.*⟩ im vorderen Orient und Nordafrika seit dem Mittelalter in unterschiedlichen Varianten verbreitetes Streichinstrument mit kleinem Korpus und langem Hals mit seitenständigen Wirbeln für die 2–4 Saiten, Vorläufer von →Rabâb, →Viole und →Violine

Kamarinskaja: russ. Tanzlied im raschen $\frac{2}{4}$- oder $\frac{3}{4}$-Takt, vorherrschend übermütig-scherzhaften Charakters, aber auch mit satirischem und kämpferisch-revolutionärem Inhalt

Kameso, Ka-me-so: dem →Tubo ähnliche →Gefäßrassel, bestehend aus einem an dem einen Ende halbkugelförmig geschlossenen, am anderen Ende spitz auslaufenden dünnwandigen Röhrenkörper aus Holz

Kammerchor: kleiner, überwiegend solistisch besetzter →Chor; auch eine von diesem auszuführende Komposition

Kammerduett: Kammerkantate für zwei meist imitierend (→Imitation) geführte Gesangsstimmen und →Basso continuo

Kammerkantate (ital. *cantata da camera*): als Solokantate aus dem →Madrigal hervorgegangene weltliche, später auch geistliche →Kantate des 17./18. Jh. für kleinen Chor bzw. wenige Solisten (→Kammerduett), häufig mit Streichorchesterbegleitung

Kammermusik: die solistisch besetzte weltliche Vokal- und Instrumentalmusik, deren differenzierte kompositionstechnische Behandlung gleichberechtigter Stimmen an Interpreten wie Hörer hohe musikalische Ansprüche stellt und mit der Aufführung in kleinen bis mittelgroßen Räumen rechnet; war K. ursprünglich eine im Gegensatz zu Kirche und Theater für die fürstliche „Kammer“ (den Wohnraum) bestimmte höfische Musizierform, so zählen wir heute zur K. neben den Besetzungen vom →Duo bis zum →Nonett auch die instrumentalen Solowerke, das Sololied und die solistisch besetzten gemischten vokal-instrumentalen Kompositionen. Als wichtigste Gattung der K. gilt seit dem 19. Jh. das →Streichquartett

Kammermusiker, Kammervirtuose: Ehrentitel für besonders verdiente Orchestermusiker

Kammeroper: kleines, kammermusikalisch musizierendes Opernensemble mit überwiegend solistischer Besetzung; auch ein von diesem auszuführendes kleines musikalisches Bühnenwerk

Kammerorchester: kleines, überwiegend solistisch besetztes und im Stil der →Kammermusik musizierendes →Orchester

Kammersänger, Kammersängerin: Ehrentitel für besonders verdiente Gesangssolisten eines Opernensembles

Kammersinfonie: kleines sinfonisches Werk für →Kammerorchester

Kammersonate →*sonata da camera*

Kammerton: **1.** der mit 440 Hertz (= Anzahl der Schwingungen pro Sekunde) für eine Lufttemperatur von +20 °Celsius international (London 1939) vereinbarte →Normstimmton a^1
2. ursprünglich der von →Opernton, →Chorton und →Kornetton unterschiedene Stimmton a^1 der Kammermusik, der gegenüber dem heutigen Normstimmton (s. ob.) bis zu einem Ganzton nach unten und einem Halbton nach oben abwich und in der Regel tiefer als →Chor- und →Kornetton, aber höher als der →Opernton stand

Kankles (lit.) →Kantele

Kannel (estn.) →Kantele

Kanon (lat. *canon* = Regel, Norm, Richtschnur): **1.** kontrapunktische Form der Mehrstimmigkeit, die satztechnisch auf der melodisch und rhythmisch unveränderten strengen Nachahmung (→Imitation) der führenden Stimme (*guida*) durch eine oder mehrere in gekennzeichnetem Abstand nachfolgende Stimmen (*conseguente*) beruht; die Nachahmung kann von verschiedenen Tonstufen aus (bevorzugt Prime, Oktave, Quinte und Quarte) in gerader Bewegung oder als Umkehrungs- oder →Gegen-K., →Krebs-K. und →Spiegel-Krebs-K., sowie in gleicher, vergrößerter oder verkleinerter Mensur und auch im mehrfachen Stimmablauf (Doppel-, Tripel-, Quadrupel-K.) erfolgen
2. altgriech. Bezeichnung für das →Monochord
3. →Kanun
4. kunstvolle Hymnenform der byzantinischen Liturgie, mit der im 7. Jh. das →Kontakion abgelöst wurde

Kansas-City-Jazz: Musizierweise des Jazz, die in den 30er Jahren in Kansas City durch einen federnden *four-beat*-Rhythmus (→Bounce [1.], →*jump*) des →Swing charakterisiert ist und wesentlichen Anteil an der Herausbildung der →Riff-Technik hat; einige Elemente weisen bereits auf den modernen Jazz hin (→Bebop, →Cool Jazz)

kantabel: sangbar, melodisch-sanglich; ausdrucksvoll, ungekünstelt und leicht faßlich in Bezug auf die (instrumentale) Komposition

Kantate (lat. *cantare* = singen): allgemein ein „Singstück“ im Gegensatz zum „Klingstück“ (→Sonate); seit dem 17. Jh. aus dem →Madrigal hervorgegangene mehrsätzige, instrumental begleitete lyrisch-betrachtende Vokalkomposition weltlichen oder geistlichen Inhalts für Solo- und/oder Chorstimmen mit →Rezitativ, →Arie, →Arioso, →Duett (auch →Terzett und

→Quartett), Chor und selbständigen Instrumentalsätzen; häufig auch als kleines →Oratorium angelegt. →Solo-, →Choral-, →Kammerkantate

Kantele (finn.): **1.** ⟨*Zupfinstr.*⟩ finn. Nationalinstr., das als griffbrettloses Zitherinstr. mit flachem, meist trapezförmigem Korpus (→Psalterium) sowie ursprünglich 5 und heute bis zu 30 Saiten zusammen mit der lit. *Kankles*, der est. *Kannel* und der lett. *K(u)okle* eine mit der russ. →*Gusli* verwandte Instrumentenfamilie bildet

2. →Streichleier (Jouhikko-Kantele, Rootsi-Kannel)

Kantilene (lat. *cantilena* = Melodie, Gesang, Lied): allgemein eine ausgesprochen sanglich-lyrische (auch instrumental ausgeführte) Melodielinie; im 17./18. Jh. Komposition entsprechenden Charakters, speziell auch eine kleine →Solokantate

Kantional: 1. Sammlung der mehrstimmigen liturgischen Gesänge der ev. Kirche des 16./17. Jh.; →Kantionalsatz

2. mittelalterliche tschech. Sammlung von latein- und volkssprachigen geistlichen und weltlichen Gesängen; im 15./16. Jh. hussitische Sammlung liturgischer Gesänge der Nichtkatholiken

Kantionalsatz: der seit dem 16. Jh. im liturgischen Gesang der ev. Kirche an die Stelle des einstimmigen, unbegleiteten Kirchenliedes tretende vierstimmige Satz, in dem die als *cantus firmus* in der Oberstimme liegende Choralmelodie von den übrigen, auch instrumental ausgeführten Stimmen (Nebenstimmen) im gleichen Rhythmus (= homorhythmisch) harmonisch-akkordisch gestützt wird; gesammelt im →Kantional (→Gesangbuch [3.])

Kantor (lat. *cantare* = singen): Leiter eines Kirchenchores (→Kantorei) und der Kirchenmusik; ursprünglich allgemein für Sänger, später Kirchensänger bzw. Kirchenmusiker. Im 16.–18. Jh. besonders der für den Kirchengesang verantwortliche Schullehrer, der gleichzeitig kompositorische Aufgaben erfüllte.

Kantorei: der im Gottesdienst zur Ausführung mehrstimmiger Gesänge mitwirkende Kirchenchor; ursprünglich der Sängerchor an Kirchen (→*schola cantorum*, →Kurrende, →Kaland) und an Fürstenhöfen, wo er Vorläufer der bürgerlichen Chorvereinigungen und Singakademien des 19. Jh. ist

Kanun (arab. *qānūn*, ital. *canone*), *Kanon*: altüberliefertes orientalisches Zupfinstr. arab. Herkunft, das als griffbrettloses Zitherinstr. mit flachem, meist trapezförmigem Korpus entsprechend den verwendeten →*maqāmāt* umgestimmt wurde; seit dem 11./12. Jh. in Europa als →Psalterium mit einem mit den Fingern oder dem Plektron gezupften, in der Regel 26tönigen dreichörigen Darmsaitenbezug verbreitet

Kanzellen (lat. *cancellae* = Gitter): **1.** bei der →Orgel die einzelnen Abteilungen einer →Windlade, die den Spielwind aus der Windkammer zu den Pfeifen lenken; *Tonkanzellen* (Schleiflade, Springlade) sind mit den einer Taste zugeordneten Pfeifen, *Registerkanzellen* (Kegellade, Membranenlade) mit allen über einen gemeinsamen Registerzug regierten Pfeifen eines ganzen Registers verbunden

2. bei →Harmonikainstr. die schmalen, viereckigen Tonkanäle (*Tonlochkanzellen*) des Stimmstocks, die den Spielwind zu den auf den Kanzellenstegen angeordneten Stimmplatten und den diesen aufgenieteten durchschlagenden Metallzungen lenken

Kanzone (ital. *canzona* = Lied): **1.** im 16./17. Jh. die Instrumentalbearbeitung der franz. →Chanson oder eine ihrem Stil entsprechende instrumentale Originalkomposition (Instrumental-K.; *canzone (alla) francese*, *canzon(e) da sonar*), besonders für Tasteninstr.; die Weiterentwicklung führte zu →Fuge, →Instrumentalkonzert und →Sonate **2.** im 18./19. Jh. lyrisches Vokal- oder Instrumentalstück

3. ursprünglich die auf das Volks- und Chorlied einwirkende ital. lyrische Dichtung des 13.–16. Jh., die sich musikalisch u. a. an →Frottola oder →Villanella anlehnt

Kanzonette (ital. *canzonetta* = Liedchen): **1.** im 16./17. Jh. das volkstümliche, tanzliedartige ital. Chorlied

2. im 18. Jh. auch kleine Sololieder mit →Generalbaß bzw. Instrumentalbegleitung

3. kleine Form der →Kanzone

Kapelle (lat. *capella*, ital. *cappella*): **1.** heutige Bezeichnung für eine größere instrumentale Musiziergemeinschaft (→Orchester), sowohl die spezielle Besetzung der Blas-, Militär-, Tanz- und Jazzkapelle als auch das große, repräsentative Sinfonieorchester als Staatskapelle

2. seit dem 16. Jh. umfassende Bezeichnung für die an Hof bzw. Kirche wirkenden Sänger und Instrumentalisten, wobei die →Hofkapelle auch Tänzer und Schauspieler einbezieht

3. ursprünglich Reliquie und Aufbewahrungsort des Mantels (= *cappa*) des heiligen Martin von Tours, betreut von Geistlichen des Hofes (= *cappellani*); als *cap(p)ella* wird seit dem 8. Jh. auch die Gesamtheit der Hofgeistlichen bezeichnet, die u. a. sängerische Aufgaben bei Kirche und Hof wahrzunehmen haben. In der musikalischen Praxis gilt diese Bezeichnung etwa seit dem 14. Jh. für die im Kirchenraum wirkenden Sänger, den kirchlichen Kapellchor

Kapellknaben: die in einem Kapellchor (→Kapelle [3.]) singenden Knaben; seit dem 17. Jh. die meist in Internatsschulen erzogenen Sängerknaben führender Kirchenchöre

Kapellmeister: **1.** heutige Bezeichnung für den Leiter eines Instrumentalensembles; bei größeren Orchestern und Opernhäusern, der einem Chefdirigenten oder (General-)Musikdirektor nachgeordnete zweite oder dritte Dirigent
2. seit dem 16. Jh. in Deutschland der Leiter der →Hofkapelle, der Hofkapellmeister; daran anknüpfend auch als Titel des Chefdirigenten, z. B. Gewandhauskapellmeister
3. ursprünglich der den Kapellchor (→Kapelle [3.]) leitende Geistliche, der *magister capellae*

Kapellmeistermusik: ironisierende Bezeichnung für wenig eigenschöpferische, stilistisch uneinheitliche Kompositionen, die besonders im 19. Jh. aus der im routinemäßigen Umgang mit zahlreichen Partituren gewonnenen Werkkenntnis des auch komponierenden Kapellmeisters entstanden

Kapellton (franz. *ton de chapelle*): **1.** →Chorton **2.** im 18. Jh. speziell der tiefste, etwa einen Ganzton unter dem heutigen →Normstimmton (Kammerton) stehende →Chorton

Kapodaster (ital. *capotasto* = Hauptbund): zusätzlicher, beweglicher Sattel als Spielhilfe bei Saiteninstr. mit Griffbrett und Bünden, vornehmlich Lauten und Gitarren; die durch Verschieben des K. veränderbare Saitenstimmung erleichtert das Akkordspiel in höheren Lagen, die Ausführung schwierigerer Tonarten und läßt ungeübte Spieler den schwierigen →Barré-Griff vermeiden

Kapuzinergitarre →*chitarra battente*

Kasatschok: lustiger ukrain. Kosakentanz im $\frac{2}{4}$-Takt, der sich in Zeitmaß und Lautstärke unter ständiger Wiederholung und Abwandlung eines rhythmisch-melodischen Motivs vom langsamen Beginn allmählich bis zu ausgelassener Bewegung steigert; seit den 60er Jahren Grundlage eines verbreiteten Modetanzes

Kassation (ital. *cassazione* = Aufhebung, Verabschiedung): im 18. Jh. neben →Divertimento, →Serenade und →Notturno oft sinngleich benutzte Bezeichnung für eine besonders von →Suite und →Sonatenform beeinflußte, locker gereihte mehrsätzige Instrumentalkomposition unterhaltenden Charakters; vorwiegend als Abendständchen in größerer, zum Vortrag im Freien geeigneter Besetzung

Kassettenrecorder, Kassettentonbandgerät: *EAk* netzunabhängiges →Magnetbandgerät mit einer Bandgeschwindigkeit von 4,76 cm/s für schnell auswechselbare Magnetbandkassetten mit einem Spezialband (z. B. Chromdioxidband) von nur 3,81 mm Breite

Kastagnetten (ital. *nacchere*, franz. *castagnettes*, engl. *castanets*): ⟨*Schlaginstr.*⟩ zwei kleine, kastanienschalenartig leicht ausgehöhlte Hartholz- bzw. Kunststoffschalen (→Gegenschlaggefäße) von etwa 5 x 8 cm Größe, die an einer Kante scharnierartig durch eine Schnur verbunden sind (= Tanz-K.); Rhythmusinstr. ohne bestimmte Tonhöhe in Diskantlage, notiert im 3. Zwischenraum mit Violinschlüssel oder einlinig. Sonderform: →Stiel-K.

Kastenglockenspiel →Glockenspiel

Kastenhalslauten: Untergruppe der zur Gruppe der →Stiellauten gehörenden →Halslauten; dazu zählen z. B. ebenso Violine wie Gambe und Gitarre. →Lauteninstr.

Kastenlade, *Unitlade*: →Windlade der Orgel, bei der im Gegensatz zu →Tonkanzellen- und →Registerkanzellenlade alle Pfeifen auf einem gemeinsamen Windkasten stehen und die Pfeifenventile durch Tasten- und Registerkontakt elektromagnetisch gesteuert werden. Die K. ist das Windladensystem der →Multiplexorgel (engl. *unit organ*)

Kastenleiern: Untergruppe der zu den →Lauteninstr. gehörenden →Leiern; z. B. Kithara

Kastenxylophon: ⟨*Schlaginstr.*⟩ zweireihig-klaviaturmäßig angeordnetes →Xylophon mit über einem Kasten auf gespannter Schnur hängenden abgestimmten →Aufschlagstäben; Tonumfang c^2–c^5 (e^5), als *Tenorxylophon* auch f^1–c^5

Kastraten (lat. *castrare* = beschneiden): vor Eintritt des →Stimmwechsels entmannte Sänger, die vom 16. bis ins 19. Jh. besonders in Italien die Sopran- und Altpartien in Oper und Kirchenmusik ausführten; seit dem 19. Jh. in der Oper zunehmend durch Frauenstimmen in „Hosenrollen" abgelöst

Kaval (türk. *qaval*): in Bulgarien, Jugoslawien, Albanien und Rumänien verbreitete volkstümliche →Längsflöte ohne Kernspalte mit zylindrischem, eng mensuriertem Rohr sowie 8 Griff- und 4 Schallöchern (davon je eines hinterständig); häufig paarweise gespielt

Kavalierbariton: seriöses Rollenfach der musikalischen Bühnenpraxis (Stimmumfang etwa A–g^1); hoher, lyrisch-dramatischer →Bariton mit besonders guter Bühnenerscheinung (z. B. Mozart: *Don Giovanni*)

Kavatine: (ital. *cavatina*), *Cavatine*: **1.** schlichtes, lyrisches ein- oder zweiteiliges Sologesangsstück mit Instrumentalbegleitung – dem →Arioso nahestehend –, das aus der →*cavata* des frühen 18. Jh. hervorging und sich in Oper und Oratorium des 18./19. Jh. durch einfache, liedhafte Gestaltung und sparsameren Einsatz von →Koloratur und Textwiederholung gegenüber der →Arie abhebt;

2. auch kurzes lyrisch-betrachtendes Instrumentalstück in freier Form

kazoo (engl.): →Mirliton ursprünglich afrik. Herkunft, bestehend aus einer an der einen Seite durch eine Membran (→Fellklinger) verschlossenen Röhre (= *Röhrenmirliton*), die beim Hineinsingen oder -summen von der offenen Seite aus mitschwingt und die Stimme gleichzeitig verändert und verstärkt; im Jazz vielfach in Verbindung mit →*tub*, →*jug*, →washboard u. ä. zur Bluesbegleitung. →*skiffle band*

Kegellade: →Windlade mit kegelförmigen Pfeifenventilen, die nach dem System der →Registerkanzellenlade arbeitet

Kemantsche (pers.), *Kjamantscha* (georg.) →Kamanğah

Kent-bugle (engl.) →Kenthorn

Kenthorn: ⟨*Blechblasinstr.*⟩ →Klappenhorn (→Bügelhorn in Trompetenform) mit 5 (später 7) Klappen; durch den Herzog von Kent um 1800 als Signalhorn bei der engl. Armee eingeführt

Keramik(tonabnehmer)system: *EAk* →Abtastsystem mit piezoelektrischem Schallwandler, bei dem die durch mechanische Auslenkungen der →Abtastnadel bewirkte elastische Verformung von (Bariumtitanat-)Keramikplättchen zu elektrischen Spannungsschwankungen führt (→piezoelektrischer Effekt), die als Signalspannung über den (End-)→Verstärker zum →Lautsprecher geleitet werden. Das K. ist weniger temperatur- und feuchtigkeitsempfindlich als das nach dem gleichen Prinzip arbeitende →Kristallsystem. Beide Tonabnehmer benötigen jedoch größere →Auflagekräfte als das hochwertigere →Magnetsystem

Kerbflöten: Sammelbezeichnung für ältere außereurop. →Flöteninstr., bei denen der Luftstrom zur Tonerzeugung gegen eine im Rand des oberen, offenen Rohrendes befindliche Kerbe gelenkt wird; →Längsflöte

Kernspaltflöten: **1.** Sammelbezeichnung für →Flöteninstr., bei denen eine schmale Spalte (= *Kernspalte*) den Luftstrom zur Tonerzeugung bandförmig gegen die scharfe Kante (Schneidenkante) des Aufschnitts eines Schnabelmundstücks lenkt (z. B. Blockflöte); →Längsflöten

2. →Blockflöte

Kessel: **1.** halbkreis- oder parabelförmiges Resonanzgefäß der Pauke, überwiegend aus Kupferblech

2. allgemein auch der Resonanzkörper von Pauke und Trommel (→Zarge)

Kesselmundstück: kesselförmig ausgebauchtes →Mundstück bei Blechblasinstr., speziell für Trompete und Posaune

Kesselpauken →Pauken

Kesseltrommeln: Sammelbezeichnung für eine Gruppe der →Fellklinger mit kesselförmigem Resonanzkörper (→Gefäßtrommeln); dazu zählen die →Pauken

Ketten, Kettenrassel (ital. *catene*, franz. *chaînes*, engl. *chains*): →Reihenrassel aus einfachen Eisenketten, die durch Schüttelbewegung (→Schüttelidiophone) ein schweres, metallisch-klirrendes Rasselgeräusch hervorbringen

kettledrums (engl.) →Kesseltrommeln, →Pauken

key (engl.) →Schlüssel; →Tonart; →Tonbuchstabe; →Vorzeichen; →Taste, →Klappe

keyboard (engl.): →Klaviatur; Griffbrett mit Bünden (bei Saiteninstr.)

keyboard glockenspiel (engl.) →Klaviaturglockenspiel

keyboards, keyboard instruments (engl.): →Tasteninstrumente; speziell die in der →Rock-Musik elektrisch verstärkten und elektronischen Tasteninstr. wie E-Piano (→Elektroklaviere), →Elektronenorgeln und →Synthesizer

key-bugle (engl.) →Klappenhorn

key note (engl.) →Tonika, →Grundton

key signature (engl.) →Vorzeichnung

Kielflügel →Cembalo

Kielinstrumente: Sammelbezeichnung für eine Gruppe der besaiteten →Tasteninstr., deren Tonerzeugung durch Anreißen der Saiten mittels einer mechanischen Zupfvorrichtung (→Kielmechanik) erfolgt; dazu zählen →Clavicytherium, →Cembalo (Kielflügel), →Spinett, →Virginal

Kielmechanik: mechanische Zupfvorrichtung bei →Kielinstr.; die Saiten werden mittels eines Kiels (Feder-, Leder-, Metallkiel) angerissen, der an einer beweglichen Zunge des auf dem hinteren Ende jedes Tastenhebels stehenden Springers (auch Docke, Puppe) befestigt ist

k'in (chin.): altüberliefertes chin. Zitherinstr. mit schmalem, leicht gewölbtem Resonanzkasten bzw. Brett und ursprünglich 5, später 7 mit Fingern oder →Plektron anzureißenden seidenen Saiten

Kinderchor: **1.** Gemeinschaft singender Knaben und Mädchen, in der jede Stimmlage mehrfach besetzt ist; gegenüber dem in gleicher Stimmlage singenden →Frauenchor hat der K. ein geringeres Klangvolumen

2. Kurzbezeichnung für das von Kinderstimmen auszuführende Chorwerk

k'ing (chin.), *qing*: altüberliefertes chin. →Schlagplattenspiel mit 12–24 abgestimmten Klingsteinen (→Lithophon)

Kinnor (hebr.): altüberlieferte hebr. →Leier, ähnlich der griech. →Kithara; wichtigstes antikes Saiteninstr. neben dem →Nevel

Kinoorgel →Wurlitzer-Orgel, →Hammond-Orgel

Kirchenlied: das von der Gemeinde als Bestandteil des Gottesdienstes in der Volkssprache (→Gemeindelied) gesungene und in →Gesangbüchern beider Konfessionen verbreitete strophisch angelegte liturgische Bekenntnislied

Kirchenmusik (lat., ital. *musica sacra*): die Gesamtheit der mit der →Liturgie der christlichen Kirchen verbundenen Musik, abgegrenzt zur nicht liturgisch gebundenen *geistlichen* Musik und zur sog. Kultmusik als der religiösen Musik nichtchristlicher Völker. Im Verlauf der musikgeschichtlichen Entwicklung nahmen die griech.-kath., röm.-kath. und evang.-luth. K. auf vielfältige Weise Einfluß auf die europ. Musikkultur; dazu →Gregorianischer Choral, →Messe, →Motette, →Kantate, →Oratorium, →Kirchenlied

Kirchenmusikdirektor, KMD: Titel eines für die Kirchenmusik innerhalb der evang. Landeskirche verantwortlichen musikalischen Leiters

Kirchenschluß →plagaler Schluß, →Ganzschluß

Kirchensonate →*sonata da chiesa*

Kirchentöne, Kirchentonarten: die dem mittelalterlichen Tonsystem zugrunde liegenden und von den →Oktavgattungen des altgriech. Tonsystems in mißverstandener Auslegung abgeleiteten →authentischen und →plagalen diatonischen 8 Tonarten (Modus I–VIII) mit Oktavumfang, die durch →Finalis, →Reperkussionston und →Ambitus charakterisiert sind. *Authentische K.* mit Reperkussionston auf der Quinte sind: dorisch, phrygisch, lydisch und mixolydisch; die Finalis mit diesen gemeinsam haben die jeweils abgeleiteten *plagalen K.*: hypodorisch, hypophrygisch, hypolydisch und hypomixolydisch. Seit dem 12. Jh. praktiziert und im 16. Jh. theoretisch belegt treten die authentischen K. äolisch und ionisch, aus denen sich später unsere Tongeschlechter →Moll und →Dur entwickelten, und die plagalen K. hypoäolisch und hypoionisch (Modus IX–XII) hinzu

kit (engl.): Taschengeige, →Pochette

Kithara: zur Gruppe der →Leiern zählendes weitverbreitetes altgriech. Zupfinstr. mit flachem, aus rechteckiger oder trapezförmiger Grundform abgewandeltem und in zwei breiten Jocharmen mit Querholz für die Saitenbefestigung (= Kastenleier) auslaufendem Korpus, starker Bodenwölbung und überwiegend 7-(später bis zu 18-)saitigem Bezug; in Armhaltung mit Fingern oder →Plektron gespielt. →Phorminx

Kitharistik: das kunstvolle, virtuose Spiel auf der →Kithara

Kitharodie: der auf der →Kithara kunstvoll begleitete lyrische Sologesang

Kjamantscha (georg.) →Kamanǧah

Klammer →Akkolade

Klampfe, *Zupfgeige*: volkstümliche Bezeichnung für →Gitarre

Klang: *Ak* Gehörsempfindung mit eindeutig bestimmbarer Tonhöhe, die physikalisch auf einem periodischen, sich aus mehreren vorherrschend harmonischen Schwingungen (dagegen →Geräusch) zusammensetzenden Schallereignis beruht:

(1.) im engeren physikalischen Sinne der →Grundton mit seinen gleichzeitig erklingenden →Obertönen (→harmonische Analyse), d. h. der musikalische →Ton;

(2.) im musikalischen Bereich der aus mehreren gleichzeitig erklingenden Tönen (d. h. physikalischen Klängen) zusammengesetzte „Mehrklang", also ein →Akkord oder auch ein Zusammenklang ohne harmonische Funktion (z. B. Cluster), definiert nach →Tonhöhe, →Lautstärke, →Klangfarbe und Dauer

(3.) umgangssprachlich auch die subjektive Beurteilung komplexer Gehörsempfindungen, wie Streicher-, Bläser-, Glokkenklang oder hoher, tiefer, harter, weicher K. usw.; →Klangfarbe, →Sound

Klangbogen: Bogenzeichen für ein Weiterklingen über den notierten Notenwert hinaus

Klangfantasie →Fantasie (1.–3.)

Klangfarbe: *Ak* die von den spezifischen Schwingungseigenschaften eines Schallerregers (z. B. Musikinstr.) und den Resonanzeigenschaften des Schallabstrahlers (z. B. Resonanzkörper) in Abhängigkeit u. a. von →Ausgleichsvorgängen und →Formanten bestimmten charakteristischen Eigenschaften eines Tones oder Klanges

Klangfarbenfilter →Formantfilter

Klangfarbenmelodie: vom Prinzip qualitativer Eigenständigkeit ausgehende logische Folge untereinander in Beziehung stehender →Klangfarben (A. Schönberg) und deren Behandlung im Sinne einer melodischen Gestaltung; sie führt in der →seriellen Musik zur Einbeziehung der Klangfarbe unter die in Proportionsreihen erfaßbaren Toneigenschaften (→Parameter)

Klangfiguren →Chladnische Klangfiguren

Klangkronen: aus mehreren Pfeifenchören zusammengesetzte Orgelregister der Plenogruppe (→Pleno), die das →Prinzipal krönen und für den strahlenden Glanz des Orgelklanges unentbehrlich sind (→gemischte Stimmen [2.]); z. B. Mixtur, Scharff, Zimbel, Hintersatz. →Mehrchörigkeit, →Repetition

Klangspektrum, *Teiltonspektrum*: *Ak* Aufzeichnung der einzelnen Teiltöne eines Schallereignisses in ihrer Tonhöhe und Lautstärke; in Form eines Linienspektrums vermittelt das K. einen Überblick über die für die →Klangfarbe besonders charakteristischen Teiltöne nach ihrer Anzahl, Intensität und Frequenzlage (→Formanten)

Klangstufen: in der analytischen Harmonielehre die der →Stufentheorie (R. Weber u. a.) zugrunde liegende Kennzeichnung der sich auf den sieben Stammtonstufen einer Tonleiter aufbauenden Harmonien mit den römischen Ziffern I–VII;

z. B. C-Dur 

Klangvertretung: **1.** →Vertreterklänge

2. in der Harmonielehre die verschiedene harmonische Bedeutung mit der ein Einzelton oder Intervall unterschiedliche Akkorde vertreten kann, deren eindeutige Funktion erst der musikalische Zusammenhang ergibt; so kann jeder Ton als Grundton, Quinte und Terz je drei Dur- und Molldreiklänge vertreten, z. B.:

Klappen: bei Blasinstr., vorwiegend Holzblasinstr., die ledergepolsterten Verschlußdeckel zum Öffnen und Schließen der zahlreichen, entweder für die Finger nicht erreichbaren, die Fingerkuppen zu großen oder als Spielhilfe (z. B. Triller-, Oktavklappe) dienenden Tonlöcher mittels eines Hebelmechanismus; entsprechend ihrer Ausgangsstellung werden offene und geschlossene K., nach ihrer Funktion Dreh- oder Ringk. unterschieden. Die für den Instrumentenbau entscheidende Verbesserung des Klappensystems geht auf Th. Boehm (für die →Querflöte, 1832) zurück

Klappenhorn: ⟨*Blechblasinstr.*⟩ hauptsächlich trompetenförmiges →Bügelhorn (Halliday, 1810 – →Kenthorn) mit 5–7 geschlossenen →Klappen, mit deren Hilfe die der Naturtonreihe fehlenden Töne hervorgebracht werden können; Stimmung als Diskant-K. in C (h–c^3), in B (a–b^2) und als Alt-K. in F (e–f^2), in Es (d–es^2). →Ophikleïde

Klappentrompete: ⟨*Blechblasinstr.*⟩ →Trompete mit 4–6 geschlossenen →Klappen, mit deren Hilfe die der Naturtonreihe fehlenden Töne hervorgebracht werden konnten

Klappern →Gegenschlagidiophone

Klappholz (engl. *slap stick*) →Peitsche

Klarinette (ital. *clarinetto* = kleine Trompete): ⟨*Holzblasinstr.*⟩ Einzelrohrblattinstr. mit geradem, zylindrisch gebohrtem Rohr; bestehend aus schnabelförmigem Mundstück mit einfachem, aufschlagendem Rohrblatt, Birne, Ober- und Unterstück mit Klappenmechanik (bis zu 23 Klappen) und kegelförmigem Schallbecher; Stimmung in B (des/d–b^3), in A (cis–a^3), seltener in C (e–c^4) – transp. (außer in C) notiert im Violinschlüssel; kräftiger, im hohen Register besonders glanzvoller Klang. Bevorzugtes Melodieinstr., vor allem auch im Jazz

Klarinettenfamilie: Kleine Klarinette (in D, Es, F, As), →Klarinette, →Bassetthorn, →Altklarinette, →Baßklarinette, Kontrabaßklarinette und Oktokontrabaßklarinette

klassischer Blues →*city blues*

klassischer Jazz: **1.** die zweite Stilperiode des volkstümlichen →Old-Time-Jazz, die um 1895 in New Orleans unter dem Einfluß von →archaischem Jazz (besonders dem →*street band jazz*), →Blues und →Ragtime von negerischen und kreolischen Musikern geprägt wurde und bis zur Schließung des Vergnügungszentrums Storyville (1917) als →New-Orleans-Jazz ihren ersten Höhepunkt erlebte. Frühzeitige Nachahmung findet dieser im →Dixieland-Jazz weißer Jazzmusiker im Süden der USA. Aus der noch gleichzeitig als Marschmusik und zur Tanzmusik in den großen Tanzhallen wirkenden Blaskapelle (→*street band*) entwickelte sich die charakteristische Besetzung der →*jazz band* mit Melodie- und Rhythmusgruppe. Noch vor 1917 gelangte der kl. J. auf den Riverboats mississippiaufwärts und hatte bis etwa 1929 im →Chicago-Jazz eine neue Glanzzeit

2. oft auch sinngleich für →historischer Jazz

Klausel (lat. *clausula* = Schluß): **1.** mittelalterliche melodische Schlußwendung in der einstimmigen Musik und in einzelnen Stimmen eines mehrstimmigen Satzes, die als →*Ganzschluß* (*clausum*, später *clausula perfecta*) auf der →Finalis, als →*Halbschluß* (*apertum*, später *clausula imperfecta*) auf einer anderen Stufe der betreffenden →Kirchentonart endet. Die für jede Stimme eines mehrstimmigen Satzes charakteristische und nach ihr benannte melodische Schlußformel ist durch die Intervallfolge der Schlußtöne *antepenultima* (drittletzte), *penultima* (vorletzte) und *ultima* (letzte Note), bzw. der beiden letzteren bestimmt (z. B. Diskantklausel = Halbtonschritt aufwärts) und zwischen den Stimmen austauschbar

2. in der *ars antiqua* die rhythmisch gleichmäßig geführten melismatischen Diskantpartien des →Organums

Klavarskribo (lat. *clavis* = Taste, *scribere* = schreiben): ein mit der horizontalen Darstellung der Tonhöhen von der Klaviertastatur ausgehender Beitrag des Holländers C. Pot (1936) zur Reform der Notenschrift für Instr. mit →Klaviatur

Klaviatur (lat. *clavis,* ital. *tastatura*): ein- oder mehrreihige Anordnung von Tasten (→*clavis*) oder Knöpfen (z. B. →Handharmonika), die, mit den Händen (→Manual) oder den Füßen (→Pedal) betätigt, über eine dem jeweiligen Instr. entsprechende →Mechanik oder →Traktur zur Tonerzeugung führt; die *stumme K.* (ohne Tonerzeugung) dient ausschließlich Übungszwecken

Klaviaturglockenspiel: **1.** ⟨*Schlaginstr.*⟩ →Glockenspiel mit Klaviaturmechanik (→Tasteninstr.) und mechanischer Dämpfung. Tonumfang $g^1(c^2)–(e^4)c^5$ – transp. eine Oktave tiefer notiert; schwacher heller, glöckchenartiger Klang

2. Glockenklavier, →Carillon (1.)

3. ⟨*Orgelregister*⟩ →Glockenspiel (3.)

Klaviaturxylophon: ⟨*Schlaginstr.*⟩ →Xylophon mit Kliaviermechanik (→Tasteninstr.)

Klavichord, *Clavichord*: aus dem →Monochord entwickeltes, vermutlich ältestes besaitetes →Tasteninstr. in Form eines rechteckigen Resonanzkastens mit an der Längsseite angeordneter →Klaviatur und rechtwinklig zu den Tasten verlaufenden, gleichlangen Metallsaiten. Diese werden mittels einer auf dem Ende jedes Tastenhebels stehenden metallenen Tangente angeschlagen und zugleich so abgeteilt, daß jeweils nur der Saitenteil zwischen Anschlagstelle und Steg in Schwingung versetzt wird; dadurch ist es möglich, eine Saite zur Erzeugung mehrerer Töne zu nutzen, d. h. bis zu vier Tasten mit unterschiedlichen Tangentenanschlagstellen einer Saite bzw. einem Saitenchor (→doppelchörig, →dreichörig) zuzuordnen (= *gebundenes K.*, Bundklavier). Seit dem 18. Jh. ist das *bundfrei* K. mit gleicher Anzahl von Tasten und Saiten(chören) die Regel. Da die Tangente bis zur Aufhebung des Tastendrucks mit den schwingenden Saiten verbunden bleibt, ist die Tongebung im Gegensatz zu Cembalo und Klavier hinsichtlich Dynamik, kleinen Tonhöhenänderungen und Vibrato (→Bebung) vom Spieler beeinflußbar und gibt dem zart tönenden (Hausmusik-)Instr. seinen vielgerühmten ausdrucksvollen Klang; Tonumfang $_1F–f^3$ – nichttransp. notiert in Violin- und Baßschlüssel

Klavier (ital. *pianoforte*), *Pianino*, auch *Piano*, *Pianoforte*: **1.** besaitetes →Tasteninstr. in aufrechtstehendem, rechteckigem Gehäuse, mit an der Vorderfront angeordneter →Klaviatur, senkrecht zu den Tasten verlaufendem (bevorzugt kreuzsaitigem, aber auch schräg- oder geradsaitigem) Saitenbezug und →Hammermechanik, dessen Frühform auf B. Cristofori (1709 = *gravecembalo col piano e forte*) zurückgeht und zuerst in England (R. Wornum, 1826 = *piccolo piano*) seine heutige Gestalt erhielt. Tonumfang $7^1/_4$ Oktaven ($_2$A–c^5); beim Kleinklavier 7 Oktaven ($_2$A–a^4)

2. Sammelbezeichnung für →Tasteninstr., seit dem 18. Jh. zunehmend eingeengt auf →Klavichord; etwa ab 1800 für →Hammer- und →Tafelklavier (Pianoforte) und seit Mitte des 19. Jh. für Pianino, das heutige Klavier (s. ob.)

3. ursprünglich bedeutungsgleich mit →Klaviatur

Klavierauszug: die Übertragung und (auszugsweise) Zusammenfassung einer mehrstimmigen, ursprünglich nicht für das Klavier bestimmten Komposition in eine auf diesem Instr. in der Regel zweihändig ausführbare Fassung, die entweder eine möglichst vollstimmige Wiedergabe des Partiturbildes mit Instrumentationshinweisen oder einen auf gute Spielbarkeit reduzierten Klaviersatz anstrebt. Neben seiner Bedeutung für den Erwerb von Werkkenntnissen beim häuslichen Musizieren, ist der K. unentbehrliches Hilfsmittel beim Studium der Gesangspartien musikalischer Bühnenwerke; hierzu hat sich der K. mit eigenem Liniensystem für jede Singstimme durchgesetzt, während die Einbeziehung der Singstimmen in den Klaviersatz (mit oder auch ohne Textunterlegung) dessen Verwendbarkeit auf die Hausmusik einschränkte; →intavolieren, →Generalbaß, →Bearbeitung

Klavierduo: Komposition und Musiziergemeinschaft der →Kammermusik in der Besetzung für zwei Klaviere; auch für Klavier vierhändig

klavieristisch: klaviergemäß, der Ausführung auf Klavierinstr. entsprechend

Klavierlied: das klavierbegleitete →Sololied („Kunstlied") seit dem 18./19. Jh.

Klaviermechanik →Hammermechanik

Klavierquartett: Komposition und Musiziergemeinschaft der →Kammermusik in der Besetzung für Klavier mit drei anderen (Streich- oder Blas-)Instr., am häufigsten in der Standardbesetzung mit Violine, Viola und Violoncello (→Streichtrio) oder 2 Violinen und Violoncello; außerdem mit Streich- und Blasinstr. in anderen, auch gemischten Besetzungen

Klavierquintett: Komposition und Musiziergemeinschaft der →Kammermusik in der Besetzung für Klavier mit vier anderen (Streich- oder Blas-)Instr., am häufigsten in der Standardbesetzung mit 2 Violinen, Viola und Violoncello (→Streichquartett); außerdem mit Streich- und Blasinstr. in anderen, auch gemischten Besetzungen

Klaviertabulatur →Orgeltabulatur

Klaviertrio: Komposition und Musiziergemeinschaft der →Kammermusik in der Besetzung für Klavier mit zwei anderen (Streich- oder Blas-)Instr., am häufigsten in der Standardbesetzung mit Violine und Violoncello; außerdem mit Streich- und Blasinstr. in anderen, auch gemischten Besetzungen

Klavizymbel →Cembalo

Kleine Flöte, *Pikkoloflöte*, *Piccolo* (ital. *flauto piccolo*): ⟨*Holzblasinstr.*⟩ →Querflöte in hoher Diskantlage mit geradem, überwiegend zylindrisch gebohrtem Rohr (etwa 250 mm lang), ohne und auch mit auswechselbarem H- oder C-Fuß (→Große Flöte). Stimmung in C ($h^1/c^2/d^2$–b^4 … c^5) – transp. eine Oktave tiefer notiert im Violinschlüssel

kleine Oktave →Oktavbereiche

kleiner Ganzton →Ganzton

Kleines Recht: Begriff des →Urheberrechts für das Recht der konzertanten Aufführung und mechanischen Vervielfältigung von musikalischen Werken, das – mit Ausnahme der Bühnenwerke (→Großes Recht) – von einer Urheberrechtsgesellschaft wahrgenommen wird. →Aufführungsrecht

Kleine Trommel, *Konzerttrommel*: ⟨*Schlaginstr.*⟩ flache →Zweifelltrommel mit zylindrischer Zarge (→Röhrentrommel) aus Holz oder Messing, Spannschrauben, 4–16 abstellbaren metallumsponnenen Schnarrsaiten (auch als federnde Spiralsaiten) am Resonanzfell und geschlagen mit Trommelstöcken und Jazzbesen; Felldurchmesser etwa 32–38 cm und Zargenhöhe etwa 16–18 cm (normal), 20–26 cm (hoch, vgl. Militärtrommel), 8–14 cm (sehr flach, vgl. Jazztrommel). Trommelinstr. ohne bestimmte Tonhöhe in Diskantlage mit einliniger Notierung (auch im 3. Zwischenraum mit oder ohne Violinschlüssel)

Kleine Zimbeln: ⟨*Schlaginstr.*⟩

1. kleine →Becken (bis etwa 15 cm Durchmesser) ohne bestimmte Tonhöhe; bevorzugt im Orff-Instrumentarium

2. Gegenschlagzimbeln (→*cymbales antiques*)

Kleinflügel: im 20. Jh. entwickelter kleiner, etwa 117–140 cm langer →Flügel mit →Hammermechanik

Kleingedackt: ⟨*Orgelregister*⟩ gedeckte Lippenpfeifen (4′, 2′) aus Holz oder Metall; hohes →Gedackt

Kleinklavier: im 20. Jh. entwickeltes kleines →Klavier (gestutztes Pianino) mit wenigstens 100 cm Höhe, 140 cm Breite und etwa 50 cm Tiefe

Kleinorgel: **1.** kleiner disponierte Orgel (→Disposition), die im Unterschied zum →Positiv mit zwei oder auch drei Manualen und einem Pedal ausgestattet ist; auch als Haus- oder Heimorgel bezeichnet

2. →Positiv, →Regal, →Portativ

klingende Register, klingende Stimmen: Registerzüge der Orgel für die tatsächlich erklingenden Stimmen, im Gegensatz zu den →Hilfsregistern

Klirrfaktor, Klirrgrad: *EAk* Meßgröße für den Grad der →nichtlinearen Verzerrung in einem elektroakustischen Übertragungssystem. Der K. drückt das Verhältnis des Effektivwerts (d. h.

$$\frac{1}{\sqrt{2}} = 0{,}707$$

des Spitzenwertes) der Amplituden aller in einem verzerrenden Übertragungsglied (z. B. Verstärker) entstehenden →Oberschwingungen zum Effektivwert der Amplitude des Ausgangssignals (Schwingungsgemisch) aus.

Für hochwertige elektroakustische Übertragungssysteme sollte ein vom menschlichen Ohr noch wahrnehmbarer K. von etwa 1 % (bezogen auf die Frequenz von 1 kHz) nicht überschritten werden

Klöppel: meist an einem Ende verdickte Schlagwerkzeuge (→Schlegel [2.]) zum Anschlagen von Aufschlaginstr. (→Aufschlagidiophone) wie Glocke, Gong, Tamtam u. a.

Klubharmonika, Klubmodell, *Schwyzer Örgeli*: Hauptform der diatonischen →Handharmonika, die als Weiterentwicklung des →Wiener Modells auf der Diskantseite eine Gleichtontaste und eine zusätzliche Knopfreihe mit sonst fehlenden chromatischen Halbtönen (Hilfstöne, Hilfstasten) hat, die das Spielen in weiteren, die jeweilige Stimmung in Quartfolge ergänzenden Tonarten (soweit dies der allgemein auf 8 Einzeltöne beschränkte Baßteil zuläßt) ermöglicht. Für die deutsche K. herrscht die C-F-Stimmung, in der Schweiz die B-Es-Stimmung vor

Knarre →Ratsche

Kniefiedel →Fidel (2.)

Kniegeige →Viola da gamba

Knopf(griff)akkordeon: ⟨*Harmonikainstr.*⟩ chromatisches →Akkordeon mit Diskantteil in 3- bis 5reihiger Knopfgriffanordnung und einem größten Tonumfang von B–h^4 (bei 97 Knöpfen); gebaut in C-Griff-Anordnung (c in der 1. Knopfreihe = ital. oder schwed. Stimmung) oder B-Griff-Anordnung (c in der 3. Knopfreihe = wiener, norweg. oder holl. Stimmung); dagegen →Pianoakkordeon

Kobsa, Kobza: ⟨*Zupfinstr.*⟩ lautenartiges ukrain. Volksmusikinstr. tatar. Ursprungs, mit kurzem Hals, mit Bünden versehenem Griffbrett, abgewinkeltem Wirbelbrett, 4- oder 5saitigem doppelchörigem Bezug und mit einem Plektron gespielt; häufig auch fälschliche Bezeichnung für →Bandura

Köchel-Verzeichnis, KV: Chronologisch-thematisches Verzeichnis sämtlicher Werke W. A. Mozarts von L. v. Köchel (1. Auflage 1862)

Koinzidenz (lat. *coincidere* = zusammenfallen) **von Obertönen:** *Ak* das Zusammenfallen gemeinsamer Obertöne von Intervalltönen, das u. a. als Anhaltspunkt für die Wahrnehmung von Tonverwandtschaften angesehen wird (H. Husmann)

Ko(h)kle, *Kuokle* (lett.) →Kantele

kolęda (poln.), **Kolenda:** volkstümliches slaw. Weihnachtslied oder Krippenspiel mittelalterlichen Ursprungs

koljadka (russ.): volkstümliches altruss. und altukrain. Lied beim Rundgang der Weihnachtssänger (= *koljada*) zur Weihnachts- und Neujahrszeit; →Quempas-Singen

Kollektivimprovisation: das gemeinsame Stegreifmusizieren (→Improvisation) im Sinne improvisierter Mehrstimmigkeit auf melodischer (→Heterophonie) oder harmonischer Grundlage und im spontanen Aufeinanderreagieren als charakteristisches, aus der Negerfolklore übernommenes Element des Jazz

Kollektivzüge →Kombinationen

Kolo (serbokroat. = Rad): **1.** jugoslaw. Nationaltanz im lebhaften oder auch ruhig bewegten $\frac{3}{4}$-Takt

2. Sammelbezeichnung für choreographisch unterschiedliche jugoslaw. Kettentänze und Tanzlieder

Kolomyjka, Kolomaika: 1. nach der Stadt Kolomyi (Westukraine) benanntes ukrain. Tanzlied im lebhaften $\frac{2}{4}$-Takt

2. von einem Scherzlied begleiteter Männertanz der Kukulen

Kolophon (griech. = Gipfel, Schluß): in alten Drucken, besonders den Wiegendrucken (→Inkunabeln) des 15. Jh., der abschließende Druckvermerk (Schlußschrift) mit dem Namen des Druckers, dem Druckort, dem Erscheinungsjahr und gelegentlich auch dem Titel der Druckausgabe

Kolophonium: hartes, nach der antiken kleinasiat. Stadt Kolophon benanntes Spezialharz, mit dem der Haarbezug des Streichbogens bestrichen wird, um die Reibung auf den Saiten zu ermöglichen

Koloratur (lat. *color* = Farbe): Auszierung einer Gesangsstimme mit gebundenen weiträumigen Läufen, gestoßenen Intervallsprüngen und Trillern, bevorzugt in der →Arie (*Koloraturarie*) des 18. Jh.; die K. wird sowohl als virtuoses Ornament wie auch als dramatisches Ausdruckselement eingesetzt

Koloraturgesang, *Ziergesang*: mit →Koloraturen ausgezierter Kunstgesang in allen Stimmlagen

Koloratursopran: spezielles Rollenfach der musikalischen Bühnenpraxis (Stimmumfang etwa c^1–f^3); sehr hoher →Sopran mit besonders beweglicher Stimme (→Koloratur). Als *dramatischer K.* mit hochdramatischem (z. B. Mozart, Zauberflöte: *Königin der Nacht*), als *lyrischer K.* mit weichem Stimmcharakter (z. B. Verdi, Rigoletto: *Gilda*); auch →Koloratursoubrette

Koloratursoubrette: spezielles Rollenfach der musikalischen Bühnenpraxis (Stimmumfang etwa c^1–f^3); lyrischer →Koloratursopran mit ausgeprägter Spielbegabung (z. B. Weber, Freischütz: *Ännchen*)

kolorieren, Kolorierung: eine Melodielinie durch Umspielen der Melodietöne oder figuratives Ausfüllen größerer Tonschritte auszieren; →Diminution, →Figuration

Kolorit: in der Musik die durch die Art der Klangzusammenstellung und Instrumentation erzielten „Farbwirkungen" (*Klangkolorismus*)

Kombinationen: bei der Orgel die vom Spieler nach eigener Wahl vorregistrierten (= *freie K.*) oder durch die →Disposition festgelegten (= *feste K.*) Registerverbindungen, die als Spielhilfen mittels Kombinationseinschaltknopf, Hand- (*Kollektivzüge*) oder Fußhebel (*Kombinationspedale*) während des Spiels eingeschaltet werden können

Kombinationspedale →Kombinationen

Kombinationstöne: *Ak* zusammenfassende Bezeichnung für die bei gleichzeitigem intensivem Erklingen von zwei oder mehr (Primär-)Tönen unterschiedlicher Höhe infolge nichtlinearer Verzerrungen des Übertragungssystems (z. B. Ohr, Instr., Verstärker) auftretenden, den Klangcharakter dieser Tonverbindungen wesentlich beeinflussenden Sekundärtöne; ihre Schwingungszahl kann sowohl der Differenz (= *Differenztöne*) der Schwingungszahlen der Primärtöne als auch deren Summe (= *Summationstöne*) entsprechen

kombinierte Taktarten, unregelmäßige Taktarten: Taktarten, die nach unserem herkömmlichen, metrisch regelmäßigen Ordnungsprinzip als Zusammensetzungen zweizähliger (binärer) und dreizähliger (ternärer) Taktteile zu deuten sind (z. B. $\frac{5}{4}$- oder $\frac{7}{4}$-Takt)

Komma (griech. = Abschnitt): *Ak* sehr kleines Intervall, das
(1.) als *syntonisches* oder *didymisches K.* (= 21,506 Cent) in der →reinen Stimmung die Differenz zwischen großem (9:8) und kleinem Ganzton (10:9) mit dem Schwingungszahlenverhältnis von 81:80 ausdrückt
(2.) als *pythagoreisches K.* (= 23,46 Cent) dem Überschuß eines Intervalls von 12 reinen Quinten über das von 7 Oktaven mit dem Schwingungszahlenverhältnis von etwa 74:73 entspricht.
Die Differenz zwischen pythagoreischem und syntonischem Komma, das →Schisma, beträgt 1,954 Cent

Kommahäkchen: 1. Atemzeichen (→Atemholer) in Gesangspartien und Bläserstimmen
2. Phrasierungszeichen im Sinne einer „Luftpause"
3. kürzester Pausenwert; →Pause

Kompatibilität (franz. *compatible* = vereinbar, verträglich): in der Elektroakustik die Eigenschaft der möglichen Austauschbarkeit bzw. Anpassung (→Adaptation) unterschiedlicher Übertragungsverfahren; z. B. die Möglichkeit stereophone Schallaufnahmen (→Schallplatte) bzw. -übertragungen (→Rundfunk) monophon abzuspielen bzw. wiederzugeben

Komplementärintervall, *Umkehrungsintervall*: das ein (Ausgangs-)Intervall zur Oktave ergänzende (Umkehrungs-)Intervall; z. B. Quarte + Quinte = Oktave

Komplementärrhythmus: der den (Grund-)Rhythmus einer Stimme gleichzeitig in anderen Stimmen mit unterschiedlichen rhythmischen Werten zu einer ausgeglichenen Bewegung ergänzende Gegenrhythmus

Komplet (lat. *completorium* = Schlußandacht): die das Tagesoffizium abschließende Gebetszeit im täglichen Stundengebet (→Offizium) der röm.-kath. Liturgie

komponieren (lat. *componere* = zusammensetzen): ein originales Werk der Musik schaffen und in Notenschrift für die Aufführung ausarbeiten (→Partitur)

Komposition (lat. *compositio* = Zusammensetzung, Gestaltung): in Notenschrift ausgearbeitetes, originales Werk der Musik, das im Ergebnis eines vielschichtigen Schaffensprozesses auf der Grundlage kompositionstechnischer Kenntnisse (→Kompositionslehre) entstand und in der Regel der →Interpretation bedarf

Kompositionslehre: die der Vermittlung kompositionstechnischer Kenntnisse dienende kompositorische (→Komposition) Ausbildung, die sich neben →Tonsatzlehre (→Kontrapunkt, →Generalbaß, →Harmonielehre, →Melodielehre), →Formenlehre und →Instrumentationslehre auch mit Kompositionstechniken des zeitgenössischen Musikschaffens (z. B. Zwölftontechnik, serielle Technik) befaßt

Kondensatormikrophon: nach dem elektrostatischen Prinzip arbeitendes, hochwertiges →Mikrophon, bei dem eine Metallmembran und die dahinter angeordnete metallene Gegenelektrode einen Kondensator (lat. = Verdichter) bilden, dessen Kapazität sich entsprechend der auftreffenden Schallwellen verändert und dadurch eine der anliegenden Gleichspannung überlagerte tonfrequente Wechselspannung hervorbringt; diese ist so gering, daß in das K. eine erste (Vor-)Verstärkerstufe konstruktiv einbezogen ist

Kondukten (lat. *conducere* = zusammenführen): bei der Orgel die Röhren, die den Spielwind zu den großen, „verführt" stehenden, d. h. nicht direkt auf die →Windlade, sondern eine besondere Pfeifenbank gestellten Pfeifen lenken

Kondukten-Stil: vom mehrstimmigen →*conductus* beherrschter Kompositionsstil des 12./13. Jh.

Konische Bohrung, konisches Rohr: bei Blasinstr. und auch Zungenpfeifen der Orgel ein zur Schallöffnung hin leicht kegelförmig erweitertes Schallrohr; beim →Überblasen erklingt der 2. Naturton, d. h. die Oktave (→oktavierende Instr.)

konkrete Musik →*musique concrète*

Konservatorium (lat. *conservare* = bewahren): künstlerische Lehranstalt zur Ausbildung von Berufsmusikern und Musiklehrern; heute meist als Hochschule (oder Akademie) für Musik. Im 16.–18. Jh. ursprünglich ital. Waisenhaus (Bewahranstalt), in dem begabte Waisenkinder eine musikalische Ausbildung erhielten

konsonant (lat. *consonare* = zusammenklingen): bedeutungsgleich für harmonisch, d. h. den →Hauptharmonien zugehörig; →Konsonanz

Konsonanz (lat. *consonantia* = Zusammenklang): nach der Harmonielehre des Dur-Moll-Systems ein im Gegensatz zur →Dissonanz selbständiger, keiner Auflösung bedürfender harmonischer Zusammenklang, der auf einfachen Schwingungszahlverhältnissen (Prime, Oktave, Quinte, Quarte, Terz, Sexte) beruht und, infolge überwiegend gemeinsamer Obertöne (→Koinzidenz), einen hohen Verschmelzungsgrad besitzt

Kontakion (griech. = Stäbchen): frühe Hymnenform der byzantinischen Liturgie des 6./7. Jh.; im 7. Jh. abgelöst vom →Kanon (4.)

Kontertanz, *Kontratanz*, *Contretanz* (franz. *contredanse* = Gegentanz): europ. Gesellschaftstanz, der mit Anglaise, Cotillon, Quadrille und franz. *contredanse* als geradtaktiger Gruppentanz (Frontreigen, engl. = *longway*) aus der um 1685 in den Niederlanden und Frankreich übernommenen engl. →*country dance* hervorging und sich im 18. Jh. mit Menuett und Deutschem Tanz gegenüber dem Walzer behauptet; neben dem →Deutschen Tanz bevorzugter Orchestertanz des 18. Jh.

Kontraalt, *tiefer Alt*: seriöses Rollenfach der musikalischen Bühnenpraxis (Stimmumfang etwa f–e^2); tiefer →Alt mit voller, schwerer Stimme (z. B. Debussy, Pelléas et Mélisande: *Genoveva*)

Kontrabaß (ital. *contrabbasso*): **1.** ⟨*Streichinstr.*⟩ Baßinstr. der *Violinfamilie*, abgeleitet aus der *Violenfamilie* (→Viola da gamba, →Violone), mit sehr hohen Zargen, spitz auslaufendem Oberbügel, flachem, zum Hals hin abgeschrägtem Boden, gewölbter Decke mit F-Löchern, kurzem Hals, hinterständigen Wirbeln mit Zahnradmechanik, Stachel an der Unterzarge; der heutige K. hat einen 4- oder 5saitigen, über einen besonders hohen Steg geführten Darmsaitenbezug. Stimmung: $_2$H bzw. $_1$C; $_1$E, $_1$A, D, G ($_2$H/$_1$C bzw. $_1$E–g^1/…g^3) – transp. eine Oktave höher im Baß- und Tenorschlüssel notiert, Flageolett nichttransp. im Baß- und Violinschlüssel notiert; tiefes Baßinstr. der Streichergruppe mit vollem, dunklem und dabei etwas stumpfem (obertonarmem) Klang; auch *Großbaßgeige*. →Elektrobaß, →Schlagbaß
2. ⟨*Orgelregister*⟩ Lippenpfeifen (32′, 16′) aus Holz oder Metall; eng mensurierte Pedalstimme

Kontrabaßposaune: →Posaune in Baßlage

Kontrabaßtuba: →Tuba in Baßlage

Kontrafagott: ⟨*Holzblasinstr.*⟩ eng mensuriertes →Fagott mit in vier Kanälen parallel verlaufendem und durch U-Bögen verbundenem Holzrohr, an das ein leicht ausgestelltes metallenes Schallstück angesetzt ist, sowie mit aufsteckbarer A-Stürze; Stimmung in C ($_2$A bzw. $_1$C–g) – transp. eine Oktave höher im Baßschlüssel notiert; Spezialinstr. mit dunklem, etwas hartem Klang

Kontrafaktur (lat. *contrafacere* = ins Gegenteil verkehren): altüberliefertes Verfahren der sinnverändernden Neu- oder Umdichtung von Gesangstexten unter Beibehaltung einer schon vorhandenen Melodie; dabei konnte ein weltlicher in einen geistlichen und umgekehrt ein geistlicher in einen weltlichen Text umgewandelt werden, aber auch der weltliche oder geistliche Text in sich eine mehr oder weniger umfassende Veränderung erfahren. Nach 1600 auch als →Parodie bezeichnet

Kontraoktave →Oktavbereiche

Kontrapunkt (lat. *punctus contra punctum* = Note gegen Note): Kompositionstechnik der →Polyphonie und in dieser gestaltete Komposition oder Stimmführung, denen die Regeln des kontrapunktischen Satzes (→Konsonanz- →Dissonanz-Beziehungen, →Stimmführung) gemeinsam zugrunde liegen; so werden ursprünglich einer vorhandenen Stimme (z. B. →*cantus firmus*) die Noten einer (oder mehrerer) Gegenstimme(n) intervallmäßig unter Beachtung fester Konsonanzfolgeregeln (= *strenger K.*) im Satz Note gegen Note (= *contrapunctus simplex*) so hinzugefügt, daß neben der selbständigen Stimmfortschreitung (= *linearer K.*) auch der Zusammenklang (= *harmonischer K.*) den Regeln folgt. Seit dem 16./17. Jh. finden mit den unterteilten Notenwerten (= *contrapunctus diminutus*) auch gelegentlich und später zunehmend Dissonanzen Eingang in den K. (= *freier K.*). →doppelter Kontrapunkt

kontrapunktieren: einer vorhandenen Stimme weitere, nach den Regeln des →Kontrapunkts melodisch selbständig geführte Stimmen hinzufügen

Kontrasubjekt, *Gegensatz*: in der Fuge ein →Kontrapunkt zum Thema, der als thematisch selbständige Gegenstimme zum →*comes* einsetzt und mit dem wiederauftretenden Thema im →doppelten Kontrapunkt steht

Kontratanz →Kontertanz

Konzert (ital. *concerto*): **1.** seit dem 18. Jh. eine mehrsätzige (→Konzertform) Komposition für Soloinstr. und Orchester (→Solokonzert) oder auch nur für Orchester (Orchesterkonzert)

2. Musikdarbietung in einer öffentlichen Veranstaltung

3. ursprünglich vom konzertierenden Stil (lat. *concertare* = wettstreiten oder *conserere* = zusammenfügen) bestimmte vokal oder/und instrumental zusammenwirkende Musizierformen (Vokal- und Instrumental-K.) des 16.–18. Jh.; →Mehrchörigkeit, →Geistliches Konzert, →*concerto grosso*

konzertant: 1. *VB* solistisch hervortretend

2. konzertmäßige Darbietung z. B. einer Opernaufführung oder Ballettmusik im Konzertsaal

Konzertante: 1. Komposition für konzertierende(s) Soloinstr. und Orchester, ohne Bindung an die →Konzertform

2. konzertante Sinfonie, →*sinfonia concertante*

Konzertetüde →Etüde (2.)

Konzertflöte →Große Flöte

Konzertflügel: besonderen musikalischen und akustischen Ansprüchen angepaßter großer, etwa 250–290 cm langer →Flügel mit →Hammermechanik

Konzertform: im →Solokonzert ausgeprägte, vorherrschend dreisätzige zyklische Form der Instrumentalmusik mit der Satzfolge schnell – langsam – schnell; meist als: Allegro (Sonatensatzform), Andante oder Adagio (Liedform) und Allegro (Sonatensatzform oder Rondo) mit gattungsbedingten Besonderheiten, wie Solo-Tutti-Verhältnis und Virtuosen- →Kadenz (2.)

konzertierend: *VB* solistisch hervortretend

Konzertina: ⟨*Harmonikainstr.*⟩ von der Frühform der →Handharmonika um 1830 abgeleitetes (→gleichtönig-chromatisches), dann →wechseltönig-diatonisches →Balginstr. mit vier- oder sechseckigem Gehäuse und beidseitiger Knopfgriffanordnung mit Einzeltönen auch im Baßteil; gebaut in Chemnitzer- (78 Töne), Schefflerscher- (104 Töne) und Carlsfelder Tonfolge (bis 124 Töne) sowie als 128töniges Einheits-K. (Diskant g–g^3, Baß E–g^1). →Bandonion

Konzertino →*concertino*

Konzertkadenz →Kadenz (2.)

Konzertlied: das begleitete →Sololied („Kunstlied") für den Konzertvortrag

Konzertmeister: Titel für den (bei größeren Orchestern auch für mehrere) Stimmführer der 1. und der 2. Violinen, der auch solistische Aufgaben übernimmt; ursprünglich nur für den 1. Geiger des Orchesters, der das Einstimmen leitet, solistisch wirkt und auch gelegentlich den Dirigenten vertritt. Im 17./18. Jh. der Leiter des Instrumentalensembles bei Konzertaufführungen.

Konzertouvertüre →Ouvertüre (4.)

Konzertstück: einsätziges Solokonzert unterschiedlichster Form (→*concertino* [1.]); auch eine größere, für den Konzertvortrag bestimmte solistische Instrumentalkomposition

Konzerttrommel: (besonders sorgfältig gefertigte) →Kleine Trommel

Konzertzither →Zither

Kopfhörer: elektroakustisches Gerät zur Umwandlung (→Schallwandler) niederfrequenter elektrischer Schwingungen bzw. Spannungsschwankungen in mechanische Schwingungen einer Membran und deren Abstrahlung als Schall direkt zum Ohr; die gegenüber einem →Lautsprecher bedeutend kleineren schwingenden Teile ermöglichen eine weitgehend verzerrungsfreie Übertragung und optimale Nutzung der Kunstkopf- →Stereophonie

Kopfstimme, Kopfregister: Register der menschlichen Stimme mit überwiegender Kopfresonanz und (obertonreichem) hellem, etwas scharfem Klang; die Stimmlippen schwingen nur am mittleren Rand. Eine hauchige männliche K. ist die →Fistelstimme; dagegen →Falsett

Koppelflöte: ⟨ *Orgelregister* ⟩ zylindrisch (unten) – konische (oben) Lippenpfeifen (8′, 4′, 2′) aus Metall; weite Mensur

Koppeln (lat. *copula* = Verbindung): Spielhilfen der Orgel, die das Mitspielen der gezogenen Register des einen Manuals auf einem anderen Manual oder dem Pedal in derselben Tonhöhe ermöglichen (= Normalk.); als *Oktav-K.* lassen sie die obere (= Superoktavk.) oder/und die untere Oktave (= Suboktavk.) mitklingen. Heute nicht mehr gebaute *Melodie-K.* verstärkten nur den höchsten Ton des gespielten Akkordes. Die Koppelsysteme unterscheiden sich für die einzelnen →Trakturen nach Bauart und Betätigung

Kornett (franz. *cornet à pistons*), *Piston*: **1.** ⟨ *Blechblasinstr.* ⟩ →Bügelhorn in Diskantlage in Trompetenform mit konisch verlaufendem Rohr mittlerer Mensur, 3 (Périnet-)Ventilen und Bechermundstück; Stimmung in B (e–b^2), in A (dis–a^2), in C (fis–c^3); als Kleines K. (Pikkolo-K., Cornettino) in D (gis–d^3), in Es (a–es^3) sowie hoch F, As und B – transp. bzw. nichttransp. notiert im Violinschlüssel; Verwendung als führendes Melodieinstr. besonders im Jazz und in der Blasmusik **2.** ⟨ *Orgelregister* ⟩ gemischtes Farbregister (2- bis 5fach); dazu →Singend Cornett

Kornetton, *Zinkenton* (franz. *ton des cornets*): der →Stimmton der Stadtpfeifer und Feldtrompeter, der zur Erzielung eines strahlenden Bläserklanges immer einen Halb- oder Ganzton über dem →Chorton stand; noch heute bei österr. Militär- und Volksmusikkapellen gebräuchlich

Korpus (lat. *corpus* = Körper): bei Musikinstr. der als →Resonanzkörper (Hohlraum- →Resonator) wirkende Instrumentenkörper

Korrepetitor (lat. = Mitwiederholer): Hilfsdirigent; meist angehender →Kapellmeister, der am Klavier die Einstudierung der Solopartien für Oper und Ballett übernimmt

Kortholt, Kurzholz: Doppelrohrblattinstr. des 17. Jh. mit Windkapsel und zylindrischem Rohr mit doppeltem Windkanal; Vorläufer des →Fagotts

Kottilon →*cotillon*

Koto (jap.): Sammelbezeichnung für jap. Saiteninstr.; speziell für eine altüberlieferte Wölbbrettzither (= Zokusô), die heute einen 13- und mehrsaitigen Bezug hat, dessen Saiten durch bewegliche Stege umgestimmt und mit Plektren angerissen werden

Krakowiak (poln. = „Krakower"), *Cracovienne* (franz.): poln. Nationaltanz aus der Gegend von Krakow im schnellen $\frac{2}{4}$-

Takt mit synkopiertem Rhythmus; bereits im 16. Jh. u. a. als *chorea polonica* überliefert

Krebs, Krebsgang (ital. *al rovescio*): satztechnisches Verfahren, bei dem ein Thema, eine Stimme oder auch ein musikalisches Satzgefüge in rückläufiger Tonfortschreitung verarbeitet wird (z. B. Krebskanon); im Spiegel-K. erfolgt die satztechnische Verarbeitung zugleich in Umkehrung und K. – →serielle Technik

Krebskanon (lat. *canon cancricans*): →Kanon, bei dem die nachfolgenden Stimmen (*conseguente*) das Thema in rückläufiger Tonfortschreitung aufnehmen

Kreuz, ♯: Versetzungszeichen, das den bezeichneten Ton um einen Halbton erhöht; →Doppelkreuz

Kreuzpolka: deutscher Gesellschaftstanz des 19./20. Jh. als Sonderform der →Polka; häufig zu dem Tanzlied „Siehste wohl, da kimmt er"

Kreuzschlag (engl. *cross-beat*): Schlagart auf Pauke und Trommel mit gekreuzten Schlegeln

Kristall(tonabnehmer)system: *EAk* →Abtastsystem mit piezoelektrischem Schallwandler, bei dem die durch mechanische Auslenkungen der →Abtastnadel bewirkte elastische Verformung von (Seignettesalz-)Kristallplättchen zu elektrischen Spannungsschwankungen führt (→piezoelektrischer Effekt), die als Signalspannung über den (End-) →Verstärker zum →Lautsprecher geleitet werden. Das K. benötigt jedoch wie das weniger temperatur- und feuchtigkeitsempfindliche →Keramiksystem größere →Auflagekraft als das hochwertigere →Magnetsystem

Krjuki (russ. = Haken; Mz.): von den frühbyzantinischen →Neumen abgeleitete altruss. linienlose Notenschrift des 10. bis 17. Jh.

krotala (griech., Ez.: *krotalon* = Klapper), **Krotala:** als Rhythmusinstr. meist paarweise benutzte Handklapper; →*crotales*

Krummbogen, Krummbügel: in einer Windung kreisförmig gebogener →Stimmbogen, der zwischen Mundstück und Rohr eingesetzt werden konnte; z. B. beim ursprünglichen Waldhorn

Krummhorn (ital. *cromorno*): **1.** ⟨*Holzblasinstr.*⟩ Doppelrohrblattinstr. mit Windkapselmundstück und zylindrischem, am unteren Ende hakenförmig gebogenem Rohr; im 15.–17. Jh. als Stimmfamilie für den Tonraum C–d^2 gebaut

2. ⟨*Orgelregister*⟩ Zungenpfeifen (16′, 8′) mit zylindrischem Schallbecher

krupezion (griech.): altgriech. Fußklapper; →Scabillum

Kuckuck, Kuckucksruf: **1.** →Effektinstr. zur Nachahmung des Kuckucksrufs **2.** entsprechendes Orgelregister

Kürbisraspel →Guiro

Kürbisrassel →Cabaza

Kugelcharakteristik: Richtcharakteristik bei →Mikrophonen

Kuhglocke →*cencerro*

Kuhreigen, Kuhreihen: altüberlieferte Hirtenweisen in den deutschsprachigen Alpenländern mit Kuhnamen enthaltenden Lockrufen, auch instrumental als Alphorn- oder Schalmeimelodien; vermutlich aus alten (Tiermasken-)Tanzformen (= Lobetanz) hervorgegangen. →*ranz des vaches*

Kujawiak (poln. = „Kujawier"): poln. Volkstanz (auch Tanzlied) aus Kujawien im ruhigen bis langsamen $\frac{3}{4}$- oder $\frac{3}{8}$-Takt, der als Drehtanz mit dem schnelleren →Mazur verwandt ist; →Mazurka

Kuokle, *Ko(h)kle* (lett.) →Kantele

Kunstkopfstereophonie →Stereophonie

Kunstlied: mißverständlicher Gattungsbegriff für das *begleitete* →*Sololied,* der einer einseitigen oder auch abwertenden Betrachtungsweise gegenüber dem künstlerisch nicht minder bedeutenden →Volkslied Vorschub leistet und die unmittelbare Wechselbeziehung zwischen beiden Liedgattungen verschleiert

Kunstpfeifer →Stadtpfeifer

Kurbelpauke, *Hebel(maschinen)pauke*: →Pauke, deren Umstimmung mittels einer mit Hebelkraft (Zug) zentral auf alle Spannschrauben einwirkenden Hauptschraube durch Kurbeldrehung erfolgt

Kurrende (lat. *currere* = laufen): aus bedürftigen Schülern gebildeter Chor, der, einheitlich mit schwarzem Radmantel und flachem Zylinderhut bekleidet, bis ins 18. Jh. unter Leitung eines Präfekten mit dem Gassensingen Nahrung und Almosen erbat; seit dem 19. Jh. auch vielfach für Jugendchöre der evang. Kirche

kurze Oktave: raumsparende Tastenanordnung für die tiefste (= große) Oktave auf Klaviaturen (Manual und Pedal) von Klavierinstr. (Klavier, Orgel) des 16.–18. Jh.; im Baß weniger häufig auftretende Halbtöne (Cis, Dis, Fis und Gis) entfallen dabei zugunsten einer diatonischen Tonreihe von C–H unter Einbeziehung von B, die z. B. auf Unter- (C, F, G, A, H) und Obertasten (D, E, B) der scheinbar mit E beginnenden Klaviatur angeordnet wurde. →gebrochene Oktave

Kurzwirbel: Schlagart auf der Kleinen Trommel: →Wirbel mit 5, 7, 9 oder 11 Schlägen (= 5er-, 7er-, 9er-, 11er-Ruf)

kymbala (griech., Ez.: *kymbalon*): kleine altgriech. →Becken (Gegenschlagzimbeln und Gabelbecken); →*cymbales antiques*

Kyriale: Melodiensammlung mit den für das ganze Kirchenjahr feststehenden Choralmelodien des →Ordinarium missae (benannt nach dessen erstem Teil, dem →Kyrie), den Gesängen der →Exequien und anderen liturgischen Gesängen als Auszug aus dem →Graduale

Kyrie (griech. = Herr): der dem →Introitus folgende erste Teil des →Ordinarium missae der röm.-kath. →Messe mit dem im Wechsel von Gemeinde und Chor (bzw. zwei Halbchören) ausgeführten Bittgesang *Kyrie eleison* (= Herr, erbarme dich); altüberlieferter Gebetruf. →Litanei

L

la: **1.** Tonsilbe für die 6. Tonleiterstufe der →Solmisation
2. in romanischen Sprachen für den Ton a
3. in der Gehörbildungsmethode Tonika-Do die relativ zu wertende 6. Durstufe

laba (chin.): chin. →Naturtrompete

la bémol (franz.) →as

la bemolle (ital.) →as

la bemolle maggiore (ital.) →As-Dur

la bemolle minore (ital.) →as-Moll

la bémol majeur (franz.) →As-Dur

la bémol mineur (franz.) →as-Moll

Labiale, Labialpfeifen (lat. *labium* = Lippe), *Lippenpeifen*: zu den →Flöteninstr. zählende, vorherrschende Pfeifenart der Orgel, bei der der Ton (Spalt- und Schneidenton) durch wirbelartige Brechung des bandförmig (→Kernspaltflöten) gegen die scharfe Kante des Ober- →Labiums gelenkten Spielwinds und die im Inneren des Pfeifenkörpers longitudinal in Schwingung (→Longitudinalwellen) geratende Luftsäule entsteht; Labialregister sind in →Eng- (z. B. Prinzipale), →Weit- (z. B. Flöten) und →Solochor (z. B. streichende Stimmen) eingeteilt. Dagegen →Linguale

Labium (lat. = Lippe): von Ober- und Unterlabium gebildeter *Pfeifenmund* (Aufschnitt, Mundloch) zwischen Pfeifenfuß und -körper der →Labialpfeifen der Orgel

lacero (ital.): *MA* zerrissen

lacrimoso, lacrimando (ital. = tränenreich): *VB* weinend, klagend

la dièse (franz.) →ais
la diesis (ital.) →ais
la doppia bemolle (ital.) →asas
la doppio diesis (ital.) →aisis
la double bémol (franz.) →asas
la double dièse (franz.) →aisis
Ländler, Landler: 1. Sammelbezeichnung für nach dem oberösterr. „Landl" benannte bayer.-österr. Volkstänze im langsamen $\frac{3}{4}$- oder $\frac{3}{8}$-Takt; regionale Hauptvarianten sind →Steierischer, Landler (s. 2.) und →Schuhplattler (Bayerischer). In der Kunstmusik wechseln die Bezeichnungen L., Deutscher und →Deutscher Tanz, von denen sich im 19. Jh. der →Walzer als ursprünglich abschließender Rundtanz des L. zunehmend verselbständigt
2. als L.-Variante im engeren Sinne der von mehreren Paaren in übereinstimmender, örtlich unterschiedlich festgelegter Figurenfolge ausgeführt L.
ländlicher Blues →*country blues*
Längsflöten, Langflöten: Sammelbezeichnung für eine Gruppe der →Flöteninstr. mit gerade oder schräg nach vorn gerichteter Spielhaltung; dazu zählen sowohl Flöten ohne Kernspalte, bei denen das oben offene Rohrende als Mundloch dient und der Luftstrom zur Tonerzeugung gegen die gegenüberliegende Kante des Randes gelenkt wird (z. B. Kaval), als auch →Kernspaltflöten (z. B. Blockflöte)
Lage: 1. in der →Harmonielehre sowohl der durch den höchsten Ton in seiner Intervallbeziehung zum Grundton als →Oktav-, →Terz- oder →Quintlage bestimmte Aufbau eines Akkordes als auch die Kennzeichnung der Stimmführung innerhalb des vierstimmigen Satzes als →enge, →weite oder →gemischte Lage; dagegen →Stellung
2. bei Saiteninstr. der durch die Fingerstellung (Position) der linken Hand auf dem Griffbrett gegebene Griffbereich, der sich – ausgehend von dem Sekundintervall über dem Ton der leeren Saite für den 1. Finger in der 1. Lage – mit der von Lage zu Lage gleitenden Hand jeweils um eine Intervallstufe verschiebt (2. Lage = Terz-, 3. Lage = Quartintervall usw.)
3. ein als Ausschnitt aus dem Gesamtumfang einer Singstimme (→Stimmgattungen) oder eines Instr. gekennzeichneter (relativ) hoher, mittlerer oder tiefer Tonhöhenbereich
Lagenspiel →Lage (2.)
lagrimoso, lagrimando (ital.) →*lacrimoso*
Lai (franz.; altir. *laid* = Lied), *Leich*: mittelalterliche nichtstrophische Lieddichtung und -kompositionsform der →Spielleute, →Trobadors und →Minnesänger, die in der fortschrei-

tenden Wiederholung sequenzartig aneinandergereihter Teile der instrumentalen →Estampie entspricht; auch in allgemeiner Bedeutung von Melodie oder Musik

la maggiore (ital.) →A-Dur

la majeur (franz.) →A-Dur

la mano sinistra sopra la mano destra (ital.): *MA* beim Klavierspiel das Überkreuzspielen (Überschlagen) der linken Hand über die rechte

Lamentationen (lat. *lamentatio* = Klage): Vertonungen von den Klageliedern des Jeremias (→Threnos) entnommenen Bibeltexten, die zu nächtlichen Stundengebeten der röm.-kath. Liturgie der Karwoche und in Trauermetten (Tenebrae) sowohl in einem eigenen →Lektionston als auch im organumartigen (15./16. Jh.) und polyphonen Vokalsatz (16./17. Jh.) ausgeführt werden

Lamento (ital. = Klage, Klagelied): vokale oder instrumentale Komposition schmerzvoll-klagenden Charakters, häufig mit kleinen, absteigenden Tonschritten; seit dem 17. Jh. besonders in Oper, Madrigal und Kantate. →Tombeau, →Plainte

lamentoso, lamentabile (ital.): *VB* wehklagend, jammernd

la mineur (franz.) →a-Moll

la minore (ital.) →a-Moll

lampon (franz.): Trinklied

Lancers (engl. *lancer* = Lanzenreiter, Ulan), **Lanciers** (franz.): franz. Gesellschaftstanz des 19. Jh. als besondere Form der →Quadrille; ursprünglich engl. Waffentanz

Landino-Sexte, Landino-Klausel: mittelalterliche melodische Schlußformel, die als Diskant- →Klausel (1.) von der Septime (= Leitton) über die Sexte (*penultima*) zum Schlußton (*ultima*) führt und besonders häufig im Schaffen von F. Landini (etwa 1325–1397) nachgewiesen werden konnte

Landsknechtstrommel: ⟨*Schlaginstr.*⟩ →Rührtrommel mit Strickverspannung (→Stricktrommeln), geschlagen mit Paukenschlegeln

Langaus: um 1800 ein mit großen Schritten und wenig Drehungen getanzter →Deutscher Tanz im sehr schnellen Zeitmaß; unmittelbare Vorform der →Walzers

Langsamer Walzer →English waltz, →Boston

Langspielplatte →Mikrorillenschallplatte

languendo, languente, languido (ital.): *VB* schmachtend, stokkend; schwach, kraftlos

larga (lat. = die breite), *nota larga*: zeitweilig der längste Notenwert (größer als die →*maxima*) der →Mensuralnotation; notiert als stark verbreiterte →*longa*

largamente (ital.): *TB, VB* breit, gewichtig

largando, *slargando* (ital.): *VB* breiter (langsamer) werdend, meist mit gleichzeitig zunehmender Tonstärke; vgl. *allargando*

larghetto (ital.), **Larghetto: 1.** *TB* etwas breit, doch nicht ganz so langsam wie →*largo*
2. *VB* weniger breit und gewichtig als →*largo*
3. Komposition oder Satz im entsprechenden Zeitmaß und Charakter, meist von kürzerer Dauer (Diminutiv von Largo)

larghissimo (ital.): **1.** *TB* äußerst langsam; langsamer als →*largo*
2. *VB* sehr breit, sehr gewichtig

larghissimo sostenuto (ital.): **1.** *TB* im denkbar langsamsten Zeitmaß; langsamer als →*larghissimo*
2. *VB* äußerst breit, äußerst gewichtig

largo (ital. = breit, weit), **Largo: 1.** *TB* seit Mitte des 18. Jh. sehr langsames Hauptzeitmaß; langsamer als →*adagio* oder →*lento*
2. *VB* breit, gewichtig
3. Komposition oder Satz im entsprechenden Zeitmaß und Charakter

largo assai (ital.): *TB, VB* sehr breit; vgl. *larghissimo*

largo (di) molto (ital.): *TB, VB* sehr breit; vgl. *larghissimo*

largo ma non troppo (ital.): *TB, VB* nicht zu breit

largo un poco (ital.): *TB, VB* ein wenig breit; vgl. *larghetto*

larmoyant (franz.): *VB* weinerlich, rührselig

lasciar s(u)onare (ital.): *MA* (weiter)klingen lassen

lasciar vibrare (ital.): *MA* (weiter)schwingen lassen

Lassù (ung. *lassan* = langsam): der langsame, melancholisch-pathetische Einleitungsteil (Kreistanz der Männer) des →Csárdás

lastra dal tuono (ital.): Donnerblech, →Folienrassel

lastra di metallo (ital.): Metallplatte

lastra di sasso (ital.) →Lithophon

lateinamerikanische Rhythmusinstrumente: Sammelbezeichnung für →Rhythmusinstr. südamerik. Herkunft (meist aus Kuba und Brasilien), die mit der vielfältigen Rhythmik der lateinamerik. Tänze weite Verbreitung fanden; dazu zählen u. a. →Bongos, →Conga, →Claves, →Maracas

Laúd (span. = Laute): ⟨*Zupfinstr.*⟩ vorwiegend auf Kuba gespieltes, der span. →Bandurria verwandtes Melodieinstr. mit zwei- oder dreichörigem (12–18 Saiten) Bezug

Lauda (ital. = Lobgesang): volkstümliches geistliches Loblied der ital. Laudenbruderschaften (*compagnie de' laudesi*) seit dem 13./14. Jh. (→Geißlerlieder); bis etwa 1400 einstimmig, später vorherrschend im mehrstimmig-homophonen Satz. Die zunehmend dramatisierten Dialog-Lauden des 16. Jh. sind Vorform des geistlichen Spiels (→liturgisches Drama) und des →Oratoriums in ital. Sprache

Laudes (lat. = Lobgesänge): die Lobpreisungen zum Abschluß des Nachtoffiziums, die heute im Anschluß an die →Matutin das tägliche Stundengebet (→Offizium) in der röm.-kath. Liturgie eröffnen

Lauf, Läufer: schnelle, meist stufenweise in gleichen Notenwerten auf- oder absteigende Tonfolge, die ohne eigentliche melodische Bedeutung häufig in Überleitungen verwendet wird; →Passage

Laute (arab. *al-'ūd* = das Holz; ital. *liuto*): ⟨*Zupfinstr.*⟩ seit dem 10. Jh. in Europa nachgewiesenes altüberliefertes Saiteninstr. mit bauchigem, zum Hals hin spitz auslaufendem, birnenförmigem und aus Holzspänen zusammengesetztem Korpus ohne Zargen, flacher Decke mit Schalloch und Querriegelbefestigung für die Saiten, relativ kurzem Hals, dessen Griffbrett mit Bünden versehen ist und in einem nach hinten abgeknicktem Wirbelkasten (→Lautenkragen) mit seitenständigen Wirbeln ausläuft; die klassische L. des 16./17. Jh. hatte einen doppelchörigen Bezug von 11 Saiten (die höchste war einfach aufgezogen), die meist mit den Fingerspitzen angerissen wurden. Stimmung: A d g h e^1 a^1 oder G c f a d^1 g^1, später A d f a d^1 f^1 und E A d g h e^1 (auch einchörig). Bevorzugtes Solo- und →Generalbaßinstr. in der Musik des 16.–18. Jh.; im 20. Jh. neu belebt

Lautenclavizymbel, Lautenclavessin: →Cembalo mit doppelchörigem Darmsaitenbezug und lautenartigem Klang; auch dreichörig mit zusätzlichem einfachem Messingsaitenbezug

Lauteninstrumente: Sammelbezeichnung für die Gruppe der aus Saitenträger (Hals) und Resonanzkörper zusammengesetzten →Saiteninstr., deren Saitenebene parallel zur Decke des →Korpus liegt; dazu zählen Bogenlauten, →Leiern (Jochlauten) und →Stiellauten, d. h. ebenso →Streich- wie →Zupfinstr. (mit Ausnahme der Zithern und Harfen)

Lautenkragen: der mit Greifstützen, d. h. um den Hals geknoteten Darm- →Bünden versehene und in einem stark nach hinten abgeknickten Wirbelkasten auslaufende kurze Hals der mittelalterlichen →Laute; in theoretischen Abhandlungen häufig zur Veranschaulichung der →Lautentabulatur

Lautentabulatur: Griffschrift (→Tabulatur) für die Laute, mit der nicht Töne, sondern Saiten, zu greifende Bünde, rhythmische Werte sowie Fingersatz und Verzierungen bezeichnet wurden:

(1.) die *dtsch. L.* des 15./16. Jh. war linienlos und bezeichnete die 5 leeren Saiten (ausgehend von der tiefsten) mit den Ziffern 1–5, die Bünde mit kleinen Buchstaben (wo das Alphabet für die 54 Griffe nicht ausreichte, wurden diese verdoppelt oder mit einem Querstrich versehen) und den später hinzutretenden 6. Saitenchor uneinheitlich mit Großbuchstaben oder Zahlen mit Querstrich
(2.) die *franz. L.* des 16.–18. Jh. verwendete ein System von fünf (= ältere franz. L.), später sechs Linien (= neuere franz. L.), die jeweils einer Saite entsprachen und auf denen die Bünde derart mit kleinen Buchstaben bezeichnet wurden, daß a für die leere Saite, b für den 1. Bund usw. stand
(3.) die *ital.* und *span. L.* des 16./17. Jh. verwendete anstelle der Kleinbuchstaben Ziffern als Griffzeichen, wobei jeweils die 0 für die leere Saite und die Ziffern 1–9 für die Bünde standen; entgegen der späterhin allgemein verbreiteten franz. L. entsprach hier die unterste der sechs Linien der höchsten Saite.

Lautenzug: mechanische Registriervorrichtung (Handzug, Kniehebel oder Pedaltritt), die bei älteren besaiteten Tasteninstr. (→Cembalo, →Spinett, →Klavichord, →Hammerklavier) mittels einer gegen die Saiten gedrückten, filzbesetzten Leiste die Hervorbringung lautenartiger Töne ermöglicht

Lautheit: die subjektiv empfundene Stärke einer Gehörsempfindung, gemessen in →Sone (*sone*)

Lautsprecher: elektroakustisches Gerät zur Umwandlung (→Schallwandler) niederfrequenter elektrischer Schwingungen bzw. Spannungsschwankungen in mechanische Schwingungen einer Membran und deren Abstrahlung als Schall; nach dem jeweiligen Wandlungsprinzip werden *piezoelektrische* (= Kristall-L., hauptsächlich als Hochton-L.), *elektromagnetische* (sog. Freischwinger), *elektrodynamische* (verbreitetster L.-Typ) und *elektrostatische* (= Kondensator-L., bevorzugt als Hochton-L.) Lautsprecher unterschieden. Zur Erzielung hoher Wiedergabequalität werden Hochton- und Tiefton-L. kombiniert und auch in Strahlergruppen zu Tonsäulen (Schallzeilen) zusammengefaßt

Lautsprecherleistung: *EAk* die größtmögliche elektrische Belastbarkeit eines →Lautsprechers, angegeben in →Watt (W); als *Musikbelastbarkeit* (Grenz- oder Spitzenbelastbarkeit) gilt die kurzzeitig erreichbare Spitzenleistung, während als *Nennbelastbarkeit* die erheblich niedrigere, qualitätsbestimmende Dauertonleistung bezeichnet wird.
Hochwertige Lautsprecher für Heim- und Tonstudioanlagen erbringen eine L. von 10 bis zu 100 W

Lautsprechermusik →elektronische Musik

Lautstärke, Lautstärkeempfindung: *Ak* die subjektiv empfundene Stärke des Schalls, die physikalisch von der Schallstärke (J – gemessen in Watt/m^2) bzw. vom Schalldruck (p – gemessen in Newton/m^2), von der Frequenz, vom Frequenzspektrum und von der Richtung des Schalleinfalls abhängt; sie wird durch subjektiven Vergleich mit einem Bezugsschall von 1000 Hz (→Hertz) ermittelt und in →Phon (phon) gemessen, wobei von einer L. von 0 phon an der →Hörschwelle ausgegangen wird (→phon-Werte). Für die Beurteilung dynamischer Abstufungen (→Dynamik) durch den Musikhörer (→Lautheit) hat die L. jedoch nur untergeordnete Bedeutung

lead (engl. = führen): die melodieführende Stimme im Jazzensemble; in der klassischen Jazzband die Kornett- oder Trompetenstimme, in der →*big band* die Trompetengruppe des Blechsatzes (→*brass section*)

leader (engl.): **1.** in England der Konzertmeister, in den USA der Dirigent

2. in der klassischen Jazzband meist der mit der melodieführenden Stimme (→*lead*) betraute Kornettist oder Trompeter als Leiter des Jazzensembles; vgl. *bandleader*

3. engl. für →*dux*

leading note (engl.) →Leitton

leere Saite: *MA* bei Saiteninstr. mit Griffbrett das meist mit einer kleinen o über der Note geforderte Erklingenlassen der betreffenden Saite in ganzer Länge, das gegenüber dem auf der tieferen Saite gegriffenen Ton gleicher Höhe durch härtere Klangfarbe absticht und spieltechnisch (→*bariolage*) genutzt wird

legabile (ital.): *MA* gebunden

legatissimo (ital.): *MA* äußerst streng gebunden

legato, *ligato* (ital.): *MA* gebunden, angeschleift; die Töne sind ohne abzusetzen in pausenloser Folge aneinandergebunden zu musizieren. Zeichen: →Bindebogen (z. B. )

Legatobogen →Bindebogen

Legatospiel →*legato*

legatostaccato →*mezzolegato*

legatura (ital.) →Bindung, →Ligatur

Legende: **1.** vokale und/oder instrumentale Komposition, der inhaltlich eine Heiligengeschichte oder Heldenerzählung zugrunde liegt

2. instrumentales episch-lyrisches →Charakterstück, bevorzugt für Klavier

leggero, con leggerezza (ital.) →*leggiero*

leggiadro, leggiadramente, con leggiadria (ital.): *VB* leicht, anmutig; voller Anmut

leggiero, legg(i)er(a)mente (ital.): **1.** *VB* leicht, ungezwungen, leger

2. *MA* mit leichtem, perlendem Anschlag, etwa zwischen *legato* und *staccato*

leggio (ital.): Pult, Notenständer, Notenhalter

legnetti (ital.) →Gegenschlagstäbe

legni (ital.): Kurzform für *strumenti a legni*, die Gruppe der Holzblasinstr. im Orchester (= Holzbläser)

legni per rumba (ital.): Rumbahölzer, →*claves*

legno (ital. = Holz): **1.** (*blocco di legno*) Holzblock

2. (*legno dell'arco*) Bogenstange; →*col legno*

legnofoni (ital.) →Holzstabspiele

legno frullante (ital.) →Schwirrholz

Leich →Lai

Leierkasten →Drehorgel

Leiern (lat. *lyra*), *Jochlauten*: Sammelbezeichnung für eine Gruppe der →Lauteninstr., deren Saiten von dem die beiden Jocharme verbindenden Querholz (= *Joch*) zum Resonanzkörper gespannt sind; dazu zählen *Schalen-* (mit schalenförmigem Korpus; z. B. Lyra) und *Kasten-L.* (mit kastenförmigem Korpus; z. B. Kithara). →Lyra, →Drehleier

Leinentrommel →Militärtrommel

Leisen: mittelalterliche volkstümliche →Kirchenlieder, die mit dem →Kyrie eleison abschließen; aus ihnen gingen →Geißlerlieder, Wallfahrts- und Kreuzzuggesänge hervor

Leistungsschutz(recht): in der Musik der durch Urheberrechtsgesetz im Rahmen der angrenzenden Rechte als Interpretenrecht gewährleistete Schutz von auf Tonträgern festgehaltenen künstlerischen Interpretenleistungen und deren Verwendung für Sendung (Rundfunk, Fernsehen) und mechanische Vervielfältigung (Schallplatte, Tonfilm, Tonband); in einigen Ländern unterliegen auch wissenschaftliche Editionen und Erstveröffentlichungen nachgelassener Werke dem L.

leitereigen: **1.** die zu den Stammtonstufen einer Tonleiter zählenden Einzeltöne und Intervalle

2. →leitereigene Akkorde

leitereigene Akkorde, leitereigene Klänge: auf den Stammtonstufen einer Tonleiter aufgebaute →Akkorde, die nur aus Tönen dieser Tonleiter bestehen und harmonisch die Grundtonart nicht verlassen

leiterfremd: die chromatisch veränderten Stammtonstufen einer Tonleiter sowie die von ihnen gebildeten Intervalle und Akkorde

Leitmotiv: eine charakteristische musikalisch-thematische Gestalt, die in dramatischen (→Musikdrama) oder programmatischen (→Programmusik) Werken melodisch, harmonisch oder rhythmisch bestimmten Vorgängen, Gedanken, Empfindungen oder Personen zugeordnet ist und in Verbindung mit diesem Sinngehalt im Verlauf der Komposition immer wiederkehrt oder auch durchführungsartig abgewandelt (→*idée fixe*) wird

Leitton: ein Ton, der aufgrund seiner harmonischen oder melodischen Bindungen mit zwingender Notwendigkeit auf- oder abwärts zu einem benachbarten, im Abstand einer kleinen Sekunde stehenden harmonisch gewichtigeren Ton (Zielton) hinleitet; neben *natürlichen*, d. h. leitereigenen L. (z. B. in C-Dur aufwärts h–c und abwärts f–e) kann auch jeder alterierte (→Alteration) leiterfremde Ton als *künstlicher L.* wirksam werden

Leittonwechselklang: zu den →Nebenharmonien zählender →Gegenklang, dessen Quinte bei der Aufeinanderfolge terzverwandter Harmonien als →Leitton zum Tonikagrundton (Dur: z. B. e-g-*h*/e-g-*c*) bzw. zur Tonikaquinte (Moll: z. B. *f*-a-c/*e*-a-c) strebt

Lektionston (lat. *lectio* = Lesung): gehobener Sprechgesang auf gleichbleibender Tonhöhe mit melodischer Hervorhebung der durch Akzente und Interpunktionszeichen gekennzeichneten Gliederung (→Kadenz, →Klausel) in den den Lesungen (Stundengebete, Episteln, Evangelien, Prophetien und Orationen) zugrunde liegenden liturgischen Texten (→Liturgie). →Reperkussionston

Lekuri (russ.): georgischer Paartanz; vgl. Lesginka

lene (ital.): *VB* sanft, weich; angenehm

lent (franz.): *TB* langsam; vgl. *adagio*

lentamente (ital.): *VB* ziemlich langsam

lentando (ital.): *VB* zögernd, schleppend, langsamer werdend

lentement (franz.): **1.** *VB* langsam
2. häufig Bezeichnung für den pathetischen Einleitungsteil der franz. Ouvertüre des 17./18. Jh.

lento (ital. = langsam, träge), **Lento: 1.** *TB* langsames Hauptzeitmaß; langsamer als →*adagio* und schneller als →*largo*
2. Komposition oder Satz im entsprechenden Zeitmaß

lento assai (ital.), **lento di molto:** *TB* sehr langsam

lento ma non troppo (ital.): *TB* nicht zu langsam

lento moderato (ital.): *TB* mäßig langsam

lepido (ital.): *VB* scherzhaft, spaßhaft

lero-lero (ital.) →Reço-Reço

Lesginka (russ.): Volkstanz der Lesgier (Dagestanische ASSR) und anderer Bergvölker des Kaukasus im schnellen $\frac{6}{8}$-Takt; zumeist als Solotanz von mit Dolchen bewaffneten Männern

lesson (engl. = Lehrstück): **1.** im 17./18. Jh. in England verbreitete Bezeichnung für ein kurzes Cembalostück, einen Suitensatz oder eine Folge solcher Stücke (z. B. Suite)
2. →*exercise*

lesto (ital.): *VB* flink, rasch, munter; leicht

Letkiss (engl. *let's kiss* = laßt uns küssen), **Letkajenkka** (finn. = Reihenpolka): aus Finnland stammender Gesellschaftstanz, der seit 1964 vorübergehend in Europa als geselliger Modetanz (Tanzspiel) Bedeutung erlangte; mäßig bewegter Tanz im $\frac{4}{4}$-Takt mit musikalischen Beziehungen zum Rheinländer

levate i sordini (ital.): *MA* Dämpfer wegnehmen

lezioso (ital.): *VB* geziert, affektiert

liaison (franz. = Bindung): **1.** Bindebogen **2.** →Ligatur

liber gradualis (lat.) →Graduale (2.)

libero, liberamente (ital.): *VB* frei, ungezwungen, nach Belieben; frei im Vortrag

libitum (lat. = was beliebt) →*ad libitum*

Libretto (ital. = kleines Buch): das seit dem 18. Jh. häufig in kleinem Format gedruckte Textbuch zu musikalischen Bühnenwerken (Oper, Operette, Singspiel, Ballett) und die diesem zugrunde liegende Textvorlage selbst; gelegentlich werden auch Texte zu Oratorien und Kantaten als L. bezeichnet

licenza (ital. = Erlaubnis, Freiheit, Beurlaubung):
1. die Freiheit im Hinblick auf den musikalischen Vortrag oder die von der strengen Regel abweichende Satztechnik eines Stückes (→*con alcuna licenza*)
2. vornehmlich in der Festoper des 17./18. Jh. eine als Huldigung an eine hochgestellte Persönlichkeit angefügte Komposition (→Epilog), die häufig aus Rezitativ und Arie besteht, aber auch mit einem Chor abschließen kann

Lichttonorgel, *Welte-Lichttonorgel*: 〈*elektronisches Musikinstr.*〉 elektromechanisches Tasteninstr. (→Elektronenorgel), dessen Schwingungserzeugung mittels rotierender Lochscheiben (= *phonetische Räder*) erfolgt, die einen auf eine Selen- oder Fotozelle gerichteten Lichtstrahl periodisch unterbrechen und in dieser tonfrequente Spannungsschwankungen hervorrufen (= elektrooptische Tonabnahme); zu Tonwiedergabe und Verwendung →Hammond-Orgel

Lichttonverfahren: früher im Tonfilm verwendetes Verfahren zur Aufzeichnung von in Lichtschwankungen umgewandelten Schallwellen auf einer lichtempfindlichen Filmschicht und deren Wiedergabe über ein Lichttongerät, das den Lichttonstreifen mit einer Fotozelle abtastet und die Lichtschwankungen in tonfrequente Spannungsschwankungen zur Verstärkung und Schallabstrahlung über Lautsprecher umwandelt

Liebesfuß, *d'amore-Fuß*: das den Klang beeinflussende birnenförmige, nur mit einer kleinen Öffnung versehene Schallstück bei Rohrblattinstr. wie →Oboe d'amore und →Englischhorn

Liebesgeige →Viola d'amore

Liebesoboe →Oboe d'amore

Lied (mhd. *liet* = Strophe): eine sich eng an die überwiegend strophische Gliederung einer zum Singen geeigneten, zumeist lyrischen Dichtung anlehnende Vertonung, die aufgrund ihres innigen Wort-Ton-Verhältnisses zu den wichtigsten musikalischen Ausdrucksträgern (→Intonation [4.]) zählt; die Geschlossenheit und Überschaubarkeit der im →Volkslied wurzelnden Form (→Liedform) ist gleichermaßen dem begleiteten →Sololied wie auch einer Reihe instrumentaler Gattungen eigentümlich. →Strophenlied; →durchkomponiert (1.)

Liederbuch: gedruckte Sammlung ein- und mehrstimmiger geistlicher (→Gesangbuch) oder weltlicher Lieder, denen seit dem 19. Jh. zunehmend Klavier- oder Gitarrebegleitungen beigegeben sind

Liederkranz →Liedertafel

Liederkreis →Liederzyklus

Liedermacher: heutige Bezeichnung für Musiker, die Lieder und Songs mit aktuellen, sozialkritischen Texten (→Protestsong, →Singebewegung) selbst verfassen, komponieren und in der Regel auch vortragen

Liederspiel: 1. von Goethe angeregter Typ des →Singspiels, der neben dem gesprochenen Dialog nur volkstümliche Liedformen enthält und in enger Beziehung zum franz. →Vaudeville und zur engl. →*ballad opera* steht

2. lyrisch-konzertanter, handlungsmäßig verknüpfter →Liederzyklus für mehrere Stimmen ohne gesprochenen Dialog

3. kleine szenische →Kantate, besonders für Kinder und Jugendliche

4. im Mittelalter das geistliche Spiel (→liturgisches Drama) mit gesprochenem Dialog und liturgischen, geistlichen oder auch weltlichen Liedern

Liedertafel: im 19. Jh. nach dem Vorbild von C. F. Zelters Berliner Liedertafel (1809) vereinsmäßig organisierte →Männerchorvereinigung, von deren Mitgliedern ursprünglich eigene dichterische und kompositorische Beiträge verlangt wurden; weniger exklusiv waren die in Süddeutschland und in der Schweiz nach dem Beispiel von H. G. Nägeli (Zürich 1810) im pädagogischen Sinne Pestalozzis als *Liederkranz* gegründeten volkstümlichen Männergesangvereine. Im Laufe des 19. Jh. schlossen sich diese Chorvereinigungen zu Sängerbünden zusammen

Liederzyklus: eine Folge von begleiteten Sololiedern für den Konzertvortrag (→Konzertlied), die der Komponist selbst als inhaltlich zusammengehörig (= *Liederkreis*) und/oder durch die Vertonung von Texten desselben Dichters bzw. die Zuordnung zu einer bestimmten Schaffensperiode untereinander verbunden zusammengestellt hat

Liedform: von Strophenlied und Volkstanz abgeleitete, in Vokal- und Instrumentalmusik wirksame kleinste selbständige musikalische →Form. Unter den *einfachen Liedformen* besteht die *einteilige* (einsätzige) L. aus einem abgeschlossenen →Satz bzw. einer →Periode mit nur einem musikalischen Hauptgedanken (→Thema), die *zweiteilige* (zweisätzige) L. aus der Verbindung zweier ähnlich (aa') oder gegensätzlich (ab) gestalteter Sätze oder Perioden, wobei die 2. Periode häufig in b einen Teil von a als Nachsatz aufnimmt (aba), ohne daß diese unvollständigen Perioden zur Dreiteiligkeit führen; dagegen besteht die vorherrschende *dreiteilige* (dreisätzige) L. aus drei vollständigen Sätzen oder Perioden in *Reprisen-* oder *Bogenform* (aba), *Reihungsform* (abc), *Barform* (aab) oder auch mit der Satzfolge abb (*Gegenbarform*). Während die *große* dreiteilige L. mit 8- und mehrtaktigen (großen) Sätzen bzw. Perioden häufiger in der Instrumentalmusik auftritt, ist die *kleine* dreiteilige L. (auch dreiteilige *Kernform*) mit meist 4taktigen (kleinen) Sätzen eher typisch für das Volks- und Kinderlied. Zwei- und dreiteilige L. können auch als *zusammengesetzte Liedformen* auftreten, in denen wiederum jeder (zwei- oder dreiteilige) Hauptteil aus einer einfachen L. besteht

Lied ohne Worte: von F. Mendelssohn Bartholdy eingeführte Bezeichnung für das einsätzige lyrische Klavierstück mit liedhafter Melodik; kurzes Instrumentalstück. →Charakterstück

lift (engl. = heben): *MA* beim Blasinstrumentenspiel ist der Ton zunächst tief anzusetzen und dann auf die angegebene Tonhöhe heraufzuziehen

ligato (ital.) →*legato*

Ligatur (lat. *ligatura* = Bindung): **1.** die durch den →Haltebogen geforderte →Bindung von Tönen gleicher Tonhöhe
2. in der Vokalmusik das Singen mehrerer Töne auf eine Textsilbe
3. im →Kontrapunkt sinngleich für →Synkope
4. in der →Choral- und →Mensuralnotation die durch (mehrere Noten zusammenfassende) Notationszeichen dargestellte

und besonderen Regeln folgende Verbindung melodisch zusammengehörender Töne

lightly (engl.): *VB* leicht, heiter

light music (engl.) →Unterhaltungsmusik

light opera (engl.): heitere Oper, →Operette

Limma (griech. = Rest): im →pythagoreischen System der Halbton des diatonischen Tongeschlechts (→Diatonik [3.]), errechnet aus der Differenz von 3 reinen Oktaven und 5 reinen Quinten als $(\frac{2}{1})^3 : (\frac{3}{2})^5 = \frac{256}{243}$; →pythagoreischer Halbton

limpido, con limpidezza (ital.): *VB* durchsichtig, klar; voller Klarheit

Lindy-Hop: vom →Jitterbug abgeleiteter amerik. Gesellschaftstanz der 40er Jahre

linea (ital.): Notenlinie, →Notenliniensystem

linear, linearer Satz: polyphone Stimmführung (→Polyphonie) mit selbständiger Stimmfortschreitung; z. B. linearer →Kontrapunkt

linearer Kontrapunkt →Kontrapunkt

lineare Verzerrungen: *EAk* Abweichungen vom geraden, d. h. gleichmäßigen Frequenzverlauf innerhalb des übertragenen Frequenzbandes, deren in →Dezibel (dB) angegebene Größe den Frequenzgang elektroakustischer Übertragungssysteme kennzeichnet und sich aus der Pegeländerung pro Einheit des Frequenzverhältnisses bestimmen läßt

Linguale, Lingualpfeifen (lat. *lingua* = Zunge), *Zungenpfeifen*: zu den →Rohrblattinstr. zählende Pfeifenart der Orgel, bei der der Ton durch das auf eine Kehle aufschlagende schwingende Metallblättchen (→aufschlagende Zungen), das den Spielwind periodisch unterbricht, erzeugt sowie durch die Luftsäule im Inneren des Pfeifenkörpers und die Länge des Schallbechers (→Aufsätze) verstärkt bzw. in seiner Klangfarbe beeinflußt wird; Zungenregister mit abgestimmten Schallbechern sind u. a. Trompete, Oboe, Schalmei, Dulzian und Krummhorn; kurzbechrige L. sind die →Regale. Im 19. Jh. waren auch L. mit →durchschlagenden Zungen verbreitet. Dagegen →Labiale

Liniensystem →Notenliniensystem

lion's roar (engl.) →Löwengebrüll

lip (engl. = Lippe): **1.** →Labium, Schneidkante
2. *MA* beim Blasinstrumentenspiel ist der angeblasene Ton fallen zu lassen und sofort wieder auf die ursprüngliche Tonhöhe zu bringen

Lippenpfeifen: Labialpfeifen, →Labiale

lira (ital. = Leier): **1.** →*lira da braccio* **2.** →*lira da gamba* **3.** →*lirone* **4.** →Lyra, →Leier

lira da braccio (ital. = Armleier): ⟨*Streichinstr.*⟩ aus der mittelalterlichen →Fidel entwickeltes Saiteninstr. des 15.–17. Jh. mit flachem, bereits der Violinform nahekommendem Korpus, relativ breitem Hals, Wirbelkasten mit vorderständigen Wirbeln sowie 5 Griffsaiten und 2 seitlich abgespreizten Baßsaiten (Außensaiten neben dem Hals); Stimmung: d d^1/g g^1 d^1 a^1 e^2 – größere Formen mit mehr als 7 Saiten →*lira da gamba*

lira da gamba (ital. = Knieleier), *lirone*, *lirone perfetto*: in Kniehaltung gespielte größere Form der →*lira da braccio*; als Tenor- bzw. Baßinstr. mit 9–15 Saiten (davon 2–4 Außensaiten neben dem Hals)

lira tedesca, lira organizzata, lira rustica (ital.) →Drehleier

lirico (ital.): *VB* lyrisch

Lirnik: ein sich auf der Drehleier selbst begleitender russ. Volkssänger; in der Ukraine ein fahrender, zumeist blinder Bauernmusikant

lirone, lirone perfetto (ital. = Großleier) →*lira da gamba*

liscio (ital. = glatt): *VB* einfach, rein; unverziert

l'istesso tempo (ital.): *MA* dasselbe Zeitmaß, auch bei Taktwechsel im gleichen Zeitmaß bleiben

Litanei (griech. *litaneia* = Bitte, Flehen): Fürbitte mit Heiligenanrufungen (*Kyrie eleison*), die in der Form der in rezitativischen Formeln ausgeführten mittelalterlichen Allerheiligen-L. Bestandteil der offiziellen röm.-kath. Liturgie und Vorbild neuerer L. ist

Lithophon (ital. *litofono*, franz. u. engl. *litophone*): ⟨*Schlaginstr.*⟩ →Schlagplattenspiel aus kleinen abgestimmten Steinplatten verschiedener Form, die an einem Gestell aufgehängt oder in chromatischer Tonfolge auf gummiüberzogene Metallzapfen gesteckt sind und mit hartem Schlegel bzw. Hammer angeschlagen werden; Tonumfang etwa a^3–c^5 – transp. eine Oktave (auch zwei Oktaven) tiefer notiert im Violinschlüssel; heller, glasklarer Klang

lithophone (franz., engl.) →Lithophon

litofono (ital.) →Litophon

little bells (engl.): Glöckchenspiel, →Carillon

Liturgie (griech. *leitourgia* = öffentlicher Dienst): die Ordnung des Gottesdienstes der christlichen Kirchen, in der die Gesamtheit der gottesdienstlichen Handlungen einschließlich des Anteils der Kirchenmusik offiziell festgelegt ist

liturgische Bücher: die offiziellen Sammlungen mit den gottesdienstlichen Texten, Melodien und Anweisungen für die rituellen Handlungen in der röm.-kath. Kirche; dazu zählen u. a. Antiphonale, Graduale, Kyriale, Pontificale

liturgisches Drama: Sammelbezeichnung für die mehr oder weniger liturgisch gebundenen geistlichen Spiele des Mittelalters, die aus den →Tropen hervorgingen und im Kirchenraum geistliche Themen in Handlung, Text und Musik darstellten; dazu zählen u. a. Oster-, Passions- und Weihnachtsspiele, sowie entsprechend gestaltete Heiligenlegenden und →Mysterien

Lituus: **1.** altrömisches →Signalhorn mit leicht gekrümmtem konischem Schallstück und Kesselmundstück (→Trompete)
2. im 16.–18. Jh. auch für →Krummhorn und →Zink

liuto (ital.) →Laute

live electronic (engl. *live* = direkt), **Live-Elektronik:** **1.** die unmittelbar im Konzertsaal realisierte elektronische Umformung instrumental, vokal und auch elektronisch erzeugter Klänge und Geräusche unter den relativ aufwendigen technischen Bedingungen außerhalb des elektronischen Studios (→elektronische Musik); sie gewinnt seit Einführung des sowohl selbst elektronische Strukturen hervorbringenden als auch elektroakustisch aufgenommene musikalische Klänge augenblicklich transformierenden und mit diesen zusammenfügenden →Synthesizers im Bereich der elektronischen Musik und der Pop-Musik zunehmend an Bedeutung
2. in der Unterhaltungsmusik auch allgemein für die mit →elektrischen bzw. elektrisch verstärkten Musikinstr. dargebotene Musik

lively (engl.): lebhaft, munter; vgl. *vivace*

live programme (engl.): Direktsendung, Originalübertragung in Rundfunk und Fernsehen

Liverpool-Sound, *Mersey-Sound*, *Mersey-Beat*: der Ende der 50er Jahre von den *Beatles* im Industriegebiet von *Merseyside* in der engl. Hafenstadt Liverpool als Ausdruck gesellschaftskritischen Protestes (→Protestsong) in Experimenten mit →Skiffle- und →Rock'n'Roll-Musik und deren Verschmelzung mit Elementen engl., schott. und irischer Folklore als *British Beat* (1962–1969) entwickelte und für →Beat (4.) und →Rock charakteristische Musizierstil; besonders gekennzeichnet durch den Klang (engl. *sound*) der elektroakustisch verstärkten Gitarrengruppe (→Elektrogitarre) mit Schlagzeug (*big beat*) und Gruppengesang

livret (franz.): Textbuch, →Libretto

Lobetanz (*loba* = Kuh) →Kuhreigen

Lochgedackt →Halbgedackte

locked hands style (engl.): im Jazz pianistisches Akkordspiel mit gleichbleibender Handstellung; →Blockakkorde

loco, *ad locum* (lat. = an seinem Platz), *al luogo* (ital.): *MA* (wieder) am richtigen Orte, d. h. Aufhebung der vorausgegangenen Oktavierung; beim Streichinstrumentenspiel nach Lagenwechsel wieder die gewöhnliche(n) Lage(n)

Löwengebrüll: sehr große →Reibtrommel mit Schnurreibung (= Schnurreibtrommel)

logarithmisches Intervallmaß →Cent, →Centrechnung

log drum (engl.), *Blocktrommel*: **1.** ⟨*Schlaginstr.*⟩ →Aufschlagidiophon aus einem länglich viereckigen Holzkasten (→Holztrommel), in dessen Deckel eine freischwingende Zunge eingeschnitten ist, deren Länge die Tonhöhe festlegt. Satzweise Verwendung annähernd im Tonbereich G–c abgestimmter Einzelinstr., angeschlagen mit Vibraphonschlegel; tiefer, voller Klang

2. →Schlitztrommel

lombardischer Rhythmus (engl. *Scotch snap*, *Scotch catch*): bereits aus dem 16. Jh. überlieferte, besonders in der Violinmusik des 17./18. Jh. verbreitete Verzierung gleichwertig notierter Tonfolgen, bei der die jeweils erste von zwei Noten vorschlagartig verkürzt und betont, die zweite durch Punktierung verlängert wird;

z. B. 

Der l. R. geht auf Rhythmen der schott. und auch ung. Volksmusik zurück

longa (lat. = die lange), *nota longa*: langer Noten- und Pausenwert der →Mensuralnotation, dessen Dauer drei (= *l. perfecta*) bzw. zwei (= *l. imperfecta*; *duplex l.*) Breven (→*brevis*) und damit etwa der heutigen →Ganzen entspricht; seit dem 15. Jh. notiert: 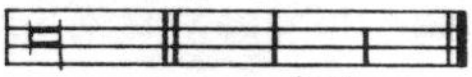

bzw.

long drum (engl.) →Rührtrommel, →Landsknechtstrommel

Longitudinalwellen (lat. *longitudo* = Länge), **Längswellen:** mechanische Wellen (z. B. Schallwellen), deren Masseteilchen in Flüssigkeiten und Gasen aufgrund der Volumenelastizität periodisch in Fortpflanzungsrichtung schwingen und als Kompressionswellen zu Druckänderungen (Verdichtungen und Verdünnungen) im übertragenden Medium (z. B. Luft) führen; L. treten in den Luftsäulen der Blasinstr. und Orgelpfeifen auf. In festen Körpern verbinden sich L. unter dem Einfluß der Formelastizität mit anderen Wellenformen (z. B. Transversalwellen)

long-playing record (engl.): Langspielplatte

long-playing tape (engl.): Langspielband; →Magnettonband

longway (engl.): als Frontreigen, Reihentanz oder auch Kettentanz eine der Grundformen der engl. →*country dance*

lontano (ital.): *MA* (wie von) fern; weit, entfernt

lo stesso tempo (ital.) →*l'istesso tempo*

Lotosflöte (ital. *flauto a culisse*, franz. *jazzo-flûte*, engl. *swanee whistle*): ⟨*Effektinstr.*⟩ Schnabelflöte aus zylindrischem Holzrohr (auch Kunststoff) von etwa 3 cm Durchmesser und 28 cm Länge, dessen Innenwand mit Blech ausgeschlagen ist und einen vom Ende der Flöte her an einer Drahtstange geführten Metallkolben aufnimmt, mit dem die Länge der schwingenden Luftsäule verändert wird (*Stempelflöte*); Tonumfang etwa g^1–c^4 – nichttransp. notiert im Violinschlüssel; stark vibrierender Flötenklang mit glissandoartiger Tonfolge

loud (engl. = laut) →*forte*

Loure (franz. = Luftsack): **1.** seit dem 13. Jh. bis ins 20. Jh. in Frankreich gebräuchlicher Dudelsack (→Sackpfeife)

2. von der Musizierweise des Instr. abgeleitetes mäßig schnelles Zeitmaß und zugleich

3. volkstümlicher franz. Tanz im mäßig schnellen $\frac{6}{4}$- oder $\frac{3}{4}$-Takt, der mit auftaktig-punktiertem Rhythmus als schwerfälligeres Gegenstück zur schnellen →Canarie gelten kann und im 17./18. Jh. als Hoftanz Eingang in Ballett, Oper und instrumentale Suite (hier vor der abschließenden Gigue eingereiht) fand

4. im 18./19. Jh. auch →Charakterstück, bevorzugt für Klavier

louré (franz.): *MA* geschleift, gebunden; dabei ist speziell von zwei gleichwertigen Noten die erste in Tondauer und -stärke (ohne direkte Punktierung) leicht hervorzuheben, die einer punktierten Note folgende dagegen anzubinden

low (engl.): leise; tief

luccicante, lucente (ital.): *VB* leuchtend, glänzend

lü (chin.): das aus 12 Quintschritten gewonnene chin. Tonsystem, das durch Saitenteilung auf dem →*k'in* darstellbar ist und mit den ersten 5 Quintschritten der halbtonlosen pentatonischen Gebrauchstonleiter (→Pentatonik) zugrunde liegt

Luftklinger (griech. *Aerophone*) →Blasinstrumente

lugubre (ital., franz.): *VB* düster, traurig, schauerlich; kläglich

lullaby (engl.): Wiegenlied, →Berceuse

l'ultima volta (ital.): *MA* das letzte Mal

lunga (ital. = die lange):

1. Kurzform für →*nota lunga* bzw. →*pausa lunga*

2. →*lungo*

lungo (ital.): *MA* lang, lange ausgehalten

luo (chin.) →Gong

luogo, al luogo (ital. = am Platze) →*loco*

Lure (dän. *luur*): altnord. Blasinstr. (Horn) aus Bronze mit bis zu 3 m langem, leicht konischem und s-förmig gewundenem Rohr, dessen Schallstück einen flachen, meist mit Sonnenornamenten geschmückten Zierteller trägt und das mit einem Trichtermundstück geblasen wurde; der Überlieferung nach offenbar paarweise in gleicher Größe mit (nach dem Vorbild der Mammutstoßzähne) entgegengesetzter Rohrwindung benutzt

lusingando (ital.): *VB* schmeichelnd, betörend

lusinghiero (ital.): *VB* schmeichelhaft

lute (engl.) →Laute

luth (franz.) →Laute

luttuoso, luttuosamente (ital.): *VB* traurig, schmerzvoll

lydisch: 1. nach der griech. Landschaft Lydien benannte authentische Oktavgattung des altgriech. Tonsystems mit der diatonisch absteigenden Tonleiter c^1-c

2. der 5. Kirchenton (Modus V) der mittelalterlichen →Kirchentonarten mit Finalis = f und →Reperkussionston = c^1 sowie der charakteristischen leitereigenen übermäßigen Quarte (f–h = lydische Quarte, →Tritonus);

Tonleiter 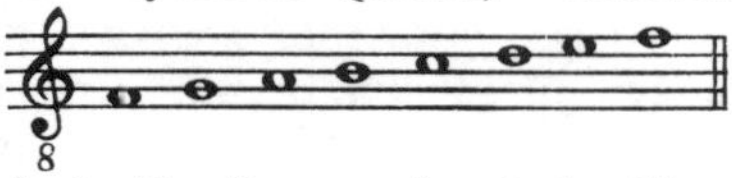

Lyra: 1. altgriech. Zupfinstr. mit schalenförmigem, ursprünglich aus einem Schildkrötenpanzer (daher mit dem *Barbitos* auch *Chelys* genannt) bestehendem und in zwei schmalen Jocharmen mit Querholz für die Saitenbefestigung auslaufendem Korpus (= *Schalenleier*), über den als Decke mit zwei und mehr Schallöchern eine Ochsen- oder Antilopenhaut gespannt war, sowie einem 5- bzw. 7saitigen Bezug; wie die ihr ähnliche →Kithara in Armhaltung mit Fingern oder Plektron gespielt. →Leiern

2. im Mittelalter Bezeichnung für eine →Fidel mit birnenförmigem Korpus

3. im 16.–18. Jh. auch für →Lira

4. schwed. für →Drehorgel (Leierkasten)

5. →Lyraglockenspiel der Militärkapellen

6. lyraförmiges Pedalgestell beim →Flügel

Lyraflügel: besaitetes →Tasteninstr. des 19. Jh. in aufrechtstehender, der Lyra (→Leiern) nachgebildeter Gehäuseform mit senkrecht zu den Tasten verlaufendem Saitenbezug und →Hammermechanik; in liegender Form neben dem →Giraffenklavier Vorläufer des Pianinos (→Klavier)

Lyragitarre: um 1800 in modischer Nachbildung der altgriech. →Kithara gebaute lyraförmige →Gitarre. Sie hatte zwei Schallöcher und sowohl die beiden Jocharme der →Leiern als auch Hals, Bünde und Bezug mit Querriegelbefestigung der Gitarre; ihr Klang war lauter, aber dumpfer als der der Gitarre

Lyraglockenspiel: ⟨*Schlaginstr.*⟩ vom Schellenbaum hergeleitetes →Metallstabspiel der Militärkapellen mit 13–25 kleinen abgestimmten Stahlplatten (Tonumfang c^3–c^4 oder c^3–c^5), die dem Gestänge eines lyraförmigen Rahmens aufgesteckt sind und mit einem leichten Metall- oder Holzkopfhämmerchen angeschlagen werden; Roßschweife und Aufsatz wie →Schellenbaum

lyrischer Bariton: seriöses Rollenfach der musikalischen Bühnenpraxis (Stimmumfang etwa B–as^1); hoher →Bariton mit weicher, geschmeidiger Stimme (z. B. Wagner, Tannhäuser: *Wolfram*)

lyrischer Blues: zum →melodischen Blues tendierender Melodietyp des klassischen Blues (→*city blues*) verhaltenen Charakters, der häufig nur von einem Instr. begleitet wird

lyrischer Mezzosopran, *Spielalt*: spezielles Rollenfach der musikalischen Bühnenpraxis (Stimmumfang etwa g–b^2); →Mezzosopran mit schlanker, biegsamer Stimme und ausgeprägter Spielbegabung (z. B. Nicolai, Lustige Weiber von Windsor: *Frau Reich*)

lyrischer Sopran: seriöses Rollenfach der musikalischen Bühnenpraxis (Stimmumfang etwa c^1–c^3); hoher →Sopran mit weicher, geschmeidiger Stimme (z. B. Tschaikowski, Eugen Onegin: *Tatjana*)

lyrischer Tenor: seriöses Rollenfach der musikalischen Bühnenpraxis (Stimmumfang etwa c–d^2); hoher →Tenor mit weicher, geschmeidiger Stimme (z. B. Mozart, Zauberflöte: *Tamino*)

lyrisches Stück →Charakterstück

M

macabre (franz.), **macabro** (ital.): *VB* schauerlich; z. B. *danse macabre* (= Totentanz)

macchina (ital.) →Maschine

machine drum (engl.) →Maschinenpauke

Madison: aus den USA (Madison/Wisconsin) stammender Gesellschaftstanz, der seit 1962 vorübergehend in Europa als geselliger Modetanz (Reihentanz) Verbreitung fand; mäßig bewegter Tanz im $\frac{4}{4}$-Takt mit musikalisch-rhythmischen Beziehungen zum (langsamen) →Boogie-Woogie und →Twist

Madrigal (ital. *madrigale, madriale*): **1.** das vier- und mehrstimmige durchkomponierte, überwiegend solistisch ausgeführte lyrische weltliche Lied, das im 16. Jh. in Italien in Anlehnung an die gleichnamige dichterische Form entstand, deren *rime libere* (ital. = freie Reime) keine feststehende Vers- und Zeilenzahl aufweisen; neben engen Bindungen zur weniger anspruchsvollen →Frottola sind Wiederholung des musikalischen Schlußteils und gesteigerte Wortausdeutung (→Madrigalismen) Kennzeichen des M., das auch im zeitgenössischen Musikschaffen gepflegt wird

2. das überwiegend zweistimmige ital. M. des 14. Jh., das gleichfalls auf eine dichterische Form der Zeit (ital. *mandriale* = Schäfergedicht) zurückging, ohne mit dem M. des 16. Jh. in Beziehung zu stehen; zwei oder drei dreistrophige, musikalisch übereinstimmende *terzetti* mit einem abschließenden ein- oder zweistrophigen, musikalisch eigenständigen *ritornello* waren charakteristisch für das ältere M.

Madrigalchor, Madrigalisten, Madrigalvereinigung: überwiegend solistisch besetzter →Kammerchor, der besonders das ältere mehrstimmige Chorlied pflegt

madrigalesco (ital.), **madrigalesque** (franz.): *VB* madrigalisch; im Madrigalstil

Madrigalismen: für die Blütezeit des →Madrigals (16./17. Jh.) charakteristische tonmalerische Effekte, die besonders durch verstärkte Einbeziehung der →Chromatik zu differenzierterer Wortausdeutung und Ausdruckssteigerung führten

Madrigalkomödie: Vorform der Oper, die im 16./17. Jh. die derbkomischen Szenen der volkstümlichen ital. Stegreifkomödie (*commedia dell'arte*) musikalisch als Zyklus von →Madrigalen oder madrigalischen Sätzen gestaltet

Männerchor: **1.** Gemeinschaft singender Männer, in der jede Stimmlage mehrfach besetzt ist; →Liedertafel

2. Kurzbezeichnung für das von Männerstimmen auszuführende Chorwerk

maest(u)oso (ital.), **Maestoso**: **1.** *VB* erhaben, majestätisch; oft mit *TB*, z. B. *allegro maestoso*

2. Komposition oder Satz entsprechenden Charakters

maestro (ital.): der Meister (besonders in der Kunst); in Italien inoffizieller Titel für Lehrer an Konservatorien, Dirigenten, Solisten und Komponisten

maestro al cembalo (ital.): im 17./18. Jh. der vom Cembalo aus die Einsätze gebende und den →Generalbaß spielende Musiker, der häufig zusammen mit dem →Konzertmeister eine Aufführung leitete (= Doppeldirektion)

maestro di cappella (ital.): Kapellmeister

maestro sostituto (ital.) →Korrepetitor

Magadis: harfenähnliches altgriech. Zupfinstr. mit einem Bezug von 10 doppelchörigen Saiten, die mit den Fingern angerissen wurden; häufig zusammen mit Trigonon und Sambyke erwähnt

Magazinbalg: im Gebläse von Orgel und Harmonium der →Balg, der den von den Schöpfbälgen oder dem elektrisch betriebenen Schleudergebläse stoßweise zugeführten Wind speichert und als gleichmäßigen Spielwind in die zu den →Windladen führenden Windkanäle strömen läßt

maggiolata (ital.): Mailied, Frühlingsgesang

maggiore (ital.), *majeur* (franz.), *major* (engl.): **1.** größer; mit der größeren (= Dur-)Terz

2. Dur, Durakkord, Durtonart

3. Bezeichnung für einen Dur-Teil (z. B. das →Trio) innerhalb einer in Moll stehenden Komposition

magnetic tape recorder (engl.): Magnetton(band)gerät

Magnetbandgerät, Magnettongerät, Magnetophon, *Tonbandgerät*: *EAk* Gerät zur magnetischen Aufzeichnung und Wiedergabe von Schallereignissen auf →Magnet(ton)band; →Magnettonverfahren

Magnetbandkassette, *Musikkassette* →Kassettenrecorder

Magnet(tonabnehmer)system: *EAk* →Abtastsystem mit elektromagnetischem Schallwandler, bei dem die auf einen im Dauermagneten beweglich angeordneten Weicheisenanker übertragenen Nadelauslenkungen den Magnetfluß steuern und in den auf den Magneten feststehend angebrachten Spulen niederfrequente elektrische Spannungen induzieren, die durch einen (häufig im Plattenspieler eingebauten) Vorverstärker verstärkt und entzerrt werden.

Magnet(ton)band, *Tonband*, *Audioband*: beim →Magnettonverfahren als Tonträger dienendes Kunststoffband (Acetylcellulose, Polyvinylchlorid, Polyester) von 6,25 mm Breite und 5–33 µm Dicke, auf das eine magnetisierbare Schicht aus γ-Eisen(III)-oxid von 4–17 µm Dicke aufgebracht ist. Die gebräuchlichsten Bandlängen betragen 180–540 m, erreichen jedoch für Sechsfachspielbänder und für Studiobänder auch Längen von 1080 bzw. 1000 m, d. h. bei einer Bandgeschwindigkeit von 19,05 cm/s eine Spieldauer von etwa $1^1/_2$ Stunden

Magnettonverfahren: Verfahren zur magnetischen Schallaufzeichnung und -wiedergabe mittels eines Magnettongerätes; als Träger der magnetisierbaren Schicht (meist Eisenoxidpulver) hat sich die Bandform (→Magnettonband) gegenüber der Draht-, Platten- oder Zylinderform durchgesetzt. Bei der Magnettonaufzeichnung (Bandaufnahme) wird die Spule des *Aufsprechkopfes* von im Aufsprechverstärker verstärkten tonfrequenten Strömen (Aufsprechstrom) durchflossen und in seinem Ringmagnet ein proportionales Magnetfeld erzeugt, dessen Feldlinien die magnetisierbare Schicht des am Luftspalt des Aufsprechkopfes vorbeilaufenden Bandes durchströmen und zu einer bleibenden Magnetisierung (Speicherung) führen. Zur Magnettonabtastung (Bandabspiel) wird das magnetisierte Band am Luftspalt des *Hörkopfes* (Wiedergabekopf) vorbeigeführt und erzeugt in dessen Ringmagnet einen der Magnettonaufzeichnung entsprechenden magnetischen Fluß, dessen Änderung in der Spule des Hörkopfes die adäquate tonfrequente Spannung induziert. Diese wird über den Wiedergabeverstärker dem Lautsprecher zur Schallabstrahlung zugeführt. Vor dem Aufsprechkopf ist in der Regel ein *Löschkopf* angeordnet; der ihm zugeführte hochfrequente Wechselstrom kann vor der neuen Magnettonaufzeichnung die tonfrequente Magnetisierung aufheben, wenn er nicht durch Betätigen einer evtl. vorhandenen Tricktaste ausgeschaltet ist. Der HF-Strom dient gleichzeitig der Vormagnetisierung des Bandes am Aufsprechkopf. In Abhängigkeit von der Spaltbreite der Tonköpfe und der verwendeten Bandqualität werden bei der Tonbandaufnahme Vollspur-, Doppelspur- und Vierspurtechnik (→Stereophonie) unterschieden. Damit läßt sich besonders für Heimgeräte durch doppelte bzw. vierfache Ausnutzung der Bandlänge eine höhere Spieldauer erzielen. Während die Bandgeschwindigkeiten 76,2 und 38,1 cm/s für Studiogeräte Anwendung finden, werden die von 19,05 sowie 9,53 und 4,76 cm/s bevorzugt für Heimgeräte genutzt; letztere besonders für →Kassettenrecorder. Geringere Bandgeschwindigkeiten sind ausschließlich für die Aufzeichnung und Wiedergabe von Sprache, speziell bei Diktiergeräten, geeignet.

Neue technische Entwicklungen ermöglichen auf speziellen *Videobändern* auch die Speicherung von Bild- bzw. Bild-Ton-Informationen. →Audiovision, →Videorecorder

Magnificat (lat. = erhebt), **Magnifikat:** Lobgesang der Jungfrau Maria, benannt nach dem Anfangswort des lat. Textes *Magnificat anima mea Dominum* (= Meine Seele erhebet den Herrn); einstimmig psalmodierend und (seit dem 15. Jh.) in mehrstimmiger Vertonung gesungener Höhepunkt und Abschluß der →Vesper im →Offizium der röm.-kath. Liturgie und, oft mit Übernahme des lat. Textes, in der prot. Kirchenmusik. Das M. ist häufig auch Grundlage von →Choralbearbeitungen für Orgel, deren als →Versett bezeichnete Abschnitte im Wechsel (→alternatim) mit den im Choralgesang ausgeführten ungeradzahligen Versen vorgetragen werden

magnifico (ital.): *VB* prachtvoll, großartig

Mailänder Choral →Ambrosianischer Gesang

mailloche (franz.) →Schlegel

main droite (franz.): *MA* rechte Hand

main gauche (franz.): *MA* linke Hand

Mainstream Jazz (engl.): Hauptströmung des modernen Jazz auf der Entwicklungslinie Swing – Bebop – Hard Bop

maîtrise (franz. = Singschule): **1.** heutige Bezeichnung für Kirchenchor; →Kantorei

2. vom 15.–18. Jh. umfassendere Bezeichnung für die an franz. und belg. Kathedralen und größeren Kirchen wirkenden Sänger und Instrumentalisten (→Kapelle [2., 3.]), speziell für die Chorschule der Sängerknaben (→Kantorei)

majeur (franz.), **major** (engl.) →*maggiore*

Malagueña (span.): aus Südspanien (Malaga) stammendes stilistisch nicht gebundenes, rhythmisch freies Lied oder auch über ostinatoartigem harmonischem Gerüst improvisiertes Tanzlied im mäßig schnellen $\frac{3}{2}$- oder $\frac{3}{4}$-Takt; landschaftliche Variante des →Fandango

malignamente (ital.): *VB* schalkhaft

malinconico, melanconico, con malinconia (ital.): *VB* melancholisch, schwermütig; voller Melancholie

malizioso (ital.): *VB* boshaft, bissig; verschmitzt; maliziös

mallet (engl.): Schlegel (speziell für Tamtam und Vibraphon); Hammer (speziell für Röhrenglocken)

Mambo (span.): lateinamerik. Tanz afrokuban. Herkunft im mäßig bewegten $\frac{4}{4}$- oder $\frac{2}{4}$-Takt; um 1940 (vermutlich von O. López) auf Kuba aus →Danzón und →Rumba entwickelt, fand er in den 50er Jahren in Europa als Modetanz Verbreitung und wurde später vom →Cha-Cha-Cha abgelöst

manca, a manca (ital.): *MA* linke Hand; links

mancando, mancante (ital. = mangelnd, fehlend): *VB* abnehmend, nachlassend an Tonstärke und Bewegung; vgl. *morendo*

Mandola: 1. ⟨*Zupfinstr.*⟩ seit dem 18. Jh. →Mandoline in Tenorlage mit doppelchörigem Bezug; Stimmung: G d a e^1 – nichttransp. notiert im oktavierten Violinschlüssel

2. →Mandora

Mandoline: ⟨*Zupfinstr.*⟩ seit dem 17. Jh. von Italien aus in Europa verbreitetes Lauteninstr. mit kleinem stark bauchigem, birnenförmigem und aus Holzspänen zusammengesetztem

Korpus ohne Zargen, flacher, zum Hals hin abgeschrägter Decke mit Schalloch und Spielplatte, sowie einem kurzen Hals, dessen auf die Decke übergehendes Griffbrett mit Bünden versehen ist und in einem leicht nach hinten abgewinkelten Wirbelbrett mit hinterständiger Schraubenmechanik ausläuft; die heutige *Neapolitanische M.* (Rund-M.) hat einen doppelchörigen Bezug von 8 (Stahl-)Saiten, die mit dem →Plektron (ital. *penna*) in raschem Tempo angerissen werden. Die *Portugiesische M.* (Halbrund-M.), deren Boden und Decke leicht gewölbt sind, hat ebenso wie die *Deutsche M.* (Flach-M.) Zargen. Stimmung: g d^1 a^1 e^2 – nichttransp. notiert im Violinschlüssel. Während landschaftlich gebundene Abwandlungen der Neapolitanischen M. (u. a. Genuesische-, Paduanische-, Sizilianische M.) ebenso ihre Bedeutung verloren wie die aus der →Mandora entwickelte *Mailändische M.*, die kleine Pikkolo-M., das Mandoloncello (Tenorinstr.) und die Arcimandola (Baßinstr.), haben die →Mandola als Tenor- und gelegentlich der →Mandolone als Baß-M. noch heute ihren Platz im Zupfinstrumentenorchester

Mandolone: ⟨*Zupfinstr.*⟩ →Mandoline in Baßlage mit doppelchörigem Bezug; Stimmung F (G) A d g h e^1 a^1 – nichttransp. notiert im Baßschlüssel

Mandora: ⟨*Zupfinstr.*⟩ im 13.–18. Jh. in Europa verbreitetes kleines Lauteninstr. in Diskantlage mit relativ flachem (seit dem 16. Jh. lautenähnlichem), birnenförmigem und unmittelbar in den kurzen Hals übergehendem Korpus, flacher Decke mit Schalloch und Querriegelbefestigung für die 4–8 zumeist doppelchörigen (Darm-)Saiten und einem leicht nach hinten abgewinkelten und geschweiften Wirbelkasten mit seitenständigen Wirbeln; →Bandura, →Quinterne

mandriale, madriale (ital.) →Madrigal (2.)

Manieren (ital. *maniere*): im 18./19. Jh. für →Verzierungen in der Instrumentalmusik

mano destra (ital.): *MA* rechte Hand

mano diritta (ital.): *MA* rechte Hand; vgl. *mano destra*

ma non tanto (ital.): aber nicht so sehr (mit *TB* und *MA*)

ma non troppo (ital.): aber nicht zu sehr (mit *TB* und *MA*)

mano sinistra (ital.): *MA* linke Hand

manritta, a manritta (ital.): *MA* rechte Hand; rechts

mansueto (ital.): *VB* sanft

mantenere (ital.): aushalten, halten, aufrecht(er)halten (mit *VB*)

Manual (lat. *manualis* = mit der Hand gegriffen): die mit den Händen zu spielende Tastatur (→Klaviatur) im Gegensatz zum →Pedal; Orgel, Cembalo, Kielflügel und elektronische Tasteninstr. können mehrere M. haben

manualiter: *MA* auf dem →Manual; z. B. bei Orgelkompositionen ohne Verwendung des Pedals

Manualkoppel: →Koppel bei mehrmanualigen Tasteninstr., besonders der Orgel, die das Mitspielen der gezogenen Register eines Manuals von einem anderen Manual aus ermöglicht

manu propria (lat.): mit eigener Hand, eigenhändig; zumeist mit dem Namenszug des Komponisten verbundene Kennzeichnung einer Handschrift als Autograph

maqāmāt (arab., Ez.: *maqām*): Melodiemodelle in der arab.-pers. und türk. Musik, die durch ihren Grundton, die ihnen zugrunde liegende Materialleiter, feststehende melodische und rhythmische Wendungen sowie einen charakteristischen Ausdruckswert bestimmt sind

Maracas, *Rumbakugeln*: ⟨*Schlaginstr.*⟩ lateinamerik. Rhythmusinstrumente (→Gefäßrasseln) indian. Ursprungs, bestehend aus zwei an kurzen Stielen befestigten ausgehöhlten Flaschenkürbissen (Kalebassen; auch Holz- oder Kunststoffkugeln) unterschiedlicher Größe (5–15 cm), gefüllt mit einer kleinen Menge von Fruchtkörnern, Steinchen, Schrot o. ä., die durch rhythmisch ausgeführte Schlagerschütterung bzw. Schüttelbewegung (→Schüttelidiophone) das charakteristische kurze, hell-zischende Rasselgeräusch hervorbringen

marcando (ital.): *VB* markierend, hervorhebend

marcatissimo (ital.): *MA* äußerst markiert, äußerst nachdrücklich hervorgehoben; Zeichen: ∧

marcato (ital.): *MA* markiert, nachdrücklich hervorgehoben; Zeichen: >

march (engl.), **marche** (franz.) →Marsch

marche funèbre (franz.): Trauermarsch

marche nuptiale (franz.): Hochzeitsmarsch

marche triomphale (franz.): Triumphmarsch

marching bands (engl. = Marschkapellen): Blechblaskapellen der nordamerik. Neger, die in der Mitte des 19. Jh. bei der Übernahme europ. Marschmusik das vokale →*call and response*-Prinzip der afroamerik. Negerfolklore in ihr instrumentales Musizieren einbezogen und mit dem *marching band jazz* für die Herausbildung des →archaischen Jazz in New Orleans wirksam wurden; →*street bands*

marcia (ital.) →Marsch

marcia funebre (ital.): Trauermarsch

marciale (ital.): *VB* marschartig, marschmäßig

marcia nuziale (ital.): Hochzeitsmarsch

marcia trionfale (ital.): Triumphmarsch

Marianische Antiphonen, Marien-Antiphonen: die vier von den zugehörigen Psalmen losgelösten und im Ablauf des Kirchenjahres wechselweise am Schluß der →Komplet gesungenen →Antiphonen im →Offizium der röm.-kath. Liturgie

Marientrompete →Trumscheit

marimba (franz., engl.), **Marimba: 1.** →Marimbaphon (Schlagidiophon)

2. →Sansa (Zupfidiophon)

Marimbaphon, Marimba (ital. *marimbafono*; franz., engl. *marimbaphone*): **1.** ⟨*Schlaginstr.*⟩ →Holzstabspiel aus kleinen abgestimmten Hartholzstäben von etwa 20 × 60 mm Stärke und 25–47 cm Länge, die in chromatischer Tonfolge zweireihig-klaviaturmäßig über Resonanzröhren unterschiedlicher Länge aus Metall auf einem tischförmigen fahrbaren Gestell angeordnet sind und mit Gummikopfschlegeln oder weich umwickelten Holzschlegeln angeschlagen werden; Tonumfang c–c^4 (c^5) – nichttransp. notiert im Violin- und Baßschlüssel; voller weicher, dunkler Klang. Sonderformen: Baßxylophon, Xylo(ma)rimba

2. ursprünglich afrik. Volksinstr. mit Resonatoren aus Flaschenkürbissen (Kalebassen)

Marimbula (span.): kuban. Volksinstr. (Zupfidiophon) afrik. Herkunft (→Sansa)

marine trumpet (engl.): Marientrompete, →Trumscheit

markieren: 1. *MA* betonen, hervorheben

2. eine Gesangspartie mit wenig Tongebung bei genauer Beachtung der Tonhöhe und sorgfältiger Artikulation nur andeuten; u. a. um die Stimme bei ermüdender Probenarbeit zu schonen

Marktlied, *Zeitungslied* →Avisengang

Marsch (ital. *marcia*, engl. *march*, franz. *marche*): vorherrschend geradtaktige, rhythmisch scharf akzentuierte Instrumentalkomposition, die mit ihrem gleichmäßigen Bewegungsablauf zur Unterstützung des Gleichschritts einer im unterschiedlichen Zeitmaß (Armee-, Parade-, Reiter-, Geschwind-, Sturm-M.) gemeinsam voranschreitenden Menschengruppe dient und mit ihrem gemeinschafts- und kampfgeistfördernden Charakter (auch als Marschlied) Hauptform der Militärmusik ist. In stilisierter Form fand der M. seit dem 17. Jh. zunehmend in die Kunstmusik (→Aufzug, →Intrade) und die Tanzmusik Eingang; als Ballett-M. auch im ungeraden Takt

Marschtrommel: 1. allgemeine Bezeichnung für die Trommel zu Marschzwecken

2. die →Kleine Trommel (normale Zargenhöhe etwa 16 bis 18 cm) der Spielmannszüge

3. →Militärtrommel, →Paradetrommel, →Basler Trommel

marteau (franz.) →Hammer

martelé (franz. = gehämmert): *MA* besonders kräftig auszuführendes →*staccato*

martèlement, martellement (franz. = hammerartig):
1. *MA* beim Harfenspiel mehrfach wiederholtes schnelles und scharfes Anreißen desselben Tones
2. Verzierung in der Klaviermusik des 17./18. Jh., gleichbedeutend mit →Mordent

martellato (ital. = gehämmert): *MA* besonders kräftig auszuführendes →*staccato*

martello (ital.) →Hammer

martial (franz., engl.), **marziale** (ital.): *VB* kämpferisch, kriegerisch, wild; martialisch

mascarade (franz.), **mascherata** (ital.): Maskenspiel, →*masque*

mascella d'asino (ital.) →Quijada

Maschine: 1. der Kraftumformung dienende mechanische Vorrichtung; so bei →Fußmaschine, →Maschinenpauke
2. die die →Ventile enthaltende Baueinheit bei Blechblasinstr. mit Ventil(en)

Maschinenpauken: Sammelbezeichnung für →Pauken mit einer gleichzeitig für alle Spannschrauben wirksamen zentralen Umstimmechanik anstelle der Umstimmung von Hand (→Schraubenpauke); dazu zählen u. a. Kurbel- oder Hebelpauke, Drehkesselpauke, Pedalpauke

mask (engl.): Maskenspiel, →*masque*

Maskenspiel →*masque*

masque (engl. = Maskenspiel): im 16./17. Jh. in England gepflegte höfische Bühnengattung, in der mit Dichtung, Pantomime, Tanz- und Musikeinlagen in prunkvollen Dekorationen allegorische und mythologische Szenen gestaltet wurden; in der 2. Hälfte des 17. Jh. von der Oper abgelöst

mass (engl.) →Messe

Massenchor: bei besonderen festlichen und gesellschaftspolitischen Anlässen mitwirkender, eigens aus Mitgliedern von Berufs- und Laienchören zusammengestellter riesiger →Chor

Massenlied: das einstimmige oder auch einfach gesetzte mehrstimmige Chorlied und breitenwirksame Sololied, das in seiner aktivierenden musikalischen Anlage und seiner schlagkräftigen politischen Aussage (z. B. als Kampflied der Arbeiterklasse) weite Volksschichten anspricht; es wird von Chören und Solisten ebenso bei Demonstrationen und gesellschaftspolitischen Veranstaltungen (häufig unter Einbeziehung der Teilnehmer) wie auch in konzertantem Vortrag (Konzertlied) gesungen

massima (ital. = die größte) →Maxima

Matador: →Elektronenorgel, vergleichbar der →Ionika

Matassin, Matachin (franz.; ital. *mattaccino* = verrückt): im 16./17. Jh. in Frankreich, Italien und England als Balletteinlage von maskierten Männern in grotesken Sprüngen getanzter Kriegstanz (→Schwertertanz); auch als Totentanz, in dem der Darsteller des Verstorbenen als Hauptfigur tänzerisch agiert

Matelot (niederl., franz. *matelot* = Matrose), **Matelotte** (engl.): holl. Matrosentanz im schnellen $\frac{2}{4}$- oder ¢-Takt; in England gleichbedeutend mit →Hornpipe

Materialtonleiter: die stufenweise, nach der Tonhöhe geordnete Folge des gesamten Tonvorrats innerhalb eines →Tonsystems

Matinee (franz. *matinée* = Morgen, Vormittag): Vormittagsveranstaltung, Morgenfeierstunde, Frühkonzert; allgemein auch für Veranstaltung

mattinata (ital. = Morgen), **Mattinata: 1.** Morgenständchen **2.** →Matinee

Matutin (lat. *hora matutina* = Morgenstunde), *Mette*, *Nachtoffizium*: die auf die frühen Morgenstunden (= Frühmette) gelegte nächtliche Gebetszeit im täglichen Stundengebet (→Offizium) der röm.-kath. Liturgie; ursprünglich *Vigiliae* bzw. *Nokturn* genannt. Die als Folge von Psalmen und Antiphonen sowie Lesungen mit nachfolgenden →Responsorien gestaltete M. wird mit wenigen Ausnahmen durch ein →Te Deum abgeschlossen

Maultrommel, *Mundharfe*, *Brummeisen*: kleiner hufeisenförmiger Stahlbügel (Durchmesser etwa 5–8 cm) mit schnabelartig parallel auslaufenden Schenkeln, zwischen denen eine am Scheitel des Bügels befestigte dünne Stahlzunge, die nach oben gebogen in einem kleinen Haken endet, frei schwingt; als →Resonator dient die Mundhöhle des Spielers, aus der nur die Stahlzunge mit dem Häkchen zum Anzupfen (→Zupfidiophone) herausragt. Durch Veränderung der Mundstellung lassen sich verschiedene Obertöne zu einfachen Melodien im Bereich der kleinen oder eingestrichenen Oktave aneinanderfügen

maxima (lat. = die größte), *nota maxima*; *duplex longa*: der längste Noten- und Pausenwert der →Mensuralnotation, dessen Dauer zwei Longae (→*longa*) entspricht; seit dem 15. Jh. notiert 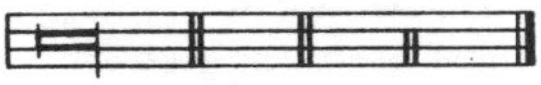

bzw.

Mazur, Mazurek (poln. = „Masurer"): poln. Volkstanz (auch Tanzlied) aus Masowien im schnellen $\frac{3}{4}$- oder $\frac{3}{8}$-Takt mit punktiertem Rhythmus auf dem 1. Taktteil und unregelmäßiger

Akzentuierung, der um 1600 poln. Nationaltanz wurde und als Drehtanz mit dem langsameren →Kujawiak verwandt ist; →Mazurka

Mazurka: zusammenfassende Bezeichnung für die stilisierte Form der poln. Volkstanztypen →Kujawiak, →Mazur, →Obertas, →Oberek und deren Verschmelzung (u. a. bei F. Chopin)

mazza (ital. = Keule): schwerer Hartkopfschlegel, z. B. für die Große Trommel; vgl. *bacchetta di gran cassa*

mazzuolo (ital.) →Schlegel

mean (engl. = Mitte): Mittelstimme; vgl. *contralto*

measure (engl. = Maß): **1.** Takt, Zeitmaß **2.** →Mensur **3.** festlicher engl. Schreittanz bei den höfischen →Maskenspielen (→*masque*) des 16./17. Jh.

Mechanik (ital. *meccanica*, franz. *mécanique*, engl. *action*): mechanische Vorrichtung zur Tonerzeugung bei Musikinstr., speziell bei besaiteten Tasteninstr. wie Klavichord (→Tangenten-M.), Cembalo (→Kiel-M.) und Klavier (→Hammer-M.); zur Spielmechanik der Orgel →Traktur

mechanische Musik: von →mechanischen Musikinstr. mittels technisch hergestellter Schablonen (Stiftwalzen, Lochscheiben und -streifen) ohne Interpreten wiederzugebende Musikstücke

mechanische Musikinstrumente, mechanische Musikwerke, *Musikautomaten*: in der Systematik der Musikinstr. (Hornbostel/Sachs) nicht erfaßte Gruppe mechanischer und automatischer Wiedergabeapparaturen für auf vorgefertigten Schablonen (Stiftwalzen, Lochscheiben und -streifen) mechanisch festgelegte Musikstücke (→mechanische Musik). Dazu zählen u. a. Spieldosen, Spieluhren, Flötenuhren, Glockenspiele (mit Antrieb durch Federkraft oder Gewichte); Drehorgel, Leierkasten (mit Kurbelantrieb); Orchestrions, Turmglockenspiele (mit elektrischem Antrieb) und auch Reproduktionsklaviere (Welte-Mignon-Reproduktionsflügel; →Melograph)

medesimo moto, medesimo tempo (ital.): *MA* dasselbe Zeitmaß, im gleichen Zeitmaß; vgl. *l'istesso tempo*

Medianten (lat. *medianus* = in der Mitte befindlich), *Terzverwandte*:
1. →Nebendreiklänge, deren Grundtöne im Terzabstand zu den →Hauptdreiklängen stehen, von denen aus sie sich nach oben (= Ober-M.) und unten (= Unter-M.) aufbauen lassen; M. mit Kleinterzverwandtschaft (d. h. die Grundtöne stehen im Abstand einer kleinen Terz) sind →Parallelklänge, mit Großterzverwandtschaft →Gegenklänge

2. im 18. Jh. ursprünglich die in der Mitte zwischen Prime und Quinte liegende 3. Stufe (Terz) einer Tonleiter

Mediator (franz. *médiateur* = Vermittler) →Plektron

medium (engl. = mittel): *TB* mittleres Zeitmaß, etwa →*allegro moderato*

medley (engl. = Gemisch) →Potpourri, →Quodlibet

Megaphon (griech. = große Stimme): Schalltrichter, Sprachrohr

mehrchörig: 1. Saiteninstr. mit einem Bezug von mehr als je einer Saite gleicher Stimmung

2. aus mehreren Pfeifenreihen (Pfeifenchören) zusammengesetzte Orgelregister (→gemischte Stimmen [2.]), bei denen zu jeder Taste zwei und mehr Pfeifen (meist 2- bis 8chörig bzw. 2- bis 8fach) gleichzeitig erklingen

3. →Mehrchörigkeit (1.)

Mehrchörigkeit: 1. Kompositionsweise und dieser entsprechende Aufführungspraxis besonders der Vokalmusik des 16./17. Jh., die mehrere vokale, vokal-instrumentale oder auch rein instrumentale Klanggruppen unter gleichzeitiger Nutzung ihrer weiträumig getrennten Aufstellung (→*coro spezzato*) wechselnd, ineinandergreifend und sich vereinend in die musikalisch-dramatische Gestaltung einbezieht; →Doppelchor

2. →mehrchörig

Mehrstimmigkeit: Kompositionsweise der Vokal- und Instrumentalmusik, bei der durch die gesamte Komposition hindurch mehrere selbständige Stimmen gleichzeitig auf verschiedenen Tonstufen erklingen; die Stimmführung folgt dabei den Regeln der →Polyphonie oder der →Homophonie und im weiteren Sinne auch der →Heterophonie

Meistergesang, Meistersang: die aus dem →Minnesang hervorgegangene Liedkunst der in Zünften organisierten und besonders in Süddeutschland verbreiteten bürgerlichen Meistersingerschulen des 15./16. Jh. mit ihren Schülern, Schulfreunden, Singern, Dichtern und Meistern. Texte (*Weisen*) und Melodien (*Töne*) des M. sind strengen Regeln (→Tabulatur [2.]) unterworfen, deren Beachtung bei Abhaltung einer „Singschule" durch vier „Merker" beurteilt wurde. →Bar

Meistersingerstrophe, Meistersangstrophe: die altüberlieferte, im Meistergesang gepflegte dreiteilige Strophe (→Bar) mit zwei gleichgereimten →Stollen (*Gesätz* und *Gebäude*) als →Aufgesang und einem abweichend gereimten →Abgesang (*Steig*), die zur Herausbildung der →Barform führte

Mel (griech. *melos* = Lied), **mel:** Maßeinheit für die subjektive Empfindung melodisch bezogener Tonhöhenunterschiede; oberhalb 500 Hertz (= 500 mel) werden melodische Tonhöhenunterschiede kleiner empfunden, so daß z. B. die Frequenz für den viermal so hoch empfundenen Ton von 2000 mel weit über 2000 Hertz liegt

melanconico (ital.) →*malinconico*

melisch: liedhaft

Melisma (griech.): **1.** auf nur eine Textsilbe in kleinen Notenwerten gesungene Melodie oder melodische Tonfolge (→Vokalise); →Melismatik
2. melodische (Gesangs-)Verzierung, →Koloratur

Melismatik: **1.** Kompositionsweise der Vokalmusik, bei der jeder Textsilbe mehrere Töne zugeordnet sind; dagegen →Syllabik
2. melodische Verzierungskunst

Mellotron: durch zusätzliche elektronische Bausteine (Moduln) besonders im Hinblick auf mobile Einsetzbarkeit weiterentwickelter →Synthesizer

Melodica: von der Mundharmonika abgeleitete →Blasharmonika mit farbigen Tasten; Umfang der *M. soprano* c^1–c^3, der *M. alto* f–f^2

melodico, melodioso (ital.): →melodisch; melodiös

Melodie (griech. *melos* = Lied, *ode* = Gesang): **1.** sangbare, in sich geschlossene und sinnvoll gegliederte Folge von Tönen unterschiedlicher Tonhöhe und Klangfarbe, deren Ausdrucksgehalt wesentlich durch den zeitlichen und räumlichen Bewegungsablauf, durch →Tonalität, →Intervalle, →Metrik, →Rhythmik und →Dynamik bestimmt ist; →Melodielehre
2. sinngleich für →Lied

Melodiegehör →relatives Gehör

Melodielehre: die Lehre von der Bildung und Beschaffenheit einer →Melodie; in ihrer allgemeinen Bedeutung für die melodische Gestaltung eines Werkes ist die M. Bestandteil von →Harmonielehre und →Kompositionslehre im weitesten Sinne

Melodik: **1.** →Melodielehre
2. eine jeweils speziell zu definierende bestimmte Art der Melodiebildung bzw. melodischen Gestaltung einer Komposition

melodisch: sangbar, sanglich-wohltönend; in leicht überschaubarer und verständlicher Tonfortschreitung

melodische Intonation →Intonation (4.)

melodische Molltonleiter: Molltonleiter, die als aufsteigende Skala neben der erhöhten 7. Tonstufe (→harmonische Molltonleiter) zur Vermeidung des „unmelodischen" übermäßigen Sekundschrittes auch eine erhöhte 6. Tonstufe und als absteigende Skala keine Erhöhungen (→reine oder natürliche Molltonleiter) aufweist;

z. B. a-Moll

melodischer Blues: von größeren melodischen Bögen bestimmter Melodietyp des klassischen Blues (→*city blues*) ausdrucksvollen Charakters, der häufig eine der Phrasenfolge des →Bluesstimmenablaufs entsprechende fallende Melodielinie aufweist

Melodrama, Melodram (griech. *melos* = Lied, *drama* = Handlung):

1. musikdramatisches Werk, in dem das gesprochene Wort und die Handlung gleichzeitig von einer die Aussage vertiefenden Instrumentalmusik begleitet werden und der deklamatorische Textvortrag zur dramatischen Steigerung in Gesang übergehen kann

2. gesungenes →Mono- oder →Duodram

3. vielfach auch sinngleich für →Oper

4. ursprünglich Sprechdrama mit musikalischer Begleitung

5. allgemein Kompositionsweise, die Sprache und Musik im Sinne des M. verbindet (= melodramatisch)

melodramma (ital.): **1.** →Melodram(a) **2.** →Oper

melody (engl.): Melodie; Lied; Melodik

melody section (engl.): Melodiegruppe der →*jazz band*; in klassischer Besetzung mit Kornett (*cornet*) oder Trompete (*trumpet*) als führende Stimme (*lead*), Posaune (*trombone*) und Klarinette (*clarinet*), zu der mit der Entwicklung zum →Swing eine Saxophongruppe (*saxophones*) hinzutritt und die Aufteilung der Melodiegruppe in →*reed section* und →*brass section* vorbereitet (→*big band*) wird

Melograph (griech. = Notenschreiber), *Pianograph*: Vorrichtung zur mechanischen Aufzeichnung des Klavierspiels, mit der auch Improvisationen lesbar bzw. reproduzierbar (= Reproduktionsklaviere) festgehalten werden können

Melopöie (griech. = Melodiebildung): die antike Lehre von der kunstvollen Behandlung der Melodie (→Melodielehre); später auch sinngleich für →Kompositionslehre. Vgl. *musica poetica*

melos (griech.), **Melos:** Sprachmelodie, Weise, Lied; melodische Linie (→Melodik [2.])

Membran (lat. = dünne Haut): in gespanntem Zustand schwingungsfähiges und damit für die Tonerzeugung geeignetes dünnes, nachgiebiges Material wie Tierhaut, Pergament, Kunststoff- oder Metallfolie; insbesondere das →Fell der →Fellklinger (Membranophone)

Membranklinger →Fellklinger, →Schlaginstrumente
Membranophone (lat./griech. = Fellklinger), *Membranklinger* →Fellklinger, →Schlaginstrumente
même temps (franz.): *MA* dasselbe Zeitmaß, im gleichen Zeitmaß
ménestrels, ménétriers (franz. = Dienstmänner): im Dienst des Adels stehende, sozial wenig geachtete →Spielleute, die im 13.–16. Jh. neben Liedern ihres Dienstherrn auch eigene und solche dritter vortrugen
meno (ital.): weniger (mit *MA* und *TB*)
meno forte (ital.): *MA* weniger stark
meno mosso (ital.): *TB* weniger bewegt
meno piano (ital.): *MA* weniger leise, d. h. etwas lauter
meno presto (ital.): *TB* weniger schnell
Mensur (lat. *mensura* = Maß): **1.** feststehende Maßverhältnisse im Musikinstrumentenbau; dazu zählen u. a. bei *Saiteninstr.* die Länge von schwingender Saite, Hals und Resonanzkörper, die Anordnung der Bünde und bei besaiteten Tasteninstr. Länge, Stärke und Spannung der Saiten sowie die Anschlagstellen der Hämmer; bei *Blasinstr.* das Verhältnis von Weite zu Länge des Rohrs sowie die Stellung der Griff- bzw. Tonlöcher und bei der *Orgel* speziell die Weite der Pfeifen (Weitenmensur, Proportionsmensur, Verlaufsmensur) bezogen auf das Normalregister (→Prinzipal)
2. in der →Mensuralmusik des 13.–16. Jh. das durch →Mensurzeichen geregelte Verhältnis zwischen den Notenwerten der →Mensuralnotation
Mensuralmusik (lat. *musica mensurabilis* = gemessene Musik): der durch zeitlich geregelte Notenwerte (→Mensuralnotation) rhythmisch gegliederte mehrstimmige mittelalterliche Chorgesang des 13.–16. Jh. (*cantus mensurabilis*); seit dem 15. Jh. auch →Figuralmusik
Mensuralnotation: die Notenschrift der →Mensuralmusik, die im Gegensatz zu →Choralnotation und →Modalnotation zeitlich geregelte Notenwerte unterscheidet, die unter Beachtung des Wertverhältnisses *brevis* : *longa* auch für Notenverbindungen (→Ligaturen [3.]) gelten; zu den Notenwerten des 13. Jh. (Franko von Köln): →*duplex longa* (später →*maxima*), →*longa*, →*brevis* und →*semibrevis*, deren auf die *brevis recta* (→tempus) bezogenes Verhältnis durch →Mensurzeichen geregelt ist, treten im 14. Jh. die kurzen Werte: →*minima* und →*semiminima*. Seit dem 15. Jh. wurden die ausgefüllten Notenzeichen der sog. *schwarzen M.* für die längeren Notenwerte zunehmend in Umrissen, d. h. in

der *weißen M.* notiert; zur *semiminima* (jetzt ♪ bzw. ♩) treten als kürzere Werte: →*fusa* ♬ bzw. ♪ und →*semifusa* ♬ bzw. ♬ hinzu

mensuriert →Mensur (1.)

Mensurzeichen: die das Verhältnis zwischen den Notenwerten in ihrer dreizeitigen (= perfekten) oder zweizeitigen (= imperfekten) Geltung regelnden (Takt-)Zeichen (○, ⊙ bzw. C, Ͼ) der →Mensuralnotation. →Modus (4.)

Menuett, Menuet (franz. *menu pas* = kleiner Schritt): im 16. Jh. aus dem →Branle (*branle de Poitou*) hervorgegangener franz. Volks- und Gesellschaftstanz, der, im 17. Jh. als Hoftanz im langsamen $\frac{3}{4}$-Takt zunächst in Oper und Ballett eingeführt, zunehmend Eingang in die instrumentale →Suite, in →Divertimento und →Serenade fand. Bevorzugt tritt das M. in der paarweisen Folge mit einem zweiten (→*alternativo*), später wegen der Dreistimmigkeit als →Trio bezeichneten M. auf, dem die Wiederholung des ersten folgt. Als schnellerer, stilisierter Tanzsatz steht das M. seit etwa 1750 in der zyklischen →Sonatenform (u. a. in Sonate, Streichquartett, Sinfonie) meist an dritter Stelle zwischen langsamem Satz und Finalsatz und wird hier um 1800 fast vollständig durch das →Scherzo verdrängt

Mersey-Beat, Mersey-Sound →Liverpool-Sound

mescolatamente (ital.): *MA* durcheinander, gemischt

messa (ital.) →Messe

messa bassa (ital.) →stille Messe

messa di requiem (ital.): →Requiem, Totenmesse

messa di voce (ital.), <> : das als dynamische Verzierung (17./18. Jh.) genutzte allmähliche An- und Abschwellen des Gesangstones; als Schwellton wichtig für die Stimmbildung

messa funebre (ital.): Totenmesse

messa solenne (ital.): feierliche Messe, Hochamt

Messe (lat. *missa*, ital. *messa*): der Hauptgottesdienst in den Liturgien der christlichen Kirchen, benannt nach der Entlassungsformel des röm.-kath. Hochamts: *Ite, missa est ecclesia* (= Gehet hin, ihr seid entlassen); der in Vor- und Opfermesse gegliederte Meßgottesdienst umfaßt alle gesprochenen und gesungenen Teile mit den Sologesängen des Priesters, dem →Proprium missae und dem →Ordinarium missae. Als zyklische Form der Vokalmusik besteht die M. aus den fünf Ordinariumsteilen →Kyrie, →Gloria, →Credo, →Sanctus (mit →Benedictus) und →Agnus Dei, die vollständig zuerst im 14. Jh. in mehrstimmiger Komposition überliefert sind und bis in die Gegenwart den jeweiligen Kompositionsstil ihrer Zeit widerspiegeln

mesto (ital.): *VB* traurig, betrübt

mesure (franz. = Mensur): **1.** Takt, Zeitmaß **2.** →Mensur

mesuré (franz.): *VB* im Takt, (wieder) streng im Zeitmaß

metal castanets (engl.): Metallkastagnetten, →Gabelbecken

metal foil (engl.): Metallfolie, →Folienrassel

Metallblasinstrumente →Blechblasinstrumente

Metallfolie, *Kupferfolie* →Folienrassel

Metallkastagnetten →Gabelbecken

metallofono (ital.): **1.** →Metallophon **2.** Metallstabspiel

Metallophon: 1. ⟨*Schlaginstr.*⟩ →Schlagplattenspiel aus kleinen abgestimmten Stahl- oder Aluminium(blech)platten unterschiedlicher Länge, die in chromatischer Tonfolge zweireihig-klaviaturmäßig (auch mit Resonanzröhren) auf einem Holzrahmen angeordnet sind; gebaut in unterschiedlichen Stimmlagen, auch als einreihiges Kinderinstr. (ohne Resonanzröhren). In der Orchesterpraxis vertreten durch das →Vibraphon ohne →Vibratoeinrichtung

2. Sammelbezeichnung für →Schlagstab- und →Schlagplattenspiele aus Metall, im weiteren Sinne auch für alle →Idiophone aus Metall

métallophone (franz.), **metallophone** (engl.): **1.** →Metallophon **2.** →Metallstabspiel

Metallraspel →Waschbrett

Metallrasseln: den →Maracas ähnliche →Gefäßrasseln, bestehend aus einem gestielten und mit kleinen Steinchen gefüllten Blechbehälter

Metallstabspiele, Metallstabinstrumente: →Schlagstabspiele mit →Aufschlagstäben aus Metall; z. B. Glockenspiel, Vibraphon

metal rasper, metal scraper (engl.): Metallraspel

metal shaker (engl.): Schüttelrohr aus Metall, →Tubo

Metamorphosen (griech. = Verwandlungen): thematische Veränderungen, die im Gegensatz zur →Variation in der Regel von einer bereits abgewandelten musikalischen Gestalt des Themas ausgehen

Metrik (griech./lat. = Verslehre): **1.** in der Dichtung die Lehre von den Versmaßen

2. in der Musik die Lehre von den nach ihren Schwerpunkten periodisch gegliederten Tonfolgen und den in taktgebundener Musik von diesen ausgehenden formbildenden Einheiten wie →Takt (als Zusammenfassung betonter und unbetonter Zählzeiten), Taktgruppe, →Halbsatz und →Periode

metrisch: taktmäßig geordnet, auf den →Takt bezogen; →Metrik
Metronom (griech. = Taktmesser): mechanische Vorrichtung zur eindeutigen Bestimmung des musikalischen Zeitmaßes; das 1816 patentierte M. des Wiener Mechanikers J. N. Mälzel besteht aus Uhrwerk und Pendel mit einem auf dessen Skala verschiebbaren Gewicht zur Regulierung der Schlagzahl (40–200) innerhalb einer Minute und einem auf den 2., 3., 4. oder 6. Schlag einstellbaren Läutewerk. Die den allgemeinen Tempobezeichnungen hinzugefügten M.-Angaben (z. B. MM ♩ = 60, d. h. 60 Viertel in der Minute) beziehen sich in der Regel auch bei modernen M.-Ausführungen (z. B. Taschenuhr-, elektrisches M.) auf das Mälzelsche Metronom (= MM)
Metrum (lat. = Maß): die von betonten und unbetonten Zählzeiten ausgehende musikalische Taktordnung; →Metrik, →Takt
Mette →Matutin
mettere la sordina (ital.): *MA* →Dämpfer aufsetzen; abdämpfen
mezza (ital.): halb
mezza manica (ital.): *MA* beim Streichinstrumentenspiel in der verminderten ersten bzw. halben Position (→Lage [2.])
mezza voce (ital.): *MA* mit halber Stimme, mit verhaltener Stimme
mezzo (ital.), **Mezzo: 1.** halb, mittel
2. Kurzform für →Mezzosopran
mezzoforte (ital. = halb stark), ***mf*** : *MA* mittelstark, ziemlich laut; etwas leiser als *forte*
mezzolegato (ital. = halb gebunden), *legatostaccato*: *MA* beim Klavierspiel mit leicht artikuliertem Anschlag, der als ein stärker gebundenes →*leggiero* zu verstehen ist
mezzopiano (ital.), ***mp*** : *MA* halbleise, ziemlich leise; etwas lauter als *piano*
Mezzosopran (ital. *mezzo soprano*): ⟨*Stimmgattung*⟩ Frauenstimme zwischen →Sopran und →Alt; Sopran mit dunkler Stimmfärbung. Umfang etwa g–b². Fächer der Bühnenpraxis sind dramatischer M. und lyrischer M. (Spielalt)
Mezzosopran-Schlüssel: C-Schlüssel für c¹ auf der zweiten Notenlinie, der allgemein für jede Stimme in Mezzosopranlage galt; heute ungebräuchlich 
mezzostaccato (ital.): *MA* halb abgestoßen, leicht getrennt; →*staccato*
mf : →Zeichen für →*mezzoforte*
mi: 1. Tonsilbe für die 3. Tonleiterstufe der →Solmisation
2. in romanischen Sprachen für den Ton e

3. in der Gehörbildungsmethode Tonika-Do die relativ zu wertende 3. Durstufe

mi bémol (franz.) →es

mi bemolle (ital.) →es

mi bemolle maggiore (ital.) →Es-Dur

mi bemolle minore (ital.) →es-Moll

mi bémol majeur (franz.) →Es-Dur

mi bémol mineur (franz.) →es-Moll

middle c (engl. = Mittel-c): das auf →Klaviaturen in der Mitte befindliche →eingestrichene c (= c^1)

mi dièse (franz.) →eis

mi diesis (ital.) →eis

mi doppio bemolle (ital.) →eses

mi doppio diesis (ital.) →eisis

mi double bémol (franz.) →eses

mi double dièse (franz.) →eisis

Mikrobar, µbar (auch µb): Maßeinheit für den Druck, insbesondere für den Schalldruck; danach gilt 1 µbar = 10^{-6} bar = 10^{-1} N/m² = 1 dyn/cm²

Mikrophon: elektroakustisches Gerät zur Umwandlung (→Schallwandler) von Schallschwingungen (Schalldruckschwankungen) in niederfrequente elektrische Spannungsschwankungen entsprechender Frequenz; nach dem jeweiligen Wandlungsprinzip werden besonders Kontakt-M. (einfachste Kohle-M. in der Fernsprechtechnik), piezoelektrische (= Kristall-M. mittlerer Empfindlichkeit), elektrodynamische (= Tauchspul- und Bändchen-M. hoher Widerstandsfähigkeit) und elektrostatische bzw. kapazitive (= Kondensator-M. mit höchsten Übertragungseigenschaften) M. unterschieden. Neben hoher Empfindlichkeit (angegeben in mV/µbar) ist die Richtwirkung, ausgedrückt durch die →Richtcharakteristik (Kugel-, Achter- und Nieren-Charakteristik), von grundsätzlicher Bedeutung für die Übertragungseigenschaften eines M.

Mikrorillenschallplatte, *Langspielplatte*: →Schallplatte, deren Aufzeichnung (→Nadeltonverfahren) in Seitenschrift mit einem Rillenabstand von etwa 120 µm bei 55 µm Rillenbreite und 30 µm Schnittiefe erfolgt und bei 30 cm-Schallplatten eine Spieldauer von maximal zweimal 32 Minuten ermöglicht (= *Langspielplatte*), vorausgesetzt, daß beim Rillenschnitt der raumsparende, durch elektronische Vorabtastung der Tonbandaufnahme gesteuert variable Rillenvorschub des *Füllschriftverfahrens* Anwendung findet

Militärmusik: die den Anforderungen des Militärwesens entsprechende Gebrauchsmusik der Soldaten mit den einfachen Signalen und Fanfaren der →Feldmusik und der seit dem 17. Jh.

vorherrschenden Marschmusik (→Marsch, →Harmoniemusik); seit dem 19. Jh. werden neben der *Blechmusik* (→Blechbläser) und der *Streichmusik* (→Streicher) auch die →Holzbläser in die konzertante Musik der Militärkapellen einbezogen

Militärtrommel: ⟨*Schlaginstr.*⟩ flache →Zweifelltrommel mit zylindrischer Zarge (→Röhrentrommel) aus Messing, Strickverspannung oder Spannschrauben, etwa 8 abstellbaren Schnarrsaiten (Darm) am Resonanzfell und geschlagen mit Trommelschlegeln; Felldurchmesser etwa 40 cm und Zargenhöhe etwa 30–40 cm. Trommelinstr. ohne bestimmte Tonhöhe in Altlage (vgl. Paradetrommel) mit einliniger Notierung (auch im 3. Zwischenraum mit oder ohne Baßschlüssel)

militante (ital.): *VB* kämpfend, streitend

military band (engl.): Militärkapelle

military drum (engl.) →Militärtrommel

Milonga, *Tango milonga* (span.): rhythmisch stark ausgeprägtes argent. Tanzlied im mäßig schnellen $\frac{2}{4}$-Takt, das neben der →Habanera als Vorläufer des →Tango gilt

mi maggiore (ital.) →E-Dur

mi majeur (franz.) →E-Dur

mi mineur (franz.) →e-Moll

mi minore (ital.) →e-Moll

minaccioso (ital.): *VB* drohend

mineur (franz.) →*minore*

miniature score (engl.): Taschenpartitur

[1]minima (ital.): halbe Note

[2]minima (lat. = die kleinste), *nota minima*: kurzer Noten- und Pausenwert der →Mensuralnotation, dessen Dauer nach der jeweiligen →Prolatio der Hälfte oder einem Drittel der →*semibrevis* und damit etwa der heutigen →Achtel entspricht; seit dem 15. Jh. notiert: 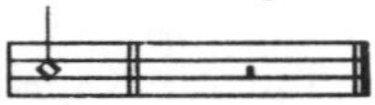

Minnesang: höfische Liebeslyrik des 12.–14. Jh.; im engeren Sinne die dem Gesang der →Trobadors und →Trouvères verbundene, zumeist einstimmige und häufig instrumental begleitete deutschsprachige Liedkunst des 12.–14. Jh., in der höfisch-ritterliche Liebeslyrik und gesellschaftliche Themen vorherrschen und die im 15. Jh. in den bürgerlichen →Meistergesang übergeht

minore (ital.), **mineur** (franz.), **minor** (engl.):

1. kleiner; mit der kleineren (= Moll-)Terz

2. Moll, Mollakkord, Molltonart

3. Bezeichnung für einen Moll-Teil (z. B. das →Trio) innerhalb einer in Dur stehenden Komposition

minstrels (engl.): **1.** →*ménestrels* **2.** →*negro minstrels*, →*minstrelsy*

Minstrelshow: eigenständige Form nordamerik. Bühnen- und Unterhaltungskunst der 2. Hälfte des 19. Jh., die aus den →*extravaganzas* und den Darbietungen der →*minstrelsy* hervorging; in der zweiteiligen M., an der oft bis zu 100 Darsteller mitwirkten, sind Lieder, Tänze, Komikereinlagen, Varieténummern, Sketche u. a. in feststehender Folge zusammengefügt

minstrelsy, *negro minstrelsy* (engl.): die den →*negro minstrel* als Einzeldarsteller ablösende Gruppe weißer Sänger, Tänzer und Schauspieler, die mit ihren Darbietungen in der 1. Hälfte des 19. Jh. ein feststehendes Showprogramm herausbildeten, aus dem um 1850 die →Minstrelshow hervorging

minuet (engl.) →Menuett

minuetto (ital.) →Menuett

minuto (ital.): peinlich genau, eingehend; minutiös

Mirlitons, *Ansingtrommeln*: Sammelbezeichnung für eine Gruppe der →Fellklinger, deren →Membran durch Ansingen, -summen oder -sprechen in Schwingung versetzt wird und dadurch die Stimme verändert und verstärkt; dazu zählen Freie Mirlitons (z. B. Seidenpapier am Kamm) sowie Röhren- und Gefäßmirlitons (z. B. *kazoo*)

Miserere (lat. = erbarme dich): häufig mehrstimmig vertonter Bußpsalm (Psalm 50) in der Liturgie der Karwoche: *Miserere mei Deus* (= Erbarme dich meiner, Herr)

missa (lat. = Entlassung) →Messe

missa brevis (lat. = kurze Messe): einfachere oder auch unvollständige Meßkomposition (→Messe), häufig ohne →Gloria und →Creco; dagegen →*missa solemnis*

missa cantata (lat. = Singmesse): die vom Priester allein als einfaches Amt zelebrierte →Messe

Missale (lat.): das Meßbuch mit den Texten der Gebete, Lesungen und Gesänge der Meßliturgie, das in der Fassung des *Missale Romanum* (zuletzt 1962) auf das Jahr 1570 zurückgeht; seit 1969/70 erscheint eine verbindliche Neufassung des M. Das mittelalterliche *M. plenarium* enthielt auch alle Melodien; →Graduale (2.)

Das mittelalterliche *M. plenarium* enthielt auch alle Melodien; →Graduale (2.)

missa lecte sive privata (lat. = gelesene oder allein ausgeführte Messe) →stille Messe

missa pontificalis (lat. = bischöfliche Messe): die vom Bischof als feierliches Hochamt (Pontifikalamt) zelebrierte →Messe

missa pro defunctis (lat.): Totenmesse

missa sine nomine (lat. = namenlose Messe): Meßkomposition (→Messe), der als →Parodiemesse eine andere mehrstimmige Vokalkomposition (Chanson, Motette, weltl. Chorlied) zugrunde liegt, deren Name entweder unbekannt war oder deren Übernahme nicht bekannt werden sollte

missa solemnis (lat. = feierliche Messe): die vom Priester als feierliches Hochamt (Levitenmesse) zelebrierte →Messe; besonders feierliche und umfangreiche Meßkomposition (dagegen →*missa brevis*)

misterioso (ital.): *VB* geheimnisvoll, rätselhaft; mysteriös

mistico (ital.): *VB* geheimnisvoll, dunkel; mystisch

mistura (ital.) →Mixtur

misurato (ital. = gemessen), *alla misura*: *MA* (wieder) streng im Takt; vgl. *a battuta*

misura (ital.): **1.** Takt **2.** →Mensur

Mitnahme →Mittönen

Mittel-Gedackt: ⟨*Orgelregister*⟩ gedeckte Lippenpfeifen (8′) aus Metall, mittelweite Mensur; bedeutungsgleich mit →Gedackt (2.)

Mittelstimmen: die zwischen den Außenstimmen (Ober- und Unterstimme) liegenden Stimmen einer mehrstimmigen Komposition; im homophonen Satz als Füllstimmen ohne eigenständig melodische Entwicklung

mitteltönige Temperatur, *ungleichschwebende Temperatur* →Temperatur

Mittönen, *Mitnahme*: das durch →Resonanz angeregte Mitschwingen von Teilfrequenzen eines schwingungsfähigen Systems; z. B. beim Klavierspiel das durch stummes, d. h. tonloses Niederdrücken einzelner Tasten und die damit verbundene Aufhebung der Dämpfung ermöglichte M. entsprechender Teiltöne von vorher oder gleichzeitig kräftig angeschlagenen →Grundtönen

mixed chorus (engl.): gemischter Chor

mixed voices (engl.): gemischte Stimmen

mixolydisch: 1. authentische Oktavgattung des altgriech. Tonsystems mit der diatonisch absteigenden Tonleiter h–H
2. der 7. Kirchenton (Modus VII) der mittelalterlichen →Kirchentonarten mit →Finalis = g und →Reperkussionston = d^1, sowie der charakteristischen leitereigenen kleinen Septime ($g–f^1$ = mixolydische Septime)

Tonleiter 

Mixtur (lat. *mixtura* = Mischung): ⟨*Orgelregister*⟩ die wichtigste, zu den →Klangkronen zählende →gemischte Stimme, deren hervortretende Obertöne den Plenoklang der Orgel verstärken und ihm seinen strahlenden Glanz verleihen; neben Quintmixturen (nur mit Quint- und Oktavchören) treten in der M. auch Terz-, Septimen- und Nonenchöre, auch als →Doppelchöre, auf. →Mehrchörigkeit, →Repetition

Mixtur-Trautonium: das von Oskar Sala um 1950 erweiterte →Trautonium, dessen Einsatzmöglichkeiten durch verdoppelten Generator und zweite Spielsaite sowie elektrische Schaltungen zur Zusammensetzung und Teilung (→Subharmonische) der Frequenzen entscheidend verbessert wurden

mizmār (arab.): arab. Doppelrohrblattinstr.; vgl. *zurnā*

moan (engl. = stöhnen): in der afrik. Negerfolklore wurzelnder (textloser) Klagegesang, der dem frühen →*country blues* nahesteht

mobile (ital., franz., engl.): *VB* beweglich

modal: 1. kirchentonartlich; auf die mittelalterlichen →Kirchentöne bezogen. →Modalität

2. im allgemeineren Sinne auf den →Modus bezogen

Modalität: das auf den von Gerüsttönen (→Finalis, →Reperkussionston) und Tonraum (→Ambitus) bestimmten Melodieverlauf gerichtete tonale Bezugssystem der mittelalterlichen →Kirchentöne; →Modus (1.)

Modalnotation: die Notenschrift der mehrstimmigen, modal rhythmisierten Musik des 12./13. Jh., in der die von den griech. Versmaßen abgeleiteten sechs Rhythmusmodelle (= Modalrhythmik) der *ars antiqua* mit mehrtönigen →Neumen (= Ligaturen) in ihrem unterschiedlich typisierten Bewegungsablauf vor Auftreten der rhythmisch differenzierten →Mensuralnotation erkennbar dargestellt werden konnten. →Modus (3.)

mode (franz., engl.) →*modo*

moderatamente (ital.): *VB* gemäßigt

moderato (ital. = gemäßigt), **Moderato: 1.** *TB* gemäßigtes Zeitmaß; langsamer als →*allegro* (→*allegro moderato*)

2. Komposition oder Satz im entsprechenden Zeitmaß

modéré (franz.) →*moderato*

moderner Jazz, *zeitgenössischer Jazz*: die als Reaktion auf den *big band jazz* der →Swing-Epoche seit Anfang der 40er Jahre auf eine „Modernisierung“ abzielende Jazzentwicklung, die in individualisierter und intellektualisierter Übersteigerung (= snobistischer Jazz) Elemente des volkstümlichen und kommerzialisierten Jazz zunehmend mit denen der zeitgenössischen europ. Konzertmusik in ihren Musizierstilen verbindet:

→Bebop, →Afro-Cuban Jazz, →Progressive Jazz, →Cool Jazz, →Modern Jazz und →Free Jazz

Modern Jazz (amerik.): →moderner Jazz; im engeren Sinne seine seit Anfang der 50er Jahre herausgebildeten Musizierstile des →West-Coast-Jazz und des →East-Coast-Jazz sowie des →*third stream* mit seiner engen Verbindung zur zeitgenössischen europäischen Konzertmusik

Modinha (port. = Modelied): volkstümliches brasil. Strophenlied zur Gitarre- oder Klavierbegleitung; im 18./19. Jh. ursprünglich arienartige span. Vokalkomposition

modo (ital.), **mode** (franz., engl.): **1.** Tonart, Tongeschlecht; →Modus

2. Art und Weise

modo autentico (ital.): authentische Tonart; →authentische Kirchentöne

modo ecclesiastico (ital.): Kirchentonart; →Kirchentöne

modo maggiore (ital.): Durtonart

modo minore (ital.): Molltonart

modo plagale (ital.): plagale Tonart; →plagale Kirchentöne

Modulation (lat.): **1.** in der →Harmonielehre der Übergang von einer Tonart in eine andere, der durch Umdeutung von Akkorden und Tönen erfolgt; im Gegensatz zur →Ausweichung wird bei der M. die Zieltonart durch die →Kadenz als neue Grundtonart bestätigt. Tonartenwechsel wird auch durch harmonische Rückung und melodische →Sequenz erreicht.

2. in der →Elektroakustik die periodische Veränderung einer charakteristischen Schwingungsgröße, die als →Amplituden-, →Frequenz- und →Phasen-M. zur Aufprägung des zu übertragenden niederfrequenten Signals (Schallschwingung) auf eine für drahtlose Übertragungszwecke geeignete hochfrequente sinusförmige Trägerschwingung besonders in der Rundfunk- und Fernsehtechnik angewendet wird

3. in der Musizierpraxis →Tremolo und →Vibrato

modulus (lat. Diminutiv von *modus*): **1.** Melodieformel; Stimme oder melodische Tonfolge (→Melisma) im mehrstimmigen Satz

2. vornehmlich instrumentale Verzierungsfigur

3. alte Bezeichnung für →Motette

4. verschiebbarer Steg des →Monochords

Modus (lat. = Maß, Art und Weise): Begriff der Musikwissenschaft mit unterschiedlicher Bedeutung

1. als Tonart für die mit Modus I–XII bezeichneten mittelalterlichen →Kirchentöne; →Modalität, →Tonalität

2. als Tonabstand zur Bezeichnung der →Intervalle

3. als Rhythmusmodell in der modalen Rhythmik des 12./13. Jh. (*ars antiqua*); →Modalnotation
4. als Mensurgrad (neben →*tempus* und →*prolatio*) das metrische Verhältnis von →*maxima* zu →*longa* (= *modus maior*) und *longa* zu *brevis* (= *modus minor*) in der →Mensuralmusik des 13.–16. Jh.; →Mensuralnotation
5. als Erscheinungsform der Zwölftonreihe in der →Zwölftontechnik des 20. Jh.

moins vif (franz.): *VB, TB* weniger lebhaft; vgl. *meno mosso*

Moll (lat. *mollis* = weich, ital. *minore*, franz. *mineur*, engl. *minor*): dem →Dur gegenüberstehendes Tongeschlecht des Dur-Moll-Systems mit der kleinen Terz im Dreiklang der 1. Stufe (→Tonika) und einem Halbtonschritt zwischen der 2. und 3. Stufe der Tonleiter, deren unterschiedliche Tonschritte zwischen der 5. und 7. Tonstufe sie als natürliche, harmonische und melodische →Molltonleiter kennzeichnen; der Name geht auf das nach dem Ton b *molle* (→b *rotundum* = ♭) benannte mittelalterliche →Hexachord F–d (= *hexachordum molle*) zurück und wird im heutigen Sinne seit etwa 1650 gebraucht

Mollakkord →Molldreiklang

Molldreiklang, *Mollakkord*: →Dreiklang aus Grundton, kleiner Terz und reiner Quinte (Terzenaufbau: kleine Terz – große Terz); Oktavversetzungen des 1. bzw. 2. Dreiklangtones ergeben seine beiden Umkehrungen, deren von der Grundstellung abweichender Intervallaufbau zu entsprechenden Akkordbezeichnungen führt;
z. B. a-Moll-Dreiklänge

Grundstellung (Terzquint-akkord) | 1. Umkehrung (Terz-)Sext-akkord | 2. Umkehrung Quartsext-akkord

molle (ital.): weich, biegsam, schlaff, kraftlos, nachgiebig

mollegiante (ital.): *MA* federnd, mit weichem Anschlag

Molltonarten: die im →gleichschwebend temperierten System als →Transposition der für das →*Moll*-Tongeschlecht charakteristischen Folge von Ganz- und Halbtonschritten möglichen 12 Tonarten:

(as)	es	b	f	c	g	d	a	e	h	fis	cis	gis	dis	(ais)
7	6	5	4	3	2	1		1	2	3	4	5	6	7

♭ -Vorzeichnung (7–1) | ♯ -Vorzeichnung (1–7)

Für Tonarten mit 6 und mehr Vorzeichen erleichtert die →enharmonische Verwechslung (z. B. as = gis) Ausführung und Lesbarkeit

Molltonleitern: der →Durtonleiter gegenüberstehende Tonleitern des Dur-Moll-Systems, die durch einen gemeinsamen Halbtonschritt (von der 2. zur 3. Stufe) und unterschiedliche Tonschritte zwischen der 5. und 7. Tonstufe als *natürlich* (oder rein), *harmonisch* und *melodisch* charakterisiert sind und von jedem beliebigen Ton ausgehen können; z. B. a-Moll-Tonleitern

natürlich 

harmonisch 

melodisch

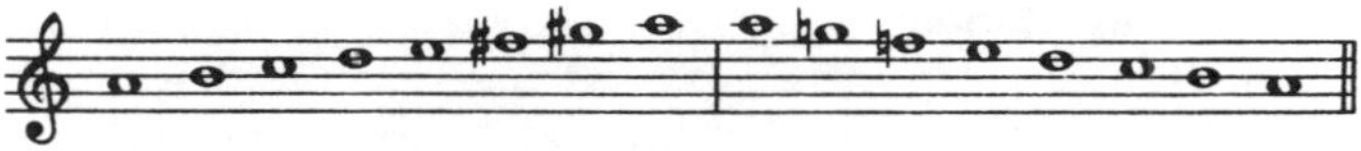

moltissimo (ital.): sehr viel (mit *VB* und *MA*)

molto allegro, *allegro di molto* (ital.): *TB* sehr lebhaft; vgl. *allegro vivace*

molto largo (ital.): *TB* sehr langsam; vgl. *larghissimo*

molto mosso (ital.): *TB* sehr bewegt

molto presto (ital.): *TB* sehr schnell; vgl. *presto assai*

Moment musical (franz.= musikalischer Augenblick): lyrisches →Charakterstück ohne feste Formbindung; meist für Klavier

momento musicale (ital.) →Moment musical

monaural (engl.), **monaurales Hören:** das einohrige Hören; bei entsprechender einkanaliger Schallübertragung (→monophon) entfällt die auf dem beidohrigen Hören (→binaural) beruhende Richtungsempfindung (→Stereophonie)

Monferrina: ital. Volkstanz aus Monferrato (Oberitalien) im sehr schnellen $\frac{6}{8}$-Takt

mono →monophon

Monochord (griech. = Einsaiter): altüberliefertes Saiteninstr. mit nur einer, über einen Resonanzkasten gespannten Saite, die durch einen unter ihr verschiebbaren Steg (→*modulus*) beliebig geteilt werden kann; in der altgriech. Musik diente es vorrangig zur theoretisch-mathematischen Demonstration der Saitenlängen- und Tonverhältnisse und als mehrsaitiges →Polychord der Darstellung von Zusammenklängen. Vorläufer u. a. von →Trumscheit und →Klavichord

monocorde (franz.), **monocordo** (ital.) →Monochord

monodia (ital.), **monodie** (franz.) →Monodie

Monodie (griech. = Einzelgesang: **1.** der instrumental begleitete Sologesang, der um 1600 in Italien von der *Camerata Fiorentina* als Rückbesinnung auf die altgriech. Gesangspraxis herausgebildet wurde und in der vom →Generalbaß akkordisch gestützten Melodiestimme den Sinn- und Gefühlsgehalt des Textes affektbetont hervorhebt; die M. beeinflußte neben →Rezitativ und →Arie (→Oper) fast alle Gattungen, auch der Instrumentalmusik
2. allgemein für einstimmige Musik und auch die akkordisch begleitete Melodiestimme (→Homophonie)
3. ursprünglich, besonders in Altertum und Mittelalter, der unbegleitete oder auch von einem Instr. mitgespielte Sologesang

monodisch: 1. →Monodie
2. in der antiken und frühmittelalterlichen Musik sinngleich für einstimmig

Monodrama, Monodram (griech. *monos* = allein, *drama* = Handlung):
1. musikdramatisches Werk, in dem das gesprochene Wort der einzigen handelnden Person (= Monolog) von einer die Aussage vertiefenden Instrumentalmusik begleitet wird; dramatische Ausweitung führt zu →Duodram, →Melodram und →Oper
2. Sprechdrama mit musikalischer Begleitung
3. vielfach auch sinngleich für →Melodram
4. ursprünglich Bühnenstück mit nur einer handelnd auftretenden Person, häufig in Wechselrede mit dem Chor (z. B. im griech. Drama); →Duodrama

monophon (griech. = einstimmig), **monofon,** *mono*: in einkanaliger elektroakustischer Schallübertragung (= Monophonie), -aufzeichnung oder -wiedergabe, im Gegensatz zu →Stereophonie und →Quadrophonie

monophonic (engl.): einstimmig; →monophon

monothematisch (griech.): nur ein einziges →Thema verarbeitende Komposition

monter (franz. = steigen): *MA* (mit Stimme oder Ton) höher hinaufgehen; höher stimmen

morbido, con morbidezza (ital.): *VB* weich, sanft, zart; mit Sanftheit, mit Zartheit

morceau (franz.): Stück, Musikstück

mordant, *pincé* (franz.) →Mordent

Mordent (ital. *mordente*, franz. *mordant*, *pincé*, engl. *mordent*, *beat*), „Beißer", ∿ : Verzierung durch ein- oder mehrmaligen (Doppel-M. ∿∿) schnellen Wechsel zwischen Hauptnote und diatonischer Untersekunde, deren chromatische Veränderung durch →Versetzungszeichen ausdrücklich gefordert wird

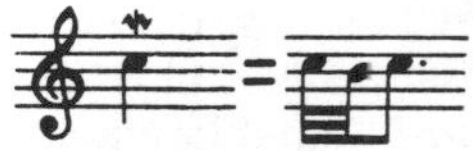 ; dagegen →Pralltriller, →Schneller

morendo, morente (ital.): *VB* ersterbend, verlöschend; äußerstes →*diminuendo* bei gleichzeitigem →*ritardando*

morendo al niente (ital.),  : *VB* verlöschend bis zum Nichts an Tonstärke

Moresca, Moriske, Moriskentanz: Sammelbezeichnung für in Europa verbreitete, von Männern ausgeführte pantomimische Tänze und Tanzspiele meist derb-komischen Charakters, deren Ursprung in altüberlieferten Fruchtbarkeitstänzen gesehen wird; als Fecht- und Schwerttanz stellt die M. oft historische Kampfszenen gegen Mauren (= Moriscos), Türken oder Sarazenen dar, erscheint als Grotesk- und Narrentanz bei Fastnachtsumzügen (→*morris dance*) oder als Mohrentanz kostümierter Tänzer mit geschwärzten Gesichtern und Schellenbändern an den Waden. In stilisierter Form fand die M. im 15.–17. Jh. in →Intermedium, →Ballett und →Oper Eingang

Moritat (vermutl. von Mordtat): Schauergeschichte; Schauerballade, vorgetragen mit Leierkastenbegleitung und veranschaulichender Erläuterung auf Bildtafeln. →Bänkelsang

mormorando, mormoroso (ital.): *VB* murmelnd, eben noch vernehmlich; rauschend

mormorato (ital.): *VB* hauchig

morris dance (engl.), **Morris:** Sammelbezeichnung für in England bis in die Gegenwart bei Gratulations- und Festumzügen der Morris-Gilden von kostümierten und maskierten Männern ausgeführte Volkstänze, die als Masken- oder Narrentanz sowie als Fecht- oder Schwerttanz auf Frühformen der →Moresca zurückgehen

mosso (ital.): *VB* bewegt, belebt

motet (franz., engl.) →Motette

Motette (ital. *mottetto*): **1.** seit dem 12. Jh. (→*motetus*) in mehrfach gewandelter Form gepflegte Gattung der mehrstimmigen (und bis ins 15. Jh. auch mehrtextigen), solistisch wie chorisch ausgeführten vorwiegend geistlichen Vokalmusik auf Psalmen und Bibeltexte; die im 14.–16. Jh. neben dem →Madrigal führende Vokalform, die in der →isorhythmischen M. des 14. Jh. einen kunstvollen Höhepunkt erreichte und im 17. Jh. Einflüsse von →Monodie und →Concerto (→geistliches Konzert) aufnahm, hat seit dem 19. Jh. wieder zunehmend an Bedeutung gewonnen und wird auch im zeitgenössischen Musikschaffen gepflegt

2. verallgemeinert ein mehrstimmiges geistliches A-cappella-Chorwerk
3. geistliche Chormusik, geistliches Chorkonzert; ev. Kirchenmusikstunde

motettische Passion, Motetten-Passion: durchkomponierte →Passion, in der der vollständige oder auch verkürzte Passionstext, also auch der Bericht des Evangelisten, durchgehend im mehrstimmigen Motettensatz vertont ist; dagegen →responsorische Passion, →Choralpassion

motetus (lat.): **1.** →Motette
2. im 12./13. Jh. ursprünglich die als →*duplum* über dem →Cantus bzw. Tenor liegende, neu textierte Oberstimme eines mehrstimmigen Vokalsatzes (→Organum), die der frühen, mehrtextigen Form der →Motette und der ganzen Gattung den Namen gab

Motiv (lat. *motivus* = zur Bewegung geeignet): kleinste thematisch sinnvolle Einheit in der Musik, bestimmt durch ein Intervall oder eine Intervallfolge und einen charakteristischen Rhythmus (→Phrase); als *Fortspinnungsmotiv* (in melodisch-rhythmischer Weiterführung) und als *Entwicklungsmotiv* (in motivisch-thematischer Weiterentwicklung) Bauelement von →Thema und →Melodie. →Motivik, →Leitmotiv

Motivik, motivische Arbeit: die kompositorische Umbildung und Weiterführung des →Motivs durch Wiederholung (→Ostinato), →Sequenz und →Imitation sowie in →Augmentation, →Diminution, →Gegenbewegung, →Variation, freier thematischer Fortspinnung (→thematische Arbeit, →Leitmotiv) und Verknüpfung zu größeren thematischen Einheiten (→Satz, →Periode, →Thema, →Melodie)

moto (ital.): Bewegung, Zeitmaß; →*con moto*, →*più moto*

moto perpetuo (ital.): *MA* in fortwährender Bewegung; vgl. *perpetuum mobile*

moto precedente (ital.): *MA* im vorhergehenden Zeitmaß

moto primo (ital.): *MA* im ersten, ursprünglichen Zeitmaß; vgl. *tempo primo*

motorisch: *MA* in unverändert vorwärtsdrängender rhythmischer Bewegung

mottetto (ital.) →Motette

motus contrarius (lat. = entgegengesetzte Bewegung) →Gegenbewegung, →Umkehrung

motus obliquus (lat. = seitliche Bewegung) →Seitenbewegung

motus recuts (lat. = gerade Bewegung) →Parallelbewegung

motus retrogradus (lat. = rückläufige Bewegung) →Krebsgang

mouth-organ, *harmonica* (engl.) →Mundharmonika

mouvement (franz.), **movement** (engl.): **1.** Bewegung, Zeitmaß
2. →Satz eines zyklischen Werkes
3. beim Tanz die einfache Körperbewegung im Gegensatz zum Schritt (franz. *pas*)

movimento (ital.): Bewegung, Zeitmaß

mp : →Zeichen für →*mezzopiano*

Mridanga: indische →Zweifelltrommel, deren Membranen beide als Schlagfell im Oktavabstand geschlagen werden (→Handtrommel)

Mühle, Mühlenschlag: auf der Kleinen Trommel mit beiden Stöcken in federnden Repetierschlägen (= Doppelschlägen) ausgeführte Schlagart, deren Beschleunigung zum →Wirbel führt

Münchner Stimmung: Stimmung der fünf Griffsaiten der (Konzert-)→Zither: a^1 a^1 d^1 g c

muffle (engl.): **1.** *MA* dämpfen **2.** Dämpfer, Dämpfung

Mugam: 1. aserbaidshanisches Tonsystem, das den Melodiemodellen (→*maqāmāt*) in der aserbaidshanischen Volksmusik zugrunde liegt
2. zyklische vokal-instrumentale Gattung des aserbaidsh. Musikschaffens, die charakteristische Merkmale von →Rhapsodie und →Suite verbindet und jeweils auf einem der 7 (von über 70) am meisten verwendeten Melodiemodelle beruht

mulino, mulinello (ital.) →Mühle

Multiplayback →*playback*-Verfahren

Multiplexorgel: eine nach dem *Multiplexsystem* gebaute Orgel; dabei werden aus einer Pfeifenreihe mehrere Register mit unterschiedlichen Tonhöhen so herausgezogen, daß die meisten Pfeifen mehrere Funktionen wahrnehmen. Der ausschließlich nach diesem System disponierten Orgel fehlt es an Klangintensität, -farbe und -differenzierung

Mundharfe, Mundtrommel →Maultrommel

Mundharmonika: ⟨*Harmonikainstr.*⟩ mit dem Mund angeblasenes →wechseltöniges Instr. mit →durchschlagenden Metallzungen, das in diatonischer (Richter-, Knittlinger-, Wiener-System) – teilweise auch einfach oder doppelt oktaviert –, chromatischer (Educator-System) und diatonisch-chromatischer (→Chromonica) Tonanordnung, sowie als Begleit- und Baßinstr. mit feststehenden Akkordverbindungen und/oder Einzelbaßtönen gebaut wird.
Die diatonische M. ist an die der betreffenden Stimmung entsprechende Tonart gebunden. Spezialinstr. mit Mundstück und Spielmechanik (Klappen oder Tasten) sind Harmonetta, Melodica, Triola u. a.

Mundorgel: altüberliefertes Blasinstr. (chin. *shêng*, jap. *shō*) mit →durchschlagenden Rohr- oder Metallzungen; bis zu 26, meist jedoch 17 verschieden lange Bambus- oder Holzpfeifen mit einem Griffloch unterhalb der Metallzunge stecken kreisförmig auf einer tassenförmigen Windkammer, in die durch ein seitlich angebrachtes Mundstück Luft (→Spielwind) geblasen wird. Die Herausbildung der →Harmonikainstr. beruht auf dem Prinzip der M.

Mundstück: Anblasvorrichtung bei Blasinstr.; speziell das für den Ansatz der Lippen dienende becherartige M. der Blechblasinstr., dessen Kesselform (→Becher-, →Kessel-, →Trichter-M.), Grund- und Stengelbohrung für die Verwendung bei bestimmten Instr. und auf deren Klangcharakter wesentlichen Einfluß hat. Das M. bei Blockflöten und Einfachrohrblattinstr. wird →Schnabel, bei Doppelrohrblattinstr. →Rohr genannt

Muñeira (span. = Mühle): span. Volkstanz und Tanzlied aus Galicien und Asturien im mäßig schnellen $\frac{6}{8}$-Takt, begleitet von →Dudelsack und →Schellentrommel

Murciana (span.): in Südspanien (Murcia) verbreitetes Lied und Tanzlied im Charakter der →Malagueña; landschaftliche Variante des →Fandango

Murkys, Murkybässe: 1. abwertende Bezeichnung für eine einfache Baßbegleitung in ständig wiederkehrenden gebrochenen Oktaven, besonders im 18. Jh. in der Musik für Tasteninstr.; häufig als →Brillenbässe notiert

2. kleine Komposition mit fortschreitenden gebrochenen Oktavbässen

Musette (franz.; ital. *musetta*, engl. *musette*): **1.** franz. Dudelsack (→Sackpfeife) des 17./18. Jh. mit einem Schöpfbalg anstelle des Anblasrohrs zur Luftversorgung des Windsacks und einer zweiten, mit Klappen versehenen Spielpfeife für den erweiterten Tonumfang (f^1–d^3); häufig kunstvoll ausgestattetes Mode- und Virtuoseninstr. neben der →Drehleier

2. alte Bezeichnung für die windsacklose →Schalmei

3. ⟨*Orgelregister*⟩ Zungenpfeifen (8′, 4′) mit konischem Schallbecher und zart näselndem Klang

4. franz. Tanz im ruhigen $\frac{6}{8}$-, $\frac{3}{4}$- oder auch $\frac{2}{4}$-Takt, dessen Begleitung in liegenden Baßtönen (→Bordun) auf die Spielweise des gleichnamigen Instr. (→1.) zurückgeht

Musettegruppe, Musettebesetzung: eine der Standardbesetzungen der →Unterhaltungsmusik mit Klavier, Klarinette, Akkordeon (oder auch Gitarre und Kontrabaß) und Schlagzeug. →Salonorchester

Musette-Stimmung: eine besondere Anordnung der Diskanttonreihen beim vier- und mehrchörigen →Akkordeon mit Grundreihe, hoher Tenorreihe, tiefer Oktavreihe und tiefer Tremoloreihe; dagegen →Doppeloktavstimmung
Musette-Walzer, *Valse musette*: Ende des 19. Jh. aus der dreizeitigen →Musette (4.) hervorgegangener besinnlicher Walzertyp mit dem Klangcharakter der Akkordeonbegleitung
music (engl.): Musik, Tonkunst; →Musikalien, Noten
musica (lat., ital.): Musik
musica artificialis (lat.): die kunstvolle, nach den Regeln der theoretischen Musiklehre (→*musica theorica*) gestaltete Komposition
musica contemporanea (ital.): zeitgenössische Musik
musica da camera (ital.) →Kammermusik
musica da chiesa (ital.) →Kirchenmusik
musica figuralis, musica figurata (lat.) →Figuralmusik
Musical (engl. *musical comedy* = musikalisches Lustspiel): eigenständige Form des nordamerik. Musiktheaters mit gesprochenem Dialog (häufig nach literarischen Vorlagen), Gesang, Tanz und aufwendiger Bühnenausstattung, die Anfang des 20. Jh. aus →*opera buffa* und →*musiquette* entstand und Elemente von →Extravaganza, →Vaudeville, →Pantomime, →Ballett, →Operette, →Revue, →Minstrelshow und →Jazz bis hin zur →Rock-Musik in sich vereint
Musicalclown (engl. *musical clown*): musikalischer Clown, dessen Späße auf komisch und grotesk gestalteten, virtuos beherrschten Musikdarbietungen beruhen
musical comedy, musical play (engl.): musikalisches Lustspiel, →Musical
musical saw (engl.) →Singende Säge
musica mensurabilis, musica mensurata (lat.) →Mensuralmusik
musica naturalis (lat.): die natürliche, weniger kunstvoll gestaltete Musik der →Spielleute
musica nova (lat.), **musica nuova** (ital.): neue Musik
musica para tecla (span.): Klaviermusik
musica piana (ital.), **musica plana** (lat.): →*cantus planus* (1.)
musica poetica (lat.): die →Kompositionslehre des 15.– 18. Jh., die von einigen zeitgenössischen Theoretikern auch als Teil der →*musica practica* behandelt wurde
musica popolare (ital.): Volksmusik
musica practica (lat.): die auf die praktische Musikausübung bezogene Kompositions- und Gesangslehre des 15.–18. Jh., in der einige zeitgenössische Theoretiker auch nur die grundlegende (Schul-)Gesangslehre sahen
musica profana (lat., ital.): weltliche Musik

musica reservata (lat. = vorbehaltene Musik): im 16./17. Jh. uneinheitlich angewandte Bezeichnung für eine Reihe von Werken der vokalen Kammermusik, die aufgrund ungewöhnlicher kompositionstechnischer Mittel oder ausdrucksmäßiger Übersteigerung nur einem ausgewählten Kreis von Musikkennern zugänglich waren

musica sacra (lat., ital.): →Kirchenmusik; geistliche Musik

musica strumentale (ital.) →Instrumentalmusik

musica theor(et)ica (lat.): die ausschließlich theoretisch betrachtende Musiklehre des 15.–18. Jh.; →Musiktheorie

musica viva (lat., ital. = lebendige Musik): **1.** allgemein für zeitgenössische Musik
2. Bezeichnung für Konzertreihen sowohl mit Werken des zeitgenössischen Schaffens als auch mit lebendig gebliebenen Werken des musikalischen Erbes

musica vocale (ital.) →Vokalmusik

music box (engl.): Musikautomat zum Schallplattenabspiel nach Vorauswahl und Münzeinwurf, geschäftsmäßig betrieben besonders in öffentlichen Gaststätten; in jüngster Zeit zunehmend verdrängt durch die →Diskothek

music for tape (engl. = Musik für Tonband): besonders in den USA verbreitetes Verfahren der →elektronischen Musik, das konkrete Klänge bzw. Geräusche (→*musique concrète*) mit elektronisch erzeugten Klängen und Geräuschen mischt

music-hall (engl. = Musikhalle): Varietétheater, Unterhaltungsbühne

musiche (ital.): →Musikalien, Noten

musician (engl.), **musicien** (franz.): Musiker

musicista, musico (ital.): Musiker

musicografo (ital.) →Melograph

musicologia (ital.), **musicologie** (franz.), **musicology** (engl.) →Musikwissenschaft

music on stage (engl.) →Bühnenmusik

musicoterapia (ital.), **musico thérapie** (franz.) →Musiktherapie

music power (engl.), *Musikleistung*: *EAk* häufig angegebene Nenngröße für die Leistung eines →Verstärkers, die jedoch im Gegensatz zur →Sinusleistung nicht als geeignetes Maß für den Vergleich der Ausgangsleistungen verschiedener Verstärker gelten kann

music publisher (engl.): Musikverleger, →Musikverlag

music roll (engl.): Notenblatt

musicus (lat.) →Musikus

Musik (griech. *musiké techné* = Kunst der Musen), *Tonkunst*: Kunstdisziplin, deren Gegenstand sich im Prozeß der Auswahl und Systematisierung naturgegebener oder aus der Natur abzuleitender Töne, Klänge und Geräusche (→Akustik) und deren zeitlicher, räumlicher, formaler und künstlerisch-schöpferischer Zusammenfügung (→Kompositionslehre, →Musiktheorie) in ihrem gesellschaftlichen Bezug auf den Menschen (→Musikästhetik) klingend als Objekt sinnlicher Wahrnehmung und geistigen Erfassens durch den Hörer realisiert

Musikästhetik: Teilgebiet der systematischen →Musikwissenschaft, das sich mit Wesen und Funktion der Musik sowie den Beziehungen des Menschen zu der im musikalischen Kunstwerk widergespiegelten Wirklichkeit befaßt

Musikalien: Notendrucke und -handschriften sowie Schriften über Musik, aber auch die Gesamtheit der zur Musikausübung notwendigen Hilfsmittel einschließlich der Musikinstr. und deren Zubehör; im engeren Sinne nur die Notendrucke (umgangssprachlich: Noten)

Musikaliendruck →Notendruck

musikalische Graphik: eine der Aufzeichnung musikalisch deutbarer Sachverhalte dienende zeichnerische Darstellung, die als „mehrdeutige Notation" (Haubenstock-Ramati) der Anregung für die assoziative Umsetzung in musikalische Aktionen der →Aktionsnotation nahesteht und das eigentliche „Komponieren" dem Interpreten überläßt

Musikant: Instrumentalist, Orchestermusiker; im 16.–18. Jh. der fahrende Musiker (→Spielmann)

Musikautomaten →mechanische Musikinstr.; →*music box*

Musikbibliographie (*Bibliographie* griech. = Bücherbeschreibung): erläuternde, empfehlende, vergleichende und wertende Beschreibung des Musikschrifttums bzw. der →Musikalien; im besonderen ein alphabetisch oder sachlich geordnetes Verzeichnis zu speziellen Fachgebieten der Musikliteratur. →Diskographie

Musikbibliothek (*Bibliothek* griech. = Bücherbehältnis): planmäßig angelegte, durch Kataloge und →Musikbibliographien systematisch erschlossene Sammlung von Musikliteratur, Musikzeitschriften, Notendrucken und -handschriften, Briefen, Dokumenten und bildlichen Darstellungen zur Musik, Mikrofilmen und Tonträgern (Schallplatten, Tonbändern, Tonfilmen) mit Musikaufzeichnungen. →Diskothek

Musikbogen, *Musikstab*: altüberlieferte einfache Saiteninstr. (→Zithern), deren (meist nur einzig vorhandene) Saite zwischen den Enden eines Stabes gespannt ist (= *Stabzithern*), der als Saitenträger entweder biegsam und schießbogenartig gebogen (= *Musikbogen*) oder starr und gerade (= *Musik-*

stab) ist; M. werden mit einem Stäbchen angeschlagen, angestrichen oder mit dem Finger angerissen

Musikdiktat: das im Rahmen der →Gehörbildung zur Schulung des musikalischen Auffassungsvermögens dienende Vorspiel oder Vorsingen kleinerer Musikbeispiele, die der Lernende notenschriftlich wiederzugeben hat

Musikdirektor, MD: Titel des musikalischen Leiters eines Orchesters, Opernensembles oder Chores; als *director musices* ursprünglich Amtsbezeichnung für den höchsten musikalischen Leiter in einer Stadt. Heute auch städtischer M., Kirchen-M. und Universitäts-M.

Musikdrama: eine die dramatisch-musikalische Aussage hervorhebende, durchkomponierte →Oper, in der Dichtung, Musik und szenische Darstellung eine untrennbare Einheit bilden (Gesamtkunstwerk); bevorzugt angewandt auf das Opernschaffen R. Wagners

Musikdruck →Notendruck

Musikelektronik: Spezialgebiet der →Elektronik, das die elektronische Tonerzeugung (→elektronische Musikinstr., →Tonfrequenzgeneratoren), die elektrischen Übertragungs-, Verstärker- und Wiedergabeanlagen, sowie die Vielzahl elektrischer und elektronischer Zusatz- und Effektgeräte (z. B. Hallgerät, Klangfilter, Verzerrer) umfaßt

Musikerziehung: der Bereich der Persönlichkeitsbildung, der sich im System der allgemeinen Erziehung mit der Vermittlung musikalischer Kenntnisse und der systematischen Entwicklung musikalischer Fähigkeiten und Fertigkeiten befaßt; er reicht von der musikalischen Vorschulerziehung, dem Musikunterricht an allgemeinbildenden Schulen und in außerunterrichtlichen Arbeitsgemeinschaften über die Musik- und Jugendmusikschulen sowie Einrichtungen der Erwachsenenbildung bis zur Fachausbildung an Konservatorien bzw. Musikhochschulen mit ihren Spezialschulen für Musik sowie den musikwissenschaftlichen Fachbereichen der Universitäten

Musikethnologie: musikalische Volks- und Völkerkunde als Teilgebiet der historischen →Musikwissenschaft

Musikforschung →Musikwissenschaft

Musikgeschichtsschreibung: Hauptgebiet der historischen →Musikwissenschaft, das sich u. a. mit der Herausbildung der Musikkulturen, mit Erforschung und Darstellung ihrer geschichtlichen Entwicklung und nicht zuletzt mit der biographischen Forschung über Leben und Schaffen einzelner Musikerpersönlichkeiten befaßt

Musikgesellschaften: Vereinigungen zur Pflege der Musik und der musikwissenschaftlichen Forschung im nationalen und internationalen Rahmen; z. B. die Internationale Bach-Gesellschaft

Musikhochschule: höchste künstlerische Lehranstalt zur Ausbildung von Berufsmusikern und Musiklehrern; →Konservatorium

Musikinstrumente (lat. *instrumentum* = Werkzeug): handwerklich oder industriell hergestellte „Arbeitsgeräte" zur Erzeugung musikalisch nutzbaren Schalls, die allgemein in →Blas-, →Saiten- und →Schlaginstr. eingeteilt werden; zur systematischen Ordnung der M. →Instrumentenkunde

Musikkassette, *Magnetbandkassette* →Kassettenrecorder

Musikkorps, *Musikzug* →Harmoniemusik, →Militärmusik

Musikkritik: die Gesamtheit der in Zeitschriften, Tageszeitungen, Funk und Fernsehen veröffentlichten und für ein breites Publikum bestimmten Beurteilungen musikalischer Werke und deren Interpretation sowie wertenden Betrachtungen zu aktuellen Fragen des Musiklebens, wie Aufführungspraxis, Spielplangestaltung, Konzertplanung u. a.

Musiklehre, allgemeine: die grundlegende Kenntnisse auf dem Gebiet der →Musiktheorie (Elementartheorie) vermittelnde handwerkliche Fachlehre der Musik

Musikleistung →*music power*

Musiklexikon (griech. *lexis* = Wort, Ausdruck): alphabetisch geordnetes Nachschlagewerk für das Gebiet der Musik; in der Regel getrennt als Sach- (bzw. Real-) und Personen-Lexikon. Die Vermittlung eines Überblicks über das Gesamtwissen zu einem Fachgebiet obliegt der *Enzyklopädie*

Musikmeister: Titel für einen (eine Bataillonsmusik leitenden) Militärkapellmeister

Musikologie →Musikwissenschaft

Musikpsychologie: das die →Tonpsychologie einschließende Teilgebiet der systematischen →Musikwissenschaft, das sich mit den spezifischen Gesetzmäßigkeiten der Auswirkung psychisch-geistiger Prozesse auf die verschiedenen Bereiche der musikalischen Praxis befaßt; →Rezeption

Musikschule: künstlerische Lehranstalt für die musikalische Ausbildung von begabten Kindern, Jugendlichen und auch Erwachsenen zur Entwicklung musikalischer Fähigkeiten und Fertigkeiten für die künstlerische Selbstbetätigung oder zur Vorbereitung auf ein Musikstudium. →Musikerziehung

Musiksoziologie: Teilgebiet der systematischen →Musikwissenschaft, das sich im Zusammenwirken der Gesellschaftswissenschaften mit den gesellschaftlichen Voraussetzungen der Musik und den Bindungen des musikalischen Kunstwerkes an die allgemeinen Gesetze der gesellschaftlichen Entwicklung befaßt; dazu zählt u. a. die Erforschung und Entwicklung echter musikalischer Bedürfnisse. →Rezeption

Musikstab →Musikbogen

Musiktheater: **1.** zusammenfassende Gattungsbezeichnung für Bühnenwerke, in denen Wort, Handlung und Musik auf vielgestaltige Art miteinander verbunden sind: →Oper, →Musikdrama, episches M., →Funkoper, →Ballett u. a.

2. charakteristischer Aufführungsstil musikalischer Bühnenwerke, dem eine realistische Gestaltungsmethode zugrunde liegt, die dazu dient, „das Musizieren und Singen auf der Bühne zu einer überzeugenden, wahrhaften und unentbehrlichen menschlichen Äußerung zu machen" (W. Felsenstein)

Musiktheorie: **1.** die handwerkliche Fachlehre der Musik mit der allgemeinen →Musiklehre, der darauf aufbauenden →Harmonie- und →Tonsatzlehre, →Melodielehre, →Formenlehre, →Instrumentationslehre, →Metrik, →Rhythmik sowie den →Musizieranweisungen und →Vortragsbezeichnungen

2. als Theorie der Musik ist sie Teilgebiet der systematischen →Musikwissenschaft mit musikalischer →Akustik, →Tonphysiologie, →Ton- und →Musikpsychologie, →Musikästhetik, Musikphilosophie und →Musiksoziologie

Musiktherapie: medizinisch-psychologische Methode der Heilbehandlung psychischer Störungen mit Hilfe der Musik

Musikus (lat. *musicus*): umgangssprachlich für (Unterhaltungs-) Musiker; bis ins 18. Jh. der theoretisch ausgebildete und schöpferische Musiker

Musikverlag: Spezialbetrieb, der sich im Rahmen des Verlagswesens mit der Entwicklung, Herstellung und Verbreitung von Musikalien, Büchern und Broschüren über Musik, Musikzeitschriften und zunehmend auch von Musikaufzeichnungen auf Tonträgern (Schallplatte, Tonband) befaßt und die Rechte seiner Autoren (z. B. bei Lizenzvergaben) vertritt. Dem M. ist häufig eine Leihabteilung für die leihweise Abgabe von Aufführungsmaterialien größerer Werke (→Kleines Recht) sowie ein Bühnenvertrieb angeschlossen, der die →Aufführungsrechte an musikalischen Bühnenwerken (→Großes Recht) wahrnimmt

Musikwissenschaft, *Musikforschung*, *Musikologie*: die Wissenschaft von der Musik, die sich im System der Gesellschaftswissenschaften mit den sich ständig erweiternden Erkenntnissen über Wesen, Entwicklung und Wirkung der musikalischen Kunst in Abhängigkeit von der sozialökonomischen Entwicklung befaßt; Hauptgebiete sind historische und systematische M. mit der Vielfalt der ihnen zugeordneten Wissenschaftsbereiche wie →Musikgeschichtsforschung, →Musikethnologie, →Instrumentenkunde, →Musiktheorie, musikalische →Akustik, →Tonphysiologie, →Ton- und →Musikpsychologie, →Musikästhetik, Musikphilosophie und →Musiksoziologie

Musikzug, *Musikkorps* →Harmoniemusik, →Militärmusik

musique (franz.): Musik; →Musikalien, Noten

musique à programme (franz.) →Programmusik

musique concrète (franz. = konkrete Musik): um 1950 in Paris (Pierre Schaeffer) entwickeltes, von traditionellen musikalischen Vorstellungen losgelöstes Verfahren der Nutzung elektroakustisch aufgezeichneter, in der Natur tatsächlich vorhandener, aber auch elektronisch erzeugter (→elektronische Musik) Geräusche, Laute, Klänge und Töne als Ausgangsmaterial („klingende Objekte") für durch Auswahl, Zusammensetzung, Mischung und technische Manipulationen mit besonders konstruierten Geräten (Phonogen, Morphophon) gelenkte Klangmontagen; m. c. hat besonders in der angewandten Musik in Rundfunk, Film, Fernsehen und Theater (u. a. auch als „Geräuschkulisse") Verbreitung gefunden

musique contemporaine (franz.): zeitgenössische Musik

musique légère (franz.) →Unterhaltungsmusik

musiquette (franz.): leichte, unterhaltende Musik; auch kleines →Singspiel oder kleine →Operette

musique turque (franz.) →Janitscharenmusik

musisch: 1. künstlerisch; künstlerisch veranlagt, gebildet oder tätig

2. gegenüber der Kunst aufgeschlossen, kunstempfänglich

3. den Musen geweiht

muta in... (lat., ital. = verändern in...): **1.** *MA* zur Veränderung der Stimmung, besonders bei Pauken und transp. Blasinstr.

2. *MA* zum Wechsel des Instr. (z. B. *flauto muta in piccolo*)

mutanza (ital. = Veränderung): **1.** im 16. Jh. allgemein für →Variation

2. im engeren Sinne eine kleine Solotour als Variante im Gesellschaftstanz des 16. Jh.

Mutation (lat. *mutatio* = Veränderung), **Mutierung:**

1. der durch ein schnelles Wachstum des Kehlkopfes bedingte Stimmwechsel während der Geschlechtsreife; er verwandelt die Knabenstimme zur Bariton- oder Baßstimme (etwa bei zwei Dritteln) oder zur Tenorstimme (etwa bei einem Drittel)

2. beim Instrumentalspiel die durch Musizieranweisung (→*muta in...*) geforderte Veränderung der Stimmung (z. B. bei Pauken, Horn), der Instrumentenwechsel, aber auch der

Lagen- bzw. Positionswechsel (bei Streichinstr., Posaune) **3.** in der mittelalterlichen →Solmisation die Umdeutung eines Tones und der damit ermöglichte Übergang in ein anderes →Hexachord **4.** →Permutation

mute (engl.): **1.** *MA* dämpfen **2.** →Dämpfer

muted (engl.): *MA* gedämpft, mit Dämpfer

muto (ital.): *MA* stumm, tonlos

Mysterien, Mysterienspiele (griech. *mysterion* = Geheimkult): mittelalterliche Spiele, die geistliche oder auch historische Themen außerhalb des Kirchenraumes in Handlung, Text und Musik darstellten; →liturgisches Drama

mystischer Akkord →synthetischer Akkord

N

nacaire (altfranz.), **nacchera** (ital.): kleine Handpauke oriental. Herkunft

nacchera cilindrica (ital.): →Röhrenholztrommel

nacchera per batteria (ital.): →Holzblock; vgl. *blocco di legno (cinese)*

nacchere, *castagnette* (ital.) →Kastagnetten

nacchere a manopola (ital.) →Stielkastagnetten

Nachahmung →Imitation

Nachhall: *Ak* das Abklingen eines Schallereignisses nach Abbruch der Zufuhr von Schallenergie unter den spezifischen akustischen Gegebenheiten (→Hall, →Absorption, →Dämpfung) eines Raumes. Ein vollständig mit hundertprozentig schallschluckendem Material ausgestalteter Raum hat keinen N. (= schalltoter Raum)

Nachhallzeit: *Ak* die Zeit, in der die Schallenergie vom millionenfachen Wert der →Reizschwelle auf deren einfachen Wert absinkt; die N. ist frequenzabhängig und in einer Nachhallkurve darstellbar. Für die Wiedergabe von Musik wurde (bezogen auf eine Frequenz von 500 Hertz) als unterste Zeitgrenze eine N. von 0,8 sec. ermittelt; optimal wird sie entsprechend den Besonderheiten des darzubietenden Werkes mit 1,4 bis 2,2 sec. angegeben

nachklassischer Blues, *postklassischer Blues*: die in den 30er Jahren an den klassischen volkstümlichen Blues (→*city blues*) anschließende weniger bedeutende Übergangsepoche (→*sophisticated blues*) zum zeitgenössischen Blues

Nachsatz: 1. in der Formenlehre der dem →Vordersatz folgende und harmonisch auf diesen bezogene, häufig viertaktige zweite Abschnitt eines periodisch gebauten →Satzes (→Periode)
2. →Hintersatz

Nachschlag: Verzierung **(1.)** durch eine oder mehrere einer Hauptnote nachgesetzte und deren Wert entsprechend verkürzende Nebennote(n), die an die Hauptnote angebunden werden
(2.) zum Abschluß eines →Trillers durch einmaliges Berühren der unteren Nebennote; heute meist in kleinen Notenwerten ausgeschrieben

Nachschleife: heute meist in kleinen Notenwerten ausgeschriebener Trillerabschluß (→Nachschlag [2.]), der ursprünglich mit einem kleinen Bogen am Ende des Trillerzeichens notiert wurde:

Nachspiel (lat. *postludium*): **1.** der einen Liederzyklus oder ein größeres Vokalwerk abschließende, vom Begleitinstr. oder Orchester ausgeführte Schlußteil
2. das als zumeist feierliches Schlußstück einen Gottesdienst abschließende, dem Ablauf des Kirchenjahres entsprechend ausgewählte Orgelstück

Nachtanz: der einem langsamen, geradtaktigen Schreittanz (→Vortanz) folgende schnelle, ungeradtaktige →Springtanz in den paarweisen Tanzzusammenstellungen (→Tanzpaar) des 15.–17. Jh.; als N. treten häufig auf: →Galliarde, →Courante, →Saltarello, →Hupfauf, →Proportz, →Tripla

Nachthorn, Nachtschall: ⟨*Orgelregister*⟩ Lippen- und auch Zungenpfeifen (4′, 2′, 1′) aus Metall, sehr weite Mensur; tragender weicher Klang

Nachtigall, Nachtigallenschlag, *Vogelpfeife*: →Effektinstr. zur Nachahmung des Nachtigallenschlags

Nachtoffizium →Matutin

Nachtstück →Nocturne

Nadelgeige →Nagelgeige

Nadelgeräuschfilter: *EAk* elektrisches Bauelement, das als Tiefpaß (→Filter) die besonders beim Abspiel älterer Schellack-Schallplatten auftretenden und fast nur aus hohen Frequenzen bestehenden Nadelgeräusche unterdrückt, dabei aber gleichzeitig mit der Unterdrückung von Obertönen die Wiedergabequalität herabsetzt

Nadeltonverfahren: Verfahren zur mechanischen Aufzeichnung und Wiedergabe von Schallinformationen auf Phonogrammwalzen (→Phonograph) und →Schallplatten. Zur *Aufzeichnung* wurden die Schallwellen beim ursprünglich mechanisch-akustischen Verfahren durch einen Schalltrichter direkt auf die Membran der Schneiddose gelenkt, deren Stichelspitze die spiralförmige Tonrille in →Tiefenschrift bzw. in seitlicher Auslenkung (→Seitenschrift) in das Wachs von Walze bzw. Platte ritzte. Mit Einführung des elektrischen Aufnahmeverfahrens (1925) wurden die seit 1922 in Verbindung mit dem Rundfunk eingeführten elektroakustischen →Schallwandler für eine Ausweitung des Frequenzbandes von bisher 600–2000 Hz auf 100–5000 Hz genutzt. Der heutigen →Schallplattenherstellung liegt die technisch hochwertige Bandaufnahme (→Magnettonverfahren) mit einem Frequenzbereich von etwa 20–30 000 Hz und einer Dynamik von 70 dB zugrunde. Die *Schallplattenwiedergabe* erfolgt beim modernen →Plattenspieler über elektromechanische →Tonabnehmer, deren →Abtastnadel einen der Rillenbreite der abzutastenden Schallplatte angepaßten Verrundungsradius (Normalrillenplatten 40–60 µm, Mikrorillenplatten etwa 25 µm, Stereoplatten 12–18 µm) aufweisen muß. Die →Auflagekraft der mit den entsprechenden →Abtastsystemen ausgestatteten Tonarme sollte 25, 10 bzw. 4 p nicht übersteigen. Neue technische Entwicklungen ermöglichen mit dem N. auch die Speicherung von Bild-Ton-Informationen auf der →Videoschallplatte sowie Schallplattenaufnahmen in →Quadrophonie

Nänie (lat. *nenia*): Trauergesang; ursprünglich röm. Klagelied der weiblichen Familienangehörigen eines Verstorbenen bei dessen Begräbnis

Nafîr: kleine ventillose arab. Trompete

Nagelgeige, *Eisenvioline* (ital. *violino di ferro*), *Nadelgeige*: ⟨*Friktionsinstr.*⟩ im 18. Jh. konstruiertes Instr., dessen 12–24 in einem halbmondförmigen Schallkasten geschlagene abgestimmte Eisendrahtstifte unterschiedlicher Länge und Stärke mit einem Streichbogen seitlich angestrichen werden. →Nagelklavier

Nagelklavier, Nagelharmonika: ⟨*Friktionsinstr.*⟩ 1791 aus der →Nagelgeige entwickeltes Instr., dessen Klaviatur beim Niederdruck der Tasten ein durch Fußbedienung (Pedal) in rotierender Bewegung gehaltenes Leinenband gegen die entsprechenden Eisendrahtstifte drückt und diese anreibt; der Klang ähnelt dem der →Glasharmonika

Nâgarâ: bengal. Einfelltrommel; turkest. Pauke

nail fiddle, nail violin (engl.) →Nagelgeige

nail harmonica (engl.) →Nagelklavier

Naqqarat (arab.): kleine arab. Pauke; Schlaginstr.

narrante, narrativo (ital.): *VB* erzählend

Nasat, Nasard: ⟨ *Orgelregister* ⟩ Lippenpfeifen (Quintregister $5\frac{1}{3}'$, $2\frac{2}{3}'$, $1\frac{1}{3}'$) aus Metall, weite Mensur; zarter näselnder Klang

national anthem (engl.) →Nationalhymne

Nationalhymne, *Staatshymne*: bei feierlichen Anlässen, Veranstaltungen des staatlichen Protokolls und internationalen Sportwettkämpfen öffentlich gespielter oder gemeinsam gesungener, in der Regel strophischer Gesang, dem eine in gehobener Sprache abgefaßte Dichtung von hoher politischer Symbolkraft zugrunde liegt

national song (engl.) →Volkslied

natürliche Stimmung, *reine Stimmung* →harmonisch-reine Stimmung

natural (engl.), **naturel** (franz.): **1.** →Auflösungszeichen **2.** →*naturale*

naturale (ital.): **1.** *VB* natürlich, ungekünstelt **2.** *MA* (wieder) natürlich, nach vorangegangener *MA*

Naturhorn: →Horn ohne Züge (Setzstücke), Tonlöcher, Klappen oder Ventile, auf dem nur die →Naturtöne hervorgebracht werden können

Naturinstrumente: veraltete Bezeichnung vornehmlich für →Blechblasinstr. ohne Züge (Setzstücke), Klappen oder Ventile, auf denen im Gegensatz zu den →chromatischen Instr. nur die →Naturtöne hervorgebracht werden können

Naturskala, Naturtonreihe: die →Obertonreihe mit ihrem Grundton; vgl. →Partialtonreihe

Naturtöne: bei Blasinstr. die ohne Verkürzung oder Verlängerung des Schallrohres beim →Überblasen über dem Grundton entstehenden →Obertöne; →Naturinstrumente

Naturtrompete: →Trompete ohne Züge (Setzstücke), Klappen oder Ventile, auf der nur die →Naturtöne hervorgebracht werden können; vgl. Naturhorn

Nây (pers. = Blasinstr.): altüberlieferte arab. →Längsflöte

Neapolitanischer Sextakkord, Neapolitaner: der besonders für die neapolitanische Oper des 18. Jh. typische Scheinsextakkord mit der kleinen (tiefalterierten) Sexte (= *Neapolitanische Sexte*) im Moll-Subdominantakkord, der sich zur Dominante auflöst;
z. B. in c-Moll: 

Nebel →Nevel

Nebendominanten →Zwischendominanten, →Zwischenharmonien

Nebendreiklänge, Nebenharmonien: die auf der 2., 3. und 6. Stufe einer Tonleiter aufgebauten Dreiklänge, deren Grundtöne im Terzabstand (kleine Terz = →Parallelklänge, große Terz = →Gegenklänge) zu denen der drei →Hauptdreiklänge stehen; die N. können diese als *Vertreterklänge* (→Trugschluß) ersetzen

Nebennoten: die einen Harmonieton (→Hauptton) nach oben oder unten, meist im Abstand einer großen oder kleinen Sekunde umspielenden →Verzierungen; vgl. auch →Nebentöne

Nebenregister: klingende Register der Orgel mit nur wenigen Tönen, die allein durch den Registerzug und nicht durch Tastendruck betätigt werden, wie z. B. Kuckuck, Vogelsang, Zimbelstern

Nebensept(imen)akkorde: die leitereigenen Vierklänge mit Ausnahme des →Dominantseptakkordes

Nebenthema, *Seitenthema*: **1.** dem →Hauptthema einer Komposition zugeordneter musikalischer Nebengedanke;
2. in der →Sonaten(haupt)satzform das in der Dominant- oder Paralleltonart oder auch der →Mediante (→Nebentonarten) stehende, für die thematische Arbeit (→Durchführung) weniger bedeutsame 2. Thema, im →Rondo das →Zwischenthema. →Seitensatz, →Exposition

Nebentöne: unbetonte harmoniefremde Töne bei →Vorhalt, →Durchgang, →Wechselnote und Vorausnahme (→Antizipation); vgl. auch →Nebennoten

Nebentonarten, *Seitentonarten*: die neben der Haupttonart (→Grundtonart) in einer Komposition vorherrschenden und mit dieser verwandten weiteren Tonarten, die als Dominant- oder Paralleltonart oder als →Mediante u. a. dem →Nebenthema zugrunde liegen

negligente (ital.): *VB* nachlässig, flüchtig

negro minstrels (engl.): weiße nordamerik. →Spielleute, die sich Gesicht und Hände schwärzten und als Einzeldarsteller im 19. Jh. Lebens- und Verhaltensweisen der Neger kopierten und in den →*extravaganzas* karikierten; neben der Parodie von →*plantation songs* dienten →Cakewalk und →*coon song* als bevorzugte Gestaltungsmittel. →*minstrelsy*

negro minstrelsy (engl.) →*minstrelsy*

Negro spiritual (engl.), **négro spirituel** (franz.): das ursprünglich einstimmige, meist in solistischem Wechselgesang improvisierte volkstümliche geistliche Lied der nordamerik. Neger, das im 19. Jh. unter dem Einfluß der →*white spirituals* in Verbindung mit der europ. Kirchenliedtradition entstand und Elemente der afroamerik. Negerfolklore einbezieht; charakteristisch für das echte volkstümliche Spiritual ist eine zum Gesang ausgeführte Art wiegenden Reigentanzes, begleitet durch Händeklatschen und Fußstampfen im →*off-beat*-Rhythmus mit direkter Beziehung zum volkstümlichen

→Old-Time-Jazz. Die Texte drücken häufig in biblisch verschlüsselter Form die Wünsche und Hoffnungen der um ihre Freiheit kämpfenden versklavten Neger aus. →Gospelsong; →*jubilee*

Nenie, Nenia →Nänie

Neo-Bechstein-Flügel: ⟨*elektrisches Musikinstr.*⟩ um 1930 entwickelter (W. Nernst) Konzertflügel der Firma Carl Bechstein ohne eigenen Resonanzkörper mit herkömmlicher mechanischer Tonerzeugung, bei der die Anschlaggeräusche durch Verwendung von Mikrohämmern vermindert wurden, mit elektromagnetischer Schwingungsabnahme (→Tonabnehmer), elektrischer Klangbeeinflussung (→Klangfilter) und Verstärkung (→Verstärker) sowie Schallabstrahlung über Lautsprecher

Neper, Np (*N, np*): *Ak* Maßeinheit für die mit dem natürlichen Logarithmus des Verhältnisses zweier aufeinanderfolgender Amplituden (A_n und A_{n+1}) gemessene →Dämpfung oder →Verstärkung eines Schwingungssystems, benannt nach dem schottischen Mathematiker J. Napier; danach gilt

$$1 \text{ Np für } \frac{A_n}{A_{n+1}} = e = 2{,}71828\ldots$$

netto (ital.): *VB* rein, sauber, deutlich

Neumen (griech. = Winke), **Neumenschrift:** den cheironomischen Zeichen (→Cheironomie) und antiken Akzentzeichen nachgebildete linienlose Notationszeichen (= *adiastematische* Tonbewegungszeichen) des 9.–12. Jh., mit denen zur Gedächtnisstütze das Steigen und Fallen einer einstimmigen Melodie in enger Anlehnung an den liturgischen Text und dessen Akzentuierung aufgezeichnet wurde; der Übergang zur mit Linien (→Notenliniensystem) versehenen Tonartschrift erfolgt mit den *diastematischen* N. im 11./12. Jh. →Choralnotation (2.)

neuvième (franz.) →None

Nevel, *Nebel* (hebr.): altüberlieferte hebr. Bogenharfe, ähnlich dem griech. →Psalterium; wichtigstes antikes Saiteninstr. neben dem →Kinnor

New-Orleans-Jazz, New-Orleans-Stil: der erste eigenständige Musizierstil des Jazz (→Old-Time-Jazz), den negerische und kreol. Musiker um 1890 in New Orleans, dem Zentrum der Südstaaten der USA, unter dem Einfluß von →archaischem Jazz (besonders dem →*street band jazz*), →Blues und →Ragtime entwickelten; bis zur Schließung des Vergnügungszentrums Storyville (1917) ist er mit der Herausbildung der klassischen →Jazzband mit Melodie- (→*melody section*) und

Rhythmusgruppe (→*rhythm section*), der →Kollektivimprovisation und der Ausprägung der →*hot*-Intonation die wichtigste Musizierrichtung in der Stilperiode des →klassischen Jazz. Ebenso wie seine frühzeitige Nachahmung durch den →Dixieland-Jazz wurde der N. in den 20er Jahren von →Chicago-Jazz und →Swing abgelöst, bis er Ende der 30er Jahre in der →New-Orleans-Renaissance in seiner ursprünglichen Vitalität wieder auflebte

New-Orleans-Renaissance: das Ende der 30er Jahre als Reaktion auf den →Swing einsetzende Wiederaufleben von →New-Orleans-Jazz und →Dixieland-Jazz (→*dixieland revival*) als klassische Musizierstile des volkstümlichen →Old-Time-Jazz, das mit einem breiten Interesse für die Frühgeschichte des Jazz und dessen Dokumentation verbunden war

New Wave (engl. = Neue Welle): seit 1976/77 undifferenziert verwendete Bezeichnung für

(1.) den u. a. an →Hard Rock und →Heavy Rock anschließenden →Punk Rock

(2.) eine sich von den „überelektronisierten“ Erscheinungsformen lösende und wieder den (elektrisch verstärkten) natürlichen Instrumentalklang bevorzugende Musizierweise der →Rock-Musik

NF-Verstärker, *Tonfrequenz-Verstärker* →Verstärker

nichtlineare Verzerrungen: *Ak* Verformungen der Schwingungskurve einer Schallinformation aufgrund der in verzerrenden Übertragungsgliedern (z. B. Röhren oder Halbleiter mit gekrümmter Kennlinie im →Verstärker) unerwünscht auftretenden →Oberschwingungen (→Harmonische), die innerhalb des menschlichen Hörbereichs sowohl in elektroakustischen Übertragungssystemen als auch im menschlichen Ohr selbst zu einer Verfälschung des ursprünglichen Klangbildes führen können. Meßgrößen sind Intermodulations- und Klirrgrad (→Klirrfaktor)

nichtstationäre Vorgänge →Ausgleichsvorgänge

Niederfrequenz, NF: Bereich der Wechselströme und -spannungen mit Frequenzen unter 20 kHz; bezeichnet als *Tonfrequenz* umfaßt er damit die Frequenzen des menschlichen Hörbereichs von 16–20 000 Hz. →Modulation

Niederfrequenzgenerator →Ton(frequenz)generator

Niederfrequenzverstärker, *Tonfrequenzverstärker* →Verstärker

niente (ital.) →*al niente*

Nierencharakteristik: →Richtcharakteristik bei →Mikrophonen

Nietenbecken, *Zischbecken*, *Sizzle-Becken* (engl. *sizzle cymbal*): ⟨*Schlaginstr.*⟩ Einzel-→Becken mit 6–12 an der Peripherie der Scheibe lose angebrachten Nieten, die beim Anschlag den charakteristischen *sizzle*-(= Zisch-)Effekt ergeben

nightingale (engl.) →Nachtigall

ninnananna (ital.) →Wiegenlied

Nô (jap. = Kunst, Fertigkeit), **Nô-Spiel**: streng stilisiertes lyrisches Chordrama des klassischen jap. Theaters mit Gesang, Tanz, Pantomime und gesprochenem Wort, begleitet von einem kleinen, aus Flöte (= Nô-kan), zwei sanduhrförmigen Zweifelltrommeln (= Ko- und Ô-tsuzumi) und einer Faßtrommel (= Taiko) bestehenden Instrumentalensemble

nobile, con nobilità (ital.): *VB* edel, vornehm, prächtig; mit Adel

nocca (Mz. *nocche*, ital. = Knöchel): *MA* mit dem Knöchel

Nocturne (franz. = Nachtstück), *Notturno* (ital.), *Nokturno*: von John Field (1814) eingeführte Bezeichnung für ein lyrisches, stimmungsvolles →Charakterstück für Klavier; in ursprünglicher Bedeutung (= Notturno) – bis etwa 1800 ausschließlich, aber auch späterhin beibehalten – ein zu nächtlicher Freiluftmusik bestimmtes mehrsätziges Instrumentalstück beliebiger Besetzung (bevorzugt jedoch für Bläser), wie →Serenade, →Divertimento, →Kassation, →Partita u. a.

Noël (franz. = Weihnachten, Weihnachtslied): in Frankreich altüberlieferte, inhaltlich besonders auf die Hirtenerlebnisse der Weihnachtsgeschichte bezugnehmende weihnachtliche Musik, die als strophisches Lied, Chor, Instrumentalbearbeitung (bevorzugt für Orgel) oder geistliches Spiel ursprünglich liturgische oder volkstümliche Melodien übernahm

noire (franz. = schwarze): schwarze Note, Viertelnote

Nokturn (lat. *hora nocturna* = nächtliche Gebetszeit) →Matutin

Nokturno: 1. →Nocturne **2.** Nokturn, →Matutin

Nomos (griech. = zugeteilte Ordnung, Gesetz): **1.** altgriech., vermutlich an den Ausdrucksmöglichkeiten des jeweiligen Begleitinstr. (→Aulos, →Kithara) orientiertes Melodiemodell; so ist für den *kitharodischen N.* des Terpander (7. Jh. v. u. Z.) entsprechend der 7saitigen Kithara ein 7töniges Tonsystem in 7teiliger Form bestimmend

2. ursprünglich die gesungene Melodie im Gegensatz zur versgebundenen Rezitation

Non (lat. *hora nona* = die neunte Stunde): die vierte der kleinen →Horen im →Offizium der röm.-kath. Liturgie

non allegro (ital.): *TB* nicht lebhaft; etwa im Zeitmaß von →*allegro (molto) moderato*

None (lat. *nona* = die neunte): **1.** die 9. Stufe in diatonischer Tonfolge; d. h. die →Sekunde über der →Oktave

2. →Intervall im Abstand von 9 Stufen mit einer (großen, kleinen, übermäßigen oder verminderten) Sekunde über der Oktave

Nonenakkord: Fünfklang aus vier übereinandergelagerten Terzen; beim *Dominant(sept)nonenakkord* als wichtigstem N. ist der →Dominantseptakkord um eine große bzw. kleine Terz, oder (auf den Grundton bezogen) eine große (= Dur) oder kleine None (= Moll) erweitert; Funktionssymbol $D_7^{9>}$

Nonett (lat. *novem* = neun): **1.** Komposition für neun Soloinstr., am häufigsten für Flöte, Oboe, Klarinette, Fagott, Horn und Streichquartett
2. Musiziergemeinschaft von neun Instrumentalsolisten

non legato (ital.): *MA* nicht gebunden; in musikalischer →Artikulation zwischen →*portato* und →*staccato*

non lento (ital.): *TB* nicht langsam, nicht schleppend; etwa im Zeitmaß von →*andante moderato*

non molto (ital.): nicht sehr

non molto mosso (ital.): *VB* nicht sehr bewegt

Nonnengeige →Trumscheit

non tanto (ital.): nicht so sehr

non troppo (ital.): nicht zu sehr

normale (ital.): *MA* regelrecht, vorschriftsmäßig; normal

Normalton →Normstimmton, →Kammerton

Normaltonleiter →Grundskala

Normstimmton, *Normalton*, *Kammerton*: der mit 440 Hertz (= Anzahl der Schwingungen pro Sekunde) für eine Lufttemperatur von +20 °Celsius auf der 1. Londoner Stimmtonkonferenz 1939 international vereinbarte Normstimmton a^1 (= Kammerton) unseres Tonsystems; obwohl nicht generell eingehalten, löst der Normstimmton örtlich, zeitlich und gattungsmäßig unterschiedene →Stimmtöne vergangener Jahrhunderte (→Operton, →Kammerton [2.]), →Chorton, →Kornetton) ab und korrigiert die nach der Wiener Festlegung von 1885 (a^1 = 435 Hz) erneut aufgetretene ständige Stimmtonerhöhung

nota (lat., ital.): Zeichen, Note

nota buona (ital. = gute Note): die auf den betonten (schweren) Taktteil fallende Note

nota cambiata (ital.) →Wechselnote

nota cattiva (ital. = schlechte Note): die auf den unbetonten (leichten) Taktteil fallende Note

nota lunga (ital.): die besonders lange ausgehaltene Note, meist notiert mit Fermate 𝄐 und dem Zusatz *lunga*

nota quadrata, nota romana (ital.): die viereckige Note der ital. (röm.) →Choralnotation

nota tenuta (ital.): ausgehaltene Note; vgl. *tenuto*

Notation (lat. *notatio* = Bezeichnung), *Notenschrift*: die Gesamtheit aller schriftlichen Musikaufzeichnung und der ihr dienenden Schriftzeichen und Symbole; entsprechend den historischen Gegebenheiten (z. B. →Buchstabentonschrift, →Choralnotation, →Mensuralnotation, →Tabulatur) ermöglicht sie die mehr oder weniger genaue Festlegung und Übermittlung der eigenen musikalischen Gedanken und überlieferten Musiktraditionen der jeweiligen Zeit und vermittelt uns in Verbindung mit gesicherten Kenntnissen der musikalischen →Aufführungspraxis annähernd zutreffende Vorstellungen von dem originalen Klangbild eines musikalischen Werkes. Wiederholte Versuche zu einer Reform (→Equiton, →Klavarscribo u. a.) unserer in der musikalischen Tradition gewachsenen Standardnotation blieben ohne nachhaltige Ergebnisse; dagegen führten Anpassungsbestrebungen an Kompositionstechniken des zeitgenössischen Musikschaffens zu ständigen Erweiterungen des Zeichenvorrats (u. a. →Aktionsschrift, Verbalnotation) und zur →musikalischen Graphik

Note (lat. *nota* = Zeichen): Schriftzeichen zur Aufzeichnung eines musikalischen Tones; in der heutigen →Notation mit genau festgelegten rhythmischen →Notenwerten

note cluster (engl.) →*cluster*

Notenbalken: Balkenlinie zur Verbindung der Notenhälse mehrerer aufeinanderfolgender Notenwerte kürzerer Dauer (mit →Notenfähnchen) unter Beachtung metrischer und musikalischer Zusammenhänge:

z. B.

In der Vokalmusik erfolgt diese Verbindung nur für die auf eine Textsilbe zu singenden Notengruppen

Notendruck, *Musikaliendruck*: die drucktechnische Vervielfältigung musikalischer Werke mit den durch die Verwendung unterschiedlicher Druckformen (→Notenstich, →Notensatz, →Notenschrift u. a.) bestimmten Druckverfahren. Noch neben den Anfängen des N. im Blockdruck des 15. Jh. wurde der auf beweglichen Drucktypen (→Notensatz) beruhende N. im *Hochdruck* eingeführt; seit dem 16. Jh. wurden die Abzüge von den im →Notenstich hergestellten Stichplatten im *Tiefdruck* gewonnen und im 19. Jh. war mit der →Autographie (→Notenschrift) dem *Flachdruck* der Weg bereitet; mit Hilfe phototechnischer Verfahren werden heute alle Arten von Druckformen für den N. auf mit einer lichtempfindlichen Schicht versehene Druckbleche übertragen, von denen der

Auflagendruck im *Offsetdruck* (= indirekter Flachdruck) erfolgt

Notenfähnchen: Teil der heutigen →Note, der bei gehalsten Noten mit ausgefülltem →Notenkopf zur Kennzeichnung der →Notenwerte kürzerer Dauer dient, wobei der Notenhals in der Praxis meist bis zu vier Fähnchen haben kann:

(1) (2) (3) (4)

(1) = Achtelnote (2) = Sechzehntelnote (3) = Zweiunddreißigstelnote (4) = Vierundsechzigstelnote

Notenhals: Teil der heutigen →Note, der bei Noten mit hohlem und ausgefülltem →Notenkopf zur Kennzeichnung der Notenwerte mittlerer Dauer dient; bei Noten auf und oberhalb der Mittellinie des →Notenliniensystems verläuft der N. in der Regel links vom Notenkopf abwärts, unterhalb der Mittellinie rechts vom Notenkopf aufwärts:

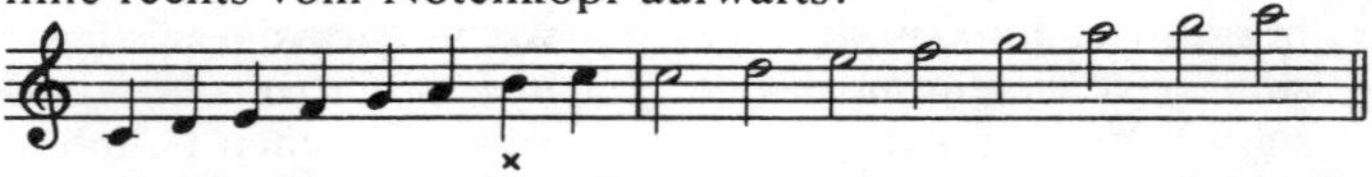

Abweichungen von dieser Notierung verlangt z. B. die mehrstimmige Notation innerhalb eines Notenliniensystems

Notenkopf: Teil der heutigen →Note, der entsprechend dem rhythmischen →Notenwert hohl oder ausgefüllt sein und sowohl →Notenhals als auch →Notenfähnchen (bei kürzeren Notenwerten) haben kann

Notenlinie: die einzelne Linie des →Notenliniensystems

Notenliniensystem, *Liniensystem*, *Notenzeile*, *Notensystem*, *System*: **1.** das als Hilfsmittel der →Notation dienende, heute aus 5 (von unten nach oben gezählten) parallelen, in gleichem Abstand gezogenen Linien bestehende Gerüst der Notenschrift; es ermöglicht unter Nutzung der Linien und Zwischenräume (Spatien) sowie der oberhalb und unterhalb hinzugefügten →Hilfslinien die genaue Festlegung von Intervallbeziehungen und mit Hilfe vorgezeichneter →Notenschlüssel von absoluten Tonhöhen

2. in Partituren, Orgel- und Klaviermusikausgaben das durch Klammern (→Akkoladen) zusammengefaßte System von zwei und mehr Notenzeilen gleichzeitig erklingender Stimmen oder Stimmgruppen

Notensatz: seit dem 15. Jh. gebräuchliches und im 18. Jh. wesentlich verbessertes Verfahren zur Herstellung von Druckformen für den →Notendruck durch Aneinanderfügen beweglicher und späterhin auch zerlegbarer Drucktypen im Handsatz, mit denen Linien und Noten ursprünglich in getrennten Arbeitsgängen zweifarbig (Doppeldruck: Linien rot, Noten schwarz) gedruckt wurden; im 16. Jh. wird für die →Mensuralnotation der einfarbig schwarze, häufig dreifache (getrennt für Text, Linien und Noten) Typendruck eingeführt (O. Petrucci) und schließlich im 18. Jh. durch die vielfältigen Zusammensetzungsmöglichkeiten von Einzelelementen der Linien und Noten mit zerlegbaren Drucktypen (J. G. I. Breitkopf) ein universeller Einsatz im Notendruck, besonders für Liederbücher und Notenbeispiele innerhalb größerer Textteile, möglich

Notenschlüssel (lat. *clavis signata*, ital. *chiave*, franz. u. engl. *clef*): von den Tonbuchstaben (→Buchstabentonschrift) abgeleitetes Zeichen, das, dem →Notenliniensystem vorangesetzt oder auch in diesem wechselnd verwendet (= Schlüsselwechsel), der betreffenden Notenlinie eine feststehende Tonhöhenbedeutung zuordnet und damit für die auf den Linien und in den Zwischenräumen des Notenliniensystems eingezeichneten →Noten die Festlegung absoluter Tonhöhen ermöglicht; →C-Schlüssel, →F-Schlüssel, →G-Schlüssel

Notenschrift: 1. →Notation **2.** die seit den Anfängen der →Notation gebräuchliche handschriftliche Vervielfältigung von Noten, die seit dem 19. Jh. zunehmend anstelle des →Notenstichs für die weniger aufwendige Herstellung von Druckformen für den →Notendruck angewendet wird; so bei der →Autographie und der N. auf Transparentpapier, die für Kleinstauflagen auch eine Vervielfältigung im Lichtpausverfahren ermöglicht. Die N. wird zunehmend abgelöst bzw. ergänzt durch die mit Stempel- oder Haftreibeverfahren ermöglichte Einbeziehung vorgefertigter Notationszeichen

Notenstich: seit dem 16. Jh. gebräuchliches Verfahren zur Herstellung hochqualitativer Druckformen für den →Notendruck; die unveränderlichen Zeichen wie Notenköpfe, Schlüssel, Versetzungszeichen, Buchstaben usw. werden seit dem 18. Jh. nach dem Abstecken, Rastrieren, Punktieren und spiegelbildlichen Einzeichnen des stichreif eingeteilten Notentextes mit Stahlstempeln in die aus einer Zinn-Blei-Legierung bestehende Stichplatte (Pewterplatte) eingeschlagen und anschließend nur noch die veränderlichen Zeichen wie Notenhälse, Balken, Bögen, Taktstriche usw. mit dem Stichel eingraviert

Notenstiel →Notenhals

Notensystem →Notenliniensystem

Noten- und Pausenwerte: die rhythmisch festgelegten Bezugswerte für Noten und Pausen, deren Dauer durch Tempoangabe und Taktvorzeichnung genauer bestimmt wird; Hauptwerte:

Notenzeile →Notenliniensystem

note sensible (franz.) →Leitton

notes inégales (franz. = ungleiche Noten): nicht notierte rhythmische Verzierung besonders in der franz. Musik des 16. bis 18. Jh., die aufgrund der zeitgenössischen →Aufführungspraxis eine schnelle, gleichmäßig notierte stufenweise Tonfolge paarweise so anordnet, daß die betonte 1. Note verlängert und die unbetonte 2. Note verkürzt wird (z. B.

 als )

note value (engl.) →Notenwert

Notierung →Notation

Notturno (ital. = Nachtstück) →Nocturne

Novel(l)ette: von Robert Schumann (op. 21, 1838) eingeführte Bezeichnung für ein heiteres, mit mehreren Themen frei gestaltetes instrumentales →Charakterstück, meist für Klavier

Novemole: eine Gruppe von 9 gleichen rhythmischen Werten, die mit hinzugesetzter Ziffer 9 für die Geltungsdauer von 6 oder 8 ihnen rhythmisch entsprechenden Notenwerten bzw. für eine →Triole steht

Null (= 0): musikalisches Zeichen **(1.)** für die →leere Saite bei Streichinstr.; über dem Fingersatz oder in Verbindung mit klingender Notation auch als *MA* für das natürliche →Flageolett

(2.) in der →Generalbaßschrift für →*tasto solo*

(3.) in der funktionalen Harmonielehre (→Funktionstheorie) für Molldreiklänge (= Unterklänge); z. B.: °e = e-c-A (d. h. Mollklang unter e) und °T = Molltonika

Nummernoper: Operntyp, der im Gegensatz zur →durchkomponierten Oper aus in sich abgeschlossenen und auch selbständig konzertant aufführbaren Vokal- und Instrumentalstücken (Arien, Ensemblestücke, Chöre, Vor- und Zwischenspiele) mit eingefügten Rezitativen oder Dialogen (= Dialogoper) besteht

nuptial (franz., engl.), **nuziale** (ital.): *VB* hochzeitlich
Nyckelharpa (schwed.) →Schlüsselfiedel

O

o: 1. ital. Konjunktion (vor Vokal od) = oder
2. als Zeichen →Null, →Mensurzeichen
obbligato (ital.): verbindlich, verpflichtend; →obligat
Oberdominante →Dominante
Oberek (poln. *obrót* = Drehung): temperamentvoller poln. Drehtanz des 19./20. Jh., im sehr schnellen $\frac{3}{8}$-Takt mit wechselnden punktierten Rhythmen; ähnlich →Mazur und →Kujawiak. →Obertas
Oberfell →Schlagfell
Obergriff: Bogenhaltung beim heutigen Streichinstrumentenspiel, bei der Zeige-, Mittel- und Ringfinger mit dem Endglied oben auf der Bogenstange aufliegen und der kleine Finger mit der Spitze auf ihr steht
Oberklang: in der dualistischen Harmonielehre (nach S. Karg-Elert) der als aufsteigend gekennzeichnete →Durdreiklang, im Gegensatz zu dem spiegelbildlich als absteigend gekennzeichneten →Unterklang (= →Molldreiklang)
Oberschwingungen: *Ak* in der →harmonischen Analyse abgeleitete sinusförmige Schwingungen, deren Frequenzen ganzzahlige Vielfache der Frequenz der Grundschwingung darstellen
Oberstimme: 1. die höchste Stimme (→Außenstimmen) einer mehrstimmigen Komposition, die im homophonen Satz zugleich Melodiestimme ist
2. seit dem 17. Jh. deutsche Bezeichnung für *discantus* (→Diskant) bzw. →*cantus*
Obertas (poln. *obrót* = Drehung): poln. Volkstanz (auch Tanzlied) des 17.–19. Jh. im sehr schnellen $\frac{3}{8}$-Takt mit punktiertem Rhythmus; als Drehtanz ursprünglich die sehr schnell getanzte Wiederholung eines →Kujawiak. →Oberek
Obertöne, *Harmonische*: *Ak* als →Teiltöne (*Partialtöne*) eines *musikalischen* Tones naturgemäß über dessen →Grundton (3.) mehr oder weniger stark mitklingende *akustische* Töne, deren Frequenzen als ganzzahlige Vielfache einer sinusförmigen Grundschwingung über dieser eine harmonische Reihe (→Obertonreihe) bilden; Anzahl, Zusammensetzung und Intensität der O. sind in Verbindung mit den →Formanten von wesentlicher Bedeutung für die →Klangfarbe. →Naturtöne
Obertonkontrolle: verstellbarer Innen- →Dämpfer der Trommel

Obertonregister, *Aliquotstimmen*, *Aliquoten*: zu bestimmten Obertönen (eigentlich →Teiltönen) der →Grundregister verstärkend hinzutretende und nur mit diesen zusammen spielbare Orgelregister; dazu zählen Quint-, Terz-, Septimen-, Nonenregister und die noch höheren →Hochaliquoten. Ihre Zuordnung zu den Grundregistern zeigt die →Fußtonzahl (z. B. Quinte $2\frac{2}{3}' = \frac{8}{3}'$ = 3. Teilton eines 8′-Registers). →gemischte Farbregister

Obertonreihe: *Ak* von den →Obertönen gebildete Reihe der über einem sog. →Grundton (3.) in unterschiedlicher Intensität mitklingenden weiteren →Teiltöne (Partialtöne), deren Frequenzen ganzzahlige Vielfache der sinusförmigen Grundschwingung sind, wobei der 1. Oberton dem 2. Teilton entspricht. Die O. ist auch als Verhältnis der Saitenlängen einer in ihren Teilen schwingenden Saite (→Monochord) darstellbar; z. B. gilt für den Ton C:

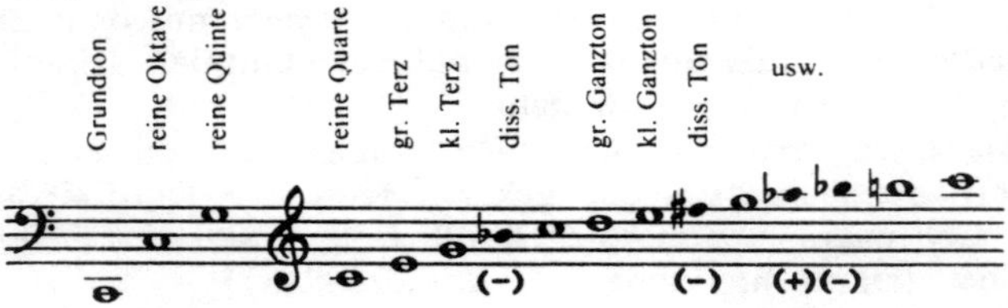

Oberton		1	2	3	4	5	6	7	8	9	10	11	12	13	14	15
Teilton	1	2	3	4	5	6	7	8	9	10	11	12	13	14	15	16
Saitenlänge	1	$\frac{1}{2}$	$\frac{1}{3}$	$\frac{1}{4}$	$\frac{1}{5}$	$\frac{1}{6}$	$\frac{1}{7}$	$\frac{1}{8}$	$\frac{1}{9}$	$\frac{1}{10}$	$\frac{1}{11}$	$\frac{1}{12}$	$\frac{1}{13}$	$\frac{1}{14}$	$\frac{1}{15}$	$\frac{1}{16}$

Oberwerk: Teilwerk (→Werkprinzip) der mehrmanualigen Orgel, das mit seinen weichen, verschmelzungsfähigen Registern bevorzugt der Begleitung dient; das O. (oft als →Schwellwerk) ist über dem →Hauptwerk angeordnet und sein →Manual liegt über dem des Hauptwerkes

obligat: ergänzende Bezeichnung für verbindliche, selbständig geführte Instrumental- oder Vokalstimmen, die nicht weggelassen werden dürfen; vgl. *obbligato*

obligates Akkompagnement: die im Gegensatz zum →Generalbaß vom Komponisten vollständig notierte Instrumentalbegleitung, die im 18. Jh. zunehmend Einfluß auf das Satzgefüge nimmt und auch in die thematische Arbeit einbezogen wird

obligé (franz.) →*obbligato*

Oboe (franz. *hautbois* = hohes Holz): **1.** ⟨*Holzblasinstr.*⟩ Doppelrohrblattinstr. mit 3teiligem, geradem, konisch gebohrtem Rohr aus Hartholz, glockenförmigem Schallbecher und 16 bis 22 Tonlöchern, von denen 6 mit den Fingern, die übrigen mit

Klappen gedeckt werden; Tonumfang (b) h–a^3 (c^4) – nicht-transp. notiert im Violinschlüssel; leicht näselnder, relativ scharfer Ton, der sich besonders zu melodiösem Spiel eignet. Das moderne Orchesterinstr. hat seinen Vorgänger im Diskant- →Bomhart

2. ⟨*Orgelregister*⟩ Zungenpfeifen (16′, 8′, 4′) mit trichterförmigen, halbgedeckten (sog. Drehkegeldeckung) Schallbechern

Oboe da caccia (ital. = Jagdoboe): →Oboe in Altlage, seit dem 18. Jh. mit birnenförmigem Schallbecher (= „Liebesfuß"; vgl. Englischhorn); vielfach mit halbmondförmig gebogenem oder gewinkeltem Rohr gebaute →Oboe d'amore in F-Stimmung (F–g^2) – transp. notiert im Violinschlüssel; bevorzugtes →Doppelrohrblattinstr. der Bachzeit mit weicherem Ton als die Oboe; Vorläufer des →Englischhorn

Oboe d'amore (ital. = Liebesoboe): →Oboe in Altlage mit birnenförmigem Schallbecher (= „Liebesfuß"; vgl. Englischhorn); Stimmung in A (gis–cis^3/d^3) – transp. notiert im Violinschlüssel; bevorzugtes →Doppelrohrblattinstr. der Bachzeit mit zarterem, verhaltenerem Ton als die Oboe

Oboeninstrumente →Doppelrohrblattinstrumente

Oboist: Oboenspieler

obstinate (engl.) →*ostinato*

Ocarina →Okarina

ochetus (lat.), **oketus** →Hoquetus

Octav, *Oktave*: ⟨*Orgelregister*⟩ Lippenpfeifen (8′, 4′, 2′, 1′) aus Metall in der Oktavlage des zugrunde liegenden →Prinzipals

octave (franz., engl.): Oktave

octet (engl.), **octette** (franz.): Oktett

octolet (franz.), **octuplet** (engl.) →Oktole

octuor (franz.): Oktett

Ode (griech.): **1.** im Altertum allgemein für gesungene Dichtung gebraucht (erkennbar u. a. in Zusammensetzungen wie Melodie, Aulodie, Tragödie, Komödie); später auch das altgriech. lyrische Lied (Pindar, Horaz)

2. als „humanistische Ode" im 15./16. Jh. die dem Versmaß folgende streng metrische, mehrstimmige Vertonung ursprünglich altgriech. (später auch neulat. oder volkssprachiger) Dichtung

3. im 17./18. Jh. in England gepflegte kantatenähnliche Musizierform (→Kantate) hymnischen Charakters, deren Gelegenheitsdichtungen besonders der höfischen Huldigung dienten

4. wie im 18. Jh. in Deutschland für generalbaßbegleitete Sololieder wird noch im 19./20. Jh. der Titel O. für unterschiedliche Kompositionen verwendet

œuvre (franz.): (Kunst-)Werk, Schaffen; vgl. *opus*

œuvre posthume (franz.): nachgelassenes, d. h. nach dem Tode des Autors veröffentlichtes Werk

off-beat (engl. = weg vom Schlag) →Auftakt (1.)

off-beat-Phrasierung: gegenüber einer durchgehend gleichmäßigen Grundschlagfolge (→*beat*) der Rhythmusgruppe unregelmäßig verlagerte melodische Akzentuierung, die zu dem für das Jazzmusizieren entscheidenden Spannungselement (→*drive*) führt

offen: 1. *MA*: (wieder) ohne Dämpfer; dagegen →gestopft
2. von herkömmlichen Gestaltungstypen (→Form) losgelöster Formungsprozeß, u. a. in der →seriellen, →aleatorischen und →elektronischen Musik

offene Quinten: Folge von parallelen reinen Quinten; nach den Regeln des strengen Satzes verbotene Stimmfortschreitung. →Parallelen

offenes Tom-Tom →Einfell-Tom-Tom

Offertorium (lat. = Opferdarbringung), *Antiphona ad offertorium*: der dem →Credo folgende 4. Teil des →Proprium missae in der röm.-kath. Messe, der die Vorbereitung zur Opferdarbringung durch den Wechselgesang von Psalmvers(en) und →Antiphon begleitete und schon frühzeitig durch →responsorialen Vortrag abgelöst wurde;
seit dem 15./16. Jh. auch als mehrstimmiges A-cappella-Chorwerk, Orgelwerk oder instrumentalbegleitete O.-Komposition

Offizium, Officium (lat. *officium divinum* = Gottesdienst): zusammenfassende Bezeichnung für das Stundengebet (Breviergebet) der röm.-kath. →Liturgie, unterschieden in Nacht- und Tages-O.; dem Nacht-O. (*officium nocturnum*) mit den 3 Nokturnen der →Matutin folgt das Tages-O. (*officium diurnum*) mit Laudes und Prim am Morgen, 3 kleinen Horen (Terz, Sext und Non) während des Tages sowie Vesper und Komplet am Abend. Die Gesänge des O. sind im →Antiphonale zusammengefaßt

ogni (ital.): jeder, jede, jedes

ogni volta (ital.): jedesmal

Ohmsches Gesetz: in der Akustik die 1843 von dem deutschen Physiker G. S. Ohm abgeleitete Gesetzmäßigkeit, derzufolge das menschliche Ohr eine Schallwahrnehmung nach dem Prinzip der Fourier-Analyse (→harmonische Analyse) in einzelne harmonische (Sinus-)Schwingungen auflöst

Ohr-Obertöne: *Ak* im menschlichen Ohr infolge Nichtlinearität zum ursprünglichen Schwingungsvorgang hinzutretende →Obertöne, deren Auftreten nach H. Husmann von Einfluß auf das Konsonanz-Dissonanz-Empfinden ist; →nichtlineare Verzerrungen

Okarina, *Ocarina* (ital. *oca* = Gans): ⟨*Blasinstr.*⟩ in verschiedenen Formen (Vogel, Ei, Muschel) als Kinder- und Volksinstr. vorkommende →Gefäßflöte aus Ton oder Porzellan mit schnabelförmigem Mundstück und 8–10 Grifflöchern. Das in verschiedenen Stimmlagen gebaute Instr. hat einen dunklen, etwas hohlen Klang

Oktavbereiche, Oktavbezirke: der Bezeichnung absoluter Tonhöhen dienende Gliederung des in der musikalischen Praxis genutzten Tonraumes unseres diatonischen Tonsystems, ausgehend von der Benennung (→Buchstabentonschrift) aller innerhalb eines Oktavintervalls liegenden Töne; die 7 $^1/_4$ Oktaven des vom Klavier genutzten Tonumfangs $_2$A–c^5 umfassen: *Subkontraoktave* mit $_2$A–$_2$H, *Kontraoktave* $_1$C–$_1$H, *große Oktave* C–H, *kleine O.* c–h, *eingestrichene O.* c^1–h^1, *zweigestrichene O.* c^2–h^2, *dreigestrichene O.* c^3–h^3, *viergestrichene O.* c^4–h^4, *fünfgestrichene O.* mit c^5

Oktave (lat. *octava* = die achte): **1.** die 8. Stufe in diatonischer Tonfolge; mit demselben Tonnamen bezeichnet wie der Ausgangston

2. →Intervall im Abstand von 8 Stufen, als reine, verminderte und übermäßige O.

3. die Gesamtheit aller innerhalb eines Oktavintervalls liegenden Töne; →Oktavbereiche

4. ⟨*Orgelregister*⟩ Prinzipalregister mit höheren →Fußtonzahlen (16′ bis 1′), oktavierend über dem tiefsten Manual-→Prinzipal (Prinzipalbasis)

Oktavfilter, Oktavbandpaß: *EAk* →Bandpaß mit dem Durchlaßbereich einer Oktave; u. a. für im analytischen Abbau aus breitbandigen Klängen und Geräuschen zu gewinnende Frequenzbänder in der →elektronischen Musik

Oktavgattungen: 8stufige Ausschnitte aus dem vollständigen griechischen Tonsystem (= *systema teleion*), bestehend aus jeweils 2 Tetrachorden (Viertongruppen). Zu den 7 verschiedenen, durch die Lage des Halbtons innerhalb der Tetrachorde unterschiedenen O. zählen die (*authentischen*) Haupttonarten →dorisch, →phrygisch, →lydisch, →mixolydisch und die von ihnen abgeleiteten (*plagalen*) Nebentonarten →*hypodorisch*, →*hypophrygisch* und →*hypolydisch*

Oktavhorn, Oktavwaldhorn: ⟨*Blechblasinstr.*⟩ im 19. Jh. ein im Vergleich zum →Waldhorn kleineres Instr. mit höherer Stimmung (hoch F), größerer Stürze, etwas weiterer →Mensur und einem 4. Ventil (Quartventil) zur Überbrückung der Lücke zwischen dem 1. und 2. →Naturton

oktavierende Instrumente: Instrumente, die durch →Überblasen zunächst den 2. Naturton (= Oktave des Grundtons) hervorbringen, z. B. Flöte, Oboe, Saxophon; dagegen →quintierende Instr.

Oktavierungszeichen: Abkürzung 8va mit anschließender punktierter Linie über einer Notenfolge bedeutet Versetzung aller so gekennzeichneten Töne in die obere Oktave (vgl. *ottava alta*); 8_{va} unterhalb der Noten zeigt die Versetzung in die tiefere Oktave (vgl. *ottava bassa*) an

Oktavkoppeln →Koppeln

Oktavlage: Anordnung (→Lage [1.]) eines Akkordes mit der Oktave des Grundtones in der Oberstimme

Oktavparallelen: nach den Regeln des strengen Satzes verbotene Fortschreitung zweier sonst selbständig geführter Stimmen in parallellaufenden (offenen) Oktaven

Oktavtrompete →*clarino*

Oktavversetzung: Versetzung eines im Notentext gekennzeichneten Abschnittes in die höhere oder tiefere Oktave; →Oktavierungszeichen

Oktett (lat. *octo* = acht): **1.** Komposition für acht Soloinstr. (am häufigsten in gemischter Besetzung für Klarinette, Fagott, Horn und Streichquintett) oder solistische Singstimmen; dagegen →Doppelquartett

2. Musiziergemeinschaft von acht Instrumentalsolisten

Oktoechos (griech.): **1.** System der acht Tonarten des Byzantinischen Gesangs, gegliedert in 4 *authentische* (→dorisch, →phrygisch, →lydisch, →mixolydisch) und 4 *plagale*, d. h. abgeleitete (→hypodorisch, →hypophrygisch, →hypolydisch, →hypomixolydisch) Tonarten, benannt in Analogie zu den altgriech. →Oktavgattungen

2. im übertragenen Sinne das liturgische Buch, das die Gesänge des byzantinischen Ritus für die einzelnen Wochentage enthält (*großes Oktoechos* oder *Parakletike*)

Oktole: eine Gruppe von 8 gleichen rhythmischen Werten, die mit hinzugesetzter Ziffer 8 für die Geltungsdauer von 6 oder 9 ihnen rhythmisch entsprechenden Notenwerten steht

Old-Time-Jazz, *volkstümlicher Jazz*, auch *historischer* oder *authentischer Jazz*: aus der Verbindung von Elementen vorherrschend vokaler afroamerik. Negerfolklore (→*work song*, →*ballad*, →Negro spiritual, →Blues, Kinder-, Tanzlieder u. a.) und amerikanisierter europ. Volks-, Tanz-, Unterhaltungs-, Militär- und Konzertmusik in den Südstaaten der USA entwickelter eigenständiger instrumentaler Musizierstil, der mit seinen Stilperioden →archaischer (früher) Jazz und →klassischer Jazz (→New-Orleans-, →Dixieland- und →Chicago-Jazz) die erste Hauptperiode des →Jazz (um 1890–1929) bestimmt

Olifant: ⟨*Blasinstr.*⟩ aus einem Elefantenstoßzahn gefertigtes, reich geschnitztes →Signalhorn, das im 10./11. Jh. aus Byzanz nach Europa gelangte

omaggio (ital. = Huldigung, Ehrerbietung) →*hommage*

Ombraszene (ital. *ombra* = Schatten): an düsteren Orten spielende Opernszene

omofonico (ital.) →homophon

ondeggiando, ondeggiante (ital. = wogend): *MA* beim Streichinstrumentenspiel das mit dem Notenbild angedeutete rhythmische An- und Abschwellen eines Tones durch Druckverstärkung und -verminderung des Bogens ohne Strichwechsel und Absetzen; angezeigt durch eine Wellenlinie (z. B.

)

Ondes Martenot, Ondes musicales (franz. *ondes* = Wellen): ⟨*elektronisches Musikinstr.*⟩ nur zu einstimmigem Spiel geeignetes elektronisches Tasteninstr., das von dem franz. Musikpädagogen und Rundfunktechniker M. Martenot 1928 nach dem Prinzip des →Schwebungssummers entwickelt wurde

ondoyant (franz. = wogend) →*ondeggiando*

one-head drums (engl.) →Einfelltrommeln

Onestep (engl. = Einschritt): um 1910 aus den USA nach Europa gekommener sehr schneller, marschähnlicher Gesellschaftstanz im $\frac{2}{4}$- (manchmal $\frac{6}{8}$-)Takt; Vorläufer des →Foxtrott

ong(h)arese →*ungherese*

on the rim of the head (engl.): *MA* auf dem Rande des (Trommel-)Felles

open (engl.) →offen

open fifth (engl.): leere Quinte

open string (engl.) →leere Saite

Oper (ital. *opera* = Werk): **1.** musikalisches Bühnenwerk, in dem Musik, dramatische Dichtung, szenische Aktion und Ausstattung (Bühnenbild, Requisiten, Kostüme) eine künstlerisch gestaltete Einheit bilden und in ständiger Wechselwirkung zueinander stehen. →Intermedien und →Magdrigalkomödien führten um 1600 in Florenz unmittelbar zu den Anfängen der O. als dem antiken Drama verpflichtetes →*dramma per musica*. Die weitere Entwicklung vollzog sich über die römische und venezianische O. zur neapolitanischen →*opera seria*, dem Haupttyp der ernsten ital. O. Das volkstümlich heitere Element erlangte zunächst Bedeutung in den zwischen den Opernakten eingefügten →Intermezzi und in der selbständigen →*commedia in musica*. In Italien entwik-

kelte sich daraus im 18. Jh. die →*opera buffa*; als heiterer Operntyp setzte sich in Frankreich die →*opera comique* neben der →*tragédie lyrique*, in Deutschland das →Singspiel und in England die →*ballad opera* durch. Zu den Haupttypen der O. tritt im 19. Jh. das →Musikdrama. →Verismo, →Musiktheater
2. Opernhaus, Opernensemble

opera (ital., engl.), **opéra** (franz.): **1.** →Oper
2. Opernhaus, Opernensemble
3. Werk, →*opus*

opéra-ballet: eine gegen Ende des 17. Jh. in Paris aus der →*tragédie lyrique* hervorgegangene Form der Oper, in der prunkvoll ausgestattete Balletteinlagen auf Kosten des dramatischen Elements in den Vordergrund traten

opera buffa (ital. = heitere Oper): die als Gegenpol zur →*opera seria* im 18. Jh. in Neapel ausgeprägte Form der heiteren volkstümlichen Oper, deren Anfänge schon im 17. Jh. bei den →Intermezzi und der →*commedia in musica* liegen; ihre musikalischen Merkmale sind: →Recitativo secco, liedhafte →Arie, Instrumental- und Ensemblesätze sowie Chöre

opéra comique (franz. = komische Oper): in der 1. Hälfte des 18. Jh. in Paris entstandene franz. Form der heiteren Oper mit gesprochenem Dialog (im Gegensatz zur →*opera buffa*), die als Dialogoper (→Nummernoper) nicht auf den heiteren Charakter festgelegt bleibt; Vorläufer waren die →Vaudeville-Komödien und die ital. *opera buffa*

opera semiseria (ital.): „halbernste" Oper als Mischform von →*opera seria* und →*opera comique*

opera seria (ital.): die gegen Ende des 17. Jh. in Neapel voll ausgeprägte Form der ernsten ital. Oper mit historischer und mythologischer Stoffwahl; ihre musikalischen Merkmale sind: →Recitativo secco, →Recitativo accompagnato und →Dacapo-Arie; als *Arienoper* in der Regel ohne Ensemblesätze und Chöre

opéra sérieux (franz.) →*opera seria*

opéra tragique (franz.): tragische Oper, →*tragédie lyrique*

operetta (ital., engl.), **opérette** (franz.): **1.** →Operette **2.** kleines Singspiel **3.** kleines Werk

Operette (ital. *operetta* = Werkchen): die um die Mitte des 19. Jh. in Frankreich aus der →*opera comique* hervorgegangene Form des heiteren musikalischen Bühnenwerkes mit gesprochenem Dialog, Gesang und modischen Tänzen; →Musical

Opernballett: **1.** Tanzeinlage in einer Oper **2.** Tanzensemble der Oper

Operndichtung, Operntext →Libretto

Opernoratorium: von I. Strawinski für sein Werk „Oedipus rex" gebrauchter Begriff, der auf eine Zwischenstellung des Werkes hinweist; als einzige Aktionsmöglichkeit im Sinne der →Oper ist den maskierten Akteuren die Bewegung des Kopfes und der Arme gestattet

Opernregie: zeit- und situationsgerechte Umsetzung einer Opernpartitur auf der Bühne; die Realisierung wird vom Opernregisseur in Zusammenarbeit mit dem Dirigenten und Dramaturgen auf der Grundlage einer gemeinsam erarbeiteten Konzeption unter Berücksichtigung der künstlerischen wie finanziellen Möglichkeiten vorgenommen. Zur Regie gehören neben den Fragen der Rollengestaltung auch die in die →Inszenierung einbezogenen theatertechnischen Faktoren wie Bühnenbild, Requisiten, Beleuchtung, Kostüm und Maske. →Musiktheater

Opernton: der durch den Stimmumfang der Singstimmen bestimmte →Stimmton der Opernensembles, der im 17./18. Jh. bis zu einem Ganzton unter dem damaligen Kammerton, d. h. etwa eine kleine Terz unter dem heutigen →Normstimmton stand

Ophikleïde: ⟨*Blechblasinstr.*⟩ zur Familie der →Bügelhörner gehörendes chromatisches Klappenhorn in fagottartig geknickter Form, das um 1810 aus dem einfacheren vierklappigen Baßhorn entwickelt wurde. Am verbreitetsten war die Baßophikleïde in C (Umfang $_1$H–c^2) und B ($_1$A–b^1) als Harmoniebaß der Militär- und Opernorchester bis zur Ablösung durch die →Baßtuba

oppure (ital.): oder, auch; das heißt (mit *VB*); vgl. *ossia*

opus (lat.): Werk; die chronologische Werkzählung datiert seit dem 17. Jh.

opus postumum (lat.): nachgelassenes, d. h. nach dem Tode des Autors veröffentlichtes Werk

oratorio (ital., franz., engl.) →Oratorium

Oratorium (lat. = Bethaus, Betsaal): seit etwa Mitte des 17. Jh. musikalische Gattungsbezeichnung für eine umfangreichere, mehrsätzige episch-dramatische Komposition für Solostimmen, Chor und Orchester, in der Regel ohne szenische Darstellung; neben das ursprünglich *geistliche O.*, mit seinen sich nach und nach aus der liturgischen Bindung lösenden biblischen Stoffen (→Passion), trat seit dem 18. Jh. zunehmend das *weltliche O.* Szenische O.-Aufführungen sind seit dem 18. Jh. nachweisbar

Orchesographie (griech.): Tanzbeschreibung, →Choreographie

Orchester: 1. größeres Instrumentalensemble, bei dem verschiedene Stimmen chorisch besetzt sind; man unterscheidet im europ. Raum u. a. Sinfonieorchester, Großes Orchester, Kammerorchester, Streich- und Blasorchester; Tanz- und Unterhaltungsorchester; Jazzorchester (→big band)

2. der vor der Bühne gelegene Raum für die Instrumentalisten

3. ursprünglich der Tanzplatz des Chores (griech. *orchestra*) vor der Szene des antiken Theaters

Orchesterlied: das orchesterbegleitete →Sololied („Kunstlied") seit dem 19. Jh.

Orchestik (griech.): **1.** (hohe) Tanzkunst **2.** die altgriech. Tanzkunst in ihrer Einheit von Tanz, Gestik, Mimik, Dichtkunst und Musik (Gesang)

Orchestration, Orchestrierung: 1. Zuordnung der Stimmen eines musikalischen Satzes aus der Kompositionsskizze oder dem →Particell auf die einzelnen Instr. des Orchesters; vgl. Instrumentation

2. Um- oder Ausarbeitung eines ursprünglich nicht für Orchester geschriebenen Werkes; vgl. Bearbeitung

orchestra (ital., engl.): Orchester

orchestra bells (engl.): Glockenspiel

orchestrare (ital.), **orchestrate** (engl.) →orchestrieren

orchestre (franz.): Orchester

orchestrieren →Orchestration; →Arrangement; →Bearbeitung; →Instrumentation

Orchestrion (griech.): **1.** ⟨*mechanisches Musikinstr.*⟩ zwischen 1851 (in Dresden konstruiert von Fr. Th. Kaufmann) und 1920 verbreiteter Musikautomat; gesteuert durch die Mechanik eines Selbstspielklaviers (→Pianola) wurden mit Hilfe mechanischer →Flöten- und Geigenwerke (→Streichklavier) sowie eines mechanisch betriebenen Schlagzeugs die Instr. des Orchesters nachgeahmt

2. um 1800 tragbare Konzertorgel des Abbé Vogler

ordinario (ital.): *MA* (wieder) gewöhnlich

Ordinarium missae (lat. = das Regelmäßige der Messe): der aus den fünf feststehenden und für das ganze Kirchenjahr textlich gleichbleibenden (Gemeinde- bzw. Chor-)Gesängen bestehende Teil der röm.-Kath. →Messe: →Kyrie, →Gloria, →Credo, →Sanctus (mit →Benedictus) und →Agnus Dei; dagegen →Proprium missae

Ordre (franz. = Ordnung, Reihe): im 18. Jh. zeitweilig Bezeichnung für →Suite (besonders bei F. Couperin)

orecchiante, a orecchio (ital.): *MA* nach dem Gehör

Orff-Instrumentarium, Orff-Schlagwerk: das von dem Komponisten Carl Orff gemeinsam mit dem Instrumentenbauer Karl

Maendler u. a. um neue Stabspiele (→Xylophone und →Metallophone aller Stimmlagen) zum Schlagwerkorchester erweiterte Schlaginstrumentarium auf der Grundlage der im Orff-Schulwerk seit 1930 dargelegten musikpädagogischen Erkenntnisse

organ (engl.), **organo** (ital.): Orgel

organo di legno →Flötenwerk

Organist: Orgelspieler

organistrum (lat.) →Drehleier

Organologie, Organographie (griech.): Beschreibung der (Musik-)Instrumente, →Instrumentenkunde

organo pieno (ital.), **organo pleno** (lat.): *MA* mit dem *vollen Werk* der Orgel

Organum (griech./lat. = Werkzeug): **1.** Musikinstrument; speziell die →Orgel

2. frühe mittelalterliche Mehrstimmigkeit; speziell die seit dem 9. Jh. nachgewiesene, zunächst improvisierte Parallelführung einer (oder mehrerer) unterhalb der Choralmelodie (*vox principalis*; →cantus choralis) in Quinten oder Quarten (auch oktaviert) hinzutretenden Parallelstimme (*vox organalis*).

Vom 11. Jh. an setzt sich gegenüber bisher nur leichten Abweichungen von der Parallelbewegung (= *schweifendes O.*) die freie Stimmbewegung der *vox organalis* oberhalb des Cantus durch (→*discantus* [1.]).

Seit dem 13. Jh. vollzieht sich mit der schriftlichen Ausarbeitung des O. in Modalnotation die Entwicklung zur Drei- und Vierstimmigkeit (*organum triplum* und *quadruplum*)

Orgel (griech. *organon*, lat. *organum*): **1.** zusammengesetztes Blasinstr. mit skalenmäßig angeordneten →Orgelpfeifen, denen – gesteuert mit Hilfe der mechanischen, pneumatischen oder elektrischen →Traktur – beim Spiel auf den Tasten von →Manual(en) oder →Pedal und Betätigen der entsprechenden Registerzüge die zum Spielwind verdichtete Luft zugeführt wird. Eine mittelgroße O. hat bei 25–40 Registern etwa 1800–3000 Pfeifen in Längen (→Fuß) von etwa 0,02–10 m; ihr Tonumfang kann trotz Klaviaturbegrenzung auf $4^1/_2$–5 Oktaven bis zu 10 Oktaven (16 bis etwa 8000 Hertz) erreichen. Hauptteile der O. sind: Windwerk oder Gebläse, Pfeifenwerk und Registerwerk.

Das *Windwerk* besteht aus ein oder zwei →Schöpfbälgen zum Ansaugen der Luft und dem →Magazinbalg, in dem die Luft verdichtet und gespeichert wird. Die Windzufuhr zum Pfeifenwerk erfolgt über die Windkanäle zu den →Windkammern oder Ventilkästen und weiter in die →Tonkanzellen (u. a. →Schleiflade, →Springlade) oder →Registerkanzellen (u. a.

→Kegellade, →Membranenlade) der →Windlade. Von hier aus gelangt der Spielwind bei mit Hilfe des *Regierwerks* durch Tastendruck (→Spieltraktur) und Registerzug (→Registertraktur) geöffnetem Tonventil zu den Pfeifen (→Labial- und →Lingualpfeifen) des gewählten Registers (→Orgelregister [1.]); sie stehen mit dem offenen Fuß in Pfeifenstöcken auf der Windlade.

Im *Pfeifenwerk* sind die Register (= Pfeifenreihen) zumeist zu Werkgruppen (→Werkprinzip) zusammengefaßt und den verschiedenen Manualen und dem Pedal zugeordnet; die wichtigsten Teilwerke sind →Hauptwerk, →Oberwerk, →Brustwerk, →Rückpositiv und →Pedalwerk. Der Gesamtaufbau einer O. einschließlich der →Spielhilfen ist durch ihre →Disposition festgelegt.

2. Kleinformen der O. sind →Positiv, →Kleinorgel, →Portativ und →Regal

3. →Elektronenorgel

Orgelbewegung: die nach 1900 als Reaktion auf die „Orchesterorgel" zunächst auf eine Wiederbelebung historischer Traditionen im Orgelbau orientierenden Bestrebungen zur Wiedererlangung der Durchsichtigkeit des klassischen Orgelklanges, verbunden mit der Rückkehr zur stimmigen →Disposition nach dem →Werkprinzip und einer Wiederbesinnung auf die Vorzüge u. a. von →Schleiflade und mechanischer →Traktur

Orgelchoral: Choralbearbeitung für Orgel, die eine vorgegebene Choralmelodie vollständig durchführt und bei aller Vielfalt der Bearbeitungsmöglichkeiten den →*cantus firmus* grundlegend beibehält

Orgelklavier, Orgelklavizimbel: seit dem 15. Jh. mehrfach konstruierte Verbindung eines Saitenklaviers (→Hammerklavier oder →Cembalo) mit einem durch einen Trittbalg betätigten Pfeifenwerk (→Flötenwerk)

Orgelmesse: die besonders im 15.–18. Jh. praktizierte Zusammenstellung von Orgelsätzen (→Versetten) für das →Ordinarium missae, die in →alternatim-Ausführung bestimmter Ordinariumsteile an die Stelle des gesungenen Meßtextes treten

Orgelpfeifen: verschieden geformte Röhren unterschiedlicher Größe aus Holz oder Metall (Zinn, Kupfer, Zink oder *Orgelmetall* als Legierung aus Zinn und Blei) zur Begrenzung der die jeweilige Tonhöhe bestimmenden schwingenden Luftsäule; unterschieden werden →Labial-(= Lippen-) und →Lingual-(= Zungen-)pfeifen

Orgelprospekt →Prospekt

Orgelpunkt: lang ausgehaltener oder auch mehr oder weniger rhythmisiert wiederholter, die Tonart bekräftigender Baßton (oder Akkord), über dem sich die übrigen Stimmen harmonisch, rhythmisch und melodisch frei bewegen

Orgelregister: 1. eine vollständige (d. h. dem Tonumfang des Manuals entsprechende) Reihe von Pfeifen zumeist gleicher Bauart, gleicher Klangfarbe und -stärke; die verschiedenen O. unterscheiden sich nach Art der Tonerzeugung der verwendeten Pfeifen (→Labiale, →Linguale), nach Material, Pfeifenform in offener, halbgedeckter oder gedeckter Bauweise, Pfeifenweite, Labiumbreite, Aufschnitthöhe, Winddruckhöhe u. a.

Die Gesamtheit der klangbestimmenden Faktoren der *klingenden Register* ist durch entsprechende →Mensuren festgelegt

2. im weitesten Sinne auch die als Hilfsregister durch Registerzüge zu betätigenden Spielhilfen wie →Koppeln, →Kombinationen, Sperrventile und →Tremulant sowie die ebenfalls durch Registerzüge einschaltbaren *mechanischen Spielwerke* (z. B. Zimbelstern)

Orgeltabulatur, *Klaviertabulatur*: nach Herkunft und Verbreitung unterschiedene Formen der →Notation von Musik für Tasteninstr., die während des 14.–18. Jh. Notenzeichen der →Mensuralnotation mit Tonbuchstaben oder Ziffern verbindet bzw. im Gegensatz zur Notation in Chor- und Stimmbüchern alle gleichzeitig erklingenden Stimmen solistischer Instrumentalmusik (→Tabulatur) zusammenfaßt:

(1.) die *„ältere" deutsche O.* (etwa 1325–1525) notierte die Oberstimme in →Mensuralnotation auf einem mehrlinigen System und die Unterstimmen mit Buchstaben, über denen die rhythmischen Werte durch Punkte und Striche angegeben wurden;

(2.) die *„neuere" deutsche O.* (etwa 1550–1750) notierte dagegen alle Stimmen ohne Linien in Buchstaben übereinander und verwandte für die Angabe der Tondauer aus der →Mensuralnotation abgeleitete Zeichen;

(3.) die *spanische O.* des 16./17. Jh. verwandte für jede der in Ziffernnotierung partiturmäßig angeordneten Stimmen eine Linie. Zunächst wurden entweder sämtliche Tasten oder nur die Untertasten mit Ziffern bezeichnet; seit Mitte des 16. Jh. wurden für die Untertasten der Oktave die Ziffern 1–7 verwendet und andere Oktavbereiche durch Striche, Punkte oder Häkchen gekennzeichnet. Die für alle Stimmen geltenden rhythmischen Werte wurden in Mensuralnoten über der Oberstimme notiert;

(4.) die *italienische*, *englisch-niederländische* und *französische O.* verwandten bereits seit dem 16. Jh. die Notenzeichen der

→Mensuralnotation, die für die rechte und linke Hand getrennt auf zwei Liniensystemen notiert wurden. Während in der *italienischen O.* die Anzahl der Linien im oberen System zwischen 5 und 6, im unteren zwischen 6 und 8 schwankte, wies die *englisch-niederländische O.* in der Regel zwei Sechsliniensysteme auf. In der *französischen O.* mit zwei Fünfliniensystemen ist bereits die noch heute gebräuchliche Klaviernotation ausgeprägt, die seit Ende des 17. Jh. für die Pedalstimme der Orgelmusik auf drei fünflinige Systeme ausgeweitet wurde

Orgeltrio: dreistimmige Orgelkomposition, deren selbständig geführte Stimmen zwei Manualen und dem Pedal zugeordnet sind und unterschiedlich registriert werden

Orgelwalze: ⟨*mechanisches Musikinstr.*⟩ ein von einem Spielwerk mit Stiftwalze und Blasebalg betriebenes Pfeifenwerk des 16.–19. Jh.; vgl. Flötenuhr

Orgelwolf: **1.** unangenehmer Heulton, der als mitklingender Fremdton bei der Orgel entweder aufgrund einer Störung im →Registerwerk oder beim Erklingen zweier Pfeifen gleicher Tonhöhe auftritt, wenn diese gegeneinander verstimmt sind bzw. nicht genau mensuriert oder intoniert wurden

2. bei in ungleichschwebender →Temperatur gestimmten Orgeln die besonders unrein klingende, zu große Quinte gis–es (= *Wolfsquinte*)

orgue (franz.) →Orgel

orgue expressif (franz.) →Harmonium

Originalausgabe: unter Aufsicht des Komponisten entstandene Druckausgabe, die hohen Quellenwert für den Urtext hat und im 18./19. Jh. nicht immer mit der →Erstausgabe identisch ist

orlo (ital.): Rand

Ornamente →Verzierungen

Ornamentik: die Lehre von den →Verzierungen

Ornamentinstrumente, *Melodieinstrumente*: in der Musik des →Generalbaß-Zeitalters die zur Ausführung der →Oberstimme (1.) und deren →Verzierung gebrauchten Instr. (Streich- und Blasinstr.), die nicht für die akkordische Begleitung eingesetzt sind; dagegen →Fundamentinstr.

ornato (ital.): **1.** *MA* verziert, ausgeschmückt

2. →Verzierung, Ausschmückung

orrendo, orribile (ital.): *VB* schrecklich, gräßlich, schauerlich

oscillando (ital.): *MA* schwingend, schwankend (in der Tonhöhe)

oscuro (ital.): *VB* düster; unklar

ossia (ital.): oder; Hinweis auf eine im Notentext (meist in kleineren Noten) mitgeteilte, vielfach erleichterte 2. Fassung oder auch Besetzungsvariante

Osterspiel: im Mittelalter ausgeprägter Typ der szenischen und dramatischen Gestaltung der Ostergeschichte des Evangeliums, die seit dem 14. Jh. neben den lateinsprachigen, streng liturgischen Textteilen zunehmend durch weltliche Szenen in der Volkssprache, Instrumentalmusik und auch Tanzszenen ausgeweitet wurde; →liturgisches Drama

ostinato (ital.): hartnäckig, eigensinnig, beharrlich, immer wiederkehrend; →*basso ostinato*

Oszillator: *EAk* Schaltung zur Erzeugung elektrischer Schwingungen; →Tonfrequenzgeneratoren, →Synthesizer

Oszillogramm: *EAk* photographische Aufzeichnung eines mit Hilfe des →Oszillographen sichtbar gemachten Schwingungsvorganges

Oszillograph, *Elektronenstrahloszillograph*: *EAk* Meßinstrument zur Darstellung und Aufzeichnung (→Oszillogramm) schnell wechselnder Vorgänge mit Hilfe der Elektronenstrahlröhre (Braunsche Röhre), z. B. von Schwingungsvorgängen bei Schallereignissen

ôtez (franz.): *MA* wegnehmen! (z. B. *ôtez la sourdine* = Dämpfer weg!)

ottava (ital.): Oktave

ottava alta, *ottava sopra*, *all'ottava* (ital.), $8^{va\cdots}$: *MA* eine Oktave höher als notiert

ottava bassa, *ottava sotto* (ital.), $8_{va\ldots}$: *MA* eine Oktave tiefer als notiert

ottava sopra (ital.): *MA* in der oberen Oktave, eine Oktave höher; vgl. *ottava alta*

ottava sotto (ital.): *MA* in der unteren Oktave, eine Oktave tiefer; vgl. *ottava bassa*

ottavino (ital.): Kleine Flöte

ottetto (ital.) →Oktett

ottoni (ital.): Kurzform für *strumenti d'ottoni*, die Gruppe der Blechblasinstr. im Orchester (= Blechbläser)

output (engl. = Ausgang): *EAk* Ausgangsanschluß (Ausgangsbuchse) des Einzelgerätes einer elektroakustischen Übertragungsanlage, der die (Steck-)Verbindung mit dem Eingangsanschluß (→*input*) eines nachgeordneten Bausteins der →Übertragungskette ermöglicht

ouvert (franz.): *MA* offen; beim Streichinstrumentenspiel auf leeren Saiten, bei Blechblasinstr. auch als Gegensatz von „gestopft" (→*bouché*)

Ouvertüre (franz. = Eröffnung): **1.** in sich geschlossene instrumentale Einleitungsmusik zu Bühnenwerken (Oper, Operette, Ballett, Schauspiel) und größeren Vokalwerken (Oratorium, Kantate); ausgehend von den mannigfaltigen Eröffnungsmusiken (u. a. →Intrada, →Sinfonia) wurden im 17. Jh. die charakteristischen Formen der in enger Beziehung zur dreiteiligen venezianischen Opernsinfonia stehenden *französischen O.* mit der dreiteiligen Folge *langsam – schnell – langsam* und der in der neapolitanischen Oper ausgeprägten *italienischen O.* mit der dreiteiligen Folge *schnell – langsam – schnell* herausgebildet

2. im 18. Jh. als mit *Ouvertürensuite* gleichzusetzende Bezeichnung für die mit einer französischen O. eingeleitete Orchestersuite

3. seit dem 19. Jh. die besonders in der komischen Oper und der Operette die zugkräftigsten Melodien aneinanderreihende *Potpourriouvertüre*

4. im 19./20. Jh. auch die selbständige, für den Konzertvortrag bestimmte *Konzertouvertüre*

5. →Prélude; →Vorspiel

Ouvertürensuite: die mit einer französischen →Ouvertüre (1.) eingeleitete Orchestersuite (→Suite)

overture (engl.) →Ouvertüre

ovvero (ital.): oder; vgl. *ossia*

P

p: Zeichen für →*piano*

Padovana, Paduana, Padoana (ital.): **1.** →Pavane

2. um 1550 auch schneller (Nach-)Tanz im Dreiertakt

Päan (griech.): chorischer →Hymnus als Siegesgesang zu Ehren Appollons und anderer Götter; später allgemein für Lobgesang

paenultima vox (lat. = beinahe letzter Ton), *Penultima*: der zur →*ultima vox*, dem letzten Ton hinführende und den Schluß durch besondere Hervorhebung vorbereitende vorletzte Ton der melodischen Schlußformel (→Klausel) in der mittelalterlichen Mehrstimmigkeit

paletta (ital.) →aufschlagende Zunge, →Rohrblatt

pallet (engl.): Spielventil der Orgel

Palotás: mehrsätziger ung. Gesellschaftstanz im mäßig langsamen $\frac{2}{4}$- oder $\frac{4}{8}$-Takt

Pandeira (span. *pandereta*): Schellentrommel, →Tamburin

pandereta brasileña (span.) →Stabpandeira

Pandora (griech.): ⟨*Zupfinstr.*⟩ →Generalbaßinstr., das sich von der →Cister durch die mehrfach ausgebuchteten Zargen und Querriegelbefestigung der 5–7 Metallsaitenpaare unterscheidet; gestimmt in G C D G c e a oder C D G c f a d[1]

Pandura: **1.** →Pandora **2.** →Pandurina **3.** →*tanbūr*

Pandurina: Kleinlaute; kleine →Mandora (Mandola), aus der sich im 17. Jh. die →Mandoline entwickelte

Panflöte, Panpfeife, auch *Hirtenflöte*: urtümliches Blasinstr. aus mehreren gebündelten oder floßartig nebeneinandergereihten mundstück- und grifflochlosen Rohrpfeifen (→Längsflöten) unterschiedlicher Länge; gilt der Sage nach als Wahrzeichen des griech. Hirtengottes Pan, der die von seinem Vater, dem Herdengott Hermes, erfundene →Syrinx (griech. für Panflöte) erbte

Pange lingua (lat.): Hymnus der röm.-kath. Liturgie im →Offizium der Passionszeit

Panharmonika, Panharmonicon: mechanisches Musikinstr., das ähnlich dem →Orchestrion eine Anzahl von Schlag-, Streich- und Blasinstr. des Orchesters klanglich nachahmt

Pantaleon, Pantalon (franz.): ⟨*Schlaginstr.*⟩ ein um 1690 von Pantaleon Hebenstreit aus dem →Hackbrett entwickeltes 5–5$^1/_2$ Oktaven umfassendes Saiteninstr. mit zwei Resonanzböden sowie je einem Metall- und Darmsaitenbezug; der eigentümliche Klangcharakter des beidseitig spielbaren P. war wesentlich durch das Mitschwingen der nicht angeschlagenen Saiten (→Aliquotsaiten) mitbestimmt

Pantalonzug: um 1800 benutzte mechanische Einrichtung an Klavieren, die den durch die →Aliquotsaiten bestimmten Klang des →Pantaleon nachbilden sollte; die klangliche Wirkung war dem Fortepedal (→Pedal) des heutigen Pianos ähnlich

Pantomime (griech.): **1.** häufig von Chor- und Instrumentalmusik begleitete körperliche Ausdruckskunst, die sich ohne Verwendung des Wortes ausschließlich der Mittel des Mienen- und Gebärdenspiels, der Maske sowie des →Ausdruckstanzes bedient

2. Ausübung dieser Kunstform

3. seit Anfang des 20. Jh. auch Satzbezeichnung in Instrumental- und Chorwerken

Papagenoflöte: die in Mozarts Oper „Die Zauberflöte“ von Papageno geblasene →Panflöte aus 5 aneinandergereihten mundstücklosen Rohrpfeifen unterschiedlicher Länge (Tonumfang g^2–d^3)

Paradetrommel (engl. *parade drum*): kleinere →Rührtrommel, die als Marschtrommel der engl. Militärtrommel (= *side drum*) entspricht; ohne bestimmte Tonhöhe in Altlage; vgl. →Basler Trommel

Paradiddle: in der Trommeltechnik der systematische Wechsel von Einzel- und Doppelschlägen

Parakletike →Oktoechos (2.)

Parallelbewegung: das gleichzeitige Fortschreiten zweier oder mehrerer Stimmen in gleicher Richtung unter Beibehaltung des gleichen Intervallabstandes als Mittel der →Stimmführung im mehrstimmigen Satz; dazu →Geradbewegung

Parallelen: die im mehrstimmigen Satz durch →Parallel- und →Geradbewegung entstehende →Stimmführung in vollkommenen →Konsonanzen (= offene P.) oder zu einer vollkommenen Konsonanz (= verdeckte P.), die als Prim-, Quint- und Oktavparallelen im strengen Satz besonders für die Außenstimmen als verboten gelten; dies trifft auch zu für Anti-P. (mit offenen P. in entgegengesetzter Richtung) und Akzent-P. (mit durch →Seitenbewegung unterbrochenen offenen P.)

parallele Tonarten: die mit gleichen →Vorzeichen versehenen parallelverwandten →Dur- und →Moll-Tonarten, von denen der Grundton der parallelen Molltonart eine kleine Terz unter dem der Durtonart liegt (z. B. C-Dur →a-Moll)

Parallelklang, Parallelharmonie: zu den →Nebendreiklängen zählender Akkord, dessen terzverwandtschaftlichem Verhältnis zu den drei →Hauptdreiklängen die kleine Terz (tiefer bzw. höher) zugrunde liegt: →Tonikaparallelklang, →Dominantparallelklang, →Subdominantparallelklang

Parameter: aus der Mathematik übernommener Begriff u. a. für die verschiedenen Struktureigenschaften eines Tones (z. B. Tonhöhe, Tondauer, Lautstärke, Klangfarbe) oder einer Gruppe von Tönen; →serielle Musik

Paraphrase (griech. = Umschreibung): **1.** variative Ausschmükkung und Umspielung einer Melodie
2. im 19. Jh. speziell die virtuose Konzertfantasie über bekannte Opernmelodien oder Lieder sowie deren freie →Bearbeitung und Übertragung (→Transkription) auf andere Instrumente (z. B. Klavier)

pardessus (franz. = darüber): ältere Bezeichnung für ein noch über das eigentliche hohe Instr. (→*dessus* [1.]) hinausreichende kleinste Instr. einer Instrumentenfamilie; z. B. *pardessus de viole*

parfai (franz.): vollkommen; z. B. *accord parfait* (= Durakkord)

Parforcehorn: zur Parforce-Jagd (Hetzjagd) benutztes großes, mehrfach gewundenes →Jagdhorn

Pariser Besetzung: eine der drei Standardbesetzungen des →Salonorchesters mit Klavier, Violine, Violoncello und/oder Kontrabaß, Flöte und/oder Kornett und Schlagzeug

parlando, parlante (ital.): *MA* sprechend; Gesangsvortrag mit sehr leichter, dem schnellen Sprechen nahekommender Tongebung

Parodie (griech. = Gegengesang), **Parodieverfahren: 1.** altüberliefertes Verfahren der textlich-musikalischen (→Kontrafaktur) oder allein musikalisch-kompositorischen Umgestaltung einer Komposition zu einem neuen, eigenständigen Werk im Sinne der Anpassung an einen anderen Verwendungszweck oder veränderte Klangvorstellungen (→Adaptation [2.]); im 15./16. Jh. speziell die besonders in der *Parodiemesse* ausgeprägte Umbildung und rhythmisch, melodisch oder harmonisch veränderte Weiterführung von Motiven, Stimmen oder ganzen Abschnitten der zugrunde liegenden Vorlage, hier meistens einer →Chanson (4., 5.). →Bearbeitung

2. seit dem 18./19. Jh. zunehmend die ironisierend überzeichnete oder satirisch zugespitzte Nachahmung bestimmter Gattungen (z. B. Opern-P.), Stilrichtungen oder Satztechniken im Sinne der musikalischen Karikatur

pars (lat.), **part** (engl.), **partie** (franz.) →*parte*

part books (engl.) →Stimmbücher

parte (ital. = Teil): **1.** Teil oder Satz einer zyklischen Komposition

2. Stimme, Stimmheft; Rolle, Gesangspartie (→Partie)

Partialtöne →Teiltöne

particella (ital.), **Particell:** eine auf 2 oder 3 (gelegentlich auch mehr) Notenliniensystemen angeordnete Kompositions- und Instrumentationsskizze als Vorstufe der ausgearbeiteten →Partitur

Partie (lat. *pars* = Teil): **1.** Gesangspartie, speziell die Opern- und Operettenrolle

2. Stimme; Stimmheft

3. im 17./18. Jh. für →Partita, →Suite

Partimento (ital.): die mit beziffertem Baß (→Generalbaß) versehene skizzenartige Zusammenfassung des melodischen Verlaufes eines polyphonen Satzes in nur einer, der improvisatorischen Ausführung auf Tasteninstr. (d. h. dem P.-Spiel) dienenden Stimme; →*basso continuo*

Partita (ital.): **1.** im 16./17. Jh. Bezeichnung für den einzelnen Teil (Satz) einer Tanzfolge oder Variationsreihe

2. seit Mitte des 17. Jh. auch für Instrumentalstück und eine mehrsätzige Folge von Instrumentalstücken im Sinne der →Suite

partitino (ital. = kleine Partitur): Zusammenfassung von Instrumentalstimmen, die gesondert (z. B. als →Bühnenmusik) oder nachträglich notationsmäßig fixiert und daher nicht in die (Gesamt-) →Partitur aufgenommen wurden

partition (franz.) →Partitur

partition (d'orchestre) (franz.): →Partitur, Orchesterpartitur

partition pour (le) piano (franz.) →Klavierauszug

partito (ital.): *MA* geteilt; auf Stimmen verteilt

Partitur (lat. *partire* = einteilen; ital. *partitura*, franz. *partition*, engl. *score*): die notenschriftlich (→Notation) vollständig ausgearbeitete Aufzeichnung aller (gleichzeitig) erklingenden Einzelstimmen einer mehrstimmigen Komposition in mehreren untereinander angeordneten, mit durchgezogenen →Taktstrichen (der ursprünglichen Einteilung in „Taktfächer") vertikal koordinierten Notenliniensystemen; seit dem 16. Jh. dienen Frühformen der P. der konzeptionellen Niederschrift des Komponisten und in zunehmendem Maße der Information über den musikalischen Verlauf und die satztechnische Struktur eines Werkes zu Studium (*Studienpartitur*) und Aufführung (*Dirigierpartitur*).

In der modernen Orchesterpartitur sind die Notenliniensysteme der einzelnen, durch →Akkoladen zusammengefaßten Instrumentengruppen von oben nach unten angeordnet in der Reihenfolge:

Holzblasinstr. (Flöten, Oboen, Klarinetten, Fagotte),
Blechblasinstr. (Hörner, Trompeten, Posaunen, Tuben),
Schlaginstr. (Pauken, Triangel, Becken, Trommel u. a.),
Harfe, gegebenenfalls mitwirkende Soloinstr. oder Singstimmen,
Streichinstr. (1. und 2. Violinen, Bratschen, Violoncelli und Kontrabässe) und Orgel.

Singstimmen (mit den Solostimmen oberhalb der Chorstimmen) werden häufig zwischen Bratschen und Violoncelli, d. h. über den Baßsystemen notiert.

Einer Umgehung der durch verschiedene →Notenschlüssel und abweichend von ihrem Klang notierte →transponierende (Blas-)Instr. auftretenden Leseschwierigkeiten dienten nur vereinzelt aufgegriffene Bestrebungen für die *Einheits-P.* (alle Stimmen im auch oktavierten Violinschlüssel) und die heute wieder häufiger verwandte *Reform-P.* (alle Stimmen in C-Notierung). →Spielpartitur; →Realisationspartitur

partitura (lat., ital., russ.) →Partitur

Partiturlesen: die Fähigkeit, aus dem visuellen Studium einer Partitur eine klangliche Vorstellung des betreffenden Werkes zu gewinnen

Partiturspiel: die Fähigkeit, Verlauf und Struktur eines vielstimmigen Musikwerkes anhand der Partitur durch Darstellung der wesentlichen musikalischen Abläufe auf dem Klavier wiederzugeben; spezielles Lehrfach für Dirigenten

part music (engl.): mehrstimmige (Chor-)Musik

part song (engl.): mehrstimmiges Gesangsstück, Chorwerk

part-writing (engl.) →Stimmführung

pas (franz. = Schritt): Tanzschritt; im →Ballett die Gesamtheit aller schulmäßigen Tanzschritte (*pas de danse prescrits*)

pasacalle (span.): span. →Gassenhauer (2.); als gitarrebegleitetes Tanzlied oder instrumentales Zwischenspiel bei Liedern und Tänzen zugleich Urform der →Passacaglia

pas de breban (franz.) →Saltarello

pas de deux (franz.): Tanz zu zweit, Tanzduett

Paso doble (span. = Doppelschritt, ital *passo doppio*): **1.** aus einem span. Volkstanz hervorgegangener Gesellschaftstanz im lebhaften $\frac{2}{4}$- oder $\frac{3}{4}$-Takt

2. schneller (Infanterie-)Marsch im $\frac{6}{8}$-Takt; in Frankreich als →*pas redoublé* im doppelten Tempo

pas redoublé (franz.): Geschwindmarsch; →Armeemärsche

Passacaglia, Passacaglio (ital.), **Passacaille** (franz.): **1.** tanzartige, instrumentale Komposition mit Variationen über einer ständig wiederkehrenden 4- bis 8taktigen Baßfigur (→*basso ostinato*), meist im langsamen $\frac{3}{4}$-Takt; von der verwandten →Chaconne unterscheidet sich die P. durch die Bevorzugung der Molltonarten und langsamerer Tempi

2. →*pasacalle*

Passage (franz. = Durchgang): schnelle auf- oder absteigende Tonfolge, die als tonleiterähnlicher →Lauf oder figurierte Akkordbrechung (→*arpeggio*) besonders in virtuosen Werken solistisch ausgeführt wird

Passamezzo: geradtaktiger ital. Schreittanz des 16./17. Jh., der im 16. Jh. der langsameren →Pavane (mehr oder weniger eng) verbunden ist und zeitweise als erster Satz der →Suite deren Stelle einnimmt; *P. antico* (in Moll) und *P. moderno* (in Dur) sind neben →Folia und →Romanesca weitverbreitete Variationsmodelle mit feststehenden Harmoniefolgen

Passepied (franz.): seit dem 16. Jh. verbreiteter rhythmisch unregelmäßiger franz. Rundtanz aus der Bretagne; er findet im 17./18. Jh. als ungeradtaktiger Hoftanz im raschen, auftaktigen $\frac{3}{8}$- oder $\frac{3}{4}$-Takt Eingang in Ballett, Oper und instrumentale →Suite, in der er häufig zwischen →Sarabande und →Gigue eingeschoben wird. Der P. ähnelt einem schnell getanzten →Menuett

pas seul (franz.): Einzeltanz, Tanzsolo

Passion (lat. *passio* = Leiden): die Darstellung der Leidensgeschichte Christi auf der Grundlage der Evangelienberichte und deren musikalische Gestaltung in der Gegenüberstellung einzelner Personen (Evangelist, Christus und →Soliloquenten) und Personengruppen (→*turbae*), zunächst in der choralen →responsorialen P. (→Choralpassion), dann in der durchkomponierten motettischen P. des 16. Jh. und der oratorischen P. des 17. Jh.; P.-Vertonung im 18. und 19. Jh. hatten häufig die Form des →Oratoriums (*Passionsoratorium*)

passionato, con passione (ital.): *VB* leidenschaftlich, mit Leidenschaft; vgl. *appassionato*

passo (ital. = Schritt): Tanzschritt; vgl. *pas*

pasteboard rattle (engl. = Papprassel) →Waldteufel

Pasticcio (ital. = Pastete): **1.** ein aus Teilen bekannter Werke eines oder verschiedener Komponisten neu zusammengestelltes Musikstück; im 18./19. Jh. auf der Grundlage eines neuen Textes bevorzugt in Oper und Singspiel

2. Musikstück, an dem von vornherein mehrere Komponisten beteiligt sind

3. der parodistischen Nachahmung von persönlichen Stilmerkmalen verschiedener Komponisten dienendes Musikstück

Pastorale (ital. = Hirtenstück): vokale oder instrumentale Komposition, die textlich, melodisch bzw. in der Wahl der Instr. (z. B. der Hirteninstr. Oboe und Flöte) sowie mit der Bevorzugung des wiegenden $\frac{6}{8}$- und $\frac{12}{8}$-Taktes einen ländlich-idyllischen oder auch weihnachtlichen (= Weihnachtspastorale) Charakter aufweist; oft auch als szenisches Werk (= Pastoraloper)

pastoso (ital.): **1.** *VB* weich, geschmeidig, lieblich

2. *MA* mit weicher, geschmeidiger Tongebung

patet: Melodiemodelle in der Musik Javas, die gekennzeichnet sind durch die Verwendung bestimmter melodischer Floskeln und die erkennbare Zuordnung zu den Tonleitern →*pélog* oder →*slendro*

patetico (ital.), **pathétique** (franz.): *VB* ausdrucksvoll, feierlich-erhaben, leidenschaftlich, pathetisch

Pauken (ital. *timpani*): ⟨*Schlaginstr.*⟩ →Fellklinger mit halbkugel- oder paraboloidförmigem Kessel (→Kesseltrommel) aus Metall (Kupferblech) und einem dem Luftdruckausgleich dienenden kleinen Schalloch in der Mitte des Bodens, Spannschrauben sowie dem mit Paukenschlegeln (Filz, Kork, Holz) geschlagenen Schlagfell (meist Kalb- oder Plastikfell); im Orchester mindestens paarweise im Quartabstand, häufig jedoch als Vierersatz mit je zwei hohen und tiefen Instr. (2 Pedal-

und 2 Kurbel- oder Drehkessel-P.). Tonumfang (etwa im Bereich einer Sexte umstimmbar) bei einem Durchmesser von 20–30 cm (Sopran-P.) = a^1–d^2, 45–50 cm (H-P.) = g–c^1, 55–60 cm (Hohe bzw. F-P.) = c–gis, 60–65 cm (Kleine bzw. C-P.) = A–fis, 65–70 cm (Große bzw. G-P.) = E–c und 75–80 cm (Baß-P.) = D–H; nichttransp. notiert im Baßschlüssel.
Entsprechend dem System der Umstimmvorrichtung werden heute →Schrauben- und →Maschinenpauken unterschieden; zu letzteren zählen u. a. →Kurbel- oder Hebelpauke, →Drehkesselpauke, →Pedalpauke

pausa di breve (ital.), **pause de breve** (franz.): Doppeltaktpause

pausa di una battuta (ital.): Ganztaktpause

pausa generale (ital.), **pause general** (franz.) →Generalpause

pausa lunga, *lunga* (ital.): lang ausgehaltene (General-)Pause

Pause: Notationszeichen für das musikalisch motivierte und durch bestimmte rhythmische Werte (→Noten- und Pausenwerte) vorgeschriebene zeitweilige Schweigen einer, mehrerer oder aller (→Generalpause) Stimmen des musikalischen Satzes

Pausenwerte →Noten- und Pausenwerte

Pavane (ital. *pavana*, *padovana*): langsamer, vorherrschend geradtaktiger Schreittanz (Hoftanz) span.-ital. Herkunft, der seit dem 16. Jh. mit vereinfachter Schrittfolge die →*basse danse* ablöste; bis um 1550 als Doppeltanz mit →Saltarello, danach in dem Tanzpaar Pavane–Galliarde zugleich Kopfsatz der →Suite. →Passamezzo

Pavaniglia (ital.): geradtaktiger span.-ital. Schreittanz des 16./17. Jh., dem oft ein der →Folia-Formel ähnliches markantes Baßgerüst zugrunde liegt

pavillon (franz., engl.): →Stürze, Schallstück der Blasinstr.

pavillon chinois (franz.): Halbmond, →Schellenbaum

peau (franz.) →Fell

peau de batterie (franz.) →Schlagfell

peau de caisse (franz.): Trommelfell

peau de chèvre (franz.): Ziegenfell

peau de timbale (franz.): Paukenfell

peau de timbre (franz.) →Saitenfell

peau de veau (franz.): Kalbfell

peau inférieure (franz.): Unterfell, →Saitenfell

peau supérieure (franz.): Oberfell, →Schlagfell

pedal (engl.) →Fußmaschine

Pedal (lat. *pes* = Fuß): **1.** mit den Füßen zu spielende Tastatur (→Klaviatur) der →Orgel, im Gegensatz zum →Manual;

auch bei Klavier (= Pedalklavier) und Cembalo (= Pedalcembalo)
2. Fußhebel zur Einstellung verschiedener Mechanismen bei: *a*) Cembalo und Klavichord (z. B. als Jalousieschweller und Registerzüge)
b) Flügel und Pianoforte (vor 1830 bis zu 8 P. für Registerzüge, Oktavkoppel, Dämpfung u. a.); nach 1830 in der Regel nur 2 P.: rechtes P. (Fortezug, Groß-P.) zur Aufhebung der Dämpfung, linkes P. (Pianozug, Verschiebung) zur Dämpfung und Veränderung der Klangfarbe; gelegentlich tritt ein P. zur verstärkten Dämpfung (Moderator) oder als Tonhalte-P. hinzu
3. →Pedalharfe; →Pedal(maschinen)pauke; →Pedalbecken

Pedalbecken, *Beckenmaschine*: Hebelvorrichtung mit Fußbedienung (Pedal) zum Gegeneinanderschlagen zweier kleiner →Becken; →Charlestonmaschine, →Hi-hat-Pedal

pedal drum (engl.) →Pedal(maschinen)pauke

Pedalflügel: →Flügel mit Fußklaviatur (→Pedal [1.]); →Pedalklavier

Pedalharfe: moderne →Harfe, seit etwa 1720 zum Transponieren mit sieben Pedalen ausgestattet

Pedalklavier: →Klavier mit Fußklaviatur (→Pedal [1.]); auch als Übungsinstr. für Organisten

Pedalkoppel: →Koppel bei Tasteninstr. mit →Pedal, vornehmlich der Orgel, die das Mitspielen der gezogenen Register eines Manuals vom Pedal aus ermöglicht

Pedal(maschinen)pauke: →Pauke, deren Umstimmung mittels eines zentral auf alle Spannschrauben einwirkenden fußbetätigten Hebelmechanismus (Pedal) erfolgt; dieser technisch vollkommenste Paukentyp hat zusätzlich ein Handrad für die Feineinstimmung und häufig einen mit dem Pedal gekoppelten Tonanzeiger für die eingestellte Stimmung

Pedalschlegel →Fußmaschine

Pedalwerk: Teilwerk (→Werkprinzip) der →Orgel, das mittels Fußklaviatur zum Klingen gebracht wird

Pegel: *Ak* logarithmierte Verhältnisgröße, d. h. die in logarithmischen Verhältniswerten ausgedrückte Beziehung einer physikalischen Größe zu einer als Bezugswert festgelegten gleichartigen Größe. Das Pegeldiagramm elektroakustischer Übertragungssysteme berücksichtigt den *Nutz-P.* als Größe der übermittelten Information, den *Geräusch-P.* als Summe der umgebenden Geräusche und den *Stör-P.* als Summe der auftretenden Störsignale (z. B. Netzbrummen)

Pegelmaß: *Ak* logarithmisches Maß für das Verhältnis zweier gleichartiger physikalischer Größen, in der Akustik und Elektroakustik ausgedrückt in →Dezibel (dB); dabei gilt für den Schalldruckpegel: $L = 20 \lg \frac{p}{p_0}$ dB (mit der Größe p_0 an der Hörschwelle bei 0,0002 µbar). Die Festlegung 0,0002 µbar = 0 dB ermöglicht ein absolutes Schalldruckmaß mit einer linearen Skala von 0–120 dB (→phon-Werte) für den Schalldruck von der Hörschwelle (0,0002 µbar) bis zur Schmerzgrenze (200 µbar); elektrische Spannungsverhältnisse werden auf den Nullpegel (absoluter Pegel) 0 dB = 0,775 V bezogen

Peitsche (ital. *frusta*, franz. *fouet*, engl. *whip*), *Klappholz*: ⟨*Schlaginstr.*⟩ zwei längliche, an einem Ende durch ein Scharnier verbundene →Gegenschlagplatten aus Hartholz; einfaches →Effektinstr. ohne bestimmte Tonhöhe in Diskantlage mit einliniger Notierung

Peking-Oper: Typ der chin. Oper, in dem seit der 1. Hälfte des 19. Jh. Elemente der verschiedensten Opern- und Musizierstile Chinas zu einer hochentwickelten eigenständigen Form verschmolzen sind

pelle (ital.): →Fell

pelle del suono (ital.) →Schlagfell

pelle di capra (ital.): Ziegenfell

pelle di risonanza (ital.) →Saitenfell

pelle di tamburo (ital.): Trommelfell

pelle di timpano (ital.): Paukenfell

pelle di vitello (ital.): Kalbfell

pelle inferiore (ital.): Unterfell, →Saitenfell

pelle superiore (ital.): Oberfell, →Schlagfell

pélog (javan.): der →Gamelanmusik Javas und Balis neben dem →*slendro* zugrunde liegende 7stufige Materialtonleiter mit unterschiedlichen Intervallen, aus der in der Praxis voneinander abweichende Gebrauchstonleitern gebildet werden

Pendelrasseln: →Reihenrasseln aus aneinandergereihten Bambusstäben, Glasstreifen u. ä.

penetrante (ital.): *VB* durchdringend, schrill

penna (ital.) →Plektron

Pennill, Penillion (engl.): auf die alte Musizierpraxis der →Barden zurückgehende, improvisiert vorgetragene walisische Gesänge, zu denen auf der Harfe eine bekannte Volksweise gespielt wird; →Eisteddfod

Penorcon: zur Familie der →Cister gehörendes, der →Pandora ähnelndes Zupfinstr. mit 9 Saitenpaaren in der Stimmung $_1G$ $_1A$ C D G c e a d^1

pensieroso, pensoso (ital.): *VB* nachdenklich, gedankenvoll

Pentachord (griech.): Fünftonfolge, d. h. eine Folge von fünf Tönen, deren äußere Begrenzung das Intervall einer Quinte bildet

Pentatonik (griech.): altüberlieferte 5stufige Tonfolge, die den Anfängen einer Ordnung der Töne in Tonleitern zugrunde liegt und noch heute besonders in der außereurop. Musik, vereinzelt aber auch in der europ. Volksmusik, Grundlage der Melodiebildung ist. Als halbtonlose (anhemitonische) P. tritt sie u. a. in früher altgriech. Musik, im →Gregorianischen Gesang und im Kinderlied auf, als halbtönige (hemitonische) P. u. a. in jap. und indones. Musik

Penultima →*paenultima vox*

percussion instruments (engl.) →Schlaginstr. (1.)

perdendo, perdendosi (ital.): *VB* sich verlierend, verlöschend, abnehmend an Tonstärke; äußerstes *pp*

Perepljass (russ.): geselliger russ. Paar- oder Gruppentanz, bei dem sich die einander ablösenden Tänzer an Geschicklichkeit zu übertreffen suchen

perfectio (lat. = Vollkommenheit), **Perfektion: 1.** in der →Mensuralnotation fordert der ausdrückliche Hinweis *cum perfectione* die normale Wertigkeit der Schlußnote (Finalis) einer →Ligatur (4.) als →Longa; der Hinweis *sine perfectione* kennzeichnet dagegen die unvollkommene Ligatur mit Brevis-Schluß. →*proprietas*

2. in der →Mensuralmusik seit dem 13. Jh. die dreizeitige Mensureinheit der →Longa (*longa perfecta*), die im 14. Jh., angezeigt durch entsprechende →Mensurzeichen, auch auf die Notenwertverhältnisse →*tempus* und →*prolatio* überging; danach steht *tempus perfectum* (angezeigt durch einen Kreis) für die dreizeitige Brevis (*brevis recta*) im Wert von 3 Semibreven

perfetto (ital.): vollkommen, vollendet, ausgezeichnet; perfekt

perfetto moto (ital.): perfekter, d. h. dreiteiliger Takt

performance (engl.): Aufführung, Vorstellung, Ausführung, Vortrag

Périgourdine (franz.): franz. Tanz aus der Landschaft Périgord im lebhaften $\frac{3}{8}$- oder $\frac{6}{8}$-Takt, ähnlich dem →Passepied

Périnet-Maschine, Périnet-Ventile: nach dem Franzosen Périnet benannte Ventilkombination mit verbesserten Pump- oder Kolbenventilen

Periode (griech. = Kreislauf, regelmäßige Wiederkehr): **1.** in der Formenlehre das „normative Grundschema" (H. Riemann) des in sich geschlossenen, in der Regel 8taktigen musikalischen Satzes, bestehend aus zwei korrespondierenden Halbsätzen, dem →Vorder- und →Nachsatz mit →Halb- bzw. →Ganzschluß

2. in der Schwingungslehre die Zeitspanne (T) zwischen zwei im gleichen Bewegungszustand, d. h. in →Phase schwingen-

den Teilchen eines schwingenden Systems; auch der vollständige Zyklus einer Schwingung mit allen seinen aufeinanderfolgenden Phasen.
Die P. verhält sich umgekehrt proportional zur →Frequenz: $T = \frac{1}{f}$

Perkussionsinstrumente (lat. *percussio* = Schlag) →Schlaginstr.

per l'ultima volta (ital.): *MA* zum letzten Mal

Permutation (lat. *permutatio* = Veränderung): **1.** eine →Mutation (3.), bei der außer der Umdeutung des Tones auch eine Veränderung der Tonhöhe stattfindet
2. →Stimmentausch im mehrstimmigen, kontrapunktischen Satz; bei Anwendung aller Kombinationsmöglichkeiten des mehrfachen →Kontrapunkts als *regelmäßige P.*, in freier Kombination als *unregelmäßige P.*
3. Austausch von Elementen der Gestalten einer →Reihe und anderer musikalischer →Parameter in der →seriellen und →elektronischen Musik

Permutationsfuge: eine zumeist vokale →Fuge, in der das Verfahren des Stimmtausches innerhalb der Gesetze der regelmäßigen →Permutation (2.) angewendet wird

perpetuo (ital.): fortwährend, unaufhörlich

Perpetuum mobile (lat. = ununterbrochen beweglich): schnelles, virtuoses Instrumentalstück mit ununterbrochen gleichmäßiger Bewegung in kleinen Notenwerten

pesante (ital.): *VB* schwerfällig, schleppend, plump, wuchtig

pestare il pianoforte (ital.): klimpern

petit détaché (franz.): *MA* (kleines) →*détaché* mit der Spitze des Bogens

pezzo (ital.): Stück

pezzo de bravura (ital.) →Bravourstück

pezzo per esercizio (ital.) →Etüde

Pfeifen: **1.** →Orgelpfeifen **2.** →Flöteninstr.

Pfeifenmund →Labium

Pfeifenstöcke: Lochbretter oberhalb der Tonkanzellen der →Windlade, auf denen die Füße der Orgelpfeifen stehen

„Pfundnote": scherzhafte Bezeichnung für die →ganze Note

Phantasie →Fantasie

Phantasiestück: kurzes, dem →Charakterstück ähnliches Instrumentalstück, meist für Klavier und ohne Bindung an eine bestimmte Form

Phantom-Schallquelle: *EAk* die z. B. aufgrund der charakteristischen Mitteninformation bei stereophoner Wiedergabe (→Stereophonie) entstehende Sinnestäuschung des Hörens aus einer Richtung, in der sich kein Lautsprecher befindet

Phase: in der Schwingungslehre der auf den Nullpunkt der Zeitachse bezogene jeweilige Bewegungszustand eines schwingenden Systems; die Phasenlage wird bei der Sinusschwingung durch den Phasenwinkel, gemessen im Grad- oder Bogenmaß, bestimmt

Phasendifferenz, Phasenverschiebung: der im Grad- oder Bogenmaß angegebene zeitliche Abstand einander entsprechender Phasenlagen zweier Schwingungen gleicher Frequenz, der die Erscheinungsform der resultierenden Schwingung (→Interferenz) bestimmt;
die Ph. ist auch mitbestimmend für das →Richtungshören

Philharmonie (griech.): **1.** Konzertgesellschaft; führende Orchestervereinigung **2.** Konzertgebäude, Konzertsaal

philharmonisch (griech.): die Harmonie liebend; meist in Verbindung mit der Benennung musikalischer Institutionen und Konzertgesellschaften

Phon (griech. = Ton, Laut), **phon:** physikalische Maßeinheit für die subjektive →Lautstärkeempfindung, die jedoch zur Darstellung musikalisch-dynamischer Abstufungen (→Dynamik) nicht ausreicht; der für die Bezugsfrequenz von 1000 Hertz (Hz) mit dem in →Dezibel (dB) angegebenen Schalldruckpegel gleichgesetzte Lautstärkepegel in phon wird in der technischen Akustik durch den 20fachen dekadischen Logarithmus des Verhältnisses zweier Schalldrucke (p) bzw. den 10fachen dekadischen Logarithmus zweier Schallstärken (I) ausgedrückt: $\Lambda = 20 \lg \frac{p}{p_0}$ phon $= 10 \lg \frac{I}{I_0}$ phon. →phon-Werte

Phonasthenie (griech.): durch Überanstrengung hervorgerufene Stimmschwäche

Phonem (griech.): Sprachlaut, der als kleinste lautliche Einheit einer Sprache zur Unterscheidung von Bedeutungen bei zwei oder mehr Worten sonst gleichen lautlichen Baus (z. B. Rasen, Riesen, Rosen) dient; verselbständigt auch als künstlerisches Gestaltungsmittel eingesetzt

Phonetik (griech. = Lautlehre): die sich mit akustisch-physikalischen Eigenschaften des Sprachlautes und den artikulatorisch-physiologischen Gegebenheiten der Lautbildung befassende Lautlehre; wichtige Grundlage der →Stimmbildung

phonetische Räder →Lichttonorgel

Phonogeräte, *Fonogeräte*: elektroakustische Geräte zur Aufzeichnung und Wiedergabe von Schallereignissen; dazu zählen Magnettongeräte einschließlich Kassettenrecorder (→Magnettonverfahren) und →Plattenspieler

Phonogramm (griech. = Tonschrift): Schallaufzeichnung, z. B. auf Walze (→Phonograph), Schallplatte oder Magnettonband

Phonogrammarchiv: Sammelstelle überwiegend phonographischer Schallaufzeichnungen (→Phonograph), besonders der außereurop. und europ. Volksmusik, für Dokumentation und Forschung auf dem Gebiet der Musikethnologie sowie phonetischer Schallaufzeichnungen im Dienst der Lautforschung (→Phonetik)

Phonograph (griech. = Tonschreiber), *Sprechmaschine*: mechanisch-akustisches Gerät zur Aufzeichnung und Wiedergabe von Schallschwingungen auf Walzen; der 1877 von Th. A. Edison erfundene Ph. benutzte zunächst eine um eine drehbar angeordnete Stahlwalze gespannte Stanniolfolie als Träger für die von der durch eine Membran angeregten Stichelspitze in die Tiefe gegrabene schraubenförmige Tonrille (→Tiefenschrift). 1887 gelang mit der Verwendung von Wachszylindern eine Tonverbesserung, die, trotz der jetzt möglichen Walzenvervielfältigung, nur kurze Zeit mit dem gleichzeitig auftretenden →Grammophon konkurrieren konnte. →Nadeltonverfahren

Phonola: im Gegensatz zum →Pianola ein halbautomatisches Tasteninstr., dessen Spielweise in Tonstärke, Tempo und Klangcharakter durch Pedale und Handhebel regulierbar ist.

Phonothek (griech.): planmäßig angelegte und systematisch erschlossene Sammlung von Tonträgern, d. h. phonographisch aufgezeichneten Walzen (→Phonogrammarchiv), Schallplatten (→Diskothek [1.]), Magnettonbändern und Tonfilmen für Dokumentation und Forschung

phon-Werte: *Ak* dem logarithmischen Maß für den Schalldruckpegel (→Pegelmaß, →Dezibel) einer Bezugsfrequenz von 1000 Hertz für den Bereich der Lautstärkeempfindung zwischen Hörschwelle (0 dB = 0,0002 μbar) und Schmerzgrenze (120 dB = 200 μbar) zugeordnete Lautstärkeskala in →phon:

phon = dB	sone	Schallereignis	entspricht musikalisch etwa
0	0,063	Hörschwelle	
10	0,125	Taschenuhrticken	*ppppp*
20	0,25	Blätterrauschen bei mittlerer Luftbewegung	*pppp*
30	0,5	Straßengeräusche in ruhiger Wohnlage	*ppp*
40	1	gedämpfte Umgangssprache	*pp*
50	2	normale Umgangssprache	*p*
60	4	Musikwiedergabe in Zimmerlautstärke	*mp*

phon = dB	sone	Schallereignis	entspricht musikalisch etwa
70	8	mittlerer Straßenlärm	*mf*
80	16	starker Straßenlärm	*f*
90	32	Kreissäge, lautstarkes Autohupen	*ff*
100	64	Maschinensaal, Motorrad ohne Schalldämpfer	*fff*
110	128	Preßluftbohrer in etwa 2 m Entfernung	*ffff*
120	256	Schmerzgrenze; Düsentriebwerk, z. T. bereits als schmerzender Lärm	

Phorminx (griech.): zur Gruppe der →Leiern gehörendes ältestes griech. Zupfinstr. mit halbkreisförmigem Korpus, 2 Jocharmen und 3–5 vom Querholz (Joch) zum Schallkörper gespannten Saiten; bereits seit dem 9. Jh. v. u. Z. als Instr. der →Aöden nachgewiesen und im 5. Jh. v. u. Z. von der →Kithara abgelöst

Phrase (griech.): die aus einer Gruppe von Tönen bestehende kleinste rhythmisch-metrische Sinneinheit, die als Gestaltungselement der musikalischen →Form eines Werkes zugrunde liegt und mit einem →Motiv oder Teilmotiv zusammenfallen kann

Phrasierung: die der Verständlichkeit eines Werkes dienende sinnvolle Gliederung (→Phrasierungsbogen, →Artikulation) musikalischer Abläufe durch Verdeutlichung der einzelnen →Phrasen, die sich als musikalische Sinneinheiten häufig der Begrenzung durch Taktstrich und Pause entziehen; bei Wort-Ton-Kompositionen ergibt sich die Ph. aus dem Sinn des Textes, so daß der musikalische Ablauf bei mehrfacher Textierung verschieden phrasiert sein kann

Phrasierungsbogen: Bogenzeichen als notenschriftliches Hilfsmittel zur Verdeutlichung musikalisch sinnvoller Zusammenhänge (→Phrasierung)

Phrasierungslehre: die Ende des 19. Jh. als Teil der Vortragslehre am konsequentesten von H. Riemann entwickelte Theorie zur Erzielung einer sinnvollen Gliederung musikalischer Werke durch analytisches Aufdecken der einzelnen Phrasierungsabschnitte (→Phrase)

phrygisch: **1.** nach dem griech. Volksstamm der Phryger benannte authentische Oktavgattung des altgriech. Tonsystems mit der diatonisch absteigenden Tonleiter d^1–d

2. der 3. Kirchenton (Modus III) der mittelalterlichen →Kirchentonarten mit →Finalis = e und →Reperkussionston = h sowie der charakteristischen leitereigenen kleinen Sekunde (e–f = phrygische Sekunde);

Tonleiter 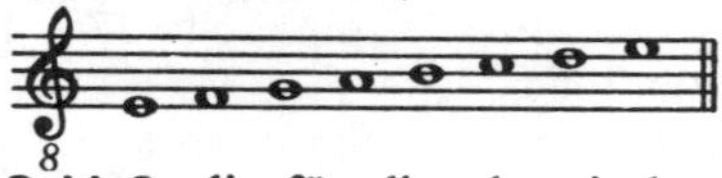

phrygischer Schluß: die für die phrygische Kirchentonart typische Melodieführung in der kleinen Sekunde (f–e) abwärts und deren Harmonisierung als phrygische Kadenz:

Physharmonika: 1. ein 1818 als Vorläufer des →Harmoniums konstruiertes Tasteninstr. mit durchschlagenden Zungen
2. Orgelstimme von sanftem Ton mit durchschlagenden Zungen, meist 8′

Physiologie des Instrumentenspiels: die Lehre von den physiologischen Vorgängen (z. B. Beanspruchung der Nerven und Muskeln) und körperlichen Voraussetzungen beim Instrumentenspiel

physiologische Akustik →Gehörphysiologie

piacere, piacimento (ital.): Gefallen, Belieben; →*a paicere*

piacevole, paicente (ital.): *VB* gefällig, angenehm, liebenswürdig

piangendo, piangente, piangevole (ital.): *VB* weinend, klagend

Pianino (ital.): →Kleinklavier

pianissimo (ital.), ***pp*** : *VB* sehr leise

pianissimo piano (ital.), ***ppp*** : *VB* äußerst leise

pianissimo quanto possibile (ital.), ***pppp*** oder ***ppppp*** : *VB* so leise als möglich

pianissimo quasi niente (ital.), ***pppppp*** : *VB* fast unhörbar leise

Pianist: Klavierspieler

[1]**piano** (ital.), ***p***: *VB* leise, sanft, still

[2]**piano** (ital., franz., engl.), **Piano:** Kurzform für Pianoforte (→Klavier)

pian(o)pianissimo (ital.), ***ppp*** : *VB* äußerst leise

Pianoakkordeon: ⟨*Harmonikainstr.*⟩ chromatisches →Akkordeon mit Diskantteil in Pianotastenanordnung (→Klaviatur) und einem Tonumfang je nach Instrumentengröße von f–a³ (bei 41 Tasten); dagegen →Knopfgriffakkordeon

pianoforte (ital., franz., engl.), **Pianoforte** →Klavier

Pianograph →Melograph

Pianola, *Selbstspielklavier*: ⟨*mechan. Musikinstr.*⟩ einem →Klavier (1.) oder →Flügel (1.) eingebauter oder vorgesetzter, mechanisch (durch Trittbalg) oder elektrisch (durch Elektromotor) angetriebener pneumatischer *Kunstspielapparat*, dessen Gebläse die mechanische Betätigung der Tasten- und Hammermechanik des betr. Instr. ermöglicht. Der Tonablauf ist durch von Künstlern bespielte (*Reproduktionsklavier*) oder vom Noteur aufgezeichnete Notenrollen (= gelochte Papierbänder) festgelegt. Dagegen ist beim →Phonola die Spielweise in Tonstärke, Tempo und Klangcharakter durch Pedale und Handhebel regulierbar

piatti (ital., Mz.) →Becken

piatti a pedale (ital., Mz.) →Pedalbecken, →Hi-hat

piatto sospeso (ital.): (am →Galgen) hängendes →Becken

Pibgorn, Pibcorn (engl.): altes walis. Rohrblattinstr., →Hornpipe

Pibroch (engl.): altschott. Dudelsackweise mit reich verzierten Variationen

Picardische Terz: im 18. Jh. von Rousseau überlieferte Bezeichnung für die Verwendung der großen (Dur-)Terz im Schlußakkord eines in Moll stehenden Musikstückes

piccato (ital. = pikiert): *MA* Strichart beim Streichinstrumentenspiel als →*staccato* auf einem Bogenstrich

picchiato (ital.): *MA* geklopft

Piccolo (ital. *flauto piccolo*), **Piccoloflöte** →Kleine Flöte

pick-up (engl.): Tonabnehmer, →Abtastsystem

pièce (franz.): Stück

pieghevole (ital.): *VB* biegsam, nachgiebig

pieno (ital. = voll, vollständig): *MA* volltönend, vollstimmig; Kurzform für *pieno organo*

pieno organo (ital.) →*organo pieno*

pietoso, con pietà (ital.): *VB* jammervoll, schmerzlich; Mitleid erregend, voller Mitleid

piezoelektrischer Effekt: die für elektroakustische Wandler genutzte Erscheinung, daß durch Druckschwankungen an den beiden Endflächen bestimmter Kristalle analoge elektrische Ladungen auftreten (Kristall- →Mikrophon, →Kristalltonabnehmersystem) bzw. daß (beim umgekehrten p. E.) Kristalle bei Anlegen einer Spannung an den beiden Endflächen, elastisch verformt werden (Kristall- →Lautsprecher)

Pifferaro (ital.): →Schalmei blasender Hirte, der – meist zusammen mit einem die Hirtenflöte blasenden →Zampognaro – altem ital. Brauch folgend während der Weihnachtszeit in Rom vor Madonnenbildern musiziert

Piffero (ital.): **1.** kleine ital. Diskant- →Schalmei **2.** ⟨*Orgelregister*⟩ Doppelstimme beliebiger Pfeifenart mit 8′ und 4′ oder 16′ und 8′

Pikardische Terz →Picardische Terz
pikieren →*piccato*
Pikkolo, Pikkoloflöte →Kleine Flöte
pileata (lat.): gedeckt, →Gedackte
pillato (ital.): *VB* gestampft
Pilottonverfahren: *EAk* kompatibles Verfahren der HF- →Stereophonie im UKW-Bereich, bei dem ein als Steuerfrequenz mitübertragener Pilotton von 19 kHz der Rückgewinnung der Hilfsträgerfrequenz (38 kHz) für die Decodierung eines Multiplexsignals dient, das sowohl die für Empfänger ohne Stereodecoder notwendige vollständige monophone Information (A + B) als auch die zusätzliche stereophone Information (A − B) an einen Stereodecoder weitergibt, von dem die Signale A und B für die NF-Verstärkung abgenommen werden. Eine vom Pilotton abgeleitete Steuerspannung wird im Stereoempfänger außerdem zur Anzeige des Einfalls einer Stereosendung und zur selbsttätigen Umschaltung von Mono- auf Stereoempfang genutzt
pincé (franz.): **1.** *MA* gezupft; →*pizzicato*
2. →Mordent
pincé étouffé (franz.) →*acciaccatura*
pincé renversé (franz.) →Schneller
pink noise (engl. = rosa Rauschen): *EAk* über den →Synthesizer als Klangmaterial der →elektronischen Musik gewonnene Abwandlung des →weißen Rauschens mit angehobenen tiefen und gedämpften hohen Frequenzen
P'i-p'a: chin. Kurzhalslaute; vgl. Biva
piqué (franz. = pikiert) →*piccato*
Piston (franz. = Pumpventil): **1.** →*cornet à pistons*; Ventilkornett (→Kornett)
2. Pumpventil der Blechblasinstr.
3. Einschaltknöpfe für die Register moderner Orgeln
pitch (engl.): Tonhöhe, Stimmung
pitch fork (engl.): Stimmgabel
pitch pipe (engl.): Stimmpfeife
più (ital.): mehr (mit *VB* und *TB*)
più allegro (ital.): *TB* lebhafter
più forte (ital.): *VB* stärker
più mosso (ital.): *VB* bewegter, stärker bewegt
più piano (ital.): *VB* schwächer
più stretto (ital.): *VB* gedrängter, eilender
piuttosto (ital.): ziemlich, eher, vielmehr (mit *VB* und *MA*)
piva (ital.): **1.** →Sackpfeife **2.** im 15./16. Jh. ein dem Tanzpaar Pavane-Saltarello variationsmäßig zugeordneter dritter

Tanz im sehr schnellen $\frac{12}{8}$-Takt mit gegenüber dem Grundschlag doppelt schneller (*proportia dupla*) Schrittfolge

pizzicato (ital. = gekniffen): *MA* (bei Streichinstr. und Klavier) die Saiten mit dem Finger anreißen

placido, placidamente (ital.): *VB* ruhig, sanft, gelassen, friedlich

plagale (griech./lat. = seitliche, abgeleitete) **Kirchentöne:** die von den →authentischen Kirchentönen abgeleiteten diatonischen Tonleitern, deren Skalen gegenüber den authentischen Kirchentönen jeweils um einen →Tetrachord (d. h. eine Quarte) nach unten versetzt sind, aber mit diesen die →Finalis gemeinsam haben und durch die Vorsilbe „hypo" gekennzeichnet sind; dazu gehören der 2., 4., 6. und 8. Kirchenton: hypodorisch, hypophrygisch, hypolydisch, hypomixolydisch

plagaler Schluß, plagale Kadenz: harmonische Schlußwendung (→Kadenz 1.), die von der Subdominante zur Tonika führt; auch Kirchenschluß genannt. →Ganzschluß

plain-chant (franz., engl.), **plainsong** (engl.) →Gregorianischer Gesang; →*cantus planus*

Plainte (franz. = Klage): **1.** →Planctus **2.** im 17./18. Jh. ein Klage ausdrückendes Musikstück, ähnlich →Lamento und →Tombeau

3. Bezeichnung für Verzierungen unterschiedlicher Art, wie →Vibrato oder →Vorschlag

Plaisanterie (franz. = Scherz, Spaß, Spott): im 17./18. Jh. Bezeichnung für einen scherzoartigen Satz der →Suite

Planctus (lat. *plangere* = laut wehklagen): im Mittelalter lateinsprachiges Klagelied, meist auf den Tod einer hervorragenden Persönlichkeit; →*Plainte*, →Tombeau, →Lamento

plantation song (engl. = Plantagengesang): Arbeitslied (→*work song*) der schwarzen Landarbeiter auf den Baumwollplantagen in den Südstaaten der USA, das Elemente der afroamerik. Negerfolklore (→*call and response*) aufweist

plaque de tonnere (franz.): Donnerblech, →Folienrassel

Plastikfell: →Fell aus Kunststoff-Folie, das auf den →Fellwickelreifen aufgezogen und verschweißt wird; es ist weniger witterungsempfindlich als die natürlichen Felle (Kalbfell, Ziegenfell)

plate bells (engl.) →Plattenglocken

Platerspiel, Platerpfeife: dudelsackähnliches Blasinstr. mit einfachem oder doppeltem Rohrblatt und einer Tierblase als Windbehälter zwischen Anblasrohr (Blaspfeife) und vereinzelt auch gedoppelter Spielröhre (Griffpfeife)

Plattenglocken (ital. *campane in lastra di metallo*): ⟨*Schlaginstr.*⟩ →Schlagplatten(spiel) aus sehr großen abgestimmten Stahl- oder Aluminiumblechplatten, die an einem Gestell aufge-

hängt oder einzeln schwingend in der Hand gehalten und mit dem Holzhammer angeschlagen werden;
Einzelplatten abgestimmt überwiegend im Bereich tiefer →Glocken, notiert im Baßschlüssel

Plattenklappern →Gegenschlagplatten

Plattenspielautomat, *Musikbox* (engl. *music box*): Musikautomat zum Schallplattenabspiel, der besonders in öffentlichen Gaststätten geschäftsmäßig betrieben wird; bei dem durch Münzeinwurf zu betätigenden automatischen →Plattenspieler wird das Abspielen und Auswechseln von bis zu 400 vorgegebenen Plattentiteln (bzw. 200 Schallplatten) durch elektromechanischen und elektromotorischen Antrieb gesteuert. →Plattenwechsler

Plattenspieler: elektroakustisches Gerät zur Wiedergabe der auf →Schallplatten aufgezeichneten Schallereignisse.
Die den Auslenkungen der Schallrille folgenden mechanischen Bewegungen der Abtastnadel (Stahlnadel, Saphir oder Diamantsplitter) werden im →Tonabnehmer (mechanisch-elektrischer Wandler) in Tonfrequenzspannungen umgewandelt, die über den NF-Verstärker eines Rundfunkempfängers oder einen eigenen, heute meist transistorisierten NF-Verstärker dem →Lautsprecher (elektroakustischer Wandler) zur Schallabstrahlung zugeführt werden

Plattenwechsler: automatischer →Plattenspieler, bei dem das Abspielen und Auswechseln von bis zu 12 ausgewählten, übereinander gestapelten Schallplatten elektromechanisch gesteuert wird

play a boston (engl.): *MA* im Jazz die Zählzeiten eines Stückes regelmäßig angeben und damit das Vortragstempo bestimmen

playback-Verfahren (engl. = Rückspielverfahren): *EAk* **1.** ein besonders bei Film- und Fernsehaufnahmen sowie öffentlichen Großveranstaltungen im Interesse guter Tonqualität angewendetes Verfahren, bei dem die Tonaufnahmen unter optimalen Studiobedingungen auf Tonband (→Magnettonverfahren) vorproduziert werden. Die hochwertige Tonaufzeichnung (= das Playback) wird dann bei den szenischen Aufnahmen bzw. während des öffentlichen Auftritts den Interpreten, die jetzt zu ihren darstellerischen Aufgaben die Tongebung nur synchron markieren, über Lautsprecher eingespielt
2. ein vor allem von Funk und Schallplatte bei Unterhaltungsmusikproduktionen angewendetes Verfahren der einfachen (= Playback) oder auch mehrfachen (= Multiplayback) Hinzufügung der Solostimme(n) zu einem vorproduzierten Orchesterband bzw. des mehrfachen „Übereinanderspielens“

der Solostimme des gleichen Interpreten (= Multiplexaufnahme) mittels eines mehrkanaligen →Magnetbandgerätes mit bis zu 32 Spuren

player roll (engl.): bespielte Notenrolle (= gelochtes Papierband) für mechanische Klaviere; →Pianola

plein-jeu (franz. = volles Spiel) →*organo pleno*

Plektron, Plektrum (griech.; lat.): **1.** Blättchen oder Stäbchen aus Elfenbein, Horn (Schildpatt), Holz, Metall oder Kunststoff zum Anreißen der Saiten von Saiteninstr. (besonders Zupfinstr.) **2.** Klöppel von →Hackbrett und →Pantaleon

Plektrumgitarre →Schlaggitarre

pleno (lat. = voll, vollständig): *MA* vollstimmig, volltönend; Kurzform für →*organo pleno*

Pleßhorn, *Jagdhorn*: ⟨*Blechblasinstr.*⟩ kleines Signalhorn (→Bügelhörner) mit langem, konischem, weit mensuriertem und mehrfach kreisförmig gewundenem Rohr, 3 Ventilen und Bechermundstück; Stimmung in B (e ... b–b^2), in Es (A ... es–es^2) oder in D (as... d^2–d^3), transp. notiert im Violinschlüssel; kräftiger, klarer Klang

plica (lat. = Falte): in der →Modal- und frühen →Mensuralnotation die mit einem zusätzlichen kleinen Vertikalstrich (→*cauda*) an der Hauptnote als absteigend (*pl. descendens*) oder aufsteigend (*pl. ascendens*) gekennzeichnete Verzierung durch eine vor- oder nachgestellte Nebennote

pluck (engl.): *MA* anreißen, zupfen

Pochette (franz. = kleine Tasche), *Taschengeige*: →Geige mit sehr kleinem Korpus und 3 oder 4 in Quinten gestimmten Saiten (g^1 d^2 a^2 oder a^1 e^2 h^2, im 18. Jh. auch c^1, g^1, d^2, a^2); seit dem 17. Jh. vornehmlich als *Tanzmeistergeige* bei Tanzlehrern, die sie in der Rocktasche bei sich führten, verbreitet

pochettino, pochetto (ital.): ein klein wenig, ein bißchen (mit *VB* und *MA*)

pochissimo (ital.): äußerst wenig (mit *VB* und *TB*)

poco (ital.): ein wenig, etwas (mit *VB* und *TB*)

poco alla volta (ital.): allmählich (mit *VB* und *TB*)

poco allegro (ital.): *TB* etwas lebhaft

poco a poco (ital.): nach und nach, allmählich (mit *VB* und *TB*)

poco forte (ital.): *VB* nicht so stark

poco meno (ital.): etwas weniger (mit *VB* und *TB*)

poco più (ital.): etwas mehr (mit *VB* und *TB*)

point (franz.): Punkt, Zeichen

point d'orgue (franz.) →Orgelpunkt; →Fermate

poi segue (ital.): dann folgt (mit *MA*)

poi segue la coda (ital.): *MA* an dieser Stelle gleich die →Coda anschließen

polacca (ital.) →Polonaise

Polka (tschech. *pulka* = Halbschritt): tschech. Nationaltanz; um 1830 in Böhmen entstandener Paartanz im lebhaften $\frac{2}{4}$-Takt und im 19. Jh. beliebtester Gesellschaftstanz neben dem Walzer

Polka-Mazurka: von der →Polka abgeleitete Tanzform im $\frac{3}{4}$-Takt der →Mazurka

Polo (span.): südspan. (andal.) instrumentalbegleitetes volkstümliches Tanzlied im $\frac{3}{8}$-Takt, häufig mit Zwischenrufen (*ay* oder *olé*) der Ausführenden

Polonäse →Polonaise

Polonaise (franz.; poln. *polonez*, ital. *polacca*), *Polonäse*:
1. poln. Nationaltanz; ruhiger, zunächst vorherrschend geradtaktiger Schreittanz (auch Tanzlied) und von diesem abgeleitete, im 17. Jh. außerhalb Polens ausgebildete mehr oder weniger stilisierte tänzerisch-schwungvolle Instrumentalform im mäßig bewegten $\frac{3}{4}$-Takt (u. a. bei F. Chopin)
2. aus dem Schreittanz (Aufzugstanz) abgeleiteter Umzug einer frohgestimmten Gesellschaft durch die Räume des Hauses (z. B. bei Tanzvergnügen) zu einer marschtanzartigen Folge von Tanz- und Wanderliedern

Polska (schwed. *polske dans*): ein gegen Ende des 16. Jh. aus der →Polonaise abgeleitetes schwed. Tanzlied im $\frac{3}{4}$-Takt mit rhythmischen Anklängen an die →Mazurka

Polychord (griech. = Vielsaiter): mehrsaitiges, aus dem →Monochord hervorgegangenes Saiteninstr., vorrangig zur mathematischen Demonstration der Saitenlängen- und Tonverhältnisse in Zusammenklängen; mit hinzugefügten Tasten Vorläufer des →Klavichords

Polyhymnia, Polymnia (griech. = die Hymnenreiche): Muse des ernsten, instrumental begleiteten (Kult-)Gesangs und Erfinderin der →Lyra in der griech. Mythologie

Polymetrik (griech.): die Gleichzeitigkeit verschiedener gegeneinandergestellter metrischer Ordnungen; →Metrik (2.)

polyphon (griech.): vielstimmig (→Polyphonie); dagegen →homophon

Polyphonie (griech. = Vielstimmigkeit): Kompositionsweise, bei der alle Stimmen eines mehrstimmigen Satzes melodisch und rhythmisch selbständig nach den Regeln des →Kontrapunktes geführt werden; dagegen →Homophonie

Polyrhythmik (griech. = Vielrhythmik): die Gleichzeitigkeit verschiedener gegeneinandergestellter Rhythmen innerhalb eines mehrstimmigen Satzes

Polytonalität (griech. = Vieltonalität): die Gleichzeitigkeit verschiedener gegeneinandergestellter, deutlich charakterisierter

Tonarten innerhalb eines mehrstimmigen Satzes; →Bitonalität

Pommer →Bomhardt

pompe (franz.): **1.** →Schöpfbalg **2.** →Klappe (bei Holzblasinstr.)

pomposo (ital.): *VB* prunkhaft, feierlich, prächtig; pompös

ponderoso (ital.): *VB* gewichtig, schwer

ponticello (ital.) →Steg

Pontificale (lat.): zu den →liturgischen Büchern zählende Sammlung der vom Bischof zu zelebrierenden gottesdienstlichen Handlungen und der dazugehörenden musikalischen Teile, wie →Antiphonen, →Hymnen, →Responsorien u. a.

Pop-Musik (engl. *popular music* = populäre Musik): eine allgemein zusammenfassende Bezeichnung für alle im 20. Jh. weder der sog. ernsten Musik noch der ursprünglichen Volksmusik zuzuordnenden musikalischen Erscheinungsformen anglo-amerik. Prägung; seit Mitte der 60er Jahre im engeren Sinne für jene zeitgenössischen Richtungen in →Blues, →Jazz, →Beat (4.), →Rock u. a., die zur Erzielung größerer Massenwirksamkeit sowohl melodiösere Wendungen einbeziehen als auch Elemente des kommerziellen →Schlagers aufgreifen und unter Vortäuschung volkstümlicher Bindungen der umfassenden Vermarktung durch internationale Musikkonzerne und Massenmedien unterworfen sind

pop singer (engl.): Vokalinterpret(in) von *pop music* (→Pop-Musik), Schlagersänger(in)

pop song (engl.) →Schlager

popular music, pop music (engl.): volkstümliche Musik; populäre Musik (→Pop-Musik)

popular song (engl.): volkstümliches Lied

popular tunes (engl.): aus den Minstrelliedern (→*minstrelsy*) hervorgegangene volkstümliche Schlagerlieder der nordamerik. Neger

port (keltisch): **1.** schott. Instrumentalstück, hauptsächlich für Harfe
2. der eine fehlende Instrumentalbegleitung ersetzende textlose Gesang zu schott. Hochlandtänzen

portamento (di voce), portar(e) la voce (ital. = die Stimme tragen): *MA* gleitender, glissandoähnlicher Übergang von Ton zu Ton; beim Streichinstrumentenspiel als hörbarer Lagenwechsel

Portativ (lat. *portare* = tragen): kleine tragbare →Orgel ohne Pedal mit meist zweireihig angeordneten →Labialpfeifen gleicher Mensur, die entweder der Größe nach oder zentral, d. h. mit der größten Pfeife in der Mitte, aufgereiht sind. Während die rechte Hand auf dem →Manual spielt, bedient die linke Hand den →Balg. Mit einem Tonvorrat von 1–2 Oktaven dient das P. in der Regel, von Bordunklängen abgesehen, dem einstimmigen Spiel

portato (ital.): *MA* (die Töne) getragen, mit leichtem Nachdruck gehalten, aber nicht gebunden; beim Streichinstrumentenspiel ohne Absetzen des Bogens.

Zeichen  oder 

port de voix (franz.): **1.** Vorschlag, Akzent
2. →*portamento* (*di voce*)

portée (franz.): Noten(linien)system

Portunal: ⟨*Orgelregister*⟩ offene Labialpfeifen (8′, 4′) mit klarinettenartigem Klang

posato (ital.): *VB* gesetzt, ruhig, bedächtig

Posaune (ital., franz., engl. *trombone*): **1.** Blechblasinstr. mit geradem, zweimal u-förmig gebogenem und zylindrischem, eng mensuriertem Rohr, kegelförmigem Schalltrichter, einem Zug (mit 7 Positionen) und Kesselmundstück; *Tenorposaune* mit Stimmung in B ($_1$E–$_1$B/ /E–d^2/f^2), daneben *Altposaune* in Es ($_1$A–Es/ /A–g^2), *Tenorbaßposaune* in B/F/Es ($_1$Des–$_1$B/ / $_1$H–f^2) und *Kontrabaßposaune* in F, durch Zusatzventile Es/ B/As ($_1$C–c^2), meist nichttransp. notiert im Baß- und Tenor- bzw. Altschlüssel; weicher tragfähiger, (im Forte) durchdringender, strahlender Klang
2. ⟨*Orgelregister*⟩: Lingualpfeifen aus Holz im Pedal (32′, 16′) und auch Manual (8′) mit weitem, trichterförmigem Schallbecher und trompetenartigem Klang

Posaunenchor: **1.** Ensemble von Blechblasinstr., zu dem neben den Posaunen auch Trompeten und Flügelhörner gehören; →Turmmusik
2. Ensemble verschieden großer Instr. der Posaunenfamilie

Position (lat. = Lage, Stellung): **1.** Stellung des Zuges bei der Posaune (z. B. nicht ausgezogen = 1. P.; etwas ausgezogen = 1 Halbton tiefer = 2. P. usw.)
2. die einzelnen →Lagen beim Streichinstrumentenspiel

Positiv (lat. *ponere* = aufstellen): nicht fest eingebaute, kleine aufstellbare Orgel, meist mit nur einem Manual, ohne oder nur mit angehängtem (d. h. an die Manualstimmen gekoppeltem) Pedal und wenigen, vorwiegend aus Labialpeifen (auch gedackt) bestehenden Registern in 8′, 4′, 2′ und 1′

possibile (ital.): möglich, wie möglich (mit *VB* und *MA*)

possibilmente (ital.): möglichst, möglicherweise (mit *VB* und *MA*)

Posthorn: ⟨*Blechblasinstr.*⟩ ventilloses kleines →Horn, vorwiegend als Signalhorn der Postillione; Vorläufer des →Kornetts

posthume (franz.), **posthumous** (engl.): nachgelassen, aus dem Nachlaß veröffentlicht; →*œuvre posthume*

postklassischer Blues →nachklassischer Blues

Postludium (lat.) →Nachspiel

postum (lat. *postumus* = nachgeboren), **postumo** (ital.): nachgelassen, aus dem Nachlaß veröffentlicht; →*opus postumum*

Potentiometer: *EAk* regelbarer elektrischer Spannungsteiler zur Gewinnung von Teilspannungen auf der Grundlage veränderbarer Widerstände; u. a. zur stetigen Lautstärkeregelung in elektroakustischen Übertragungssystemen

Potpourri (franz.): eine aus verschiedenen Musikstücken zusammengestellte und durch →Modulation lose verbundene oder auch willkürlich aneinandergereihte Folge beliebter (Opern-, Operetten-, Volkslied-)Melodien und Instrumentalstücke (z. B. Walzer-P., Marsch-P.)

Potpourriouvertüre →Ouvertüre (3.)

poussé (franz.) →Aufstrich

pp : Zeichen für →*pianissimo*

ppp: Zeichen für →*pian(o)pianissimo*

pppp oder ***ppppp***: Zeichen für →*pianissimo quanto possibile*

Praeambulum (lat. = das Vorangehende), **Präambel,** *Priamel*: frei geformtes, vorwiegend improvisiertes und solistisch ausgeführtes Einleitungsstück für Tasteninstr. oder Laute; in der Kirchenmusik seit dem 15. Jh. als das den Gottesdienst einleitende Vorspiel des Organisten sowie das jeweils den nachfolgenden liturgischen Gesang einstimmende (→Intonation [2.]) kurze, in der Regel improvisierte Vor- oder Zwischenspiel; später →Praeludium oder →Choralvorspiel

Praecentor (lat. = Vorsänger): im Mittelalter der →Kantor, später der Stimmführer des Schulchores

Präfation (lat. *praefatio* = Einleitung): der feierliche Gesang des Priesters zu Beginn des *Canon Missae*, des großen Dankgebetes (= Eucharistisches Hochgebet) in der röm.-kath. →Messe, dem sich unmittelbar das →Sanctus anschließt

praefectus chori (lat. = Vorsteher des Chores) →Chorpräfekt

präludieren: einleitendes, meist improvisiertes Musizieren auf Tasteninstr. oder Laute; auch *praeambulieren* zur Einstimmung (→Intonation [2.]) des nachfolgenden Gesanges

Praeludium (lat. = Vorspiel), **Präludium: 1.** in der Regel improvisiertes solistisches Vor- (seltener auch Zwischen-)spiel auf Tasteninstr. (besonders Orgel) oder Laute im Sinne von →Praeambulum und →Intonation (2.)

2. Einleitungsstück, das →Fuge, →Suite (→Ouvertüre [2.]) oder →Partita vorangestellt ist
3. selbständiges, frei geformtes Instrumentalstück, oft als →Phantasiestück, →Charakterstück oder →Toccata
4. →Choralvorspiel; →Prélude

präpariertes Klavier →*prepared piano*

Präsenszeit, *Verweilzeit*: *Ak* der für eine deutlich gesonderte Wahrnehmung aufeinanderfolgender Klangreize mit 50 ms ermittelte Zeitraum, in dem der Originalschall aufgrund der durch größere Impulsdichte ausgeglichenen Abnahme der Schallenergie verstärkt wird; bei Kurztonfolgen unter 50 ms tritt infolge der Trägheit des menschlichen Ohres klangliche Verschmelzung ein

Pralltriller, *Schneller*, 𝆗: Verzierung durch einmaligen schnellen Wechsel zwischen der beginnenden Hauptnote und ihrer Obersekunde, deren chromatische Veränderung durch Versetzungszeichen gefordert wird; 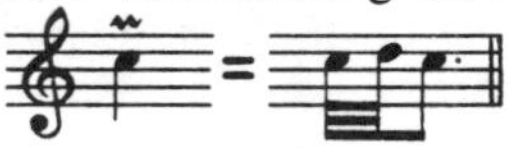
dagegen →Mordent

precedente (ital.): vorhergehend, vorherig, vorig, früher

precipitando(si), precipitoso (ital.): *VB* überstürzend, übereilend, plötzlich schneller werdend

precipitatamente, precipitato (ital.): *VB* überstürzt, übereilt

preciso (ital.): *VB* genau (im Zeitmaß), deutlich

prefazio (ital.): Einleitung; →Präfation

prelude (engl.) →Präludium, →Prélude

Prélude (franz. = Vorspiel): **1.** →Präludium **2.** speziell das Vorspiel mehrerer Instr. bzw. das Orchestervorspiel
3. kurzes selbständiges, frei geformtes Orchesterstück oder auch Solostück, vorzugsweise für Klavier **4.** →Ouvertüre

preludiare (ital.) →präludieren

preludio (ital.) →Präludium, →Prélude

premier dessus (franz.): erster Sopran

première (franz.), **Premiere:** (Ur- oder) Erstaufführung eines (Bühnen-)Werkes bzw. einer Neuinszenierung

prepared piano (engl. = präpariertes Klavier): Klavier oder Flügel, dessen Klang durch das Anbringen von Nägeln auf den Hammerköpfen oder das Einlegen von Gegenständen aus unterschiedlichen Materialien an verschiedenen, zuvor genau ermittelten Stellen zwischen den Saiten (z. B. Schrauben, Plastekugeln, Filzstreifen, Holzstücke) verändert wird

prés de la table (franz.): *MA* beim Harfenspiel die Saite nahe am Korpus anzupfen

pressando, pressante (ital.): *VB* drängend, dringlich, schneller werdend; vgl. *stringendo*

press roll (engl.) →Preßwirbel

Preßwirbel, *Druckwirbel*: Schlagart auf der Kleinen Trommel, bei der die Stöcke mit den Handgelenken federnd auf das Fell gepreßt werden und dabei einen kurzen Wirbel erzeugen

prestissimo (ital.), **Prestissimo: 1.** *TB* äußerst schnell, im schnellstmöglichen Zeitmaß

2. Komposition oder Satz im entsprechenden Zeitmaß

presto (ital. = schnell), **Presto: 1.** *TB* sehr lebhaftes und schnelles Hauptzeitmaß; (seit dem 18. Jh.) schneller als →*allegro*; vgl. *allegrissimo*

2. Komposition oder Satz im entsprechenden Zeitmaß

presto assai (ital.): *TB* sehr schnell, vgl. *molto presto*

presto ma non tanto (ital.): *TB* nicht ganz so schnell

preso ma non troppo (ital.): *TB* nicht zu schnell

Priamel →Praeambulum

Prim (lat. *hora prima*): der erste der kleinen Gottesdienste (*horae minores*) im tägl. Stundengebet (→Offizium) der röm.-kath. Liturgie

Primaballerina (ital.): rangerste Solotänzerin eines Balletts

Primadonna (ital. = erste Dame): **1.** die die weiblichen Hauptpartien gestaltende rangerste (Sopran-)Sängerin eines Opernensembles; bei der Gegenüberstellung zweier nahezu gleichwertiger Hauptpartien unterschied man seit dem 18. Jh. zwischen der bedeutenderen *Pr. assoluta* (absolute Pr.) und der *Seconda donna* (= zweite Dame) oder *Pr. altra* (die andere Pr.)

2. gefeierter Gesangsstar; vgl. Diva

Primärton: *Ak* der *akustische* →*Ton* im engeren physikalischen Sinne, d. h. der 1. Teilton (Partialton 1. Ordnung) als Grundton der Obertonreihe eines mit dem akustischen →Klang identischen *musikalischen Tons*

Primarius (lat.), *Primgeiger*: erster Geiger im Streichquartett oder Kammermusikensemble und zugleich dessen Leiter

prima vista (ital.): *MA* vom Blatt

prima volta (ital.), I^{ma}: *MA* das erste Mal, den ersten Schluß; bei der Wiederholung den so gekennzeichneten Takt oder mehrtaktigen Abschnitt (die 1. Klammer) überspringen. →*seconda volta*

Prime (lat. *prima* = die erste): **1.** die 1. Stufe in diatonischer Tonfolge

2. →Intervall des →Einklanges als reine, verminderte und übermäßige P.

Primgeiger →Primarius

Primiceritus (lat.): erster Sänger und Leiter der →Schola cantorum; →Kantor

primo (ital.), **I^mo^**: der erste; beim vierhändigen Klavierspiel der Spieler des Diskantparts

primo uomo (ital. = erster Herr): der die männlichen Hauptpartien gestaltende rangerste (Tenor-)Sänger eines Opernensembles

principale (ital. = hauptsächlich): **1.** ergänzende Bezeichnung für die Hauptstimme(n) oder solistisch hervortretende, konzertierende Instrumentalstimme(n); z. B. *violino principale*

2. →Prinzipal

3. →Prinzipaltrompete

Prinzipal: Hauptregister der Orgel mit Lippenpfeifen (32′–1′) aus Metall (32′ und 16′ oft auch Holz); mittelweite Mensur (= Prinzipalmensur); voller, charakteristischer Orgelklang

Prinzipalblasen →Prinzipaltrompete (1.)

Prinzipaltrompete: 1. bis ins 18. Jh. die eng mensurierte →Naturtrompete, die im Trompetenchor der →Feldmusik mit dem Prinzipalblasen die tiefen und mittleren Haupttöne (3.–6. und 8. →Teilton) übernimmt

2. das hauptsächlich genutzte Trompetenregister bzw. der gegenüber dem →*clarino* (2.) tieferliegende Trompetenpart in der Musik des 17./18. Jh.

profane (franz., engl.), **profano** (ital.): weltlich

profondo (ital.): tief, tiefgründig

Programmusik: nicht an bestimmte Formen gebundene oder auf tonmalerische Effekte eingeengte Instrumentalmusik, in der durch ein außermusikalisches Sujet (häufig aus Dichtung, Malerei, Geschichte, Philosophie oder Natur) vorgegebene Eindrücke spezifisch musikalisch verarbeitet werden. Der Komponist verdeutlicht in der Regel durch Titel, literarisches Zitat, hinweisende Erläuterung oder auch Mitteilung des inhaltlichen Programms den Ideengehalt seiner künstlerischen Bezugnahme. →Programmsinfonie, →Sinfonische Dichtung

Programmsinfonie (franz. *symphonie à programme*): im 19. Jh. entstandene Form des durch ein außermusikalisches Sujet (→Programmusik) angeregten zyklischen Orchesterwerkes, das im Gegensatz zur überwiegend einsätzigen →Sinfonischen Dichtung die sinfonische Anlage (→Sinfonie) erkennbar beibehält

progressio harmonica (lat.): ⟨*Orgelregister*⟩ zu den →Klangkronen zählende nichtrepetierende →Mixtur, die zur Hervorhebung des Diskants in der Höhe progressiv, d. h. sich nach und nach steigernd an Chören zunimmt

progression (franz.) →Sequenz

Progressive Jazz (engl. = fortschrittlicher Jazz): konzertanter

Jazzstil, der Anfang der 40er Jahre unter dem Einfluß von →Bebop und →Afro-Cuban-Jazz aus dem →*big band jazz* entstand (Stan Kenton); er hebt sich von dem ihm zugrunde liegenden →Swing-Stil durch stark ausgeprägte tonale und harmonische Bezüge zur zeitgenössischen Konzertmusik und besonders effektvolle Orchestrierung mit Erweiterung des Jazzinstrumentariums (u. a. um Flöte, Oboe, Horn und weitere Schlaginstr.) und Nutzung elektroakustischer Klangaufbereitung (Verhallung, Klangmischung u. a.) ab. Neben →Bebop und →Cool Jazz hatte der Pr. J. wenig Einfluß auf die Entwicklung des zeitgenössischen Jazz (→moderner Jazz)

Prolatio (lat. = Verschiebung): der das metrische Verhältnis von →Semibrevis zu →Minima angebende Mensurgrad (neben →*tempus* und →*modus* [4.]) in der →Mensuralmusik des 13. bis 16. Jh.; dabei bezeichnet *Pr. maior* (*perfecta*) die Unterteilung der Semibrevis in 3 Minimae (Mensurzeichen: tempus-Zeichen mit Punkt = ⊙ ; ⋹), *Pr. minor* (*imperfecta*) die in 2 Minimae (Mensurzeichen: tempus-Zeichen ohne Punkt = ○ ; ↄ). →Mensuralnotation

Prolog (griech. *prologos* = Vorrede): **1.** Einleitung; dagegen →Epilog

2. im 20. Jh. auch im Sinne von →Ouvertüre oder →Introduktion

3. zu Anliegen oder Inhalt eines Schauspiels oder einer Oper hinführendes Grußwort an das Publikum

Prolongement (franz. = Verlängerung): **1.** →Tonhaltepedal

2. beim Harmonium die Vorrichtung, einzelne Tasten zeitweise in herabgedrücktem Zustand (d. h. weiterklingend) zu fixieren

pronto, prontamente (ital.): *VB* schnell, schleunig, sofort

pronunciato, pronunziato (ital.): *VB* deutlich hervorgehoben, ausgeprägt im Vortrag; prononciert

Prooemium (lat. = Vorrede, Einleitung): **1.** einleitendes, präludienartiges Instrumentalstück; →Präludium

2. ursprünglich ein auf der Kithara begleiteter Hymnus als Einleitung zu einem epischen Gesang

proportio (lat. = Verhältnisgleichheit), **Proportion: 1.** in der →Mensuralnotation die auf ihren Normalwert (→*integer valor notarum*) bezogene Verkleinerung oder Vergrößerung der durch →Mensurzeichen ursprünglich vorgegebenen metrischen Werte in einem bestimmten, mit gebrochenen Zahlen (z. B. $\frac{2}{1}$; $\frac{3}{1}$; $\frac{3}{2}$) oder abgewandelten Mensurzeichen (z. B. Ↄ , ¢ , ↄ 2 bzw. ↄ 3; ↄ $\frac{3}{2}$) angezeigten Wertverhältnis; dabei stehen unechte Brüche für eine Verkleinerung (→Diminution [3.])

und echte Brüche für die seltenere Vergrößerung (→Augmentation [1.]) nachfolgender Notenwerte.

Am häufigsten treten auf: *proportio dupla* ($\frac{2}{1}$, ↄ , ¢ oder C 2), auch *diminutio* (*simplex*), mit einer Verkleinerung im Verhältnis 2:1, bei der zwei nachfolgende Werte einem vorangehenden Wert (d. h. dem *integer valor*) entsprechen; *proportio tripla* ($\frac{3}{1}$ oder C 3), im 16. Jh. die eigentliche *proportio*, mit einer Verkleinerung im Verhältnis 3:1; *proportio sesquialtera* ($\frac{3}{1}$ oder 3), bei der drei nachfolgende Werte zwei vorangehenden entsprechen.

Für die Aufhebung einer geforderten *pr.* steht der umgekehrte Bruch oder ein neues Mensurzeichen.

Neben dem Fortbestehen der *pr.* z. B. in →Alla-breve-Takt, →Triole und →Quintole, verwendet die zeitgenössische Musik Zahlenproportionen in zunehmendem Maße zur Darstellung komplizierter Temporelationen

2. →Proportz

Proportionskanon, *Mensurkanon*: kunstvoll gearbeiteter →Kanon, bei dem zusätzliche →Mensurzeichen in der einzigen notierten Stimme die gleichzeitige Ausführung durch mehrere Stimmen in verschiedener →Mensur (2.) fordern. Dabei führt die Überlagerung dreizeitiger (perfekter) und zweizeitiger (imperfekter) Werte sowie deren proportionaler Veränderungen (→*proportio*) zu →Polyrhythmik; seit dem 16. Jh. vornehmlich als Vergrößerungs- bzw. Augmentationskanon

Proportz, Proporz, *Tripla* (lat. *proportia tripla*): dtsch. Bezeichnung für den dreizeitigen (tripeltaktigen) →Nachtanz

proposta (ital. = Darlegung, Vorschlag): die thematisch beginnende Stimme (→*dux*) im kontrapunktischen Satz; dagegen →*risposta*

proprietas (lat. = Eigentümlichkeit): in der →Mensuralnotation fordert der ausdrückliche Hinweis *cum proprietate* die normale Wertigkeit der Anfangsnote (Initiales) einer →Ligatur als →Brevis; der Hinweis *sine proprietate* kennzeichnet dagegen die Anfangsnote abweichend als →Longa und *cum opposita proprietate* den Anfang der Ligatur mit 2 →Semibreven. →*perfectio*

Proprium missae (lat. = das Eigentümliche der Messe): der aus den entsprechend den Festzeiten und Anlässen des Kirchenjahres wechselnden und diesen allein zugehörenden (→responsorialen und →antiphonalen) Gesängen bestehende Teil der röm.-kath. →Messe, der in →Proprium de tempore (alle Sonntage und beweglichen Feste betreffend) und →Proprium de Sanctis (besonders die auf ein bestimmtes Kalenderdatum festgelegten Heiligenfeste betreffend) unterteilt ist; dagegen →Ordinarium missae

Proprium de Sanctis (lat.): die jeweils den kalendermäßig festgelegten (Heiligen-)Festen (mit Ausnahme der Zeit zwischen Weihnachten und Epiphanie) zugeordneten Gesänge des →Proprium missae

Proprium de tempore (lat.): die jeweils den Sonntagen und beweglichen Festen im Ablauf des Kirchenjahres (einschließlich der Heiligenfeste zwischen Weihnachten und Epiphanie) zugeordneten Gesänge des →Proprium missae: →Introitus, →Graduale, →Halleluja oder →Tractus (mit →Sequenz), →Offertorium und →Communio

Proslambanomenos (griech. = der Hinzugefügte): →*gamma* (1.), →griechisches Tonsystem

Prosodie (griech.): die Lehre von der metrischen Behandlung der Sprache in der Verskunst, die – wie die klassische antike Dichtung – von der Länge und Kürze der Silben (quantitierendes Prinzip) oder – wie im germanischen Sprachbereich – durch den mit dem Wortakzent zusammenfallenden Versakzent (akzentuierendes Prinzip) bestimmt sein kann

Prosodion (griech.): meist als Bittgebet vom Chor mit Aulosbegleitung gesungenes altgriech. Prozessionslied

Prospekt: häufig kunstvoll gestaltete, der räumlichen Einordnung dienende Ansichtsseite der →Orgel, die in der Regel aus symmetrisch angeordneten Labialpfeifen des Prinzipalchores besteht; neben real klingenden finden auch stumme, nichtklingende →Prospektpfeifen Verwendung

Prospektpfeifen: die im →Prospekt stehenden Pfeifen der Orgel, zu denen neben den in der Regel zum →Prinzipalchor gehörenden klingenden Pfeifen auch stumme, nur der Dekoration dienende Pfeifen gehören können. Die gestalterisch manchmal notwendige Überlänge klingender Pfeifen wird durch einen zusätzlichen Aufschnitt an der Rückseite des Pfeifenkörpers ausgeglichen

prossima volta (ital.): *MA* das nächstemal

prossimo (ital.): nächst, nächstfolgend (mit *VB* und *MA*)

Protestsong: zusammenfassende Bezeichnung für die seit den 50er Jahren in den meisten kapitalistischen Ländern als Ausdruck des Protestes gegen die herrschenden gesellschaftlichen Verhältnisse, gegen Rassendiskriminierung und Unterdrükkung, gegen Atomwaffendrohung und Krieg entstandenen aktuellen Solo- (→Liedermacher) und Massenlieder, in denen neben den Traditionen von →Volkslied, →Arbeiterlied und →Song auch vielfältige Anregungen aus →Schlager, →Pop-Musik, →Beat (4.) und →Rock-Musik aufgegriffen werden

protos (griech. = der erste): ältere Bezeichnung für die erste der ursprünglich vier authentischen mittelalterlichen Kirchentonarten; seit dem 10. Jh. bezeichnet als →dorisch (d–d[1])

Provenzalische Trommel →*tambourin* (*provençal*)

provocante, provocative (ital.): *VB* aufreizend, herausfordernd; provozierend

Psallette (franz.): franz. Chorschule (→*maîtrise*); als musikalische Ausbildungsstätte Vorläuferin des →Konservatoriums

Psalm (griech. *psalmos* = Lied zum Saitenspiel): der im →Psalter gesammelte althebräische geistliche Gesang, der später in volkssprachiger Übertragung oder Nachdichtung (= Psalmendichtung) in vielfältiger Form als →Kirchenlied und mehrstimmige →Psalm-Komposition in die christliche Liturgie einging

Psalmengesang: 1. das Singen ganzer Psalmen innerhalb des Offiziums im Gegensatz zur Vertonung einzelner Verse in Antiphon, Graduale u. a.
2. →Psalmodie

Psalm-Komposition: mehrstimmige Kompositionen unterschiedlicher musikalischer Formen und Gattungen, denen Psalmtext und Psalmton (z. B. als →Fauxbourdon-Satz, Psalmen-→Motette, Psalm-→Konzert, Psalm-→Kantate, Psalm-→Lied) zugrunde liegen

Psalmodie: der mit seinen modellartigen Singweisen (→Psalmtöne) auf den Kirchentönen basierende Psalmengesang mit den in der röm. Ps. festgelegten drei Haupttypen:
(1.) *psalmus in directum* = einfachster syllabischer Vortrag des zweigeteilten Verses auf einen Rezitationston mit besonderer Ausschmückung des Textanfanges (Initium) und einer Schlußkadenz (Terminatio);
(2.) *antiphonale Ps.* = Wechselgesang zwischen zwei Halbchören, bei dem jedem Vers eine →Antiphon voran- und nachgestellt ist;
(3.) *responsoriale Ps.* = Gegenüberstellung von chorischem Refrain (Responsorium) und ausgedehntem, reich ausgeziertem solistischem Vortrag der Psalmverse

psalmodieren: ein von der ursprünglichen Singweise der Psalmen (→Psalmtöne), dem formelhaften Wiederholen bestimmter rezitativischer Wendungen, abgeleiteter Musizierbegriff

Psalmtöne: die den acht →Kirchentönen zugeordneten modellartigen Singweisen der Psalmen; →Psalmodie

Psalter: 1. Sammlung der 150 →Psalmen des Alten Testaments
2. →Psalterium

Psalterium (lat.), **Psalter: 1.** altüberlieferte Bezeichnung für jedes gezupfte Saiteninstr.

2. seit dem 11./12. Jh. speziell ein griffbrettloses, trapezförmiges, dreieckiges oder rechteckiges Zitherinstr. arabischer Herkunft (→Kanun), dessen über einen flachen hölzernen Resonanzkasten laufende Saitenchöre verschiedener Länge im Unterschied zu dem ihm eng verwandten →Hackbrett zumeist mit den Fingern oder einem Plektron gezupft wurden; heute noch als Volksmusikinstr. verbreitet (z. B. Gusli, Kantele)

psaume (franz.) →Psalm

pseudeabsolutes Gehör →absolutes Gehör

Pseudoquadrophonie: *EAk* Verfahren zur Gewinnung eines der echten →Quadrophonie ähnlichen Klangbildes durch empfängerseitige Quadrophonisierung einer normalen Stereoinformation (→Stereophonie); dabei werden z. B. die in der zweikanaligen Information enthaltenen Anteile an reflektiertem Schall mittels einer speziellen Quadro-Decoder-Schaltung sogenannter Quadaptoren als Differenzsignale des rechten und linken Signals gewonnen und zueinander um 180° phasenverschoben über zwei zusätzlich im Wiedergaberaum rückwärtig aufgestellte Lautsprecher abgestrahlt

Pseudostereophonie: *EAk* Verfahren zur Gewinnung eines der echten →Stereophonie ähnlichen Klangbildes durch empfängerseitige Veränderung einer monophonen Information; dabei wird besonders infolge der durch spezielle elektrische Schaltungen und getrennte Anordnung mehrerer Lautsprecher erzielten Laufzeitdifferenzen bei der Wiedergabe ein räumlicher Klangeindruck (3-D-Klang) hervorgerufen

psychologische Akustik →Gehörpsychologie, →Musikpsychologie

pubblico (ital.), **public** (franz., engl.): Öffentlichkeit, Publikum; öffentlich

publisher (engl.): Verleger

publisher's number (engl.): Verlagsnummer

Pulthaken →Galgen

punctum (lat.): Schlußkadenz in der römischen →Psalmodie

punctus (lat.): **1.** Interpunktionszeichen zur Kennzeichnung von Text- und Melodieabschnitten in den liturgischen Lektionen des frühen Mittelalters

2. mit der Entwicklung der →Neumen seit dem 9. Jh. Notationszeichen für einen einzelnen Ton, aus dem sich im 13. Jh. über die →*nota quadrata* der →Choralnotation die →Brevis der →Mensuralnotation entwickelte; dazu →*virga*

3. in der →Mensuralnotation neben dem →*punctus divisionis* mit spezieller Bedeutung als *p. perfectionis* (→Perfektion anzeigend) und *p. imperfectionis* (→Imperfektion anzeigend), *p.*

alterationis (Erhöhung oder Erniedrigung anzeigend), *p. augmentationis* oder *additionis* (Verlängerung des Notenwertes anzeigend) und *p. syncopationis* (Synkopenbildung verdeutlichend)
4. →Punkt

punctus contra punctum (lat. = Note gegen Note) →Kontrapunkt

punctus divisionis (lat.): in der →Mensuralnotation der zwei perfekte (dreizeitige) Notengruppen trennende Teilungspunkt

Punk Rock (amerik. Slang *punk* = mies, schäbig, wertlos): Mitte der 70er Jahre von der angloamerik. Unterhaltungsindustrie lancierte Erscheinungsform der →Rock-Musik, die mit einer musikalisch primitiven, →Hard Rock und →Heavy Rock an Aggressivität und Lautstärke überbietenden Musizierweise besonders Halbwüchsige anzusprechen sucht; sinnfälliger Ausdruck ist die Flicken- und Müll-Mode der Punk-Anhänger

Punkt: als Notationszeichen **(1.)** neben einer Note oder Pause für die Verlängerung der Geltungsdauer (→Augmentation [1.]) um die Hälfte ihres Wertes; →Doppelpunkt (1.)
(2.) über oder unter einer Note als Musizieranweisung für →*staccato*, zusammen mit einem Bogen für →*portato*
(3.) über oder unter einer Note in der Klaviermusik des 16. Jh. auch für die chromatische →Alteration

Punktieren: in der Bühnenpraxis ein von der Besetzung her bedingtes Versetzen extrem hoher oder tiefer Außentöne einer Gesangspartie in die tiefere bzw. höhere Oktave oder ein anderes harmonieeigenes Intervall

punktierter Rhythmus: in der Notation seit dem 19. Jh. durch (ein- oder mehrfache) Punktierung von Noten angezeigt, deren Wert dadurch jeweils um die Hälfte verlängert wird; im 18. Jh. zeigte die Punktierung noch die Verlängerung der voranstehenden Note um mehr oder auch weniger als die Hälfte ihres Wertes an, während eine Verschärfung des p. Rh. u. a. durch eingeschobene Pausen vor der nachfolgenden kurzen Note angezeigt werden konnte

punktuelle Musik: Kompositionstechnik der →seriellen Musik, bei der die zuvor reihenmäßig (→Reihe) erfaßten Ton- →Parameter als Elementreihen gleichzeitig ablaufen; dagegen →statistische Musik

punta d'arco (ital.): *MA* mit der Spitze des Bogens

punteado (span.): melodisches Gitarrespiel

punto guajiro (span.): von →Laúd, →*tres* oder →Gitarre begleitete Gesangsimprovisation kuban. Bauern auf der Grundlage überlieferter stereotyper melodischer Wendungen und einer durch Tagesereignisse bestimmten Texterfindung

punto d'organo (ital.) →Orgelpunkt

Pyramidenflügel →Giraffenklavier

Pyramidon (engl.): ⟨*Orgelregister*⟩ Pedalstimme mit trichterförmigen, offenen Labialpfeifen (32′, 16′) in sehr weiter Mensur und mit besonders dunklem Klang

Pyrophon (griech. = Flammenorgel): 1875 erfundenes Tasteninstr. mit Glasröhren verschiedener Länge, die von mittels Tastendruck elektrisch entzündeten und in ihrer Intensität regulierbaren Gasflammen in unterschiedlicher Tonhöhe zum Klingen gebracht wurden

pythagoreischer Ganzton: großer →Ganzton

pythagoreischer Halbton: das nach dem →pythagoreischen Quintsystem aus der Differenz von reiner Quarte (4:3) und →pythagoreischer großer Terz (81:64) als diatonischer Halbton gebildete Restintervall (→Limma; →*diesis*) der pythagoreischen kleinen Sekunde; errechnet als $\frac{4}{3} : \frac{81}{64} = \frac{256}{243}$. →Halbton

pythagoreisches Komma →Komma (2.)

pythagoreisches Quintsystem: das der →pythagoreischen Stimmung zugrunde liegende Prinzip der Aneinanderreihung reiner Quinten und deren Rücktransposition in einen gemeinsamen Oktavbereich (f c^1 g^1 d^2 a^2 e^3 h^3 c d e f g a h)

pythagoreische Stimmung: die auf die Schule des Pythagoras (6. Jh. v. u. Z.) zurückgehende und bis weit ins Mittelalter hinein gültige →Stimmung für das einstimmige Musizieren, die von den einfachen, aus der Saitenteilung am Monochord abgeleiteten Zahlenverhältnissen für Oktave (2:1 bzw. $\frac{1}{2}$ Saitenlänge), Quinte (3:2 bzw. $\frac{2}{3}$ Saitenlänge) und Quarte (4:3 bzw. $\frac{3}{4}$ Saitenlänge) ausgeht.

Durch Aneinanderreihung reiner Quinten (= pythagoreisches Quintsystem) und deren Rücktransposition in einen gemeinsamen Oktavbereich ergeben sich sowohl die 5 Stufen der halbtonlosen →Pentatonik (f c^1 g^1 d^2 a^2 →f g a c d) als auch die 7 Stufen der diatonischen Skala (f c^1 g^1 d^2 a^2 e^3 h^3 →c d e f g a h). Eine Weiterführung der Quintschichtung ergibt für die Rücktransposition der 12. Quinte um 7 Oktaven eine Abweichung vom Ausgangston um das pythagoreische →Komma,

errechnet als $\left(\frac{3}{2}\right)^{12} : \left(\frac{2}{1}\right)^{7} = \frac{3^{12}}{2^{19}} = \frac{531441}{524288} \triangleq 23{,}5$ Cent.

Dies schließt eine →enharmonische Umdeutung aus und engt ebenso wie die aus 4 Quintschritten abgeleitete dissonante →pythagoreische große Terz (81:64) die von der großen Terz der →harmonisch-reinen Stimmung um das syntonische →Komma ($\frac{81}{80}$ ≙ 21,5 Cent) abweicht, die musizierpraktische Verwendungsmöglichkeit dieser Stimmung ein

pythagoreische Terz: die nach dem →pythagoreischen Quintsystem als Differenz von 4 Quinten und 2 Oktaven gebildete *große Terz* (81:64), errechnet als

$$\left(\frac{3}{2}\right)^4 : \left(\frac{2}{1}\right)^2 = \frac{3^4}{2^6} = \frac{81}{64} \mathrel{\hat=} 407{,}8 \text{ Cent}$$

und als Differenz von 2 Oktaven und 3 Quinten gebildete *kleine Terz* (32:27), errechnet als

$$\left(\frac{2}{1}\right)^2 : \left(\frac{3}{2}\right)^3 = \frac{2^5}{3^3} = \frac{32}{27} \mathrel{\hat=} 294{,}1 \text{ Cent}$$

Q

qānūn, qānon (arab.) →Kanun

qing (chin.) →*k'ing*

Quadaptor →Pseudoquadrophonie

Quadrat: →Auflösungszeichen (♮), entstanden aus dem mittelalterlichen →*b quadratum* (♮)

Quadratnotenschrift (ital. *nota quadrata*): die im 12. Jh. aus den →Neumen hervorgegangenen quadratischen Notenzeichen der →Choralnotation (2.)

Quadricinium (lat.): spätmittelalterliche Bezeichnung für eine vierstimmige Komposition

quadriglia (ital.) →Quadrille

Quadrille (franz.): franz. Gesellschaftstanz, der Ende des 18. Jh. aus der →*contredanse* (= *quadrille de contredanses*) als ein von einer gleichen Anzahl von Paaren (mindestens vier) im Karree getanzter Gruppentanz abgeleitet wurde.
Der besonders im 19. Jh. in ganz Europa verbreitete Tanz hatte fünf, später sechs 32taktige Touren im $\frac{2}{4}$- oder $\frac{6}{8}$-Takt mit potpourriartig aus beliebten Tanz-, Operetten- und Opernmelodien zusammengestellter Musik

quadrophon (lat./griech. = vierstimmig), **quadrofon, quadro:**
1. in auf vier Übertragungskanäle ausgeweiteter →stereophoner elektroakustischer Schallübertragung, -aufzeichnung und -wiedergabe; →Quadrophonie
2. →*quattro*

quadrophonic (engl.): vierstimmig, →quadrophon

Quadrophonie (lat./griech. = Vierstimmigkeit), *Tetraphonie*: *EAk* auf vier getrennte Übertragungskanäle ausgeweitetes

Verfahren der →Stereophonie, bei dem mit den beiden hinzutretenden, rückwärtig angeordneten Mikrophon(grupp)en hauptsächlich der von den Begrenzungsflächen des Aufnahmeraums reflektierte Schall in die vierkanalige Information einbezogen und über zwei zusätzliche, im Wiedergaberaum ebenfalls rückwärtig aufgestellte Lautsprecher stereophon abgestrahlt wird; dabei führen zunehmende Raumbezogenheit und Durchsichtigkeit des wiedergegebenen „Klangbildes" zur besseren Durchdringung der Klanggestalt eines Werkes und damit zu einer weiteren Vertiefung des Hörerlebnisses

Quadrupelfuge: →Fuge mit vier Themen; →Doppelfuge, →Tripelfuge

Quadrupelkonzert: →Konzert für vier Soloinstr. und Orchester

quadruple croche (franz.): Vierundsechzigstelnote

quadruplet (engl.) →Quartole

quadruplum (lat.): die oberste Gegenstimme des →*cantus* bzw. vierte Stimme im vierstimmigen mittelalterlichen Vokalsatz; z. B. *organum quadruplum*

quarta (ital.) →Quarte

Quartbeantwortung: in der →Exposition der →Fuge die →Beantwortung des Fugenthemas durch den →*comes* in der Oberquarte (oder Unterquinte) des →*dux*

quart de mesure (franz.): Vierteltakt

quart de soupir (franz.): Sechzehntelpause

quart de ton (franz.): Viertelton

Quartdezime (lat. *quarta decima* = die vierzehnte): **1.** die 14. Stufe in diatonischer Tonfolge; d. h. die Septime über der Oktave

2. →Intervall im Abstand von 14 Stufen mit einer (großen, kleinen, übermäßigen oder verminderten) Septime über der Oktave

Quarte (lat. *quarta* = die vierte):

1. die 4. Stufe in diatonischer Tonfolge

2. →Intervall im Abstand von 4 Stufen, als reine, verminderte oder übermäßige Q. (→Tritonus)

Quartenakkord: Zusammenklang aus mehreren übereinandergeschichteten reinen, verminderten und/oder übermäßigen →Quarten

Quartenzirkel: kreisförmige schematische Darstellung für die Aneinanderreihung von 12 Quartschritten über c analog zum →Quintenzirkel, beginnend mit den ♭-Tonarten

quarter-beat rest, *crotched rest* (engl.): Viertelpause

quarter note, quarter-note rest (amerik.): Viertelnote, -pause

quarter tone (engl.): Viertelton

quartet (engl.) →Quartett

Quartett (ital. *quartetto*): **1.** Komposition für vier Soloinstr. (am häufigsten als →Streichquartett, →Klavierquartett und →Bläserquartett) oder solistische Singstimmen
2. Musiziergemeinschaft von vier Instrumentalisten oder Sängern
3. in der Oper eine Ensembleszene (→Ensemble [4.]) von vier vom Orchester begleiteten Gesangssolisten

quartette, quatuor (franz.) →Quartett

Quartettino (ital., Verkleinerungsform von *quartetto*): kleines, auch in der Ausführung weniger schwieriges →Quartett (1.)

quartetto (ital.) →Quartett

Quartflöte: →Querflöte des 17./18. Jh., die eine Quarte höher (= *kleine Q.*) bzw. tiefer (= *große Q.*) gestimmt ist als die →Große Flöte

Quartgeige: kleine, eine Quarte höher (= c^1 g^1 d^2 a^2) als die →Violine gestimmte Diskantgeige des 17./18. Jh. →*violino piccolo*

quartina (ital.) →Quartole

quartino (ital.): kleine Klarinette (→Klarinettenfamilie); →Quartflöte

Quartinstrumente: Instr., die gegenüber den Hauptinstr. der Stimmfamilie eine Quarte tiefer (z. B. Quartposaune) oder höher (z. B. Quartgeige) gestimmt sind

quarto (ital.): Viertel, vierte(r); Viertelnote

quarto d'aspetto, *pausa di semiminima* (ital.): Viertelpause

quarto di misura (ital.): Vierteltakt

quarto di tono (ital.): Viertelton

Quartole: eine Gruppe von 4 gleichen rhythmischen Werten, die mit hinzugesetzter Ziffer 4 für die Geltungsdauer von 3 oder 6 ihnen rhythmisch entsprechenden Notenwerten steht;
z. B. oder aber auch

quartolet (franz.) →Quartole

Quartquintakkord: ein durch →Quartvorhalt zur Dreiklangterz entstehender Akkord aus Grundton, Quarte und Quinte (z. B. g^1 c^2 d^2 → g^1 h^1 d^2)

Quartsextakkord: die zweite →Umkehrung eines →Dreiklanges mit der Akkordquinte im Baß

Quartvorhalt: →Vorhalt der Quarte mit Auflösung zur Terz

quasi adagio (ital.): *TB* fast wie →*adagio*

quasi una fantasia (ital.): *VB* fast wie eine Fantasie

quatre (franz.): vier

Quatricinium (lat.): im 17. Jh. vierstimmiger (Vokal-)Satz; auch vierstimmiges Bläserstück (→Turmmusik)

quattro (ital.): vier; →*a quattro*

quatuor (franz.) →Quartett

quaver, quaver rest (engl.): Achtelnote, -pause

Quempas: Bezeichnung für Sammlungen von Weihnachtsliedern, abgeleitet von dem alten Weihnachtslied *Quem pastores laudavere* (lat. = Den die Hirten lobten)

Querbalken: 1. →Notenbalken **2.** Querstriche zwischen zwei Noten oder durch einen Notenhals zur Bezeichnung des →Tremolos

Querflöten: Sammelbezeichnung für die Gruppe der im Gegensatz zu den →Längsflöten (z. B. Blockflöte) quergehaltenen →Flöteninstr., zu denen neben der →Querpfeife speziell →Große Flöte (ital. *flauto traverso*), →Altflöte (ital. *flauto contralto*) und →Kleine Flöte (ital. *flauto piccolo*) zählen

Querpfeife, *Trommelpfeife*, *Feldpfeife* (auch *Zwerchpfeife*, *Schweizerpfeife*, *Schwegel*): ⟨*Holzblasinstr.*⟩ kleine klappenlose →Querflöte mit engem, seit dem 19. Jh. konisch gebohrtem Rohr mit 6 Grifflöchern und einem zusätzlichen (oft auch mit Klappe versehenen) Kleinfingerloch für den Ton es; vorherrschende Stimmung in C (d^2–d^4) – transp. eine Oktave tiefer notiert im Violinschlüssel. Instr. der Militär- und Volksmusik (auch in Spielmannszügen) mit scharfem, durchdringendem Klang, meist zusammen mit der Kleinen Trommel verwendet

Querriegel →Saitenhalter

Querstand: die im strengen Satz als verboten geltende →Stimmführung, bei der ein Ton in einer anderen Stimme des folgenden Akkordes chromatisch verändert oder als →Tritonus auftritt

questa volta (ital.): diesmal (mit *VB* und *MA*)

quick, quickly (engl.): *TB* lebhaft, schnell

Quickstep (engl. = Geschwindschritt): schneller →Foxtrott

quiet (engl., franz.), **quiète** (franz.): *VB* ruhig, still, ausgeglichen

quietissimo (ital.): *VB* sehr ruhig, sehr still

quieto (ital.): *VB* ruhig, still, ausgeglichen

Quijada (span. = Kiefer; ital. *mascella d'asino*), *Jawbone*, *Schlagrassel*: ⟨*Schlaginstr.*⟩ lateinamerik. Rhythmusinstr., bestehend aus dem Unterkieferknochen eines Esels oder Maultieres mit lose in den Kiefertaschen sitzenden Zähnen, die durch Schlagerschütterung (→Schüttelidiophone) rasselnd gegeneinanderschlagen

Quilisma (lat.): Neumenzeichen für eine trillerartige Verzierung

quinta (ital.) →Quinte

Quintade, Quintadena, Quintatöne: ⟨*Orgelregister*⟩ gedackte Lippenpfeifen (16′, 8′, 4′) aus Metall mit sehr enger Mensur und charakteristischem Hervortreten des 2. Obertones (Duodezime); sanfter, magerer Klang

quintare (ital.): quintieren, d. h. in die →Duodezime (Quinte über der Oktave) überblasen; →quintierende Instr.

quinta vox (lat.) →Quintus

Quintbeantwortung: in der →Exposition der →Fuge die →Beantwortung des Fugenthemas durch den →*comes* in der Oberquinte (oder Unterquarte) des →*dux*

Quintdezime (lat. *quinta decima* = die fünfzehnte): **1.** die 15. Stufe in diatonischer Tonfolge; d. h. die Doppeloktave
2. →Intervall im Abstand von 15 Stufen, als reine, verminderte oder übermäßige Doppeloktave

Quinte (lat. *quinta* = die fünfte): **1.** die 5. Stufe in diatonischer Tonfolge
2. →Intervall im Abstand von 5 Stufen, als reine, verminderte oder übermäßige Q.

Quintenparallelen: nach den Regeln des strengen Satzes verbotene Fortschreitung zweier sonst selbständig geführter Stimmen in parallellaufenden Quinten

quintenrein: Stimmung der genau in reinen Quinten eingestimmten Saiten, die bei gleicher Verkürzung immer wieder in reinen Quinten erklingen

Quintenspirale: die dem →pythagoreischen Quintsystem folgende spiralförmige Darstellung der Aneinanderreihung von 12 (und mehr) reinen Quinten, bei der die Rücktransposition der 12. Quinte um 7 Oktaven im Gegensatz zum →Quintenzirkel vom Ausgangston um das pythagoreische →Komma (2.), errechnet als $\left(\frac{3}{2}\right)^{12} : \left(\frac{2}{1}\right)^{7} = \frac{531\,441}{524\,288} \triangleq 23{,}5$ Cent, abweicht

Quintenzirkel: die dem System der gleichschwebenden →Temperatur folgende kreisförmige Darstellung von 12 aufeinanderfolgenden Quinten und der von ihnen ausgehenden Dur- und Molltonarten (im Uhrzeigersinn die ♯-, entgegen dem Uhrzeigersinn die ♭-Tonarten); unter Voraussetzung →enharmonischer Umdeutung führt der Q. im Gegensatz zur →Quintenspirale über 7 Oktaven zum Ausgangston bzw. zur Ausgangstonart zurück und vernachlässigt das pythagoreische →Komma (2.)

Quinterne (ital. *chitarra francese*; franz. *guinterne*): im deutschen Sprachgebrauch des 16./17. Jh. unterschiedlich verwendete Bezeichnung für →Mandora, kleine →Laute oder →Gitarre

quintet (engl.) →Quintett

Quintett (ital. *quintetto*): **1.** Komposition für fünf Soloinstr. (am häufigsten als →Streichquintett, →Klavierquintett und →Bläserquintett) oder solistische Singstimmen
2. Musiziergemeinschaft von fünf Instrumentalisten oder Sängern
3. in der Oper eine Ensembleszene (→Ensemble [4.]) von fünf vom Orchester begleiteten Gesangssolisten

quintette, quintuor (franz.), **quintetto** (ital.) →Quintett

Quintfuge: eine nach der Regel gearbeitete →Fuge, deren Thema (→*dux*) auf der Quinte beantwortet wird (→*comes*)

quintierende Instrumente: Instr., die durch →Überblasen zunächst den 3. Naturton (= Quinte über der Oktave des Grundtons) hervorbringen, z. B. Klarinette, Fagott; dagegen →oktavierende Instr.

quintina (ital.) →Quintole

Quintinstrumente: Instr., die gegenüber den Hauptinstr. der Stimmfamilie eine Quinte tiefer gestimmt sind (z. B. Quintposaune)

Quintlage: Anordnung (→Lage [1.]) eines Akkordes mit der Quinte des Grundtones in der Oberstimme

quinto (ital.) →Quintus

Quintole: Gruppe von 5 gleichen rhythmischen Werten, die mit hinzugesetzter Ziffer 5 für die Geltungsdauer von 3, 4 oder 6 ihnen rhythmisch entsprechenden Notenwerten steht; z. B.

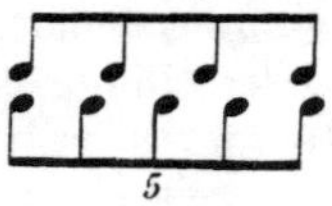

quintolet (franz.) →Quintole

Quinton (franz.): im 18. Jh. die zwischen →Violine und →Viola stehende 5saitige franz. Diskantviola; Stimmung g d^1 a^1 d^2 g^2

Quintsextakkord: 1. die erste Umkehrung eines →Sept(imen)akkordes mit der Akkordterz im Baß
2. in der →Generalbaßlehre jeder Akkord mit Terz, Quinte und Sexte (→*sixte ajoutée*) über dem Baßton; Generalbaßbezifferung $\substack{6\\5}$

quintuor (franz.) →Quintett

quintuplet (engl.) →Quintole

Quintus (lat. = der fünfte), **quinta vox:** die fünfte, gegenüber den vier Hauptstimmen lagenmäßig nicht festgelegte Stimme (→Vagans) im fünf- und mehrstimmigen Satz des 16./17. Jh., bzw. das dieser Stimme zugeordnete →Stimmbuch

Quintverwandtschaft: die auf dem Schwingungszahlenverhältnis der reinen Quinte (3:2) beruhende enge harmonische Beziehung zwischen den →Hauptharmonien; dagegen →Terzverwandschaft

Quodlibet (lat. *quod libet* = was beliebt): durch Aneinanderreihung bzw. Überlagerung verschiedener textierter Melodien oder Melodiefragmente entstandene oder improvisiert vorgetragene, oft kunstvoll im →Kontrapunkt ausgearbeitete mehrstimmige (Vokal-)Komposition, deren überwiegend scherzhafter Charakter durch die Textzusammenstellung noch hervorgehoben wird.

Im 19. Jh. häufig gleichbedeutend mit →Potpourri und (Opern-) →Parodie gebraucht

quyi (chin.): Sammelbegriff für die verschiedenen Gattungen der volkstümlichen chin. Ballade

R

Rabāb, *Rebāb* (arab.), *Rabé morisco*: zur Gruppe der →Stiellauten zählendes arab. Streichinstr. mit schmalem bauchigem Korpus, geteilter Decke, eingeschnitzten Rosetten und lautenartig abgeknicktem Wirbelkasten; das bundlose Instr. mit 1 oder 2 einfachen oder doppelchörigen Saiten gilt als Vorläufer des →Rebec

rabbioso, con rabbia (ital.): *VB* wütend; voller Wut

Rabel (span.): **1.** in Europa seit dem 17. Jh. verbreitete, mit 4 Darmsaiten bespannte und mit einem Roßhaarbogen gestrichene span. Form des Musikstabs (→Musikbogen); →Teufelsgeige

2. →Rebec

Rabé morisco (span.) →Rabāb

raccolta (ital.): Sammlung (von Kompositionen oder Texten)

raccontando (ital.): *VB* erzählend

Rackett, *Rankett* (mhd. *rank* = Krümmung, ital. *rocchetta* = Spinnrocken, Spule): **1.** Doppelrohrblattinstr. aus einem kurzen, büchsenförmigen Holz- oder Elfenbeinzylinder, dessen in mehrfachen Windungen zylindrisch gebohrter Windkanal zumeist 16 Tonlöcher (davon 11 Grifflöcher) aufweist. Das im 16./17. Jh. in 4 Stimmlagen gebaute R. (Diskant-R. G–d^1; Alt-Tenor-R. C–g; Baß-R. $_1$F–c und Großbaß-R. $_1$D–A) wurde durch ein einfach gewundenes Rohr angeblasen; der Ton war zart und etwas näselnd

2. ⟨*Orgelregister*⟩ kurzbechrige Zungenpfeifen (= Rankettregal) mit dem Blasinstr. ähnlichem Klang

raddolcendo, raddolcente (ital.): *VB* sanfter werdend, abnehmend, besänftigend

raddoppiato (ital.): *MA* verdoppelt

Radel: beliebig oft wiederholbarer →Kanon, dessen Schluß immer wieder in den Anfang mündet; →*rota*, →Zirkelkanon

Radleier →Drehleier

Rätselkanon: →Kanon, dessen Stimmenanzahl, -einsätze und -abstände entweder verschlüsselten Musizieranweisungen zu entnehmen sind oder aus der notierten Stimme bzw. dem Kanontext erraten werden müssen

râga (ind.): Bezeichnung für Melodiemodelle in der ind. Musik, die (vergleichbar den arab. →*maqāmāt*) als männl. *râgas* und weibl. *râginîs* durch ihren Zentralton, die Auswahl bestimmter Leitertöne der Materialleitern (*jâtis*) sowie feststehende melodische und rhythmische Wendungen bestimmt sind und mit ihrem charakteristischen Ausdruckswert der Improvisation und Komposition zugrunde liegen

raganella (ital.): →Ratsche, Knarre; →Rassel

Ragtime (engl. *ragged time* = zerrissenes Zeitmaß): **1.** volkstümlicher Pianostil, den Negermusiker Ende des 19. Jh. im Mittelwesten der USA in den Schankstuben (→*barrel-house-piano*) und Vergnügungszentren u. a. aus Elementen von →Marsch, →Polka, →*coon song* und →Cakewalk entwickelten und der wesentlichen Einfluß auf die Herausbildung des →Jazz hatte. Typisch für den R. ist die starke melodische Synkopierung in stilisierter →*off-beat*-Technik (rechte Hand) über dem regelmäßig akzentuierten →*beat* (3.) der Baßstimme (linke Hand)

2. auch allgemeine Bezeichnung für den →New-Orleans-Jazz vor Aufkommen des Begriffes „Jazz“

Rahmenrasseln: Untergruppe der →Schüttelidiophone; z. B. Sistrum

Rahmentrommeln: **1.** ⟨*Schlaginstr.*⟩ →Einfelltrommel ohne Resonator, deren Membran (→Schlagfell) einseitig über einen schmalen Holzreifen (Rahmen) gespannt ist; dazu zählen →Tamburin ohne (= Gymnastiktamburin) und mit Schellen (→Schellentrommel)

2. Sammelbezeichnung für eine Gruppe der →Fellklinger ohne wirksamen Resonanzkörper, dessen Zargenhöhe höchstens dem Fellradius entspricht; dazu zählen die ein- und zweifelligen Rahmen- und →Stieltrommeln

railroad song (engl. = Eisenbahngesang): Arbeitslied (→*work song*) der schwarzen Eisenbahnarbeiter Nordamerikas mit Elementen der afroamerik. Negerfolklore

rallentando (ital.): *VB* nachlassend, allmählich langsamer werdend; (meist) als gleitender Übergang vom schnelleren zum langsameren Zeitmaß; →*ritardando*

Randschlag →*rim shot*
Rankett →Rackett
ranz des vaches (franz. = Kuhreigen): erzählend-liedhaftes Reigenspiel in den romanischen Alpenländern; →Kuhreigen
râpe de bois (franz.): Holzraspel, →Reço-Reço
râpe guero (franz.) →Guiro
râpeur en bambou (franz.): Bambusraspel, →Sapo cubana
râpeur en calebasse (franz.): Kürbisraspel, →Guiro
rapidissimo (ital.): *VB* sehr schnell, sehr rasch
rapido, rapidamente (ital.): *VB* schnell, rasch
rappresentazione sacra (ital. = geistliche Darstellung): im 15./16. Jh. besonders in Florenz gepflegtes und mit Musik (hauptsächlich →Kanzonen und →Lauden) versehenes, nicht liturgisch gebundenes geistliches Spiel in ital. Sprache; früher Vorläufer des geistlichen →Oratoriums
rapsodia (ital.): →Rhapsodie
rasgueado (span.): akkordisches Gitarrespiel
Raspa: südamerik.-kuban. Gesellschaftstanz im bewegten $\frac{6}{8}$-Takt; nach 1950 vorübergehend in Europa als Modetanz verbreitet
Raspeln →Schrapgefäße
raspers (engl. = Raspler), *Raspeln*: Sammelbezeichnung für lateinamerik. →Schrapinstr. wie →Guiro, →Sapo cubana, →Reço-Reço u. a.
Rassel: ⟨*Schlaginstr.*⟩ →Gefäßrassel, bei der durch Schüttelbewegung (→Schüttelidiophone) Rasselkörper wie Fruchtkörner, Steinchen, Schrotkugeln o. ä. gegen die Wand des sie umschließenden Gehäuses schlagen
Rasselgehänge, *Schnurrassel*: ⟨*Schlaginstr.*⟩ →Reihenrassel aus auf Schnüren gereihten Rasselkörpern wie Muscheln, Fruchtschalen, Holzkugeln o. ä., die durch Schüttelbewegung (→Schüttelidiophone) ein zartes Rasselgeräusch hervorbringen
Rasseln, Rasselinstrumente →Schüttelidiophone
Rasseltrommel: zweifellige →Rahmentrommel an der kleine, an Schnüren hängende Holz- oder Metallkugeln angebracht sind, die durch Drehbewegung gegeneinander (→Schüttelidiophone) und knatternd gegen die Felle geschleudert werden
Rasseltrommeln: Sammelbezeichnung für eine Gruppe der →Fellklinger, die Geräusche durch eine Schüttelbewegung bzw. Schlagerschütterung, d. h. mittelbares Anschlagen der Membran durch befestigte oder frei eingeschlossene Kugeln o. a. Rasselkörper, hervorbringt

Rastral (lat. *rastrum* = Harke): einer kleinen fünfzinkigen Harke vergleichbares Werkzeug des Notenstechers (→Notenstich) zum Gravieren der Notenlinien in die Stichplatte; auch die fünfspurige Schreibfeder zum Ziehen der Notenlinien auf Papier

Ratsche, *Knarre*: →Schrapinstr. mit einem drehbaren Holzzahnrad, gegen das mittels Kurbeldrehung eine (oder mehrere) fest mit dem Rahmen verbundene hölzerne Zunge(n) geschnellt wird (→Schraprad). Volkstümliches Effektinstr. ohne bestimmte Tonhöhe in Diskantlage (helles Knattergeräusch) mit einliniger Notierung; ursprünglich Kultinstrument

rattenendo (ital.): *VB* zurückhaltend, aufhaltend, langsamer werdend; vgl. *trattenendo*

rattenuto (ital.): **1.** *VB* zurückhaltend, langsamer; vgl. *trattenuto* **2.** *MA* ausgehalten; →*tenuto*

rattle (engl.): →Rassel; →Ratsche, Knarre

Rauhigkeit: *AK* charakteristische Gehörsempfindung, hervorgerufen durch →Überlagerung von zwei und mehr periodischen Teilschwingungen, deren Frequenzen in einem mittleren Tonhöhenbereich etwa zwischen 20 und 120 Hz auseinanderliegen; bei geringerer Schwingungsdifferenz treten als Lautstärkeschwankungen wahrnehmbare →Schwebungen auf

Raumakustik: Spezialgebiet der →Akustik, das sich unter Beachtung der architektonischen und wellentheoretischen Voraussetzungen mit den Schallvorgängen und deren Wahrnehmungsbedingungen (→Hörsamkeit) in geschlossenen Räumen befaßt; als wichtigste Beschreibungsgröße gilt die →Nachhallzeit

Raumklang, Raumton, *3-D-Klang* →Pseudostereophonie

Rauschen: *EAk* **1.** in der →elektronischen Musik die mit Hilfe von Rauschgeneratoren als Klangmaterial gewonnenen charakteristischen →Geräuschspektren, wie

a) *weißes R.*, mit eng beieinander liegenden nichtperiodischen Schwingungen über den gesamten Hörbereich bis in den Ultraschallbereich hinein;

b) *rosa R.*, als Abwandlung des weißen R., →*pink noise*;

c) *farbiges R.*, als mit nachgeschalteten →Filtern aus dem weißen R. gewonnene Frequenzausschnitte

2. das in elektroakustischen Übertragungssystemen bei Verstärkern, Empfängern und Tonbandgeräten als Fremdspannung auftretende unregelmäßige, geräuschartige Störsignal, dessen Verhältnis zur Ausgangsspannung des vollausgesteuerten Nutzsignals durch den Rausch(spannungs)abstand, d. h. die →Dynamik (2.), gekennzeichnet ist

Rauschfilter, *Höhenfilter*: *EAk* →Filter, die zur Unterdrückung der geräuschartigen Störsignale (→Rauschen [2.]) in hohen Frequenzen den Frequenzgang eines elektroakustischen Übertragungsgliedes etwa oberhalb 7 kHz steilflankig abschneiden können

Rauschpfeife (mhd. *rusche* = Schilfrohr): **1.** ⟨*Blasinstr.*⟩ Doppelrohrblattinstr. des 16./17. Jh. mit geradem zylindrischem Rohr, etwas erweiterter Mündung und Windkapsel
2. zu den →gemischten Farbregistern zählendes, den Klang des alten Blasinstr. nachahmendes mehrchörig in Quinten ($5\frac{1}{3}'$, $2\frac{2}{3}'$) und Oktaven (4', 2') aufgebautes nichtrepetierendes →Obertonregister der Orgel
3. mittelalterliche Bezeichnung für →Rohrblattinstr.

Rauschquinte: ⟨*Orgelregister*⟩ zu den →gemischten Farbregistern zählendes, zumeist doppelchöriges →Obertonregister (Oktav 2' + Quint $1\frac{1}{3}'$); →Rauschpfeife (2.)

ravalement (franz.): die auf den Manualen der Tasteninstr. des 16.–18. Jh. der →kurzen Oktave unterhalb C hinzugefügte, chromatisch nicht vollständige Tonfolge bis ${}_1$G oder ${}_1$F

ravvivando (ital.): *VB* belebend, schneller werdend

re: 1. Tonsilbe für die 2. Tonleiterstufe der →Solmisation
2. in romanischen Sprachen für den Ton d
3. in der Gehörbildungsmethode Tonika-Do die relativ zu wertende 2. Durstufe

reale (ital.): wirklich, tatsächlich

Realisationsnotation: die im Gegensatz zur allgemeingültigen traditionellen →Resultatnotation auf die Besonderheiten der Art der Hervorbringung von Tönen, Klängen und Geräuschen ausgerichtete →Notation, die mit einer Vielzahl spezieller Aktionszeichen (→Aktionsschrift) und verbaler Beschreibungen (Rezeptnotation) besonders in der →seriellen, →aleatorischen und →elektronischen Musik sowie der →*musique concrète* Anwendung findet

Realisationspartitur: eine die Fertigstellung eines Werkes der →elektronischen Musik, der →*musique concrète* oder auch →*music for tape* widerspiegelnde Kombination technischer Daten, Schaltbilder, Montageskizzen und verbaler Beschreibungen, aus der die verwendeten Apparaturen und ausgeführten Arbeitsgänge bei der technischen Herstellung und Manipulation des Klangmaterials im elektronischen Studio ersichtlich sind; bei →*live electronic* als Aufführungspartitur (→Spielpartitur)

realizzare (ital.): ausführen, verwirklichen; realisieren

realizzazione (ital.): Ausführung; speziell das Aussetzen eines →bezifferten Basses

Rebāb →Rabāb

Rebec, *Rubebe*: seit dem 11. Jh. nachweisbares mittelalterliches bundloses Streichinstr. wahrscheinlich arab. Herkunft (→Rabāb) mit schlank-birnenförmigem, bauchigem Korpus ohne abgesetzten Hals und einem zurückgeschweiften Wirbelkasten mit seitenständigen Wirbeln (Flankenwirbeln) für die 2 oder 3 in Quinten gestimmten, an einem Saitenhalter befestigten Saiten; im 17./18. Jh. ist dieser Streichinstrumententyp noch in der Form der →Pochette erhalten. →Geige (2.)

ré bémol (franz.) →des

re bemolle (ital.) →des

re bemolle maggiore (ital.) →Des-Dur

ré bémol majeur (franz.) →Des-Dur

re-bop →Bebop

receiver (engl. = Empfänger), *Steuergerät*: *EAk* kompakter Empfänger-Verstärker, d. h. die in einem Gehäuse fest zusammengefügte Kombination von Rundfunkempfangsteil (→*tuner*) und →Verstärker

récit (franz.): **1.** im 17./18. Jh. ursprünglich die solistische oder instrumental begleitete Gesangspartie; dann auch der solistische Instrumentalvortrag. →*recital*
2. als *clavier de récit* bzw. *récit expressif* das Soloklavier (4. Manual) der franz. Orgel

recital (engl.), **récital** (franz.): seit dem 19. Jh. der solistische Konzertvortrag (z. B. Klavierabend) eines Künstlers oder auch ein Konzert mit Werken nur eines Komponisten

recitando (ital.): *MA* mehr sprechend als singend; rezitierend

recitativo (ital.), **récitatif** (franz.), **recitative** (engl.) →Rezitativ

recitativo accompagnato, recitativo strumentato (ital.): das ausgearbeitete, (orchester-)begleitete →Rezitativ

recitativo secco, recitativo semplice (ital.): das einfache, (generalbaß-)begleitete →Rezitativ

record (engl.): **1.** Schallplatte **2.** auf Schallplatte (→Nadeltonverfahren) oder Tonband (→Magnettonverfahren) aufnehmen

recorder (engl.): **1.** →Blockflöte **2.** elektroakustisches Gerät zur elektromagnetischen Schallaufnahme und -wiedergabe (z. B. Kassetten-Recorder); →Magnettonbandgerät

Reço-Reço (span.), *Holzraspel*: ⟨*Schlaginstr.*⟩ kleines →Schrapinstr. aus Holz (etwa 40 cm lang) mit bauchigem Resonanzkörper, ähnlich dem →Guiro, in dessen Oberseite kleine Querrillen eingekerbt sind (→Schrapgefäß), über die mit einer kleinen Holzgabel oder Stahlnadel gestrichen („geschrapt") wird; lateinamerik. Rhythmusinstr. ohne bestimmte Tonhöhe mit einliniger Notierung; auch →Sapo cubana

recto (ital.): Vorderseite
rectus (lat.): gerade; z. B. *motus rectus* (→Parallelbewegung)
recueil (franz.): Sammlung (von Kompositionen oder Texten)
ré dièse (franz.) →dis
ré dièse mineur (franz.) →dis-Moll
re diesis (ital.) →dis
re diesis minore (ital.) →dis-Moll
re doppio bemolle (ital.) →deses
re doppio diesis (ital.) →disis
ré double bémol (franz.) →deses
ré double dièse (franz.) →disis
Redowa: franz. Gesellschaftstanz des 19. Jh. im $\frac{3}{4}$- oder $\frac{3}{8}$-Takt, entstanden aus dem tschech. Volkstanz →Rejdovak
réduction pour piano (franz.): Klavierauszug
reed (engl. = Rohr): **1.** Rohrblatt; →Rohrblattinstr.
2. Zunge; →Zungenstimme
réédition (franz.): Neudruck, Neuausgabe
reed organ (engl.): Sammelbezeichnung für Tasteninstr. mit →durchschlagenden Zungen (z. B. Harmonium), aber auch allgemein für →Harmonikainstr.
reed section (engl.): die aus Rohrblattinstr. gebildete Klarinetten- und Saxophongruppe der →*big band*; dagegen →*brass section*
reed stops (engl.): Zungenpfeifen (Rohrwerke) der Orgel; →Linguale
reel (engl.): von mehreren Paaren getanzter engl. Volkstanz im schnellen $\frac{4}{4}$-, $\frac{6}{4}$- oder $\frac{3}{4}$-Takt; verbreitet auch in Irland, Schottland, Skandinavien und den USA
Refrain (franz.): Kehrreim; die mehrfache, textlich und melodisch gleichbleibende Wiederholung von Teilen eines Liedes oder Tanzes mit abschließender, bekräftigender Wirkung. →*chorus*, →*couplet* (4.), →Ritornell, →Rondeau, →Rondo
Regal (lat. *rega* = Reihe): **1.** kleine tragbare →Orgel ohne Pedal, deren Register (8′, auch mit 4′ und 16′) im Gegensatz zum →Positiv aus offenen und gedackten Zungenpfeifen (→Linguale) ohne oder mit kurzen Schallbechern bestehen und einen starken, obertonreichen und schnarrenden Klang (= Schnarrwerke) besitzen; seine Blütezeit erlebte das R. im 15.–18. Jh.
2. Orgelregister aus kurzbecherigen Zungenpfeifen (→Linguale), deren Namen von der sehr unterschiedlichen Form der Schallbecher geprägt oder durch ihren Klangcharakter bestimmt werden (z. B. Trichterregal, Trompetenregal, *vox humana*)

regens chori (lat.): Dirigent eines kath. Kirchenchores; kath. Kirchenkapellmeister

Register: 1. →Orgelregister **2.** mechanische Vorrichtungen, die vornehmlich bei →Balginstr. und besaiteten →Tasteninstr. eine Veränderung des Klangcharakters und der Lautstärke sowie das Ansprechen verschiedener Oktavlagen (z. B. 8′, 4′, 16′; →Fußmaß) und deren Kopplung ermöglichen; ihre Bedienung erfolgt durch Zugknöpfe, Kipp-, Knie- und Fußhebel sowie →Pedale

3. Bereiche der menschlichen Stimme, die in allen →Stimmgattungen einen gleichartigen Klangcharakter haben: →Bruststimme, →Kopfstimme und →*voix mixte* (Zwischenregister)

Registerkanzellen →Kanzellen (1.)

Registerkanzellenlade: →Windlade der Orgel, bei der im Gegensatz zur →Tonkanzellenlade die Windzuführung zu allen Pfeifen eines Registers über die gemeinsame Registerkanzelle (→Kanzellen [1.]) erfolgt; nach der Form der in den Registerkanzellen befindlichen Pfeifenventile wird die R. u. a. als →Kegellade oder →Membranenlade unterschieden

Registerschweller →Rollschweller

registrieren: das Auswählen und Einstellen der für die Wiedergabe einer Komposition auf dem betreffenden Instr. angemessenen →Register; →Disposition

rehearsal (engl.): Probe; Erprobung

Reibgefäßspiele: →Friktionsinstr. aus abgestimmten glocken- oder schalenförmigen Gefäßen; z. B. Glasharmonika

Reibidiophone →Friktionsinstrumente

Reibtrommeln: Sammelbezeichnung für eine Gruppe der →Fellklinger, deren Membran durch Reibung in Schwingung versetzt wird; dazu zählen Stab- (z. B. Brummtopf), Schnur- (z. B. Löwengebrüll) und Handreibtrommeln

Reigenlied: mittelalterliches Tanzlied mit strophischem, einstimmigem Wechselgesang von Vorsänger (Reigenführer) und Chor ohne Instrumentalbegleitung

Reihe (ital. *seria*, franz. *série*, engl. *series*), *Zwölftonreihe*: als Grundlage der →Zwölftontechnik stellt die einer entsprechenden Komposition als Ausgangspunkt dienende, in ihren Intervallbeziehungen reihenmäßig geordnete Folge aller 12 Tonstufen innerhalb des gleichschwebend temperierten Oktavraums (→Temperatur) in der Grundgestalt der R. den musikalischen „Einfall in Verbindung mit dem intuitiv vorgestellten ganzen Werk“ (Webern) dar; gleichberechtigte Erscheinungsformen (Gestalten oder Modi) der R. sind Grundgestalt, Krebs, Umkehrung und Krebs der Umkehrung (sowie deren Quart- und Quintableitungen), die auf alle 12 chromatische Tonstufen transponiert werden können und theoretisch 479 001 600 verschiedene Gestalten ermöglichen. Die →serielle Technik unterwirft weitere musikalische Parameter wie Tondauer, Schallstärke, Klangfarbe, Artikulation sowie charakteristische Gruppenmerkmale des Tonsatzes dem Reihenprinzip

Reihenrasseln: Untergruppe der →Schüttelidiophone; z. B. Rasselgehänge

Reihentechnik →Zwölftontechnik; →serielle Musik

Reimoffizium: seit dem 9./10. Jh. kunstvoll gereimte und rhythmisierte Texte zu den →Antiphonen und →Responsorien des →Offiziums der röm.-kath. Liturgie; im 16. Jh. durch das Tridentiner Konzil verboten

réimpression (franz.): Neudruck

reine Stimmung, *natürliche Stimmung* →harmonisch-reine Stimmung

reinforced (engl.) →*rinforzato*

Reizschwelle →Hörschwelle

Rejdovák: tschech. Volkstanz im $\frac{3}{4}$-Takt, dem die *Rejdovačka* als →Nachtanz im $\frac{2}{4}$-Takt folgt; →Redowa

Réjouissance (franz. = Fröhlichkeit): schneller, scherzoartiger Satz in der →Suite des 17./18. Jh.

relatives Gehör: die erlernbare Fähigkeit (→Gehörbildung) des Erkennens und Bestimmens von Tonbeziehungen zwischen Einzeltönen (Intervallgehör) sowie melodischen (Melodiegehör) und harmonischen Aufeinanderfolgen (Harmoniegehör) als gemeinsame Grundlage für das Erfassen musikalischer Zusammenhänge und jeder musikalischen Betätigung

release (engl.): **1.** →Auflösung **2.** im Jazz die Überleitung (→*bridge* [2.]) bzw. die Stelle, bei der sich die Solisten untereinander in der Improvisation ablösen

religioso (ital.): *VB* andächtig, fromm; religiös

re maggiore (ital.) →D-Dur

ré majeur (franz.) →D-Dur

ré mineur (franz.) →d-Moll

re minore (ital.) →d-Moll

rendere (ital.): wiedergeben

repeat (engl. = Wiederholung): **1.** *MA* wiederholen; Wiederholungszeichen
2. *EAk* Effektregister (*Repeat-Perkussion*) der →Elektronenorgel, das als generatorgesteuertes →Tremolo (Amplitudenvibrato) eine dem Mandolinentremolo entsprechende Klangformung aufweist

repercussa (ital.) →Reperkussionston; →Psalmton

Reperkussion (lat. *repercussio* = Rückprall; Wiedererklingen): **1.** die →Durchführung des in der Exposition aufgestellten Themas einer →Fuge
2. die Intervallbeziehung zwischen der →Finalis und dem →Reperkussionston als charakteristisches Merkmal der einzelnen →Kirchentöne
3. die Wiederholung des gleichen Tones (z. B. bei bestimmten →Neumen)

Reperkussionston (lat. *vox repercussa* = wiederholt erklingender Ton): der als melodischer Zentralton und Rezitationston (→Psalmodie) neben der →Finalis wichtigste Ton der mittelalterlichen →Kirchentöne; auch mit *tenor*, *tuba*, *cursus* und später Dominante bezeichnet

Repertoire (franz. = Sachregister): die Gesamtheit aller von einem Theater, Orchester, Solisten u. a. beherrschten Stücke oder Rollen; die im Spielplan befindlichen Werke

repetenda (lat.): Teilwiederholung innerhalb des →responsorialen Gesanges

repetierend: wiederholend; →repetierende Stimmen

repetierende Stimmen: Obertonregister (→Aliquoten) und →gemischte Stimmen (2.) der Orgel, die aus instrumentenbaulichen und klanglichen Gründen mit zunehmender Höhe an bestimmten Stellen der Klaviatur im hohen Pfeifenchor abbrechen und mit einem tiefer liegenden (oft in der tieferen Oktave) wieder neu einsetzen (repetieren)

Repetierschlag: Schlagart auf der Kleinen Trommel, ausgeführt als federnder →Doppelschlag

répétiteur (franz.), **repetiteur** (engl.) →Korrepetitor

répétition (franz.), **repetition** (engl.): **1.** Wiederholung
2. Probe

Repetition (lat. *repetitio*): **1.** Wiederholung **2.** →repetierende Stimmen

répétition générale (franz.): Generalprobe

Repetitionsmechanik →Hammermechanik

Repetitionszeichen: Wiederholungszeichen

replica (ital.): Wiederholung eines musikalischen Abschnitts oder Themas, auch in der Oktave oder in einer anderen Stimme; häufig als *MA* für die Wiederholung des Menuetts nach dem Trio

reprint (engl.): Nachdruck, Neudruck

Reprise (franz. = Wiederaufnahme, Wiederholung; ital. *ripresa*): **1.** in der →Sonaten(haupt)satzform die vollständige oder unvollständige Wiederaufnahme der →Exposition nach der →Durchführung, jetzt mit dem Themenmaterial in der

Grundtonart; auch eine unmittelbare, meist verzierte Wiederholung der Exposition
2. die Wiederholung des Anfangs in →Rondo und →dreiteiliger Liedform; →*da capo* (1.)
3. ursprünglich eine durch das Zeichen ‖: :‖ geforderte Wiederholung musikalischer Abschnitte; im 18. Jh. unterschieden in *reprise grand* (für die Wiederholung des ganzen Teiles) und *reprise petite* (für die Wiederholung einzelner Takte)

Reprisenbarform: von der →Barform abweichende Liedform, bei der auf den →Abgesang noch einmal die Wiederholung des →Stollens folgt (A A' B A)

Reproduktionsklavier →mechanische Musikinstr.; →Melograph

Requiem (lat.): die Totenmesse (lat. *missa pro defunctis*) der röm.-kath. Liturgie, deren Name von den Eingangsworten des →Introitus „Requiem aeternam" (= Ewige Ruhe) abgeleitet wurde. Als zyklische Form der Vokalmusik ohne oder mit Orchester besteht das R. aus den Teilen Introitus („Requiem aeternam"), →Kyrie, →Graduale („Requiem aeternam"), →Tractus („Absolve Domine"), Sequenz („Dies irae"), →Offertorium („Domine Jesu Christe"), →Sanctus, →Agnus Dei und →Communio („Lux aeterna"). Seit dem 19. Jh. treten die liturgischen Bindungen der R.-Kompositionen zunehmend zugunsten konzertanter Elemente zurück; häufig ist das R. dem Andenken bedeutender oder auch dem Komponisten persönlich nahestehender Toter gewidmet

Reservat-Kanon, *Aussparungskanon*: besondere Art des →Kanons im 15.–17. Jh., bei der die sonst geforderte strenge →Imitation durch spezielle Anweisungen für die Ableitung der nachfolgenden Stimmen aufgehoben wurde; →Rätselkanon

res facta (lat. = gearbeitete Sache): aus der Musikpraxis des 13.–16. Jh. überlieferte Bezeichnung für die mehrstimmig ausgearbeiteten Stimmen im Gegensatz zu einer nur angedeuteten, zu improvisierenden (→Improvisation) Stimmführung

Residualtonhöhe, *Formanttonhöhe*: *Ak* Tonhöheneindruck eines Klanges, der auf der Eigenschaft des menschlichen Ohres beruht, auch bei Unterdrückung des →Grundtones bzw. geringer Intensität seiner tiefen Teiltöne aus dem Residuum (= Rest) an Teiltönen höherer Ordnung durch Bildung von →Differenztönen der Grundton subjektiv neu hervorzubringen bzw. zu verstärken

Resonanz (lat. *resonantia* = Widerhall): *Ak* das Mitschwingen eines schwingungsfähigen Systems infolge Einwirkung einer periodischen Kraft (Schwingung oder Teilschwingung), deren Frequenz (Resonanzfrequenz) gleich oder nahe der Eigenfrequenz dieses Systems ist. Die Stärke der R. ist von der →Dämpfung des angeregten Systems sowie dem Grad der elastischen Kopplung mit dem anregenden System abhängig und in einer Resonanzkurve für den Amplitudenverlauf des angeregten Schwingungssystems darstellbar. Die R. ist von entscheidender Bedeutung für Klangverstärkung (→Resonator) und -formung (→Klangfarbe, →Formanten) bei Musikinstr. und der menschlichen Stimme

Resonanzboden: der bei besaiteten Tasteninstr. als →Resonator wirksame dünne Holzboden unterhalb des Saitenbezuges

Resonanzfell: die dem →Schlagfell (Oberfell) gegenüberliegende, nur mitschwingende Membran (Unterfell) der Trommel; dazu →Saitenfell

Resonanzkörper, Resonanzkasten: der vornehmlich bei Saiteninstr., Schlaginstr. und der menschlichen Stimme wirksame luftgefüllte Hohlraum- →Resonator unterschiedlichen Volumens

Resonanzsaiten, *Aliquotsaiten*, *Sympathiesaiten*: nur durch →Resonanz zum Mitklingen gebrachte Saiten u. a. beim →Aliquotflügel, beim →Baryton und bei der →Viola d'amore

Resonatoren: *Ak* schwingungsfähige Gebilde mit geringer →Dämpfung, die infolge →Resonanz u. a. der verstärkten Schallabstrahlung fast aller Musikinstr. und der menschlichen Stimme dienen, an deren Schwingungserzeuger sie als *Hohlraum-R.* (Resonanzkörper) oder *Resonanzboden* elastisch gekoppelt sind. Hohlraum-R. in Form von luftgefüllten Hohlkugeln mit unveränderlicher Resonanzfrequenz benutzte zuerst H. v. Helmholtz zum Nachweis der Teilschwingungen (→Teiltöne) zusammengesetzter Schwingungsvorgänge

reso-reso (ital., engl.) →Reço-Reço

respirare (ital.): *MA* atmen

respiration (franz.), **respirazione** (ital.): Atmung

Respirationszeichen: Atemzeichen, →Atemholer

respiro (ital. = Atem): Atemzeichen, →Atemholer; Atempause

response (engl. = Antwort): **1.** Erwiderung des Chores auf die Anrufung des Vorsängers im Wechselgesang (→*call and response*); →Beantwortung (2.)

2. →Ansprache (bei Musikinstr.)

3. →Responsorium

responsorial, responsorisch, Responsorialgesang: aus dem Synagogalgesang abgeleiteter und besonders in der frühchristlichen →Psalmodie ausgeprägter Gesangsvortrag, bei dem Gemeinde oder Chor (→*schola*) refrainartig auf einen solistisch vorgetragenen Vers antworten; →Responsorium

Responsoriale (lat.): **1.** Sammlung aller Responsorien des →Offiziums
2. Teil des →Antiphonale, der die Responsorien der →Matutin enthält

Responsorium (lat. *responsum* = Antwort): verselbständigte →responsoriale Gesangsform, die in ihren solistischen (später auch chorischen) Teilen melismenreich gestaltet ist und wichtiger Bestandteil der Messe (→Graduale, →Alleluia, →Tractus) und des Nachtoffiziums (→Matutin) wurde; in der evang. Liturgie als Wechselgesang zwischen Liturg und Gemeinde

rest (engl.): Pause

restez! (franz.): *MA* verbleiben Sie! (beim Streichinstrumentenspiel: auf derselben Saite; in derselben Lage)

restrictio (lat. = Einschränkung): die →Engführung (2.) in der →Fuge

restringendo (ital.): *VB* zusammendrängend, allmählich schneller werdend; vgl. *stringendo*

Resultatnotation: die mit allen Komponenten ihres Bezugssystems auf eine relativ genaue Festlegung des zu erzielenden klanglichen Ergebnisses ausgerichtete allgemeingültige, d. h. für sämtl. Instrumente und die Singstimme gleichermaßen verbindliche traditionelle Form der →Notation im Gegensatz zur →Realisationsnotation

Resurrexit: Teil des →Credo; abgeleitet von dem Choral „Resurrexit Dominus" (= Er ist erstanden Jesu Christ)

Retardatio(n) (lat. = Verzögerung): eine dem Begriff des →Vorhalts entsprechende musikalische Figur in der Kompositionslehre des 17./18. Jh.

retardieren: *TB* verzögern, allmählich langsamer werden

retraite (franz.) →Zapfenstreich

retrogradus, *per motum retrogradum* (lat.): rückwärtsgehend, rückläufig; im →Krebsgang

retto (ital.): gerade; richtig, korrekt (mit *VB* und *MA*)

Reutterliedlein: Reiterlied, Soldatenlied; im 15./16. Jh. das Straßenlied (→Gassenhauer)

Reveille (franz. *réveil* = Erwachen): das Signal „Wecken" beim Militär; beim „Großen Wecken" auch mit einem langsamen Grenadiermarsch im *pas ordinaire*

Rêverie (franz.): Träumerei, →Phantasiestück

revidieren: durchsehen, überprüfen

revival (engl.): Wiederaufleben; →New-Orleans-Renaissance

Revolutionslied: das in unmittelbarer Wechselbeziehung zu revolutionären Erhebungen stehende, zumeist mündlich oder auf Flugblättern verbreitete politische Lied kämpferischen, hymnischen aber auch trauernden Charakters

Revue (franz. = Musterung, Bühnenschau): prunkvoll ausgestattete Unterhaltungsschau, die – Mitte des 19. Jh. aus den Pariser Ausstattungsstücken (*Féerien*) hervorgegangen – zeitgenössische Lied- und Tanzformen, Artistik und Vortragskunst in einer oft belanglosen Rahmenhandlung zusammenfaßt

Rezeption (lat. = Annahme, Aufnahme), **musikalische**: der Prozeß der Aufnahme, des Erlebens und Verstehens eines musikalischen Kunstwerkes durch den Hörer in Abhängigkeit u. a. von dessen musikalischer Vorbildung, Hörerfahrung, -gewohnheit und -erwartung

rezipieren: aufnehmen, übernehmen

Rezitationston →Reperkussionston

Rezitativ (ital. *recitativo*): **1.** auf die →Monodie (1.) zurückgehende solistische, instrumental begleitete Form, die musikalisch-deklamatorisch dem Sprachrhythmus folgt und seit dem 17. Jh. in Oper, Oratorium, Passion und Kantate als Hauptform neben der →Arie auftritt; →*recitativo accompagnato*, →*recitativo secco*

2. Textvortrag zwischen Sprache und Gesang, auch als musikalisch-deklamatorischer →Sprechgesang

rezitativischer Blues, *dramatischer Blues*: vielfach vom →*shout*-Gesang geprägter Melodietyp des klassischen →Blues episch-dramatischen Charakters, in dem die Melodik zwischen Grundton und Bluesterz (als Reperkussionston) pendelt; vgl. *shouted blues*

Rhapsodie (griech., franz.): **1.** seit Ende des 18. Jh. dem antiken Vorbild (s. u.) folgende, bruchstückhaft-improvisatorisch wirkende und häufig Volksliedmelodien einbeziehende freie Vokal- und Instrumentalform, die →Fantasie und →Ballade nahesteht; auch als potpourrieartige Aneinanderreihung (→Potpourri)

2. in der griech. Antike der rezitierende Vortrag bruchstückhaft aneinandergereihter (Homerischer) Epen durch fahrende Sänger (*Rhapsoden*)

rhapsodisch: im Charakter der →Rhapsodie

rhapsody (engl.) →Rhapsodie

Rheinländer, Rheinische Polka, *Bayerische Polka*: Mitte des 19. Jh. (wahrscheinlich aus →Polka und →Schottisch) entstandener deutscher Paartanz im mäßig bewegten $\frac{2}{4}$-Takt mit Polkaelementen und Drehungen; in ganz Europa variantenreich verbreiteter Gesellschaftstanz des 19./20. Jh.

rhythm bones (engl. = Rhythmusknochen): ⟨*Schlaginstr.*⟩ einfaches Gegenschlaginstr. mit kastagnettenartigem Klang; →*bones,* →Kastagnetten

Rhythm and Blues: zeitgenössischer volkstümlicher Musizierstil der nordamerik. Neger, der in den 40er Jahren von Harlem, dem New Yorker Negerviertel, ausging und in Verknüpfung von Elementen des volkstümlichen Blues (→*country blues,* →*city blues*), des →Gospelsong und des modernen →Swing die federnd akzentuierte Rhythmik des →Jump-Stils mit einer mechanisch stilisierten Bluesform verbindet; kommerzialisierte Nachahmung findet dieser Musizierstil in der einseitigen Übersteigerung des →Rock'n'Roll, aber auch in →Twist und →Hully Gully

rhythm brush (engl.) →Jazzbesen

Rhythmik: ursprünglich die Lehre vom →Rhythmus; seit dem 20. Jh. auch als umfassender Begriff für die Gesamtheit aller rhythmischen Aspekte innerhalb eines bestimmten zeitlichen Rahmens

rhythmisch: *MA* besonders deutlich im →Rhythmus

rhythmische Erziehung: Ende des 19. Jh. von E. Jaques-Dalcroze entwickelte Methode der musikalischen Erziehung, bei der über das rhythmische Element andere Komponenten des Musischen (Musik, Tanz, Gestik) in der Einheit von Rhythmus und Bewegung erschlossen werden sollen; weiteste Verbreitung fand das auf dieser Methode fußende Orff-Schulwerk

rhythm log (engl.): der →*log drum* ähnliche →Holztrommel aus einem ausgehöhlten Holzklotz mit zwei eingeschnittenen Zungen

rhythm section (engl.): Rhythmusgruppe der →*jazz band*; in klassischer Besetzung mit Schlagzeug (*drums*), Tuba (*tuba*) oder Kontrabaß (*bass*), Banjo (*banjo*) oder Gitarre (*guitar*) und Klavier (*piano*)

Rhythmus: **1.** von natürlichen Lebensvorgängen abgeleitetes Ordnungs- und Gestaltungsprinzip des zeitlichen Ablaufs in Musik, Tanz und Dichtung, das im Bereich des Musikalischen mit →Melodie, →Klangfarbe und →Harmonie eine Einheit bildet und die Elemente Rhythmus (im engeren Sinne), →Tempo und →Metrum verbindet

2. im engeren Sinne das Ordnungs- und Gestaltungsprinzip der relativen Tondauern und Tondauernverhältnisse, aus dem sich →Takt und Taktschwerpunkt ergeben (→Metrum)

ribattuta (ital.): **1.** sehr langsam beginnender und nur allmählich schneller werdender →Triller, bzw. dessen langsame Einleitung

2. ursprünglich Gesangsverzierung (*r. di gola*) in Form eines mehrfachen Wechsels zwischen der Hauptnote und ihrer oberen Nebennote

ribeba, ribeca (ital.) →Rebec

Ricercar (ital. *ricercare* = aufsuchen): einleitendes, zuerst in der Lautenmusik auftretendes vorspielartiges Instrumentalstück, das unter dem Einfluß der abschnittweise durchimitierenden →Motette im16./17. Jh. als *Orgelricercar* zu einer wichtigen Vorform der →Fuge wurde

Richtcharakteristik: *EAk* **1.** bei →Mikrophonen die durch die *Richtkennlinie* (kugel-, nieren-, achtförmig) charakterisierte Abhängigkeit der Spannungsabgabe von der Einfallsrichtung des Schalls; ausgeprägte *Richtwirkung* haben Mikrophone mit nierenförmiger R.
2. bei →Lautsprechern der eine gleichmäßige Ausbreitung besonders von hohen und mittleren Frequenzen beeinflussende Abstrahlwinkel

Richtmikrophone: *EAk* →Mikrophone mit besonders ausgeprägter Richtwirkung; →Richtcharakteristik

Richtungshören: *Ak* die Fähigkeit des menschlichen Hörorgans, den Laufzeit- und Intensitätsunterschieden der auf beide Ohren treffenden Schallsignale Richtungs- und Entfernungsinformationen zu entnehmen und die Schallquelle zu orten; das R. ist Voraussetzung der →Stereophonie

ricochet (franz. = Abprall): →Strichart, bei der der kraftvoll auf die Saite geworfene Bogen mehrfach elastisch abprallt und so auf einen Bogenstrich mit Springbogen (→*sautillé*) die Ausführung einer sehr schnellen Folge kurzer Töne ermöglicht; →*jeté*

riduzione (ital.): Bearbeitung, Arrangement; Auszug

riduzione per pianoforte (ital.) →Klavierauszug

riff (engl.), **riff-Technik:** melodische Gestaltungsform im Jazz, in der die Bläser- und Rhythmusgruppe der Improvisation des Solisten eine einfach strukturierte, ständig ostinatoartig wiederholte kurze melodische Phrase gegenüberstellt (→*background*), die sich mit geringfügiger Abwandlung dem harmonischen Gesamtablauf anpassen läßt

Rigaudon: altfranz. Volks- und Gesellschaftstanz; im 17. Jh. aus Volkstänzen der Provence und des Langedouc hervorgegangener Reihen- und Paartanz im lebhaften $\frac{2}{4}$-, $\frac{4}{4}$- oder →Alla-breve-Takt mit vorherrschender Viertel- und Achtelbewegung, meist mit einem Auftakt von einem Viertel beginnend. Als Hoftanz findet der R. im 17./18. Jh. Eingang in Ballett, Oper und instrumentale →Suite, wo er häufig zwischen →Sarabande und →Gigue eingeschoben wird. Enge Beziehungen bestehen zu →Bourrée und →Gavotte

rigore (ital. = Strenge) →*al rigore di tempo*
rigoroso, rigorosamente (ital. = streng): *MA* streng im Takt
rilasciando (ital. = nachlassend): *VB* langsamer und schwächer werdend
rilassato (ital.): *VB* gelockert, erschlafft, ermattet
rim shot (engl. = Randschuß), *Randschlag*: *MA* harter, knallartiger Trommelschlag, bei dem der Trommelstock gleichzeitig Fell und Rand (Reifen) trifft
rinforzato (ital. = verstärkt), **rinforzando; rf, rfz, rinf:** *VB* (plötzlich) verstärkt; starkes →*crescendo* auf einem Einzelton (Akkord) oder einer kurzen Ton-(Akkord-)folge. Vgl. *sforzato*
rinforzo (ital.): Verstärkung; z. B. *corni di rinforza* = Hörner nur zur Verstärkung (ad lib.)
ring shouts (engl. = Kreisrufe): religiöse Kreistänze mit ekstatischem Stampfen, Klatschen und Singen; →Negro spiritual
ripetere (ital.): *MA* wiederholen; repetieren
ripetitore (ital.) →Korrepetitor
ripetizione (ital.): Wiederholung; Korrepetition; Repetition
Ripienbaß →*basso di ripieno*
Ripienist: Ausführender der zur Verstärkung der Hauptstimmen hinzutretenden Instrumental- oder Vokalstimmen (→*ripieno*); z. B. Tuttigeiger
ripieno (ital. = voll): **1.** die mehrfach besetzten Hauptstimmen eines Orchesters oder Chores, aber auch die diese nur in den Tuttipartien verstärkenden Instrumental- oder Vokalstimmen **2.** der vollbesetzte Streicherchor (→*concerto grosso* [2.]) des Orchesters gegenüber der kleinen Gruppe konzertierender Soloinstr. (→*concertino* [2.]); vgl. *tutti*
3. das volle Werk der Orgel; →*organo pleno*
ripresa (ital. = Wiederaufnahme): **1.** →Reprise **2.** Tanzsatz in der Lautensuite des 16. Jh., der die Melodie des vorangegangenen Haupttanzes ursprünglich nur ummensuriert oder variiert
3. Bezeichnung für den →Refrain in ital. Vokalformen, vor allem der mittelalterlichen →Ballade
risaltato (ital.): *VB* hervorgehoben, betont
risolutissimo (ital.): *VB* äußerst entschlossen, äußerst energisch
risoluto (ital.): *VB* entschlossen, entschieden, energisch, kräftig
rispetto (ital. = Ehrerbietung): volkstümliches ital. Liebeslied
risposta (ital. = Antwort): die dem Thema nachfolgende (→Kanon) bzw. dieses beantwortende (→Fuge) Stimme im strengen kontrapunktischen Satz; dagegen →*proposta*
ristretto (ital. = eng): **1.** *VB* zurückhaltend **2.** →Engführung
ristringendo →*restringendo*
risvegliato (ital.): *VB* aufgeweckt, ermuntert, angeregt

ritardando (ital.): *VB* verzögernd, allmählich langsamer werdend; →*rallentando*

ritenendo, ritenente (ital.): *VB* zurückhaltend, zögernd, plötzlich langsamer; vgl. *ritenuto*

ritenuto (ital. = zurückgehalten): *VB* verhalten, plötzlich langsamer (meist nur für wenige Takte); kein →*ritardando*

ritmico (ital.): *MA* rhythmisch

ritmo (ital.) →Rhythmus

ritmo di quattro battute (ital.), **ritmo di 4:** *MA* vier aufeinanderfolgende Takte zu einer rhythmischen Einheit (Großtakt) zusammenfassen

ritmo di tre battute (ital.), **ritmo di 3:** *MA* drei aufeinanderfolgende Takte zu einer rhythmischen Einheit (Großtakt) zusammenfassen

Ritornell (ital. *ritornello*; *ritornare* = zurückkehren): **1.** →Refrain in ital. Vokalformen

2. im 17./18. Jh. Bezeichnung für die wiederholt auftretenden instrumentalen Zwischenspiele in Vokalkompositionen aller Gattungen

3. auch das →*tutti* im Instrumentalkonzert des 18. Jh.

4. ursprünglich ein den Strophen folgender selbständiger Abschnitt im ital. →Madrigal (2.) des 14. Jh.

ritorno al primo tempo (ital.): *MA* Rückkehr zum ersten Zeitmaß

ritta (ital.): *MA* die rechte Hand, die Rechte

Ritterbratsche →Viola alta

riverso, al riverso (ital.): *MA* von rückwärts, im Krebsgang in der Umkehrung

rivolgimento (ital.): Austausch der Stimmen im →doppelten Kontrapunkt

rivoltato (ital.): *MA* umgekehrt

rivolto (ital.): →Umkehrung von →Intervallen, →Akkorden oder →Themen

rocchetta (ital.) →Rackett

Rock-Jazz →Jazz Rock

Rock-Musik, Rock (engl. *rock* = wiegen, schaukeln): zusammenfassende Bezeichnung für die seit Mitte der 60er Jahre unter amerik. Einfluß entstandenen, an →Rock'n'Roll und →(British-)Beat (4.) anschließenden beatorientierten Musizierrichtungen der Tanz- und Unterhaltungsmusik, die im engeren Sinne nicht dem Bereich der →Pop-Musik zuzuordnen sind; Grundlage ihrer unterschiedlichen, von der amerik. Musikindustrie kommerziell gesteuerten Strömungen bleibt die vom →Liverpool-Sound geprägte rhythmusbetonte, melodisch expressive Musizierhaltung, die alle Möglichkeiten elektroakustisch verstärkter Gesangs- und Instrumentalstimmen sowie

→elektronischer Musikinstrumente ebenso nutzt, wie sie Improvisation, Collagetechnik und Klangexperimente für die weit gefächerte Ausdrucksbreite der R. dienstbar macht. Eine Verschmelzung mit anderen zeitgenössischen und überlieferten Stilrichtungen und Musizierhaltungen ist charakteristisch für (oft einander überschneidende) R.-Strömungen wie →Folk Rock, →Jazz Rock, →Country Rock, →Hard Rock, →Soft Rock, →Punk Rock, →New Wave, aber auch Baroque Rock und Classic Rock (mit Einflüssen der Musik des „Barock“ bzw. der „Klassik“), Latin Rock (mit Anlehnung an die lateinamerik. Folklore), Râga Rock (mit Bindungen an indische Melodiemodelle); szenische Ausweitung führt zu Rock-Musical und Rock-Oper

Rock'n'Roll (engl. = schaukeln und rollen), **Rock-and-Roll:** amerik. Modetanz, der in den 50er Jahren durch kommerzialisierte Nachahmung und einseitige Übersteigerung von Elementen des negerischen →Rhythm and Blues durch weiße Musiker entstand

roco (ital.): *VB* heiser, rauh

rod (engl.) →Rute

Röhrenglocken: ⟨*Schlaginstr.*⟩ →Schlagröhrenspiel aus abgestimmten Messingröhren von etwa 30–40 mm Durchmesser und 76–200 cm Länge, die an einem Gestell aufgehängt sind (auch mit mechanischer →Dämpfung) und mit dem (lederüberzogenen) Holzhammer angeschlagen werden; Tonumfang (f)c^1–f^2, d. h. überwiegend im Bereich hoher →Glocken; notiert im Violinschlüssel

Röhrenholztrommel: ⟨*Schlaginstr.*⟩ →Aufschlagidiophon aus einem von zwei Seiten zur Mitte hin verschieden weit ausgehöhlten und eingeschlitzten Hartholzstab (→Holztrommel) von etwa 5 cm Stärke und 25–30 cm Länge (auch aus zwei unterschiedlich langen Stäben zusammengesetzt), der an einer halsartigen mittleren Verengung an einem Ständer befestigt ist und mit Trommelstöcken oder Hartfilzschlegeln angeschlagen wird; Trommelinstr. ohne bestimmte Tonhöhe mit dem annähernden Tonabstand einer großen Terz oder reinen Quarte zwischen den beiden Röhrenhälften; meist durch →Holzblocks oder →Tempelblocks ersetzt

Röhrentrommeln: Sammelbezeichnung für eine Gruppe der →Fellklinger mit hohem röhrenartigem Resonanzkörper; nach dessen Form werden (ein- und zweifellige) Zylinder-, Faß-, Doppelkonus-, Sanduhr-, Konus- und Bechertrommeln unterschieden. →Einfell- und →Zweifelltrommeln, →Gefäßtrommeln

Rohr: 1. bei Blasinstr. der u. a. als Schallrohr für die Länge der schwingenden Luftsäule entscheidende Teil des Instrumentenkörpers
2. →Mundstück der →Doppelrohrblattinstr. (z. B. Oboe, Fagott)

Rohrblatt →Zunge

Rohrblattinstrumente: Holzblasinstr., bei denen der Ton durch periodische Unterbrechung des gegen ein bzw. zwei Rohrblätter (→Zunge) gelenkten Luftstromes entsteht; zur Gruppe der R. gehören die *einfachen R.* mit →aufschlagenden Zungen (z. B. Klarinette, Saxophon, Chalumeau, Bassetthorn) und die *Doppelrohrblattinstr.* mit →gegenschlagenden Zungen (z. B. Oboe, Englischhorn, Fagott)

Rohrflöte: ⟨*Orgelregister*⟩ →halbgedeckte Lippenpfeifen (16′–4′) aus Holz oder Metall, mit einem kurzen Rohr in der Abdeckung; weicher, heller Klang

Rohrschelle: ⟨*Orgelregister*⟩ →Rohrflöte (1′ oder 2′) im Pedal

Rohrwerke, *Schnarrwerke*: Sammelbezeichnung für die Zungenstimmen (→Linguale) der Orgel

roll (engl.): (Trommel-)Wirbel; wirbeln

Rollenfächer, *Stimmfächer*, *Fächer*: abgegrenzte, speziellen gesanglichen und darstellerischen Anforderungen bestimmter Gesangspartien der musikalischen Bühnenpraxis (speziell der →Oper) entsprechende Fachgebiete innerhalb der einzelnen Stimmgattungen; dazu zählen die herausragende stimmliche Qualitäten voraussetzenden *seriösen Fächer* (z. B. Heldentenor) sowie die besonders ausgeprägte Spielbegabung bzw. hohes Charakterisierungsvermögen verlangenden *Spiel-* und *Charakterfächer* (z. B. Tenorbuffo oder Charaktertenor)

Rollschellen, *Schlittenschellen*: ⟨*Schlaginstr.*⟩ →Gefäßrasseln aus kleinen, kugelförmigen Hohlkörpern unterschiedlichen Durchmessers (15–60 mm) aus Bronzelegierung oder Messingblech mit der zur Befestigung an Stab, Bügel oder Riemen durchbohrten Nase an der einen, schmalen Öffnungsschlitzen in der anderen Kugelhälfte und einem frei rollenden Kern (Stein, Metallkügelchen o. ä.) im Inneren, der durch Schlagerschütterung bzw. Schüttelbewegung (→Schüttelidiophone) das charakteristische Geräusch von Schlittenschellen hervorbringt; auch abgestimmte Schellen im Bereich der drei- bis viergestrichenen Oktave

Rollschweller, *Registerschweller*, *Crescendo-Walze*: Spielhilfe der Orgel für crescendo- und decrescendo-Wirkungen, die es mittels einer fußbedienten Walze ermöglicht, über einen Rollen- oder Schiebermechanismus verschiedene Register nacheinander automatisch zu ziehen oder abzustoßen

Roll(ier)trommel →Wirbeltrommel

romance (franz., span., engl.) →Romanze

Romanesca(-Modell): volkstümliches Thema, das als charakteristische Baßlinie (R.-Baßformel) mit feststehender Harmoniefolge einem im 16./17. Jh. weitverbreiteten Tanz-, Arien- und Variationsmodell zugrunde liegt und in enger Verbindung zu →Folia und →Passamezzo antico steht

Romanus-Buchstaben: Zusatzzeichen der →Neumenschrift, die den Melodieverlauf und die Art des Vortrages näher bestimmen

Romanze (span. *romance*): **1.** im 18./19. Jh. besonders in Frankreich und Deutschland verbreitete heiter-balladenhafte, liedartige Komposition in Strophen- oder Rondoform mit literarischen Anklängen an die ursprünglich span. Dichtung (s. 3.); →Ballade

2. seit dem 18. Jh. auch liedhaftes, überwiegend frei geformtes lyrisches Instrumentalstück; →Charakterstück

3. im 14./15. Jh. ursprünglich episch-lyrische Gattung der span. volkssprachigen (Liebes-)Dichtung

Rondeau (franz. *ronde* = Runde): **1.** ursprünglich einstimmiges, wahrscheinlich im 12. Jh. entstandenes Tanzlied (*Rondel*) franz. Ursprungs mit Zusatzversen des Vorsängers (a,b) zwischen den (zumeist zwei) chorischen Refrainversen (A,B) in der zyklischen Folge A B a A a b A B; seit dem 14. Jh. als mehrstimmige Refrainform neben →Ballade (mit lat. Text als *rondellus*) und →Virelai

2. →Rondo

Rondellus (mittellat.): **1.** seit dem 12. Jh. in England belegtes, auf dem Prinzip des Stimmtausches beruhendes und dem →Kanon nahestehendes mittelalterliches Kompositionsverfahren

2. →Rondeau (1.)

Rondeña (span.): in Südspanien (Ronda) verbreitete Variante des →Fandango

Rondino: kleines →Rondo

Rondo (ital. = Rundplatz): vorherrschend instrumentale Reihungsform, die im 17. Jh. das →Rondeau-Prinzip mit Refrain (*grand couplet* bzw. Rondeau) und immer neuen Zwischenteilen (*couplets*) unterschiedlicher Anzahl (a b a c a d ... a) aufgreift. Seit dem 18. Jh. wird der klassische Rondotyp, das der Sonatenhauptsatzform verpflichtete *Sonatenrondo*, in Sinfonien, Instrumentalkonzerten und Sonaten bevorzugt als Schlußsatz tänzerischen Charakters verwendet:

A B A	C	A B′ A (+ A′ o. ä.)
Exposition	Durchführung	Reprise (+ Coda)

rope drum (engl.): →Stricktrommel, Leinentrommel

Rosalie, *Vetter Michel, Schusterfleck*: die mehrmalige, oft überstrapazierte stufenweise auf- oder absteigende Wiederholung eines Motivs (→Sequenz), deren Bezeichnung und abfällige Einschätzung (*Schusterfleck*, d. h. Flickwerk) auf in dieser Art aufgebaute Melodien gleichen Titels zurückgeht

rosa Rauschen →*pink noise*

Rose, Rosette: das vielfach in kunstvoller Schnitzerei ausgearbeitete runde Schalloch in der Decke des Resonanzkörpers bzw. im Resonanzboden von Lauteninstr. und besaiteten Tasteninstr.

rossignol (franz.) →Nachtigall

rota (lat. = Rad), *Rotula*: **1.** mittelalterliche Bezeichnung für eine nach dem Kanonprinzip gearbeitete einstimmig notierte, meist vokale Komposition; →Radel, →*round*
2. →Rotta, →Chrotta

rotondo (ital.): *VB* rund, mit runder Tongebung

rotrouenge (franz.): altfranz. mehrstrophiges Liebeslied (→Trouvères) mit Refrain; auch Kreuzzugslied des 12. Jh.

Rotta, Rotte: 1. dreieckiges griffbrettloses, in der Art der Harfe senkrecht gehaltenes mittelalterliches →Zitherinstr. (auch *Harfenzither*), dessen bis zu 30 Saiten im Gegensatz zum →Psalterium auch beidseitig des Resonanzbodens oder -kastens gespannt sein können
2. Sammelbezeichnung für seit dem frühen Mittelalter verbreitete Zupf- und Streich- →Leiern mit flachem, langgestrecktem oder birnenförmigem Korpus, zwei Jocharmen und Querstab, an dem die Haupt- und Bordunsaiten an vorderständigen Wirbeln befestigt sind; beim →*crwth* auch mit einem zwischen den Jocharmen zum Querstab verlaufenden Griffbrett

Rotula →*rota*

Roulade (franz. = Hinunterrollen), **Roller:** virtuose Gesangspassage (→Lauf); Koloratur

roulement (franz.): **1.** Trommelwirbel (*r. de tambour*); Paukenwirbel (*r. des timbales*)
2. →Lauf

Rouliertrommel: Roll(ier)trommel, →Wirbeltrommel

round (engl. = Rundgesang): kurzer altengl. →Zirkelkanon, bei dem alle Stimmen im gleichen Abstand nacheinander mit der gleichen Melodie unisono oder in der Oktave einsetzen; das im 16./17. Jh. in geselliger Unterhaltung beliebte r. endet, wenn die letzte Stimme zum zweiten Mal ihren Part abgeschlossen hat. →*catch*

rounded (engl.): *VB* rund, mit runder Tongebung

round dance, roundel (engl.): Rundtanz, Reigen

rovescio (ital. = verkehrt), **al rovescio:** *MA* von rückwärts, im →Krebsgang; in der →Umkehrung

Royal piano (engl.): Konzertflügel

rubato (ital. = geraubt): Kurzform für →*tempo rubato*

rubeba, rubella (lat.), **Rubebe** →Rebec

Rückpositiv: ein im Rücken des Organisten an der Emporenbrüstung aufgestelltes, zumeist selbständig disponiertes kleineres Orgelwerk (→Positiv), das bei dreimanualigen Orgeln zum untersten →Manual (*Unterklavier*) gehört

Rückschlag: besondere, zum Ausgangston zurückführende Form des →Nachschlages: 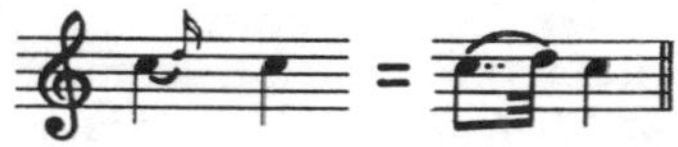

Rückung: in der →Harmonielehre der direkte Wechsel von einer Tonart in eine andere ohne →Modulation

Rueda (span. = Rad, Kreis): kastilischer Rundtanz im lebhaften $\frac{5}{8}$- oder $\frac{5}{4}$-Takt

(Große) **Rührtrommel,** *Landsknechtstrommel, Jugendstricktrommel:* ⟨*Schlaginstr.*⟩ große →Zweifelltrommel mit hoher zylindrischer Zarge (→Röhrentrommel) aus Holz oder Messing (z. T. mit verstellbaren Füßen), Strickverspannung (oder auch Spannschrauben), mit oder ohne 4–6 abstellbare Schnarrsaiten (Darm) am Resonanzfell, geschlagen mit dickköpfigen Trommelstöcken oder Paukenschlegeln (= Landsknechtstrommel) und getragen an einem über die Schulter zu hängenden Riemen (*Bandelier*). Felldurchmesser etwa 40 cm und Zargenhöhe etwa 50–75 cm. Trommelinstr. ohne bestimmte Tonhöhe in Baßlage (ital. *tamburo basso*) mit einliniger Notierung (auch im 3. Zwischenraum). →Basler Trommel, →Paradetrommel

Ruf: Schlagart auf der Kleinen Trommel, etwa in der Art des →Kurzwirbels

Ruggiero(-Modell): volkstümliches Thema, das seit dem 16. Jh. als charakteristische Baßlinie (R.-Baßformel) mit feststehender Harmoniefolge einem weitverbreiteten Tanz-, Arien- und Variationsmodell zugrunde liegt

ruggito del leone (ital.), **rugissement de lion** (franz.) →Löwengebrüll

rullante (ital.): *MA* rollend, (auf der Trommel) wirbelnd

rullo (ital.): Trommelwirbel (*r. di tamburo*); Paukenwirbel (*r. del timpano*)

Rumba: lateinamerik. Tanzform afro-kuban. Herkunft in mäßig bewegtem bis schnellem $\frac{2}{4}$-, $\frac{4}{4}$- oder $\frac{2}{2}$-Takt mit synkopenreicher und vielgestaltiger Rhythmik auf der Grundlage des →*cin-*

quillo; seit Ende der 20er Jahre als moderner Gesellschaftstanz (Standardtanz) weltweit verbreitet.
Abkömmlinge der R. sind u. a. →Guaracha, →Carioca, →Conga, →Mambo und →Cha-Cha-Cha

Rumbahölzer →*claves*

Rumbakugeln →Maracas

Rummelpott →Brummtopf

Rumorarmonio (ital. = Geräuschharmonium): ein 1929 von dem ital. Komponisten und Maler L. Russolo konstruiertes und auch konzertant verwendetes elektromechanisches Geräuschinstr. (auch *Russolophon*), das 7 neuartige Geräuschstrukturen auf einer jeweils 12stufigen Skala hervorbringen konnte

rumoroso (ital.): *VB* lärmend, geräuschvoll

Rumpelfilter, *Tiefenfilter*: *EAk* →Filter, die bei der Schallplattenwiedergabe zur Unterdrückung der vornehmlich von Geräuschen des Plattenspielerlaufwerkes herrührenden und über das →Abtastsystem mitübertragenen tieffrequenten Störgeräusche den Frequenzgang im →Verstärker unterhalb 100 Hz steilflankig abschneiden können

Russolophon →Rumorarmonio

rusticale, rusticano (ital.) →*rustico*

rustico (ital.), **rustique** (franz.): *VB* ländlich, bäurisch; derb, grob

Rute: Schlagwerkzeug; an einem Ende handgriffartig zusammengebundenes Reisigbündel (Zweigrute) oder gesplissene Bambusrute zum Anschlagen der Großen Trommel (Fell oder Kessel) und anderer →Aufschlaginstr., wobei ein leicht zischender Klang entsteht; ursprünglich eine einzelne Gerte aus Peddigrohr (Schlagrute). →Jazzbesen

Rutscher: altdt. Volkstanz; →Galopp

ruvido (ital.): *VB* rauh

rythme (franz.) →Rhythmus

rythmique (franz.): **1.** rhythmisch **2.** Rhythmik

S

sackbut (engl.): mittelalterliche Bezeichnung für →Posaune

Sackpfeife, *Dudelsack*: altüberliefertes Blasinstr. asiatischer Herkunft, bei dem der Spieler aus einem über ein Anblasrohr (Blaspfeife) oder einen kleinen Blasebalg (→Musette) mit Luft gefüllten Windsack aus Tierhaut den Spielwind durch Armdruck in ein oder zwei mit Grifflöchern versehene Spielpfeifen (meist mit Doppelrohrblatt) und mehrere →Bordunpfeifen (meist mit einfachem Rohrblatt) preßt. Zu den auf der Melodiepfeife gespielten durchdringenden Tonfolgen klingen stets alle Bordunpfeifen (in Grundton, Quinte oder Oktave) schnarrend mit. Die S. ist noch heute als Volksinstr. verbreitet und Nationalinstr. der Schotten. →Hornpipe (1.)

sacro (ital. = heilig): kirchlich; feierlich

Saiten: fadenförmige Schallerreger bei allen →Saiteninstr., hergestellt aus Tierdärmen, Metall, Pflanzenfasern, Seide oder synthetischen Stoffen (z. B. Nylon, Perlon), die, befestigt an beiden Endpunkten, und gespannt, durch verschiedene Arten der Tonerzeugung wie Zupfen, Streichen, Reißen, Reiben, Blasen, Schlagen oder durch →Resonanz entsprechend ihrer Länge, Stärke (→Chordometer), Materialbeschaffenheit und Spannung zum Schwingen gebracht werden. Wichtigstes Qualitätsmerkmal ist die Quintenreinheit.

Saitenfell: bei der Kleinen Trommel die dem →Schlagfell (Oberfell) gegenüberliegende, nur mitschwingende untere Membran (Unterfell), an der die gespannten →Schnarrsaiten straff anliegen; in der Regel dünner als das Schlagfell; vgl. Resonanzfell

Saitenhalter: bei einer Vielzahl von Saiteninstr. der einseitigen Befestigung der Saiten durch Einhängen dienende Vorrichtung, zumeist ein schmales mit Löchern versehenes Brettchen unterhalb des Steges; bei einer Reihe von Zupfinstr. als *Querriegel*

Saiteninstrumente, *Chordophone* (griech. = Saitenklinger): nach der Systematik der Musikinstr. (Hornbostel/Sachs) die Gruppe der Instr., bei denen die Tonerzeugung durch mittels Zupfen, Streichen, Reißen, Reiben, Blasen oder Schlagen in Schwingungen versetzte →Saiten erfolgt; nach ihrer Bauart werden einfache (→Zitherinstr.) und zusammengesetzte (→Lauteninstr., →Leiern, →Harfe) Chordophone unterschieden

saldo (ital.): *VB* fest, stark, entschlossen

Salizional, Salicional, Salicet; auch *Weidenpfeife*, *Schilfpfeife*: ⟨*Orgelregister*⟩ sehr eng mensurierte offene Labialpfeifen (8′, 4′ auch 16′, 2′) meist zylindrischer Bauart aus Metall; zart streichender Klang

salmo (ital.) →Psalm

Salonmusik: 1. das überwiegend aus volkstümlichen Melodien und Bearbeitungen aller musikalischen Gattungen bestehende Repertoire bei öffentlich zugänglichen Musikdarbietungen in (Konzert-)Cafés, Weinstuben und Konzerthallen, das seit Mitte des 19. Jh. in der veräußerlichten Form bürgerlicher →Unterhaltungsmusik zunehmend verflachte und erst

im 20. Jh. durch neue Formen der Tanz- und Unterhaltungsmusik und durch die Hausmusik abgelöst wurde
2. ursprünglich die unterhaltende, häufig virtuose →Kammermusik bei den gesellschaftlichen Zusammenkünften (literarische Salons) des Adels und des Großbürgertums um 1800

Salonorchester: vom →Klaviertrio ausgehende kleine Orchestervereinigung der →Unterhaltungsmusik als standardisierte →Wiener-, →Berliner- und →Pariser Besetzung

Salpinx (griech.): altgriech. trompetenartiges Blechblasinstr., dessen lange, leicht konische Röhre in ein glockenförmiges Schallstück mündet

Saltarello (ital. = kleiner Sprung): **1.** ital. Volks- und Gesellschaftstanz; seit dem 14. Jh. überlieferter lustiger Tanz im schnellen $\frac{3}{4}$- oder $\frac{6}{8}$-Takt, meist auftaktig beginnend, der im 15./16. Jh. zunehmend als ungeradtaktiger →Nachtanz (Springtanz) einem langsameren geradtaktigen Schreittanz (z. B. Basse danse, Pavane, Passemezzo) zugeordnet ist (→Tanzpaar). Von der mit dem S. musikalisch übereinstimmenden etwas langsameren →Galliarde unterscheidet er sich durch die geringe Höhe der auszuführenden Sprungbewegungen
2. →Docke, Springer

saltato, saltando, saltellato (ital.): *MA* gesprungen, gehüpft; →*sautillé*

salterio tedesco (ital.) →Hackbrett

Salve regina (lat. = Sei gegrüßt, Königin) →Marianische Antiphon

Samba (port.): brasil. Tanzform afrik. Ursprungs (Kriegsweihetanz der Bantus); im schnellen $\frac{2}{4}$-, $\frac{4}{4}$- oder $\frac{2}{2}$-Takt mit walzerähnlichen Schritten getanzt, wurde die S. um 1920 zum Gesellschaftstanz und als Standardtanz unter den lateinamerik. Tänzen um 1950 zum europ. Modetanz. →Bossa Nova

Sambagurke: →Guiro; auch →Sapo cubana, →Reço-Reço

Sambaraspel: →Sapo cubana, →Reço-Reço; auch →Guiro

Samisen →Shamisen

Sanctus (lat. = heilig): der auf die →Präfation folgende vierte Teil des →Ordinarium missae der röm.-kath. Liturgie mit dem von der Gemeinde (bzw. dem Chor) ausgeführten Dankgesang, dem das vom →Hosanna eingeschlossene →Benedictus folgt

sanglot (franz.): Seufzer; Bezeichnung für eine dem →*portamento* ähnliche Gesangsmanier im 18. Jh.

Sangsaite →*chanterelle* (1.)

sans (franz.): ohne (mit *MA*); z. B. *sans pedale*

Sansa, *Zanza*: afrik. Zupfinstr. (Zupfidiophon) mit bis zu 20 verschieden langen Metall- oder Holzzungen, die, auf einem hölzernen Resonanzboden oder -kasten befestigt, über einen Steg laufen und mit den Fingern gezupft werden

santo (ital. = heilig): fromm, religiös

santūr (pers.): ⟨*Saiteninstr.*⟩ altüberliefertes oriental. Zupfinstr., das als griffbrettloses Zitherinstr. mit flachem, meist trapezförmigem Korpus und mit bis zu 100 (vierchörigen) Drahtsaiten im Gegensatz zum →Kanun mit breiten gebogenen Klöppeln angeschlagen wird

Sapo cubana (span. = kuban. Kröte), *Bambusraspel*: ⟨*Schlaginstr.*⟩ kleines →Schrapinstr. aus starkem Bambusrohr (etwa 30 cm lang) mit eingekerbten kleinen Querrillen (vgl. Guiro), die in der Längsrichtung durch einen etwa 10 mm breiten Schlitz unterbrochen sind und über die mit einem Metall- oder gesplissenem Bambusstäbchen gestrichen („geschrapt") wird; lateinamerik. Rhythmusinstr. ohne bestimmte Tonhöhe mit einliniger Notierung; auch →Reço-Reço

saqueboute (franz.): mittelalterliche Bezeichnung für →Posaune

Sarabande (franz., span. *zarabanda*): Volks- und Gesellschaftstanz span.-mexik. Herkunft; der ursprünglich sehr ausgelassene, im 16. Jh. in Spanien als schamlos verbotene volkstümliche Tanz wandelte sich in der Mitte des 17. Jh. zum gravitätischen Schreittanz (Hoftanz) im langsamen $\frac{3}{2}$- oder $\frac{3}{4}$-Takt und findet, mit der charakteristischen Betonung der 2. Zählzeit, stilisiert im 17./18. Jh. Eingang in die instrumentale →Suite, in der er um 1700 zwischen →Courante und →Gigue an dritter Stelle steht

Sârangî, Sarinda: ind. Streichinstr. mit lautenähnlichem hölzernen Korpus, stark eingebuchteten Flanken, einer Pergamentdecke und ungewöhnlich breitem, nach hinten offenem Hals. Über das bundlose Griffbrett laufen 4 Spielsaiten (in C, G, c, f oder $_1$G, C, G, c), die mit einem stark gekrümmten Bogen gestrichen werden und bis zu 22 Resonanzsaiten aus Darm. Die Saiten werden nicht gegen das Griffbrett gedrückt, sondern mit den Fingernägeln von der Seite her tangentenartig berührt

Sardana (katalan.): seit dem 16. Jh. überlieferter katalan. Reigentanz im $\frac{2}{4}$- oder $\frac{6}{8}$-Takt, der durch häufigeren Takt- und Tempowechsel gekennzeichnet ist und von einem →*cobla*-Ensemble begleitet wird

Sarod: ind. Zupfinstr., das als Weiterentwicklung des pers.-arab. →Rabāb vor allem in Bengalen viel benutzt wird. Der aus Holz gefertigte S. hat eine Pergamentdecke und einen Bezug von 6–8 metallenen Spielsaiten sowie eine Reihe von Resonanzsaiten. Unter dem Wirbelkasten ist eine gesonderte Resonanz-Kalebasse befestigt. Zum Spiel wird ein dreieckiges Stahldraht- oder Holzplektron benutzt; der Ton ist grell und von größerem Volumen als der von →Vinâ und →Setar

Saron (javan.): klanglich vorherrschende Gruppe der →Metallophone im indonesischen →Gamelan-Orchester, die in der Regel die Melodie übernimmt.
Die einoktavigen Instr. werden mit ihren auf einem trapezförmigen Holzkasten liegenden 6–9 Bronze- oder Eisenplatten meist in drei im Oktavabstand (hoch-mittel-tief) voneinander abweichenden Größen verwendet

Sarrusophon: Blasinstr. aus Messingblech mit konischem, weit mensuriertem Rohr mit Doppelrohrblatt-Mundstück und 18 Klappen, das – 1856 konstruiert von W. Sarrus – von der Sopran- bis zur Kontrabaßlage in 7 Größen hergestellt wurde. Durchgesetzt haben sich die tiefen Instr. mit vollem, kräftigem und dem Kontrabaßsaxophon überlegenen Klang

sassofono, saxofono (ital.) →Saxophon

Sattel: **1.** bei Streichinstr. und Zupfinstr. mit Griffbrett eine kleine eingekerbte Querleiste am Ende des Griffbrettes, über die die Saiten in den Wirbelkasten geführt werden (= Griffbrettsattel, kleiner S.)
2. bei Violininstr. außerdem die Verstärkung am unteren Rand der →Decke des Korpus, über den die Befestigungsschlaufe des Saitenhalters zum Knopf gelegt ist (= unterer S., großer S.)
3. bei Holzblasinstr. um 1800 eine aufgeschraubte Klappenmechanik

Satyrspiel: in der Tetralogie altgriech. Theateraufführungen das den drei Tragödien folgende tanzspielartige Schlußstück, in dem der in Bocksfelle gekleidete Chor in wilder Ausgelassenheit Satyrn im Gefolge des Dionysos darstellt

Satz: **1.** selbständiger, in sich geschlossener Teil eines zyklischen Werkes, z. B. einer Sinfonie, Sonate oder Suite
2. in der musikalischen Formenlehre die aus zwei korrespondierenden Halbsätzen (Vorder- und Nachsatz) bestehende →Periode (1.); auch Haupt- und Seiten-Satz (bzw. -Thema) in →Exposition (1.) und →Reprise der →Sonaten(haupt)satzform
3. eine spezielle mehrstimmige musikalische Setzweise (Tonsatz), u. a. als homophoner oder polyphoner S., strenger oder freier S., vokaler oder instrumentaler S., Klavier- oder Orchestersatz
4. Zusammenfassung einer Stimmfamilie oder Instrumentengruppe, z. B. Posaunensatz, Saxophonsatz oder Holzbläsersatz

Satzlehre →Tonsatzlehre

sautillé (franz. = gesprungen, gehüpft): *MA* mit Springbogen; geworfene →Strichart in schnellem Tempo, bei der der Bogen aufgrund seiner Elastizität springt und die Saite kurz anreißt

saxes (engl.): im Jazz Bezeichnung für die Saxophongruppe

Saxhorn (ital. *flicorno*): ⟨*Blechblasinstr.*⟩ zur Familie der →Bügelhörner gehörende Konstruktion des belg. Instrumentenbauers A. Sax (1845), gebaut in 9 Stimmlagen vom S. sopranino bis S. bourdon

Saxophon (franz., engl. *saxophone*): Holzblasinstr. mit einfachem Rohrblatt (Schnabelmundstück wie →Klarinette) und stark konischem, weit mensuriertem (Metall-)Rohr; in Klappensystemen und Grifftechnik ähnlich der →Oboe. Der in allen Stimmlagen (Sopranino- bis Subkontrabaß-S.) gebaute Instrumententyp wurde um 1840 von Adolphe Sax konstruiert. Es- und B-Stimmung herrschen vor, Kontrabaß-(Es) und Subkontrabaß-(B)S. sind weniger gebräuchlich. Im Mittelregister weicher, tragfähiger, im hohen Register durchdringender bis gellender (Jazzeffekte), generell etwas näselnder Klang – transp. notiert im Violinschlüssel. Bevorzugtes Instr. der (franz.) Militärmusik und des Jazz (etwa seit 1920), später auch in der Konzertmusik

saxophone aigu (franz.) →Sopraninosaxophon

Sax(o)tromba: ⟨*Blechblasinstr.*⟩ von A. Sax (1845) konstruiertes →Bügelhorn in Tubaform, dessen Mensur etwa zwischen →Waldhorn und →Saxhorn liegt; das als Stimmfamilie gebaute Instr. wurde zeitweise in der franz. Militärmusik verwendet

sbalzato (ital. = geworfen) →*jeté*; →*ricochet*

Scabillum (lat. *scabellum*), *Krupezion*: in der griech. und röm. Antike benutzte Fußklapper zur Unterstützung des Rhythmus, bestehend aus zwei an einem Ende miteinander verbundenen Holz- oder Metallplatten, von denen die obere am Fuß befestigt und gegen die untere geschlagen wurde; auch mit zwei kleinen Gegenschlagbecken zwischen den beiden Platten

scacciapensieri (ital.) →Maultrommel

scala (ital.) →Tonleiter

scat (engl.): im Jazz eine aus der afroamerik. Negerfolklore übernommene Gesangspraxis bei der das Singen zusammenhanglos aneinandergereihter und rhythmisch variierter Silben als dem Instrumentalspiel nachempfundenes vokales Ausdrucksmittel eingesetzt wird; als →*bop-scat*- Gesang von besonderer Bedeutung im →Bebop

scattando, scattante (ital.): *VB* losschnellend, auffahrend

scemando (ital. = verringernd): *VB* abnehmend, nachlassend an Tonstärke; vgl. *diminuendo*

scena (ital.) →Szene

scenario (ital.): **1.** Bühnenbild, Kulisse, Dekoration; Szenerie **2.** Drehbuch; Szenarium

sceneggiatura →Inszenierung

scenografia: Bühnenmalerei

Schalenhalslauten: Untergruppe der zur Gruppe der →Stiellauten gehörenden →Halslauten; dazu zählen z. B. Theorbe, Laute, Mandoline, Balalaika

Schalenleiern: Untergruppe der zu den →Lauteninstr. gehörenden →Leiern; z. B. Lyra

Schall: *Ak* die Gesamtheit der Gehörsempfindungen (→Ton, →Klang, →Geräusch) innerhalb des menschlichen →Hörbereichs (= *Hörschall*), die physikalisch auf mechanischen →Schwingungen des Schallerregers und der wellenförmigen Ausbreitung der Druckschwankungen elastischer, d. h. fester, flüssiger oder gasförmiger Medien (→Schallgeschwindigkeit) beruhen; Schwingungsvorgänge unterhalb bzw. oberhalb des menschlichen Hörbereichs werden als →*Infra-* und →*Ultraschall* bezeichnet

Schallanalyse, *Frequenzanalyse*: *Ak* die Bestimmung von Frequenzen und Amplituden der Teilschwingungen (→Teiltöne) eines Schallereignisses; ursprünglich mit mechanischen →Resonatoren (Helmholtz, Stumpf) und →Fourier-Analyse, heute mit den Möglichkeiten elektronischer Meßtechnik wie Suchtonverfahren (Grützmacher), Tonfrequenzspektrometer (Freysted), Oktavsieboszillographie (Trendelenburg), *visible speech*-Verfahren

Schallaufzeichnung und **-wiedergabe:** →Nadeltonverfahren, →Magnettonverfahren, →Lichttonverfahren; →Schallwandler

Schallbecher, *Becher*: **1.** →Schallstück bei Holzblasinstr. **2.** →Aufsätze

Schalldruck: *Ak* durch das Einwirken von Schallenergie hervorgerufene Abweichungen vom normalen Luftdruck, die als Hörschall im Bereich von etwa 16–20 000 Hertz (→Hörbereich) in Erscheinung treten; technische Maßeinheit für den Sch. ist das →Mikrobar (μbar). Der Lautstärkeempfindung des Ohres angemessener ist jedoch das in →Dezibel ausgedrückte logarithmische Maß für den Schalldruckpegel (→Pegelmaß) $L = 20 \lg \frac{p}{p_0}$ dB, das für eine Bezugsfrequenz von 1000 Hertz an der Hörschwelle mit 0,0002 μbar = 0 dB auch den Ausgangspunkt einer Lautstärkeskala in →phon bildet. →phon-Werte

Schallgeschwindigkeit: *Ak* die von der Dichte des zu durchdringenden Mediums sowie den herrschenden Druck- und Temperaturverhältnissen abhängige Fortpflanzungsgeschwindigkeit *c* der Schallwellen, gemessen in m/s; sie beträgt in Luft bei
+20 °C = 343,8 m/s
+10 °C = 337,8 m/s
0 °C = 331,8 m/s
−10 °C = 325,6 m/s
und ist vergleichsweise in Wasser etwa viermal (um 1450 m/s) in Stahl etwa fünfzehnmal höher (um 5200 m/s)

Schallintensität, Schallstärke: *Ak* die Schallenergie, die eine zur Schallstrahlungsrichtung senkrechte Flächeneinheit von 1 cm^2 in einer Sekunde durchdringt, gemessen in erg/cm^2 bzw. $Watt/m^2$. Die Sch. nimmt aufgrund kugelförmiger Schallausbreitung mit dem Quadrat der Entfernung vom Schallstrahler ab; dabei entspricht das Verhältnis zweier Schallintensitäten dem Quadrat ihrer →Schalldrucke $\frac{I_1}{I_2} = \frac{p_1^2}{p_2^2}$

Schallöcher: bei Saiteninstr. die dem Schwingungsausgleich dienenden verschieden geformten Einschnitte in die Decke des Resonanzkörpers bzw. des Resonanzbodens

Schallplatte, *Grammophonplatte*: Tonträger in Form einer 1 bis 2 mm dicken Kunststoffscheibe von 30, 25 und 17,5 cm Durchmesser und einer mit den Umdrehungszahlen 78, 45, 33 ¹/₃ und 16 ²/₃ U/min abzuspielenden, spiralförmig zur Mitte hin verlaufenden Rille für die Schallaufzeichung, -speicherung und -wiedergabe nach dem →Nadeltonverfahren. Die Sch. geht auf eine Erfindung des Deutsch-Amerikaners Emile Berliner zurück, dessen →*Gramophone* von 1887 anstelle der Walze des →Phonographen eine mit dünner Wachsschicht überzogene rotierende Zinkscheibe benutzte. Massive Wachsplatte, Hartgummiplatte und Schellackplatte (1897) waren Entwicklungsstationen auf dem Weg zur heutigen Kunststoffplatte aus einem geräuscharmen, plastischen Material auf Polyvinylchlorid-Grundlage (seit 1948/49). Das neue Material und das seit 1925 eingeführte elektrische Aufnahmeverfahren gestatteten die Ausweitung des genutzten Frequenzbandes auf heute etwa 20–20 000 Hz (→*high fidelity*) und die Verlängerung der Spieldauer von zweimal 4 ¹/₂ Minuten (30 cm-Normalrillenplatte, 78 U/min) auf zweimal 32 Minuten (30 cm- →Mikrorillenschallplatte, 33 ¹/₃ U/min). Mit der Kombination von →Seiten- und →Tiefenschrift in der 45°-Stereo-Schrift und der damit möglichen Aufzeichnung zweier getrennter Schallinformationen in einer Tonrille wurden die

Voraussetzungen zur stereophonen Wiedergabe (→Stereophonie) geschaffen. Neuere technische Entwicklungen ermöglichen die Speicherung von Bild-Ton-Informationen auf der →Videoschallplatte, vierspurige Sch.-Aufnahmen in →Quadrophonie sowie die Anwendung der Digitaltechnik

Schallstück, Schalltrichter: der schallverstärkende (→Resonator) und klangbeeinflussende untere, vielfach stark erweiterte Teil des Rohres bei Holzblasinstr. (= Becher) und Blechblasinstr. (= Stürze), der becher-, trichter-, glocken-, birnen- oder kugelförmig ausgearbeitet sein kann

Schallwandler, *elektroakustischer Wandler*: *EAk* Sammelbezeichnung für Energietransformatoren, die akustische (= Schall) in elektrische Energie (= Spannungsschwankungen) umwandeln und umgekehrt; dazu zählen →Mikrophone, →Lautsprecher, →Tonabnehmersysteme und Tonköpfe von →Magnetbandgeräten. Sch. arbeiten physikalisch u. a. nach dem piezoelektrischen (z. B. Kristall-Tonabnehmersystem, -Mikrophon, -Lautsprecher), elektromagnetischen (z. B. Magnet-Tonabnehmersystem, Freischwinger), elektrodynamischen (z. B. Tauchspulenmikrophon, e. Lautsprecher) und elektrostatischen (z. B. Kondensatormikrophon, e. Lautsprecher) Prinzip

Schallwellen: *Ak* die sich um eine Schallquelle kugelförmig nach allen Richtungen ausbreitenden und in dem betreffenden Medium (→Schallgeschwindigkeit) wellenartig fortpflanzenden Druckschwankungen innerhalb des menschlichen →Hörbereichs; in flüssigen und gasförmigen Medien breiten sich Sch. als →Longitudinal-, in festen Körpern zusätzlich als →Transversalwellen aus. Die Wellenlänge λ (als der Abstand von zwei gleichen Druckzuständen) ist bei konstanter Fortpflanzungsgeschwindigkeit c (→Schallgeschwindigkeit) um so kleiner, je höher die →Frequenz ν ist $\left(\lambda = \frac{c}{\nu}\right)$

Schalmei (griech. *kalamos*, lat. *calamus* = Schilf, Rohr; franz. *chalumeau*): **1.** einfaches klappenloses Holzblasinstr. arab. Ursprungs mit Doppelrohrblatt (ursprünglich in Windkapsel), im Mittelalter als eng mensurierte Stimmfamilie mit konischem Rohr und 6 oder 7 Grifflöchern gebaut; Vorläufer von →Bomhart und →Oboe. Als Diskantinstr. noch heute in der Volksmusik gebräuchlich, auch als Spielpfeife des Dudelsacks (→Sackpfeife)

2. Sammelbezeichnung für alle →Rohrblattinstr. bzw. im engeren Sinne die →Doppelrohrblattinstr.

3. ⟨*Orgelregister*⟩ offene Lingualpfeifen (8′ oder 4′) mit trichterförmigen Aufsätzen

Scharf(f), *Acuta* (lat. *vox acuta*): ⟨*Orgelregister*⟩ zu den →gemischten Stimmen (3–8fach) zählende eng mensurierte →Klangkrone in Brustwerk und Rückpositiv mit hohem, scharfem Klang

Schauspielmusik: **1.** Musik zu Beginn (→Ouvertüre, →Prolog) und Abschluß (→Epilog) eines Schauspiels sowie als Zwischenakt- und Begleitmusik, die in enger Beziehung zu Text und szenischer Gestaltung steht und einer Vertiefung, Akzentuierung bzw. Weiterführung der inhaltlichen Aussage dient
2. →Bühnenmusik (2.)
3. im weitesten Sinne auch die einem Schauspiel ohne inhaltlichen Bezug als Verwandlungsmusik oder unterhaltende Einlage zur zeitlichen Überbrückung von Bühnenumbauten und zur Pausenausfüllung eingefügten Musikstücke

Scheindissonanz →Scheinkonsonanz (2.)

Scheinkonsonanz (auch Auffassungsdissonanz): in der Funktionsharmonik **(1.)** jene Klänge und Intervalle, die für sich betrachtet konsonant sind, im musikalischen Zusammenhang jedoch dissonant wirken (z. B. ein Quartvorhalt vor der Terz) **(2.)** Klänge und Intervalle, die (bei enharmonischer Umdeutung) zwar mathematisch-akustisch konsonant sind, musikalisch jedoch dissonant gemeint sind; umgekehrt als *Scheindissonanz*

Scheitholt, Scheitholz: zur Familie der →Zithern gehörendes Zupfinstr., bestehend aus einem langgestreckten rechteckigen, kastenförmigen Korpus mit Griffbrett, über dessen mit Metallbünden versehenen Teil 2–4 Griffsaiten und daneben mehrere Begleitsaiten laufen. Die Saiten werden zwar mit den Fingern angerissen, die Veränderung der Tonhöhe erfolgt jedoch durch Verkürzen der Saiten mit einem Holzstäbchen

Schellen: **1.** →Rollschellen, Schlittenschellen
2. beckenartige →Tamburinschellen

Schellenbaum: eher als Schmuckstück (Standarte) der Militärkapellen anzusehendes Schlaginstr. (→Schüttelidiophone), das an einem Holzschaft übereinander eine größere Glocke und einen mit Roßschweifen gezierten Bogen (ursprünglich türkischer Halbmond) trägt, beide mit →Rollschellen und →Glöckchen behangen, und das von einem mit Emblem, Stern o. ä. geschmückten Aufsatz gekrönt wird; getragen in einem breiten, über die Schulter zu hängenden Riemen (*Bandelier*). Häufig ersetzt durch das →Lyraglockenspiel

Schellenrassel →Stabpandeira

Schellentrommel →Tamburin

scherzando (ital.): *VB* scherzend, spaßend, tändelnd

Scherzo (ital. = Scherz, Spaß): **1.** seit dem 18. Jh. rhythmisch prägnanter Instrumentalsatz (mit Trioteil) im meist sehr schnellen $\frac{3}{4}$- oder $\frac{3}{8}$-Takt; das nicht auf seinen scherzhaft-tänzerischen Charakter festgelegt bleibende Sch. tritt etwa ab 1800 in der zyklischen Sonatenform häufig an die Stelle des →Menuetts

2. seit dem 17. Jh. frei geformtes Instrumentalstück heiteren, oft auch virtuosen Charakters

3. um 1600 ursprünglich kanzonettenartiges, heiteres weltliches Lied; zugleich auch als Bezeichnung für →Kanzonettensammlungen

scherzoso, scherzevole (ital.): *VB* scherzhaft, spaßig, spielerisch

schietto (ital.): *VB* schlicht, rein, echt; ohne Verzierungen

Schifferklavier: volkstümliche Bezeichnung für →Akkordeon

Schisma (griech. = Spaltung): *Ak* als kleinstes Intervall die nicht mehr hörbare Differenz (= 1,954 Cent) zwischen pythagoreischem und syntonischem →Komma, die etwa der Differenz von reiner und temperierter Quinte entspricht

Schlägel →Schlegel

Schlagbaß (engl. *slap bass*): gezupfter →Kontrabaß; ursprünglich eine im Jazz zur Unterstützung des Rhyhtmus benutzte besondere pizzicato-Ausführung auf dem Kontrabaß, bei der die Saite heftig nach vorn gerissen wird und beim Zurückschnellen klatschend gegen das Griffbrett schlägt

Schlager: 1. in der Tanz- und Unterhaltungsmusik des 20. Jh. ein modischen Einflüssen stark unterworfenes, oft nur kurzzeitig populäres, eingängiges Musikstück – meist ein mit der einprägsamen Titelzeile seines Refrains auf Breitenwirksamkeit zielendes Tanzlied – von sehr unterschiedlichem Niveau der melodisch-harmonischen Erfindung, musikalischen Formung und inhaltlichen Aussage. Der Sch., der in der kapitalistischen Unterhaltungsindustrie in enger Verflechtung mit den Massenmedien vorrangig kommerziellen Interessen dient, greift neben den verschiedenen Tanzformen sowohl Elemente der Konzert- und Volksmusik als auch von Jazz, Beat, Song, Chanson u. a. auf und wird wesentlich von seiner klanglichen Aufmachung (→Arrangement, →Sound [2.]) mitgeprägt. →*hit*, →*evergreen*, →Schnulze

2. Ende des 19. Jh. ursprünglich ein erfolgreich „einschlagendes“, auf Anhieb gefallendes Musikstück; danach auf einprägsame beliebte Melodien aus Oper, Operette, Revue und Tonfilm angewandt

Schlagfell: bei der Trommel die (obere) Membran (Oberfell), auf die geschlagen wird; bei der Kleinen Trommel in der Regel dicker als das Saitenfell (Unterfell)

Schlagfleck: die klanglich günstigste Anschlagstelle des →Schlagfelles aus Tierhaut

Schlaggitarre, *Plektrumgitarre*: die im Jazz und in der modernen Tanzmusik als Rhythmusinstr. verwendete →Gitarre mit größerem Korpus und kräftigerem Ton, oft elektrisch verstärkt (→Elektrogitarre), auf der sowohl mit der Hand als auch mit einem Plektron Begleitakkorde „geschlagen" aber auch melodische Tonfolgen in *single string*-Technik gespielt werden

Schlagidiophone: Sammelbezeichnung für die unmittelbar geschlagenen →Gegenschlag- und →Aufschlagidiophone sowie die mittelbar geschlagenen →Schüttel-, →Schrap- und Reibidiophone. →Selbstklinger

Schlaginstrumente: 1. Sammelbezeichnung für Instr., die unmittelbar durch Anschlagen des Instrumentenkorpus selbst (= →Selbstklinger, *Idiophone*) oder einer gespannten Membran (= →Fellklinger, *Membranophone*) zum Schwingen in bestimmter oder unbestimmter Tonhöhe gebracht werden (= Perkussionsinstrumente)
2. im weiteren Sinne alle Instr., die durch Anschlagen, auch hartes Anreißen oder Reiben (→Schrapinstr.) zum Schwingen gebracht werden, wie die überwiegende Zahl der →Geräusch- und Rhythmusinstr. und einige →Saiteninstr. (z. B. Hackbrett, Hammerklavier, aber auch Schlagbaß und Schlaggitarre)

Schlagmanieren, *Spielmanieren*: Schlagtechniken auf Pauken und Trommel, von denen im modernen Orchester u. a. praktiziert werden
(1.) bei Pauke und Trommel: Einzelschläge, einfache Kreuzschläge (mit Kreuzen der Arme), Wirbel in dynamischer Abstufung, Doppelwirbel (auf 2 Pauken), →Paradiddle, Übergangswirbel (ununterbrochene Wirbelkette auf mehreren Pauken verschiedener Tonhöhe), Vor- und Doppelschläge, Abschlag (am Ende eines Wirbels), Dämpfen (mit Tuch vgl. *coperto*), Abdämpfen (mit gespreizten Fingern), Glissando (auf Pedalpauke)
(2.) bei der Trommel außerdem: Schläge mit einfachem und mehrfachem Vorschlag, Wirbel aus Doppelschlägen (engl. *two-stroke roll*) oder wechselnden Einzelschlägen (engl. *single-stroke roll*), außerdem →*rim shot* u. a.

Schlagmaschine, Schlagapparat →Fußmaschine

Schlagplattenspiele: Schlaginstr. mit mehreren →Aufschlagplatten unterschiedlicher Tonhöhe; z. B. Metallophon, Lithophon

Schlagrassel →Quijada

Schlagröhrenspiele: Schlaginstr. mit mehreren →Aufschlagröhren unterschiedlicher Tonhöhe; z. B. Röhrenglocken(spiel)

Schlagstabspiele →Stabspiele

Schlagstäbe: Bezeichnung der →*claves* im Instrumentarium des →Orff-Schulwerkes

Schlagton →Glocke

Schlagwerk: **1.** →Schlagzeug **2.** →Schlaginstr. des →Orff-Instrumentariums

Schlagzeug: **1.** die im Orchester verwendeten →Schlaginstr., die sich hauptsächlich aus →Fellklingern (*Membranophone*) und →Selbstklingern (*Idiophone*) zusammensetzen, und →Effekt-instr.

2. eine keiner festen Regel unterliegende Zusammenstellung von Schlaginstr., besonders des Jazz-Schlagzeugers; häufig: →Große Trommel mit Fußmaschine, →Jazztrommel, →Tom-Tom(s), →Becken, →Hi-hat, →Holzblock, →Triangel, →Kuhglocken; dazu →Bongos, →Maracas, →*claves* u. a. lateinamerik. Rhythmusinstr. sowie Röhrenglocken, Vibraphon, Xylophon u. ä.

schlechter Taktteil: der leichte, unbetonte Taktteil; vgl. Arsis, dagegen →Thesis

Schlegel: **1.** Schlagwerkzeug mit langem Stielgriff aus Holz oder Rohr und verschieden geformtem Kopf aus unterschiedlichstem Material (Holz, Gummi, Kork, Filz, Schwamm u. a.) zum Anschlagen der meisten →Schlaginstr.; benannt nach dem zugeordneten Instr., z. B. Pauken-, Xylophon-, Vibraphon-, Gong-Schlegel

2. Sammelbezeichnung für die Gesamtheit der Schlagwerkzeuge, zu denen u. a. Hammer, Klöppel, Stab (z. B. Triangelstab), Stock (z. B. Trommelstock) gehören

schleifen: ältere deutschsprachige Bezeichnung des 18. Jh. für binden (vgl. *legato*); s. auch *portamento*

Schleifer (franz. *coulé*): **1.** ältere vorschlagartige Verzierung, die mit zwei oder mehr im Sekundabstand stufenweise (zumeist) aufsteigenden Nebennoten zur Hauptnote führt

2. mittelalterlicher dtsch. Bauerntanz im langsamen $\frac{3}{4}$-Takt, der als Vorläufer des →Drehers gelten kann

Schleiflade: nach dem Prinzip der →Tonkanzellenlade arbeitende →Windlade der Orgel, bei der die von Registerzügen gesteuerten Schleifen (d. s. schmale, mit Löchern versehene Leisten aus Holz oder Kunststoff) durch Verschiebung unterhalb der Bohrungen der Pfeifenstöcke die Windzufuhr zu den Pfeifen freigeben oder sperren

Schlitztrommel: ⟨*Schlaginstr.*⟩ →Aufschlagidiophon, aus dem in Längsrichtung eingeschnittenen und ausgehöhlten Teil eines Baumstammes (→Holztrommel) unterschiedlicher Länge (in Afrika bis 4 m) und Wanddicke; mit einem Durchmesser von etwa 30–40 cm und einer Länge von 50–80 cm werden sie als Trommelinstr. ohne bestimmte Tonhöhe bevorzugt paarweise verwendet und mit Rundholzstäben oder Hartfilzschlegeln angeschlagen (tiefer, hohler Klang); häufig durch →Holzplattentrommel ersetzt

Schlüssel →Notenschlüssel

Schlüsselfidel, *Nyckelharpa* (schwed.): seit dem 14. Jh. nachweisbares, von der →Drehleier abstammendes Streichinstr., dessen Saiten mit Stoßtangenten verkürzt und mit einem runden Bogen gestrichen werden

Schluß, musikalischer: 1. harmonisch-melodische Schlußwendung, auch als Ruhepunkt innerhalb einer Komposition; →Kadenz, →Klausel, →Ganz-, →Halb- und →Trugschluß
2. →Finale

Schmerzschwelle: *Ak* die durch den höchsten Schalldruckwert für die jeweilige Frequenz (bei 1000 Hz = 200 μbar) ermittelte obere Grenze des →Hörfeldes, die für den gesamten →Hörbereich als Schmerzschwellenkurve darstellbar ist; dagegen →Hörschwelle

Schnabel: →Mundstück bei Blockflöten und Einfachrohrblattinstr. (z. B. Klarinette, Saxophon)

Schnabelflöte →Blockflöte

Schnadahüpfl, Schnaderhüpfl: 1. Vierzeiler lustigen Inhalts, die in den bayr.-österr. Alpen meist auf 8taktige, im $\frac{3}{4}$-Takt stehende bekannte (→Ländler-)Melodien stegreifartig gesungen werden
2. mehrzeilige einstrophige Tanzlieder, die auch als Gstanzln, Gsangln oder Rundâs bezeichnet werden

Schnarre →Ratsche

Schnarrsaiten: in der Regel am →Unterfell (→Saitenfell) der Trommel straff anliegende Saiten (Darm-, umsponnene Metall-, Seide- oder Nylonsaiten; auch federnde Spiralsaiten aus Stahldraht), die beim Mitschwingen gegen das Fell schwirren und den charakteristischen, scharf rasselnden Trommelklang hervorbringen; mittels des →Stimmbocks ist der Bezug von 4–18 Schnarrsaiten an- bzw. abstellbar und mit einer Stimmschraube in der Spannung regulierbar

Schnarrwerke: 1. →Rohrwerke **2.** →Regal

Schnecke: schneckenförmig ausgearbeiteter Abschluß des Wirbelkastens bei den meisten Streichinstr.

Schneideninstrumente →Flöteninstrumente

Schneller: von C. Ph. E. Bach eingeführter kurzer →Triller aus 3 Tönen (), der auf den Schlag mit der Hauptnote beginnend mit der oberen Nebennote wechselt und dem heutigen →Pralltriller entspricht: 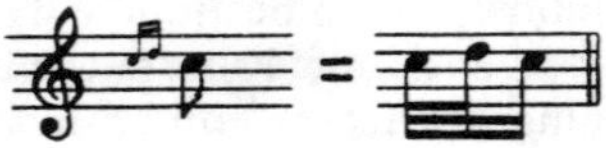

Schnellpolka →Galopp; →Polka

Schnulze, musikalische: umgangssprachliche Bezeichnung für einen geistlosen, übersteigert sentimentalen →Schlager

Schnurrassel →Rasselgehänge

Schöpfbalg: im Gebläse von Orgel und Harmonium ein →Balg, der die Luft aus der Atmosphäre durch mechanisches Bälgetreten (→Kalkant) ansaugt und an den →Magazinbalg abgibt; heute meist durch ein elektrisch betriebenes Schleudergebläse ersetzt

Schofar (hebr. = Widderhorn): altüberliefertes mundstückloses hebr. Blasinstr. aus Tierhorn, das noch heute als Kultinstr. im synagogalen Ritus benutzt wird

schola cantorum (lat. = Sängerschule), **Schola: 1.** Sängerchor der päpstlichen Kapelle in Rom; seit dem 15. Jh. auch als →Sixtinische Kapelle

2. im 19./20. Jh. als Bezeichnung für Konservatorien, die sich speziell der Pflege alter Musik widmen (z. B. in Paris und Basel)

Schoßgeige →Streichmelodion

Schottisch: rascher Paartanz im $\frac{2}{4}$-Takt, der sich im 18. Jh. aus der →Ecossaise entwickelte; in Deutschland auch Bezeichnung für die in der Schrittfolge sehr ähnliche →Polka. →Rheinländer

Schräggriff: Bogenhaltung beim Kontrabaßspiel mit einem Baßbogen der deutschen bzw. Dresdener Form, der einen stärker ausgearbeiteten →Frosch aufzuweisen hat

Schrammelmusik: volkstümliche österr. Unterhaltungsmusik (Heurigen-Musik), die, begründet von den Brüdern Johann und Josef Schrammel, seit 1877 in Triobesetzung (2 Violinen und Gitarre) und seit 1886 als →Schrammelquartett in den Wiener Weinlokalen gespielt wird; heute auch als *Schrammelduo* (Gitarre und Akkordeon) und *Schrammeltrio* (Violine, Gitarre und Akkordeon)

Schrammelorgel: →Knopf(griff)akkordeon in der →Schrammelmusik

Schrammelquartett: Instrumentalensemble der Unterhaltungsmusik (→Schrammelmusik) mit 2 Violinen, Gitarre und Klarinette, letztere später ersetzt durch das →Knopf(griff)akkordeon (*Schrammelorgel*)

Schraper: 1. →Schrapidiophone **2.** Schrapstäbchen oder →Plektron zur Geräuscherzeugung bei →Schrapidiophonen

Schrapgefäße, *Raspeln*: Untergruppe der →Schrapidiophone; z. B. Guiro

Schrapidiophone, Schrapinstrumente, *Schraper*: Sammelbezeichnung für eine Gruppe der →Selbstklinger (Idiophone), deren Geräusche durch eine Schrapbewegung, d. h. durch das schnelle Gleiten (Reiben) eines Schrapstäbchens oder Plektrons über den gekerbten Instrumentenkorpus (rasche Aufeinanderfolge mittelbarer Aufschläge), hervorgebracht werden; dazu zählen u. a. die →Geräusch- und Rhythmusinstr. →Guiro, →Reço-Reço, →Sapo cubana, →Ratsche

Schrapräder, *Ratschen*: Untergruppe der →Schrapidiophone

Schrapröhren: Untergruppe der →Schrapidiophone; z. B. Guiro

Schrapstäbe: Untergruppe der →Schrapidiophone; z. B. Schrapstock

Schrapstock: einfaches →Schrapinstr. aus einem Stock mit eingekerbten Rillen (→Schrapstäbe), auch mit Tamburinschellen besetzt (= Tramboline)

Schraubenpauke: →Pauke, deren Umstimmung mittels 6 bis 8 Spannschrauben (Knebelschrauben) von Hand erfolgt

Schraubentrommeln: Sammelbezeichnung für →Trommeln, deren Felle mittels an der Zarge befestigter (oder auch beide →Felldruckreifen durchgehend verbindender) Metallschrauben (Spannschrauben) gespannt werden

Schreierpfeife →Schryari

Schreittanz: vorherrschend geradtaktige mittelalterliche Tanzart mit Schrittbewegungen (Tieftanz) in einem langsamen Zeitmaß; meist als Vortanz zu einem nachfolgenden →Springtanz in einem →Tanzpaar verbunden (z. B. *basse danse* mit Saltarello)

Schryari, *Schreierpfeife*: **1.** einfaches →Doppelrohrblattinstr. des 16./17. Jh. mit Windkapsel und konisch verengt gebohrtem Rohr mit 8 Grifflöchern; den Klang bestimmen tiefe, dumpfe Grundtöne mit hohen, grellen Obertönen

2. ⟨*Orgelregister*⟩ in alten Orgeln eine hohe →gemischte Stimme, die (meist 3fach) in der Regel nur aus Oktaven besteht

Schüttelidiophone, Schüttelinstrumente, *Rasseln*: Sammelbezeichnung für eine Gruppe der →Selbstklinger (*Idiophone*), die Geräusche durch eine Schüttelbewegung bzw. Schlagerschütterung, d. h. mittelbares Gegeneinanderschlagen befestigter oder frei eingeschlossener Kugeln o. a. Rasselkörper, hervorbringt; dazu zählen u. a. Reihenrasseln (z. B. Rasselgehänge), Rahmenrasseln (z. B. Sistrum), Gefäßrasseln (z. B. Maracas), Folienrasseln (z. B. Donnerblech)

Schüttelrohr →Tubo

Schuhplattler: urwüchsiger Werbetanz im Ländlercharakter aus Oberbayern und Tirol, bei dem sich die Burschen auf Schenkel, Gesäß und Schuhsohlen klatschen („platteln")

Schulmusik: umfaßt den gesamten Bereich musikalischer Erziehung der Jugend in allgemeinbildenden Schulen und Musikschulen: →Musikerziehung

Schuloper: kleines dramatisches Bühnenwerk mit Musik, das den Aufführungsmöglichkeiten von Schulkindern entspricht und im Rahmen der musischen Erziehung der Persönlichkeitsentwicklung der Schüler dienen soll

Schusterfleck →Rosalie

Schutzfrist: Zeitdauer, bis zu deren Ablauf Werke der Literatur, Kunst und Wissenschaft (*Urheberrecht*) sowie künstlerische und technisch-wissenschaftliche Leistungen (*Leistungsschutzrecht*) nach dem geltenden →Urheberrecht (bzw. →Copyright) gesetzlich Rechtsschutz genießen. Die normale Sch. urheberrechtlich geschützter Werke endet in Deutschland 70 Jahre nach dem Tode des Urhebers; bei künstlerischen Leistungsschutzrechten in Deutschland 25 Jahre nach der Aufnahme auf Bild- oder Tonträger

Schwärmer: in der Instrumentalmusik des 17./18. Jh. Verzierung durch schnelle Tonwiederholungen; in der Vokalmusik als → *trillo*

schwarzer Baß →seriöser Baß

Schwebungen: *Ak* als Lautstärkeschwankung wahrnehmbare →Überlagerung zweier Schwingungen nur wenig verschiedener Frequenz; die Frequenz der Amplitudenschwankungen (*Schwebungsfrequenz*) ergibt sich aus der Differenz der beiden Schwingungsfrequenzen. Schwebungserscheinungen haben u. a. für das Stimmen von Musikinstr. praktische Bedeutung. Bei einer Schwebungsfrequenz von etwa 20 Hz tritt →Rauhigkeit auf. →Interferenz

Schwebungssummer, *Hochfrequenzgenerator*: →Tonfrequenzgenerator zur Erzeugung von →Sinustönen als Differenzfrequenzen (→Schwebungen) zweier hochfrequenter Schwingungen

Schwegel (auch *Schwiegel, Schwägel*): **1.** kleine eng mensurierte, zylindrisch gebohrte Schnabelflöte (→Blockflöte) mit 3 Grifflöchern, als *Einhandflöte* (gehalten von kleinem Finger und Ringfinger der linken Hand) zur mit der rechten Hand geschlagenen Trommel geblasen; der seit dem 13. Jh. als Einhandflöte (vgl. *galoubet*) geblasene Sch. ist im 15.–17. Jh. als Stimmfamilie bezeugt und noch heute in der →*cobla* in Gebrauch

2. →Querpfeife
3. ⟨*Orgelregister*⟩ offene Labialpfeifen aus Metall in mittelweiter Mensur (8′–1′); überwiegend zylindrisch

Schweizerpfeife: **1.** ältere Bezeichnung für →Querpfeife
2. ⟨*Orgelregister*⟩ in den 1. Oberton überblasende Labialpfeifen (8′, 4′, 2′, 1′) aus Metall mit doppelter Pfeifenlänge und enger Mensur; auch als *Schweizergedackte* (in den 3. Oberton überblasend)

Schweller →Schwellwerk, →Jalousieschweller

Schwellkasten →Jalousieschweller

Schwellton →*messa di voce*

Schwellwerk: ein in den Schwellkasten (→Jalousieschweller) gestelltes Teilwerk (→Werkprinzip) der Orgel; zumeist das →Ober- oder →Brustwerk, dessen Klang mit Hilfe ausstellbarer Jalousieflügel (heute oft aus Plexiglas) dynamisch verstärkt oder abgeschwächt bzw. nuanciert werden kann (*crescendo*- bzw. *decrescendo*-Wirkung)

schwerer Baßbuffo, schwerer Spielbaß: spezielles Rollenfach der musikalischen Bühnenpraxis (Stimmumfang etwa C–f^1); tiefer →Baß mit voluminöser Stimme und ausgeprägter Spielbegabung, besonders mit humorvollem Gestaltungsvermögen

Schwerttanz: **1.** altüberlieferter, dem Fruchtbarkeitskult zuzurechnender Waffentanz wehrfähiger junger Männer; →Moresca
2. Zunfttanz (z. B. der Messerschmiede) im mittelalterlichen Ständewesen; musikalisch begleitet von Gesang oder Pfeifen und Trommeln

Schwingung: die zeitliche periodische Änderung einer physikalischen Größe; in der Akustik die mechanische Schw. als Änderung der Bewegungszustände von infolge äußerer Einwirkung (Schallerregung) aus ihrer Gleichgewichtslage gebrachten Masseteilchen eines schwingungsfähigen Systems (Schallquelle). Einfachste Schwingungsform im Zusammenwirken von einwirkender Kraft und elastischer Masse ist die sinusförmig darstellbare *harmonische Schw.* (= →Sinusschwingung); auch *unharmonische Schw.* lassen sich auf harmonische Grund- sowie eine Reihe harmonischer →Oberschwingungen zurückführen (→harmonische Analyse). Wichtigste Größen zur Kennzeichnung einer Schwingung sind: →*Frequenz*, als Anzahl der Schwingungen innerhalb einer Sekunde (gemessen in →Hertz), →*Periode* oder Schwingungsdauer, als zeitlicher Abstand zwischen zwei gleichen Auslenkungen, →*Elongation*, als die jeweilige Auslenkung der schwingenden Teilchen gegenüber ihrer Ruhelage, →*Amplitude* oder Schwingungsweite, als die größte Auslenkung, ferner die *Schnelle*, als die Teilchengeschwindigkeit bei Durchlaufen der Ruhelage, und die im Winkelmaß gemessene *Phase*, als jeweiliger Bewegungszustand einer Schw. Die Ausbreitung eines Schwingungszustandes auf benachbarte Masseteilchen erfolgt durch die sich wellenförmig fortpflanzenden Druckschwankungen. →Schalldruck, →Schallwellen, →Schallgeschwindigkeit

Schwirrholz: flaches, rhombenförmiges Holzstück, das an einer Schnur befestigt durch die Luft gewirbelt wird und dabei ein pfeifendes, heulendes Geräusch erzeugt; zu den freien Aerophonen (d. s. Luftklinger ohne begrenzte Luftsäule) zählendes Ritusinstr. der Naturvölker

Schwyzer Örgeli →Klubharmonika

scie musicale (franz.) →Singende Säge

scintillante (ital.): *VB* funkelnd, glänzend, brillant

Sciofar →Schofar

sciolto (ital. = gelöst): **1.** *VB* ungezwungen, frei im Vortrag **2.** *MA* ungebunden; vgl. *non legato*

scoperto (ital.): *MA* unbedeckt, d. h. ohne abgedeckte Membran (z. B. *timpano scoperto* = ungedämpfte Pauke); Aufhebung der Dämpfung (→*aperto*)

scordato (ital.): *MA* verstimmt, ungestimmt, von der normalen Stimmung abweichend

scordatura (ital.), *Skordatur*: das Umstimmen von Saiten bei Streich- und Zupfinstr. zur Erzielung untypischer Zusammenklänge und Klangfarben (vgl. Abzug); auch zur Erleichterung der Spielbarkeit, z. B. in den ♭-Tonarten

score (engl.): **1.** →Partitur; →Sparte **2.** →instrumentieren; →spartieren

scorrendo, scorrevole (ital.): *VB* fließend, (von Note zu Note) gleitend

Scotch snap, Scotch catch (engl.) →lombardischer Rhythmus

scraper (engl. = Kratzer): **1.** Raspeln, →Schrapgefäße, →Guiro **2.** Schrapstäbchen oder Plektron zur Geräuscherzeugung bei →Schrapidiophonen

scratcher (engl. = Kratzer): Holzraspel, →Reço-Reço

sdegnoso, con sdegno (ital.): *VB* unwillig, aufgebracht, zornig; voller Zorn

sdrucciolando, sdruccioloso (ital.): *MA* (über die Tasten) gleitend; vgl. *glissando*

se bisogna (ital.): wenn nötig, nötigenfalls (mit *VB* und *MA*)

sec (franz.): trocken; →*secco*

secco (ital.): **1.** →*recitativo secco* **2.** *VB* trocken **3.** *MA* (beim Klavierspiel) ohne Pedal

Seccorezitativ (ital. *recitativo secco*): das nur von →Generalbaß-instr. begleitete →Rezitativ

Sechzehntelnote, -pause: Note bzw. Pause im Zeitwert des sechzehnten Teiles einer ganzen Note bzw. Pause; notiert 𝅘𝅥𝅯 bzw. 𝄿. →Noten- und Pausenwerte

second (engl.), **seconda** (ital.), **seconde** (franz.) →Sekunde

secondando (ital.): *MA* unterstützend; vgl. *colla voce*

seconda volta (ital.), **II^{da}:** *MA* das zweite Mal, den zweiten Schluß; bei der Wiederholung in die so gekennzeichnete 2. Klammer springen. →*prima volta*

secondo (ital.), **II^{do}:** der zweite; beim vierhändigen Klavierspiel der Spieler des Baßparts

Seele: umgangssprachlich für den →Stimmstock der Streichinstr.

sega ad arco, sega cantante (ital.) →Singende Säge

segni di precauzione (ital.) →Warnungsakzidentien

segno (ital.): das Zeichen 𝄋 bzw. § oder 𝄌, von dem an (→*dal s.*) bzw. bis zu dem (→*al s.*) zu musizieren ist

segue (ital. = es folgt): *MA* **(1.)** als Hinweis (am Ende einer Seite oder eines Satzes), daß das Stück weitergeht
(2.) eine bis dahin ausgeschriebene Figur in gleicher Weise fortsetzen; vgl. *simile*

seguente, seguitando (ital.): *MA* folgend, das Folgende (anschließen); →*attacca*

Seguidilla (span.): volkstümliches span. Tanzlied im mäßig schnellen 3/4-Takt mit Kastagnetten-, aber auch Gitarren- und Tamburinbegleitung; zu den Hauptformen zählen neben der *S. manchega* die lebhaftere *S. bolera* und die langsamere *S. gitana*

Seitenbewegung (lat. *motus obliquus*): das Fortschreiten nur einer Stimme, während andere liegen oder auf Tonwiederholung beschränkt bleiben; dagegen →Parallelbewegung, →Gegenbewegung

Seitendominante →Zwischendominante

Seitensatz: in der →Sonaten(haupt)satzform der das 2. Thema (Seitenthema) enthaltende Teil der →Exposition

Seitenschrift: *EAk* auf E. Berliner (→Grammophon, 1887) zurückgehende Schneidtechnik für die Schallaufzeichnung nach dem →Nadeltonverfahren, bei der die den Schallwellen entsprechenden Rillenauslenkungen von der Stichelspitze der Schneiddose seitlich zur Schallplattenoberfläche in die spiralförmige Tonrille geritzt (*geschnitten*) werden. →Mikrorillenschallplatte, →(45°-)Stereo-Schrift

Seitenthema →Nebenthema

Seitentonarten →Nebentonarten
seizième de soupir (franz.): Vierundsechzigstelpause
Sekundakkord: 1. eigentlich Sekundquartsextakkord; die dritte Umkehrung eines →Sept(imen)akkordes mit der Akkordseptime im Baß
2. in der →Generalbaßlehre jeder Akkord mit Sekunde, Quarte und Sexte über dem Baßton; Generalbaßbezifferung 2 oder $\begin{smallmatrix}6\\4\\2\end{smallmatrix}$
Sekunde (lat. *secunda* = die zweite): **1.** die 2. Stufe in diatonischer Tonfolge
2. →Intervall im Abstand von 2 Stufen, als große, kleine, übermäßige oder verminderte S.
Selbstklinger, *Idiophone*: nach der Systematik der Musikinstr. (Hornbostel/Sachs) die Hauptgruppe der Instr., deren schwingungsfähiges Korpus selbst zum Klingen gebracht wird. Nach Art der Tonerzeugung werden Schlag-, Zupf-, Reib- und Blasidiophone unterschieden. Die musikalische Praxis zählt sie überwiegend zu den →Schlag- bzw. →Geräusch- und Rhythmusinstr.
semibiscroma (ital.): Vierundsechzigstelnote
semibreve (ital.): ganze Note
semibrevis (lat. = die halbe kurze), *nota semibrevis*; **Semibrevis:** relativ kurzer Noten- und Pausenwert der →Mensuralnotation, dessen Dauer drei (= *s. perfecta*) bzw. zwei (= *s. imperfecta*) Minimae (→*minima*) und damit etwa der heutigen →Viertel entspricht; seit dem 15. Jh. notiert:

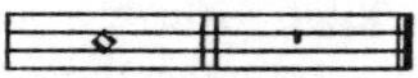

Im 15./16. Jh. Bezugswert für Temporelationen im →*integer valor notarum* auf der Grundlage des Pulsschlages (= 60 bis 80)
semicroma (ital.): Sechzehntelnote
semidiapente (lat./griech.): die verminderte Quinte im altgriech. Tonsystem
semiditas (lat.): in der →Mensuralnotation die →Diminution (3.) im Verhältnis 2:1
semiditonus (lat./griech.): die kleine Terz im altgriech. Tonsystem
semifusa (lat. = die halbe ausgestreute), *nota semifusa*; **Semifusa:** der kürzeste Noten- und Pausenwert der →Mensuralnotation, dessen Dauer der halben →*fusa* und damit etwa der heutigen →Vierundsechzigstel entspricht;

seit dem 15. Jh. notiert: 

später später

¹semiminima (ital.): Viertelnote

²semiminima (lat. = die halbe kleinste), *nota semiminima*; **Semiminima:** kurzer Noten- und Pausenwert der →Mensuralnotation, dessen Dauer der halben →*minima* bzw. zwei Fusae (→*fusa*) und damit etwa der heutigen →Sechzehntel entspricht;
seit dem 15. Jh. notiert: 
später

semiquaver, semiquaver rest (engl.): Sechzehntelnote, -pause

Semiseria →*opera semiseria*

semiserio (ital.): halbernst

semisuspirium (lat.): sehr kurzer, meist für eine →*semibrevis* stehender Pausenwert der →Mensuralnotation

semitonium (lat.), **semitono** (ital.): Halbton

semplice (ital.): *VB* einfach, schlicht; ohne Verzierungen

sempre (ital.): immer, stets (mit *VB* und *MA*)

sensibile (ital.), **sensible** (franz., engl): *VB* gefühlvoll, empfindsam, feinfühlig

sentimentale (ital.): *VB* gefühlvoll, empfindsam, sentimental

sentimento, con (ital.): *VB* mit Gefühl, mit Empfindung

senza (ital.): ohne (mit *VB* und *MA*)

senza corde (ital.): *MA* mit „abgestellten", d. h. gelösten →Schnarrsaiten

senza fiore (ital.): *MA* ohne Verzierung

senz'altro (ital.): ohne weiteres, sofort

senza misura (ital.): *MA* ohne strenges Zeitmaß, rhythmisch frei

senza replica (ital.): *MA* ohne Wiederholung

senza ripieno (ital.): *MA* ohne vollbesetzten Streicherchor; nur die ersten Pulte

senza sordino (ital.): *MA* ohne Dämpfer

senza stentando (ital.): *MA* nicht zögernd

senza tempo (ital.): *MA* ohne bestimmtes Zeitmaß, im freien Zeitmaß; vgl. *a capriccio*

se piace (ital.): *MA* wenn es beliebt, nach Belieben; vgl. *ad libitum*

Septdezime (lat. *septima decima* = die siebzehnte): **1.** die 17. Stufe in diatonischer Tonfolge; die Terz über der Doppeloktave
2. →Intervall im Abstand von 17 Stufen mit einer (großen, kleinen, übermäßigen oder verminderten) Terz über der Doppeloktave

septet (engl.) →Septett

Septett (ital. *settimino*): **1.** Komposition für sieben Soloinstr. (meist Bläser oder Streicher gemischt) oder solistische Singstimmen

2. Musiziergemeinschaft von sieben Instrumentalisten oder Sängern

3. in der Oper eine Ensembleszene (→Ensemble [4.]) von sieben vom Orchester begleiteten Gesangssolisten

septetto, *settimino* (ital.) →Septett

Septime (lat. *septima* = die siebente): **1.** die 7. Stufe in diatonischer Tonfolge

2. →Intervall im Abstand von 7 Stufen, als große, kleine, übermäßige und verminderte S.

Sept(imen)akkord: Vierklang aus drei übereinandergelagerten Terzen mit Grundton, Terz, Quinte und Septime (→Grundstellung) als kleiner und großer Dur-S., kleiner und großer Moll-S., verminderter S. sowie deren Umkehrungen als →Quintsextakkord, →Terzquartakkord und →Sekundakkord. →Dominantsept(imen)akkord

Septimenlage: Anordnung (→Lage [1.]) eines Akkordes mit der Septime des Grundtones in der Oberstimme

septimole (ital.), **septolet** (franz.) →Septole

Septole: eine Gruppe von 7 gleichen rhyhtmischen Werten, die mit hinzugesetzter Ziffer 7 für die Geltungsdauer von 4, 6 oder 8 ihnen rhythmisch entsprechenden Notenwerten steht

septuor (franz.) →Septett

septuplet (engl.) →Septole

Sequenz (lat. *sequentia* = Folge): **1.** Versetzung, Progression; im musikalischen Satz die mehrmalige Wiederholung eines Motivs bzw. harmonischen Abschnitts auf einer benachbarten höheren oder tieferen Tonstufe. →Rosalie

2. ursprünglich eine Erweiterung des →Hallelujah-Jubilus, verselbständigt zur hymnenartigen, sich zunehmend von der liturgischen Bindung lösenden strophischen, auch für die Entwicklung der Mehrstimmigkeit bedeutsamen Vokalgattung des 9.–13. Jh.

Serenade (ital. *sereno* = heiter, *al sereno* = im Freien; auch *sera* = Abend): **1.** seit dem 18. Jh. ein mehrsätziges Instrumentalstück unterhaltenden Charakters, das ähnlich wie →Divertimento und →Kassation von der →Suite beeinflußt ist, sich von diesen jedoch durch eine größere Anzahl von Sätzen (5–7) und häufigere Bevorzugung des Marsches als Einleitungs- und Schlußsatz unterscheidet; seit dem 19. Jh. aber auch instrumentales oder vokal-instrumentales Einzelstück mit Ständchencharakter, besonders in der →Salon- und →Unterhaltungsmusik

2. vom 16. Jh. an Bezeichnung für vokale und instrumentale Musik verschiedener Form, deren Gemeinsamkeit in der Art

ihrer Aufführung im Freien, als Abendmusik (→Notturno), Huldigungsständchen u. ä. liegt
3. →Serenata

Serenata: im heutigen Sprachgebrauch benutzt für kantatenähnliche, meist szenisch aufgeführte Huldigungsmusiken (Ständchen) und höfische Kurzopern des 17./18. Jh.; ursprünglich gleichbedeutend mit →Serenade

sereno (ital.): *VB* heiter, klar; ausgeglichen

seria (ital.): Kurzform für →*opera seria*

serielle Musik (franz. *musique sérielle*): um 1950 entwickelte Kompositionstechnik (O. Messiaen, P. Boulez u. a.), die im Anschluß an die der →Zwölftontechnik zugrunde liegende →Reihe weitere musikalische Parameter wie Tondauer, Schallstärke, Klangfarbe, Artikulation (als Elementreihen) sowie charakteristische Gruppenmerkmale des Tonsatzes einer vorbestimmten vielschichtigen reihenmäßigen Ordnung unterwirft. Zwischen der auf der Struktur gleichzeitig ablaufender Elementreihen beruhenden *punktuellen Musik* und der von ausgewählten, austauschbaren Gruppenmerkmalen gekennzeichneten *statistischen Musik* weist die s. M. eine Vielzahl von Erscheinungsformen bis hin zur Aufgabe der „totalen Prädetermination" in der →Aleatorik auf

serio, serioso (ital.): *VB* ernst, ernsthaft; schwierig

seriöse Fächer: die herausragende stimmliche Qualitäten voraussetzenden →Rollenfächer; dazu zählen lyrisches, dramatisches (Zwischen-) und hochdramatisches (Helden-)Fach

seriöser Baß: seriöses Rollenfach der musikalischen Bühnenpraxis (Stimmumfang etwa C–e^1); tiefer →Baß mit dunkler, schwerer Stimme (z. B. Mozart, Zauberflöte: *Sarastro*) – auch sog. schwarzer Baß

Serpent (franz. = Schlange): ein wegen der Länge (um 2 m) seines weit mensurierten Schallrohres mehrfach schlangenartig gewundener →Zink in Baßlage (= *Schlangenbaß*), der 6 Grifflöcher besitzt und mit Baßposaunenmundstück angeblasen wurde; Umfang D–a^1 (auch mit $_1$A–d^2 angegeben). Das dynamisch sehr wandlungsfähige S. wurde vorwiegend in Frankreich im 16. bis 19. Jh. benutzt und dann von der →Ophikleïde abgelöst

Service (engl.): der aus den unveränderlichen mehrstimmigen Gesängen gebildete Teil der nationalsprachigen anglikanischen Liturgie

Sesquialtera (lat.): **1.** ⟨*Orgelregister*⟩ zu den →gemischten Farbregistern zählendes, zumeist doppelchöriges →Obertonregister (Quint $2\frac{2}{3}'$ und Terz $1\frac{1}{3}'$; auch $5\frac{1}{3}'$, $3\frac{1}{5}'$ oder $1\frac{3}{5}'$, $\frac{4}{5}'$)

2. in der →Mensuralnotation die mit der →*proportio sesquialtera* ($\frac{3}{2}$ oder 3) angezeigte Verkleinerung der folgenden metrischen Werte im Verhältnis 3:2

3. bei der →harmonischen Teilung das für die Quinte stehende Verhältnis 3:2

sessantaquattresimo (ital.): Vierundsechzigstelnote

sesta (ital.) →Sexte

sestetto (ital.) →Sextett

sestina (ital.) →Sextole

Setar →Sitār

sets of divisions (engl.): Variationszyklus; →*division*

settima (ital.) →Septime

settimina (ital.) →Septole

settimino (ital.) →Septett

setting (engl.): **1.** →Satz **2.** →Besetzung **3.** Vertonung **4.** Inszenierung

set-up (engl.): im Jazz die Zusammenfassung einzelner Schlaginstr. zu einem vollständigen →Schlagzeug; →*drums*, *drum set*

Setzstück: auswechselbares kurzes gerades Rohrstück, das – zwischen Mundstück und Rohr eingesetzt – die Funktion eines →Stimmbogens hat

seul, seule (franz.): allein

seulement (franz.) →*soltando*

severo, severamente (ital.): *VB* streng, genau im Vortrag

Sevillana: volkstümliches span. Tanzlied, das stilistisch zum *cante chico* der →Flamencos gehört

Sextakkord: 1. die erste →Umkehrung eines →Dreiklanges mit der Akkordterz im Baß, ursprünglich Terzsextakkord genannt

2. in der →Generalbaßlehre jeder Akkord mit Terz und Sexte über dem Baßton; Generalbaßbezifferung 6

Sexte (lat. *sexta* = die sechste): **1.** die 6. Stufe in diatonischer Tonfolge

2. →Intervall im Abstand von 6 Stufen, als große, kleine, übermäßige und verminderte S.

Sextett (ital. *sestetto*): **1.** Komposition für sechs Soloinstr. (am häufigsten als Streichsextett und Bläsersextett) oder solistische Singstimmen

2. Musiziergemeinschaft von sechs Instrumentalisten oder Sängern

3. in der Oper eine Ensembleszene (→Ensemble [4.]) von sechs vom Orchester begleiteten Gesangssolisten

Sextole: eine Gruppe von 6 gleichen rhythmischen Werten, die mit hinzugesetzter Ziffer 6 für die Geltungsdauer von 4 ihnen rhythmisch entsprechenden Notenwerten steht

sextolet (franz.), **sextuplet** (engl.) →Sextole
Sextus (lat. = der sechste), **sexta vox:** die sechste Stimme eines mehrstimmigen Satzes; →Quintus
sfacciato (ital.): *VB* frech, dreist
sfogato (ital.): *VB* luftig, gehaucht, zart
sforzatissimo (ital.); *sff* , *sffz* : →*sforzato* (Steigerung)
sforzato (ital. = erzwungen), **sforzando;** *sf* , *sfz* : *MA* (plötzlich) verstärkt, den bezeichneten Einzelton (oder Akkord) relativ stark hervorgehoben; für die Steigerung steht *sforzatissimo* (*sff* , *sffz*), für eine längere Geltungsdauer *sempre sforzato.* Vgl. *forzato*
sforzato piano (ital.); *sfp* : *VB* stark hervorgehoben und danach gleich wieder leise
sfregato (ital.): *MA* gerieben, geschrapt (→Schrapidiophone)
sfrenato (ital.): *VB* zügellos, ausgelassen, wild
sfuggevole (ital.): *VB* flüchtig
shake (engl. = schütteln): **1.** →Triller **2.** im Jazz ein heftig akzentuiertes →Vibrato der Blechbläser, aber auch im Gesang **3.** moderner Gesellschaftstanz engl. Herkunft im mäßig bewegten $\frac{4}{4}$-Takt
shakers (engl. = Schüttler), *Schüttelrohre*: Sammelbezeichnung für lateinamerik. →Schüttelinstr. wie →Tubo, *chocalho*, *metal-shaker*, →Kameso u. a.
Shaleika (russ.): als Volksinstr. überlieferte russ. Hirtenschalmei mit Schallbecher aus Tierhorn oder Baumrinde
Shamisen, *Samisen* (jap.): dreisaitige, mit einem Plektron angeschlagene bundlose jap. Langhalslaute mit relativ kleinem, viereckigem und mit Tierhaut bespanntem Korpus; bevorzugtes Instr. der Geishas
Shanty (engl.): Seemannslied, dessen vom Vorsänger (*shanty man*) gesungene Strophen im Chor beantwortet werden; ursprünglich →Arbeitslied der Segelschiffbesatzungen
sharp (engl. = scharf, hoch): **1.** →Versetzungszeichen (♯) für die Erhöhung um einen Halbton
2. Bezeichnung der Halbtonerhöhung durch ♯, z. B. cis = *c sharp*
shawm (engl.) →Schalmei (1.)
shell (engl.): Trommelkessel, →Zarge
shell-mount-tom-tom (engl.): an der Zarge der Großen Trommel befestigtes →Tom-Tom
shêng (chin.) →Mundorgel
Shimmy (engl.): in den 20er Jahren als Modetanz verbreiteter Gesellschaftstanz nordamerik. Herkunft im schnellen ₵ - oder $\frac{2}{4}$-Takt; dem →Foxtrott nahestehend

shō (jap.) →Mundorgel

shout, shouting (engl. = laut schreien, laut rufen), **shout-Stil:** ekstatische Gesangsart der nordamerik. Neger, die aus dem kultischen afrik. Musizieren in die afroamerik. Negerfolklore Eingang fand; charakteristisch ist der sich mit →*blue notes* und →*dirty tones* um einen mit schriller Tongebung angesetzten durchgehenden Hauptton bewegende rezitierende Vortrag

shouted blues (engl.): von der Übernahme des →*shout-* Gesanges geprägter Melodietyp des →rezitativischen Blues, in dem die Melodik zwischen Grundton und Bluesterz (als Reperkussionston) pendelt

Śhruti (ind.) →Śruti

Shuffle (engl. = mit den Füßen schlurfen), **Shuffle-Foxtrott:** rhythmisch verschärfte Variante des schnellen →Foxtrotts, bei deren tänzerischer Ausführung die Füße leicht auf dem Boden schleifen

shuffle beat (engl.): im Jazz die Schlagart auf dem Becken in gleichförmig-motorischem Rhythmus

si: 1. Tonsilbe für die 7. Tonleiterstufe der →Solmisation
2. in romanischen Sprachen für den Ton h

si bémol (franz.) →b

si bémol majeur (franz.) →B-Dur

si bémol mineur (franz.) →b-Moll

si bemolle (ital.) →b

si bemolle maggiore (ital.) →B-Dur

si bemolle minore (ital.) →b-Moll

Sichuan-Oper, *chuanju-Stil*: Typ der chin. Oper, der den vom Volksliedgut des Gebietes Yiyang unter Einbeziehung verschiedener Berglied-Intonationen im 15. Jh. geprägten *gao-*Stil repräsentiert. Er ist gekennzeichnet durch rhapsodisch freien, nur von Schlaginstr. gestützten Gesang im Wechsel von Sologesang auf und kommentierendem Chorgesang hinter der Bühne

Siciliano (ital.; franz. *sicilienne*): ital. (sizilian.) Tanz oder tanzartiges Gesangsstück im wiegenden, der →Pastorale ähnlichen $\frac{6}{8}$- oder $\frac{12}{8}$-Takt mit punktiertem Rhythmus; im 17./18. Jh. häufig in Oper und Kantate sowie als Sonaten- und Konzertsatz

side drum (engl.): →Paradetrommel, Militärtrommel

si dièse (franz.) →his

si diesis (ital.) →his

si doppio bemolle (ital.) →heses

si double bémol (franz.) →heses

sifflet (franz.) →Pfeife

Sifflöte (franz. *sifflet* = Pfeife): ⟨*Orgelregister*⟩ weit mensurierte offene Lippenpfeifen (1′ auch $1\frac{1}{3}$′, 2′) aus Metall mit scharfem Klang

sight (engl. = Anblick, Sicht): im 15. Jh. den improvisierten engl. →Discantus kennzeichnende Aufführungspraxis, nach der die zur Hauptstimme (*plainsong*) improvisierten Gegenstimmen nicht klingend (*in voice*), sondern mit ihrem feststehenden Intervallabstand vorstellungsmäßig als in den Tonbereich des *plainsong* transponiert gelesen (*in sight*) werden

Signale: festgelegte akustische Zeichen, die z. B. im Jagd-, Post- und Militärwesen sowie beim kultischen und höfischen Zeremoniell bestimmte Bedeutung haben; musikalisch vor allem hervorgebracht durch Blas- und Schlaginstr.

Signalhorn: **1.** vom Tierhorn abgeleitetes, für Signalzwecke geeignetes →Naturhorn mit konisch verlaufendem Rohr, wie →Olifant, →Hifthorn, →Jagdhorn, →Posthorn

2. →Bügelhörner

signature tune (engl.): Erkennungsmelodie; →*big band*

signe de tenue (franz.) →Haltebogen

Sihtār →Sitār

silence général (franz.) →Generalpause

silenzio (ital. = Schweigen) →Zapfenstreich

si leva il sordino (ital.): *MA* man nehme den Dämpfer ab

silofono (ital.) →Xylophon

silomarimba (ital.) →Xylomarimba

si maggiore (ital.) →H-Dur

si majeur (franz.) →H-Dur

si mineur (franz.) →h-Moll

si minore (ital.) →h-Moll

simile (ital.): *MA* in gleicher Weise fortsetzen

Simplifikationssystem: von Abbé Vogler Anfang des 18. Jh. erprobte Vereinfachungen im Orgelbau, die u. a. erstmals die Hervorbringung von Differenztönen (→Kombinationstöne) kleinerer Pfeifen zur Einsparung von Großpfeifen im 32′- und 16′-Register nutzte

sin' al fine (ital.): *MA* bis zum Schluß

sin' al segno (ital.): *MA* bis zum Zeichen

sincopato (ital.): *MA* synkopiert

sinfonia (ital.): **1.** seit Ende des 18. Jh. gleichbedeutend mit →Sinfonie

2. im 16. Jh. ursprünglich aus vokalen Formen abgeleitetes mehrstimmiges Instrumentalstück, das im 17./18. Jh. besonders als instrumentale Einleitungsmusik (→Intrada, →Ouvertüre) größerer Vokalwerke (z. B. als Opernsinfonia), aber auch der →Suite Bedeutung gewann

sinfonia concertante (ital.), *Concertante*: ein das →*concerto-grosso*-Prinzip auf die →Sonatenform übertragendes zyklisches, meist dreisätziges Instrumentalwerk, in dem im Gegensatz zur →Sinfonie mehrere Instr. konzertierend hervortreten

sinfonico (ital.): sinfonisch, in der Art einer →Sinfonie

Sinfonie, *Symphonie* (griech. *sinfonia* = Zusammenklang, Harmonie): **1.** seit etwa 1770 ein zyklisches, in der Regel viersätziges Orchesterwerk in Sonatenform: dem schnellen 1. Satz in →Sonaten(haupt)satzform folgen ein häufig der →Liedform verpflichteter langsamer 2. Satz, ein meist tänzerischer 3. Satz (→Menuett, →Scherzo) und der schnelle, oft in →Rondoform gehaltene Schlußsatz

2. im 17./18. Jh. instrumentale Einleitungsmusik (→*sinfonia* [2.]) größerer Vokalwerke, die als *Opernsinfonia* (→Ouvertüre [1.]) zur Herausbildung des Typs der →französischen (*langsam – schnell – langsam*) und der →italienischen (*schnell – langsam – schnell*) Ouvertüre führte; mit ihrer Verselbständigung führte letztere zu einer eigenständigen Instrumentalform, deren dreiteilige Anlage mit ihrer Entwicklung zu in sich abgeschlossenen Sätzen (um 1730) und der Einfügung des →Menuetts in die zyklische Folge (um 1740) in enger Verbindung zur Entwicklung der →Sonate die Grundlage für die um 1770 voll ausgeprägte klassische Sinfonieform (Haydn) bildete

Sinfonieform: in der →Sinfonie ausgeprägte, vorherrschend viersätzige zyklische Form der Instrumentalmusik im Gegensatz zur →Konzertform

Sinfonietta (ital.): kleine →Sinfonie, häufig in Kammerorchesterbesetzung

Sinfonische Dichtung, *Symphonische Dichtung*: im 19. Jh. entstandene Gattung (Liszt) der durch ein außermusikalisches Sujet (→Programmusik) angeregten überwiegend einsätzigen Orchestermusik; im Gegensatz zur zyklischen →Programmsinfonie sind die Bindungen zur →Sinfonie bis auf die Beibehaltung von Elementen der →Sonaten(haupt)satzform weitgehend gelöst

sinfonischer Jazz: eine Mitte der 20er Jahre mit der Entwicklung vom →Chicago-Jazz zum →*big band jazz* aus rein kommerziellen Rücksichten entstandene pseudosinfonische Musizierrichtung weißer Musiker, die die Besetzung europ. Sinfonieorchester aufgriff und ihren jazzfremden Arrangements von überwiegend nur durchschnittlicher Tanz- und Unterhaltungsmusik Jazzeffekte äußerlich aufsetzte

Singakademie: Chorvereinigung in größeren Städten, gebildet nach dem Vorbild der 1790 zur Pflege bedeutender A-cappella-Werke und Oratorien von Musikliebhabern gegründeten Berliner Singakademie (1963 in der DDR neu konstituiert), deren Chorproben seit 1791 im Gebäude der Akademie der Künste abgehalten wurden

Singebewegung: das in den 60er Jahren in der DDR von der Musizierpraxis des Hootenanny angeregte gemeinsame Singen und Musizieren junger Menschen, die in Singeklubs und beim offenen Singen mit selbstgeschaffenen Liedern (→Liedermacher) und der Pflege traditioneller Arbeiterlieder, deutscher und internationaler Volkslieder, politischer Songs und zeitgenössischer Lieder ihrem Lebensgefühl jugendgemäß Ausdruck verleihen

Singend Cornett: ⟨*Orgelregister*⟩ Zungenpfeifen (4′, 2′, 1′) mit verkürztem Schallbecher; häufig als Pedalstimme 2′ zur Wiedergabe eines *cantus firmus*

Singende Säge: ⟨*Friktionsinstr.*⟩ Holzsäge (Fuchsschwanz), deren Sägeblatt als schwingende Stahlzunge zwischen den Knien gehalten und mit dem Streichbogen an der Kante angestrichen wird, wobei die Tonhöhe durch unterschiedliche Biegung des Sägeblattes verändert werden kann. Instr. mit durchdringendem, wimmerndem Klang in glissandoartiger Tonfolge, notiert im Violinschlüssel

singer, *vocalist* (engl.): Sänger

singhiozzando (ital.): *VB* schluchzend

singing bass (engl. = singender Baß): ⟨*Stimmlage*⟩ hoher (erster) Baß

singing-master, singing teacher (engl.): Gesangslehrer

sing in tune (engl.): rein singen, sauber singen

single (engl. = allein, einzeln), **Single-Platte:** →Schallplatte, die bei einem Durchmesser von 17,5 cm und 45 U/min auf jeder Seite nur einen Musiktitel enthält

single-headed toms (engl.): →Einfell-Tom-Toms

single relish (engl.): Bezeichnung für einen →Doppelschlag in der engl. Lautenmusik des 17. Jh.

single-skin drums (amerik.) →Einfelltrommeln

single-stroke roll (engl.): →Schlagmanier auf der Jazztrommel als →Wirbel mit wechselnden Einzelschlägen

Singpartitur, *Chorpartitur*: eine alle Stimmen einer mehrstimmigen Vokalkomposition auf eigenen Notenliniensystemen in Partituranordnung wiedergebende →Partitur für die Hand des Sängers; die Stimmen eines gegebenenfalls hinzutretenden Orchesterparts sind in Form eines →Klavierauszuges unterlegt

Singspiel: heitere →Oper mit gesprochenen Dialogen anstelle des →Rezitativs, sowie aneinandergereihten, in sich geschlossenen Lied- und Tanzformen; im engeren Sinne das unter dem Einfluß der engl. →*ballad opera*, der franz. →*opera comique* und der ital. →*opera buffa* entstandene deutschsprachige S. des 18. Jh.

Singstimme: durch den menschlichen Stimmapparat (→Stimme) gebildetes musikalisches „Instrument", das je nach Lage und Tonumfang einzelnen →Stimmgattungen zugeordnet wird, die wiederum gemeinsame →Register aufweisen; die schulmäßige Ausbildung der S. erfolgt durch die →Stimmbildung im Rahmen der Gesangspädagogik

sinistra (ital.): *MA* die linke Hand, die Linke

Sinusleistung: *EAk* die größtmögliche →Ausgangsleistung, die ein →Verstärker bei Aussteuerung mit →Sinusschwingungen (bezogen auf die Frequenz von 1 kHz über eine Mindestdauer von 10 min) an den →Lautsprecher abgibt; die sog. Musikleistung (→*music power*) wird dagegen bis zu 40 % höher angegeben

Sinusschwingung, *harmonische Schwingung*: *Ak* einfachste, jedem periodischen Schwingungsvorgang zugrunde liegende (→harmonische Analyse) und graphisch als Sinuskurve darstellbare Schwingungsform, die in der traditionellen Musikpraxis in reiner Form nicht auftritt; der von →Tonfrequenzgeneratoren (RC-Generatoren und Schwebungssummern) erzeugte „Sinuston" ist jedoch als Grundlage der →elektronischen Musik anzusehen

Sirene: überwiegend als Signalinstr. genutzte mechanische Vorrichtung zur Schallerzeugung, bei der ein Luftstrom von einer rotierenden Lochscheibe periodisch unterbrochen wird und auf diese Weise Luftschwingungen hervorbringt, deren →Grundschwingung sich als Produkt der Anzahl der Löcher und der Umdrehungszahl pro Sekunde ergibt; ursprünglich als Meßinstr. zur Frequenzbestimmung

si replica (ital.): *MA* man wiederhole

siringa (ital.) →Panflöte

Sirtaki (griech.): griech. Volkstanz, der mit langsam beginnendem und immer schneller werdendem Zeitmaß als Gemeinschaftstanz in Ketten- oder Kreisform getanzt wird; seit Mitte der 60er Jahre wurde der S. durch Filmmusik (M. Theodorakis) in ganz Europa bekannt

sirventes (altprovenz.): die sich mit Lob, Klage oder Spott an den Lehnsherrn wendenden Lieder der →Trobadors im Gegensatz zu den →Minneliedern; auch Kreuzzugslieder zählen zu diesen meist auf bestehende Chansonmelodien gesungenen *Dienstliedern*

si segue (ital.): *MA* man setze fort

Sister →Cister

Sistrum (lat., ital. *sistro*, franz. *sistre*, engl. *sistrum*): ⟨*Schlaginstr.*⟩ →Rasselinstr. altägypt. Ursprungs; bestehend aus einem auf einem Handgriff sitzenden Metallrahmen, in den Metallstäbe lose eingefügt bzw. späterhin auf festsitzenden Metallstäben Ringe oder durchbohrte Metallscheiben lose aufgereiht sind, die durch Schlagerschütterung bzw. Schüttelbewegung (→Schüttelidiophone) gegen den Rahmen (→Rahmenrasseln) bzw. gegeneinander schlagend (→Reihenrasseln), ein leichtes, metallisch-klirrendes Rasselgeräusch hervorbringen

si tace (ital.): *MA* man pausiere

Sitār, *Sihtār*, *Setar*: ind. Langhalslaute pers. Ursprungs mit birnenförmigem Kürbis- oder Holzkorpus und 3–7 Spiel- sowie mehreren Bordunsaiten; 16–20 Metallbünde werden entsprechend der zu spielenden Tonart in Halbton- und Ganztonintervallen angebunden. Der Spieler zupft die Saiten mit dem auf einem Ring befestigten Stahlplektron

si volta (ital.): *MA* man wende um

sixte ajoutée (franz. = hinzugefügte Sexte): (nach Rameau) die →Subdominante mit *sixte ajoutée* als Subdominantdreiklang mit hinzugefügter Sexte

Sixtinische Kapelle (lat. *capella sixtina*): seit dem 15. Jh. Bezeichnung für den auf die →*schola cantorum* zurückgehenden Sängerchor der päpstlichen Kapelle, benannt nach der unter Papst Sixtus IV. errichteten Kapelle im Vatikan in Rom

Sizzle-Becken →Nietenbecken

sizzle cymbal (engl. = Zischbecken) →Nietenbecken

Skala (lat. *scala* = Treppe) →Tonleiter

Skalden: skandinavische Dichtersänger des 9.–13. Jh.

skiffle band, skiffle group (engl.): kleine Jazzbesetzung, die bei häuslichen Geselligkeiten (meist *house rent parties*) mit einfachsten Instrumenten wie →*jug*, →*tub*, →*kazoo* und →*washboard* (skiffleboard) zur Unterhaltung musiziert

skiffleboard (engl.): das in der →*skiffle band* benutzte Waschbrett (*washboard*)

skin (engl.) →Fell, →Schlagfell

Skolion (griech.): kurzes, oft stegreifartig im Wechsel als Rundgesang ausgeführtes altgriech. Trinklied zur Lyra

Skop (westgerm. *scop*): altgerman. Sänger selbstverfaßter Heldenlieder; auch →Spielmann

Skordatur →*scordatura*

slancio, con (ital.): *VB* mit Schwung, mit Elan

slap bass (engl.) →Schlagbaß

slap stick (engl.): Klappholz, →Peitsche

slargando (ital.): *VB* breiter (langsamer) werdend bei gleichzeitigem →*crescendo*; vgl. *allargando*
sléndro (javan.): der →Gamelanmusik Javas und Balis neben dem →*pélog* zugrunde liegende 5stufige temperierte Materialtonleiter mit annähernd gleichen Intervallen
slentando (ital.): *VB* zögernd, langsamer werdend; vgl. *lentando*
slide (engl.): Zug der →Posaune
slide trumpet (engl.) →Zugtrompete
slit drum (engl.) →Schlitztrommel
slow (engl.): *TB* langsam; Zeitmaß zwischen →*adagio* und →*andante*
Slowfox, Slow: langsamer →Foxtrott
slur (engl.) →Bindebogen; →binden
smanioso (ital.): *VB* rasend, wütend
sminuendo (ital. = vermindernd): *VB* allmählich schwächer werdend, abnehmend an Tonstärke; vgl. *diminuendo*
smorendo (ital.): *VB* ersterbend, verlöschend; →*morendo*, →*smorzando*
smorfioso (ital.): *VB* geziert; verzerrt, fratzenhaft
smorzando (ital.): *VB* abschwächend, verlöschend; äußerstes →*diminuendo* bei gleichzeitigem →*ritardando*
smorzato (ital.): *VB* abgeschwächt, gedämpft
smorzatore, smorzo (ital.): Dämpfer (des Klaviers)
snare drum (engl.): →Kleine Trommel, flache Militärtrommel
snares (engl.) →Schnarrsaiten
snares off (engl.): *MA* ohne Schnarrsaiten; vgl. *senza corde*
snares on (engl.): *MA* mit Schnarrsaiten; vgl. *con corde*
soave (ital.): *VB* sanft, lieblich, anmutig, zart
soffocato, *suffocato* (ital. = erstickt): *MA* gedämpft
soft (engl. = leise) →*piano*
soft pedal (engl.): linkes →Pedal, →Verschiebung
Soft Rock (engl. *soft* = sanft, empfindsam): eine im Gegensatz zum →Heavy Rock relativ leise Musizierweise der →Rock-Musik; kennzeichnend u. a. für →Folk Rock und →Country Rock
soggetto (ital.): Thema eines kontrapunktischen Werkes; →Subjekt
soggetto cavato (ital.): herausgezogenes Thema; seit dem 11. Jh. überlieferte Praxis, ein Thema aus den als Solmisationssilben oder Tonbuchstaben gedeuteten Silben oder Buchstaben eines Namens (z. B. B-A-C-H), Mottos o. ä. abzuleiten
sognando (ital.): *VB* träumend
soirée musicale (franz.): musikalische Abendunterhaltung
sol: 1. Tonsilbe für die 5. Tonleiterstufe der →Solmisation

2. in romanischen Sprachen für den Ton g
3. in der Gehörbildungsmethode Tonika-Do die relativ zu wertende 5. Durstufe

sol bémol (franz.) →ges

sol bemolle (ital.) →ges

sol bemolle maggiore (ital.) →Ges-Dur

sol bémol majeur (franz.) →Ges-Dur

sol dièse (franz.) →gis

sol dièse mineur (franz.) →gis-Moll

sol diesis (ital.) →gis

sol diesis minore (ital.) →gis-Moll

sol doppio bemolle (ital.) →geses

sol doppio diesis (ital.) →gisis

sol double bémol (franz.) →geses

sol double dièse (franz.) →gisis

Soléa (andal.): volkstümliches andal. Tanzlied im lebhaften $\frac{3}{8}$-Takt, zugehörig zum →Flamenco (*cante jondo*)

solemn (engl.): *VB* festlich, feierlich

sol(l)emnis (lat.): *VB* festlich, feierlich

solenne (ital.), **solennel, solennelle** (franz.): *VB* festlich, feierlich

solfa (ital.): Musik; Tonleiter

Solfeggio (ital.), **solfège** (franz.): **1.** Methode der →Solmisationssilben benutzenden Gesangsübungen in der →Gehörbildung und bei virtuosen Studien (→Vokalisen)
2. von der →Solmisation ausgehende allgemeine Musiklehre, besonders in Frankreich

Soliloquenten (lat.): Bezeichnung für die neben Christus und Evangelist solistisch auftretenden Personen in der →Passion; dagegen →*turbae*

Solist (lat.): Einzelspieler oder -sänger; Ausführender eines solistisch hervortretenden Instrumental- oder Vokalparts

Solistenkonzert →*recital*

solito (ital.): *MA* wie gewohnt, wie üblich

sollecitando (ital.): *VB* beschleunigend, drängend, eilend

sollecito (ital.): *VB* schleunig, geschwind, eilig

sol maggiore (ital.) →G-Dur

sol majeur (franz.) →G-Dur

sol mineur (franz.) →g-Moll

sol minore (ital.) →g-Moll

Solmisation, Solmisationssilben: **1.** auf die Tonsilben des Guidonischen →Hexachords (*ut-re-mi-fa-sol-la*) zurückgreifende und auf der →Hexachordlehre aufbauende Methode zur Vermittlung von Tonvorstellungen und zum leichteren Einprägen melodischer Wendungen mit Hilfe der relative Tonbeziehun-

gen verdeutlichenden *Solmisationssilben*, zu denen um 1600 die Tonsilbe *si* für den Ganzton über *la* hinzutrat; seit dem 17. Jh. tritt in romanischen Sprachen die Tonsilbe *do* an die Stelle von *ut* und die S.-Silben werden zu Tonnamen absoluter Geltung für die Töne der Grundskala
2. allgemein jede musikpädagogische Methode, die sich zur Vermittlung von Tonvorstellungen und zur Einprägung melodischer Zusammenhänge der Verwendung von Tonsilben der verschiedensten Systeme bedient; z. B. Bocedisation, Bebisation, →Tonwort, →JALE, →Tonic-Solfa, →Tonika-Do

solo (ital., franz., engl.): **1.** *MA*: allein, einzeln; dagegen →*tutti*
2. →Solo

Solo: **1.** Komposition für ein Instr. oder eine einzelne Singstimme mit und ohne Begleitung
2. der von einem konzertierenden Solisten auszuführende Instrumental- oder Vokalpart bzw. ein entsprechend hervortretender Abschnitt in einem größer besetzten Werk, besonders in →Solokonzert und →Solokantate
3. →*concertino* (2.)

Solochor: Gruppe sehr eng mensurierter Labialregister (→Labiale) mit obertonreichem, sich scharf heraushebendem, aber nur sehr wenig verschmelzungsfähigem Klang; z. B. streichende Stimmen und überblasende Register

Solokantate: im 17. Jh. aus dem →Madrigal hervorgegangene, mehrteilig durchkomponierte solistische Gesangskomposition mit →Basso continuo, in der sich der spätere Gegensatz von →Rezitativ und →Arie herauszubilden beginnt; im 17./18. Jh. als weltliche oder geistliche →Kammerkantate

Solokonzert: seit dem 18. Jh. aus dem →*concerto grosso* hervorgegangene mehrsätzige Komposition für Soloinstrument(e) und Orchester, für die sich mit gattungsbedingten Besonderheiten (Solo-Tutti-Verhältnis, Virtuosen- →Kadenz) eine vorherrschend dreisätzige →Konzertform herausbildete; bevorzugte Soloinstr. sind Violine, Klavier, aber auch Violoncello, Trompete, Horn, Flöte, Oboe, Klarinette und Orgel

Sololied, begleitetes: das sich seit dem 17. Jh. zunehmend vom strophischen, einfach geformten und überwiegend unbegleiteten →Volkslied unterscheidende sowohl volkstümliche wie auch melodisch anspruchsvollere (= Konzertlied) instrumental begleitete, solistisch vorgetragene →Lied (→Generalbaßlied, →Klavierlied, →Orchesterlied); ihm liegt in der Regel ein dichterisch gestalteter Text zugrunde, dessen Vertonung in strophisch, strophisch variierter oder durchkomponierter Form in küsntlerischer Einheit mit der gewählten Instrumentalbegleitung erfolgt

Soloquartett: Musiziergemeinschaft von vier Gesangssolisten der Stimmgattungen Sopran, Alt, Tenor und Baß

Solorepetitor: Pianist und zumeist ausgebildeter Kapellmeister, der am Klavier die Einstudierung der Solopartien eines Opernensembles übernimmt

Solosonate: zur solistischen, unbegleiteten Ausführung durch ein Streich- oder Blasinstr. bestimmte Komposition in →Sonatenform; dagegen →Triosonate

soltanto (ital.): *MA* nur, bloß, allein (das bezeichnete Instr. bzw. die Stimme)

sommo, somma (ital.): höchste(r), äußerste(r); z. B. *con somma forza* = mit äußerster Kraft

son (franz.): Ton, Klang

sonagliera (ital.): Schellengeläut, →Rollschellen

sonante (ital.): *VB* klingend, tönend

sonare (ital. = klingen): (ein Instr.) spielen; (Blasinstr.) blasen, (Trommel) schlagen, (Glocke) läuten

sonata (ital., engl.) →Sonate

sonata da camera (ital.), *Kammersonate*: im 17. Jh. aus der instrumentalen →Kanzone (*canzona sonata*) hervorgegangene, überwiegend im höfischen Rahmen gepflegte eigenständige, mehrsätzig zyklische Instrumentalform kleiner solistischer Besetzung; die freie Folge kleiner tanzartiger Sätze (→Suite) wurde in der weiteren Entwicklung auf drei größere Sätze, zumeist in der Folge schnell – langsam – schnell reduziert. Eine Verschmelzung der s. d. c. mit der →*sonata da chiesa* führte im 18. Jh. zur Herausbildung der klassischen →Sonate

sonata da chiesa (ital.), *Kirchensonate*: im 17. Jh. aus der instrumentalen →Kanzone (*canzona sonata*) hervorgegangene, überwiegend im gottesdienstlichen Rahmen gepflegte eigenständige, mehrsätzig zyklische Instrumentalform kleiner, zumeist chorischer Besetzung; die in der Regel viersätzige Form ist durch die Satzfolge langsam – schnell – langsam – schnell (auch mit 3 schnellen Sätzen und einem langsamen 2. Satz) bestimmt, von denen die schnellen Sätze meist fugiert sind. Eine Verschmelzung der s. d. ch. mit der →*sonata da camera* führte im 18. Jh. zur Herausbildung der klassischen →Sonate

Sonate (lat. *sonare* = klingen): allgemein ein instrumentales „Klingstück" im Gegensatz zum „Singstück" (→Kantate); seit etwa 1700 die aus der Verschmelzung von →*sonata da chiesa* und →*sonata da camera* hervorgegangene Form (→Sonatenform) des zyklischen, zunächst drei- später viersätzigen Instrumentalwerkes aller Besetzungen

Sonatenform: seit dem 18. Jh. in der Instrumentalmusik vorherrschende, mit der Entwicklung der →Sonate ausgeprägte zyklische Form, deren ursprünglich dreisätzige Folge (schnell – langsam – schnell) durch die spätere Aufnahme von Menuett bzw. Scherzo erweitert wurde; dem schnellen 1. Satz in →Sonaten(haupt)satzform folgen ein häufig der →Liedform verpflichteter langsamer 2. Satz, ein meist tänzerischer 3. Satz (→Menuett, →Scherzo) und der schnelle, oft in →Rondoform gehaltene Schlußsatz

Sonaten(haupt)satzform: in der musikalischen Formenlehre geprägter Begriff für die formale Gestaltung eines Hauptsatzes der klassischen →Sonatenform, zumeist des ersten Satzes in Sonate, Sinfonie, Konzert, Quartett und anderen Kammermusikformen, gegliedert in →Exposition (1.), →Durchführung (2.) und →Reprise. In der Exposition werden in der Regel zwei kontrastierende Themen vorgestellt, von denen das Hauptthema in der →Tonika, das 2. oder Seitenthema in der →Dominante (oder Durparallele in einem Moll-Satz) steht. Beide Themen werden in der anschließenden Durchführung melodisch-harmonisch verarbeitet und abschließend in der Reprise in der Haupttonart wiederholt. Bekräftigend folgt oftmals noch eine →Coda, die entweder das bekannte thematische Material durchführungsartig verarbeitet oder auch um neue Themen erweitert

Sonatine: kleine →Sonate, die leicht spielbar und ohne ausgedehnte Durchführung gestaltet ist

Sone, sone: *Ak* Maßeinheit für die Stärke einer Gehörsempfindung (→Lautheit); danach gilt 1 sone für die Lautheit von 1000 Hz (→Hertz) und einer →Lautstärke von 40 →Phon

song (engl. = Lied, Gesang), **Song**: **1.** zeitkritisches, häufig rhythmisch akzentuiertes Lied, das sich sowohl satirisch-kabarettistischer wie auch kämpferisch-agitatorischer Mittel zur Gestaltung politischer Aussagen bedient

2. im 19. Jh. in England ein unterhaltendes, aus Strophe und Refrain bestehendes Lied

song without words (engl.) →Lied ohne Worte

Sonorität (lat. *sonor* = Klang): in der Gesangskunst Bezeichnung für eine wohlklingende, volltönende Tongebung, die u. a. durch Brustresonanz erreicht wird

sonner (franz. = klingen): (ein Instr.) spielen; (Blasinstr.) blasen, (Trommel) schlagen, (Glocke) läuten

sonoro, sonoramente (ital.): *VB* klangvoll, wohlklingend, tönend

sons harmoniques (franz.) →Flageolettöne

sophisticated blues (engl.): verfälschter Blues; der sich durch Angleichung von in der westafrik. Negerfolklore wurzelnden Elementen des →klassischen Blues an die Musizierpraxis weißer Musiker Nordamerikas herausbildende, zum zeitgenössischen Blues hinführende nachklassische Bluesstil

sopra (ital.): **1.** über, darüber, auf; oben, oberhalb
2. *MA* beim Klavierspiel mit gekreuzten Händen greift die bezeichnete Hand über die andere

Sopran (lat. *supremus* = der höchste; ital., franz., engl. *soprano*): **1.** ⟨*Stimmgattung*⟩ die höchste der Frauen- oder Knabenstimmen; Umfang des Chorsoprans etwa c^1–a^2, des lyrisch-dramatischen S. etwa h–c^3, des hoch-dramatischen S. etwa g–c^3 und des Koloratur-S. etwa c^1–f^3. Weitere Fächer der Bühnenpraxis sind dramatischer S., lyrischer S., jugendlich-dramatischer S. und Spielsopran (→Soubrette). →Mezzosopran
2. Sopransängerin, Sopranistin
3. satztechnisch die höchste Stimme einer mehrstimmigen Komposition, ursprünglich als →*cantus*, →Diskant oder →*superius* bezeichnet

Sopraninoblockflöte, *Diskantblockflöte* →Blockflötenfamilie

Sopraninosaxophon, Piccolosaxophon (franz. *saxophone aigu*): ⟨*Holzblasinstr.*⟩ Saxophon in hoher Sopranlage mit geradem Rohr. Stimmung in Es (des^1–ges^3), in F (es^1–as^3) – transp. notiert im Violinschlüssel; im hohen Register sehr heller, durchdringender Klang

Sopransaxophon: ⟨*Holzblasinstr.*⟩ Saxophon in Sopranlage mit geradem Rohr. Stimmung in B (as–des^3), in C (b–es^3) – transp. notiert im Violinschlüssel; im hohen Register heller, durchdringender Klang

Sopranschlüssel →C-Schlüssel

Sopranxylophon →Trogxylophon

sopra una corda (ital.): *MA* auf einer Saite

sordamente (ital.): *VB* dumpf, gedämpft

sordina, sordino (ital.): **1.** Dämpfer **2.** Taschengeige, →Pochette **3.** →Spinett

sordino, con (ital.): *MA* mit Dämpfer

sordino interno (ital.): verstellbarer Innen- →Dämpfer der Trommel

sordo (ital. = taub): **1.** *VB* dumpf; stimmlos
2. *MA* gedämpft, mit Dämpfer; z. B. *clarinetto sordo*

Sordun: **1.** als Stimmfamilie gebautes →Doppelrohrblattinstr. des 16./17. Jh. mit Anblasrohr (ohne Windkapsel) und zylindrisch gebohrtem Rohr mit doppeltem oder dreifachem Windkanal; Vorläufer des →Fagotts
2. ⟨*Orgelregister*⟩ Zungenstimmen (32′, 16′, 8′)

sortisatio (lat. = Losentscheidung): im 15.–17. Jh. die Improvisation eines mehrstimmigen Satzes im Gegensatz zur schriftlich ausgearbeiteten *compositio* (= Komposition)

sortita (ital. *sortire* = hinausgehen): effektvolle Auftrittsarie der →Primadonna oder des →Primo uomo in der ital. Oper des 18. Jh.

sospirando, sospirante, sospiroso (ital.): *VB* seufzend, klagend

sospiro (ital.): Pause

sostenendo, sostenente (ital.): **1.** *MA* (den Ton) haltend
2. *VB* (das Zeitmaß) aufrechterhaltend; vgl. *sostenuto* (2.)

sostenuto (ital. = gehalten, zurückhaltend): **1.** *MA* (den Ton mit gleichbleibender Tonstärke in seinem vollen Wert) ausgehalten; vgl. *tenuto*
2. *VB* verhalten, getragen; etwas langsamer als das durch die *TB* verlangte Zeitmaß, vielfach zugleich gewichtiger

sostituto (ital.) →Korrepetitor

sotto (ital.): **1.** unter, darunter; unten
2. *MA* beim Klavierspiel mit gekreuzten Händen greift die bezeichnete Hand unter die andere

sotto voce (ital. = unter der Stimme): **1.** *MA* mit unterdrückter, gedämpfter Stimme; leiser als →*mezza voce*
2. *MA* zurückhaltend (nicht leise) in Tonstärke und Ausdruck

Soubrette (franz. = Zofe), *Spielsopran*: spezielles Rollenfach der musikalischen Bühnenpraxis (Stimmumfang etwa c^1–c^3); hoher →Sopran mit zarter, biegsamer Stimme und ausgeprägter Spielbegabung, besonders für muntere, humorvolle Mädchenrollen (z. B. Mozart, Zauberflöte: *Papagena*)

Soul (engl. = Seele), **Soul-Musik:** in den Jahren nach dem zweiten Weltkrieg entstandener, ursprünglich volkstümlicher Musizierstil der nordamerik. Neger, der in Erweiterung der expressiven Elemente des →Rhythm and Blues den kontrastreichen (unter Bevorzugung lebhafter, rhythmisch akzentuierter Sechzehntelbewegung), oft aufschreiartig gesteigerten Einsatz der menschlichen Stimme für den vielgestaltigen Ausdruck der tiefen Empfindungen der Farbigen in ihrer bewußten Auseinandersetzung mit allen Formen der Rassendiskriminierung in den USA nutzt; ausgehend von farbigen Produzenten in den Schallplattenstudios von Philadelphia (= *Philly-Sound*) findet die kommerzielle Soul-Musik seit Ende der 60er Jahre weltweit Eingang in die →Pop-Musik

sound (engl. = Ton, Klang), **Sound: 1.** klingen; (ein Instr.) spielen, (Blasinstr.) blasen
2. die für das Musizieren eines Solisten, eines Ensembles oder auch eines Jazzstils charakteristische Klangfarbe, bestimmt durch Instrumentenwahl (→Instrumentation) und

-einsatz (→Arrangement) sowie spezielle Spielweise und Aufnahmetechnik
sound-board (engl.) →Resonanzboden
sound-hole (engl.) →Schalloch
sounding calls (engl. = Lotsenrufe): gesangsartige Verständigungsrufe (→*holler*) der nordamerik. Lotsen; solistische Form des →*work song*
soundpost (engl.) →Stimmstock
soupir (franz.): Viertelpause
sourdeline (franz.): kleiner Dudelsack mit 4 Pfeifen
sourdine (franz.) →Dämpfer
Sousaphon: ⟨*Blechblasinstr.*⟩ zur Familie der →Bügelhörner gehörendes und dem →Helikon ähnliches Baßinstr., benannt nach seinem amerik. Erfinder J. Ph. Sousa; von der →Baßtuba unterscheidet es sich durch die kreisrund gewundene Form und eine weit geschweifte, über den Kopf des Bläsers hinausragende drehbare Stürze
soutenu (franz. = gehalten) →*sostenuto*
Spannreifen →Felldruckreifen
Spannschrauben: 1. an Zarge bzw. Kessel befestigte (oder auch beide →Felldruckreifen durchgehend verbindende) Metallschrauben zum Spannen der Felle bei Trommeln (mit Trommelschlüssel) und Pauken (mit Knebelschrauben oder Stimmmechanik)
2. Stimmschraube am →Stimmbock zum Regulieren der Spannung der →Schnarrsaiten
Spannungsverstärker →Verstärker
Sparte: die durch Umschrift aus Einzelstimmen gewonnene →Partitur
spartieren (ital. *spartire* = verteilen): (Einzelstimmen) in →Partitur setzen
spartito (ital.) →Partitur
spatium (lat. = Zwischenraum), **spazio** (ital.): der Raum zwischen den einzelnen →Linien des →Notenliniensystems
spazzola d'acciaio, spazzola (metallico) da jazz, spazzolino metallico (ital.): Stahlbesen, →Jazzbesen
speech-song (engl.) →Sprechgesang
sperdendosi (ital.): *VB* sich verlierend, verlöschend, abnehmend an Tonstärke; äußerstes pp
speroni, sproni (ital.), **spurs** (engl.) →Sporen
Sperrventil: Vorrichtung bei mechanisch gesteuerten (Schleifladen-)Orgeln, die es ermöglicht, die Windzufuhr zu den einzelnen →Windladen zu unterbrechen
spettacoloso (ital.): *VB* auffällig, pomphaft, großartig, gewaltig
spezzato (ital.): *MA* geteilt, gebrochen; z. B. *coro spezzato*

Sphärenharmonie: antiker und mittelalterlicher Vorstellung entsprechend die durch eine in Maß und Zahl geordnete Bewegung der Planeten demonstrierte Harmonie des Weltalls, die auch im Tonsystem ihren Niederschlag fand

Sphärophon: 1921 von J. Mager gebautes elektronisches, ursprünglich nur zum einstimmigen Spiel geeignetes Musikinstr., das 1928 mit vier Manualen und Pedal zum Klaviatursphärophon (*Partiturophon*) weiterentwickelt wurde; beide Formen konnten sich jedoch nicht behaupten

spianato (ital. = geebnet): *VB* einfach, ungekünstelt, unpathetisch

spiccato (ital.): *MA* deutlich getrennt; geworfene →Strichart mit deutlich voneinander abgesetzten Tönen auf wechselndem Bogenstrich, die in schnellem Tempo zum Springbogen (→*sautillé*) übergeht. In der Musik des 17./18. Jh. steht sp. für →*non legato* bzw. →*détaché*

Spiegelfuge: →Gegenfuge, bei der nicht nur der →*dux*, sondern der gesamte kontrapunktische Satz spiegelbildlich umgekehrt wird, nachdem die Fuge zunächst in ihrer Originalgestalt erklungen ist

Spiegelkanon: →Kanon, bei dem in den nachfolgenden Stimmen (*conseguente*) das Thema (*guida*) in spiegelbildlicher Umkehrung erscheint

Spielalt →lyrischer Mezzosopran

Spielbariton: spezielles Rollenfach der musikalischen Bühnenpraxis (Stimmumfang etwa B–as^1); hoher →Bariton mit schlanker, beweglicher Stimme und ausgeprägter Spielbegabung (z. B. Donizetti, Don Pasquale: *Dr. Malatesta*)

Spielbaß →Baßbuffo

Spieldose: kleines mechanisches Musikinstr., dessen Stiftwalze durch Drehbewegung die Zähne eines Stahlkammes anreißt und zum Erklingen bringt; →Spieluhr

Spielfächer: die neben stimmlichen und darstellerischen Qualitäten eine besonders ausgeprägte Spielbegabung voraussetzenden →Rollenfächer der musikalischen Bühnenpraxis

Spielhilfen →Orgelregister (2.)

Spielleute: **1.** in der Militärmusik und in den Spielmannszügen die als *Kleines Spiel* mit dem Musikkorps (*Großes Spiel*) abwechselnde und vom Tambourmajor angeführte Gruppe der Trommler und Pfeifer

2. mittelalterliche, fahrende Musiker; →Spielmann

Spielmann: der überwiegend die weltliche Instrumentalmusik ausführende, häufig in seiner sozialen und rechtlichen Stellung niedergehaltene fahrende Musiker des Mittelalters, der sich zur Überwindung beruflicher Diskriminierung zumeist unter den Schutz eines *Pfeiferkönigs* oder *Spielgrafen* seines Wirkungsbereiches stellte. Die seit dem 13. Jh. zumindest zeitweise seßhaft werdenden Spielleute schlossen sich zu Bruderschaften zusammen, aus denen die Zünfte der →Stadtpfeifer hervorgingen. →Skop, →*ménestrels*, →Musikant

Spieloper: heitere Oper, überwiegend mit gesprochenem Dialog; →Singspiel

Spielpartitur, *Aufführungspartitur:* **1.** eine von den Ausführenden anstelle der Einzel- →Stimme (2.) zu Aufführungszwekken benutzte →Partitur, die der Verdeutlichung komplizierter musikalischer Abläufe im Zusammenspiel dient; besonders in der →seriellen und →aleatorischen (Kammer-)Musik
2. eine vornehmlich auf das Zusammenwirken von instrumental oder vokal ausgeführten Kompositionsteilen mit vorproduziertem Klangmaterial der →elektronischen Musik oder auf die Bedingungen der →*live electronic* ausgerichtete (Orientierungs-) →Partitur, die der Synchronisation des musikalischen Ablaufs auf verschiedenen Ebenen bzw. der Festlegung der Veränderungen elektronischer Schaltungen und Steuerungsfunktionen (→Synthesizer) während der Aufführung dient

Spielsopran →Soubrette

Spieltenor →Tenorbuffo

Spieltisch: Teil der Orgel, von dem aus alle Mechanismen des Instr. mittels Manual- und Pedalklaviaturen sowie Registerzügen gesteuert werden; bei mechanischen Orgeln auch als verschließbarer *Spielschrank* in der Unterwand des Orgelprospektes

Spieluhr: kleines mechanisches Musikinstr., dessen Mechanik im Unterschied zur →Spieldose mit einem Uhrwerk verbunden ist

Spießlauten: Untergruppe der zu den →Lauteninstrumenten gehörenden →Stiellauten; dazu zählen Schalen- und Kastenspießlauten (z. B. Rebāb), sowie Röhrenlauten

Spinett (lat. *spina* = Dorn): ⟨*Tasteninstr.*⟩ kleines einchöriges Kielinstr. mit an der Breitseite angeordneter Klaviatur, schräg zu den Tasten verlaufenden Saiten und mechanischer Zupfvorrichtung (→Kielmechanik) entsprechend dem größeren →Cembalo. Die ursprünglich rechteckige Tafelform wurde von einer unregelmäßigen, fünf- oder sechseckigen Flügelform verdrängt; →Virginal

spingendo (ital.) →*stringendo*

spinto (ital.): *VB* gedrängt, getrieben

Spiralkanon: Sonderform des →Zirkelkanons, bei der die imitierende Stimme durch →Modulation jeweils auf einer höheren

Tonstufe einsetzt und somit allmählich durch die Töne (= *canon per tonos*) wandert

spirando, spirante (ital. = ausatmend): *VB* ersterbend, verlöschend

spiritoso, con spirito (ital.): *VB* geistreich, witzig, feurig, lebhaft; mit Geist (Witz, Humor, Feuer)

spiritual (engl.): geistliches Lied; →Negro spiritual, →*white spiritual*

spirituale (ital.): *VB* geistig; geistlich, kirchlich, religiös

spirituoso (ital.) →*spiritoso*

spit tones (engl. *spit* = Speichel), **spit-Töne:** Instrumentaleffekt des Jazz, der bei Blechblasinstr. durch Speichelansammlung im Rohr erzielt wird

Spitzflöte: ⟨*Orgelregister*⟩ offene Lippenpfeifen (8′, 4′, 2′, 1′) mit nach oben verengter Röhre; sanfter Ton

Spitzgedackt: ⟨*Orgelregister*⟩ konische, gedackte Lippenpfeifen (8′, 4′) aus Metall; hellerer Klang als das zylindrische →Gedackt

Spitzharfe (ital. *arpanetta*), *Harfenett*: zumeist kleineres, dreieckiges →Zitherinstr. (→Rotta) mit harfenartiger Spielhaltung (*Harfenzither*), das im 18. Jh. besonders als *Tisch-* oder *Schoßharfe* (auch *Flügel-* oder *Zwitscherharfe*) mit beidseitig des Resonanzbodens verlaufendem Saitenbezug verbreitet war

splendido, splendente (ital.): *VB* glänzend, strahlend, prächtig

Sporen: ⟨*Schlaginstr.*⟩ dem →Sistrum ähnliche →Rassel, bestehend aus mehreren durchbohrten Metallscheiben, die dem auf einem Handgriff sitzenden Stab oder Bügel aus Metall lose aufgereiht sind und durch Schlagerschütterung bzw. Schüttelbewegung (→Schüttelidiophone) das dem Klirren von Reitersporen ähnliche Geräusch hervorbringen

Sprechgesang: unbestimmte Begriffsbildung für eine vokale Ausdrucksweise zwischen Sprechen und Singen, als

(1.) rhythmisch gebundener, jedoch in der Tonhöhe nicht genau festgelegter Gesang

(2.) dem musikalischen Rhythmus angeglichene gehobene Sprechweise, z. B. im →Melodram (3.)

(3.) der Sprachmelodie folgender Gesang

(4.) ursprünglich deklamatorische Vortragsweise des →Rezitativs

Sprechkopf →Aufsprechkopf

Sprechmaschine: umgangssprachlich für →Parléophon, →Phonograph und →Grammophon

Springbogen →*sautillé*

springer (engl.): →Nachschlag, ursprünglich als Verzierung in der Lautenmusik, bei dem die obere Nebennote eines Tones kurz angerissen wird

Springer: Teil der mechanischen Zupfvorrichtung bei →Kielinstr.

Springlade: nach dem Prinzip der →Tonkanzellenlade arbeitende →Windlade der Orgel, bei der anstelle der Schleifen (→Schleifenlade) ein von Registerzügen über sog. Registerleisten gesteuertes zusätzliches *Springventil* für jede Pfeife des entsprechenden →Registers die Windzufuhr freigibt oder sperrt

Springtanz: vorherrschend ungeradtaktige mittelalterliche Tanzart mit überwiegenden Sprungbewegungen (Hochtanz) in einem schnellen Zeitmaß; meist als →Nachtanz zu einem vorangegangenen →Schreittanz in einem →Tanzpaar verbunden (z. B. Saltarello zur *basse danse*)

square dance (engl.): volkstümlicher nordamerik. Paartanz, der als Abart von →*country dance* und →Quadrille von jeweils 4 Paaren im Viereck (*square*) zur Begleitung von Akkordeon, Banjo, Geige und Gitarre getanzt wird

square piano (engl.) →Tafelklavier

squeaker (engl.) →Mirliton

squillando, squillante (ital.): *VB* schallend, tönend, schmetternd, gellend; schrill, durchdringend

Śruti, *Shruti* (ind.): in der ind. Musik „unsicherer" Ton, der, zwischen zwei Halbtönen liegend, im freien Vortrag als Verzierungsmittel verwendet wird und nicht schriftlich fixiert ist; bei den alten ind. Theoretikern ursprünglich eine Teilung der Oktave in 22 gleiche Teile, wonach vier, drei bzw. zwei S. für den großen und kleinen Ganzton bzw. einen Halbton stehen würden

Stabat mater dolorosa (lat. = Es stand die schmerzensreiche Mutter): im 13. Jh. entstandene und seit dem 15. Jh. oft mehrstimmig gesetzte Marien-→Sequenz der röm.-kath. Liturgie

Stabglockenspiel →Glockenspiel

Stabklappern →Gegenschlagstäbe

Stabpandeira, Stabpandereta (span. *pandereta brasileña*), *Schellenrassel*: ⟨*Schlaginstr.*⟩ lateinamerik. Rhythmusinstr., bestehend aus vier Paar leichten Tamburinschellen, die in dem auf einem Handgriff sitzenden Bambus- oder Holzrahmen paarweise auf Metallstäben aufgereiht sind und durch Schlagerschütterung bzw. Schüttelbewegung (→Schüttelidiophone) das dem Tamburinklang ähnliche und auch diesen ersetzende Schellenklirren hervorbringen

Stabspiele, *Schlagstabspiele*: Schlaginstr. mit mehreren →Aufschlagstäben unterschiedlicher Tonhöhe, dazu zählen →Holzstabspiele (z. B. Xylophon) und →Metallstabspiele (z. B. Glockenspiel)

Stabspiele des Orff-Schulwerkes: →Stabspiele mit in diatonischer oder chromatischer Tonfolge angeordneten →Aufschlagstäben aus Metall oder Holz;
Sopranglockenspiel (Tonumfang c^3–a^4 ⟨c^5⟩, transp. zwei Oktaven tiefer notiert im Violinschlüssel),
Altglockenspiel (Tonumfang c^2–a^3 ⟨c^4⟩, transp. eine Oktave tiefer notiert im Violinschlüssel),
Sopranmetallophon (Tonumfang c^2–f^3, transp. eine Oktave tiefer notiert im Violinschlüssel),
Altmetallophon (Tonumfang c^1–a^2, nichttransp. notiert im Violinschlüssel),
Baßmetallophon (Tonumfang c–a^1, nichttransp. notiert im Baßschlüssel),
Sopranxylophon (Tonumfang c^2–f^3, transp. eine Oktave tiefer notiert im Violinschlüssel),
Altxylophon (Tonumfang c^1–a^2, nichttransp. notiert im Violinschlüssel),
Baßxylophon (Tonumfang c–a^1, nichttransp. notiert im Baßschlüssel)

Stabzithern: →Musikbogen, Musikstab

staccatissimo (ital.): *MA* scharf abgestoßen; scharfes →*staccato*

staccato (ital.): *MA* abgestoßen, getrennt; die Töne sind verkürzt und deutlich voneinander getrennt zu musizieren; Zeichen · , ▾ (verschärft)

staccato martelé (franz.): *MA* gehämmertes, besonders kräftig auszuführendes →*staccato*

staccato volant (franz.): *MA* fliegendes, in raschem Tempo auszuführendes →*staccato*; →*sautillé*, →*ricochet*

Stachel, *Dorn*: bei Violoncello und Kontrabaß aus der Unterzarge herausragender, mit einer Spitze versehener Rundstab, der zur Abstützung des Instr. auf dem Boden dient

Stadtpfeifer: im 16. bis 18./19. Jh. die von den Städten angestellten und zunftmäßig organisierten Musiker, denen neben der Ausrichtung aller weltlichen Instrumentalmusik und der Unterstützung der Kirchenmusik auch die Aufgabe der Ausbildung des Musikernachwuchses oblag. →Spielmann, →Musikant

städtischer Blues →*city blues*

Ständchen: eine in Form und Besetzung nicht festgelegte, zumeist im Freien dargebrachte und an keine Tageszeit

gebundene Huldigungsmusik; seit dem 19. Jh. auch Titel von Liedern und Instrumentalstücken
staff (engl.): Notenliniensystem
stage version (engl.): Bühnenfassung
stagione (ital. = Jahreszeit, Saison): Spielzeit der ital. Operntheater; auch das für den zeitlich begrenzten Spielplan zusammengestellte Ensemble
Stahlbesen →Jazzbesen
Stahl(platten)spiele →Metallstabspiele
Stammakkord: seit dem 19. Jh. uneinheitlich gebrauchter Begriff der funktionalen Harmonielehre, nach Riemann für den Dur- und Mollakkord, während die Dreiklänge der 1., 4. und 5. Stufe als Hauptakkorde (→Hauptdreiklänge) bezeichnet werden
Stammstufen →Stammtöne
Stammtöne, Stammtonreihe: die sieben diatonischen Tonstufen der Grundskala c-d-e-f-g-a-h bzw. ital. *do-re-mi-fa-sol-la-si*, im Gegensatz zu den durch →Alteration gewonnenen, sog. abgeleiteten oder chromatischen Tönen
stampa musicale (ital.): Musikdruck, Notendruck
standard pitch (engl.) →Normstimmton, →Kammerton
Standardtänze, *Turniertänze*: die international festgelegten →Gesellschaftstänze der Tanzturniere: schneller →Foxtrott (Quickstep), Slowfox, →Tango, →Wiener Walzer, →English waltz und ein aktueller Modetanz nach Wahl; unter Einbeziehung lateinamerik. St. umfaßt das „Welttanzprogramm" die Gesellschaftstänze →English waltz, schneller →Foxtrott (Quickstep), →Wiener Walzer, →Tango, →Rumba, →Cha-Cha-Cha, →Samba, →Paso doble und →Boogie-Woogie (Jive oder Rock'n'Roll)
stanghetta (ital.) →Notenbalken; →Taktstrich
stantipes (lat.) →Estampie
statement (engl. = Darlegung): **1.** Anrufung durch den Vorsänger beim Wechselgesang; →*call and response*
2. →Exposition
stationäre Vorgänge: *Ak* die in ihrem Schwingungsverlauf gleichbleibenden Klanganteile eines Schallvorgangs; dagegen →Ausgleichsvorgänge (nichtstationäre Vorgänge)
statistische Musik: Kompositionstechnik der →seriellen Musik, bei der sich die reihenmäßig (→Reihe) erfaßten →Parameter im Gegensatz zur →punktuellen Musik auf Gruppenmerkmale von Elementbündeln, -gruppen und Strukturen beziehen, die nach statistischen, d. h. Grundsätzen der Häufigkeit unterliegenden Methoden ausgewählt und angeordnet werden

stave (engl.): Notenlinie, Notenliniensystem
steel brush (engl.) →Jazzbesen
steel drums (engl. = Stahltrommel): aus mehreren, unterschiedlich abgestimmten leeren Benzinfässern zusammengesetzter Satz einfacher →Schlaginstr. mit gongähnlichem Klang; ursprünglich bei den Eingeborenen auf Trinidad
Steg (ital. *ponticello*): **1.** bei einer Reihe von Saiteninstr., vornehmlich Streichinstr., ein brückenartig auf der Decke des Korpus aufsitzendes kunstvoll ausgearbeitetes Hartholzbrettchen unterschiedlicher Form, das die in seinen Kerben liegenden Saiten von Korpus und Griffbrett gleichzeitig abhebt und spannt und damit den schwingenden Teil (→Mensur [1.]) der Saiten begrenzt sowie deren Schwingungen auf die Decke des Korpus und über den →Stimmstock auf den Boden des Instrumentenkorpus überträgt; bei Streichinstr. ermöglicht die leichte Wölbung der Stegoberkante das Streichen einzelner Saiten
2. bei besaiteten Tasteninstr. auf dem Resonanzboden aufgeleimte schmale, geschwungene Leisten (geteilt als Diskant- und Baßsteg), die als Klangstege (Resonanzbodenstege) die Schwingungen der über sie hinweg gespannten Saiten auf den Resonanzboden übertragen
stehende Wellen: vornehmlich bei →Reflexion an der Begrenzungsfläche unterschiedlicher Medien durch →Interferenz zweier einander entgegenlaufender Wellen gleicher Frequenz und Amplitude ausgebildete Wellenform mit feststehender Schwingungsphase von maximaler (= *Bauch*) und minimaler (= *Knoten*) Auslenkung; st. W. treten bei fast allen Musikinstr. auf und werden bei schwingenden Luftsäulen (Blasinstr.) zur Veränderung der Tonhöhe genutzt
Stehgeiger: zumeist der 1. Geiger einer Unterhaltungs- oder Tanzkapelle, der stehend spielt und dabei nach der →Direktionsstimme u. a. mit Einsätze andeutenden Kopfbewegungen oder Taktieren mit dem Geigenbogen die Aufführung leitet
Steig: der dem →Aufgesang folgende dritte Teil (= Abgesang) der →Meistersingerstrophe
Steigbügel: das innere der drei Gehörknöchelchen (Hammer, Amboß, Steigbügel) im Mittelohr
Steinspiel →Lithophon
Stempelflöte →Lotosflöte
stempenie (mhd.), **stempenei** →Estampie
stendendo (ital.): *VB* ausbreitend, schleppend
stentando (ital.): *VB* zögernd, zurückhaltend; vgl. *ritardando*
stentato (ital.): *VB* mühsam, schwerfällig, zurückgehalten
step (engl.): Tonschritt, →Intervall; Tanzschritt

stereophon (griech. = räumlich klingend), **stereofon, stereo:** in räumlicher, d. h. mehrkanaliger, und zwar üblicherweise zweikanaliger elektroakustischer Schallübertragung (= Stereophonie), -aufzeichnung oder -wiedergabe; auch →quadrophon

stereophonic (engl.): räumlich klingend, →stereophon

(45°-)Stereo-Schrift: *EAk* Schneidtechnik für die Schallaufzeichnung nach dem →Nadeltonverfahren, bei der die der Zweikanal- →Stereophonie entsprechenden *beiden* Schallinformationen als *Flankenschrift* (= Kombination von →Seiten- und →Tiefenschrift) senkrecht zueinander stehend mit einem Neigungswinkel von 45° zur Schallplattenoberfläche in *eine* Tonrille geschnitten werden

Stereophonie (griech. = Raumklang): *EAk* ein die physiologischen Gegebenheiten des beidohrigen (binauralen) Hörens vorrangig zur Verbesserung der Wiedergabequalität von Musik nutzendes Verfahren der räumlichen Schallübertragung, dessen technische Voraussetzungen mit zwei völlig getrennten aber weitgehend übereinstimmenden elektroakustischen Übertragungsketten (Mikrophon-Verstärker-Lautsprecher) in der *Zweikanal-Stereophonie* geschaffen wurden. Das auf diese Weise in den Hörraum (raumbezogene St.) oder auf den Kopf des Hörers (Kunstkopf-St.) projizierte „Klangbild" gewinnt durch die genutzten Laufzeit-, Intensitäts- und Klangfarbenunterschiede gegenüber der →monophonen Schallübertragung an Unmittelbarkeit und Durchsichtigkeit und führt damit zur besseren Durchdringung der Klanggestalt eines Werkes und Vertiefung des Hörerlebnisses. Die Schallplatte nutzt die Möglichkeiten der St. mit Hilfe der →(45°-)Stereo-Schrift; das Magnettonverfahren ermöglicht in Mehrspurtechnik die getrennte Aufnahme, Speicherung und Wiedergabe von zwei und mehr Kanälen (beides NF-Stereophonie); der Rundfunk hat mit dem kompatiblen →Pilottonverfahren den UKW-Bereich für die HF-Stereophonie erschlossen. →Quadrophonie, →Pseudostereophonie

steso moto (ital.): *VB* in gedehnter Bewegung, in breitem Zeitmaß

stesso (ital.): selbst, selber; z. B. *lo stesso tempo*

stesso tempo, *lo stesso tempo* (ital.): *MA* dasselbe Zeitmaß, im gleichen Zeitmaß

Stich →Notenstich

Sticheron: einstrophiger, aus syllabischen Formeln aufgebauter Hymnus (→Troparion) des Byzantinischen Gesanges, der zwischen die Verse eines biblischen Textes, zumeist eines Psalmes, eingeschoben wird

stick (engl.): **1.** Trommelstock, Paukenschlegel **2.** Taktstock
3. Streichbogen
4. Stange des Streichbogens

Stiel, *Notenstiel* →Notenhals

Stielkastagnetten: in der Orchesterpraxis bevorzugte →Kastagnetten mit 2–5 an einem Handgriff befestigten Hartholz- oder Kunststoffschalen

Stiellauten: Sammelbezeichnung für eine Gruppe der →Lauteninstr., deren Saitenträger aus einem Stiel besteht, der durch den Resonanzkörper für längs hindurchgesteckt (= →Spießlauten) oder an diesem halsartig angesetzt (= →Halslauten) ist; der letzteren Untergruppe sind die meisten der heute gebräuchlichen europ. Streich- und Zupfinstr. zuzuordnen

Stieltrommeln: ein- und zweifellige →Rahmentrommeln mit einem Stielgriff

Stil (lat. *stilus* = Schreibweise): unter verschiedenartigen Gesichtspunkten anwendbarer Begriff, der die charakteristischen Eigenschaften eines Kunstwerkes (Werk-St.), einer Gattung (Gattungs-St.), eines Künstlers (Persönlichkeits-St.), einer Epoche (Zeit-St.), einer Nation (National-St.) usw. umfassen, aber auch typische Merkmale bestimmter Satztechniken umschreiben kann (z. B. →monodischer, →homophoner oder →polyphoner Stil bzw. strenger oder freier Stil usw.)

stille Messe (lat. *missa lecte sive privata*), **Still-Messe:** die in der Regel vom Priester ausschließlich gelesene Messe; heute vielfach auch unter Einbeziehung volkssprachigen Gemeindegesangs

Stimmbänder: die den beiden der Stimmerzeugung dienenden Stimmlippen an den Innenrändern eingelagerten elastischen Muskelbänder, die in straffer Aufhängung zwischen Schild- und Stellknorpel den Kehlkopf quer durchziehen und mit Hilfe von Stell- und Ringknorpel die Form der von ihnen umschlossenen Stimmritze (→Glottis) verändern können

Stimmbildung: in der Gesangspädagogik die auf physiologischen Grundlagen beruhende Ausbildung des menschlichen Stimmapparates zur Erzielung einer klangschönen, tragfähigen Stimme durch Pflege und Entwicklung der naturgegebenen Funktionen von Windraum, Kehlkopf und Ansatzrohr; →Stimme (1.)

Stimmbock: Hebelvorrichtung an Trommeln zum An- und Abstellen der am Unterfell straff anliegenden →Schnarrsaiten, deren Spannung durch eine Stimmschraube reguliert werden kann

Stimmbögen: auswechselbare oder auch ausziehbare (→Stimmzug) gebogene Rohrstücke zur Verlängerung der Schallröhre und somit Vertiefung der Grundstimmung bei Blechblasinstr.; →Krummbogen, →Aufsteckbogen, →Setzstück

Stimmbruch →Mutation (1.)

Stimmbuch, Stimmheft: die seit Ende des 16. Jh. das →Chorbuch verdrängende Aufzeichnungspraxis, die einzelnen Stimmen einer mehrstimmigen Komposition gesondert niederzuschreiben oder zu drucken (seit dem 18. Jh. bezeichnet als →Stimme [2.]); dagegen →Singpartitur, →Spielpartitur

Stimme: 1. die menschliche Sprech- und →Singstimme, die entsteht, wenn die aus dem Windraum (Lunge, Bronchien, Luftröhre) in den Kehlkopf strömende Luft im Rhythmus des durch die →Stimmbänder bzw. Stimmlippen beeinflußten Öffnens und Schließens der Stimmritze (→Glottis) zum Schwingen angeregt wird und zu Schwingungen im →Ansatzrohr (Rachen-, Mund-, Nasenraum) führt. Die Höhe des entstehenden Tones hängt von der Länge (→Stimmgattungen) und Anspannung der Stimmbänder ab. Im allgemeinen beträgt der menschliche Stimmumfang 2 Oktaven, doch kann er durch entsprechende Ausbildung (→Stimmbildung) bis auf 3 Oktaven erweitert werden

2. der einzelne Instrumental- oder Vokalpart einer Komposition innerhalb der Partitur und dessen gesonderte Ausschrift (→Stimmbuch)

3. im musikalischen →Satz (3.) die in ihrer satztechnischen Funktion näher gekennzeichnete Tonfortschreitung (→Stimmführung), z. B. als Ober-, Unter-, Mittel-, Füll-, Gegen-, Parallel-, Melodie- oder Begleitstimme

4. klingendes →Orgelregister (1.)

5. →Stimmstock

6. ursprünglich auch der Einzelton; →*vox*

Stimmenkreuzung: im musikalischen →Satz (3.) das zu einer zeitweiligen Veränderung gegenüber ihrer ursprünglichen Lage führende gegenseitige Übersteigen oder Unterschreiten der Stimmen als Mittel der →Stimmführung oder zur Erzielung besonderer Klangwirkungen

Stimmenaustausch: kontrapunktisches Verfahren des Austausches von melodischen Abschnitten zwischen lagengleichen Stimmen

Stimmer: die Bordunpfeifen der →Sackpfeife

Stimmfächer →Rollenfächer

Stimmfamilie →Chor (6.)

Stimmführung: die den Regeln des musikalischen →Satzes (3.) folgende Fortschreitung zweier oder mehrerer Stimmen (z. B. in Gegen-, Parallel- oder Seitenbewegung), die im strengen mehrstimmigen Satz den Regeln des →Kontrapunktes unterworfen ist

Stimmgabel: zweizinkige, zumeist auf den Kammerton a^1 (= 440 Hz) abgestimmte Stahlgabel, die, mit einem weichen Hammer oder auch dem Finger angeschlagen, einen obertonarmen Ton erzeugt und zum Einstimmen von Musikinstr. bzw. zur Tonangabe in der täglichen Musizierpraxis verwendet wird

Stimmgabelklavier →Gabelklavier

Stimmgattungen: die durch unterschiedlichen Tonumfang, Stimmstärke und Klangfarbe gekennzeichneten Ausschnitte der Bereiche der menschlichen Singstimme, unterteilt in →Sopran (c^1–e^3), →Mezzosopran (g–c^3), →Alt (f–b^2), →Tenor (c–c^2), →Bariton (A–g^1) und →Baß (F–e^1) mit besonderen stimmlichen Anforderungen in den Stimmfächern der Bühnenpraxis (→Rollenfächer)

Stimmhorn: kleines, hornförmiges Werkzeug des Orgelstimmers zum Einstimmen der kleinen Labialpfeifen ohne Stimmschlitz durch Erweitern (*ausreiben*) oder Verengen (*einreiben*) der Pfeifenmündung

Stimmkrücke: gebogener Draht an den Zungen der Lingualpfeifen der Orgel, dessen Verschiebung den schwingenden Teil der Zunge verkürzt oder verlängert und damit die betreffende Pfeife höher oder tiefer stimmt

Stimmnagel: →Wirbel bei Klavierinstr.

Stimmpfeife: die Funktion der →Stimmgabel übernehmende mehrtönige kleine Zungenpfeife aus Metall, die entweder auf ausgewählte Tonhöhen (z. B. g d^1 a^1 e^2) abgestimmt ist oder alle chromatischen Tonstufen einer Oktave angeben kann

Stimmritze →Glottis

Stimmschlüssel, Stimmhammer: Werkzeug zum Stimmen verschiedener Saiteninstr. (wie Klavier, Harfe, Zither) und Trommelinstr. mit grifflosen →Wirbeln

Stimmstock: 1. bei Streichinstr. das auch als *Stimme* oder *Seele* bezeichnete kleine Holzstäbchen, das unmittelbar hinter dem rechten Fuß des →Steges aufrecht stehend zwischen Decke und Boden des Korpus eingesetzt ist und u. a. für den Klangcharakter des Instr. von wesentlicher Bedeutung ist

2. bei Klavierinstr. der meist mit dem Eisenrahmen verbundene hölzerne Balken, in den die Wirbel (*Stimmnägel*) der Saiten geschlagen sind

Stimmton: 1. ein durch seine Schwingungszahl in der Tonhöhe festgelegter und für die musikalische Praxis als verbindlich anzusehender Einstimmton, der seit dem 15. Jh. als örtlich, zeitlich und gattungsmäßig unterschiedener →Opern-,

→Kammer-, →Chor- und →Kornetton bis ins 19. Jh. wirksam ist
2. der international vereinbarte →Normstimmton a[1] (= 440 Hz), im Orchester in der Regel von der Oboe oder gegebenenfalls dem mitwirkenden Tasteninstr. (→temperierte Stimmung) angegeben

Stimmung: 1. das Einstimmen von Musikinstr. unter Bezugnahme auf den →Normstimmton bzw. die Festlegungen des herrschenden →Tonsystems
2. die Kennzeichnung absoluter Tonhöhen in ihrer Übereinstimmung oder Abweichung (hohe St., tiefe St.) vom →Normstimmton
3. die den →Tonsystemen zugrunde liegende akustische Ordnung der →Tonhöhen und Tonabstände (→Intervalle) nach dem Verhältnis ihrer Schwingungszahlen; für die europ. Musiktradition festgelegt in der →pythagoreischen St., der →harmonisch-reinen St. und der gleichschwebend temperierten St. (→Temperatur)

Stimmwechsel →Mutation (1.)

Stimmwerk, Stimmfamilie →Chor (6.)

Stimmzug: verschiebbarer Teil des Schallrohres zur Regulierung der Stimmung bei modernen Blechblasinstr.

sting(u)endo (ital.): *VB* erlöschend; vgl. *estinguendo*

Stockfagott: ein im 17. Jh. gebautes (Denner), über ein S-förmiges Anblasrohr direkt angeblasenes Rankett (→Rackett); auch Rankett-Fagott oder Faustfagott genannt

Stockflöte (ung. *csákány*), *Czakan*, *Csakan*: im 19. Jh. in den Donauländern als Volksinstr. verbreitete, in einen Spazierstock gebohrte →Blockflöte

Stollen: 1. die beiden melodisch übereinstimmenden Vordersätze (Stollen und Gegenstollen) als →Aufgesang der mittelalterlichen im Meistergesang herausgebildeten →Barform
2. der erste (= Gesätz) der beiden Stollen der →Meistersingerstrophe

stomp (amerik. = aufstampfen), **stomp-Technik: 1.** im Jazz eine dem Melodieablauf zugrunde gelegte rhythmische Formel (*stomp pattern*), die sich sowohl auf den melodischen Verlauf des gesamten Stückes als auch auf einzelne melodische Phrasen beziehen kann; dagegen →*riff*
2. ursprünglich eine auf der ständigen Wiederholung bestimmter rhythmischer Abläufe beruhende afroamerik. Tanzform

stonare (ital.): *MA* (bewußt) unrein musizieren, →detonieren

stonato (ital.): verstimmt, unrein musiziert, detoniert

stone disc (engl.): Steinspiel, →Lithophon

stop (engl.): **1.** →Orgelregister, Registerzug (→Register [2.])
2. Klappe, Ventil, Tonloch bei Blasinstr.
3. (eine Saite auf das Griffbrett) niederdrücken; greifen
4. →stopfen, dämpfen (→Dämpfer)
5. →registrieren

Stopfen: 1. beim Horn die ursprünglich zur chromatischen Erweiterung der Naturtonskala durch Halb- oder Ganztonerhöhung führende Verkürzung des Schallrohrs durch tiefes Einführen der geballten Faust in den Schalltrichter; beim heutigen Ventilhorn wird der gepreßte Klang gestopfter Töne nur noch als besonderer Klangeffekt genutzt
2. bei Blechblasinstr. die Hervorbringung gedämpfter Töne durch Einführen besonderer Dämpfer in den Schalltrichter des Instr.

stopped (engl.): *MA* →gestopft, gedackt (→Gedackte)

stop time (engl.): im Jazz das plötzliche Abbrechen des durchlaufenden →*beat* der Rhythmusgruppe und gleichzeitige Aussetzen der Melodiegruppe, während ein Soloinstr. über dem in größeren Abständen durch Akkordschläge abgesteckten Grundmetrum mit einem →*break* weitermusiziert

stop (time) chorus (engl.): →*chorus*, bei dem die →*stop time*-Technik wiederholt Anwendung findet

Stoß(zungen)mechanik →Hammermechanik, →Klavier

straight (engl.): *MA* gerade, direkt

strambotto (ital.): einstrophige, ursprünglich im improvisierten Gesang zur Laute vorgetragene sizilianische Gedichtform des 15. Jh.; Vorform von →Frottola und →Madrigal

strascicando, strascicato (ital.): *VB* schleppend, langsamer werdend; →*strascinando*

strascinando (ital.): **1.** *VB* schleppend, langsamer werdend
2. *MA* nachschleifend, deutlich angebunden

strascinando l'arco (ital.): *MA* (beim Streichinstrumentenspiel) mit fest aufliegendem Bogen, stark gebunden zu spielen

strathspey (engl.): schott. Volkstanz im langsamen $\frac{4}{4}$-Takt mit punktierter Achtelbewegung

stravagante (ital.): *VB* überspannt, übertrieben, wunderlich

street bands (engl. = Straßenkapellen): Blechblaskapellen der nordamerik. Neger, die in der 2. Hälfte des 19. Jh. in New Orleans in Weiterentwicklung der →*marching bands* u. a. das Zusammenspiel unterschiedlicher Varianten einer Grundmelodie (→Heterophonie) als Kollektivimprovisation mit klangfüllenden Mittelstimmen im *street band jazz* als wichtige Ausdrucksform des →archaischen Jazz herausbildeten. Sie spielten in großer Freiluftbesetzung mit Kornetten, Flügelhörnern, Posaunen, Klarinetten, Sousaphon, Großer und Kleiner

Trommel; in den großen Tanzhallen wurden einige Blechblasinstr. durch Saiteninstr. ersetzt. →klassischer Jazz

street cries (engl. = Straßenrufe): gesungene Warenanpreisungen schwarzer Straßenverkäufer Nordamerikas, die wesentliche Elemente der afroamerik. Negerfolklore aufweisen; solistische Form des städtischen →*work song*. →*holler*

Streichbogen →Bogen (1.)

streichende Register, streichende Stimmen, auch *Streicher*: ⟨*Orgelregister*⟩ eng mensurierte Labialpfeifen, deren Klang dem verschiedener Streichinstr. ähnelt; z. B. Gambe, Geigenprinzipal

Streicher: 1. Spieler von →Streichinstr. (1.) **2.** die Gruppe der →Streichinstr. (1.) im Orchester; auch entsprechendes Kammermusikensemble
3. →streichende Register

Streichinstrumente: 1. zu den →Chordophonen zählende Gruppe von Instr., deren Saiten mittels eines Bogens gestrichen und dadurch in Schwingungen versetzt werden; dazu gehören u. a. Violine, Viola, Violoncello und Kontrabaß
2. Instr., deren Saiten durch ein mittels einer Kurbel gedrehtes Scheibenrad angestrichen und in Schwingungen versetzt werden; z. B. Drehleier
3. zu den →Idiophonen zählende Gruppe von Instr., bei denen das Korpus selbst durch Streichen bzw. Reiben (→Friktionsinstr.) mittels eines Bogens, Bandes, Fingers u. ä. zum Klingen gebracht wird; z. B. Nagelgeige, Nagelklavier, Glasharmonika

Streichklavier, *Bogenflügel*: seit dem 15. Jh. in unterschiedlicher Konstruktion verbreitetes besaitetes Tasteninstr., dessen Saiten wie bei der Drehleier durch ein mit →Kolophonium bestrichenes Scheibenrad oder ein umlaufendes Harzband angestrichen und zum Klingen gebracht werden

Streichmelodion: im 19. Jh. als *Schoß-* oder *Tischgeige* in Anlehnung an →Streichzither und →Violine entwickeltes Streichinstr., das sich von der Violine hauptsächlich durch die in einem breiten Griffbrett eingelassenen Metallbünde und die mit dem Korpus gegen eine Tischkante gestützte Spielhaltung unterscheidet

Streichorchester: ein überwiegend aus →Streichinstr. (1.) gebildetes, chorisch besetztes Instrumentalensemble

Streichquartett: Komposition und Musiziergemeinschaft der Kammermusik mit der Besetzung für zwei Violinen, Viola und Violoncello; die den Lagen der menschlichen →Stimme (→Stimmgattungen) entsprechende wichtigste, verbreitetste und klanglich ausgewogenste instrumentale Gattung der

→Kammermusik, die um 1750 die führende →Triosonate ablöste

Streichquintett: Komposition und Musiziergemeinschaft der Kammermusik mit der Besetzung für zwei Violinen, zwei Violen und Violoncello oder zwei Violinen, Viola und zwei Violoncelli

Streichsextett: Komposition und Musiziergemeinschaft in der Kammermusik mit der Besetzung für je zwei Violinen, Violen und Violoncelli

Streichtrio: Komposition und Musiziergemeinschaft in der Kammermusik mit der Besetzung für Violine, Viola und Violoncello

Streichzither: 1823 in Wien erfundene (Petzmayer) Sonderform der →Zither mit herzförmigem Korpus und einem in der Mitte angeordneten, mit Metallbünden versehenen Griffbrett, über das 3 oder 4 Drahtsaiten in Violin-, Bratschen- oder Cellostimmung gespannt sind; das Instr. wird auf dem Tisch liegend mit einem Streichbogen angestrichen und hat einen schwachen, näselnden Ton

strenger Kontrapunkt, strenger Satz: der den strengen Regeln des →Kontrapunkts folgende musikalische →Satz (3.)

strepitando (ital.): *VB* lärmend, geräuschvoll

strepitoso, con strepito (ital.): *VB* lärmend, geräuschvoll, stürmisch; mit Lärm (Getöse, Toben)

Stretta (ital. = Druck): **1.** effektvolle Schlußsteigerung, besonders eines Konzertstückes oder Opernfinales, durch Beschleunigung im Zeitmaß und Verdichtung der Stimmführung; →Coda

2. Einführung in der →Fuge

stretto (ital. = eng): *VB* gedrängt, eilend

Stricharten: bei Streichinstr. die unterschiedliche Bogenführung (z. B. *legato*, *staccato*, *spiccato*, *sautillé*, *ricochet*) zur Erzielung bestimmter musikalischer Ausdrucksmöglichkeiten (→Artikulation [2.])

Stricktrommeln: Sammelbezeichnung für →Trommeln, deren Felle mittels eines durch den oberen und unteren →Felldruckreifen (Spannreifen) im Zick-Zack geführten langen Seiles (Strickes) und das Verschieben eingezogener Lederschlaufen gespannt werden (= Strickverspannung); dazu zählen u. a. die →Rührtrommeln (Jugendstricktrommeln, Landsknechtstrommeln) der Spielmannszüge und Militärkapellen. →Tambourin

Strickverspannung, Seilzugspannung: vor Entwicklung der →Spannschrauben allein übliche Art der Spannung von

Trommelfellen, heute nur noch bei ausgesprochenen →Stricktrommeln

stridente, stridulo (ital.): *VB* kreischend, gellend, schrill

string (engl.): Saite

string band (amerik.) →Streichorchester

string drum, *lion roar* (engl.) →Seiltrommel, →Löwengebrüll

stringendo (ital.): *VB* drängend, allmählich schneller werdend; vgl. *accelerando*

string orchestra (engl.) →Streichorchester

string quartet (engl.) →Streichquartett

string quintet (engl.) →Streichquintett

strings (engl. = Saiten) →Streichinstr., →Streicher; →streichende Stimmen

strisciando (ital.): *MA* streifend, schleifend (über die Halbtöne) hinweggleitend; chromatisches →*glissando*

strisciato (ital.): *MA* gestreift; z. B. *piatti strisciati*

Strohfidel: volkstümliche Bezeichnung für →Xylophon

stroke (engl.): Schlag, Strich

stroke of the tongue (engl.) →Zungenstoß

strombazzata, strombettata (ital.): (lauter) Trompetenstoß

strombettare (ital.): *MA* (laut) trompeten

stromento →*strumento*

Strophe: die aus mehreren gleich- oder ungleich gebauten Verszeilen gebildete, eine Dichtung oder ein Lied gliedernde metrische Einheit

Strophenlied: Liedtyp, dessen Melodie (und Begleitung) zu allen Textstrophen gleichbleibt, vorherrschend im →Volkslied; dagegen →durchkomponiertes Lied (1.). →Sololied

strozzato (ital.): *MA* erstickt; z. B. *con voce strozzata* (= mit erstickter Stimme)

Struktur (lat. = Gefüge, Ordnung), **musikalische: 1.** die Gesamtheit der satztechnischen (→Satz [3.]) Besonderheiten einer Komposition

2. die innere Ordnung von Klangaufbau und Klangverbindungen

strukturelle Musik: vielfach sinngleich für →serielle Musik verwendet

strumentare (ital.) →instrumentieren

strumenti a corde (ital.) →Saiteninstr.

strumenti ad archi (ital.): →Streichinstr., →Streicher; vgl. *archi*

strumenti a fiati (ital.): →Blasinstr., →Bläser; vgl. *fiati*

strumenti a percussione (ital.) →Schlaginstr. (1.)

strumento (ital.): Instrument

strumento a solo (ital.): Soloinstrument

Studienpartitur: kleinformatige →Partitur, oft als Taschenpartitur

Stürze: das stark erweiterte →Schallstück der Blechblasinstr.

Stufen: die auf den →Grundton bezogenen Standorte der 7 (diatonischen) →Stammtöne der →Grundskala und der ihnen zugeordneten (chromatischen) Ableitungen; z. B. sind c, cis und ces auf der 1. Stufe angeordnet. →Stufenbezeichnung

Stufenbezeichnung: die der →Stufentheorie zugrunde liegende Kennzeichnung von Akkorden nach der Tonleiterstufe, auf der sie aufgebaut sind (z. B. d f a in C-Dur = Dreiklang der II. Stufe). Dabei werden die *Klangstufen* der Durdreiklänge meist mit großen, der Molldreiklänge mit kleinen röm. Ziffern bezeichnet; verminderte Dreiklänge erhalten zusätzlich eine kleine Null, übermäßige ein Kreuz oder einen Strich

Stufentheorie: System der analytischen Harmonielehre (G. Weber u. a.), das auf der Grundlage der →Stufenbezeichnung alle Akkorde als Klangstufen gleichberechtigt nach ihrer Lage auf den Stufen der Tonleiter kennzeichnet, ohne ihre Beziehung auf ein tonales Zentrum oder die der Akkorde untereinander darzustellen (→Funktionstheorie). Aufgrund ihrer engen Bindung an die 7stufige Grundskala ist die St. zur Darstellung chromatischer Harmonik nicht geeignet

Stutzflügel: →Flügel kleinster Ausführung

suave (franz., engl.): *VB* sanft, lieblich, anmutig

Subbaß: ⟨*Orgelregister*⟩ weit mensurierte gedackte Labialpfeifen (32′, 16′) mit dunklem Klang im Pedal

Subdominantdreiklang, *S* bzw. *s*: leitereigener Dreiklang auf der 4. Tonleiterstufe (Unterquinte), der gemeinsam mit den Dreiklängen der →Tonika und der →Dominante (→Hauptdreiklänge) eine Tonart eindeutig bestimmt (→Kadenz)

Subdominante, *Unterdominante*: im Dur-Moll-System die Quinte unter (oder Quarte über) dem Grundton (→Tonika) bzw. die →Harmonie, deren Grundton von der 4. Tonleiterstufe (funktionsgleich mit der Unterquinte) gebildet wird (z. B. Subdominantdreiklang); →plagaler Schluß (Ganzschluß)

Subharchord: nach dem Prinzip der Klangsynthese (→Synthesizer) arbeitendes Gerät zur elektronischen Erzeugung von Klängen und Geräuschen

Subharmonische, subharmonische Töne →Untertöne

subito (ital.): gleich, sofort (mit *VB* und *MA*)

Subjekt (lat. *subiectum*): **1.** speziell das Thema einer →Fuge; vgl. *dux* (1.). →Kontrasubjekt

2. ursprünglich allgemein das Thema eines kontrapunktischen Werkes; vgl. *soggetto*

Subkontrabaßtuba: →Baßtuba von 16–17 m Röhrenlänge und einem Durchmesser des Schallstücks von über 1 m

Subkontraoktave →Oktavbereiche

Submediante, *Untermediante* →Medianten (1.)

subsemitonium modi (lat.): Begriff der Musiklehre des 15. bis 18. Jh. für den unteren Halbton einer Tonart, d. h. den als →Leitton zur →Finalis strebenden Halbton

Substitutklänge →Vertreterklänge, →Nebendreiklänge

Succentor (lat. = Nachsänger): Unter-Kantor; Chorleiter und Vertreter des →Kantors

suffocato (ital.) →*soffocato*

SUISA, *Société suisse des auteurs et éditeurs*: mit der Wahrnehmung der →Aufführungs- und mechanischen Vervielfältigungsrechte der Urheber (Komponisten, Textdichter) und Verleger vertraglich beauftragte *Schweizerische Gesellschaft der Urheber und Verleger*

Suite (franz. = Folge): seit dem 16. Jh. in unterschiedlichen Erscheinungsformen verbreitete Folge lose aneinandergereihter, jedoch überwiegend durch eine gemeinsame Tonart verbundener Tänze oder tanzartiger Instrumentalsätze zumeist gegensätzlichen Charakters, in der im Verlauf ihrer Entwicklung auch tanzfreie Stücke Aufnahme fanden.

Ihren Ursprung hat die S. als neben →Sonate und →Sinfonie wichtigste zyklische Instrumentalform in der Verdopplung des aus der Gegenüberstellung von geradtaktigem langsamen →Schreittanz (Vortanz) und ungeradtaktigem lebhaften →Springtanz (Nachtanz) bestehenden mittelalterlichen Tanzpaares (z. B. *basse danse* und Saltarello, Pavane und Galliarde – später Allemande und Courante).

Die für die deutsche *Klaviersuite* des 17./18. Jh. benannte Tanzfolge: →Allemande – →Courante – →Sarabande – →Gigue tritt in dieser Aufeinanderfolge der Hauptsätze höchst selten auf (Froberger); häufig treten außer einem ouvertürenartigen Einleitungssatz (→Ouvertürensuite) weitere Tänze (wie →Bourrée, →Rigaudon, →Gavotte) oder freie Sätze als Einschub zwischen Sarabande und Gigue (z. B. Bach, Englische Suite Nr. 4 Es-Dur, BWV 815: Allemande – Courante – Sarabande – Gavotte – Air – Gigue).

Die ungebundenste Vielfalt in der Aneinanderreihung tänzerischer und tanzfreier Sätze weisen die französischen Suiten (auch bezeichnet als →*ordre*) des 17./18. Jh. auf.

Im 19./20. Jh. werden Ballett- und Opernsuite ebenso gepflegt wie die Bildung von S. aus zeitgenössischen Tänzen oder tanzfreien, oft programmatischen Instrumentalsätzen. →Partita, →*sonata da camera*

suivez (franz. = folget): *MA*: dem freien Vortrag der Hauptstimme(n) anpassen; vgl. *colla parte*
Sukzessivimprovisation →Hot-Solo-Folge
sulla tastiera, *sul tasto* (ital.): *MA* (bei Streichinstr.) nahe am Griffbrett zu spielen; vgl. *flautato*
sull' orlo (ital.): *MA* am Rand (z. B. der Trommel)
sul ponticello (ital.): *MA* (bei Streichinstr.) nahe am Steg zu spielen
sul sol (ital.), **sul G**: *MA* auf der G-Saite (der Violine) zu spielen
sul tallone (ital.): *MA* am Frosch (des Streichbogens) zu spielen
sul tasto (ital.) →*sulla tastiera*
Summationstöne →Kombinationstöne
suoni armonici (ital.) →Flageolettöne; →Obertöne, →Aliquottöne
suono (ital.) →Ton, →Klang; →Schall
suono reali (ital.): *MA* als wirkliche, unveränderte Töne bzw. in der tatsächlich notierten Tonhöhe (nach vorheriger abweichender Ausführung)
superando (ital.): *MA* übertreffend
superando nel tono tutti (ital.): *Ma* alle (Stimmen) im Klang übertreffend, aus dem Gesamtklang hervortretend
superius (lat. = der höchste): im 15./16. Jh. für Oberstimme; →Sopran (2.)
Superoctav, Superoktave: ⟨*Orgelregister*⟩ Lippenpfeifen (2′, 1′) aus Metall; hohe Oktavlagen des einem Orgelwerk zugrunde liegenden →Prinzipals
surface (engl. = Oberfläche) →Schlagfall
sur la touche (franz.): *MA* (bei Streichinstr.) nahe am Griffbrett zu spielen; vgl. *flautato*
sur le chevalet (franz.): *MA* (bei Streichinstr.) nahe am Steg zu spielen
suspension (franz.) →Vorhalt
suspirium (lat. = Atemholen): **1.** in der →Mensuralnotation jede kurze Pause, deren Dauer sich aus der jeweiligen Notierung (→*brevis*, →*semibrevis*, →minima, →*fusa*) ergibt
2. ursprünglich in der Psalmodie und modalen Mehrstimmigkeit eine Zäsur kurzer, jedoch unbestimmter Dauer, die der Verkürzung des Wertes der vorangehenden Note entsprach
sus(s)urrando (ital.): *VB* flüsternd, murmelnd, summend
sustain (engl. = aufrechterhalten), **Sustaineinrichtung:** *EAk* Abklingeffektschaltung der →Elektronenorgel, die mit elektronisch erzeugten Ausschwingvorgängen für ausgewählte Register den Klang von Zupfinstr. erzielt
sustained (engl.) →*sostenuto*
sustaining pedal (engl.) →Tonhaltepedal

svegliato, sveglio (ital.): *VB* aufgeweckt, munter, lebhaft
svelto (ital.): *VB* flink, behende, gewandt; schlank
svenevole (ital.): *VB* geziert, unnatürlich, affektiert
svogliato (ital.): *VB* unlustig, träge
swanee whistle, swanee flute, swanee piccolo (engl.) →Lotosflöte
sweet (engl. = süß), **sweet music:** zusammenfassende Bezeichnung für zumeist langsame, an den kommerzialisierten →Swing anschließende Titel der Tanz- und Unterhaltungsmusik mit betont melodisch-sentimentalem Charakter und Bevorzugung weicher Streicherklänge im →Arrangement; dagegen →*hot*
swell (engl.), **swell organ:** →Schwellwerk der Orgel; →Jalousieschweller
swing (engl. = schwingen): die durch den →*drive* entstehende, dem Jazzmusizieren eigene Lebendigkeit und Spannung
Swing, Swing-Stil: Hauptstilrichtung in der Entwicklung des →Jazz, die in den Jahren 1929–1944 mit dem Anknüpfen an den →*big band jazz* zunehmend traditionelle Bindungen der afroamerik. Negerfolklore zugunsten europ. Einflüsse (u. a. der Harmonik des musikalischen Impressionismus) zurückdrängt. Während einige schwarze Bigbands (u. a. Count Basie, Duke Ellington) in ihre vitale Tanzmusik auch weiterhin jazzmäßige Intonation und Improvisation einbeziehen, gewinnen in den Arrangements der Tanz- und Unterhaltungsmusik weißer Bigbands (u. a. Benny Goodman) elegantere Tongebung und melodisch-sentimentale Haltung (→*sweet music*) die Oberhand
swing revival (engl. = Swing-Wiederbelebung), *mainstream jazz*: der moderne →Swing seit Mitte der 50er Jahre und die durch seine Verbindung mit anderen Musizierstilen (auch Schlager und Modetanz) entstandenen Mischformen des kommerzialisierten Jazz
Syllabik: Kompositionsweise der Vokalmusik, bei der jeder Textsilbe nur ein Ton zugeordnet ist; dagegen →Melismatik
Sympathiesaiten →Resonanzsaiten
symphonia (griech. = Übereinstimmung): **1.** Bezeichnung für konsonante Intervalle im →griech. Tonsystem, zu denen ursprünglich Oktave, Quinte und Quarte, später noch die Terz gezählt wurden
2. Bezeichnung für den Zusammenklang der →Sphärenharmonie; allgemein für Musik und für bestimmte Musikinstr.
3. →*sinfonia*
symphonic (engl.): sinfonisch, →*sinfonico*
symphonic poem (engl.) →Sinfonische Dichtung

symphonie (franz.) →Sinfonie
symphonie à programme (franz.) →Programmsinfonie
symphonie concertante (franz.) →*sinfonia concertante*, →Konzertante
symphonique (franz.): sinfonisch; →*sinfonico*
Symphonische Dichtung →Sinfonische Dichtung
symphonischer Jazz →sinfonischer Jazz
symphony (engl.) →Sinfonie
Synagogenmusik: die während des jüdischen Gottesdienstes in den Synagogen gepflegte Musik mit →Psalmen-, →Sprech- (→Lektionston) und →Hymnengesang
syncopated music (engl.) →Ragtime
Synkope (griech. = Zusammenschlagen): die zumeist harmonisch bedingte Verschiebung des Grundmetrums bei Verlagerung der Akzente von betonten (schweren) auf ursprünglich unbetonte (leichte) Taktteile durch Überbinden (1) eines auf unbetontem Taktteil eintretenden Tones an den auf betontem Taktteil unmittelbar folgenden sowie durch das Aussparen (2) betonter Taktteile mit Pausen oder durch eine dem ursprünglichen Metrum entgegenwirkende Akzentuierung (3); z. B.

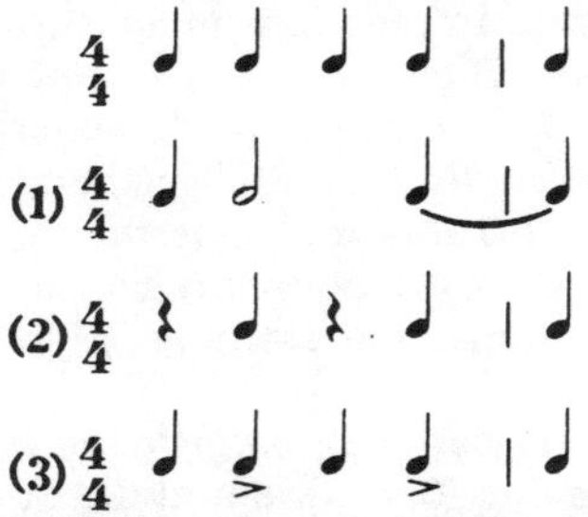

Synthesizer (engl. = Zusammensetzer): aus einer Reihe elektronischer Systeme (Module) bestehende Apparatur zur spannungsgesteuerten Erzeugung und Umformung elektronischer Klänge und Geräusche; sie ist mit einer Klaviatur zur Steuerung von Spannungsverläufen in den elektronischen Systemen versehen. Die Module des S. sind u. a. für folgende Grundfunktionen ausgelegt: Erzeugung von Steuerspannungen (→Oszillatoren), Erzeugung und Verarbeitung von Audiosignalen (→Tonfrequenzgeneratoren, Rauschgeneratoren, Hüllkurvengeneratoren, Oszillatoren, Vorverstärker, Filter) und Transformation von über Fremdeingänge eingegebenen zusätzlichen Signalen (z. B. Instrumentalklängen bei →*live electronic*). Außerdem zählen Modulations-, Misch- und Halleinrichtungen zu den Bausteinen der in unterschiedlicher Ausstattung entwickelten und heute für die →elektronische

Musik unentbehrlichen, vielfach an die Stelle aufwendiger Studioeinrichtungen getretenen mobilen S. – →Mellotron

synthetischer Akkord: von A. Skrjabin verwendete Bezeichnung für einen von den →Teiltönen 8–14 (→Obertonreihe) abgeleiteten Quartenakkord (c fis b e^1 a^1 d^2); auch *mystischer Akkord* genannt

syntonisches Komma →Komma (1.)

Syrinx (griech. = Röhre): griech. →Panflöte aus 5, 7 oder 9 mundstücklosen Rohrpfeifen meist unterschiedlicher Länge

System: 1. →Notenliniensystem **2.** →Tonsystem **3.** Klappensystem; →Klappen

systema teleion (griech.): vollständiges →griech. Tonsystem

Szene (griech.): **1.** musikalisch in sich nicht geschlossene rezitativische oder ariose Gesangspartie, der ein eigenständiges, abschließendes Gesangsstück folgt (z. B. Szene und Arie)
2. der Auftritt als kleinste Einheit eines (musik-)dramatischen Werkes innerhalb eines →Aktes
3. Schauplatz eines Handlungsablaufs; Theaterbühne

T

tabīl, tabl (arab.): arab. Bezeichnung für Schlaginstr. verschiedener Bauart; →Tabla

Tabla (ind.): in Indien als Doppeltrommel verbreitete kleine handgeschlagene →Einfelltrommeln arab. Herkunft, von denen die zylindrische hölzerne für die rechte Hand meist auf den Grundton abgestimmt ist, während die halbkugelförmige (zumeist aus Kupfer oder Ton) bei unterschiedlichem Auflagedruck der linken Hand verschiedene Tonhöhen zuläßt

tablature (franz., engl.) →Tabulatur

Taborpfeife: zur Trommel (*tabor*) gespielte volkstümliche provenz. Einhandflöte; →Schwegel

tabula compositoria (lat. = Komponiertafel): seit dem 16. Jh. bezeugte, möglicherweise aber schon weit früher benutzte Notierungshilfe in Form einer mit Pergament oder Leder bezogenen Holz- oder Schiefertafel zur Niederschrift mehrstimmiger Kompositionen

Tabulatur (lat. *tabula* = Tafel): **1.** Form der →Notation europ. solistischer Instrumentalmusik und der für Instr. übertragenen (intavolierten) Vokalmusik des 14.–18. Jh., die sich als Griffschrift der Buchstaben, Ziffern und Zusatzzeichen – auch mit Noten kombiniert – bedient; →Lautentabulatur, →Orgeltabulatur

2. die auf Täfelchen aufgezeichneten Singregeln des →Meistergesangs

tace, taci (ital.) →*tacet*

tacet (lat. = es schweigt): *MA* die bezeichnete Stimme oder das Instr. hat in dem betreffenden Abschnitt oder Satz zu pausieren

tactus (lat. = Schlag): in der musikalischen Praxis des 15. bis 17. Jh. die durch Auf- und Niederschlag der Hand angegebenen Zählzeiten ohne metrische Schwerpunktbildung (→Takt)

Tafelklavier: →Hammerklavier in Tafel- oder Kastenform

Tafelkonfekt: von verschiedenen Komponisten des 18. Jh. gewählte Bezeichnung für Sammlungen unterhaltender Lieder und Instrumentalstücke; →Tafelmusik

Tafelmusik: altüberlieferte Praxis der musikalischen Unterhaltung gelegentlich der Festessen an Fürstenhöfen oder der Bankette städtischer Honoratioren

tag (engl. = Aufhänger, Anhängsel): im Jazz die an einen →*chorus* angehängte musikalische Phrase

Tagelied: zumeist in Dialogform gestaltetes mehrstrophiges Lied des →Minnegesangs, das – wie bei Trobadors (→Alba) und →Trouvéres (→Aube) – den Abschied zweier Liebender bei Tagesanbruch zum Inhalt hat

Tagesoffizium →Offizium

tagliente (ital.): *VB* schneidend, scharf

tail gate (engl. = Ladeklappe): im Jazz scharfes, in →*hot*-Intonation angespieltes Posaunen- →Portamento, das für den Einsatz der Posaunen im →New-Orleans-Jazz charakteristisch ist und seinen Namen vom Platz des Posaunisten an der hinteren Klappe der Ladefläche von bei Festumzügen und Straßenparaden benutzten (Pferde-)Wagen herleitet

taille (franz.): →Mittelstimme; im franz. Sprachgebrauch des 16. bis 18. Jh. für →Tenor (-Sänger und -Stimme) gebraucht sowie für Instr., die diese Stimme zu spielen hatten

Takt: die Zusammenfassung mehrerer rhythmischer Werte zu einer durch →Taktstriche begrenzten metrisch geordneten Einheit von betonten (schweren) und unbetonten (leichten) Zählzeiten. Die *Taktart* wird im oder über dem Liniensystem durch *Taktbezeichnung* in Form von Brüchen angezeigt; dabei gibt der Nenner den rhyhtmischen Grundwert, der Zähler deren Anzahl innerhalb eines T. an. Unterschieden werden gerade (z. B. $\frac{2}{2}$, $\frac{2}{4}$, $\frac{4}{4}$) und ungerade (z. B. $\frac{3}{2}$, $\frac{3}{4}$, $\frac{9}{8}$), bzw. einfache (z. B. $\frac{2}{2}$, $\frac{2}{4}$ bzw. $\frac{3}{2}$, $\frac{3}{4}$) und zusammengesetzte (z. B. $\frac{4}{2}$, $\frac{4}{4}$ bzw. $\frac{6}{4}$, $\frac{6}{8}$) sowie unregelmäßige (z. B. $\frac{5}{4}$, $\frac{7}{4}$) Taktarten

taktieren: den Takt schlagen; →Dirigent

Taktstock: der seit Anfang des 19. Jh. vom →Dirigenten anstelle des auf den Fußboden gestoßenen großen Taktierstabes oder der Notenrolle benutzte kleine, etwa 30 cm lange Dirigierstock aus Elfenbein, Holz o. ä.
Taktstrich: senkrecht durch das Liniensystem gezogener Strich, der den →Takt begrenzt und gleichzeitig die nach dem T. stehende Note als Hauptschwerpunkt des Taktes ausweist
Taktzeichen, Taktbezeichnung, Taktvorzeichnung →Takt; →Mensurzeichen
talea (lat. = Teilstück): das mehrfach wiederholte rhythmische Grundgerüst sowie die daraus resultierende rhythmische Struktur des Tenor in der →isorhythmischen Motette; →*color* (2.)
taletta (ital.) →Ratsche
tallone (ital.), **talon** (franz.) →Frosch
tamboril (span.): kleine span. Trommel, mit der Hand geschlagen zur Einhandflöte *pito* (→Schwegel)
tambour (franz.): **1.** →Trommel **2.** →Militärtrommel, →Paradetrommel
tambour arabe (franz.) →*darabukka*
tambour de Basque, tambour basque (franz.): baskische Trommel, →Tamburin
tambour de bois africain (franz.) →Schlitztrommel
tambour d'empire (franz.) →Paradetrommel
tambour de Provence (franz.) →*tambourin* (*provençal*)
tambourin provençal, tambour(in) de Provence (franz.), **Tambourin: 1.** ⟨*Schlaginstr.*⟩ schlanke →Zweifell- (oder auch →Einfell-)Trommel mit zylindrischer Zarge (→Röhrentrommel), Strickverspannung (oder auch Spannschrauben), mit (oder ohne) Schnarrsaiten auf dem →Schlagfell; Felldurchmesser etwa 30 cm und Zargenhöhe etwa 60 bis 70 cm. Als volkstümliches Instr. der provenzal. Galoubetpfeifer (→*galoubet*) einhändig geschlagen mit keulenförmigem Schlegel (Knochen oder Elfenbein). Trommelinstr. ohne bestimmte Tonhöhe in Altlage mit einliniger Notierung (oder im 3. Zwischenraum); häufig ersetzt durch →Rührtrommel oder →Tom-Tom. Dagegen →Tamburin
2. Bezeichnung für lebhafte provenzal. Volkstänze, meist im $\frac{2}{4}$-Takt
tambourin à main (franz.) →Handtrommel, →Rahmentrommel (1.)
tambourine (engl.) →Tamburin
tambour militaire (franz.) →Militärtrommel
tambour roulant (franz.): **1.** →Wirbeltrommel **2.** →Rührtrommel

tambour sur cadre (franz.) →Rahmentrommel, →Handtrommel
Tamburâ: ind. Langhalslaute mit großem, fast rundem Kalebassenkorpus, bundlosem Hals und 4 als →Bordune mit den Fingern zu zupfenden Metallsaiten; →*tanbūr*
tamburello (ital.) →Handtrommel, →Rahmentrommel (1.)
tamburello basco, tamburo basco (ital.): baskische Trommel, →Tamburin
tamburica (serb.): kleine, in Jugoslawien gespielte 4saitige Langhalslaute in der Stimmung d^2 f^2 f^2 f^2; →*tanbūr*
tamburi di latte (ital.) →*steel drums*
Tamburin, *Schellentrommel*: ⟨*Schlaginstr.*⟩ →Einfelltrommel mit schmalem Holzreifen (Zarge) (→Rahmentrommeln [1.]), in den 8–20 Schellenpaare (auch als Doppelpaare) aus Messingblech eingesetzt sind und die mit der Hand oder gegen das Knie geschlagen wird; Felldurchmesser etwa 45–70 mm. Trommelinstr. ohne bestimmte Tonhöhe in Diskantlage mit einliniger Notierung (auch im 4. Zwischenraum mit oder ohne Baßschlüssel). (Gymnastik-)Tamburin ohne Schellen (= Handtrommel) →Rahmentrommel (1.)
tamburino (ital.) →Kleine Trommel, →Tamburin
Tamburinschellen: kleine beckenartige Metallscheiben aus Messingblech, die paarweise oder als Doppelpaar in schlitzartige Öffnungen in der Zarge des Tamburins (Schellentrommel) eingesetzt sind und durch Schlagerschütterung bzw. Schüttelbewegung (→Schüttelidiophone) das charakteristische Schellenklirren hervorbringen. →Stabpandeira
tamburo (ital.): Trommel
tamburo a frizione (ital.): Reibtrommel, →Brummtopf
tamburo alto, tamburo chiaro (ital.) →Kleine Trommel
tamburo basco (ital.): →Tamburin, Schellentrommel
tamburo basso (ital.): →Rührtrommel, Landsknechtstrommel
tamburo di Basilea (ital.) →Basler Trommel
tamburo di legno africano (ital.) →Schlitztrommel
tamburo di provenza (ital.) →Tambourin
tamburo grande (ital.) →Große Trommel
tamburo grosso (ital.) →Große Trommel
tamburo militare (ital.) →Militärtrommel, →Kleine Trommel
tamburo piccolo (ital.) →Kleine Trommel
tamburo rullante (ital.): **1.** (*con corde*) →Rührtrommel, →Paradetrommel
2. (*senza corde*) →Wirbeltrommel
tamburo tarole →Tarole-Trommel
Tamtam (ital. *tam tam*; franz., engl. *tam-tam*): ⟨*Schlaginstr.*⟩ runde, leicht gewölbte dicke Metallscheibe (Bronzelegierung) unterschiedlichen Durchmessers (40–150 cm) mit schmalem,

leicht nach innen gebogenem Rand (→Aufschlaggefäß), durchbohrt für seitliche Aufhängung; Geräusch- und Rhythmusinstr. ohne bestimmte Tonhöhe (dagegen →Gong) in Baßlage, notiert im 2. oder 3. Zwischenraum mit Baßschlüssel oder einlinig; metallisch rauschender, lang anhaltender Klang

tanbūr, tunbūr (arab.), auch **tambūr,** *Pandura*: unter verschiedenen Namen altüberlieferte mittelasiat. Langhalslaute pers. Ursprungs, mit kleinem bauchigem Holzkorpus und sehr langem, mit zahlreichen Bünden aus Darmseiten versehenem Hals. Die 3 oder 4 unterhalb der Decke an einem Saitenhalter befestigten Metallsaiten werden mit dem Plektron oder mit den Fingern gezupft

Tangente (lat. *tangere* = berühren): auf dem Ende der Tastenhebel besaiteter Tasteninstr. aufrecht stehend befestigtes Metall- (oder Holz-)stäbchen, das die berührte Saite abteilt (→Drehleier) bzw. zum Schwingen bringt (→Tangentenklavier) oder wie beim →Klavichord die Saite zugleich in Schwingung versetzt und teilt

Tangentenklavier, Tangentenflügel: besaitete Tasteninstr. des 18. Jh., deren Mechanik das Prinzip der →Tangente mit dem der →Hammermechanik verbindet

Tango: lateinamerik. Tanzform afro-kuban. Ursprungs im langsamen $\frac{2}{4}$-Takt (*T. argentino*) oder lebhaften $\frac{4}{8}$-Takt (*T. milonga*) mit stark synkopierter Rhythmik und Elementen der →Habanera und der →Milonga; seit etwa 1910 als moderner Gesellschaftstanz (Standardtanz) weltweit verbreitet

Tantiemen: Gewinnanteile der Urheber und Verleger an den Einnahmen der →Urheberrechtsgesellschaften aus Aufführungen urheberrechtlich geschützter Werke; auch das Beteiligungshonorar am Verkauf von Verlagsausgaben (Noten, Büchern) und Schallplatten

tanto (ital.): so viel, so sehr (mit *TB* und *MA*); z. B. *allegro ma non tanto*

Tantum ergo sacramentum (lat. = Also solch großes Heiligtum): die häufig vertonte 5. Strophe des Prozessionshymnus →*Pange lingua* im →Offizium der Passionszeit

Tanz: die Vielfalt gestalteter Körperbewegungen auf der Grundlage sich periodisch wiederholender Rhythmik als künstlerisches Ausdrucksmittel des einzelnen Menschen und einer menschlichen Gemeinschaft in Volkstanz, Gesellschaftstanz und Bühnentanz (→Ballett, →Ausdruckstanz)

Tanzmeistergeige, *Taschengeige* →Pochette

Tanzmusik: zum →Tanz gespielte Musik, deren rhythmisch-melodische Gliederung dem Bewegungscharakter des jeweiligen

Tanztyps entspricht; im engeren Sinne die einer Vielfalt stilistischer und ästhetischer Einflüsse unterliegende, sowohl rein instrumentale (z. B. Orchestertitel) als auch textgebundene (z. B. Schlager) Musik zu den Standard- und Modeformen geselliger Paar- und Formationstänze des →Gesellschaftstanzes. →Schlager, →Beat (4.), →Rock-Musik, →Pop-Musik, →Unterhaltungsmusik

Tanzpaar: die aus einem langsamen, vorherrschend geradtaktigen *Schreittanz* (→Vortanz) und einem schnellen, vorherrschend ungeradtaktigen *Springtanz* (→Nachtanz) gebildete paarweise Tanzzusammenstellung im 15. bis 17. Jh.; für das T. (z. B. Pavane-Galliarde; Allemande-Courante) besteht neben gemeinsamer Tonart häufig enge melodische und harmonische Verwandtschaft, die bis zum bloßen Austausch der Taktbezeichnung (→Takt) reicht. Das T. ist im 16. Jh. eine wichtige Vorstufe für die Herausbildung der →Suite

tapado (span.): *MA* gedämpft, gedackt

tape (engl.) →Magnettonband

tape-check-action (engl.): eine nach dem Prinzip der Repetitionsmechanik (→Hammermechanik) arbeitende, speziell für das aufrecht stehende →Klavier entwickelte (R. Wornum, 1842), wesentlich verbesserte Anschlagvorrichtung

tape recorder (engl.) →Magnettonbandgerät

tappato (ital.): *MA* gestopft, gedämpft

tār (pers. = Saite): **1.** in Persien und Mittelasien verbreitete, mit dem arab. →*tanbūr* verwandte Langhalslaute mit beweglichen Bünden; die Anzahl der mit einem Plektron gezupften oder dem Bogen gestrichenen Saiten schwankt bei den einzelnen Instrumententypen zwischen zwei (*dutār*), drei (*sitār*), vier (*čārtār*), fünf (*pančtār*) und sechs (*sastār*)
2. arab. Schellentrommel, →Tamburin

Tarantella (ital.): zur Begleitung von →Tamburin und →Kastagnetten paarweise getanzter südital. Volkstanz im schnellen $\frac{6}{8}$- (auch $\frac{12}{8}$- oder $\frac{3}{8}$-)Takt mit unregelmäßigem Wechsel von Dur- und Mollabschnitten; im 19. Jh. vielfach als virtuoses Instrumentalstück

tardando (ital.): *VB* verzögernd, langsamer werdend

tardo (ital.): *VB* zögernd, langsam, träge, schwerfällig

tárogató (ungar.): **1.** altüberlieferte, in der ungar. Volksmusik benutzte konisch gebohrte →Schalmei
2. um 1900 ein von W. J. Schunda entwickeltes Holzsaxophon bzw. großes Klarinetteninstr.

Tarole, Tarole-Trommel: sehr flache →Militärtrommel (Zargenhöhe 16–20 cm), aber auch flache →Kleine Trommel (Zargenhöhe 12–14 cm) mit Schnarrsaiten aus Darm

tarr (arab.): Schellentrommel, →Tamburin

Taschengeige, *Tanzmeistergeige* →Pochette

Taschenpartitur: kleinformatige →Studienpartitur

tastata (ital.): knappe präludienartige Einleitung der (Klavier-) →Suite

Tastatur (ital. *tastatura*) →Klaviatur

Taste: bei →Tasteninstr. ein der Kraftübertragung dienender Hebel, der als Teil der →Klaviatur über eine dem jeweiligen Instr. entsprechende →Mechanik bzw. →Traktur die Tonerzeugung auslöst

tasteggiando (ital.): *MA* die Tasten anschlagend

Tastenharmonika: →Glasharmonika mit →Klaviatur, bei der durch Tastendruck ein kleines Streichpolster gegen den Rand der rotierenden Schalen gepreßt wird

Tasteninstrumente: Sammelbezeichnung für alle mit einer Tastatur (→Klaviatur) versehenen Instr., ohne Berücksichtigung der Art ihrer Tonerzeugung; dazu zählen ebenso die besaiteten T. (z. B. Klavier, Cembalo, Klavichord) wie auch Celesta, Orgel sowie eine Reihe von →Harmonikainstr. und →elektronischen Musikinstr.

tastiera (ital.): **1.** →Griffbrett **2.** Tastatur, →Klaviatur; →Manual

tasto (ital.) →Taste

tasto solo (ital. = die Taste allein): *MA* die Baßstimme ist beim Generalbaßspiel allein, d. h. ohne Akkordaussetzung zu spielen

tatto (ital.) →Takt

tattoo (engl.) →Zapfenstreich

Tauchspulenmikrophon: nach dem elektrodynamischen Prinzip arbeitendes, besonders häufig eingesetztes →Mikrophon, bei dem die an einer Membran befestigte Spule in das Feld eines ringförmigen Magneten eintaucht und infolge der Membranbewegung in dem Magnetfeld hin und her schwingt und dabei elektrische Spannungen proportional der aufgenommenen Schallfeldgröße induziert

teatrale (ital.): theatralisch

teatro (ital.): Theater

tecla (span.) →Taste

teclado (span.): Tastatur, →Klaviatur; →Manual

tedesca (ital. = deutsch), *danza tedesca* →Deutscher Tanz; →*alla tedesca*

tedesco (ital. = deutsch), *ballo tedesco* →Deutscher Tanz

Te Deum (lat.): mit den Worten *Te Deum laudamus* (= Dich, Gott, loben wir) beginnender Hymnus, der in der röm.-kath. Liturgie als rezitativischer Lob- und Dankgesang u. a. zum

Abschluß der →Matutin an Sonn- und Festtagen erklingt und zahlreichen mehrstimmigen Vertonungen zugrunde liegt; →Ambrosianischer Lobgesang

Teiltöne, *Partialtöne*: *Ak* die Gesamtheit der beim Erklingen eines *musikalischen* Tones mehr oder weniger stark beteiligten *akustischen* Töne, d. h. der →Grundton (= 1. Teilton) mit seinen →Obertönen (1. Oberton = 2. Teilton usw.); →Obertonreihe

Teiltonspektrum →Klangspektrum

tema (ital.) →Thema

Tempelblocks: ⟨*Schlaginstr.*⟩ →Aufschlagidiophone korean., chin. oder jap. Ursprungs, die in Form eines Fischmauls oder einer bauchigen Herdenglocke aus einem ausgehöhlten Kampferholzklotz (→Holztrommeln) mit schlitzartigem Einschnitt an der Vorderseite gefertigt sind und einen Durchmesser von 10–50 cm haben; satzweise Verwendung annähernd im Tonbereich g^1–f^3 abgestimmter Einzelinstr., die an einem gemeinsamen Ständer befestigt sind und mit Gummikopfschlegeln angeschlagen werden; voller, runder Klang

Temperatur (lat. = richtige Mischung, Mäßigung), *temperierte Stimmung*: die mit dem mehrstimmigen Musizieren im 16. Jh. an Bedeutung gewinnende und seit dem 18. Jh. im europ. Tonsystem als gleichschwebende T. vorherrschende →Stimmung, die aus musizierpraktischen Gründen von der Aufteilung des Oktavraums in hörpsychologisch weitgehend gleiche und damit von der akustischen Reinheit (→harmonisch-reine Stimmung) abweichende →Intervalle ausgeht. Für Instr. mit festen Tonhöhen brachte zunächst die *mitteltönige* oder *ungleichschwebende T.* Ende des 16. Jh. Verbesserungen für die →Modulation in benachbarte Tonarten. Die große Terz c–e wurde harmonisch-rein gestimmt und damit der Unterschied zwischen großem und kleinem →Ganzton aufgehoben; das sich zwischen pythagoreischer und reiner Terz ergebende syntonische →Komma wurde auf die 4 Quinten über c aufgeteilt. Um 1700 erbrachte die 12stufige *gleichschwebende T.* die Voraussetzungen für das instrumentale Musizieren in allen Tonarten und die Modulation innerhalb des ganzen →Quintenzirkels; die Oktave (2 : 1 ist danach in 12 hörpsychologisch gleichgroße, temperierte Halbtöne $\left(\frac{\sqrt[12]{2}}{1}\right)$ von je 100 Cent geteilt. Dadurch sind alle Intervalle zwar nur annähernd rein, doch für das Musizieren auf Instr. mit festen Tonhöhen und ihr Zusammenwirken mit anderen sonst harmonisch-rein intonierenden Instr. sowie der menschlichen Stimme musikalisch praktikabel

temperierter Ganzton →Ganzton

temperierte Stimmung →Temperatur

tempestoso (ital.): *VB* stürmisch, ungestüm

temple blocks (engl.) →Tempelblocks

tempo (ital. = Zeit), **Tempo:** das den Schnelligkeitsgrad eines Musikstückes bestimmende Zeitmaß, bezogen auf die als Maßeinheit zugrunde liegende Zählzeit (→Takt). Tempovorschriften werden durch zumeist ital. *Tempobezeichnungen* (z. B. *allegro, andante*), →Metronomangaben (z. B. ♩ = 80) oder Angabe der Dauer eines Musikstückes oder Satzes in Minuten und Sekunden (z. B. 2′45″) gegeben; für Tempoveränderungen stehen entsprechende Vortragsbezeichnungen (z. B. *accelerando, ritardando*)

tempo comodo (ital.): *MA* im bequemen, günstig liegenden Zeitmaß

tempo di marcia (ital.): *MA* im Zeitmaß eines Marsches

tempo di minuetto (ital.): *MA* im Zeitmaß eines Menuetts

tempo di misura, tempo misurato (ital.): *MA* im festen Zeitmaß

tempo giusto (ital.): *MA* im richtigen, d. h. dem Charakter der Komposition angemessenen Zeitmaß

tempo libero (ital.): *MA* im freien Zeitmaß

tempo maggiore (ital.): *MA* im Allabrevetakt

tempo minore (ital.): *MA* im Vierviertelktakt

tempo ordinario (ital.): *MA* im Vierviertelktakt

tempo primo, tempo I (ital.): *MA* (wieder) im ersten, ursprünglichen Zeitmaß

tempo rubato (ital. = geraubtes Zeitmaß): *MA* in willkürlich schwankendem Zeitmaß (= freies t. r.); ursprünglich in der Musik des 17./18. Jh. die geringfügige Veränderung einzelner Notenwerte der Melodiestimme bei gleichbleibender Grundbewegung in der Begleitung (= gebundenes t. r.)

temps (franz.) →Tempo

tempus (lat. = Zeit): **1.** seit dem 14. Jh. in der →Mensuralmusik der das metrische Verhältnis von →Brevis zu →Semibrevis angebende Mensurgrad (neben *prolatio* und →*modus* [4.]); dabei bezeichnet *t. perfectum* die Unterteilung der Brevis in 3 Semibreven (Mensurzeichen: ○), *t. imperfectum* die in 2 Semibreven (Mensurzeichen: C); →Mensuralnotation

2. in den Anfängen der →Mensuralnotation (13. Jh.) ursprünglich die Zeitdauer der *brevis recta* als Zählzeit der einfachen →Brevis

tendrement (franz.): *VB* zart, zärtlich, weich

tenendo (ital.): *MA* (den Ton oder das Zeitmaß) haltend

teneramente (ital.): *VB* zart, zärtlich

tenero, con tenerezza (ital.): *VB* zart, zärtlich, weich; mit Zartgefühl

¹tẹnor (lat. *tenẹre* = halten): **1.** in der frühen Mehrstimmigkeit die den →*cantus firmus* tragende, zumeist in langen Notenwerten geführte und im vierstimmigen Satz zwischen *contratenor bassus* und *contratenor altus* liegende Stimme (→*cantus firmus* [2.])
2. in der →Psalmodie der auch als *tuba* bezeichnete →Repercussionston

²tenor (engl.): **1.** →¹*tẹnor*; →Tenọr **2.** im Jazz Kurzform für →*tenor saxophone*
3. veraltet für →Viola

Tenọr (ital. *tenọre*): **1.** ⟨*Stimmgattung*⟩ die hohe Männerstimme; Umfang des Chortenors c–a^1; als Solist etwa c–c^2. Fächer der Bühnenpraxis sind hoher, *lyrischer T.*, *Helden-T.*, *Charakter-T.* und *Spiel-T.* (Tenorbuffo)
2. Tenorsänger

tenora (katalan.): die melodieführende Tenor-→Schalmei in der →*cobla*

Tenorbanjo →Banjo

Tenorbariton →Bariton, →Heldentenor

Tenorbaßposaune: ⟨*Blechblasinstr.*⟩ →Posaune in Tenorlage mit $2\frac{1}{2}$-Ton- (F- oder Quartventil) und 1-Ton- (Es-)Ventil; Stimmung in B/F/Es ($_1$Des–$_1$B[$_1$H] C–c^2/f^2) – nichttransp. notiert im Tenor- und Baßschlüssel; im Klang dunkler und kräftiger als die →Tenorposaune

Tenorbuffo, *Spieltenor*: spezielles Rollenfach der musikalischen Bühnenpraxis (Stimmumfang etwa c–h^1); →Tenor mit schlanker, biegsamer Stimme und ausgeprägter, besonders humorvoller Spielbegabung

tenor drum (engl.) →Tenortrommel, →Wirbeltrommel

tenore (ital.) →Tenor

Tenorgeige →Viola tenore

tenor horn (engl.) →Althorn; →Altkornett; →Tenorhorn

Tenorhorn: ⟨*Blechblasinstr.*⟩ →Bügelhorn in Tenorlage in ovaler-, Trompeten-, Waldhorn-, Tuba- oder Helikonform mit überwiegend konisch gebohrtem Rohr, 3 oder 4 Ventilen und Bechermundstück; Stimmung in B (E–b^1), seltener C (Fis–c^2) – transp. notiert im Violin- (oktaviert) oder Baßschlüssel; ausschließliche Verwendung im Blasorchester

Tenorino (ital.): falsettierender Tenor; →Falsettisten

Tenorklausel: innerhalb der mittelalterlichen Mehrstimmigkeit die von der →*paenultima* zur →*ultima* einen Ganztonschritt abwärts führende typische melodische Schlußformel (→Klausel) der Tenorstimme

Tenorlied: mehrstimmiger deutscher Liedtyp des 15./16. Jh. mit der zumeist weltlichen Liedmelodie als →*cantus firmus* im Tenor

Tenorposaune: ⟨*Blechblasinstr.*⟩ →Posaune in Tenorlage; Stimmung in B (${}_1E$–${}_1B$//E–c^2/f^2) – nichttransp. notiert im Tenor- und Baßschlüssel; leuchtender, kraftvoller und auch in den hohen Registern weicher Posaunenklang

Tenorsaxophon: ⟨→*Holzblasinstr.*⟩ →Saxophon in Tenorlage mit schräg abgewinkeltem, leicht rückgebogenem Mundstückrohr und nach oben gebogenem Schalltrichter; Stimmung in B (As–es^2), in C (B–f^2) – transp. notiert im Violinschlüssel; im tiefen Register voller, warmer und im hohen Register heller, durchdringender Klang. Bevorzugtes Instr. des Jazz und der Tanzmusik

tenor saxophone (engl.) →Tenorsaxophon

Tenorschlüssel →C-Schlüssel

tenor trombone (engl.) →Tenorposaune

Tenortrommel →Wirbeltrommel

Tenortrompete →Baßtrompete

Tenorxylophon →Kastenxylophon, →Trogxylophon

tenso (provenz.) →*tenzone*

tenth (engl.) →Dezime

tento (port.) →*tiento*

tenue (franz.): Bindung

tenuto (ital. = gehalten): *MA* (den Ton mit gleichbleibender Tonstärke in seinem vollen Wert) ausgehalten; vgl. *sostenuto* (1.)

tenzone (ital.; provenz. *tenso*, franz. *tenson*): provenz. Wett- oder Streitgesang des 12./13. Jh., der von 2 Sängern (→Trobadors, →Trouvéres) auf bekannte Melodien zu aktuellen Themen vorgetragen wurde

Termenvoks (russ.) →Ätherophon

Terpsichore (griech. = die Tanzfreudige): Muse der Tanzkunst, der →Kitharamusik und der Chorlyrik in der griech. Mythologie

Terrassendynamik: die übergangslose Aufeinanderfolge von Abschnitten unterschiedlicher Lautstärke, z. B. beim →*concerto grosso* oder in der Cembalo- und Orgelmusik

Tertia →Terzregister

Tertian, Terzian: ⟨*Orgelregister*⟩ zu den →gemischten Farbregistern zählendes doppelchöriges →Obertonregister (Terz $1\frac{3}{5}'$ + Quint $1\frac{1}{3}'$; auch $\frac{4}{5}'$ + $\frac{2}{3}'$), das sich von der entgegengesetzt mensurierten Sesquialtera (1.) durch schärferen Klang unterscheidet

Terz (lat. *tertia* = die dritte): **1.** die 3. Stufe in diatonischer Tonfolge
2. →Intervall im Abstand von 3 Stufen, als große, kleine, übermäßige und verminderte T.

terza (ital.) →Terz

Terzenaufbau: in der →Harmonielehre des 18./19. Jh. das auf den Theorien J.-Ph. Rameaus fußende Prinzip, alle Akkordbildungen auf Terzenschichtung zurückzuführen

terzet (engl.) →Terzett

Terzett (ital. *terzetto*; franz. *trio*; engl. *terzet*): **1.** Komposition für drei solistische Singstimmen mit und ohne Begleitung; dagegen →Trio
2. Musiziergemeinschaft dreier Sänger(innen); dagegen →Trio

Terzgeige: kleine, eine Terz höher (= b f^1 c^2 g^2) als die →Violine gestimmte Diskantgeige des 17./18. Jh.; →*violino piccolo*

terzina (ital.) →Triole

Terzlage: Anordnung (→Lage [1.]) eines Akkordes mit der Terz des Grundtones in der Oberstimme

Terzquartakkord: **1.** eigentlich Terzquartsextakkord; die zweite Umkehrung eines →Sept(imen)akkordes mit der Akkordquinte im Baß
2. in der →Generalbaßlehre jeder Akkord mit Terz, Quarte und Sexte über dem Baßton; Generalbaßbezifferung $\substack{4\\3}$ oder $\substack{6\\4\\3}$

Terzregister, Terzstimme: das zu einem Grundregister (→Orgelregister) zur Verstärkung des 4. Obertones (Terz) hinzutretende →Obertonregister (z. B. im 8′ die Terz $1\frac{3}{5}'$)

Terzsept: ⟨*Orgelregister*⟩ zu den →gemischten Farbregistern zählendes doppelchöriges →Obertonregister (Terz $1\frac{3}{5}'$ + Septime $1\frac{1}{7}'$)

Terzverwandte →Medianten (1.)

tessitura (ital.), **tessiture** (franz.): Stimmlage (→Lage [3.]); Stimmcharakter (→Charakterfächer)

testa (ital.), **tête** (franz.): Kopf des Trommelstockes

testo (ital. = Text): im →Oratorium der die Handlung schildernde Text sowie der Erzähler, der diesen Text deklamiert; gleichbedeutend mit dem Evangelisten in der →Passion

testudo (lat. = Schildkröte): in der röm. Antike Bezeichnung für die →Lyra sowie jedes Saiteninstr. mit gewölbtem Korpus; im 15.–17. Jh. speziell für die →Laute

Tetrachord (griech. = Viersaiter): von den Saiten der →Kithara abgeleitete Viertonfolge, deren feststehende Außentöne das Intervall einer fallenden reinen Quarte bilden. Das T. ist Grundlage der durch unterschiedliche Anordnung seiner beiden Innentöne gebildeten griech. Tongeschlechter (→Diatonik, →Chromatik, →Enharmonik) und des aus mehreren aneinandergereihten und teilweise untereinander verschränkten Tetrachorden gebildeten *systema teleion* (→griech. Tonsystem), aus dem die →Oktavgattungen Ausschnitte darstellen. Die →Durtonleiter besteht aus 2 gleichgebauten Tetrachorden mit je 2 Ganztonschritten und einem Halbtonschritt

Tetraphonie (griech. = Vierstimmigkeit) →Quadrophonie

tetrardos (griech. = der vierte): ältere Bezeichnung für die vierte der ursprünglich vier authentischen mittelalterlichen →Kirchentonarten; seit dem 10. Jh. bezeichnet als →mixolydisch (g–g^1)

tetro (ital.): *VB* düster

Teufelsgeige, Teufelsbaß, *Bumbaß*: einfaches „Ein-Mann-Schlagzeug", bestehend aus einem etwa 2 m langen Holzstab, dessen Spitze ein geschnitzter Teufelskopf mit einem kleinen Beckenpaar, Glöckchen bzw. kleinen Rollschellen bildet und der am Fuß mit einer starken Spiralfeder mit Gummipuffer zum federnden Aufstampfen versehen ist; etwa in Drittelhöhe ist eine einfache Kleine Trommel angebracht, über die eine Darm- oder Stahlsaite bis zum Wirbelkasten unterhalb des Teufelskopfes gespannt ist, an der ein auf das Trommelfell schlagender Klöppel befestigt ist, der gleichzeitig mit dem Anreißen der Saite mittels des etwa 60 cm langen, gezahnten Schrapstockes ausgelöst wird

Textbuch →Libretto

Thema: ein aus →Motiven gestalteter musikalischer Grundgedanke innerhalb einer Komposition, der einerseits eine gewisse Abrundung und Geschlossenheit aufweist, andererseits aber die Möglichkeit zu weiterer Verarbeitung und Umbildung in sich trägt (→thematische Arbeit). →Periode; →Haupt- und →Nebenthema

thematische Arbeit: kompositionstechnisches Gestaltungsprinzip bei der Verarbeitung des motivischen Materials eines oder mehrerer →Themen eines →Satzes, wobei die motivisch-thematische Grundsubstanz trotz verschiedenartiger melodischer, harmonischer, rhythmischer, dynamischer Abwandlung, Verknüpfung usw. erhalten bleibt. →Durchführung

thematisches Verzeichnis: chronologisch, gattungsmäßig oder nach Werkzahlen (→*opus*) geordnetes Verzeichnis der musikalischen Werke eines oder mehrerer Komponisten, dem jeweils die Anfangstakte (→Incipit) des Werkes und seiner Sätze zur eindeutigen Werkbestimmung beigegeben sind. In der Regel erfolgen weitere Angaben zum Werk, u. a. über Satz- und Tempobezeichnungen, Besetzung, Aufführungsdauer, Entstehungszeit und -ort sowie gegebenenfalls den Textdichter

theme song (engl.): Erkennungsmelodie; vgl. *signature tune*

Theorbe (ital. *tiorba*): ⟨*Zupfinstr.*⟩ große Baßlaute (Erzlaute) mit einem an den ersten Wirbelkasten (für 6–8 Griffsaiten) anschließenden, über einen kurzen Zwischenhals (Knickhals) seitlich versetzten zweiten Wirbelkasten für die 8 freien Baßsaiten (→Bordunsaiten); ähnlich dem →Chitarrone bevorzugtes →Generalbaßinstr. in der Musik des 16.–18. Jh.

Theorbencister →Erzcister

Théréminovox (franz.) →Ätherophon

Thesis (griech. = Senkung): in der Musik der schwere, betonte Taktteil; beim Dirigieren der abwärtsgerichtete Schlag. Ursprünglich das Aufsetzen des Fußes beim Tanz; dagegen →Arsis

third stream (engl. = dritte Strömung), **third stream music:** Bezeichnung für einen Musizierstil, der Ende der 50er Jahre ausgehend vom →Modern Jazz mit seiner engen Bindung zur zeitgenössischen europ. Kunstmusik als selbständige Stilrichtung zwischen Jazz und Kunstmusik entstand

thorough bass (engl.) →Generalbaß

threnos (griech.), **Threnodia:** altgriech. Trauergesang, Totenklage

Thüringer Waldzither →Cister

thumb position (engl.): Daumenaufsatz

thunder sheet (engl.) →Donnerblech

tibia (lat. = Schienbein): **1.** meist paarweise gespielte röm. Knochenflöte, später lat. Bezeichnung für →Aulos
2. ⟨*Orgelregister*⟩ Flötenstimmen mit gedackten Labialpfeifen

tie (engl.): Haltebogen; Bindebogen; binden

Tiefenfilter →Rumpelfilter

Tiefenschrift: *EAk* auf T. A. Edison (→Phonograph, 1877) zurückgehende Schneidtechnik für die Schallaufzeichnung nach dem →Nadeltonverfahren, bei der die den Schallwellen entsprechenden Rillenauslenkungen von der Stichelspitze der Schneiddose senkrecht zur Schallplattenoberfläche in den Rillengrund der spiralförmigen Tonrille gegraben (*geschnitten*) werden. →(45°-)Stereo-Schrift

tiefer Alt →Kontraalt

tiento (span. = Versuch; port. *tento*): dem →Ricercar entsprechendes span. Instrumentalstück des 16.Jh., zumeist für Orgel

t(i)epido (ital.): *VB* lau, leidenschaftslos

timbale à clé (franz.) →Schraubenpauke

timbale à clé unique (franz.) →Kurbelpauke

timbale à pedale (franz.) →Pedalpauke

Timbalec, timbales electroniques (franz.): ⟨*elektrisches Musikinstr.*⟩ →Saiteninstr. zur elektroakustischen Erzeugung von Paukenklängen

timbales: 1. (franz.) Pauken **2.** (ital., engl.) lateinamerik. →Timbales

Timbales, lateinamerikanische: ⟨*Schlaginstr.*⟩ kleine →Einfelltrommeln afrik.-kuban. Herkunft, heute mit zylindrischer Zarge (→Röhrentrommeln) aus Metall (auch als paukenförmige →Kesseltrommeln), Spannschrauben, ohne Schnarrsaiten, paarweise mit etwas unterschiedlichem Felldurchmesser (etwa 31–36 cm), aber gleicher Zargenhöhe (etwa 20 cm) am Ständer befestigt und geschlagen mit Timbales- oder Trommelstöcken (auch Rundholzstäben, vgl. *claves*), aber auch mit den Fingerkuppen. Trommelinstr. mit annähernd bestimmbarer Tonhöhe im Bereich der kleinen Oktave und dem Tonabstand etwa einer Quarte zwischen dem Trommelpaar, zweilinig notiert (auch im Fünfliniensystem mit oder ohne Baßschlüssel)

timbales couvertes (franz.): *MA* (mit einem Tuch) bedeckte, d. h. gedämpfte Pauken

timbales cubani (ital.), **timbales cubaines** (franz.): lateinamerik. →Timbales

timbre (franz.): **1.** Klangfarbe eines Instr. oder speziell der Gesangsstimme
2. eine vorhandene, mit neuen Texten versehene Melodie

timbrel (engl.): Schellentrommel, →Tamburin

timbres (franz.) →Schnarrsaiten

time (engl. = Zeit) →Tempo; →Takt

time-signature (engl.): Taktbezeichnung (→Takt)

timido (ital. = schüchtern), **timiroso:** *VB* furchtsam, zaghaft

timpani (ital.): Pauken

timpani coperti (ital.): *MA* (mit einem Tuch) bedeckte, d. h. gedämpfte Pauken

timpano a chiave (ital.) →Schraubenpauke

timpano a macchina (ital.) →Maschinenpauke

timpano a manovella (ital.) →Kurbelpauke

timpano a pedali (ital.) →Pedalpauke

timpano girevole (ital.) →Drehkesselpauke

tintinnando (ital.): *VB* klingend, klingelnd

tinto, con (ital.): *VB* mit Farbe, mit Ausdruck; ausdrucksvoll

tiorba (ital.) →Theorbe

tiple (span.): **1.** →Sopran **2.** Diskant- →Schalmei der →*cobla*

tiplet (span.): auf Kuba und in anderen lateinamerik. Ländern gespielte 5saitige doppelchörige Diskant- →Gitarre mit der Stimmung a^1 d^2 g^1 c^2 e^2

tirade (franz. = Lauf; ital. *tirata*): →Verzierung in der Musik des 17./18. Jh., die zwei Melodietöne unterschiedlichen Abstands durch einen diatonischen →Lauf verbindet
tirana (span.): im 18./19. Jh. ein volkstümliches span. Tanzlied im $\frac{3}{8}$-Takt
tirando (ital.): *VB* ziehend; dehnend (im Zeitmaß)
tirasse (franz.) →Pedalkoppel
tirata (ital.) →*tirade*
tirato (ital.): *VB* gezogen; gedehnt (im Zeitmaß)
tira tutto (ital.): *MA* ziehe alle (Register); →volles Werk der Orgel
tiré, tirez (franz.) →Abstrich
Tirolese, Tirolienne →Tyrolienne
Tischgeige →Streichmelodion
toccare (ital.): *VB* berühren, treffen, schlagen
Toccata (ital.), *Tokkata*: **1.** fantasieartiges (→Fantasie [2.]), an die Improvisationspraxis anschließendes freigestaltetes Instrumentalstück, zumeist für Tasteninstr. oder Laute, in dem virtuoses Passagenwerk mit polyphonen und akkordischen Abschnitten abwechseln; häufig als Einleitungsstück ähnlich dem →Präludium, aber auch als Einleitungs- oder Finalsatz zyklischer Werke und selbständiges Orchesterstück
2. im 15./16. Jh. festliche Bläserfanfare mit Trompetensignal und Pauken; →Tusch
Toccatina (ital.): ein kurzes Stück in der Art der →Toccata
toccato (ital.): bis ins 19. Jh. der von den tiefen Trompeten ausgeführte Baßpart des →Fanfarensatzes; →Toccata (2.)
tocco (ital.): Anschlag
tof, thof (hebr.): kleine althebr. Handpauke
togliere (ital.): *MA* wegnehmen (z. B. Dämpfer, Register)
Tokkata →Toccata
tom (engl.): Kurzform für →*tom-tom*
Tombeau (franz. = Grabmahl): dem Gedächtnis eines Verstorbenen gewidmete Komposition unterschiedlicher Formgebung
Tom-Tom: ⟨*Schlaginstr.*⟩ **1.** kleine →Zweifelltrommel chin. Herkunft, heute mit zylindrischer Zarge (→Röhrentrommel) aus Holz, verstellbaren Füßen (größere Instr.) oder Befestigungsmöglichkeit an der Großen Trommel, Spannschrauben, ohne Schnarrsaiten und geschlagen mit Jazztrommelstöcken oder Paukenschlegeln; Felldurchmesser von 15 bis 50 cm und Zargenhöhe von etwa 15–60 cm. Trommelinstr. ohne bestimmte Tonhöhe in den Tonlagen Diskant–Baß mit jeweils einliniger Notierung (auch im Fünfliniensystem mit oder ohne Baßschlüssel)

2. *Einfell-Tom-Tom*, offenes Tom-Tom (auch Jazzpauke, Jazztrommel), häufig satzweise verwendet mit pauken- oder bongoähnlichem Klang und annähernd bestimmbarer Tonhöhe im Bereich der kleinen und eingestrichenen Oktave; transp. eine Oktave höher notiert mit oder ohne Violinschlüssel

Ton: *Ak* Gehörsempfindung mit eindeutig bestimmbarer Tonhöhe, die physikalisch auf einem periodischen Schallereignis mit sinusförmigem Schwingungsverlauf (→Sinusschwingung) beruht, sich als *musikalischer Ton* jedoch aus dem Grundton und seinen gleichzeitig erklingenden Obertönen (→harmonische Analyse) zusammensetzt und damit dem physikalischen →Klang (1.) entspricht. Als kleinster musikalischer Ausdrucksträger ist der T. definiert nach Tonhöhe, Lautstärke, Ton- bzw. Klangfarbe und Dauer als Fundamentaleigenschaften (Husmann), zu denen weitere, sich aus den linear-melodischen und vertikal-harmonischen Tonbeziehungen ergebende Eigenschaften hinzutreten. →Gehörpsychologie, →Musikpsychologie

Tonabnehmer →Abtastsystem

tonada (span.): Lied, Weise

Tonadilla (span. = Liedchen): im 18./19. Jh. das aus den kurzen, im Anschluß an kleine Einlagen bei span. Theateraufführungen vorgetragenen Refrainliedern entstandene volkstümliche Zwischenspiel (→Intermezzo), das sich zur Form des kleinen, der →*opera comique* nahestehenden span. Liederspiels (*t. escénica*) verselbständigte

tonal: melodisch und harmonisch auf einen Zentralton (→Tonika) und die modale oder harmonisch-funktionale →Tonalität bezogen; dagegen →atonal

tonale (ital.) →tonal

Tonale →Tonar

Tonalität: vom herrschenden →Tonsystem ausgehendes melodisches (→Kirchentöne) und harmonisches (→Dur-Moll-System) Bezugssystem von Tönen und Akkorden auf einen als Zentrum fungierenden Zentralton bzw. Grundakkord (→Tonika)

tonando, *tuonando* (ital.): *VB* donnernd

Tonar (lat. *liber tonarius* = Tonartenbuch), *Tonale*: nach den →Kirchentonarten geordnete Sammlung der →Gregorianischen Gesänge mit oder ohne dazugehörige Melodien

Tonart: die im →Dur-Moll-System harmonisch durch die →Kadenz und melodisch durch die →Tonleiter bestimmte, auf den jeweiligen Grundton bezogene Darstellung des →Tongeschlechts; →Dur- und →Molltonarten sind *gleichnamig*, wenn sie vom gleichen Grundton ausgehen (z. B. C-Dur : c-Moll) und *parallel*, wenn sie die gleichen Vorzeichen haben (z. B. C-Dur : a-Moll). Aufgrund ihrer →Quintverwandtschaft sind alle Dur- und Molltonarten auf dem →Quintenzirkel bzw. der →Quintenspirale darstellbar

Tonartencharakteristik: den einzelnen →Kirchentönen, →Tongeschlechtern und →Tonarten subjektiv zugeordnete Affekt- und Ausdrucksgehalte

Tonband →Magnettonband

Tonbezeichnung →Buchstabentonschrift; →Oktavbereiche

Tonbuchstaben →Buchstabentonschrift

Toncharakter: von J. Handschin geprägter Begriff, der inhaltlich mit dem der →Tonigkeit übereinstimmt

Tondichtung →Sinfonische Dichtung

tone (engl.): **1.** Ton; →Klang **2.** →intonieren

tone block (engl.) →Röhrenholztrommel

tone cluster (engl.) →*cluster*

tone-colour, tone-effect (engl.): Ton- bzw. →Klangfarbe

tone control (engl.): verstellbarer Innen-→Dämpfer der Trommel

Tonerzeugung: die Art und Weise, in der die einen Ton oder Klang hervorbringenden periodischen Schwingungsvorgänge ausgelöst werden

Tonfrequenz →Niederfrequenz, →Hörbereich

Ton(frequenz)generatoren, *Niederfrequenzgeneratoren*: mit Elektronenröhren oder Transistoren arbeitende Geräte zur Erzeugung niederfrequenter elektrischer Schwingungen bzw. Spannungsschwankungen in verschiedener Schwingungsform (Sinus-, Rechteck- bzw. Kipp-, Sägezahn-, Rausch-Generator), die der Tonerzeugung bei →elektronischen Musikinstr. und der Erzeugung elektronischer Klänge und Geräusche (→elektronische Musik) dienen

Tonfrequenzverstärker →Verstärker

Tongemisch: ein (in der →elektronischen Musik willkürlich herstellbarer) aus Tönen unterschiedlicher Frequenz zusammengesetzter →Schall; dagegen →Klang, →Geräusch

Tongeschlecht (griech.), **Tongattung: 1.** das durch die unterschiedliche Folge der Ganz- und Halbtöne gekennzeichnete →Dur (entsprechend dem ionischen Kirchenton) und →Moll (entsprechend dem äolischen Kirchenton) des seit dem 18. Jh. vorherrschenden →Dur-Moll-Systems

2. in der altgriech. Musiktheorie die durch unterschiedliche Anordnung der Tonstufen innerhalb des →Tetrachords unterschiedene →Diatonik, →Chromatik und →Enharmonik

tongue (engl.): **1.** →Zunge **2.** →Zungenstoß, →Zungenschlag (= *tonguing*)

Tonhaltepedal: zumeist beim großen (Konzert-)→Flügel als 3. Pedal zwischen Piano- und Fortezug angeordneter Pedalmechanismus, der im Gegensatz zum Fortezug während des Niedertretens nur die Dämpfung der zuletzt angeschlagenen Töne oder Akkorde aufhebt und während des Spiels weiterklingen läßt

Tonhöhe: *Ak* eine der wesentlichen Eigenschaften des musikalischen →Tons, die physikalisch von der Schnelligkeit der periodischen Abfolge des die Grundfrequenz hervorbringenden Schwingungsvorganges und damit der Anzahl der Schwingungen pro Sekunde (→Frequenz) bestimmt ist und vom menschlichen Ohr im →Hörbereich von 16–20 000 Hertz wahrgenommen wird. Die T.-Empfindung wird dabei durch Helligkeit und →Tonigkeit als Eigenqualitäten eines Tones sowie dessen Intensität mit geprägt

tonic (engl.) →Grundton; →Tonika

tonic sol-fa (engl.): von J. S. Curwen um 1840 entwickelte engl. Unterrichtsmethode zur Vermittlung von Tonvorstellungen mit Hilfe von →Handzeichen, abgewandelten →Solmisationssilben (doh – ray – me – fah – soh – lah – te) und einer daraus abgeleiteten Buchstabennotation (d, r, m, f, s, l, t; oktaviert als d^1, r^1... bzw. d_1, r_1...); eine deutsche Weiterführung ist →Tonika-Do

Tonigkeit, Toneigenfarbe, *Chroma*: von E. H. v. Hornbostel geprägter Begriff für jene Qualität des Tones, die als *Oktavphänomen* die Ähnlichkeit der Oktavtöne (aber auch der Quint- und Quarttöne) und damit die Eigenqualität eines Tones unabhängig von seiner Oktavlage kennzeichnet

Tonika: im Dur-Moll-System Bezeichnung für das tonale Zentrum als Grundton der →Tonart bzw. die über ihm gebildete →Hauptharmonie des →Tonikadreiklanges; →Kadenz (1.)

Tonika-Do: an →*tonic sol-fa* anknüpfende (A. Hundoegger um 1900) deutsche Unterrichtsmethode, die neben den abgewandelten →Solmisationssilben (*do-re-mi-fa-so-la-ti*) zur Benennung der auf wechselnden Grundton beziehbaren Tonstufen der diatonischen Tonleiter auch →Handzeichen zur Veranschaulichung von Tonvorstellungen benutzt

Tonikadreiklang, *T*: Dreiklang auf der 1. Tonleiterstufe (Grundton), der gemeinsam mit den Dreiklängen der →Dominante und der →Subdominante eine Tonart eindeutig bestimmt (→Kadenz [1.])

Tonikagegenklang, *Tg* bzw. *tG*: der den →Tonikadreiklang harmonisch vertretende leitereigene →Gegenklang, der sich in

Dur als Molldreiklang (= *Tg*) auf der 3. Stufe auf die Durtonika und in Moll als Durdreiklang auf der 6. Stufe auf die Molltonika bezieht; z. B. in C-Dur → *Tg* = e-Moll; in c-Moll → *tG* = As-Dur

Tonikaparallelklang, *Tp* bzw. *tP*: der den →Tonikadreiklang harmonisch vertretende leitereigene →Nebendreiklang, der sich in Dur als Molldreiklang (= *Tp*) auf der 6. Stufe auf die Durtonika und in Moll als Durdreiklang auf der 3. Stufe auf die Molltonika bezieht; z. B. in C-Dur → *Tp* = a-Moll; in c-Moll → *tP* = Es-Dur

Tonkanzellen →Kanzellen (1.)

Tonkanzellenlade: →Windlade der Orgel, bei der im Gegensatz zur →Registerkanzellenlade die Windzuführung für alle zu einer Taste gehörenden Pfeifen über eine gemeinsame Tonkanzelle (→Kanzellen [1.]) erfolgt; entsprechend der Steuerungsmechanik zum Ein- und Ausschalten der zugehörigen Register wird die T. als →Schleiflade oder →Springlade unterschieden

Tonkopf: zusammenfassende Bezeichnung für Aufsprech-, Hör- und Löschkopf eines →Magnettonbandgerätes

Tonkunst →Musik

Tonleiter: **1.** die stufenweise, nach der →Tonhöhe geordnete Folge von Tönen innerhalb einer Oktave, die durch die festgelegte Aufeinanderfolge der einzelnen Tonschritte (→Tongeschlecht) charakterisiert ist und von jedem beliebigen Ton ausgehen kann; →Durtonleiter, →Molltonleiter, →Ganztonleiter, →chromatische Tonleiter, →Zigeunertonleiter
2. →Materialtonleiter, →Gebrauchstonleiter, →Instrumentaltonleiter

Tonlochkanzellen →Kanzellen (2.)

Tonmalerei: in der →Programmusik besonders ausgeprägtes Gestaltungsverfahren der Nachahmung und assoziativen Stilisierung von optisch und akustisch erfaßbaren Naturerscheinungen (z. B. Gewitter, Sonnenaufgang, Meeresrauschen, Tierstimmen) sowie von Vorgängen aus den Bereichen menschlicher Tätigkeit (z. B. Jagd, Schlittenfahrt, Maschinenlärm) mit ausschließlich musikalischen Mitteln

Tonmeister: der für die Klangregie und die Qualität elektroakustischer Schallaufzeichnungen verantwortliche, gleichermaßen musikalisch wie technisch ausgebildete Mitarbeiter bei Rundfunk, Fernsehen, Film und Schallplatte

tono (ital.): →Ton, →Klang; vgl. *suono*

tonoi, *harmoniai* (griech. = Tonarten): die in der altgriech. Musikpraxis (z. B. beim Kitharaspiel) verwendeten, von einem beliebigen Ton ausgehenden Transpositionsskalen der →Oktavgattungen des →*systema teleion*. Durch Umstimmen und Verkürzen der Saiten war es damit möglich, unterschiedliche Oktavgattungen innerhalb des gleichen Oktavraums darzustellen

Tonpsychologie: die Lehre von den seelisch-geistigen Gesetzmäßigkeiten der musikalischen Gehörserscheinungen und den verschiedenen Arten des musikalischen Hörens (z. B. absolutes Gehör, relatives Gehör). →Gehörpsychologie →Musikpsychologie

Tonqualität →Tonigkeit

Tonsatzlehre: die Lehre von den Regeln des musikalischen Satzes, die als zusammenfassende Darstellung von →Kontrapunkt, →Generalbaß, →Melodie-, →Harmonie- und Rhythmuslehre auch der →Kompositionslehre zugrunde liegt

Tonstärke →Lautstärke

Tonsystem: Zusammenstellung des in seinen Tonbeziehungen innerhalb des Oktavrahmens geordneten und für die musikalische Praxis einer bestimmten Kultur, Kulturperiode oder Musizierrichtung charakteristischen Tonvorrats in enger Wechselbeziehung mit den →Stimmungen, →Modi (→Oktavgattungen, →Kirchentöne, →Tongeschlecht) und Melodiestrukturen (z. B. *maqāmāt*, *pelog*, *slendro*). →griechisches Tonsystem; →Dur-Moll-System

tonus (lat.): **1.** →Ganzton **2.** mittelalterliche Bezeichnung für Tonart (griech. *tonos*); →*tonoi*. →Kirchentöne

tonus mixtus (lat. = gemischte Tonart): mittelalterlicher →Kirchenton, bei dem der Umfang des authentischen um den des entsprechenden plagalen erweitert war

tonus peregrinus (lat. = fremde Tonart, wandernde Tonart): ein im späten Mittelalter zu den acht →Psalmtönen neu hinzugekommener; besonders in Verbindung mit dem („Pilger“-) Psalm 114 *In exitu Israel de Aegypto* (= Da Israel aus Ägypten zog)

Tonwortsystem: von C. Eitz (1892) entwickeltes Lautsystem für den Gesangsunterricht, das mit Konsonanten und Vokalen der Vermittlung von Tonvorstellungen unter Berücksichtigung der Unterschiede zwischen harmonisch-reiner und pythagoreischer Stimmung (→Komma) dient

top (engl.): Klavierdeckel

top part, top voice (engl.) →Oberstimme

Tordion →Tourdion

tornando al (primo) tempo (ital.): *VB* zum (ersten) Zeitmaß zurückkehrend

torupill (estn.): estn. →Sackpfeife

tosto (ital.): **1.** sofort; sobald (mit *VB*) **2.** *VB* eilig, hurtig, schleunig

touch (engl.): **1.** Anschlag, Bogenstrich **2.** anschlagen, spielen

touche (franz.) →Griffbrett

toujours lie (franz.): *MA* immer gebunden

Tourdion, *Tordion* (franz.; ital. *tordiglione*): im 16. Jh. verbreiteter franz. Hoftanz im raschen Dreiertakt, der als ungeradtaktiger →Nachtanz der →*basse danse* zugeordnet ist und etwa einer schnellen, ohne Sprünge getanzten →Galliarde entspricht

tournebout (franz.) →Krummhorn

tournez vite (franz.): *MA* (das Notenblatt) schnell umwenden!

toute la force (franz.): *MA* mit ganzer Kraft, mit höchster Lautstärke (*ffff*)

track (engl. = Spur): *EAk* **1.** Tonaufzeichnungsspur des in der Studiotechnik mit bis zu 32 Spuren nutzbaren →Magnettonbandes

2. die unmodulierte Lauf- bzw. Leerrille (zwischen getrennten Stücken) der →Schallplatte

tracker action (engl.): mechanische Spieltraktur; →Traktur

Tractus (lat. *cantus tractus* = fortlaufender Gesang), **Traktus:** psalmodischer, ohne antiphonische Unterbrechung ausgeführter melismenreicher Sologesang anstelle des →Hallelujah im →Proprium missae der Vorfasten- und Fastenzeit sowie an Tagen der Buße und Trauer

traditional (engl. = überliefert, traditionell): in Jazz, Tanz-, Unterhaltungs- und Volksmusik Bezeichnung für mündlich oder schriftlich überlieferte Melodien (z. B. Blues, Spirituals) und Kompositionen, deren Urheber unbekannt sind und die häufig zeitgenössischen Bearbeitungen bzw. Arrangements zugrunde liegen

traditional jazz (engl.) →historischer Jazz

tragédie lyrique, tragédie en musique (franz.): die von J. B. Lully begründete repräsentative franz. Oper des 17./18. Jh., deren Texte historischen oder mythischen Stoffen und dem Vorbild der klassischen franz. Tragödie (*tragédie classique*) verpflichtet waren; ihre musikalischen Merkmale sind: deklamierendes →Rezitativ, syllabisches →Air, große Chöre und Balletteinlagen in geschlossener →Szene

tragico (ital.): *VB* tragisch

tragicomico (ital.): *VB* tragikomisch

trainé (franz.): *MA* geschleift, gebunden

trait (franz.): rasche Tonfolge

trait d'harmonie (franz.): Akkordfolge

traité (franz.): Abhandlung, Lehrbuch

Traktur: 1. der Steuerungsmechanismus des Regierwerks der →Orgel, der als *Spieltraktur* die Verbindung von Tasten und

Spielventilen herstellt und die Windzufuhr zu den jeweils angesprochenen Pfeifen ermöglicht. Die bevorzugt verwendete *mechanische T.* bedient sich verschiedener Hebelkombinationen (Abstrakten), die *pneumatische T.* benutzt den (Arbeits-) Wind einer zusätzlichen Windlade und die *elektrische T.* das elektrisch erzeugte Magnetfeld zum Öffnen der Ventile
2. als *Registertraktur* oder *Registratur* die Betätigungsvorrichtung für die Registerzüge und →Spielhilfen (Koppeln, Kombinationen usw.), die meist mit dem Prinzip der Spieltraktur (s. o.) übereinstimmt und nur in einer kombinierten T. von dieser abweicht

Tramboline →Schrapstock

tranquillo (ital.): *VB* ruhig, still; gelassen

Transformieren, Transformation: 1. innerhalb des →Dur-Moll-Systems das Versetzen einer Tonfolge auf eine andere Stufe innerhalb derselben Tonart; dagegen →Transponieren
2. in der mittelalterlichen Musiklehre das Versetzen einer Melodie in einen anderen →Modus (1.), wobei sich auch die Lage der Halbtöne verändert

transition (franz., engl.), **transizione** (ital.): **1.** →Durchgang
2. →Ausweichung

Transkription: die sich durch weitgehende Beibehaltung der musikalischen Struktur von →Bearbeitung und →Paraphrase unterscheidende Übertragung bzw. Einrichtung eines Werkes für eine andere Besetzung

Transmission: ein Umschaltsystem, das bei der Orgel das Mitspielen einzelner Register eines Manuals im Pedal oder (entgegen dem →Werkprinzip) auch auf einem anderen Manual ermöglicht, ohne die →Koppeln einzuschalten

Transponieren, Transposition: das intervallgetreue Versetzen einer Komposition, eines Themas, einer Tonleiter usw. in eine andere Tonart; z. B. zur Anpassung an eine veränderte Stimmung oder abweichende Stimmlage

transponierende Instrumente: Instr., bei denen Notenbild und Klang nicht übereinstimmen; dazu zählen
(1.) Blasinstr., deren →Naturskala als C-Dur notiert wird, so daß z. B. die Angabe *Klarinette in A* bedeutet, daß der notierte Ton c als A erklingt; weiterhin →Englischhorn (F), →Klarinette (B, A), →Horn (F, B, F *alto* [= hoch], G *alto*), →Trompete (B, A, D, Es, F), →Kornett (B, A) u. a.
(2.) im weitesten Sinne auch Instr., die eine Oktave höher bzw. tiefer klingen als notiert, z. B. →Kleine Flöte, →Celesta bzw. →Kontrafagott, →Kontrabaß, →Gitarre

Transpositionsskalen →*tonoi*

Transversalwellen (lat. *transversus* = quer), *Querwellen*: elektromagnetische Wellen sowie mechanische Wellen, deren Masseteilchen senkrecht zur Fortpflanzungsrichtung schwingen und unter dem Einfluß der Formelastizität in festen Körpern (z. B. schwingenden Saiten und Membranen) neben →Longitudinalwellen entstehen

transverse flute (engl.) →Querflöte

traps (engl. = Sammelsurium): umgangssprachliche Sammelbezeichnung für die Schlag- und Effektinstr. im modernen Tanzorchester

Traquenard (franz. = Halbpaß): franz. Tanz des 17. Jh. im lebhaften $\frac{4}{4}$-Takt, dessen punktierter Rhythmus die als „Halbpaß" bezeichnete Gangart der Pferde nachahmt

trascinando (ital.): *VB* schleppend, langsamer werdend

trascrizione (ital.) →Transkription

trasognato (ital.): *VB* träumerisch, verträumt

trasposizione (ital.): Transposition, →Transponieren

trattenendo (ital.): *VB* zurückhaltend, aufhaltend, langsamer werdend

trattenimento (ital. = Unterhaltung) →Divertimento

trattenuto (ital.): **1.** *VB* zurückhaltend, langsamer **2.** *MA* ausgehalten; →*tenuto*

tratto (ital.): *VB* geschleppt, gedehnt

Trautonium: von F. Trautwein um 1930 konstruiertes →elektronisches Musikinstr., bei dem mit einem →Tonfrequenzgenerator niederfrequente Kippschwingungen erzeugt werden, die in Frequenz und Intensität über den veränderlichen Widerstand eines *Bandmanuals* (→Hellertion) vom Spieler beeinflußbar sind und über einen Verstärker dem Lautsprecher zur Schallabstrahlung zugeführt werden; um 1950 erweitert zum →Mixtur-Trautonium (O. Sala)

Traversierflöte (franz. *flûte traversière*) →Querflöte

treble (engl.): **1.** →Diskant, →Sopran **2.** Knabensopran

treble clef (engl.) →Violinschlüssel, →Diskantschlüssel

treble recorder (engl.) →Altblockflöte

treble string (engl.): Melodiesaite

tre corde (ital.): *MA* auf drei Saiten, dreichörig; bei Klavierspiel ohne →Verschiebung

Tredezime (lat. *tertia decima* = die dreizehnte): **1.** die 13. Stufe in diatonischer Tonfolge; d. h. die Sexte über der Oktave **2.** Intervall im Abstand von 13 Stufen mit einer (großen, kleinen, übermäßigen oder verminderten) Sexte über der Oktave

tremando, tremante (ital.): *VB* zitternd, bebend

tremblant (franz.): **1.** →Tremulant **2.** *MA* tremolierend, mit →Tremolo

tremblement (franz.) →Triller
tremblement chevroté, *chevrotement* (franz.) →Bockstriller
trembling (engl.): *MA* tremolierend, mit →Tremolo
tremolando (ital. = zitternd, bebend), **tremolante:** *MA* tremolierend, mit →Tremolo
tremolieren: 1. *MA* mit →Tremolo (1.) **2.** übertriebenes Vibrieren bzw. Flackern der Stimme, meist infolge fehlerhafter Gesangstechnik
Tremolo (ital. = Zittern): **1.** die schnelle Wiederholung desselben Tones, bei Streichinstr. durch raschen, gleichmäßigen Wechsel von Ab- und Aufstrich; entsprechend erzeugt bei Blasinstr. als →Flatterzunge, bei Schlaginstr. als →Wirbel
2. wiederholter rascher, gleichmäßiger Wechsel zwischen zwei Tönen (mindestens im Terzabstand) bei Streichinstr., Blasinstr., einer Reihe von Schlaginstr. und Klavier
3. eine Verzierung durch wiederholten schnellen Wechsel einer Hauptnote mit ihrer oberen oder unteren Nebennote; →Triller
4. im Gesang eine vibratoartige Verzierung, aber auch eine Folge fehlerhafter Gesangstechnik (→tremolieren [2.])
5. →Tremulant
Tremulant: in den Windkanal der Orgel eingebauter Mechanismus (z. B. Wippventil), der durch Einwirkung regulierbarer Windstöße bei dem den einzelnen Registern, einem Werk oder dem gesamten Pfeifenwerk zugeführten gleichmäßigen Spielwind periodische Druckschwankungen hervorruft, die dem Orgelklang ein sowohl dem →Tremolo (1.) als auch dem →Vibrato vergleichbares Beben verleihen
trenodia (ital.): Trauergesang, Totenklage; →*threnos*
Trepak (russ.): russ. Volkstanz in lebhaftem $\frac{2}{4}$-Takt
tres (span. = drei): dreisaitiges, doppelchöriges kuban. Zupfinstr., vornehmlich zur Begleitung des →*punto guajiro*
Tresca (prov., ital.; franz. *tresque*): mittelalterlicher Reigentanz und Tanzlied
tresillo (span. für Triole): rhythmisches Grundmodell der afrokuban. Musik neben dem →*cinquillo*
très lent (franz.): *TB* sehr langsam; →*adagissimo*
très vite (franz.): *TB* sehr schnell, sehr rasch; →*prestissimo*
tre volte (ital.): *MA* dreimal
Trezza: in der →Suite des 17. Jh. ein Tanzsatz in lebhaftem $\frac{6}{4}$- oder $\frac{6}{8}$-Takt
triad (engl.), **triade** (ital., franz.) →Dreiklang
Triangel (lat. *triangulum* = Dreieck; ital. *triangolo*; franz., engl. *triangle*): ⟨*Schlaginstr.*⟩ runder, zu einem gleichseitigen Dreieck gebogener Stahlstab von 5 – 15 mm Stärke und

15–30 cm Länge, der an den Enden hakenförmig nach außen gebogen ist, in einer der beiden Ecken an einem Faden aufgehängt und mit einem Metallstab angeschlagen wird; Geräusch- und Rhythmusinstr. ohne bestimmte Tonhöhe in höchster Diskantlage. Einlinig notiert, auch im 3. oder 4. Zwischenraum mit Violinschlüssel

trias (lat. = Dreiheit) →Dreiklang

trias harmonica (lat.): der konsonante Dur- (= *t. h. maior*) bzw. Moll- (= *t. h. minor*) Dreiklang

tric-ballac, tricca ballacca (ital.): neapolitan. →Rassel

trichord (engl.): dreisaitig, dreichörig

Trichter: **1.** Schalltrichter, →Schallstück **2.** →Aufsätze bei Lingual-, seltener Labialpfeifen der →Orgel

Trichtermundstück: trichterförmig gebohrtes →Mundstück bei Blechblasinstr., speziell für Hörner

Tricinium (lat.): dreistimmiger, kontrapunktisch gearbeiteter Vokal- oder Instrumentalsatz des 16./17. Jh. bzw. eine Sammlung derartiger Kompositionen; Vorläufer von Terzett und Trio

tricorde (ital.): dreisaitig, dreichörig

Trihemitonium (griech. *trihemitonion*): die kleine Terz im altgriech. Tonsystem

trill (engl.): **1.** →Triller; vgl. *shake* **2.** trillern

trillando (ital.): *MA* trillernd

trillato (ital.): *MA* getrillert

trille (franz.) →Triller

Triller, *tr* oder ~: Verzierung eines Melodietones durch mehrmaligen schnellen Wechsel zwischen Hauptnote und großer oder kleiner Obersekunde, beginnend mit der Nebennote oder mit der Hauptnote. Den eigentlichen T.-Schlägen, deren Anzahl sich nach der Länge des Notenwertes richtet, kann ein vorbereitender Anlauf (Abstützung) von oben (~) oder unten (~) vorangehen; den Abschluß bildet in der Regel ein →Nachschlag (~ bzw. ~) oder die →Antizipation (2.) der folgenden Note. Die sehr unterschiedliche Art der Ausführung des T. ergibt sich bei den nicht immer eindeutigen Trillerbezeichnungen aus der Kenntnis der →Aufführungspraxis

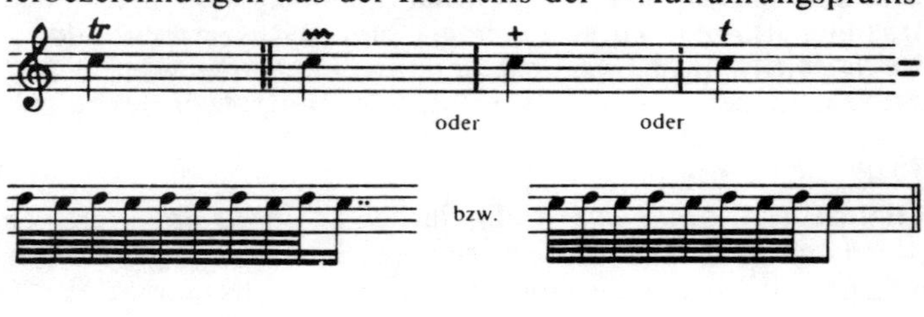

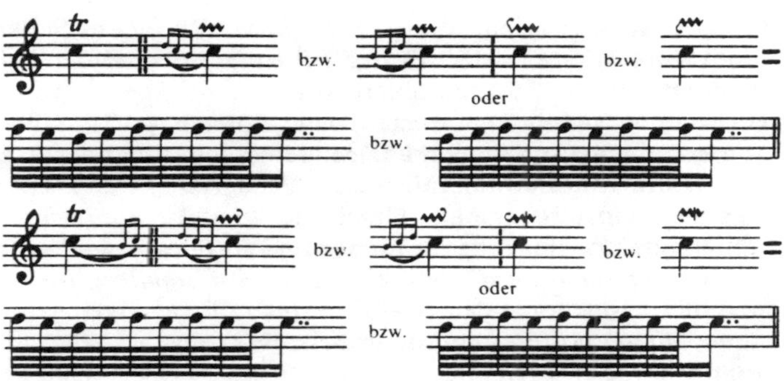

Trillerkette: eine Reihe von Trillern auf stufenweise ab- oder aufsteigender Tonfolge

trillo (ital.): **1.** →Triller **2.** ital. Gesangsverzierung des 17. Jh. in Form einer mehrmaligen, immer schneller werdenden Wiederholung desselben Tones

trillo caprino (ital.) →Bockstriller

trillo doppio (ital.) →Doppeltriller

Trio (ital.): **1.** Komposition für drei Instr. (z. B. Streichtrio, Bläsertrio, Klaviertrio); →Triosonate
2. Musiziergemeinschaft von drei Instrumentalisten
3. der mit dem wiederholten Hauptteil konstrastierende ruhigere, in den Balletteinlagen der →*tragédie lyrique* ursprünglich dreistimmig mit 2 Oboen und Fagott besetzte Mittelteil von Tanzsätzen (z. B. Menuett) zyklischer Werke (→Suite); in der klassischen →Sonatenform hat das T. von →Menuett oder →Scherzo ebenso wie bei späteren Marschsätzen meist die gleiche oder eine gegenüber den Hauptteilen wenig reduzierte Besetzung
4. →Terzett

Triodion (griech.): der aus nur drei →Oden zusammengesetzte →Kanon (4.) der byzantinischen Liturgie für die Fastenzeit

Triola: von der Mundharmonika abgeleitete gleichtönig-diatonische Kinder- →Blasharmonika mit farbigen Tasten: Umfang d^1, fis^1, g^1–g^2, a^2, h^2

Triole: eine Gruppe von 3 gleichen rhythmischen Werten, die mit hinzugesetzter Ziffer 3 für die Geltungsdauer von 2 oder 4 ihnen rhythmisch entsprechenden Notenwerten steht; z. B.

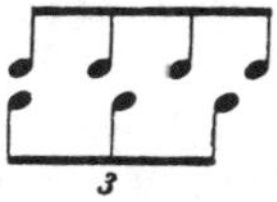

triolet (franz.) →Triole
triomphant, triomphante (franz.): *VB* triumphierend
trionfante (ital.): *VB* triumphierend
Triosonate: wichtigste Kammermusikgattung des 17./18. Jh. für zwei thematisch gleichrangige Melodiestimmen und eine →Basso continuo-Stimme, deren Verstärkung durch ein Generalbaßinstr. (Cembalo, Orgel oder Laute) bei ihrer konzertierenden Ausführung die beiden themenverarbeitenden Stimmen der *sonata a due* um eine dritte zur *sonata a tre* erweitert. Hauptformen der T. sind →*sonata da camera*, →*sonata da chiesa*, Trio-→Kanzone und Trio-→Suite
tripartitio (ital.): dreiteilig
Tripelfuge: →Fuge mit drei Themen; dazu →Doppelfuge, →Quadrupelfuge
Tripelkonzert: →Konzert für drei Soloinstr. und Orchester
Tripeltakt: Bezeichnung für dreiteilige Taktarten, wie $\frac{3}{2}$-, $\frac{3}{4}$-, $\frac{9}{8}$-Takt
Tripelzunge: Artikulationstechnik beim Blasinstrumentenspiel durch sehr schnelle, tremoloartige Tonwiederholungen mittels der in schnellem Wechsel artikulierten Verschlußlaute t-k-t. →Zungenstoß
Tripla, *Proportz* (lat. *proportia tripla*): dtsch. Bezeichnung für den dreizeitigen (tripeltaktigen) →Nachtanz
triple croche (franz.): Zweiunddreißigstelnote
triplet (engl.) →Triole
triplum (lat.): im mittelalterlichen Vokalsatz die 3. Stimme (neben →*cantus* und →*duplum*)
triste (ital., franz.): *VB* traurig
tristezza, con (ital.): *VB* voller Traurigkeit; traurig
triton (franz.), **tritone** (engl.), **tritono** (ital.) →Tritonus
Tritonus (lat. = Dreiton): aus drei Ganztönen bestehendes Intervall, das sowohl als übermäßige Quarte als auch als verminderte Quinte gedeutet werden kann; →*diabolus in musica*
tritos (griech. = der dritte): ältere Bezeichnung für die dritte der ursprünglich vier authentischen mittelalterlichen →Kirchentonarten; seit dem 10. Jh. bezeichnet als →lydisch (f–f^1)
Trittbalg →Balginstr.
triumphal march (engl.): Triumphmarsch, Siegesmarsch
Trobadors (provenz.), *Troubadours* (franz.): südfranz. Dichtermusiker des 11.–14. Jh., die mit ihren in provenz. Sprache (*langue d'oc*) verfaßten höfischen Minne-, Tanz- und Heldenliedern anregend auf die nordfranz. →Trouvéres und den dtsch. →Minnegesang gewirkt haben. Die T. sangen und begleiteten ihre zumeist einstimmigen Weisen selbst oder ließen

die →Kanzonen, →Sirventes, Streitlieder (→*tenzone*, →*jeu parti*), →Planctus und anderen Lieder von *joglars* (→Jongleur) und →*ménestrels* vortragen

Trogxylophon: ⟨*Schlaginstr.*⟩ einreihiges →Xylophon, dessen →Aufschlagstäbe über einem länglichen, oben offenen Holzkasten (Trog) angeordnet sind; Tonumfang: Sopran-(c^3–g^4), Alt-(c^2–a^3) und Tenor-(a^1–d^3) T., transp. eine Oktave tiefer notiert im Violinschlüssel

tromba (ital.) →Trompete

tromba da tirarsi (ital.) →Zugtrompete

tromba marina (ital.) →Trumscheit

trombone (ital., franz., engl.) →Posaune

Trommelbässe: abwertende Bezeichnung für eine durch ständiges schnelles Wiederholen desselben Tones gebildete einfache Baßbegleitung; dazu →Murkys

Trommelfell →Fell

Trommelinstrumente: Bezeichnung für die Gesamtheit der →Fellklinger (*Membranophone*) und die →Holztrommeln aus der Hauptgruppe der →Selbstklinger (*Idiophone*)

Trommeln: **1.** im engeren Sinne zweifellige Schlaginstr. (Zweifelltrommeln) mit zylindrischem Korpus (Zarge) aus Holz oder Metall, deren beide auf →Fellwickelreifen aufgezogene Membranen (→Schlag- und →Resonanzfell) aus Kalbs-, Ziegen-, Eselshaut oder Kunststoff mit →Felldruckreifen (Spannreifen) durch →Strickverspannung oder über verstellbare →Spannschrauben gespannt werden

2. Sammelbezeichnung für ein- (→Einfelltrommeln) und zweifellige (→Zweifelltrommeln) →Schlaginstr.

3. →Trommelinstr.

Trommelpfeife →Querpfeife

Trommelsaiten →Schnarrsaiten

Trommelspiralen: →Schnarrsaiten aus dünnen, auseinandergezogenen Spiralfedern aus Draht

Trommelstöcke, Trommelschlegel: ⟨*Schlagwerkzeug*⟩ dünne (Durchmesser etwa 15–20 mm), sich zur Anschlagstelle konisch verjüngende Stöcke aus Hartholz oder Kunststoff mit rundem oder eichelförmigem Kopf und einer Länge von etwa 35–40 cm

trompe (franz.): hornartiges Blechblasinstr. des 11.–13. Jh. mit geradem, konischem Rohr; im 17. Jh. als *t. de chasse* das eng mensurierte franz. →Jagdhorn

Trompete: **1.** ⟨*Blechblasinstr.*⟩ moderne Ventiltrompete mit überwiegend zylindrischem, eng mensuriertem, sich zur Stürze hin etwas erweiterndem und in langgestreckter Bügelform einfach gewundenem Rohr, 3 (Zylinder-)Ventilen, Stellventil und Kesselmundstück. Stimmung in B (e–b^2/es^3), umschaltbar nach A (es–a^2/d^3), in C (fis–c^3/f^3) und in F *basso* (H–f^2), umschaltbar nach Es *basso* (A–es^2); kleine Trompete in D (gis–d^3), für Clarinstimme (→*clarino*) bis B *alto* (e^1–b^3); Baßtrompeten in Es (Es–g^2), C oder B ($_1$B–d^2/f^2); transp. notiert im Violinschlüssel; heller, strahlender Klang. Hohe T. (→*clarino*) und Jazztrompete haben engere Mensur und Pump-(Perinet-)Ventile

2. ⟨*Orgelregister*⟩ Lingualpfeifen (16′, 8′, 4′) mit trichterförmigem Schallbecher und strahlendem Trompetenklang

Trompetengeige →Trumscheit

Trompeteninstrumente, *Horninstrumente* →Blechblasinstrumente

trompette (franz.) →Trompete

trompette à coulisse (franz.) →Zugtrompete

trompette marine (franz.) →Trumscheit

tronco (ital.): *MA* kurz abgebrochen, verkürzt

Tropar: Sammlung von Tropen (→Tropus), selbständig oder als Teil eines →Graduale oder →Antiphonale

Troparion: kurze, einstrophige Hymnenform als Grundlage der byzantinischen Hymnographie (u. a. →Kontakion, →Kanon [4.])

Tropen (lat.; griech. *tropos* = Wendung, Weise): **1.** bei J. M. Hauer für die 44 möglichen Konstellationen zweier sich zu Zwölftonfolgen ergänzender Sechstongruppen (Sechsklänge), die anstelle der →Reihen die Grundlage seines Systems der →Zwölftontechnik bilden

2. im 9.–16. Jh. sowohl die nachträgliche syllabische Textierung melismatischer Abschnitte als auch die Einschübe neu komponierter textloser oder textierter, den Haupttext umschreibender Melodieteile im →Gregorianischen Gesang

3. in Antike und frühem Mittelalter auch für →Oktavgattungen bzw. →Transpositionsskalen und →Kirchentöne

troppo (ital.): zu sehr, zu viel (mit *VB* und *MA*); z. B. *allegro ma non troppo*

Troubadours (franz.) →Trobadors

Trouvères (franz.): nordfranz. Dichtermusiker des 12./13. Jh., die ihre in franz. Sprache (*langue d'oil*) verfaßten, an die Liedkunst der →Trobadors anknüpfenden zumeist einstimmigen Weisen selbst vortrugen und nur noch selten →*ménestrels* dazu heranzogen. Neben den von den Trobadors übernommenen Liedtypen wurden volkstümliche Formen aufgegriffen und entwickelt; besonders gepflegt wurden: →Kanzone, →Sirventes, Streitlied (→*jeu parti*), →Lai, →Rotrouenge, Tagelied (→Aube) und Tanzlieder wie →Ballade und →Virelai

Trugschluß: harmonische Schlußformel (→Kadenz [1.]), die von der →Dominante nicht wie zu erwarten die →Tonika, sondern (bei →Dur) die Tonikaparallele bzw. (bei →Moll) den Tonikagegenklang erreicht (V–VI) und die Weiterführung der Kadenz in den →Ganzschluß erfordert

trumpet (engl.) →Trompete

trumpet marine (engl.) →Trumscheit

Trumscheit: Streichinstr., über dessen kantigen, sich nach oben verjüngenden bis zu 2 m langen Korpus eine einzige Saite von ihrer unteren Befestigung über den nur mit einem Fuß fest aufsitzenden Steg zum Wirbelkasten verläuft. Die Saite wurde zwischen Wirbel und Griffhand angestrichen, und die entstandenen →Flageolettöne erhielten durch den mit der Saitenschwingung schnell gegen die Decke des Korpus schlagenden freien Stegfuß einen trompetenartigen, schnarrenden Klang (= *Trompetengeige*). Das T. wurde vom 15.–18./19. Jh. u. a. in Nonnenklöstern (= *Nonnengeige*) anstelle der dort verbotenen Trompete (= *Marientrompete*) benutzt. →Bumbaß, →Teufelsgeige

tub, *washtub* (engl. = Waschzuber): als einfaches Schlaginstr. benutzter Holzbottich; im Jazz vielfach in Verbindung mit →*jug*, →*kazoo*, →*washboard* u. ä. zur Bluesbegleitung; →*skiffle band*

Tuba (lat.): **1.** ⟨*Blechblasinstr.*⟩ →Bügelhorn in Baßlage, in länglich gewundener Form mit etwa 4 m langem, weit mensuriertem konischem Rohr, das in einen nach oben gerichteten Schalltrichter mündet, 3–6 Ventilen, Umschalthebel (bei Doppeltuba) und Bechermundstück; Stimmung als →*Baß-T.* in Es ($_1$C–es^1) und F ($_1$Des–f^1), *Kontrabaß-T.* in C und B ($_1$Es–f^1), *Subkontrabaß-T.* in B ($_2$B–b) – nichttransp. notiert im Baßschlüssel. Baßinstr. der Bügelhörner (Blasorchester), Hörner, tiefen Holzblasinstr. und zur Verstärkung der Kontrabässe (Sinfonieorchester). →Helikon, →Sousaphon, →Kaiserbaß

2. trompetenartiges röm. Blechblasinstr. entsprechend der griech. →Salpinx

3. ⟨*Orgelregister*⟩ trompetenartige Zungenstimme (16′, 8′, 4′), im Pedal als Kontra-T. (32′)

4. →Reperkussionston

tuba curva (lat. = krumme Tuba): Ende des 18. Jh. nach antikem Vorbild gebautes einfaches, gekrümmtes Horn mit nur wenigen Naturtönen von großer Klangfülle

tubes de cloches (franz.) →Röhrenglocken

tubi di bambù (ital.), **tubes de bambou** (franz.) →Bambus-Pendelrassel

Tubo (span.), *Chocalho* (port.), *Schüttelrohr*: ⟨*Schlaginstr.*⟩ lateinamerik. Rhythmusinstr. (→Gefäßrassel), bestehend aus einem an beiden Enden verschlossenen Bambusrohr – auch einem dünnwandigen Röhrenkörper aus Holz oder Metall –, gefüllt mit einer kleinen Menge von Fruchtkörnern, Steinchen, Schrot o. ä., die durch Schüttelbewegung (→Schüttelidiophone) ein scharfes, durchdringendes Rasselgeräusch hervorbringen; das T. wird in Verbindung mit der →Cabazza nur für den gleichbleibenden Rhyhtmus der →Samba herangezogen

tubo sonore (ital.): Schüttelrohr, →Tubo

tubular bells, tubular chimes (engl.): →Röhrenglocken, Röhrenglockenspiel

tubular drum (engl.) →Röhrentrommel

tucket (engl.): Trompetentusch (→Tusch), →Fanfare

türkische Becken: in der Musikpraxis bevorzugte, stark nachhallende →Becken

türkische Musik →Janitscharenmusik

Tumba (span. *tumbadora*): guineische →Gefäßtrommel, ähnlich der →Conga (2.)

tumultuoso (ital.): *VB* stürmisch, übereilt, lärmend

tunbūr →*tanbūr*

tune (engl.): **1.** Melodie, Weise, Lied; Oberstimme **2.** stimmen, anstimmen

tuneful (engl.): melodisch

tuneless (engl.): unmelodisch

tuner (engl. = Abstimmer), **Tuner:** *EAk* Stereo-Rundfunkempfangsteil ohne eigenen Niederfrequenz- →Verstärker und →Lautsprecher zum Anschluß an vorhandene elektroakustische Übertragungsanlagen

tune up (engl.): **1.** heraufstimmen; (ein)stimmen **2.** zu singen bzw. zu spielen anfangen

tuning (engl.): Stimmung

tuning-fork (engl.): Stimmgabel

tuning-pipe (engl.): Stimmpfeife

tuonando →*tonando*

tuono a pugno (ital.) →Donnerblech

tupan: zweifellige Röhren- →Trommel mit Lederriemenverspannung, deren Oberfell mit einem Trommelstock und Unterfell mit einer →Rute angeschlagen wird; als volkstümliches Schlaginstr. in den Balkanländern, häufig zusammen mit einer Schalmei (→*zurna*) verwendet

turbae (lat. *turba* = Getümmel, Volk): in →Passion und →Oratorium Bezeichnung für die den solistisch auftretenden Personen (Christus, Evangelist und →Soliloquenten) gegenüberstehenden Chöre der Jünger, Juden, Kriegsknechte oder auch der Volksmassen

turbolento, turbinoso (ital.): *VB* unruhig, ungestüm, turbulent

turco, *alla turca* (ital. = türkisch): *VB* im Stil der türkischen (→Janitscharen-)Musik

Turkish crescent (engl.): Halbmond, →Schellenbaum

Turkish cymbals (engl.): türkische →Becken

Turkish music (engl.): türkische Musik, →Janitscharenmusik

Turmblasen →Abblasen

Turmglockenspiel →Carillon (1.)

Turmmusik: zum Turm- oder →Abblasen benutzte Musikstücke

turn (engl. = Drehung): **1.** Doppelschlag; Nachschlag des →Trillers

2. *MA* wende um!

turn over quickly (engl.): *MA* wende schnell um!

Tusch: ein besondere Wertschätzung ausdrückendes festliches Signal in Form eines aufsteigenden gebrochenen Akkordes; ursprünglich ausgeführt von Blechbläsern und Pauken. →Fanfare

tutta la forza (ital.): *MA* mit ganzer Kraft, mit höchster Lautstärke (*ffff*)

tutte le corde (ital.): *MA* auf allen Saiten; beim Klavierspiel Aufhebung der →Verschiebung nach Gebrauch des linken Pedals

tutti (ital. = alle): **1.** *MA* alle Stimmen gemeinsam; bei der Orgel volles Werk (→*organo pieno*)

2. das dem →*concertino* gegenüberstehende volle Orchester im →*concerto grosso*; vgl. *ripieno*

tutto il cembalo (ital.): *MA* auf allen Saiten des Cembalos; d. h. ohne Dämpfung

tuyaux d'orgue (franz.): Orgelpfeifen

twelve note technique (engl.) →Zwölftontechnik

Twist (engl. = Drehung, Verwicklung): Ende der 50er Jahre verbreiteter nordamerik. Modetanz, in dem sich motorische →Boogie-Woogie-Rhythmik und kommerzialisierter Musizierstil des →Rhythm and Blues verbinden

two beat (engl. = Zweischlag), **two beat jazz:** im Jazz die für das Musizieren weißer Jazzmusiker charakteristische Betonung der ersten und dritten Zählzeit des Vierermetrums im →Dixieland

twofold (engl.): *MA* zu zweit, doppelt besetzt; vgl. *a due*

Twostep (engl. = Zweischritt): nordamerik. Gesellschaftstanz im sehr schnellen $\frac{2}{4}$-Takt; er gelangte um 1900 nach Europa, konnte sich jedoch gegenüber dem →Onestep nicht behaupten

two-stroke roll (engl.): →Schlagmanier auf der Kleinen Trommel als Wirbel aus einer Kette von Doppelschlägen

txistu: zur Trommel gespielte baskische Einhandflöte mit 3 Grifflöchern

tympanic membrane (engl.): Trommelfell

tympanon (franz.) →Hackbrett

Tympanum (lat.; griech. *tympanon* = Schlaginstr.): **1.** im 16. bis 18. Jh. allgemeine Bezeichnung für (Heer-) →Pauke
2. in röm. Antike und Mittelalter ein- oder zweifellige →Trommelinstr.; ursprünglich die einfellige Handtrommel mit gewölbtem Resonanzkörper (= Handpauke) oder auch →Rahmentrommel der griech. Antike

Tyrolienne (franz.), *Tirolienne*: Tiroler Lied; im 19. Jh. dem →Ländler nachgebildeter volkstümlicher franz. Rundtanz im synkopierten $\frac{3}{4}$-Takt

U

'ūd (arab. *al-'ūd* = das Holz): altüberlieferte arab. Kurzhalslaute pers. Ursprungs mit geknicktem Hals, bauchigem, aus mehreren Spänen gefügtem Korpus, Querriegel und Flankenwirbeln für die Befestigung von 4 oder 5 in Quarten gestimmten doppelchörigen Darmsaiten, die im Gegensatz zur mittelalterlichen Musizierpraxis in den arab. Ländern zu melodischem Spiel wieder bundlos gegriffen und mit einem Plektron gezupft werden

udibile (ital.): *VB* hörbar

Überblasen: bei Blasinstr. die Technik, durch Art und Stärke des →Ansatzes die im Rohr schwingende Luftsäule zu unterteilen und dadurch anstelle des Grundtones einen höheren →Naturton (Oberton) hervorzubringen; Instr. mit konischer Bohrung überblasen in die Oktave (oktavierende Instr.), Instr. mit zylindrischer Bohrung in die Duodezime (→quintierende Instr.)

Überlagerung →Interferenz

übermäßiger Dreiklang: der aus zwei großen Terzen aufgebaute, harmonisch mehrdeutige Dreiklang mit dem Rahmenintervall einer übermäßigen Quinte

übermäßiges Intervall: der gegenüber einem reinen oder großen →Intervall um einen chromatischen Halbton vergrößerte Abstand zweier Töne; dagegen →vermindertes Intervall

Überschlagen: **1.** bei Blasinstr. und Orgelpfeifen das unbeabsichtigte →Überblasen

2. bei der Gesangsstimme das beabsichtigte (→Jodeln) oder unbeabsichtigte Umschlagen der Stimme in ein anderes Register

3. beim Klavierspiel das Kreuzen der Hände an Stellen, bei denen die linke Hand in höherer Oktavlage spielt als die rechte (und umgekehrt) oder aus spieltechnischen Gründen bei der Ausführung von →*arpeggio* und →Passagen

Übersetzen: 1. beim Spiel auf Tasteninstr. das mit dem →Fingersatz für eine Hand geforderte Übergreifen anderer Finger über den Daumen; dagegen →Untersetzen

2. das Kreuzen der Füße beim Pedalspiel auf der Orgel

Übersprechdämpfung: *EAk* das Maß für die Unterdrückung der gegenseitigen Beeinflussung nahe zusammenliegender Übertragungskanäle, die bei mehrkanaliger (→Stereophonie, →Quadrophonie) Schallaufzeichnung und -verstärkung etwa 40–55 dB betragen soll

Übersteuerung: *EAk* die Überschreitung der Eingangswerte eines elektrischen Bausteins, die in elektroakustischen Übertragungsanlagen zu →nichtlinearen Verzerrungen oder Gerätestörungen führt; dagegen →Aussteuerung

Übertragungskette: *EAk* die Gesamtheit der einzelnen Übertragungsglieder einer elektroakustischen Übertragungsanlage, die in den Übertragungsweg eines Schallereignisses vom Schallerzeuger bis zum aufnehmenden Ohr eingeschaltet ist; sie besteht in einfachster Anordnung aus →Mikrophon bzw. Wiedergabegerät für Schallaufzeichnungen (Schallplatte, Tonband), →Verstärker und →Lautsprecher

uguale, ugualmente (ital.): *MA* gleich, ebenso, ebenfalls; gleichmäßig

Uillean pipe →Union pipe

Ukulele (hawaiisch): ⟨*Zupfinstr.*⟩ kleine →Gitarre port. Ursprungs mit 4 Stahlsaiten (Stimmung a d^1 fis^1 h^1 oder g c^1 e^1 a^1), die mit einem Metallkamm (→Hawaii-Gitarre) verkürzt und mit einem Schlagring angerissen werden

ultima volta (ital.): *MA* (bei Wiederholungen) zum letzten Mal

ultima vox (lat. = letzter Ton), **Ultima:** der Schlußton der melodischen Schlußformel (→Klausel) in der mittelalterlichen Mehrstimmigkeit

Umdeutung →enharmonische Umdeutung

Umfang →*ambitus*

Umkehrung: 1. bei Intervallen die Oktavversetzung eines der beiden Töne, die zur Bildung des das Ausgangsintervall zur Oktave ergänzenden →Komplementärintervalls führt

2. bei Akkorden gegenüber der →Grundstellung eine Umordnung der Akkordtöne in der Weise, daß statt des Grundtones ein anderer Ton die Baßfunktion übernimmt: →Sextakkord, →Quartsextakkord; →Quintsextakkord, →Terzquartakkord, →Sekundakkord

3. bei Motiven, Themen, Melodien, Tonleitern, Tonreihen oder auch ganzen musikalischen Sätzen die spiegelbildliche (aus steigenden Intervallen werden fallende und umgekehrt) Tonfortschreitung in entgegengesetzter Richtung (→Gegenbewegung) unter mehr (real) oder weniger (tonal) strenger Beibehaltung der Intervalle; →Krebs

Umkehrungsintervall →Komplementärintervall

Umkehrungskanon →Gegenkanon

umore, con (ital.): *VB* mit Laune, mit Stimmung

umoresca (ital.) →Humoreske

umoristico, con umorismo (ital.): *VB* humorvoll, humoristisch; mit Humor

Umsingen, auch *Zersingen*: die besonders für das mündlich überlieferte →Volkslied charakteristische Praxis der sich über einen langen Zeitraum hinweg allmählich vollziehenden Variantenbildung durch melodische Veränderung schwer singbarer Intervalle, ungewöhnlicher Motive oder Rhythmen, melodische Erweiterung und Verzierung sowie durch Abwandlung des Textes, der Form usw. im Sinne einer Anpassung an die konkreten gesellschaftlichen Bedingungen

una corda (ital.): *MA* auf einer Saite, einchörig; beim Klavierspiel mit voller Verschiebung (linkes Pedal)

un'altra volta (ital.): *MA* noch einmal

un altro poco (ital.): noch ein wenig (mit *TB* oder *VB*)

una volta (ital.): *MA* einmal

unca (lat. = die gekrümmte): das Fähnchen der Achtelnote; auch für Achtelnote selbst

unda maris (lat. = Meereswelle): ⟨*Orgelregister*⟩ zu den Doppelstimmen zählendes weit mensuriertes *Schweberegister* (8′ oder 8′ + 4′), bei dem die jeweils auf einer Taste erklingenden beiden Labialpfeifen leicht gegeneinander verstimmt sind und zu →Schwebungen führen

Undezime (lat. *undecima* = die elfte): **1.** die 11. Stufe in diatonischer Tonfolge, d. h. die Quarte über der Oktave

2. →Intervall im Abstand von 11 Stufen mit einer (reinen, übermäßigen oder verminderten) Quarte über der Oktave

undicesima, undecima (ital.) →Undezime

ungherese, all'ungherese (ital.): *VB* ungarisch; im Stil der ungarischen (Zigeuner-)Musik

ungleichschwebende Temperatur, *mitteltönige Temperatur* →Temperatur

uni, unie (franz.): *VB* einfach, schlicht, ungekünstelt

uniforme (ital., franz.): *VB* gleichförmig, gleichmäßig, einheitlich

Union pipe, *Uillean pipe* (engl.): mit einem kleinen Blasebalg ausgestattete irische →Sackpfeife, deren eng mensurierte konisch gebohrte Melodiepfeife um eine Quinte tiefer steht als bei der schott. *bagpipe.* Die Tonhöhe der 3 oder 4 Bordunpfeifen ist durch geschlossene →Klappen veränderbar

unison (engl.), **unisson** (franz.) →*unisono*

unisono (ital. = Einklang): *MA* im Einklang, gleichstimmig, einstimmig; Parallelbewegung der bezeichneten Stimmen im Intervall der reinen Prime oder auch Oktave

unitamente (ital.): *MA* zusammen, vereint

Unitlade: →Kastenlade der →Multiplexorgel (engl. *unit organ*)

unito (ital.): *MA* zusammen, einheitlich, übereinstimmend

unit organ, *extension organ* (engl.) →Multiplexorgel

un peu (franz.): ein wenig (mit *VB* und *TB*)

un peu vif (franz.): *TB* ein wenig lebhaft

un pochettino (ital.): ein klein wenig (mit *VB* und *TB*)

un poco (ital.): ein wenig, etwas (mit *VB* und *TB*)

un poco meno (ital.): etwas weniger (mit *VB* und *TB*)

un poco più (ital.): etwas mehr (mit *VB* und *TB*)

Unterdominante →Subdominante

Unterfell →Saitenfell

Untergriff: Bogenhaltung beim Spiel historischer Streichinstr. (z. B. →Viola da gamba) und des Kontrabasses, bei der Zeige- und Mittelfingerspitze von unten an der Stange des Bogens liegen und Ringfinger sowie kleiner Finger den Frosch an der Unterseite berühren

Unterhaltungselektronik →Elektronik, →Musikelektronik

Unterhaltungsmusik: zusammenfassende Bezeichnung für die dem natürlichen Unterhaltungsbedürfnis des Menschen mit sehr unterschiedlichem ästhetischen Anspruch Rechnung tragenden Erscheinungsformen musikalischer Unterhaltung, die seit der 2. Hälfte des 19. Jh. vom künstlerisch anspruchslosen, auf bloße Zerstreuung ausgerichteten Musikstück der sog. leichten Muse bis zur gehobenen, an volkstümliche Musizierformen anknüpfenden und daher leichter zugänglichen Komposition der sog. ernsten Musik reichen.

Einer mit der Entwicklung der technischen Medien wie Rundfunk, Fernsehen, Schallplatte und Musikkassette in vielen Ländern zunehmenden Konsumorientierung der U. – sowohl im Hinblick auf Komposition, Bearbeitung und Interpretation, wie auch auf Produktion (→Sound) und kommerzielle Vermarktung – stehen Bemühungen gegenüber, in neuen Formen und Werken der Tanz- und Unterhaltungsmusik und nicht zuletzt auch in der Sinfonik hohe künstlerischästhetische und vielfältig gesellig-unterhaltende Ansprüche miteinander zu verbinden. →Tafelmusik, →Salonmusik, →Tanzmusik, →Pop-Musik, →Beat (4.), →Rock-Musik

Unterklang: in der dualistischen Harmonielehre (nach S. Karg-Ehlert) der als absteigend gekennzeichnete →Molldreiklang; dagegen →Oberklang

Untersatz: **1.** (*Orgelregister*) in der Regel gedackte tiefe Orgelstimme 32' oder 16' im Pedal (→Subbaß), auch als Manual-U. **2.** →Untersetzen

Untersetzen: beim Spiel auf Tasteninstr. das mit dem →Fingersatz für eine Hand geforderte Daruntergreifen des Daumens unterhalb anderer Finger

Unterstimme: die tiefste Stimme (→Außenstimmen) eines mehrstimmigen Satzes; →*fundamentum*

Untertöne: *Ak* experimentell nachgewiesene Töne einer Tonreihe, die sich als Umkehrung der Obertonreihe darstellen läßt und der theoretisch entwickelten dualistischen Harmonielehre (nach v. Oettingen, Riemann u. a.) zugrunde liegt

up-beat (engl.): **1.** →Auftakt, auftaktig **2.** Aufschlag des Dirigenten

up-bow (engl.) →Aufstrich

upperhead (engl.) →Oberfell, →Schlagfell

upper partials (engl.) →Obertöne

upright piano (engl.) →Pianino

Uraufführung: die erste öffentliche Aufführung eines Werkes

urgent (franz., engl.), **urgente** (ital.): *VB* drängend, dringend, eilig

Urheberrecht: auf dem Gebiet der Musik die gesetzliche Grundlage für den Schutz nichtdramatischer Werke der Musik (→Kleines Recht) und musikdramatischer Werke (→Großes Recht), für die Sicherung der rechtlichen, ökonomischen und sozialen Belange der Urheber und für die Verbreitung der urheberrechtlich geschützten Werke. Das U. beinhaltet das Persönlichkeitsrecht des Urhebers (u. a. das Recht auf Anerkennung der Urheberschaft, auf Namensnennung, Erstveröffentlichung, Unverletzlichkeit des Werkes) und seine Werknutzungsrechte (u. a. das Recht zur Vervielfältigung, Verbreitung, Aufführung, Sendung, Bearbeitung, Aufnahme des Werkes auf Tonträger). Das U. ist vererbbar; die Schutzfrist endet in Deutschland 70 Jahre nach dem Tode des Urhebers.

Die Werknutzungsrechte (Verwertungsrechte) werden vom Urheber in der Regel einer *Urheberrechtsgesellschaft* (Verwertungsgesellschaft) bzw. einem Verlag übertragen. Im Gegensatz zur öffentlichen Verwendung gestattet das U. zum persönlichen Gebrauch im privaten oder beruflichen Bereich die freie Verwendung eines geschützten Werkes ohne Zustimmung des Autors und ohne Honorarzahlung. →Aufführungsrecht; →Copyright

urlando (ital.): *VB* heulend, schreiend, brüllend

Urtext: eine durch Quellenvergleiche wissenschaftlich erarbeitete, u. a. von Fehlern und Zusätzen befreite Werkgestalt, von der anzunehmen ist, daß sie der vom Komponisten beabsichtigten authentischen Fassung entspricht; hohen Quellenwert haben dabei →Autograph, →Originalausgabe und →Erstdruck

uscire di tono (ital.): *MA* vom Ton abweichen, falsch singen

usign(u)olo (ital.) →Nachtigall

ut: **1.** Tonsilbe für die erste Tonstufe der mittelalterlichen →Solmisation; heute *do*
2. franz. für den Ton c

ut bémol (franz.) →ces

ut bémol majeur (franz.) →Ces-Dur

ut dièse (franz.) →cis

ut dièse majeur (franz.) →Cis-Dur

ut dièse mineur (franz.) →cis-Moll

ut double bémol (franz.) →ceses

ut double dièse (franz.) →cisis

ut majeur (franz.) →C-Dur

ut mineur (franz.) →c-Moll

ut supra (lat.): *MA* wie oben, wie vorher

V

vacante (ital.): leer, frei

vacat (lat. = es ist nicht vorhanden): leer; leerbleibende (Manuskript-)Seite

vacillando (ital.): *VB* schwankend, flackernd; zögernd

vagans (lat. = der Wandernde), **Vagans:** eine im 16. Jh. zum vierstimmigen Satz hinzutretende 5. Stimme (= *quinta vox*), die an keine feste Stimmlage gebunden war und innerhalb einer Chorsammlung zusammen mit dem →Stimmbuch zwischen den Stimmlagen der Hauptstimmen „wanderte“; →Quintus

Vaganten: fahrende Studenten (lat. *clerici vagantes*) des Mittelalters, deren weltliche lat. Lyrik (= *Vagantenlyrik*) in volkstümlichen Liebes-, Trink- und Spottliedern (z. B. *carmina burana*) des 12./13. Jh. mit Melodien in linienlosen →Neumen überliefert ist

vago (ital.): *VB* unbestimmt, unklar; flüchtig

valore delle note (ital.) →Notenwert

valse (franz.) →Walzer

Valse Boston →Boston

valsette (franz.): kleiner →Walzer

value of notes (engl.) →Notenwert

valve (engl.), **valvola** (ital.) →Ventil, →Klappe

valzer (ital.) →Walzer

vamp (engl.): **1.** das →Improvisieren einer Begleitung oder Einleitung, besonders in der →Unterhaltungsmusik
2. *MA* improvisierend begleiten

variable Metren: von B. Blacher (1950) eingeführte Methode der Formung übergeordneter metrischer Einheiten durch einen mathematischen Gesetzen folgenden Wechsel unterschiedlicher Taktlängen

Variante: 1. von der Originalgestalt nur in Einzelheiten abweichende Lesart ein und derselben Stelle innerhalb desselben Werkes oder auch in einer weiteren überlieferten Fassung dieses Werkes (→Umsingen, →Urtext); dagegen →Variation
2. →Variantklang

Variantklang, Varianttonart: nach H. Riemann die Geschlechtsumdeutung eines Dur- oder Molldreiklanges durch Veränderung (Erhöhung bzw. Erniedrigung) der Terz; z. B. als Durvariante der Tonika (*Tonikavariante*) von c-Moll (c e g anstelle c es g) oder als Mollvariante der Subdominante (*Subdominantvariante*) von C-Dur (f as c anstelle f a c), die als *gleichnamige Tonarten* vom gleichen Grundton ausgehen (dagegen →parallele Tonarten)

variatamente (ital.): *MA* abwechselnd

Variation (lat. *variatio* = Veränderung): **1.** musikalisches Gestaltungsprinzip, das auf der melodischen, harmonischen, rhythmischen, metrischen, satztechnischen, formalen und instrumentatorischen Veränderung von gegebenen, mehr oder weniger in sich geschlossenen musikalischen Abschnitten sowie deren Umgestaltung durch Hinzufügen neuer Gestaltungselemente beruht. →Chaconne, →Passacaglia; →Folia
2. als zyklische Variationsform ist die V.-Reihe (meist als *Thema mit Variationen*) im wesentlichen von der *Melodie-V.* bestimmt, die vornehmlich durch die verschiedenartige Umspielung (→Diminution, →Figuration, →Kolorierung) der

melodischen Grundgestalt bei unveränderter Harmonik gekennzeichnet ist. In freierer thematischer Gestaltung erscheint die Melodie-V. im 19. Jh. in Form der *Fantasie-* und der *Charakter-V.* auch als V.-Satz zyklischer Werke

variato (ital.): *VB* verändert, abgewandelt, variiert

variazione (ital.) →Variation

varié, variée (franz.): *VB* verändert, abgewandelt, variiert

varied (engl.): *VB* verändert, abgewandelt, variiert

Varsovienne (franz.): im 19. Jh. verbreitete, vermutlich franz. Variante der →Mazurka im langsamen $\frac{3}{4}$-Takt; benannt nach der poln. Hauptstadt Warschau

Vaudeville (franz.): seit dem 16. Jh. die aus der franz. →*chanson* hervorgegangenen volkstümlichen Liedeinlagen der Pariser Stegreifkomödie, die verselbständigt als Liederspiele (V.-Komödien) zur Hauptform des franz. Singspiels im 18. Jh. wurden und als Vorläufer der →*opera comique* anzusehen sind

veemente (ital.): *VB* heftig, ungestüm

vellum (engl.): Pergament, →Kalbfell

veloce, con velocitá (ital.): *TB* schnell, geschwind, rasch; mit Schnelligkeit (Geschwindigkeit, Geläufigkeit). Vgl. *presto*

velocissimo (ital.): *TB* sehr schnell, sehr rasch; vgl. *prestissimo*

velocity (engl.): Schnelligkeit; Geläufigkeit, Fingerfertigkeit

Venetian swell (engl.) →Jalousieschweller

Veneziane →Giustiniane

Veni sancte spiritus (lat. = Komm heiliger Geist): Pfingst- →Sequenz der röm.-kath. Liturgie

Ventil (lat. *ventus* = Wind): mechanische Vorrichtung zur Beeinflussung des Luftstromes; **(1.)** bei →Blechblasinstr. ermöglichen franz. Pump- oder Kolben-V. und dtsch. Zylinder- oder Dreh-V. durch Hinzuschalten von Zusatzbögen (→Stimmbögen) mit der Verlängerung des Schallrohres eine Vertiefung ihrer Grundstimmung und damit das Blasen weiterer bzw. aller Töne der chromatischen Skala. In der Regel kommen 3 Ventile zur Anwendung (u. a. bei Horn, Trompete, Kornett, Flügelhorn), von denen das erste die Stimmung um einen Ganzton, das zweite um einen Halbton und das dritte um eine kleine Terz erniedrigt. Ein viertes, um $2\frac{1}{2}$ Töne erniedrigendes V. tritt bei Instr. in tieferer Stimmlage (z. B. Tuba, Baßtrompete) hinzu. Zusätzliche Kompensations-V. korrigieren auftretende Intonationsdifferenzen. Umschalt-V. verändern die Grundstimmung eines Instr. (z. B. der B-Trompete nach A). →Klappen

(2.) bei der →Orgel regulieren Spiel-V. die Windzufuhr zu den Pfeifen (→Windladen), während Fang-, Saug- oder Schröpf-V. die Luftaufnahme durch die Bälge des Gebläses und Kropf-V. die Zufuhr der komprimierten Luft zu den Windkanälen regeln

Ventilhorn →Horn

Ventilposaune: →Posaune, die anstelle des ausziehbaren Zuges mit 3 oder 4 →Ventilen ausgestattet ist; seit 1839 im ital. Opernorchester verwendet, heute im Blasorchester und im Jazz. Stimmung in F ($_1$Des–g^1/c^2) und in B ($_1$Es–e^2/f^2) – nichttransp. im Baß- und Tenorschlüssel notiert

venusto (ital.): *VB* anmutig, gefällig

Veränderung: **1.** →Variation, →Metamorphose **2.** Ende des 18. Jh. auch Bezeichnung für →Register (2.) bei besaiteten Tasteninstr.

verbunkos (ung.), **Verbunkos-Musik:** im 18. Jh. mit Werbetänzen im lebhaften, synkopierten $\frac{2}{4}$- oder $\frac{4}{8}$-Takt verbundene instrumentale ung. Musizierweise, die im 19. Jh. starken Einfluß auf die ung. Zigeuner- und Unterhaltungsmusik gewann

verdeckte Oktaven, verdeckte Quinten: von einem beliebigen Intervall zur Oktave oder Quinte hinführende unvollkommene Parallelbewegung zweier Stimmen im mehrstimmigen Satz, die nach den Regeln des strengen Satzes als verboten gilt; →Parallelen

Verdeckung: *Ak* im Zusammenhang mit der →Adaptation (1.) auftretende Erscheinung, derzufolge beim Hören verschieden hoher Töne oder Geräusche die Empfindlichkeit für diejenigen mit der schwächeren Intensität in Abhängigkeit von der Frequenzlage soweit herabgesetzt ist, daß tiefe Frequenzen großer Intensität mittlere und hohe Frequenzen sowie hohe Frequenzen die um einen geringen Frequenzabstand tieferen verdecken, da für sie die *Mithörschwelle* wesentlich über der →Hörschwelle liegt

Verdopplung: das gleichzeitige Erklingen eines Tones in Einklang oder Oktave in zwei Stimmen. Die im vier- und mehrstimmigen Satz bei der Darstellung von Dreiklängen notwendige V. von Harmonietönen ist bestimmten Regeln unterworfen; so ist im Gegensatz zu Grundton und Quinte u. a. eine V. der Terz nicht in jedem Falle möglich (Auftreten von →Parallelen), ebenso werden dissonante Töne nicht verdoppelt

verga (ital.), **verge** (franz.) →Rute

Vergrößerung →Augmentation

Verismo (ital.): unter dem Einfluß naturalistischer Strömungen stehende Richtung der ital. Oper des ausgehenden 19. Jh. (u. a. Mascagni, Leoncavallo, Puccini), die eine wirklichkeitsgetreue Darstellung ihrer Themen anstrebte

Verkleinerung, Verkürzung →Diminution

verminderter Dreiklang: der aus zwei kleinen Terzen aufgebaute, harmonisch mehrdeutige →Dreiklang mit dem Rahmenintervall einer verminderten Quinte; er kann u. a. als verkürzter Dominantseptakkord, d. h. Dominantseptakkord ohne Grundton ($\not{D}^{7}$) gedeutet werden

vermindertes Intervall: der gegenüber einem reinen oder kleinen →Intervall um einen chromatischen Halbton verkleinerte Abstand zweier Töne; dagegen →übermäßiges Intervall

verminderter Septakkord: der aus drei kleinen Terzen aufgebaute, harmonisch mehrdeutige Akkord mit dem Rahmenintervall einer verminderten Septime; er kann u. a. als verkürzter kleiner Nonenakkord, d. h. kleiner Nonenakkord ohne Grundton ($\not{D}^{9>}_{7}$) gedeutet werden

verrillon (franz.) →Glasspiel

Verschiebung: Wirkungsweise des linken Klavier- →Pedals, das Klaviatur und Mechanik etwas nach rechts rückt, damit der Hammer jeweils nur zwei (= Halbe V., →*due corde*) oder nur eine (= volle V., →*una corda*) Saite des drei- bzw. zweichörigen Bezuges anschlägt und dadurch der Ton in Klangfarbe und -stärke modifiziert wird

Verschränkung: die motivisch-thematische Verzahnung zweier musikalischer Motive oder Phrasen innerhalb einer →Periode

Versetten, Versettl: aus dem wechselweisen Vortrag der Verse liturgischer Gesänge durch zwei Halbchöre oder Orgel und Chor hervorgegangene kleine Orgelstücke (häufig kurze Fugen) des 15.–18. Jh.; →*alternatim*

Versetzen →Transformieren

Versetzungszeichen, *Akzidentien*: die einer Note vorangestellten und in der Regel innerhalb des ganzen Taktes für weitere Töne gleicher Tonhöhe in derselben Stimme geltenden Erhöhungs-, Erniedrigungs- und Auflösungszeichen

Erhöhung	um	Erniedrigung
♯ (= Kreuz)	1 Halbton	♭ (= Be)
× (= Doppelkreuz)	2 Halbtöne	𝄫 (= Doppelbe)
𝄲 oder ↑♯	Viertelton	𝄳 oder ♭, ↓
𝄲 bzw. ♮↑, ♯↑, ♭↑		↓ bzw. ♮↓, ♯↓, ♭↓
𝄰 oder ♯, ♯♯, ♯, ↑♯, ♯↑	Dreiviertelton	𝄳♭ oder ↓, ♭♭, 𝄫
bzw.		↓♭ oder ↓♭ bzw.
		↓♭ oder ↓♭

Auflösung erfolgt durch das Auflösungszeichen ♮ bzw. ein neues V.

[Vorschlag zur Vereinheitlichung der Vierteltonversetzung: 𝄲 (= Viertelton-), ♯ (= Halbton-), ♯ (= Dreiviertelton-)Erhöhung und 𝄳 (= Viertelton-), ♭ (= Halbton-), ♭ (= Dreiviertelton-)Erniedrigung]

verso (ital.): **1.** Vers, Gedichtzeile, Gesang; Schrei **2.** Rückseite; Seite; Richtung

Verstärker: *EAk* mit Elektronenröhren oder Transistoren geschaltete elektrische Geräte, die in elektroakustischen Übertragungssystemen als Tonfrequenz- (HF-)V. der weitgehend verzerrungsfreien Vergrößerung elektrischer Spannungen oder Leistungen dienen. *Spannungs-V.* verstärken u. a. die schwachen Wechselspannungen von Tonabnehmer und Mikrophon jeweils 50- bis 200fach und werden zur Erzielung eines höheren Verstärkungsgrades (= Verhältnis von Ausgangs- und Eingangswert in dB) meist mehrstufig als Vor-V. eines Vollverstärkers (Kompaktverstärker) gekoppelt. Die Abgabe der für die Abstrahlung von Schallenergie (z. B. durch Lautsprecher oder Kopfhörer) notwendigen elektrischen Leistung erfolgt über den *Leistungs-V.* als Endstufe (End-V.) des Vollverstärkers. Entscheidende Kenngröße für die Verstärkerleistung ist die in Watt (W) angegebene →Sinusleistung; sie sollte für Stereo-Vollverstärker 2 × 6 W nicht unterschreiten, besser aber bei 2 × 15 W liegen

verte (lat.): *MA* wende (das Notenblatt) um!

vertical (amerik.) →Pianino

vertical flute (engl.) →Längsflöte

vertical recording, vertical cut (engl.) →Tiefenschrift

vertikaler Satz: homophone Stimmführung (→Homophonie) mit harmonisch an eine Hauptstimme gebundenen, häufig rein akkordisch geführten Nebenstimmen

Vertreterklänge, Vertreterharmonien →Nebendreiklänge

Verwandlungsmusik: die einem Schauspiel ohne inhaltlichen Bezug eingefügten, der zeitlichen Überbrückung notwendiger Bühnenumbauten dienenden Musikstücke; →Schauspielmusik

Verweilzeit →Präsenzzeit

Verzerrungen: **1.** →lineare Verzerrungen **2.** →nichtlineare Verzerrungen

Verzierungen: die Gesamtheit der notierten oder improvisierten Ausschmückungen einer melodischen Linie durch Einfügen kleiner Tongruppen, u. a. →Triller, →Pralltriller, →Mordent, →Doppelschlag, →Vorschlag, →Nachschlag, →Vorhalt, →Schleifer, →*arpeggio*, →Tremolo, aber auch rhythmische Veränderungen wie →*notes inégales*

Verzierungslehre, *Ornamentik*: die in zahlreichen musiktheoretischen Schriften niedergelegten und für die musikalische →Aufführungspraxis unentbehrlichen zeitgenössischen Anweisungen zum Gebrauch der →Verzierungen

Vesper (lat. *vesperae* = Abend): das musikalisch mit 5 Psalmen, Antiphonen, Hymnus und Magnificat reich ausgestaltete abendliche Stundengebet des →Offiziums der röm.-kath. Liturgie

Vesperale (lat.): gesonderte Ausgabe der im →Antiphonale enthaltenen →Vespern des →Offiziums der röm.-kath. Liturgie

Vetter Michel →Rosalie

vezzeggiante, vezzeggiatiro (ital.): *VB* schmeichelnd, liebkosend

vezzoso (ital.): *VB* lieblich, anmutig, zärtlich

via pedale (ital.): *MA* Pedal weg!

via sordini (ital.): *MA* die Dämpfer weg!

vibe (engl.): Kurzform für →*vibraphone*

vibrafono (ital.) →Vibraphon

vibraharp (amerik.) →Vibraphon

vibrando, vibrante (ital.): *MA* vibrierend, schwingend

Vibraphon (ital. *vibrafono*; franz., engl. *vibraphone*): ⟨*Schlaginstr.*⟩ →Schlagplattenspiel aus kleinen abgestimmten Metallplatten (→Metallophon) von etwa 4–5 cm Breite und 18 bis 35 cm Länge, die in chromatischer Tonfolge zweireihig-klaviaturmäßig über Resonanzröhren unterschiedlicher Länge aus Metall mit einer auf alle Platten wirkenden pedalbetätigten mechanischen Dämpfung und der charakteristischen (abschaltbaren) →Vibratoeinrichtung auf einem tischförmigen fahrbaren Gestell angeordnet sind und mit wollfadenumwikkelten oder harten Gummikopfschlegeln bzw. Filzschlegeln angeschlagen werden; Tonumfang f–f^3 – nichttransp. notiert im Violinschlüssel; weicher, heller Klang mit langanhaltendem vibrierendem Ton

vibraphone (franz., engl.)→Vibraphon

vibrare, *lasciar vibrare* (ital.): *MA* vibrieren, schwingen, ausklingen lassen; nicht abdämpfen

vibrate, *let vibrate* (engl.): *MA* vibrieren, schwingen, ausklingen lassen; nicht abdämpfen

vibration (franz., engl.) →Schwingung

vibrato (ital. = gebebt): **1.** *MA* leichtes Beben des Tones durch regelmäßige geringfügige Tonhöhenveränderungen (= *Frequenzvibrato*) besonders bei Gesang und Streichinstrumentenspiel als Mittel der Ausdruckssteigerung; dagegen →Tremolo (= *Amplitudenvibrato*) **2.** →Bebung

Vibratoeinrichtung, Vibrator: beim →Vibraphon die an der Oberkante der Resonanzröhren auf einer für jede der beiden Resonatorreihen gemeinsamen und durch einen kleinen Elektromotor angetriebenen Welle drehbar angeordneten Leichtmetallklappen, deren periodisches Öffnen und Schließen den vibratoähnlichen Tremoloeffekt hervorbringt

vibratorio (ital.): *MA* vibrierend, schwingend

vibrazione (ital.) →Schwingung, →Bebung; →Vibrato

vicendevole (ital.): *MA* abwechselnd, wechselseitig

vicine al ponticello (ital.): *MA* nahe am Steg; vgl. *sul ponticello*

Victimae paschali laudes (lat.): Oster- →Sequenz der röm.-kath. Liturgie

[1]**vide** (lat. = siehe), **vidi** (ital.): Hinweis, der bei möglichen Kürzungen (= Strichen) in Partitur und Stimmen einer Komposition den Sprung von dem mit *vi-* bezeichneten Anfang bis zu dem mit *-de* gekennzeichneten Schluß der jeweils auszulassenden Stelle angibt

[2]**vide** (franz. = leer): *MA* (bei Streichinstr.) Spiel auf leeren Saiten; z. B. beim →Flageolett

Videorecorder, Videokassettenrecorder: *EAk* →Magnetbandgerät zur magnetischen Aufzeichnung, Wiedergabe und Speicherung von Bild- und Tonsignalen auf einem speziellen Magnetband (*Videoband*) in Spulen- (50,8 mm Bandbreite) oder Kassettenform (25,4 mm Bandbreite)

Videoschallplatte, *Bildtonplatte*: *EAk* wie die →Schallplatte dem Prinzip des →Nadeltonverfahrens folgender Bild-Ton-Träger in Form einer kreisrunden PVC-Folie zur Speicherung und beliebigen Wiedergabe der in einer gemeinsamen spiralförmigen Rille in →Tiefenschrift aufgezeichneten Bild- und Tonsignale

vide sequens (ital.): *MA* siehe das Folgende

Viehschellen, große →Almglocken

viella (ital.) →Fidel

vielle (franz.): **1.** →Fidel **2.** →Drehleier (*vielle á roue*)

Vierfuß, 4′: →Fuß, Fußmaß, Fußtonzahl

viergestrichene Oktave →Oktavbereiche

Vierkanal-Stereophonie →Quadrophonie

Vierstimmigkeit: von den Lagen der menschl. Stimme (→Stimmgattungen) ausgehende polyphone oder homophone vierstimmige Setzweise (→Mehrstimmigkeit), die im strengen homophonen Satz vor allem durch Verdoppelung bzw. Oktavierung des Grundtones erreicht wird; →Quartett

Viertelnote, -pause: Note bzw. Pause im Wert des vierten Teiles einer →ganzen Note bzw. Pause; notiert ♩ bzw. 𝄽. →Noten- und Pausenwerte

Vierteltonmusik: Kompositionsverfahren (u. a. A. Hába, B. Bartók) auf der Grundlage der durch Teilung der Oktave in 24 gleiche Teile bzw. durch die Halbierung des Halbtons gewonnenen temperierten *Vierteltöne* von je 50 Cent. →*cluster*

Vierundsechzigstelnote, -pause: Note bzw. Pause im Wert des vierundsechzigsten Teiles einer →ganzen Note bzw. Pause; notiert  bzw. . →Noten- und Pausenwerte

vif (franz.): *TB* lebendig, belebt, lebhaft; →*allegro*

Vigiliae (lat. = Nachtwachen; nächtliche Gebetszeit) →Matutin

vigorose, con vigore (ital.): *VB* kräftig, kraftvoll, nachdrücklich, energisch; mit Kraft, Nachdruck, Energie

Vihuela (span.): **1.** lautenartiges span. Zupfinstr. in Gitarreform mit 6 doppelchörigen Saiten (Stimmung: G e f a d^1 g^1) im Gegensatz zur zeitgenössischen 4saitigen span. Gitarre; als *V. de mano* speziell verwendet in der span. Konzertmusik des 16./17. Jh.

2. im 13.–16. Jh. ursprünglich allgemeine Bezeichnung für Saiteninstr.; so für die handgezupfte *V. de mano*, die mit Plektron gezupfte *V. de peñola* (→*chitarra battente*) und die gestrichene *V. de arco* (→Fidel, →Viola da gamba)

villancico (span.): volkstümliches span. Weihnachtslied; im 15.–18. Jh. ursprünglich weltliches volkstümliches Chorlied, seit dem 17. Jh. auch als geistliche kantatenähnliche Vokalform

Villanella (ital. = Bauernmädchen), **Villanesca:** unter verschiedenen Bezeichnungen verbreitetes volkstümliches, ursprünglich einfach gesetztes dreistimmiges ital. Chorlied des 16. Jh., das in enger Wechselbeziehung zu *canzonetta* (→Kanzonette [1.]) und →Madrigal steht; auch tanzartiges Lautenstück

Villotta (ital.): aus der →Frottola hervorgegangenes und besonders in Norditalien verbreitetes vierstimmiges, homophon gesetztes Tanzlied des 16. Jh., das häufig im Cantus bzw. Tenor oder als Refrain Volksliedmelodien verwendet; gegen Ende des 16. Jh. gleichbedeutend mit →Villanella

Vinâ (ind.): ind. Zupfinstr. mit stabförmigem Saitenträger (Stabzither) und zwei Kalebassen als Resonatoren. Die über 19–24 in Halbtonintervallen angeordnete hohe Bünde gespannten 4 Melodiesaiten werden von 3 seitlich verlaufenden Bordunsaiten ergänzt und mit den Fingernägeln oder einem Plektron angerissen. Häufigste Stimmung: Melodiesaiten C G c f, Bordun links c^1, Bordun rechts c c^1 oder g c^1

viol (engl.) →Viole

Viola (ital.), *Bratsche*: **1.** als Streichinstr. im engeren Sinne das Altinstr. der *Violinfamilie* (→Viola da braccio) mit etwas größerem Korpus als die →Violine, Stimmung: c g d^1 a^1

($c–a^3/…e^4$) – nichttransp. im Alt- und Violinschlüssel notiert; herber, verschleierter Klang

2. Sammelbezeichnung für den nach der Systematik der Musikinstr. (Hornbostel/Sachs) zu den Kastenhalslauten zählenden, aus Korpus und Hals zusammengesetzten Streichinstrumententyp, der im 16. Jh. zur Herausbildung der in ihrer Grundform, Stimmung und Spielhaltung unterschiedenen Instrumentenfamilien der →Lira da braccio, →Viola da braccio (= Violinfamilie) und →Viola da gamba (= Violenfamilie) führte. Gemeinsam ist den Familien der Viola da braccio und Viola da gamba allerdings die Gliederung des Korpus in Ober-, Mittel- und Unterbügel, die gewölbte Decke und die obere Saitenbefestigung im Wirbelkasten mit seitenständigen Wirbeln

Viola alta (ital.): um 1875 von H. Ritter konstruiertes Altinstr. (*Ritterbratsche*) der *Violinfamilie* mit einem im Vergleich zur Bratsche größeren Korpus und weicheren Klang; 1898 erweiterte er den üblichen Saitenbezug der →Viola um eine 5. Saite zur Stimmung c g d^1 a^1 e^2. →Viola tenore und →Viola bassa vervollständigten um 1900 sein neu konzipiertes, die →Violine einbeziehendes Instrumentarium des Streichquartetts

Viola bassa (ital.): um 1900 von H. Ritter konstruiertes Baßinstr. der *Violinfamilie* mit der Stimmung des → *Violoncello* (C G d a) aber der doppelten Mensur der →Viola alta

Viola da braccio (ital. = Armviola): **1.** als Streichinstr. im engeren Sinne das Altinstr. der *Violinfamilie*, für deren Formgebung es kennzeichnend ist; →Viola (1.)

2. Sammelbezeichnung für die überwiegend in Armhaltung gespielten Instr. der *Viola da braccio-* bzw. *Violinfamilie* mit rundem Ober- und Unterbügel, gewölbtem Boden, gewölbter Decke mit f-förmigen Schallöchern, Randüberstand über den niedrigen Zargen sowie fast rechtwinklig am Oberbügel angesetztem kurzen, schmalen und gerundeten bundfreien Hals, über den die 4 Saiten in Quintenstimmung vom sattelknopfbefestigten Saitenhalter über den Steg zum Wirbelkasten mit seitenständigen Wirbeln verlaufen. Der Bogen wird im →Obergriff geführt. Die seit dem 16. Jh. verbreitete Violinfamilie umfaßt Diskant-(→Violine), Alt-(→Viola [1.]) und Baßinstr. (→Violoncello), ergänzt durch den →Kontrabaß (dazu →Violone). Außerdem gab es zahlreiche Konstruktionsversuche für ein Tenorinstr. (→Viola tenore)

Viola da gamba (ital. = Knieviola), *Gambe*: **1.** als Streichinstr. im engeren Sinne das Tenor-Baß-Instr. der *Violenfamilie*, für deren Formgebung es kennzeichnend ist. Stimmung: D G c e a d^1

2. Sammelbezeichnung für die überwiegend in Kniehaltung gespielten Instr. der *Viola da gamba-* bzw. *Violenfamilie* (auch Gambenfamilie) mit spitz auslaufendem Oberbügel, flachem, zum Hals hin abgeschrägtem Boden, gewölbter Decke mit meist c-förmigen Schallöchern, bündiger Verbindung von Decke und Boden mit den hohen Zargen sowie einem langen, breiten und flach gerundeten, mit 7 Bünden versehenen Hals, über den die (zumeist) 6 Saiten in Quarten-Terz-Stimmung vom pflockbefestigten Saitenhalter über den Steg zum Wirbelkasten mit seitenständigen Wirbeln verlaufen. Der Bogen wird im →Untergriff geführt. Die im 16.–18. Jh. verbreitete Violenfamilie umfaßte Diskant-, Alt-, Tenorgambe (→V. d. g. [1.]) sowie Klein Baß- und Groß Baß-Viol (→Violone).

3. ⟨*Orgelregister*⟩ eng mensurierte Labialpfeifen (16′, 8′, 4′) aus Metall mit streichendem Klang

Viola d'amore (ital. = Liebesviola): im 17./18. Jh. als Soloinstr. beliebtes Streichinstr. der *Violenfamilie* (in Armhaltung gespielt) in Altlage mit mehrfach geschwungenem, in der Mitte stark eingebuchtetem Korpus, 4–7 Spielsaiten wechselnder Stimmung (oft A d a d^1 fis^1 a^1 d^2) und 4–14 unterhalb des Griffbrettes verlaufenden Resonanzsaiten

Viola da spalla (ital. = Schulterviola): um 1700 verwendetes 4- bis 6saitiges Streichinstr. der *Violinfamilie* in Tenor-Baß-Lage, das mit einem über Brust und Schulter gelegten Band getragen und beim Spiel gegen die Schulter gelehnt wurde; es nimmt ähnlich der →Viola pompasa und dem →Violoncello piccolo eine Zwischenstellung zwischen →Viola (1.) und →Violoncello ein

Viola di bordone, Viola di fagotto (ital.) →Baryton (2.)

viola grande (ital.) →Violone

Viola pompasa (ital.): im 18. Jh. vermutlich auf Anregung von J. S. Bach gebautes Streichinstr. der *Violinfamilie* in Tenor-Baß-Lage mit 5 Saiten in der Stimmung C G d a e^1. Das Instr. wurde ähnlich wie die →Viola da spalla an einem über Brust und Schulter gelegten Band gehalten und beim Spiel gegen die Schulter gelehnt. Eine Bauart mit höheren Zargen entspricht dem →Violoncello piccolo

Viola tenore (ital.), *Tenorgeige*: **1.** um 1900 von H. Ritter konstruiertes Tenorinstr. der *Violinfamilie* mit der Stimmung G d a e^1 und der doppelten Mensur der →Violine; es vervollständigte sein neben →Viola alta und →Viola bassa die Violine einbeziehendes neu konzipiertes Instrumentarium des Streichquartetts

2. im 17. Jh. eine mit vergrößertem Korpus und daher größe-

rer Klangfülle gebaute →Viola da braccio gleicher Stimmung (c g d^1 a^1)
3. →Violon-ténor, →Violoncello tenore, →Violotta, →Viola da spalla, →Viola pomposa

viole (franz.) →Viola

Violenfamilie, *Gambenfamilie*: eine in den Besonderheiten ihrer Formgebung, Stimmung und Spielhaltung durch die →Viola da gamba (2.) repräsentierte Streichinstrumentenfamilie (→Viola [2.])

violento, con violenza (ital.): *VB* heftig, gewaltsam, ungestüm; mit Heftigkeit

Violetta (ital. = kleine Viola): sehr unterschiedlich verwendete Bezeichnung des 16.–18. Jh. für Streichinstr. der → *Violen-* und → *Violinfamilie*, so u. a. im 16. Jh. für eine kleine dreisaitige →Viola da braccio (2.), im 17. Jh. für das Diskantinstr. und im 18. Jh. für das Altinstr. beider Instrumentenfamilien

violin (engl.): →Violine, Geige

Violinbaß: tiefste Stimme eines Violinenchores; →Bassett (1.)

Violine (ital. *violino*): ⟨*Streichinstr.*⟩ Diskantinstr. der *Violinfamilie* (→Viola da braccio), das in eigenständiger Entwicklung aus mittelalterlichen Streichinstr. (u. a. →Rebec, →Fidel, →Lira da braccio) abzuleiten ist und eine kleinere Mensur (Korpuslänge etwa 35 cm) als die →Viola da braccio (1.) aufweist; umgangssprachlich als →Geige bezeichnet. Stimmung: g d^1 a^1 e^2 (g–a^4/ ... d^5) – nichttransp. im Violinschlüssel notiert; führendes Orchester- und bevorzugtes Soloinstr.

Violinfamilie: eine in den Besonderheiten ihrer Formgebung, Stimmung und Spielhaltung durch die →Viola da braccio (2.) repräsentierte Streichinstrumentenfamilie (→Viola [2.])

violinist (engl.): Geiger(in)

violinista (ital.): Geiger(in)

violino (ital.): →Violine, Geige

violino armonico, violino di ferro (ital.) →Nagelgeige

violino piccolo (ital. = kleine Geige): →Violine mit kleinem Korpus, die im 17./18. Jh. als → *Quart-* oder → *Terzgeige* in höherer Stimmung gebaut und bis in die Gegenwart als →Halbe- oder →Dreiviertel-Geige in Violinstimmung zu Unterrichtszwecken für Kinder verwendet wird; auch die 4saitige →Pochette in Violinform

Violinschlüssel →G-Schlüssel

violist (engl.), **violista** (ital.), **violiste** (franz.): Violaspieler(in), Bratschist(in)

violon: 1. (franz.) →Violine, Geige **2.** (franz.) Geiger
3. im 18. Jh. dtsch. Bezeichnung (aus →Violone) für →Kontrabaß

4. ⟨*Orgelregister*⟩ eng mensurierte Labialpfeifen (32′, 16′, 8′) aus Holz im Pedal
5. Harmoniumstimme 16′
violoncelle (franz.) →Violoncello
Violoncello (ital.): ⟨*Streichinstr.*⟩ Tenor-Baß-Instr. der *Violinfamilie* mit gegenüber der →Viola da braccio unproportional hohen Zargen und hohem Steg, das, mit einem Stachel an der Unterzarge auf dem Boden abgestützt, zwischen den Knien stehend gespielt wird; umgangssprachlich als →*Cello* bezeichnet; Stimmung: C G d a (C–b^2/ ... a^4) – nichttransp. im Baß-, Tenor- und Violinschlüssel notiert; ausdrucksvoller kräftiger Klang
Violoncello piccolo (ital.): im 18. Jh. gebautes Streichinstr. der *Violinfamilie* in Tenor-Baß-Lage; das 5saitige Instr. wurde häufig von J. S. Bach verwendet und entspricht vermutlich einer Bauart der von ihm angeregten →Viola pomposa mit höheren Zargen
Violoncello tenore (ital.): um 1930 gebautes Tenorinstr. der *Violinfamilie* ähnlich der →Viola tenore (1.)
violon de fer (franz.) →Nagelgeige
Violone (ital.; auch *viola grande*): **1.** im 16.–18. Jh. das mit dem heutigen →Kontrabaß nicht übereinstimmende tiefe Baßinstr. der *Violenfamilie* (→Viola da gamba) mit der Stimmung $_1$D $_1$G C E A d; auch *Großbaßgambe*
2. im 16./17. Jh. uneinheitliche Bezeichnung für tiefe Instr. sowohl der *Violen-* (s. o.) als auch der *Violinfamilie* (z. B. *Großbaßgeige*, →Kontrabaß)
violonista (ital.): Kontrabaßspieler(in), Bassist(in)
violoniste (franz.): Geiger(in)
violon-ténor (franz.) →Viola tenore
Violotta (ital.): Ende des 19. Jh. (Stelzner) konstruiertes und im 20. Jh. nachgebautes Tenorinstr. der *Violinfamilie* ähnlich der →Viola tenore (1.)
Virelai (franz.): ein- oder zweistimmige franz. Liedform des 12. bis 15. Jh., die als Refrainform zum Rondel-Typus (→Rondeau [1.]) gehört
Virginal (engl.; lat. *virga* = Stab): im 16./17. Jh. besonders in England verbreitetes kleines einchöriges →Kielinstr., im Gegensatz zum fünf- oder sechseckigen →Spinett in rechteckiger Tafelform mit an der Breitseite angeordneter Klaviatur und quer zu den Tasten verlaufenden Saiten
Virtuose: ein Künstler, der die Spieltechnik auf seinem Instr. bzw. die Gesangstechnik meisterhaft beherrscht
virtuoso (ital. = tugendhaft): **1.** kunstfertig, technisch meisterhaft; virtuos **2.** →Virtuose

visible speech (engl. = sichtbare Sprache): *EAk* mit einer Reihe parallel geschalteter Bandfilter arbeitendes amerik. Verfahren der →Schallanalyse, das den zeitlichen Ablauf von Schallereignissen im Spektrogramm sichtbar macht
vispo (ital.): *VB* munter; schalkhaft
vista (ital.): Blick; →*a prima vista*
visuell: das Sehen bzw. den Gesichtssinn betreffend
vite (franz.): *TB* schnell, rasch; →*presto*
vivace, con vivacità (ital.): *VB*, *TB* lebhaft, schnell; im Zeitmaß schneller als →*allegro*
vivacissimo (ital.): *VB*, *TB* äußerst lebhaft; im Zeitmaß schneller als →*vivace* und kaum langsamer als →*presto*
viva voce (ital.): *MA* mit lauter Stimme
vivo (ital.): *VB*, *TB* lebendig, belebt, lebhaft; im Zeitmaß nur etwas langsamer als →*presto*
vocalise (franz.) →Vokalise
vocalist (amerik.): Jazz-Sänger(in)
vocalizzare (ital.): *MA* vokalisieren; Stimmübungen machen. →Vokalise
vocalizzo (ital.) →Vokalise
vocal music (engl.) →Vokalmusik
vocal score (engl.): Chorpartitur, →Singpartitur
voce (ital.) →Stimme; →Klang
voce aspra (ital.): schrille, scharfe Stimme
voce celeste (ital.) →*vox caelestis*
voce chiara (ital.): helle, klare Stimme
voce cupa (ital.): dunkle Stimme
voce di gola (ital.): Kehlstimme
voce di media (ital.): Mittelstimme
voce di petto (ital.): Bruststimme
voce di testa (ital.): Kopfstimme
voce granita (ital.): volle, kräftige Stimme
voce profonda (ital.): Baßstimme
voces aequales (lat.): Stimmen (und Instr.) in gleicher Tonlage und Notierung; in der Vokalmusik des 16.–19. Jh. auch spezieller Besetzungshinweis für Kompositionen ohne eigentliche Sopranstimme mit reduziertem Gesamtumfang der mitwirkenden Stimmen
voce strozzata (ital.): erstickte Stimme
vociando (ital.): *MA* laut schreiend
voci eguali (ital.): gleiche Stimmen
voci femminili (ital.): Frauenstimmen
voci infantili (ital.): Kinderstimmen
voci maschili (ital.): Männerstimmen
voci misti (ital.): gemischte Stimmen

voci pari (ital.): gleiche Stimmen
voga, con gran (ital.): *VB* mit großem Schwung, mit Feuer
Vogelpfeife →Nachtigall
voice (engl.): **1.** →Stimme **2.** stimmen, →intonieren
voice-leading (amerik.) →Stimmführung
voix (franz.) →Stimme
voix angélique (franz.) →*vox angelica*
voix céléste (franz.) →*vox caelestis*
voix mixte (franz. = gemischte Stimme), *Zwischenregister*: zwischen den Hauptregistern →Brust- und →Kopfstimme liegendes, in Brust- und Kopfresonanz ausgeglichenes Zwischenregister der menschlichen Stimme, das besonders in den hohen Lagen der Männerstimme einen weicheren, zarten Klang ermöglicht
vokal: mit der menschlichen Stimme ausgeführt; gesangsmäßig
Vokalise (franz. *vocalise*): textlose Gesangsübung, der nur Vokale oder Silben unterlegt sind; →Solfeggio
Vokalmusik: die von Singstimmen solistisch, chorisch →*a cappella* oder mit Instrumentalbegleitung auszuführende Musik im Gegensatz zur reinen →Instrumentalmusik
volando, volante (ital.): *VB* fliegend, eilend; flüchtig
volata (ital. = Flug): schneller →Lauf
volatile (ital.): *VB* flüchtig
Volksinstrumente: die ursprünglich zur Begleitung von Volkslied und -tanz von Laienmusikern gespielten Instr.
Volkslied: die Gesamtheit des allen Lebensbereichen Ausdruck verleihenden, im Volke entstandenen (bzw. kollektiv verbreiteten), mündlich überlieferten und u. a. durch →Umsingen schöpferisch angeeigneten, weiterentwickelten und über einen längeren Zeitraum lebendigen Liedgutes nationalen Charakters
Volksliedblues →*country blues*
Volkstanz: die Gesamtheit der aus dem geselligen Leben des Volkes heraus entstandenen und ähnlich dem →Volkslied überlieferten, umgeformten und weiterentwickelten Tänze
volkstümlicher Blues →*city blues*
volkstümlicher Jazz, *historischer* oder *authentischer Jazz*: Bezeichnung für →archaischer (früher) Jazz und →klassischer Jazz als Stilperioden des →Old-Time-Jazz, bzw. deren Weiterpflege in späteren Stilperioden des Jazz
vollelektronische Musikinstrumente →elektronische Musikinstr.
volles Werk: *MA* beim Orgelspiel die den charakteristischen strahlenden, vollen Orgelklang ermöglichende Registerwahl (→Prinzipale mit →Klangkronen, eng mensurierten →Gedackten, langbechrigen →Rohrwerken u. a.); vgl. *organo pieno*

vollständige Kadenz →Kadenz

Volltakt: vollständiger Takt im Gegensatz zum →Auftakt

volta (ital.): **1.** Wendung; Bogen; Mal (→*prima volta* bzw. →*seconda volta*) **2.** →Volte

Volte (franz. Umdrehung; ital. *volta*): altfranz. Volks- und Gesellschaftstanz aus der Provence; lebhafter ungeradtaktiger Paartanz des 16./17. Jh., der mit ausgelassenen Sprüngen und wirbelnden Drehungen besonders als Schlußtanz (Kehraus) beliebt war

volteggiando (ital.), **voltigierend:** *MA* beim Klavierspiel mit den Händen überwechselnd

volti (ital.): *MA* wende (das Notenblatt) um!

volti subito (ital.): *MA* wende (das Notenblatt) sofort um!

volubile (ital., franz.): *VB* unbeständig, veränderlich

volume (ital., franz., engl.): **1.** Klangfülle, Stimmumfang, Lautstärke

2. Band, Teil einer Publikation

voluntary (engl. = freiwillig): **1.** im 16.–19. Jh. in England verwendete Bezeichnung für Intrumentalstücke, zumeist für Orgel, deren Charakter ähnlich →Fantasie oder →Praeludium wesentlich von der →Improvisation bestimmt wurde

2. freie Vor-, Nach- und Zwischenspiele des Organisten im anglikanischen Gottesdienst

3. im 16. Jh. ursprünglich als Bezeichnung für die einen →*cantus firmus* aus dem Stegreif ergänzenden Stimmen oder für eine *cantus firmus*-freie →*ex tempore*-Komposition für Tasteninstr.

Vorausnahme →Antizipation

Vordersatz: in der Formenlehre der mit dem →Nachsatz korrespondierende, häufig viertaktige erste Abschnitt eines periodisch gebauten →Satzes (→Periode)

Vorhalt: in der Satzlehre das auf betonter Taktzeit erfolgende Eintreten der oberen oder unteren Nebennote eines konsonanten Akkord- oder Melodietones, der selbst erst durch Auflösung der Dissonanz auf weniger betonter Taktzeit erreicht wird:

(1.) als *vorbereiteter* oder *gebundener V.* mit Überbinden des in der gleichen Stimme liegenden Vorhaltstones aus dem vorangehenden Akkord

(2.) als *halbvorbereiteter* oder *halbfreier V.* mit dem im vorangehenden Akkord in einer anderen Stimme enthaltenen Vorhaltston

(3.) als *unvorbereiteter* oder *freier V.* mit dem im vorangehenden Akkord (auch in einer anderen Stimme) nicht enthaltenen Vorhaltston

(1) (2) (3)

Die V.-Bildung kann auch gleichzeitig in mehreren Stimmen erfolgen

Vorschlag: Verzierung durch eine oder mehrere einer Hauptnote in kleingeschriebenen Noten vorangestellte Nebennote(n), meist bestehend aus der oberen oder unteren Sekunde;

(1.) als *langer V.*, der, auf den Schlag einsetzend, die nachfolgende Hauptnote um die Hälfte bzw. zwei Drittel ihres Wertes verkürzt oder auch deren gesamten Wert annehmen kann, wenn ihr eine Pause oder eine angebundene Note gleicher Tonhöhe folgt:

(2.) als *kurzer V.*, der relativ schnell zu nehmen ist, vor dem Schlag oder auf den Schlag einsetzt und den Wert der vorhergehenden Note bzw. der Hauptnote nur geringfügig verkürzt; er ist mit durchstrichenem Notenhals und -fähnchen einer kleinen Achtel- bzw. Sechzehntelnote gekennzeichnet:

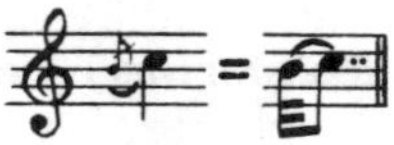

(3.) als *Doppel-V.*: →Anschlag (2.) und →Schleifer

Vorspiel: **1.** die thematisch und dramaturgisch dem nachfolgenden Werk verbundene orchestrale Einleitungsmusik von →Oper und →Musikdrama

2. in allgemeiner Bedeutung jedes ursprünglich improvisierte (z. B. Praeambulum, Praeludium) oder komponierte Einleitungsstück (z. B. Intrada, Ouvertüre)

Vortanz: der einem schnellen, ungeradtaktigen Springtanz (→Nachtanz) vorangehende langsame, geradtaktige →Schreittanz in den paarweisen Tanzzusammenstellungen (→Tanzpaar) des 15.–17. Jh.; als V. treten häufig auf: →Pavane, →Allemande, →*basse danse*, →Passamezzo

Vortragsbezeichnungen: die Gesamtheit der den Notentext in Form von (zumeist ital.) Worten, →Abbreviaturen oder musikalischen Zeichen ergänzenden Hinweise für den musikalischen Vortrag; im weitesten Sinne werden auch Tempobezeichnungen, dynamische Zeichen und die spieltechnische Ausführung betreffende Musizieranweisungen den musikalischen V. zugeordnet

Vorzeichen: die zu Beginn eines Musikstückes und jedes Notenliniensystems unmittelbar hinter dem Notenschlüssel als *generelle V.* notierten →Versetzungszeichen, die die Tonart festlegen und für alle Oktavbereiche gelten, im Gegensatz zu den *zufälligen V.* oder Akzidentien (= Versetzungszeichen)

Vorzeichnung: die Ton- und Taktart festlegenden →Vorzeichen und Taktbezeichnungen (→Takt) unmittelbar hinter dem Notenschlüssel zu Beginn jedes in Notenschrift aufgezeichneten Musikstückes, musikalischen Satzes oder Abschnittes

vox (lat. = Stimme): **1.** die Einzelstimme einer mehrstimmigen Komposition
2. die Stimme als Ausdrucksträger bei Mensch, Tier, Musikinstrument u. a.
3. der Einzelton

vox acuta (lat. = scharfe Stimme), *Acuta*: zu den →Klangkronen zählendes Orgelregister; →Scharff

vox angelica (lat. = Engelsstimme): ⟨*Orgelregister*⟩ kurzbechrige Zungenpfeifen (8′), aber auch Labialpfeifen als Doppelstimmen (4′ + 2′) mit lieblichem, schwebendem Klang

vox caelestis (lat. = himmlische Stimme): ⟨*Orgelregister*⟩ sehr eng mensurierte Labialpfeifen (8′), deren besondere Wirkung als *Schwebestimme* auf den leichten →Schwebungen der auf einer Taste gleichzeitig erklingenden beiden Pfeifen (= Doppelstimme) beruht

vox humana (lat. = menschliche Stimme): ⟨*Orgelregister*⟩ kurzbechrige Zungenpfeifen (8′)

vox principalis (lat.): Hauptregister der →Orgel, →Prinzipal

vox virginea (lat.): ⟨*Orgelregister*⟩ kurzbechrige Zungenpfeifen (4′); auch *Jungfernregal* genannt

vuota, *corda vuota* (ital.): *MA* (beim Streichinstrumentenspiel) die leere Saite

vuoto (ital.) →Generalpause

W

Wagnertuba, *Waldhorntuba*: ⟨*Blechblasinstr.*⟩ als Verbindung des Waldhorn- und Bügelhorntyps konstruierte eng mensurierte →Tuba in ovaler Form mit 4 Ventilen und Trichtermundstück. Stimmung der Tenor-W. in B ($_1$B–f^2/b^2) und der Baß-W. in F ($_1$F–c^2/f^2) – transp. notiert im Baß- und Violinschlüssel; voller, kräftiger Klang. Von R. Wagner (1869) speziell für den „Ring des Nibelungen" eingeführt

Waldflöte: ⟨*Orgelregister*⟩ weit mensurierte Labialpfeifen (4′, 2′, seltener auch 8′, 1′) mit weichem Klang

Waldhorn: aus dem →Jagdhorn entwickelter heute gebräuchlichster Horntyp mit trichterförmigem Mundstück; →Horn

Waldhorntuba →Wagnertuba

Waldteufel: kleinere →Reibtrommel mit Schnurreibung durch kreisende Schleuderbewegung (= Schwungreibtrommel)

Waldzither: Thüringer Waldzither, →Cister

walking bass (engl.): rhythmisch durchlaufende Begleitform des →*country blues* und Ursprung des stark rhythmisierten durchlaufenden Baßschemas des →Boogie-Woogie-Klavierstils

waltz (engl.): **1.** →Walzer **2.** →*English waltz*

Walze: **1.** die bei einer Reihe von →mechanischen Musikinstr. die Tonerzeugung auslösenden Stiftwalzen

2. als Spielhilfe der →Orgel die Crescendo-Walze; →Rollschweller

3. als Tonträger der Wachszylinder des →Phonographen

Walzer: seit dem 18. Jh. verbreiteter deutscher Paartanz im Dreiertakt (meist $\frac{3}{4}$-Takt); ursprünglich langsam (→Dreher, →Ländler), seit dem 19. Jh. jedoch schneller getanzt (→Wiener Walzer). In der Konzert- und Unterhaltungsmusik eine als Konzertwalzer gepflegte zyklische Form. →*English waltz*, →Boston

Warnungsakzidentien: nach den Regeln der Akzidentiensetzung nicht erforderliche und nur zur Verdeutlichung oder Erinnerung notierte →Versetzungszeichen, die eingeklammert oder auch über die betreffende Note gesetzt werden

Wandler, elektroakustische →Schallwandler

Waschbrett, *Metallraspel* (engl. washboard): als →Schrapinstr. eingesetztes herkömmliches Waschbrett, über dessen gerillte Blechfläche mit Stäben oder mit über die Fingerkuppen gestülpten Fingerhüten gestrichen („geschrapt") wird; nordamerik. Rhythmusinstr. der →*skiffle band* (→*skiffleboard*) mit einliniger Notierung

washboard (engl.) →Waschbrett

washtub →*tub*

Wasserorgel →Hydraulos

wa-wa-Dämpfer, wa-wa mute (engl.): lautnachahmende Bezeichnung für besonders geformte →Dämpfer, mit deren Hilfe bei Blechblasinstr. die entsprechenden Instrumentaleffekte des Jazz erzielt werden; →*growl*

Wechseldominante →Doppeldominante

Wechselgesang: Gesangsvortrag im Wechsel von zwei Chorhälften (→antiphonal) oder von Vorsänger und Chor (→responsorial); →alternatim-Musizieren, →*call and response*

Wechselnote, Wechselton (ital. *nota cambiata*): vom Ausgangston (Akkord- oder Melodieton) in die Ober- oder Untersekunde (auch in beide Richtungen gleichzeitig) und zurück wechselnder, meist unbetonter harmoniefremder Ton

wechseltönig, Wechseltonprinzip: Kennzeichen der Tonerzeugung besonders bei diatonischen →Harmonikainstr.; aufgrund zweier verschieden gestimmter Stimmzungen in einer Tonkanzelle erklingen beim Niederdrücken einer Taste bzw. eines Knopfes mit Balgzug und -druck zwei verschiedene Töne (→Handharmonika, →Ziehharmonika, →Bandonion, →Konzertina, auch →Mundharmonika); dagegen →gleichtönig

weibliche Endung, weiblicher Schluß: melodische Schlußbildung auf unbetontem, leichten Taktteil; →Klausel, →Kadenz

Weise, Singweise: für →Melodie, →Lied, Liedfassung, vielfach in der Gegenüberstellung zu Wort für Text; im Meistergesang wird dagegen der Text bzw. Vers als *Weise* und die Melodie als *Ton* bezeichnet

weißes Rauschen →Rauschen (1.)

Weitchor: Gruppe weit menurierter Labialregister (→Labiale) mit obertonarmem, tragendem und besonders verschmelzungsfähigem Klang; z. B. Flöten, Aliquoten

weite Lage: in der Harmonielehre ein so weites Auseinanderliegen der drei Oberstimmen im vierstimmigen Satz, daß zwischen zwei Nachbarstimmen noch je ein akkordeigener Ton eingefügt werden kann; dagegen →enge Lage

Wellen: räumliche Ausbreitungsform von →Schwingungen; als *Schallwellen* in Form von →Longitudinal- und →Transversalwellen

Welte-Lichttonorgel →Lichttonorgel

Werkprinzip: im Orgelbau auf der Grundlage der Zusammenfassung mehrerer, ursprünglich getrennt aufgestellter Orgelwerke zu einer größeren Orgel entstandenes Prinzip, das *Pfeifenwerk* in Werkgruppen eigenen Klangcharakters und spezieller spieltechnischer Aufgaben (z. B. Pleno-, Cantus-firmus-, Trio-Spiel) u. a. als →Hauptwerk, →Oberwerk, →Brustwerk, →Rückpositiv und →Pedalwerk den verschiedenen Manualen und dem Pedal zuzuordnen

West Coast Jazz (amerik. = Westküstenjazz): vornehmlich von weißen Musikern um 1950 in Los Angeles und San Francisco ausgebildete Richtung des →Modern Jazz, die sich – aufbauend auf dem →Cool Jazz – der europ. Kunstmusik weiter annähert und immer weiter vom volkstümlichen Jazz entfernt

whip (engl.): **1.** →Peitsche **2.** *MA* heftig anreißen **3.** *MA* schnell ausgeführtes kurzes →*glissando*

whirl (engl.): *MA* in kreisförmiger Bewegung

whistle (engl.): Pfeife, pfeifen

white noise (engl.): weißes →Rauschen
white spirituals (engl.): die religiösen Hymnen und geistlichen Lieder der europ. Siedler in den Südstaaten der USA, die im 19. Jh. die Herausbildung des →Negro spiritual beeinflußten
white tone (engl.): *MA* reiner Ton, d. h. ohne →Vibrato
whole-note (amerik.): ganze Note
whole-tone (engl.): Ganzton
Widerhall →Echo
Wiedergabekopf, *Hörkopf* →Magnettonverfahren
Wiederholungszeichen: Anweisung zur Wiederholung zwischen den Zeichen ‖: :‖ liegender Teile eines musikalischen Werkes; →*a due volte*, →*bis*, →*da capo*, →*dal segno*
Wiegenlied: schlichtes, zumeist rhythmisch und klangmalerisch der Verwendung als Schlummerlied entsprechendes Volkslied oder volkstümliches Lied; auch instrumentales →Charakterstück. →*berceuse* (2.)
Wiener Besetzung: eine der Standardbesetzungen des →Salonorchesters mit Klavier (Harmonium), Violine obligat (→Stehgeiger), Violine, Violoncello und/oder Kontrabaß, Flöte ad lib. und Schlagzeug
Wiener Modell, Wiener Akkordeon: →Handharmonika mit verdeckter Klaviatur und gegenüber dem →Deutschen Modell weicherem Klang; weiterentwickelt zum →Klubmodell
Wiener Stimmung: Stimmung der fünf Griffsaiten der (Konzert-) →Zither: a^1 d^1 g^1 g c
Wiener Walzer, auch *Geschwindwalzer*: der seit dem 19. Jh. von Wien ausgehende, schnell getanzte Walzertyp; →Walzer
windband (engl.), *military band*: Blasorchester. →Blasmusik
Windharfe →Äolsharfe
wind instruments (engl.) →Blasinstr.
Windkapsel: der bei →Rohrblattinstr. (z. B. Schalmei) die Zungen und bei tiefen Instr. der →Blockflötenfamilie die Kernspalte einschließende röhrenförmige Aufsatz, der durch den Luftausgleich im Inneren der Kapsel eine Beeinflussung der Tongebung erschwert; als W. kann auch die Mundhöhle des Instrumentalisten dienen (= *Windkapselansatz* ohne Lippenberührung)
Windlade, Windkasten: zum Windwerk der →Orgel zählender kastenförmiger Windbehälter, auf dem die Pfeifen der einzelnen Orgelwerke (→Werkprinzip) stehen; gesteuert durch die →Traktur leiten sie den vom Gebläse durch die Windkanäle strömenden Spielwind über ein entsprechendes Umschalt- und Verteilungssystem zu den vom Spieler bestimmten Pfeifen. Nach Bauart und Funktion werden dabei →Tonkanzellen- (Schleif-, Spring-), →Registerkanzellen- (u. a. Kegel-,

Membranen-) und →Kastenlade unterschieden. Zu jeder Klaviatur in Manual und Pedal gehören wenigstens eine, bei größeren Orgeln auch zwei (*geteilte W.*, z. B. C- und Cis-Lade) oder mehr W.

Windmaschine: →Effektinstr. zur Nachahmung des Heulens von Wind und Sturm

wind quartet (engl.) →Bläserquartett

wind quintet (engl.) →Bläserquintett

Windsack →Balg

Windwaage: beim Orgelbau benutztes Werkzeug zur Bestimmung des Tonstärke und Klangfarbe einer Orgel beeinflussenden Winddruckes

Wirbel: 1. Schlagart auf Pauken und Trommeln (auch Tom-Toms, Becken u. a.) mit schneller Schlagfolge im Wechsel der beiden Schlegel; notiert als Tremolo , fälschlich auch als Triller

2. bei Saiteninstr. drehbare Stifte (mit oder ohne Griffknopf), mit deren Hilfe die an ihnen mit einem Ende aufgewickelten Saiten gespannt und gestimmt werden; bei Klavierinstr. als *Stimmnägel.* →Spannschrauben

Wirbeltrommel, *Roll(ier)trommel*, *Tenortrommel*: ⟨*Schlaginstr.*⟩ mittelgroße →Zweifelltrommel mit zylindrischer Zarge (→Röhrentrommeln) aus Holz, verstellbaren Füßen, ohne Schnarrsaiten und geschlagen mit Paukenschlegeln; Felldurchmesser etwa 40 cm und Zargenhöhe etwa 30–40 cm (= Tenortrommel) bzw. 50–60 cm (= Wirbeltrommel). Trommelinstr. ohne bestimmte Tonhöhe in Tenor- bzw. Baßlage mit einliniger Notierung (auch im 2. Zwischenraum mit oder ohne Baßschlüssel); häufig ersetzt durch →Rührtrommel mit abgestellten Schnarrsaiten oder →Tom-Tom. Vgl. Militärtrommel

wire (drum) brush (engl. = Drahtbürste), *steel brush*: Stahlbesen, →Jazzbesen

Wölbgitarre →*chitarra battente*

Wolf, Wolfsquinte: 1. bei in ungleichschwebender →Temperatur gestimmten Instr. die besonders unrein klingende, zu große Quinte gis/as–es, zu deren Ausgleich z. B. bei der Orgel für die Tonhöhe der gis/as-Taste ein Mittelwert zwischen gis und as (A. Schlick) gewählt oder der Überschuß über der reinen Quinte auf die drei Quinten gis/as–es, es–b und b–f (M. Mersenne) aufgeteilt wurde

2. →Orgelwolf (1.)

wood-block, wood drum (engl.): **1.** →Holzblock, →Holztrommel

2. (auch *cylindric wood-block*) →Röhrenholztrommel

wood cymbal (engl.) →Röhrenholztrommel

wood (wind) chimes (engl.) →Bambus-Pendelrassel

wood shaker (engl.): Schüttelrohr (→Tubo) aus Holz; →Kameso

woodwind (engl. = Holzbläser): Kurzform für *woodwind instruments*, die Gruppe der Holzblasinstr. im Orchester

work (engl.): Werk, →*opus*

working-out (engl.) →Durchführung

work song (engl. = Arbeitsgesang): →Arbeitslied der nordamerik. Neger, als improvisierter Wechselgesang (*call and response*) zwischen Vorsänger und Chor bzw. Gruppe der Arbeitenden; in solistischer Form u. a. als →*holler*, →*street cries* und →*sounding calls*. Heute noch lebendige Gesangsform der afroamerik. Negerfolklore mit Ausstrahlung auf →*blues*, →Negro spiritual und →Jazz

world first performance (engl.): Welturaufführung

Wurlitzer Orgel, *Kinoorgel*: eine in Schwellkästen stehende kleine Pfeifenorgel (→Multiplexorgel) oder auch elektromechanische Orgel der amerik. Firma Wurlitzer, die neben zahlreichen Registern auch von Manual und Pedal aus zu bedienende Schlaginstr. aufweist; im Kino ursprünglich zur Untermalung von Stummfilmen verwendet

X

xilofono (ital.) →Xylophon

xilofono in cassetta (ital.) →Trogxylophon

xilomarimba (ital.) →Xylomarimba

Xylharmonikon: Anfang des 19. Jh. konstruiertes →Streichstabspiel (→Friktionsinstr.) mit aus Holz gefertigten Klangstäben und Streichwalze

Xylomarimba, Xylorimba (ital. *xilomarimba*): ⟨*Schlaginstr.*⟩ zweireihig-klaviaturmäßig angeordnetes →Xylophon mit Resonanzröhren aus Metall; nach Bau und Klangcharakter ein klein mensuriertes →Marimbaphon. Tonumfang $c^1(f^1)–c^5$ – transp. eine Oktave tiefer (oder auch nichttransp.) im Violinschlüssel notiert; in der Tiefe weicher, dunkler und in der Höhe harter, scharfer Klang

Xylophon (griech. = Holzklinger; ital. *xilofono*, franz. u. engl. *xylophone*): ⟨*Schlaginstr.*⟩ zu den →Aufschlagidiophonen zählendes Holzstabspiel aus kleinen abgestimmten Hartholzstäben von etwa 15 × 35 mm Stärke und 13–39 cm Länge, die in chromatischer Tonfolge (beim trapezförmigen *Tisch-X.* vierreihig) auf Schnüre gezogen und auf Strohwalzen oder Moosgummi angeordnet sind und mit leichten Holzschlegeln angeschlagen werden; Tonumfang g^1 (c^2)–c^5 (d^5) – transp. eine Oktave tiefer (oder auch nichttransp.) notiert im Violinschlüssel; kurzer, harter, scharfer Klang; Sonderformen: Kasten-, Trog-, Klaviatur-, Baß-X., Xylo(ma)rimba

xylophone (franz., engl.) →Xylophon

xylophone á cassette-resonance (franz.) →Trogxylophon

xylophone with resonance-box (engl.) →Trogxylophon

Xylosistron: um 1800 konstruiertes, dem →Xylophon ähnliches Streichstabspiel (→Friktionsinstr.), dessen hölzerne Stäbe mit beharzten Handschuhen angestrichen wurden

Y

Yankee Doodle (engl.): häufig musikalisch zitiertes humorvolles amerik. Volkslied

Yaravi: in verschiedenen Gebieten Südamerikas noch lebendiges, frei geformtes Tanzlied der Inkas mit pentatonischer Melodik und zumeist im langsamen $\frac{3}{4}$-Takt

yodel (engl.): **1.** Jodler **2.** →Jodeln

Yü (chin.): altüberliefertes chin. Schrapidiophon mit der auf einem Resonanzkasten angebrachten Nachbildung eines ruhenden Tigers, in dessen Rücken metallene Schrapzähne eingelassen sind; über sie wird kräftig mit einem ausgefaserten Bambusrohr gestrichen („geschrapt")

Yün-lo (chin.): chin. →Gongspiel mit 10 verschieden abgestimmten vertikal in einem Holzrahmen aufgehängten Bronzescheiben

yule song (engl.): Weihnachtsgesang

Z

Zählzeit: kleinste Einheit im →Takt

Zäsur (lat. *caesura* = Schnitt): sinngliedernder Einschnitt, in der Musik zur Verdeutlichung musikalischer Sinneinheiten, wie →Motive, →Themen, →Perioden und größerer Abschnitte u. a. durch Pausen, Fermaten, Arikulation und Phrasierung; auch Atempause (→Kommahäkchen)

zamacueca: chil. Nationaltanz span. Ursprungs im bewegten $\frac{6}{8}$-(Melodie) und $\frac{3}{4}$- (Begleitung) Takt; →*zamba*, →*cueca*

zamba (span.): aus der →*zamacueca* hervorgegangenes argent. Tanzlied im langsamen $\frac{6}{8}$-Takt

zambomba (span.) →Reibtrommel

Zampogna (ital.): Hirtenflöte; südital. →Sackpfeife mit zwei Spielpfeifen im Quart- und zwei Bordunpfeifen im Oktavabstand, alle mit Doppelrohrblatt

Zampognaro (ital.): →Zampogna blasender Hirte, der – meist zusammen mit einem →Pifferaro – altem ital. Brauch folgend während der Weihnachtszeit in Rom vor Madonnenbildern musiziert

zampognata (ital.): Musizierstück für Hirtenflöte (→Zampogna); Dudelsackstück

Zanza →Sansa

zapateado (span.): von Frauen ausgeführter span. Solotanz im schnellen [illegible]-Takt, dessen synkopierter Rhythmus durch Händeklatschen und Schlagen auf die Schuhsohlen (→Schuhplattler) markiert wird; auch mit Gesang und Gitarre begleitet

Zapfenstreich: traditionelles militärisches Abendsignal, das beim „Großen Zapfenstreich" mit einer festlichen Militärmusikschau verbunden ist; seinen Namen leitet der Z. vom abendlichen Verschließen des Schankfasses mit dem Zapfen her

Zarge: Rand, Einfassung; bei Musikinstr. die senkrechten Seitenwände z. B. des Saiteninstrumentenkorpus (u. a. bei Violine, Gitarre) und des zylindrischen Trommelkessels

Zartbaß: das durch geringeren Winddruck abgeschwächte Orgelregister →Subbaß

Zartflöte: ⟨*Orgelregister*⟩ eng mensurierte zylindrische Labialpfeifen (8′, 4′, seltener 2′) mit weichem, lieblichem Klang; allgemein für zarte Flötenregister

Zarzuela (span.): volkstümliche, vorherrschend einaktige singspielartige span. Opernform mit Wechsel von Gesangsstücken (Solo, Chor) und gesprochenem Dialog, die als dreiaktige *Z. grande* des 19. Jh. auf das zweiaktige höfische Singspiel des 17./18. Jh. mit heroisch-mythologischen Stoffen zurückgeht. Tanzeinlagen (z. B. Bolero, Cachucha, Fandango) unterstreichen die starke landschaftl. Bindung der Z.

zeitgenössischer Jazz →moderner Jazz

Zeitmaß →Tempo

Zeitungslied →Avisengesang

zelante (ital.): *VB* eifrig, feurig

zelo, con (ital.): *VB* voller Eifer

zeloso (ital.): *VB* eifrig, feurig; voller Eifer

Zersingen →Umsingen

Ziehharmonika: (einfache diatonische) →Handharmonika

zigano (ital.): zigeunerisch

Zigeunertonleiter: in der südslawischen Volksmusik und der Zigeunermusik verwendete siebentönige Tonleiter mit zwei

übermäßigen Sekundschritten, unterschieden als Zigeuner-Moll
(z. B. c – d – es – fis – g – as – h – c^1)
und Zigeuner-Dur
(z. B. c – des – e – f – g – as – h – c^1)

Zimbal (ital. *cimbalon*): Cimbalom, →Hackbrett

Zimbel: ⟨*Orgelregister*⟩ zu den →gemischten Stimmen (3–12fach) zählende eng mensurierte, sehr hohe und mehrfach repetierende (→repetierende Stimmen) →Klangkrone mit hellem, glockenartigem Klang

Zimbeln: 1. →*cymbales antiques* **2.** →Fingerzimbeln **3.** →Kleine Zimbeln

Zimbelstern, *Cymbelstern*: durch Registerzug einschaltbares mechanisches Spielwerk (Nebenregister) der Orgel, dessen am →Prospekt sichtbarer Teil in Form eines Sterns (auch Sonnen- oder Flügelrad) gestaltet ist und von einem Windrad bewegt wird, das gleichzeitig die an seiner Welle angebrachten Glöckchen zum Erklingen bringt

zingana (ital.): Zigeunerlied

zingaresca (ital.): Zigeunertanzlied

zingarese, alla (ital.): *VB* im Stil der Zigeunermusik

Zink (ital. *cornetto*): **1.** mit trompetenartigem Ansatz geblasenes, konisch gebohrtes (außen jedoch 6- oder 8kantig geformtes) *Grifflochhorn* aus Tierhorn, Elfenbein oder lederüberzogenem Holz ohne Schalltrichter, das im 16.–18. Jh. als Stimmfamilie verbreitet war und im 20. Jh. wieder nachgebaut wird.
Neben dem *geraden Z.* (weißer Z.; ital. *cornetto diretto*) mit aufgesetztem kleinen, scharfkantigen Kesselmundstück und seiner sanfter klingenden Abart, dem *stillen Z.* (ital. *cornetto muto*), beide in Diskant- und Altlage und im →Kammer-, →Chor- oder →Kornetton gestimmt, erlangte der *krumme Z.* (schwarzer Z.; ital. *cornetto curvo*) als Instr. der →Stadtpfeifer (*Zinkenisten*) größere Verbreitung. Zu Diskant- (a–a^2/c^3), Alt- (g–g^2), Tenor- (c/d–d^1) und vereinzelt Baß- (F/G–g) Z., die beiden letzteren in S-Form, tritt als höchstes Instr. (*cornettino curvo*) ein Quint- (e^1–e^3) oder Quart- (d^1–d^3) Z.; eigentliches Baßinstr. wurde das →Serpent
2. ⟨*Orgelregister*⟩ nicht repetierendes →gemischtes Farbregister (zumeist 3fach: Quint $2\frac{2}{3}'$ + Terz $1\frac{3}{5}'$ + Quint $1\frac{1}{3}'$)

Zinkenton →Kornetton

Zirkelkanon, *Kreiskanon*: →Kanon, der in einer ununterbrochenen Folge von beliebig vielen Wiederholungen jeweils wieder in den Anfang mündet und sich somit bis zum Abschluß der einzelnen Stimmen auf einer Fermate immer im Kreise bewegt (= *canon perpetuus*); oft kreisförmig mit Angabe der Stimmeinsätze notiert

Zischbecken →Nietenbecken

Zither (lat. *cithara*): Saiteninstr. (Griffbrett- oder Bundkastenzither) mit flachem Resonanzkasten, bespannt mit Melodie- und Begleitsaiten. Bei der *Konzertzither* (in Diskant-, Alt- und Baßlage) laufen 5 Spielsaiten (Münchener Stimmung: a^1 a^1 d^1 g c, Wiener Stimmung: a^1 d^1 g^1 g c) als Griffsaiten der linken Hand über ein Griffbrett mit 29 Bünden, daneben liegen 24 bis 39 Frei- oder Begleitsaiten. Die griffbrettlose *Akkordzither* hat neben den über 2 Oktaven angelegten Melodiesaiten zu Akkorden zusammengestellte Begleitsaiten

Zitherinstrumente: Sammelbezeichnung für die Gruppe der einfachen →Saiteninstr. ohne Resonanzkörper bzw. ohne organischen Zusammenhang zwischen Saitenträger und Resonanzkörper; dazu zählen u. a. Stab- (z. B. Musikbogen), Wölbbrett- (z. B. Koto) und Kasten- (z. B. Hackbrett) Zithern

Zitherring: Schlagring, der auf den die Melodiesaiten der →Zither anschlagenden Daumen der rechten Hand gesteckt wird

zitto (ital.): *VB* still, ruhig

zobo (engl.) →Waldteufel

Zokusô: altüberlieferte jap. Wölbbrettzither; →Koto

Zoppa (ital. = hinkend): ital. Volkstanz im lebhaften $\frac{6}{8}$-Takt mit regelmäßig wiederkehrendem synkopiertem Rhythmus

zoppo (ital.): *VB* hinkend, lahm, wackelig; synkopiert

Zorongo (span. = Kopftuch): lebhafter andal. Tanz, begleitet vom Klatschen der Hände

zotico (ital.): *VB* grob, plump, ungeschliffen

Zortzico, Zorcico: bask. Tanzlied und Nationaltanz im lebhaften $\frac{5}{8}$- (seltener $\frac{5}{4}$-)Takt, zusammengesetzt aus synkopierten $\frac{3}{8}$- und $\frac{2}{8}$-Rhythmen; begleitet von →*txistu* und →*tamboril*

zufolando (ital.): *VB* pfeifend

zufolo (ital. = Pfeife): ital. Hirtenflöte

Zugtrompete (ital. *tromba da tirarsi*): **1.** seit dem 15. Jh. nachweisbare →Trompete, deren Mundstückrohr soweit herausziehbar war, daß der Grundton bis zu drei Halbtönen erniedrigt und damit die chromatische Skala ab 4. Naturton verwendet werden konnte; gilt als Vorläufer der Posaune

2. im 19. Jh. als engl. *slide trumpet* in verkleinerter Posaunenform

Zunge: elastisches Blatt aus Metall oder Rohr, das durch seine Schwingungen einen Luftstrom periodisch unterbricht; unterschieden werden →*durchschlagende* oder *freie (Metall-)Z.* (z. B. Harmonikainstr.), →*aufschlagende Z.* bei Instr. mit einfachem Rohrblatt (z. B. Klarinette) und →*gegenschlagende Z.* bei Instr. mit doppeltem Rohrblatt (z. B. Oboe), aber z. B. auch in Form der Lippen (= Polsterzungen) der Bläser von Blechblasinstr.

Zungenpfeifen: Lingualpfeifen, →Linguale

Zungenstimmen: aus Zungenpfeifen (→Linguale) gebildetes klingendes →Orgelregister

Zungenstoß, Zungenschlag: Artikulationstechnik beim Blasinstrumentenspiel mittels in schneller Folge artikulierter Silben und Verschlußlaute; →Doppelzunge, →Tripelzunge, →Tremolo (→Flatterzunge)

Zupfbaß: gezupfter →Kontrabaß, →Schlagbaß

Zupfidiophone: Sammelbezeichnung für eine Gruppe der →Selbstklinger, deren Tonerzeugung durch das Anreißen einer schwingungsfähigen Zunge erfolgt; dazu zählen u. a. die Melodieinstr. →Maultrommel, →Sansa, →Marimbula und auch die →Spieldose

Zupfinstrumente: 1. zu den →Chordophonen zählende Gruppe von Instr., deren Saiten mit den Fingern, einem →Plektron oder einem Schlagring angerissen werden; dazu gehören u. a. →Mandoline, →Gitarre, →Laute, →Harfe und →Zither, aber auch die →Kielinstr. (z. B. Cembalo)
2. →Zupfidiophone. →Zupftrommeln

Zupftrommeln: Sammelbezeichnung für eine Gruppe der →Fellklinger, auf deren Membran sich die Schwingungen einer unter der Fellmitte verknoteten Saite beim Anzupfen übertragen

zurlando (ital.): *VB* übermütig, ausgelassen

zurnā (arab.): als Volksinstr. verbreitetes altüberliefertes arab. →Doppelrohrblattinstr. (auch *mizmār*) pers. Ursprungs (pers. *surnāy*) mit Windkapselansatz und lautem, durchdringendem Klang; häufig zusammen mit einer großen Trommel (→*tupan*) gespielt

Zweifelltrommeln: →Trommeln mit zwei Membranen (→Schlag- und →Resonanzfell)

Zweifuß, 2′: →Fuß, Fußmaß, Fußtonzahl

zweigestrichene Oktave →Oktavbereiche

zweistimmiger Satz: polyphone oder homophone zweistimmige Setzweise (→Mehrstimmigkeit); →Bicinium, →Duo, →Duett

zweiteilige Liedform →Liedform

zweites Thema: →Neben- oder Seitenthema

Zweiunddreißigstelnote, -pause: Note bzw. Pause im Wert des zweiunddreißigsten Teiles einer →ganzen Note bzw. Pause; notiert 𝅘𝅥𝅰 bzw. 𝄿 . →Noten- und Pausenwerte

Zwerchpfeife →Querpfeife

Zwiebelflöte (franz. *flûte à l'oignon*): im 16./17. Jh. in Frankreich verbreitetes flötenförmiges →Mirlition mit einer Zwiebelschale als Membran

Zwiefache, Zwiefaltige: Sammelbezeichnung für Volkstänze aus Niederbayern, der Oberpfalz, Böhmen und Österreich, mit häufigem unregelmäßigem Wechsel von geradem (→Dreher) und ungeradem (→Walzer, →Ländler) Takt innerhalb derselben musikalischen →Periode

Zwillingstanzpaar →Tanzpaar

Zwischenaktmusik: in →Schauspielmusik und Oper (→Intermedium, →Intermezzo) eine in die dramaturgische Gestaltung einbezogene Musik, die zwischen den einzelnen Akten sowohl der gedanklichen Verbindung und Überleitung als auch der zeitlichen Überbrückung notwendiger Bühnenumbauten (Verwandlungsmusik) dient

Zwischendominanten, *Seitendominanten*, *Nebendominanten*: als →Zwischenharmonien am häufigsten auftretende →Dominantakkorde, besonders →Dominantseptakkord, →verminderter Septakkord, großer und kleiner →Nonenakkord; →Zwischenkadenz

Zwischenfach →dramatisches Fach

Zwischenharmonien: vor →Haupt- und →Nebenharmonien eingefügte Akkorde, die auf nur vorübergehend die Haupttonart verlassenden (→Ausweichung) leitereigenen Harmonien basieren; ihre Funktionssymbole (→Funktionstheorie) stehen in runden Klammern. →Zwischenkadenz

Zwischenkadenz: eine nur zum vorübergehenden Verlassen der Haupttonart führende kadenzartige Fortschreitung (→Ausweichung) in →Zwischenharmonien, oft vereinfacht als →Zwischensubdominante mit nachfolgender →Zwischendominante

Zwischenregister →*voix mixte*

Zwischensatz: **1.** der Mittelteil B einer dreiteiligen Form (→A-B-A), der mit gleicher Länge wie A oder auch verkürzt auftreten kann und in der in die Haupttonart des Schlußteils strebenden Dominanttonart steht

2. Einschub vor der Wiederholung eines Abschnitts

3. →Epidosde (1.)

Zwischenspiel: **1.**→Zwischenaktmusik **2.** die zwischen einzelnen Strophen oder Textabschnitten überleitenden instrumentalen Teile in begleiteten Vokalkompositionen; vgl. Ritornell (2.)

3. das Orchestertutti zwischen den solistischen Teilen im Instrumentalkonzert

4. freier, meist modulierender Abschnitt ohne vollständige Themendurchführung innerhalb einer →Fuge; vgl. Divertimento (2.)
5. im →Rondo die zwischen dem wiederkehrenden Refrain eingeschobenen →Episoden (1.)
6. →Interludium, →Intermedium, →Intermezzo
7. →Zwischensatz

Zwischensubdominanten: als →Zwischenharmonien auftretende →Subdominantakkorde; →Zwischenkadenz

Zwischenthema: nach H. Riemann Bezeichnung für Themen, die den Ablauf →thematischer Arbeit weniger substantiell als funktionell vorantreiben

Zwitscherharfe →Spitzharfe

Zwölftontechnik, Zwölftonmusik, *Dodekaphonie*: **1.** um 1920 von A. Schönberg entwickelte „Methode der Komposition mit zwölf nur aufeinander bezogenen Tönen", die von der völlig gleichberechtigten Verwendung (→Atonalität) aller 12 Tonstufen des gleichschwebend temperierten Oktavraums (→Temperatur) ausgeht. Der vom Komponisten für die betreffende Komposition in den Intervallbeziehungen festgelegten reihenmäßig geordneten Folge aller 12 Halbtöne liegen die vier gleichberechtigten Erscheinungsformen (Gestalten oder Modi) der →Reihe: *Grundgestalt*, *Krebs*, *Umkehrung* und *Krebs der Umkehrung* zugrunde. Sie ermöglichen mit ihrer Transponierbarkeit auf alle 12 chromatische Tonstufen insgesamt 48 Abwandlungen (Gestalten), die nach mehr oder weniger streng beachteten Regeln in horizontal-melodischer, vertikal-harmonischer oder auch gemischter Anordnung kompositorisch verarbeitet werden. →serielle Musik
2. bei J. M. Hauer das auf seiner „Lehre von den Tropen" beruhende, bereits seit 1918 erprobte System der Z., dem anstelle der →Reihen die 44 möglichen Konstellationen zweier sich zu Zwölftonfolgen ergänzenden Sechstongruppen (Sechsklänge) als →Tropen zugrunde liegen. Auf alle 12 chromatische Tonstufen transponierbar, lassen sich aus diesen wiederum verschiedene Zwölftonfolgen (insgesamt 479 001 600 *Melosfälle*) als *Tropenmelodien* bilden, die dann kompositorisch weiter verarbeitet werden

zyklische Form, Zyklus: mehrsätzige musikalische Form, die lose aneinandergereihte oder unmittelbar aufeinander bezogene in sich abgeschlossene Einzelsätze einer größeren Komposition zusammenfaßt, z. B. Suite, Sonate, Sinfonie, Konzert

zyklisches Prinzip: bewußt hergestellte thematische Verbindung zwischen einzelnen Sätzen eines zyklischen Werkes; →zyklische Form

zylindrische Bohrung, zylindrisches Rohr: bei Blasinstr. und auch Lippenpfeifen der Orgel ein Schallrohr mit bis zur Schallöffnung hin gleichbleibendem Durchmesser; beim →Überblasen erklingt der 3. Naturton, d. h. die Duodezime (→quintierende Instr.)

Zymbal, *Czymbal*, *Czimbal*: Cimbalom, →Hackbrett

Zymbeln →Becken; →Zimbeln

Abkürzungen musikalischer Fachausdrücke

A

a. **1.** alto, altus – **2.** atto
A. **1.** Alt – **2.** Antiphon
a batt. a battuta
abb. abbassando
ABfl. Altblockflöte
ab i., ab init. ab initio
a cad. a cadenza
a capp. a cappella
a capricc. a capriccioso
acc (Jazz) accordion
acc. →accel.; →accomp.
accel. accelerando
accent. accentuato
accomp. accompagnato
accopp. accoppiato
accr. →accresc.
accresc. accrescendo
ad aeq. ad aequales
a d. c. a due corde
ad f., ad fin. ad finem
adgo, adg⁰ adagio
adgtto, adg^{tto} adagietto
ad i., ad init. ad initium
ad l. →ad lib.
ad lib., ad libit. ad libitum
ad loc. ad locum
ado, ad⁰ adagio
ad u. c. ad una corda
affett. affettuoso
affrett. affrettando, affrettato
AFl. Altflöte
a. G. als Gast
agit. agitato
ag⁰ →agit.
AHr. Althorn
ak. akustisch
Ak. Akustik
Akk. **1.** Akkordeon – **2.** Akkord
akkomp. akkompagnieren
Akkomp. Akkompagnement
AKlar. Altklarinette
A-Klar. Klarinette in **A**
al f. al fine
All. Alleluia
allarg. allargando
allgtto allegretto
allo, all⁰ allegro
all'ott. all'ottava
alltto, all^{tto} allegretto
all'unis. all'unisono
al pont. al ponticello
al s., al seg. al segno
ALt. Altlaute
al tall. al tallone
alz. alzamento
Amb. Amboß
and. andante
andino, and^{ino} andantino
andte, and^{te} andante
anim. animato
AOb. Altoboe
ap., ar. arpa
APos. Altposaune
appass. appassionato
appogg. appoggiato
appross. approsimativo
ar (Jazz) arrangement
ar., ap. arpa
arc. arcato, arco
arch. archeggiare
ard. ardito
arm. **1.** armonioso – **2.** armonio
arp. →ap.; →arpegg.
arpegg. arpeggiando, arpeggio
arpio →arpegg.
arr. arrangiert
Arr. Arrangement
as (Jazz) alto saxophone
ASax., ASx. Altsaxophon

ass. assai
a t., a t^0 a tempo
a t. c. a tre corde
a t^0, a t. a tempo
att. attacca
Auff. Aufführung
Aufl. Auflage
Aufn. Aufnahme
Ausg. Ausgabe
a v. a vista
avviv. avvivando
AXyl. Altxylophon
a. Zimb. antike Zimbeln

B

b (Jazz) bass
b. **1.** basso, bassus – **2.** battuto
B. Baß
bacch. bacchetta
bag. baguette
BAkk. Baßakkordeon
Bal. Balalaika
balbett. balbettando
Band. Bandonion
Bar. **1.** Bariton – **2.** Baryton
bars, brs (Jazz) baritone saxophone
BarSax., BarSx. Baritonsaxophon
batt. **1.** battente – **2.** battere – **3.** batteria – **4.** battuto
BBfl. Baßblockflöte
b. c., B. c., Bc. basso continuo
b. ch. bocca chiusa
b. chim. bell chimes
Bck. Becken
bcl (Jazz) bass clarinet
Bd., Bde. Band, Bände
bearb. bearbeitet
Bearb. Bearbeitung
bez. **1.** bezeichnet – **2.** beziffert
Bfl., Blfl. Blockflöte
BFl. Baßflöte
bg (Jazz) bass guitar
Bg. Bogen
BGA Bach-Gesamt-Ausgabe
BGit. Baßgitarre
bgs (Jazz) bongo drums
Bgs. Bongos
bj (Jazz) banjo
Bj. Banjo
BKlar. Baßklarinette
B-Klar. Klarinette in B
Bl. Bläser, Blasinstrumente
Blechbl. Blechbläser, Blechblasinstrumente
Blfl., Bfl. Blockflöte
bl. l. blocco di legno
BLt. Baßlaute
B. Ms. Bühnenmanuskript
bn. bassoon
bo (Jazz) bongo drum
BPos. Baßposaune
Br. Bratsche
brill. brillante
brs →bars
bs (Jazz) bass saxophone
b. s. basso seguente
BSax., BSx. Baßsaxophon
b. scr. bamboo scraper
Bsg. Besetzung
Bsp. Beispiel
bss →bs
btb (Jazz) bass trombone
BTb. Baßtuba
btp (Jazz) bass trumpet
BTrp., BTp. Baßtrompete
Btthr. Bassetthorn
Bw. Brustwerk
BWV Bach-Werke-Verzeichnis (W. Schmieder)
BXyl. Baßxylophon

C

c, co (Jazz) cornet

C Cent
c. canto, cantus
ca (Jazz) cor anglais
c. a., c. arc. coll'arco
Cab. Cabaza
cad. cadenza
cal. calando
calm. calmando, calmato
camp. campana
C & W Country and Western
cant. **1.** cantando – **2.** cantata – **3.** →cantab.
cantab. cantabile
capp. cappella
capricc. capriccioso
c. arc., c. a. coll'arco
cast. castagnette
cb., cbb. contrabbasso
Cb. →Cemb.
c. b. col basso
cbb., cb. contrabbasso
c. c. **1.** con corde – **2.** col canto
c. ch. cassa chiara
c. d. colla destra
Cel. Celesta
Cemb. Cembalo
Cenc. Cencerro
c. f., C. f., Cf. cantus firmus
cfg. contrafagotto
ch., cht. chitarra
Ch. Chor
ChDir. Chordirektor
ChL. Chorleiter
chrom. chromatisch
cht., ch. chitarra
c. i., cor. ingl. corno inglese
cl (Jazz) clarinet
c. l. col legno
clar. clarinetto
claro, clar^{o} clarino
clav. **1.** claves – **2.** clavicembalo – **3.** clavecin
c. l. b. col legno battuto
c. l. t. col legno tratto
cmb. cembalo
cmp. campana
cmplli. campanelli
co, c (Jazz) cornet
coll. mus. collegium musicum
coll'ott. coll'ottava
conc. **1.** concertato – **2.** concerto
concit. concitato
con sord. con sordino
cont. continuo
cor. corno
cor. di b. corno di bassetto
cor. i., cor. ingl. corno inglese
co. sa. come sopra
c. p. colla parte
cplla. campanella
cplli. campanelli
cps cycles per second (→Hz)
cr. →cor.
cresc. crescendo
crnt. cornetto
crom. cromatico
crot. crotales
c. s. **1.** colla sinistra – **2.** come sopra
c. s., c. sord. con sordino
cto. **1.** contralto – **2.** concerto
c. v. colla voce
cymb. a. cymbales antiques

D

d (Jazz) drums
d. **1.** discantus – **2.** destra (→d. m.), droite (→m. d.)
D **1.** Dominante – **2.** O. E. Deutsch: Schubert, Thematischer Katalog
D. Diskant
dal s., d. s. dal segno
dal s. al f. dal segno al fine

dB Dezibel
d. c. **1.** da capo – **2.** due corde
DDT Denkmäler Deutscher Tonkunst
decresc. decrescendo
ded. dedicato
Dgt. Dirigent
diat. diatonisch
dim., dimin. diminuendo
Dir. **1.** Dirigent – **2.** Direktionsstimme
diss. dissonant
dist. distinto
div. divisi
Div. Divertimento
dm, dr (Jazz) drums
d. m. destra mano
dol. dolce
dolciss. dolcissimo
Dpf. Dämpfer
dr, dm (Jazz) drums
d. s., dal s. dal segno
d. s. al f. dals segno al fine
DTB Denkmäler der Tonkunst in Bayern
DTÖ Denkmäler der Tonkunst in Österreich

E

EA **1.** Erstaufführung – **2.** Erstausgabe
EB. elektrischer Baß
ed. edited
Ed. Edition
effett. effettuoso
EGit. elektrische Gitarre
Eh., Ehr. Englischhorn
el electric, electronic
el-g electric guitar
engl-h (Jazz) English horn
enharm. enharmonisch
Ens. Ensemble
EP extended play record, Langspielplatte
es. esecutori
espir. espirando
espr., espress. espressivo
est. estinto
Et. Etüde

F

f forte
f. fine
fag., fg. fagotto
Fag., Fg. Fagott
Faks. Faksimile
FCh Frauenchor
ff fortissimo
fff fortefortissimo
ffp fortissimopiano
ffpp fortissimopianissimo
ffz forzatissimo
fg., fag. fagotto
Fg., Fag. Fagott
fh (Jazz) French horn
Filz, Filzschl. Filzschlegel
fl (Jazz) flute
fl. flauto
Fl. Flöte
flag. flageoletto
Flattz., Flz. Flatterzunge
flaut. flautando, flautato
flc. flicorno
Flex. Flexaton
fl. gr. flauto grande
flh (Jazz) flugelhorn
Flhr. Flügelhorn
fl^{pc} flauto piccolo
fl. picc. flauto piccolo
fl. trav. flauto traverso
Flz., Flattz. Flatterzunge
f. o., f. org. full organ
fp fortepiano
fpp fortepianissimo

fr., frs. frusta
Fr. Frosch (des Bogens)
frett. frettando
frs., fr. frusta
frull. frullando, frullato
Fsg. Fassung
FSt. Frauenstimmen
fz forzando, forzato

G

g (Jazz) guitar
g. gauche (→m. g.)
GA Gesamtausgabe
Gb. Generalbaß
g. c., gr. c. gran cassa
gem. gemischt
gemCh gemischter Chor
gemSt. gemischte Stimmen
Ges., Gsg. Gesang
gest. gestopft
gestr. gestrichen
get. geteilt
Gg. Gong
Git. Gitarre
Gl. Glocke
gliss. glissando
Glsp. Glockenspiel
GlSt. gleiche Stimmen
GMD Generalmusikdirektor
go. gong
g. o. gran organo
G. P. Generalpause
grand. grandioso
graz. grazioso
gr. c., g. c. gran cassa
Gr. Fl. Große Flöte
Grp. Gruppe(n)
Gr. Tr. Große Trommel
Gsg., Ges. Gesang

H

h (Jazz) horn
harm (Jazz) harmonica
harm. harmonisch
Harm. **1.** Harmonium – **2.** Harmonika
harps. harpsichord
Hbl., Hlzbl. Holzbläser
Hbtr. Holzblocktrommel
hd., hdg. händig (z. B. 2hd.)
Hf., Hrf. Harfe
HF Hochfrequenz
h-h (Jazz) hi-hat
Hg., Hrsg. Herausgeber
HHA Hallische Händel-Ausgabe
Hi-Fi high fidelity
Hkpm. Hofkapellmeister
Hlzbl., Hbl. Holzbläser
Hob. A. van Hoboken: Haydn, Thematisch-bibliographisches Werkverzeichnis
Holzbl., Hbl. Holzbläser
Holzschl. Holzschlegel
hp (Jazz) harp
Hr. Horn
Hrf., Hf. Harfe
Hrsg., Hg. Herausgeber
Hs., Hss. Handschrift, -en
Hw. Hauptwerk
Hz Hertz

I

improv. improvisiert
improvv. improvvisando
instr. instrumental
Instr. Instrument
Intr. **1.** Introduktion – **2.** Introitus

K

k (Jazz) kazoo
KaCh Kammerchor
Kad. Kadenz

KaM Kammermusik
Kant. Kantate
KaO Kammerorchester
Kast. Kastagnetten
Kb. Kontrabaß
KbKlar. Kontrabaßklarinette
KbPos. Kontrabaßposaune
KbTb. Kontrabaßtuba
KCh Kinderchor
keyb (Jazz) keyboard(s)
Kfag., Kfg. Kontrafagott
kHz Kilohertz
KiCh Kirchenchor
KiM Kirchenmusik
Kl., Klav. Klavier
Kl. A. Klavierauszug
Klar. Klarinette
Klav., Kl. Klavier
Kl. Fl. Kleine Flöte
Kl. Tr. Kleine Trommel
KM **1.** Kammermusik (→KaM) – **2.** Kirchenmusik (→KiM)
KMD Kirchenmusikdirektor
KnCh Knabenchor
Komp. Komposition, Komponist
Kons., Konserv. Konservatorium
Konz. Konzert
KonzM., Konzertm. Konzertmeister
Korn. Kornett
Kp. Kontrapunkt
Kpm. Kapellmeister
KSt. Kinderstimmen
KV Köchel-Verzeichnis der Werke von W. A. Mozart

L

l. links
larg. largando
largh. larghetto
lasc. son., l. s. lasciar sonare
lasc. vibr., l. v. lasciar vibrare
ld (Jazz) lead, leader
Ld. Lied
Ldb. Liederbuch
leg. legato
legg. leggiero
leggeriss. leggerissimo
Lex. Lexikon
lgn. legno
l. H. linke Hand
lib. **1.** libero (→t. lib.) – **2.** libitum (→ad lib.)
Libr. Libretto
LMA Leipziger Mendelssohn-Ausgabe
lo. loco
l. P. linkes Pedal
LP long-playing record, Langspielplatte
l. s., lasc. son. lasciar sonare
Lt. Laute
Ltg. Leitung
Ltr. Leiter
lusing. lusingando
l. v., lasc. vibr. lasciar vibrare

M

m **1.** mezzo – **2.** meno
m. main, mano
M **1.** Manual – **2.** Minute
Madr. Madrigal
maest. maestoso
magg. maggiore
man. manualiter
Man. Manual
manc. mancando
mand (Jazz) mandolin
mand. mandolino
Mand. Mandoline
Mar. Marimbaphon
marc. marcato
marcatiss. marcatissimo
μbar Mikrobar
mbf. marimbafono

MCh Männerchor
m. d. main droite, mano destra
MD Musikdirektor
Mdla. Mandola
mel (Jazz) mellophone
Mezzo Mezzosopran
mf mezzoforte
m. g. main gauche
MHz Megahertz
min. minore
Min., M Minute
Mitgl. Mitglied
Mitw. Mitwirkung
ML. Musikalischer Leiter
MLex. Musiklexikon
µm Mikrometer
M. M. Mälzels Metronom
mn (Jazz) mandolin
Mnd. Mandoline
mo (Jazz) mouth-organ
mod. moderato
mor. morendo
mot. Motette
mp mezzopiano
m. p., m. pp., m. pr. manu propria
mrc. maracas
m. s., m. sin. mano sinistra
Ms., Mss. Manuskript, -e
MS., MSopr. Mezzosopran
MSopr., MS. Mezzosopran
MSt. Männerstimmen
Mundh. Mundharmonika
mus. musicale, musikalisch
m. v. **1.** mezza voce – **2.** molto vibrare
mzs. mezzosoprano

N

NA Neuausgabe
nacch. nacchera
Nachdr. Nachdruck
nat. naturale
NBA Neue Bach-Ausgabe
Neudr. Neudruck
Nf. Neufassung
NF Niederfrequenz
NMA Neue-Mozart-Ausgabe
norm. normale
Nott. Notturno
Np, N, np Neper

O

o. **1.** oben – **2.** oder – **3.** ohne
OA Originalausgabe
O.A.M.D.G. omnia ad maiorem Dei gloriam (lat. Schlußformel = zur höchsten Ehre Gottes)
Ob. Oboe
obb., obbl. obbligato
Ob. d. c. Oboe da caccia
Ob. d'a. Oboe d'amore
Oberst. Oberstimme
œ., œuv. œuvre
OEA Originalerstausgabe
of. oficleide
Off. Offertorium
Ond. Mart. Ondes Martenot
op. opus
Oph. Ophikleïde
op. post. opus postumum
Orat. Oratorium
Orch. Orchester
ord. ordinario
org (Jazz) organ
org. organo
Org. Orgel
org. pl. organo pleno
OrgPos Orgel-Positiv
Orig. Original
oscill. oscillando
ott. **1.** ottava – **2.** ottavino
Ouv. Ouvertüre
Ow. Oberwerk

P

p (Jazz) piano
p. **1.** più – **2.** poco – **3.** pagina (→pag.)
P, P. Pedal
pag., p. pagina, page
Part. Partitur
pc. →picc.
ped. pedale
Ped., P. Pedal
perc (Jazz) percussion
perd. perdendo, perdendosi
p. f. **1.** più forte – **2.** poco forte
pf., pfte. pianoforte
Pf. Pfeife
Pft. Pianoforte
pfte., pf. pianoforte
p. g. pausa generale
Philh. Philharmonie
piang. piangendo
pianiss. pianissimo (→*pp*)
picc. **1.** (flauto) piccolo – **2.** piccato
Picc. Piccoloflöte
pic-fl (Jazz) piccolo flute
Pikk. Pikkoloflöte
Pist. Piston
pizz. pizzicato
Pk. Pauke
p. m. propria manu
pmo **1.** primo – **2.** pianissimo (→pp)
po piano (→p)
pochiss. pochissimo
pont. ponticello
port. **1.** portamento – **2.** portato
Port. Portativ
Pos. **1.** Posaune – **2.** Position – **3.** Positiv
post. postumo, postumus
posth. posthume, posthumous
pp pianissimo
ppp pian(o)pianissimo
Präl. Präludium
prestiss. prestissimo
princ. principale
Ps. Psalm
Pseud. Pseudonym
pt., ptto piatto
ptti piatti
Pt. Peitsche
pt^{pc} piatto piccolo
pt^{gr} piatto grosso
ptto, pt. piatto

Q

Qua. Quartett
Qui. Quintett

R

r (Jazz) reeds, Rohrblattinstr.
r. **1.** rechts – **2.** ripieno (→rip.)
raddol. raddolcendo, raddolcente
rall., rallent. rallentando
R & B Rhythm and Blues
rapidiss. rapidissimo
rec. recorded
recit. recitando
rev. revidiert
Rez. **1.** Rezitativ – **2.** Rezitation
rf, rfz rinforzando, rinforzato
rgn. raganella
r. h. right hand
r. H. rechte Hand
rinf, rinforz., rinfz →rf, rfz
rip., r. ripieno
ripet. ripetere
risol. risoluto
rit. **1.** ritardando (→ritard.) – **2.** ritenuto (→riten.)
ritard. ritardando

riten. ritenuto
r. P. rechtes Pedal
Rp. Rückpositiv
r. s. rim shot
Rtr. Rührtrommel
rull. rullante

S

s (Jazz) saxophone
s. 1. segno – 2. sinistra – 3. solo – 4. soprano
S Subdominante
S. 1. Sopran – 2. Solo
Sax., Sx. Saxophon
saxes (Jazz) saxophones
SBfl. Sopranblockflöte
s. c. senza corde
Schallpl. Schallplatte
Schalm. Schalmei
scherz. scherzando
Schg., Schlzg. Schlagzeug
Schl. Schlegel
Schlz., Schlzg. Schlagzeug
Schw. Schwellwerk
seg., sg. seguente
sem., semp. sempre
Seq. Sequenz
sf, sfz sforzando, sforzato
sff, sffz sforzatissimo
sfp sforzatopiano
sg. 1. sega – 2. seguente
Sg. (Singende) Säge
sil. silofono
sim. simile
sin., s. sinistra
sinf. 1. sinfonico, sinfonisch – 2. sinfonia
Sinf. 1. Sinfonie – 2. Sinfoniker
Singst. Singstimme
sin. m. →s. m.
Sis. Sistrum
slent. slentando
Slg. Sammlung
sm. →smorz.
s. m. sinistra mano
smorz. smorzando, smorzato
sngl. sonagliera
SO 1. Sinfonieorchester – 2. Salonorchester
son. sonata
Son. Sonate
sopr. soprano
Sopr., S. Sopran
SoprSax. →SSax.
sord. sordino
sosp. sospirando
sost., sosten. sostenuto
sou (Jazz) sousaphone
s. p. 1. sul ponticello – 2. senza pedale
Sp. Spitze (des Bogens)
sp. c. sapo cubana
spicc. spiccato
spir. spiritoso
SPos. Sopranposaune
Spr. 1. Sprache – 2. Sprecher
SprCh Sprechchor
srf. sarrusofono
Srp. Serpent
ss (Jazz) soprano saxophone
SSax., SSx. Sopransaxophon
s. sord. senza sordino
SSx., SSax. Sopransaxophon
st. stimmig
s. t. 1. senza tempo – 2. sul tasto
St. Stimme
stacc. staccato
staccatiss. staccatissimo
Stb. Stimmbuch
stent. stentando
str. 1. strumento – 2. string
Str. Streicher
string. stringendo
StrO Streichorchester
StrQua. Streichquartett
StrQui. Streichquintett

strum. strumentale, strumentato
Stud. Studie
Stud.-Part. Studienpartitur
sub. subito
Suppl. Supplement
sussurr. sussurrando
s. v. **1.** sotto voce – **2.** senza vibrato (→s. vibr.)
s. vibr., s. v. senza vibrato
sw. org. swell organ
Sx., Sax. Saxophon
sxf. saxofono
SXyl. Sopranxylophon
Symph. **1.** Symphonie – **2.** Symphoniker
Synth. Synthesizer
Sz. Szene

T

t, t⁰ tempo
t. **1.** tenore – **2.** tasto – **3.** tutti
T Tonika
T. **1.** Tenor – **2.** Takt – **3.** Tutti
tac. tacet
tall. tallone
tamb. tamburo
Tamb. Tamburin
tam-t tam-tam
Tamt. Tamtam
tast. tastiera
tb (Jazz) trombone
tb. tuba
Tb., Tba. Tuba
TBfl. Tenorblockflöte
tbl. temple block
Tbl. Tempelblock
Tbn. Tuben
tbne trombone
t. c. tre corde
ten. **1.** tenuto – **2.** tenore (→t.)
Ten., T. Tenor
THr. Tenorhorn
timb. timbales
timp. timpano
tl. teilig
t. lib. tempo libero
TM Tanzmusik
tmb. tamburo
tmb. bsc., tmb^{bsc} tamburo basco
tmb. gr., tmb^{gr} tamburo grande
tmb. m. tamburo militare
tmb-no tamburino
tmb. p., tmb^{pl} tamburo piccolo
tmb. rull., tmb^{rl} tamburo rullante
tmp. timpano
tmt. tamtam
t^0, t tempo
tom-t tom-tom
Tomt. Tomtom
tp, tpt (Jazz) trumpet
Tp., Trp. Trompete
tpbl. temple block
tpo tempo
TPos. Tenorposaune
tpt, tp (Jazz) trumpet
tr Triller
Tr. Trommel
transp. transponiert
tratt. trattenando, trattenuto
trav. traverso
trb., trba tromba
trbe trombe
trbn., trbne trombone
trbni tromboni
trem. tremolando
trg., trgl. triangolo
Trg., Trgl. Triangel
trill. trillando, trillato
trp. trompette, trumpet
Trp., Tp. Trompete
ts (Jazz) tenor saxophone